2024 中国大连国际海事论坛论文集

PROCEEDINGS OF THE INTERNATIONAL MARINE-TECH FORUM DALIAN, CHINA, 2024

主　编　吴　术

副主编　毕坚斋

哈尔滨工程大学出版社

Harbin Engineering University Press

内容简介

本书乃是第十六届中国大连国际海事论坛学术成果汇编，以专业学术论文为基础，包括高端论坛、特约文稿、专题论坛和技术交流四个板块，涵盖了绿色船舶、双碳、新能源动力、智能制造等领域相关技术。

本书是船舶与海洋工程行业及其配套产业的众多科技工作者、行业技术专家、学者，在设计、建造、工艺、材料、设备等方面科研、生产实践中产生的最新成果的汇总，具有较高的推广价值和借鉴作用。

图书在版编目(CIP)数据

2024 中国大连国际海事论坛论文集 / 吴术主编.
哈尔滨 : 哈尔滨工程大学出版社, 2025. 5. -- ISBN
978-7-5661-4685-4

Ⅰ. U66-53;P75-53

中国国家版本馆 CIP 数据核字第 2025D7M172 号

2024 中国大连国际海事论坛论文集
2024 ZHONGGUO DALIAN GUOJI HAISHI LUNTAN LUNWENJI

选题策划 史大伟
责任编辑 刘思凡
封面设计 李海波

出版发行 哈尔滨工程大学出版社
社　　址 哈尔滨市南岗区南通大街 145 号
邮政编码 150001
电　　话 0451-82519989
经　　销 新华书店
印　　刷 哈尔滨午阳印刷有限公司
开　　本 880 mm×1 230 mm 1/16
印　　张 24.5
字　　数 842 千字
版　　次 2025 年 5 月第 1 版
印　　次 2025 年 5 月第 1 次印刷
书　　号 978-7-5661-4685-4
定　　价 158.00 元
http://www.hrbeupress.com
E-mail:heupress@hrbeu.edu.cn

目　　录

高端论坛

新能源船舶创新发展对国内配套产业技术需求研究　周国平 …… 1

船舶应用绿色低碳技术交流　朱杰 …… 5

特约文稿

船舶新能源动力技术的应用现状与发展趋势　姚寿广 …… 8

专题论坛

船舶制造数字化转型若干思考　刘建峰 …… 19

推进全链数智转型・共享产业数字红利　朱明华 …… 25

绿色智能引领船舶制造高质量发展　刘传 …… 27

与业务工作深度融合的智慧安全管理——船舶建造数字安全管控设想　邹晓峰 …… 30

技术交流

散货船改装成养殖工船养殖舱换水方案设计　孙连科　刘刚　石强　刘庆江 …… 36

特种用途船安全规则对船舶稳性的影响研究　王志超　姚云熙　李在鹏　孙国君 …… 41

FLNG 的特殊性危险源识别及分析研究　年继业　姜福洪　孙明　李放 …… 47

船舶清洁能源综合对比分析　左天欣 …… 53

对船舶工业数字化建设的思考　尤加法　李小刚　初正会　王飞　林宇琦 …… 58

油轮货舱冬季特涂加热与保温研究　张恒星　宋林　姜延令　姜欣彤　江玉洁 ······ 62
船台提升总组合拢吊车效率方法探究　张　鹏　宋林　张小奇　姜欣彤　马志 ······ 70
LNG 船货舱结构与划分对总组合拢精度的影响　赫　鑫　宋林　姜延令　梁煜业　韩光 ······ 74
舵系安装工艺的研究与优化　贾新宇　王淳　王立志　姜延令　姜宝柱　李兆瑞 ······ 79
船舶设计评审制度研究——以电气专业为例　徐有辉　姜延令　郭昌蔚　毕成龙　陈为运 ······ 89
精益生产与数字化技术在现代船舶建造中的融合　江玉洁　卢林　金鹏程　韩光　历侠　倪凡 ······ 95
基于实动工时的分段阶段舾装工时测算研究　田世硕　张向方　刘畅　宋立福　何文举　鲍金海　刘亮 ······ 104
基于精益生产的船舶典型分段舾装标准工程图技术研究　刘畅　杨成文　杨明阳　何文举　鲍金海　田世硕 ······ 122
FPSO 系列船模拟搭载精度研究　王成行　孙新　李晓庆　杨明　刘静 ······ 137
浅谈质量成本理论与管理　丰跃　孔凡君　李明磊 ······ 142
调距桨艉轴安装方法介绍　杨云　雷超　苏文东　孙鹏　桑帅　李洪国　姚大凯 ······ 147
大型船舶重心靠后尾轴塞入方式的研究与应用　张立强　李雪飞　关键　尚永玉　原杰 ······ 155
船用双壁管的应力分析与探究　刘明秋　王玉佳　曹亮　宋林　邹淼　孙鹏　孙建良 ······ 162
简析液压油油温过高对船舶液压系统的影响　王楠　雷超　孙鹏　宋林　张琦　李雪飞 ······ 170
LNG 动力集装箱船 B 型舱的施工建造方法及过程控制　李福江　田泽源　曹宇　雷超　胡震宇　王成玉 ······ 174
集装箱船舱口盖安装先进工艺技术研究与应用　于德超　于庆福　宋林　雷超　田泽源 ······ 180
船舶通风系统设计优化　成程　张大为　乔子豪 ······ 189
船舶内装板耐火分隔结构设计与性能研究　成程　张大为　乔子豪 ······ 193
大型高精度船舶坞内拖移建造法对船体合拢精度影响的研究　王忠 ······ 198
某型船轴内调距桨液压油管修复工艺实践　王业秋　李国勇　王忠　王野　曹书 ······ 206
大型海工产品落地式脚手架和支架式脚手架组合搭设方案研究与实施　于长宏　吴庆丰　初正会　李洋　吕博通 ······ 213
船舶售后服务项目进度管理研究　黄微　李照辉　庄雨横　李景泉　李双 ······ 221
法兰密封面水线对船舶制造领域的影响研究　周志强　尤加法　王飞　林宇琦　郭晓峰 ······ 227
基于 TRIZ 理论的舵钮衬套吊运工装研究　周志强　王忠　尤加法　王飞　郭晓峰　刘维超 ······ 233
甲醇主机双燃料系统组成及工作原理介绍　张国刚　徐民　王家盟　林光琦 ······ 240
船用低速氨燃料发动机现状及关键技术分析　张印光　辛洪儒　仉林 ······ 250
DMD 低速船用柴油机油漆配套发展过程　崔新全　李东超　于英男　王鹏 ······ 255
甲醇双燃料主机燃气模块串洗、气密性技术研究　蔡明科　李屹　于金平　周锦阖 ······ 259
大型船用低速发动机结构件翻转工艺研究　高兰云　叶丹　袁辉 ······ 264
哈汽核电低压内缸装配方法及难点研究　刘占文　李和达　汤波　田佳奇 ······ 269
改进工艺工法,促进生产效率提升　于金平　李屹　蔡明科　董仕伟 ······ 273
哈汽核电低压内缸装焊工艺开发　裴廷远　刘伟　赵奇　王珏 ······ 278
哈汽核电型低压外缸装焊研究　刘伟　裴廷远　刘占文　陈磊 ······ 283

焊接保护气节能降耗技术的应用研究　高兰云　叶丹　李忠明 …… 289
反应堆薄壁内筒加工难点分析和工艺方法研究　张广瑞　金少平　邵建秋　崔茂策 …… 292
提高连杆镗孔精度和镗孔后尺寸的变化控制　邓伟　王辅洲　宁智 …… 298
核电产品加工分析及实施方案　赵延君　侯新华　任超　宁智 …… 303
基于三项制度改革背景下的国企绩效管理　李万胜　王珊珊　王晶 …… 312
售后服务质量信息管理系统的策划、研发与实施　徐国成　蔡艺　梅继川　于名侨 …… 325
绑扎系固对主机运输安全的影响　李鹏　蔡文富　赵巍巍 …… 332
基于钢丝绳管理效用最大化、增量最小化的研究分析　丛林　王天生　王国庆 …… 338
现代大型舰船建造过程中的风险分析与工程策划　郭明哲　邓有录　张佳艳　徐悦晨 …… 356
现代舰船的多样化使命任务及其对总体性能和总布置的要求　张啸天　郭明哲　邓有录 …… 360
国外航母建造工艺与施工特点研究　刘富刚　盛玉智　郑光远　商大亮 …… 363
精细化管理在船舶及海洋工程建造过程中的作用　赵俊峰　李昶　商大亮　游思琦 …… 365
现代船舶研制过程中技术问题和质量问题的区分与处理　林华章　刘富刚　徐悦晨 …… 369
美国纽波特纽斯船厂航母建造能力的长远建设与思考　李继生　张晓曼　李法 …… 372
全过程质量确认制度及其在造船领域中的应用　李继生　张佳艳　游思琦　商大亮 …… 374
现代舰船设计技术及未来发展趋势　何华　赵俊峰　张晓曼　游思琦 …… 377
柴油机台架测控系统对 ECS 报警信息的捕捉与解析　邢为为　于成汉　谭博文　邹昊江 …… 380

新能源船舶创新发展对国内配套产业技术需求研究

周国平

2024中国船舶与海工装备技术发展论坛
暨船舶配产业创新发展论坛

CSNAME

新能源船舶创新发展
对国内配套产业技术需求研究

引 言

CSSC

- 我国是一个海洋大国，也是一个航运大国，是联合国国际海事组织（IMO）A类理事国，也是世界第一造船大国。
- 在全球绿色低碳转型大背景下，为积极应对全球气候问题，实现2030年“碳达峰”和2060年“碳中和”目标，这不仅是一个全球环境治理问题，也是一个向绿色发展转型的经济问题，更是一个构建人类命运共同体的政治问题。
- 随着科学技术不断进步和绿色低碳政策推动，绿色能源技术在全球取得蓬勃发展，绿色新能源技术在船舶行业中获得广泛应用，这将促进新能源船舶配套产业的大力发展。
- **现从新能源船舶创新发展的总体技术角度谈谈对国内配套产业发展主要技术需求。**

新能源船舶创新发展对国内配套产业技术需求研究__周国平 1 SDARI

CSSC 上海船舶研究设计院

新能源船舶创新发展
对国内配套产业技术需要研究

CUSTOMIZED DESIGN, INNOVATIVE TECHNOLOGY

CSSC 上海船舶研究设计院

新能源船舶创新发展
对国内配套产业技术需要研究

CUSTOMIZED DESIGN, INNOVATIVE TECHNOLOGY

新能源船舶发展现状及趋势

CSSC

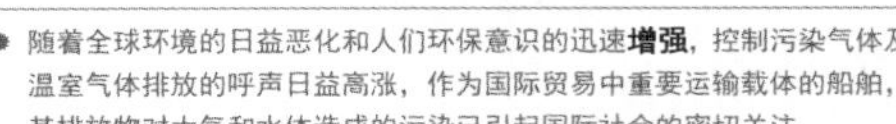

- 随着全球环境的日益恶化和人们环保意识的迅速**增强**，控制污染气体及温室气体排放的呼声日益高涨，作为国际贸易中重要运输载体的船舶，其排放物对大气和水体造成的污染已引起国际社会的密切关注。
- 近年来，国际海事组织（IMO）不断颁布、更新并生效了多项重大新规则新规范，各大船级社、国际标准化组织（ISO），针对国际公约、入级规范、国际标准等开展了相应修订工作，**对航运绿色替代能源和海洋环保提出了更高要求**，来进一步控制航运业污染物排放。
- 航运船舶对于环境的影响主要体现在：
  - **向大气排放的氮氧化物（NOx）、二氧化碳（CO_2）、硫氧化物（SOx）、烟尘和颗粒物；**
  - 向水中排放的压载水、舱底污水、黑水、灰水和垃圾；
  - 船舶涂层和噪声对水域环境和海洋生物产生的影响。

新能源船舶创新发展对国内配套产业技术需求研究__周国平 4 SDARI

新能源船舶发展现状及趋势

CSSC

- 2011年通过了MARPOL73/78附则VI新的修正案，引入船舶能效设计指数（EEDI）和船舶能效管理计划（SEEMP）两项要求来控制船舶二氧化碳排放。
- 同时，美国和欧盟等也相继颁布了更加严格**的**区域排放控制标准，这些法规生效实施，对船舶航运产生了重大影响，也对新造船舶提出更高要求。
- 针对IMO2025年EEDI 3-4阶段和2030年CO_2减排40%目标，低碳和零碳绿色船舶已成为未来船舶市场发展的主要方向，
- 绿色船舶发展主要是去碳化，从传统石化燃料逐渐转向碳中和燃料，最终为零碳燃料，如：LNG（和生物和合成甲烷燃料）、LPG、甲醇、氨、氢、电能、风能和太阳能等清洁能源。

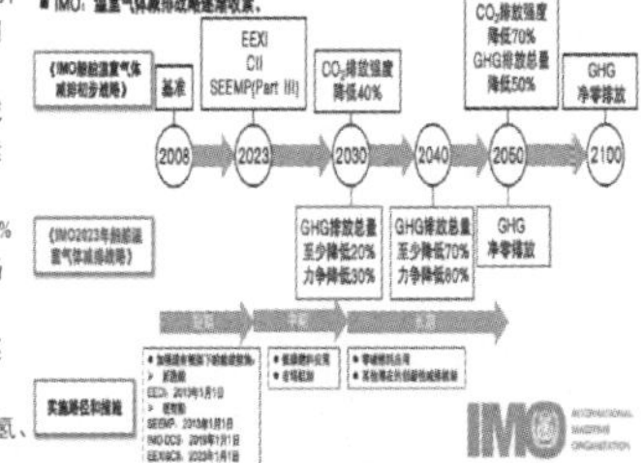

新能源船舶创新发展对国内配套产业技术需求研究__周国平 5 SDARI

新能源船舶发展现状及趋势

CSSC

- 针对IMO一系列控制排放新规，近年来新能源船舶市场呈现了蓬勃发展态势，欧美、日韩等均在大力开发新能源船舶配套装备，在市场推广方面仍处于领先地位，技术优势明显，尤其是在主流新能源船舶中应用方面取得了积极成效。
- 随着减排目标推进而来的船舶及配套产品的绿色技术升级步伐也在进一步加快，绿色能源燃料发动机产业化已经基本形成，针对主流船舶的绿色替代能源低碳化运营的升级行动也逐步形成规模化、产业化的发展**趋势**。
- LNG作为燃料的绿色动力能源解决方案已成为主流船舶的**绿色低碳**的首选替代能源，生物合成和甲烷燃料是**碳中和**的首选替代能源。

新能源船舶创新发展对国内配套产业技术需求研究__周国平 6 SDARI

新能源船舶发展现状及趋势

CSSC

- 上海船院是中国船舶集团旗下的总体设计院，累计研发1600余型新船型，4700余艘船舶实现交付，近三年设计船型国内市场占有率约为32%、全球市场占有率约为18%，在国内外船舶市场上树起了“SDARI”品牌。
- 上海船院绿色船舶开发从早先的设置低硫油，配置主机排放后处理装置(SCR、EGR和脱硫塔)，码头岸电上船等，到新能源动力船型发展，成为中国新能源船舶研发设计的领先者，**近年来开发设计在建和交付了多型新能源船型：**
  - 三大主流船型（散货船、集装箱船、油船）系列、7000～10000车位大型LNG双燃料汽车运输船系列，全球首艘1400TEU氨双燃料动力集装箱船，1300TEU甲醇双燃料动力敞口集装箱船、5万吨级甲醇双燃料动力成品油/化学品船；
  - 世界首艘零碳超级电容动力渡船“新生态号”、全球最大740TEU纯电动敞口集装箱海船等；
  - 4.9万、11万吨风帆助航成品油/原油船，6.4万吨散货船、32.5万吨矿砂船上加装了旋转风筒；
  - 第四代8.2万吨散货船实船安装二氧化碳捕集、利用与封存装置等。

新能源船舶创新发展对国内配套产业技术需求研究__周国平 7 SDARI

新能源船舶发展现状及趋势

CSSC

- 随着全球环保规范的增多以及排放标准的日益收紧，**新能源（LNG、LPG、甲醇、氨、氢、电能、风能和太阳能等）**凭借逐渐形成的综合成本优势和不断健全的供应链及相关配套基础设施建设完善，新能源船舶迎来了快速发展期，对适用于船舶节能减排环保技术及配套装备的开发应用，目前已投入运营和建造的新能源船舶数量越来越多，必将成为全球航运业的主力。
- 新能源船舶的大力创新发展，这对国内船舶配套产业带来了新的发展机遇，也对相应的新能源配套设备技术发展提出了新的技术需求。

新能源船舶创新发展对国内配套产业技术需求研究__周国平 8 SDARI

CSSC 上海船舶研究设计院

新能源船舶创新发展
对国内配套产业技术需要研究

CUSTOMIZED DESIGN, INNOVATIVE TECHNOLOGY

新能源应用船舶和配套范围

CSSC

- LNG燃料动力船舶
  - 是使用液化天然气（LNG）作为动力燃料的船舶，应用的船舶范围极广，几乎可以包括大部分船舶种类和船型，目前已成为船舶的首选绿色低碳化的替代能源。
  - **上海船院LNG燃料动力船设计交付和在建主要有：**8.5万吨双燃料散货船主流船型，8100、11400TEU双燃料集装箱船系列船型，5万、11万吨双燃料油船主流船型，7500～3万m³双燃料LNG运输/加注船系列船型，7800、14600吨双燃料重吊/多用途船主流船型，7000～10000车位大型双燃料汽车运输船系列船型 等多型系列LNG双燃料动力船。
  - 配套船型主要为：LNG/燃油双燃料动力船和纯LNG燃料动力船舶，双燃料发动机可在使用燃油和LNG燃料两种模式间作出切换。

新能源船舶创新发展对国内配套产业技术需求研究__周国平 10 SDARI

新能源应用船舶和配套范围

CSSC

- LPG燃料动力船舶
  - 是使用液化石油气（LPG）作为燃料的船舶，LPG作为重要环保替代燃料，由于需采取额外安全措施（密度大于空气，触氧易燃），目前主要用于运输液化石油气（LPG）船舶。**如：江南造船交付的4万～9.3万m³双燃料大型液化气运输船（LPGC、VLGC）系列船型。**
  - **上海船院LPG燃料动力船设计交付和在建主要有：**4万m³LPG双燃料LPG/液氨运输船系列船型。
  - 配套船型主要为：LPG/燃油双燃料动力船舶，双燃料发动机可在使用燃油和LPG两种模式间作出切换。

新能源船舶创新发展对国内配套产业技术需求研究__周国平 11 SDARI

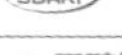

新能源应用船舶和配套范围

CSSC

- 甲醇燃料动力船舶
  - 是使用甲醇作为燃料的船舶，甲醇作为重要绿色替代燃料，成为运输船舶碳中和首选替代能源，目前已应用于各类运输船舶，特别是三大主流船型（散货船、集装箱船、油船）。
  - **上海船院甲醇燃料动力船设计交付和在建主要有：**950、1250、1300TEU甲醇双燃料敞口支线集装箱船系列船型，65000载重吨甲醇双燃料散货船、14600吨甲醇双燃料重吊多用途船、5万吨甲醇双燃料成品油/化学品船，17000吨甲醇双燃料化学品船、32.5万吨甲醇双燃料大型矿砂船等系列船。
  - 配套船型主要为：甲醇/燃油双燃料动力船舶，双燃料发动机可在使用燃油和甲醇燃料两种模式间作出切换。

新能源船舶创新发展对国内配套产业技术需求研究__周国平 12 SDARI

新能源应用船舶和配套范围

CSSC

- 氨燃料动力船舶
  - 是使用氨作为燃料的船舶，氨作为重要环保替代燃料，已成为运输船舶碳中和又一替代能源，可应用于各类运输船舶。
  - **上海船院氨燃料动力船设计交付和在建主要有：**全球首艘1400TEU氨双燃料无舱盖集装箱船，25000m³氨双燃料LPG/液氨运输船系列船型。
  - 配套船型主要为：氨/燃油双燃料动力船舶，双燃料发动机可在使用燃油和氨燃料两种模式间作出切换。

新能源船舶创新发展对国内配套产业技术需求研究__周国平 13 SDARI

新能源应用船舶和配套范围

CSSC

- 电能动力船舶
  - 是使用电池作为动力的船舶，电能作为“零碳排放”高清洁能源，纯电池动力船和电池辅助动力船目前已在多种船舶中应用，在内河与近沿海小型邮轮、客船、渡船、公务船以及干散货船等多种船舶中应用较为广泛，**如：“长江三峡1号”纯电动游轮。**
  - **上海船院电能动力船设计交付和在建主要有：**世界首艘零碳超级电容动力渡船“新生态”号、全球最大740TEU纯电池敞口集装箱海船系列船。
  - 配套船型主要为：纯电池动力船和电池混合动力船舶，模块化电池组系统，通过大容量交流岸电充电替代船上发电。

新能源船舶创新发展对国内配套产业技术需求研究__周国平 14 SDARI

新能源应用船舶和配套范围

CSSC

- 风能助航动力船舶
  - 是使用风能作为助航动力的船舶，风能作为“零碳排放”高清洁动力源，目前已应用于中大型远洋运输船舶。
  - **上海船院风能助航动力船设计加装交付和在建主要有：**6.4万吨旋转风筒助航散货船，32.5万吨旋转风筒助航矿砂船，4.9万吨、11万吨风帆助航成品油/原油船系列船型。
  - 配套船型主要为：风能助航动力船舶，风能旋转风筒/风帆作为风能助航装置安装于船舶甲板面上，航行时为船舶提供辅助动力。

新能源船舶创新发展对国内配套产业技术需求研究__周国平 15 SDARI

新能源应用船舶和配套范围

CSSC

- 氢能动力船舶
  - 是使用氢燃料电池作为动力的船舶，氢能作为“零碳排放”高清洁能源，目前已在内河与近沿海中小型观光船、公务船舶中应用，如：“三峡氢舟1号”氢燃料电池交通船，“西海新源1号”氢燃料电池高端旅游商务接待船，“蠡湖未来号”氢燃料电池海上交通船。号
  - 配套船型主要为：氢燃料电池动力船舶，模块化氢燃料电池系统，通过并联系统达到运行功率需求，氢燃料电池的输出特性，通常不适合单独作为船舶主推进动力。

新能源船舶创新发展对国内配套产业技术需求研究__周国平　16　SDARI

新能源应用船舶和配套范围

CSSC

- 太阳能辅助动力船舶
  - 是使用太阳能作为辅助动力的船舶，太阳能作为“零碳排放”高清洁动力源，船舶太阳能发电适用于绝大多数船型，包括油轮、货轮、客船、渔船等。如：舟山中远海运重工改装的汽车滚装船5000车“中远盛世”轮、5300车位“中远腾飞”轮太阳能光伏系统工程。
  - 配套船型主要为：太阳能辅助动力船舶，太阳能电池板转换太阳辐射能为电能，用于给辅助设备供电，通过安装储能电池实现电能的存储和使用。

新能源船舶创新发展对国内配套产业技术需求研究__周国平　17　SDARI

CSSC 上海船舶研究设计院　新能源船舶创新发展对国内配套产业技术需要研究

CUSTOMIZED DESIGN, INNOVATIVE TECHNOLOGY

配套产业技术发展现状与差距

CSSC

- 新能源船舶配套产业技术发展现状
  - 针对国际公约和IMO对船舶节能环保新要求，我国在绿色新能源船舶发展领域取得了长足进步，**在船舶绿色能源替代燃料研发技术、新能源船舶设计建造等方面取得了蓬勃发展**，许多修造船厂对现有在航船舶的节能环保、绿色新能源装置加装和改造业务也呈满负荷状态。
  - 从未来船舶市场需求发展方向来看，绿色船舶发展主要是两条途径：
    - **一是通过主机排放的设置后处理装置，如：SCR或EGR和脱硫装置等；**
    - **二是采用替代能源，如：LNG、LPG、甲醇、氨、氢、电能、风能和太阳能等。**
  - 目前，LNG、LPG等双燃料动力技术及配套相对成熟，甲醇双燃料动力技术也基本成熟。
  - 短期内LNG作为绿色燃料仍将主导船用燃料的转型，LNG作为燃料的绿色动力解决方案已成为主流船型的**绿色低碳化**的首选发展方向。
  - 甲醇燃料将会成为进一步绿色船舶发展**碳中和**转型升级的船用替代燃料。

新能源船舶创新发展对国内配套产业技术需求研究__周国平　19　SDARI

配套产业技术发展现状与差距

CSSC

- 新能源船舶配套产业技术发展现状
  - 近年来，在船舶和海洋工程总装化和配套国产化发展思路的指导下，本土化配套率的大幅提高。**长三角地区、重庆、湖北、广东等地以下及环渤海地区配套业集群发展日趋壮大。**
  - 推出了一系列具有国际先进水平的绿色环保柴油机，如国内首台WinGD12X92DF双燃料低速机、6G50ME-C9.6-LGIM甲醇双燃料低速机的突破，绿色能源主机产业化已基本形成，形成了动力装备领域中速机、低速机、高速机、双燃料机的国际化布局。
  - 双燃料供气系统，中压电力系统等国产化均取得进展，并实现装船。
  - 船用压载水处理和脱硫系统等新型船用设备研制与世界同步。
  - 联合上游钢铁企业和高分子化工企业进行船舶配套产业链的现代化升级，比如：薄膜式围护系统的绝缘板和组件、双壁管、殷瓦钢等，以及低温钢、镍钢、止裂钢和耐蚀钢等特种钢材的研发生产。

新能源船舶创新发展对国内配套产业技术需求研究__周国平　20　SDARI

配套产业技术发展现状与差距

CSSC

- 新能源船舶配套产业主要技术差距

我国新能源船舶配套产业技术发展仍处于劣势，在新能源船舶配套产业的统筹规划、理念引领和技术创新领域等仍面临一些问题，技术发展相对滞后。主要体现在以下几方面：

- 新能源动力系统
  - 我国在新能源船舶动力系统技术研发和产品研制方面虽已取得了一定的成果，包括双燃料低速机、储存及供气系统、电池动力、燃料电池等。
  - 国外新能源船舶动力系统技术方面起步较早，欧美、日韩等研发投入大，技术成熟度高，在主流新能源船舶中优势明显，在应用方面取得了积极成效，市场推广方面处于领先地位。
  - 我国在新能源船舶动力系统技术研发和产品应用上相对滞后，与国际先进水平相比，在新能源动力系统核心技术研发、系统集成、系统控制等方面仍存差距，尤其在高效能量转换、系统稳定性、智能化控制等关键技术上需进一步突破。

SDARI

配套产业技术发展现状与差距

CSSC

- 新能源船舶配套产业主要技术差距

- 新能源储能系统
  - 储能系统是新能源船舶的重要组成部分，我国在锂电池、超级电容等储能技术研发和应用方面取得了进展。
  - 国外在新能源船舶储能系统技术方面已具有较高的研发水平和产品研制能力，尤其在高性能电池材料、电池管理系统、储能与推进系统协同控制等处于领先地位。
  - 我国在新能源船舶储能系统技术研发和产品应用上相对滞后，从整体来看与国际先进水平相比差距明显，需要加强储能系统关键技术研发，提高储能系统整体性能，尤其在储能系统能量密度、安全性、使用寿命等关键指标仍有待提升。

新能源船舶创新发展对国内配套产业技术需求研究__周国平　22　SDARI

配套产业技术发展现状与差距

CSSC

- 新能源船舶配套产业主要技术差距
- 新能源控制系统
  - 控制系统是新能源船舶的核心组成部分，我国在船舶自动化、智能化控制等控制技术研发和应用方面取得了一定成果。
  - 国外在新能源船舶控制系统技术方面已具有较高的研发实力和产品配套能力，尤其在新能源系统智能控制、远程协同监控、新能源系统运行故障诊断与预警等方面具有领先优势。
  - 我国在新能源船舶控制系统技术研发和配套上相对滞后，与国际先进水平相比存在差距，需要加大新能源控制系统关键技术研发力度，提升新能源船舶控制系统智能化技术水平，尤其是在新能源控制系统的准确性、可靠性、自适应性等方面需进一步提升。

新能源船舶创新发展对国内配套产业技术需求研究__周国平　23　SDARI

CSSC 上海船舶研究设计院　新能源船舶创新发展对国内配套产业技术需要研究

CUSTOMIZED DESIGN, INNOVATIVE TECHNOLOGY

新能源船舶配套产业技术需求

CSSC

- 2006年中国的造船完工量超过欧洲，2008年赶上日本，2010年造船完工量、新船订单量、手持订单量全面超过韩国，一举成为世界造船大国。工信部发布的最新数据**显示**，1至9月，我国造船三大指标以载重吨计分别占全球总量的55.1%、74.7%和61.4%，承接了全球70%以上的绿色船舶订单，中国造船业三大指标连续14年位居世界第一。
- 虽然我国已成为全球第一船舶制造大国，在船用设备配套产业上取得不少成绩，但新能源船舶配套产业上仍面临结构性技术与产能缺失问题，一些新配套设计前瞻性不够、相关配套产品研制经验不足，成熟度不高，大部分关键核心技术和部件仍来自于国外，价值较高的核心设备还不能实现真正国产化，关键核心设备配套仍受制于国外厂商的垄断。
- **随着我国新能源船舶不断创新发展，这里从总体技术角度谈谈对国内新能源船舶配套产业发展主要技术需求。**

新能源船舶创新发展对国内配套产业技术需求研究__周国平　25　SDARI

新能源船舶配套产业技术需求

CSSC

- LNG燃料动力船舶配套
  - LNG燃料储存舱/罐及围护系统

以A型、B型和薄膜型燃料舱及C型独立罐为重点，结合船型特点，根据特殊载荷和绝热需求来设计储存方案和制造，少占船上空间，优化围护系统设计方案。

  - LNG燃料低压供给系统

重点解决“控制天然气逃逸”“保证向发动机供气的供气品质”和“供气安全性的冗余设计”三大问题，实现LNG燃料储存供给系统关键设备的研制和LNG燃料系统部件产业化。

  - LNG燃料高压供给系统

重点研发高压供给系统关键设备、控制系统，掌握LNG储罐、气化器（热交换器）、潜液泵、低温阀件及燃料供给系统监控和安保系统国产化和实施工艺。

  - LNG双燃料系统集成控制

研究系统集成控制，形成LNG双燃料系统智能化集成控制技术和安全措施，LNG双燃料系统两种模式间切换，实现系统集成配套国产化。

新能源船舶创新发展对国内配套产业技术需求研究__周国平　26　SDARI

新能源船舶配套产业技术需求

CSSC

- LPG燃料动力船舶配套
  - LPG燃料储存舱型

LPG燃料储存可结合LPG船，全冷式LPG储存以A型和B型舱为重点，棱形舱型，设置隔热层，结合船型特点，优化系统体积；半冷半压和全压式C型独立燃料罐为重点，优化结构重量。LPG燃料储存舱/罐设计建造，包括低温钢、镍钢制造焊接和相应绝缘系统等。

  - LPG燃料储存围护系统

全冷式菱形液化气A型舱和B型舱，其关键技术和重点产品主要在于全冷式液化气围护系统，对于LPG燃料系统要实现自主集成配套，燃气系统实现自主研发和配套。

  - LPG双燃料系统集成控制

研究系统集成控制，形成LPG双燃料系统智能化集成控制技术和安全措施，LPG双燃料系统两种模式间切换，实现系统集成配套国产化。

新能源船舶创新发展对国内配套产业技术需求研究__周国平　27　SDARI

新能源船舶配套产业技术需求

CSSC

- 甲醇燃料动力船舶配套
  - 甲醇燃料储存舱罐

甲醇燃料在常温下呈液态，可常温储存，通常设独立燃料舱罐，甲醇的质量能量密度和体积能量密度都比较低，所需舱容是燃油的2.27倍，同等热值相对于两倍燃油的用量，因此甲醇燃料储存需要提供更大的舱罐。

  - 甲醇燃料供给系统

甲醇燃料供给系统主要由泵、流量计、阀门等组成，用于将甲醇从储存罐中供送给发动机，需要在满足温度、流量、压力和性能要求前提下稳定、高效、可靠的控制方式向发动机提供燃料，实现甲醇燃料供给系统配套设备国产化。

  - 甲醇双燃料系统集成控制

研究系统集成控制，形成甲醇双燃料系统智能化集成控制技术和安全措施，甲醇双燃料系统两种模式间切换，实现系统集成配套国产化。

新能源船舶创新发展对国内配套产业技术需求研究__周国平　28　SDARI

新能源船舶配套产业技术需求

CSSC

- 氨燃料动力船舶配套
  - 氨燃料储存舱/罐

氨燃料储存在常压-33.34℃低温储存采用A型、B型和整膜式储存舱，在常温1MPa压力储存采用C型独立燃料罐。液氨体积能量密度约为LNG的一半，传统石油燃料的三分之一，因此氨燃料储存需要更大容积。

  - 氨燃料供给系统

氨燃料供给系统主要包含加注单元、处理单元、水乙二醇换热单元、氨吸收单元、核心控制单元和安保单元及相关辅助系统等，实现氨燃料加注、供给、氨气及蒸发气(BOG)处理等，实现氨燃料供给系统配套设备国产化。

  - 氨双燃料系统集成控制

研究系统集成控制，形成氨双燃料系统智能化集成控制技术，氨双燃料系统两种模式间切换，实现系统集成配套国产化。

氨是一种有毒物质，对铜、铜合金、镍浓度大于6%的合金和塑料具有腐蚀性，因此需对储存、加注、供给、处理各环节设置完整性安全措施。

新能源船舶创新发展对国内配套产业技术需求研究__周国平　29　SDARI

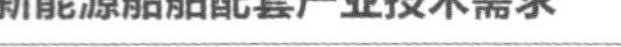

新能源船舶配套产业技术需求

CSSC

- 电能动力船舶配套
  - 船用动力电池组

船用锂电池：船用磷酸铁锂电池需要采取大容量模块化成组技术，设置更安全技术措施。超级电容：超级电容是一种介于普通电容器和蓄电池之间的高性能储能器件，通过双电层结构和活性炭多孔电极储存电量。

  - 船舶电池动力系统

主要由岸基电能补给、动力电池、电池管理(BMS)、变流器、配电板、变频器、推进电机和推进器等系统组成，充电系统和岸基供电系统物理接口连接为动力电池高能量快速充电，直流组网系统可直接和电机连接。

  - 电能动力系统集成控制

研究动力系统集成控制技术，形成电池动力系统智能化集成控制和安全措施，混合动力系统可实施模式间切换，实现系统集成配套国产化。

新能源船舶创新发展对国内配套产业技术需求研究__周国平　30　SDARI

新能源船舶配套产业技术需求

CSSC

- 风能助航动力船舶配套
  - 风力转筒帆助航装置

风力转筒帆助推装置主要由外旋筒、端板、内塔筒、旋转驱动系统、折叠倒放/轨道移位机构、底座和智能控制系统等组成，实现装置集成国产化配套。船舶甲板面上可安装数台联合工作，形成风力转筒帆-主推进装置有机配合，产生“马格努斯效应”，为船舶航行提供助航动力，提高航速，降低能耗。

  - 风力翼型帆助航装置

风力翼型帆助推装置主要由硬翼帆、角度调控液压装置、垂直升降/折叠倒放机构、底座和智能控制系统等组成，实现装置集成国产化配套。船舶甲板面上可安装数台联合工作，形成风力翼型帆-主推进装置有机配合，为船舶航行提供助航动力，提高航速，降低能耗。

新能源船舶创新发展对国内配套产业技术需求研究__周国平　31　SDARI

结　语

CSSC

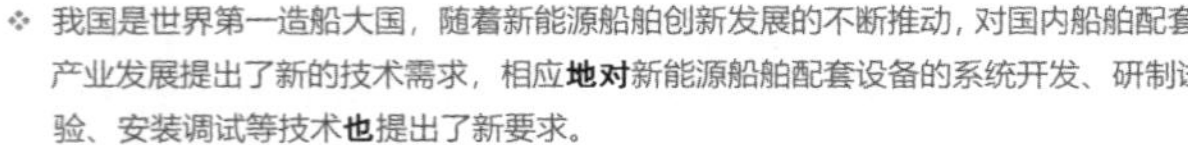

- 我国是世界第一造船大国，随着新能源船舶创新发展的不断推动，对国内船舶配套产业发展提出了新的技术需求，相应地对新能源船舶配套设备的系统开发、研制试验、安装调试等技术也提出了新要求。
- 船舶配套产业发展要对接国民经济建设、社会发展和国家安全重大需求，新能源船舶配套重点发展技术含量高、市场潜力大的配套产品，抢占新能源船舶配套国际前沿技术，推动船舶配套产业结构优化升级，做大做强船舶配套产业，努力提升我国船舶配套产业国际市场核心竞争力和商业化占比率。

新能源船舶创新发展对国内配套产业技术需求研究__周国平　32　SDARI

CSSC 上海船舶研究设计院

新能源船舶创新发展对国内配套产业技术需要研究

CUSTOMIZED DESIGN, INNOVATIVE TECHNOLOGY

02 船上应用绿色低碳技术 – 替代燃料技术

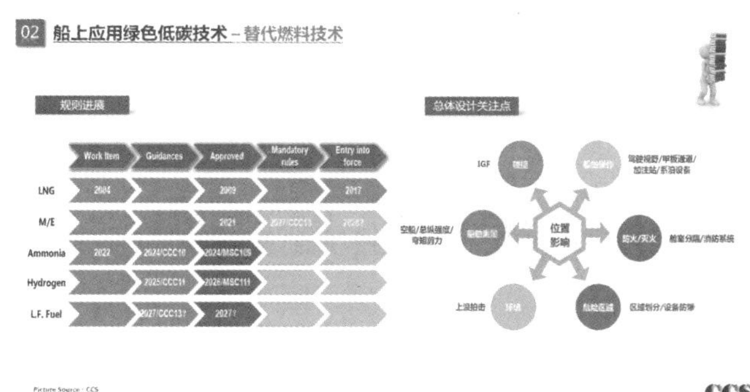

02 船上应用绿色低碳技术 – 替代燃料技术

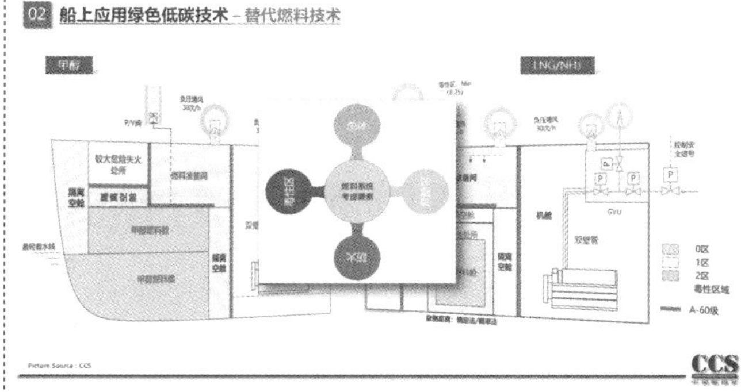

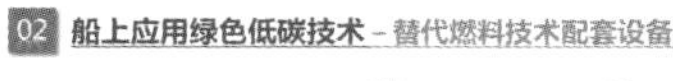

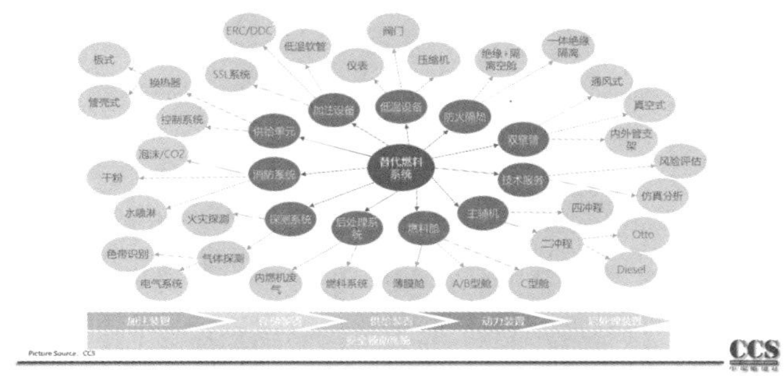

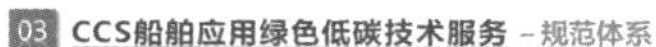

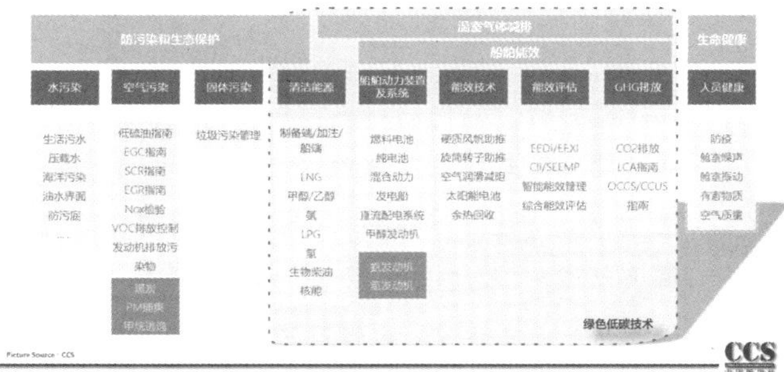

03 CCS船舶应用绿色低碳技术服务 – 船舶检验

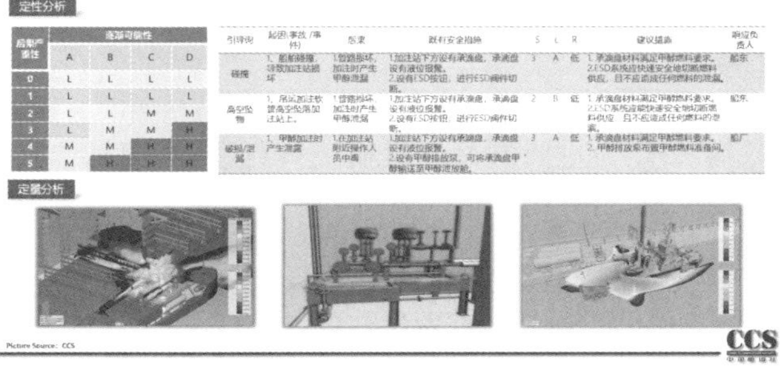

03 CCS船舶应用绿色低碳技术服务 – 船型研究

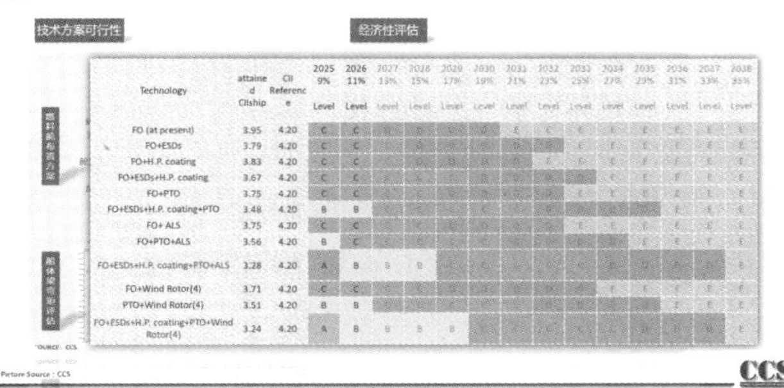

03 CCS船舶应用绿色低碳技术服务 – 技术服务系统

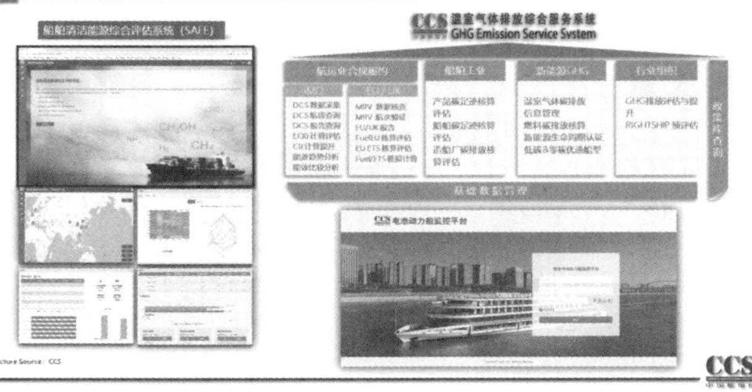

安全 环保 为客户和社会创造价值

Safety, Environmental Protection and Creating Value for Clients and Society

朱 杰
15942436156
zhuj@ccs.org.cn
中国船级社 业务发展处

船舶新能源动力技术的应用现状与发展趋势

姚寿广

(江苏科技大学能源与动力学院)

摘　要:本文旨在交流船舶新能源动力的研究与应用进展。随着全球对环境保护的日益重视以及国际海事组织(IMO)对船舶排放要求的不断提高,船舶行业正积极寻求可持续的新能源动力解决方案。本文将分析各种新能源动力技术在船舶上的应用现状,包括氢能、LNG、甲醇、氨能等,并分析其优势、挑战及未来发展趋势。

关键词:船舶;新能源动力

0　引言

船舶作为重要的交通运输工具,在全球贸易中发挥着关键作用。然而,传统的船舶动力系统主要依赖于化石燃料,如柴油、重油等,这不仅会导致大量的温室气体排放和空气污染,还使人类面临着能源供应的不确定性和价格波动。为了应对这些挑战,寻找清洁、高效的新能源成为船舶行业的迫切需求,相应的船舶新能源及动力技术的研究与应用成为当前的热点领域。

1　主要新能源及动力技术

1.1　氢能

利用氢气作为船舶动力燃料,有两种供能方式:(1)通过燃料电池将氢气的化学能转化为电能,为船舶提供动力,燃料电池是一种高效、清洁的发电装置,它可以将氢气和氧气反应产生的化学能直接转化为电能,而不经过燃烧过程,因此能量转换效率高,不会产生任何污染物和温室气体;(2)将氢气作为发动机燃料。

1.1.1　氢能源特点

氢能源是一种二次能源。

氢能源有 4 个极具竞争力的燃料特性:

(1)高能量密度:单位质量的热值约是煤炭的 4 倍、汽油的 3.1 倍、天然气的 2.6 倍,且氢氧焰温度可超过 3 000 ℃,属于高能燃料。

(2)可存储且无碳:相比电力而言,氢能源可以实现灵活运用。

(3)可循环使用:地球 70%被海洋覆盖,氢气资源丰富。

(4)零排放:燃烧或使用氢能源只会产生水,不会产生任何污染物,对环境友好。

但氢能源有 5 个极弱势的燃料特性:

(1)氢气是最轻的气体,单位体积能量仅为天然气的 1/3。从能源的角度看,这意味着氢气的体积能量比当前所知的任何燃料都要少。

(2)氢是元素周期表中最小的,这就意味着氢气最容易泄漏,长期储存是问题。

(3)氢气是爆炸极限最高的气体,在纯氧中小于4%是安全的,大于74%只着火不爆炸。但是在4%~74%这个范围内,遇火星就爆。在封闭的空间里存储,氢气就会有巨大的安全隐患。

(4)常温、常压下液态氢的密度为气态氢的845倍(气液体积比为845),液态氢是最佳的利用形态。然而氢气的液化成本高、耗能大,制取1 kg液态氢的能耗约为12 kWh,相当于液态氢同质量能量的30%。

(5)由于液态氢沸点很低、气化潜热小,因此-253 ℃液态氢的储存因温度与外界温度存在巨大的温差,稍有热量从外界渗入容器,即会造成液态氢的快速沸腾而损失,这加大了储存技术难度,也是液态储氢技术的核心难题。

1.1.2　氢燃料在船舶上的应用现状

(1)氢燃料发动机

氢燃料发动机是一种将氢气直接作为发动机燃料的应用,具有极易实现稀薄燃烧、排放污染物少、热效率高等优点,但其面临的主要技术难题是:

①"氢脆"导致的材料脆化、开裂问题;

②氢的储运问题。

(2)船用燃料电池

目前,船用氢燃料电池动力船舶还处于研发和示范阶段,尚未实现大规模商业化应用。相比于PEM燃料电池,高温燃料电池SOFC以其高功率、高效率、氢气纯度要求低等优势更适合在船舶上应用,是未来大型船舶船用燃料电池的发展方向。

其面临的主要技术难题是:

①船用储氢技术

国内现阶段陆上氢燃料电池汽车多采用高压储氢技术,对于船舶应用来说,小型船舶也可采用高压气瓶储氢,但高压储氢技术储氢密度较低,无法满足常规船舶对于燃料续航力的要求,未来船舶储氢将向能量密度更高的液态储氢方向发展,这是未来船舶行业大规模应用氢能亟须打破的技术瓶颈。

②船用加氢技术

与车用加氢相比,船用加氢具有加注量大、持续时间长的特点,加注设备不应简单地采用陆用加氢枪,而应采用更加可靠的加注连接方式,且还应考虑船岸之间的紧急切断的联动功能,以及紧急脱开的需要。出于氢安全方面的考虑,陆上燃料电池汽车加氢时,驾驶员通常需要关闭发动机并下车。而船舶在码头进行燃料加注时一般不允许船舶断电,因此如何建立安全完善的基础设施,既满足加氢时燃料电池系统正常工作供电及装卸货等同步操作的需要,又保障氢燃料加注操作的安全,是亟须解决的问题。

(2)应用案例(图1)

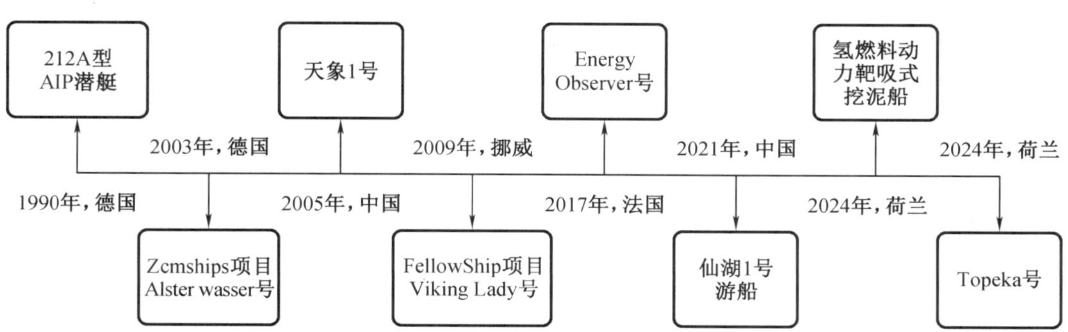

图1　国内外已下水和计划研制的典型氢动力船(来源:中国氢能联盟)

德国与挪威是氢燃料电池船舶应用的先驱国家。尤其是挪威,在民船应用领域已经建成多艘氢燃料电池渡轮和游船,并在实际运营中取得了良好的效果。如挪威的"Viking Energy"号是世界上第一艘采用氢能源作为动力的渡轮,该渡轮安装了两台 1 000 kW 的燃料电池系统,可搭载 360 名乘客和 80 辆汽车,续航里程可达 120 n mile。

总体来看,国内目前是以科研院所示范项目为主开展相关试验论证工作,同时伴随氢燃料电池船舶法定检验技术规则及相应的管理办法的建立与完善。

1.2 生物甲烷/液化天然气(LNG)

液化天然气(LNG)是一种清洁、高效的化石燃料,采用 LNG 作为燃料的船舶的动力系统主要由 LNG 储存系统、供气系统、发动机和推进器等组成。由于天然气是目前唯一一种在商业应用和操作层面上都可行,并且能够同时减少区域排放和温室气体排放的环保燃料,因此 LNG 作为船舶燃料在供给侧已经具有坚实基础。

通过现有的各种生物转化技术,任何类型的生物质(如:仅为能源利用而种植的农作物、农业残留物、林业产品及残留物、水生生物质)都可以用来生产生物甲烷,生物甲烷也称可再生天然气(RNG)。

RNG 是一种零温室气体排放的燃料,因为它们是自然碳循环的产物,因此这种燃料不仅不会产生温室气体,而且还具有实现负排放的潜力,属于碳负燃料。

RNG 的另一类来源是合成天然气。除常规的通过化石燃料煤、天然气热化学制取外,还可通过 CO_2、甲烷化合成天然气,即通过电解水产生氢气,然后通过添加二氧化碳使氢气"甲烷化"而产生 RNG。如果用于合成的氢气是用可再生能源制造的,而二氧化碳是从其他排放源(如发电厂的烟囱)中捕获,那么该合成天然气可以被认为是绿色能源。

上述能源可以帮助行业进一步实现 IMO 2050 温室气体减排目标,并最终推动行业彻底脱碳。

1.2.1 LNG 的特点

(1)环保性:LNG 主要成分是甲烷,燃烧后产生的污染物极少,与传统的燃油相比,可大幅减少硫氧化物(SO_x)、氮氧化物(NO_x)和颗粒物(PM)的排放,同时只产生少量二氧化碳与水蒸气。

(2)高效性:LNG 的热值较高,为 50~55 MJ/kg,比传统燃油的热值高 15%~20%。这意味着使用 LNG 作为燃料的船舶可以在相同的负载下行驶更远的距离,或者在相同的航程下减少燃料的消耗。

(3)安全性:LNG 在常压下冷却至约-162 ℃时变为液态,体积约缩小至原来的$\frac{1}{600}$,便于储存和运输。同时,LNG 的燃点较高,相对不易燃烧和爆炸。此外,LNG 泄漏后会迅速气化并扩散,不会像燃油一样在水面上形成油膜,对环境的危害较小。

1.2.2 LNG 在船舶上的应用

目前以 LNG 作为燃料的船用双燃料发动机技术已相对成熟,并已投入商业化应用。围绕 LNG 发动机的研发一方面是研究新型的 LNG 发动机燃烧模式,如稀薄燃烧、均质压燃等,以进一步提高发动机的效率和环保性;另一方面是通过优化燃烧系统、改进进气和排气系统、采用先进的电子控制技术等,提高发动机的热效率、降低排放、增强可靠性。

LNG 储存与加注技术经过数十年的研究与开发,在应用上已奠定了良好的基础。目前 LNG 储罐主要有 C 型罐、薄膜罐和独立球罐等类型。C 型罐是一种压力罐,适用于小型船舶;薄膜罐和独立球罐是常压罐,适用于大型船舶。

为了确保 LNG 的储存与加注安全,已采取了一系列的安全措施,如设置泄漏检测系统、防火防爆系统、通风系统等。

随着环保要求的不断提高,越来越多的国家和地区开始推广 LNG 船舶,以减少船舶的温室气体排放和空气污染。目前 LNG 船舶已经在全球范围内得到了广泛的应用,尤其是在大型集装箱船、油轮和散货船等领域。

我国高度重视 LNG 作为船舶新能源的应用,出台了一系列政策支持 LNG 动力船舶的发展。例如,中华人民共和国交通运输部发布了《关于推进水运行业应用液化天然气的指导意见》,明确了 LNG 作为船舶新能源的发展目标和重点任务。

目前,我国内河航运船舶中已经有数百艘船舶使用 LNG 作为燃料,主要集中在长江、珠江流域。同时,我国也在加快建设 LNG 加气站等基础设施，为 LNG 动力船舶的发展提供保障。

LNG 作为一种清洁、高效、安全的船舶新能源，具有广阔的发展前景。目前，LNG 在船舶上的应用技术已经逐渐成熟，相关研究工作也在不断深入。随着政策支持力度的加大、技术进步的推动和市场需求的增加，LNG 作为船舶新能源的应用将越来越广泛，为航运业的可持续发展做出贡献。

1.2.3　生物 LNG 在船舶上的应用

RNG 杂质含量极低，只需进行少量调整或者不做任何改动就可用于现有的 LNG 发动机，并且可利用现有 LNG 基础设施进行运输、存储和加注。

目前生物 LNG 混合燃料在欧洲西北部已具有商业可行性，在鹿特丹，生物 LNG 与 LNG 的混合比例为 10%，与含硫量小于 0.1% 的船用轻柴油（MGO）相当。相比于其他低碳和零碳燃料，例如绿色氢和氨，生物 LNG 完全可以利用现有的 LNG 基础设施进行运输和加注，在这方面，生物 LNG 具有明显商业优势。

生物 LNG 在航运业已有不少成功的商用案例。2020 年 11 月，道达尔（total）在鹿特丹完成了迄今为止世界上最大的 LNG 加注作业，向达飞（CMA-CGM）超大型集装箱船 JACQUES SAADE 供应了 1.73 万 m^3 LNG，其中 13% 为生物 LNG。2022 年 11 月，日本商船三井在“Papua”号 LNG 船上加注了由埃克森美孚（Marine）提供的 1 500 t 生物燃料。

达飞以“到 2050 年实现净零碳排放”为目标，已建成一支由 30 艘双燃料“可使用电子甲烷”船舶组成的船队并投入营运，并且在 2026 年底将增加至 77 艘。

1.3　甲醇

甲醇是一种重要的能源化工产品，用它深加工的有机化工产品有上百种。甲醇作为新能源燃料，是性价比最高的储氢载体。

甲醇燃料上船的两种应用方式

（1）甲醇燃料发动机

甲醇燃料发动机是一种将甲醇直接作为燃料的发动机，具有碳减排约 10%、NO_x 减排约 60% 等优点，其面临的主要技术问题是具有毒性和腐蚀性（也是一种优良的溶剂）。

（2）船用燃料电池

船用燃料电池主要是采用甲醇重整器制氢+燃料电池的间接甲醇燃料电池。

1.3.1　甲醇燃料的特点

甲醇是一种无色、透明、易挥发、可燃且略带醇香味的有毒（一种强烈的神经和血管毒物）液体，具有良好的溶解性和流动性。甲醇的化学性质较为活泼，可与多种物质发生反应。它是一种重要的有机化工原料，广泛应用于合成塑料、橡胶、纤维、涂料等领域。

甲醇作为燃料具有以下特点。

甲醇燃烧具有环保性。甲醇燃烧后的主要产物是二氧化碳和水，相比传统的船舶燃料（如重油、柴油等），其排放的污染物显著减少。甲醇不含硫和重金属等有害物质，可有效降低船舶尾气对环境的污染。

甲醇燃烧具有安全性。甲醇的闪点较高，相对较为安全。在储存和运输过程中，甲醇的风险较低。此外，甲醇具有良好的自熄性，即使发生泄漏也不易引发火灾。

甲醇燃烧有三大特点：①极佳的冷却作用，可以降低发动机温度，不致过热；②汽油和甲醇的燃烧极限分别是 1.4%～7.6% 和 6.7%～36.0%，甲醇燃料能够在较宽的混合气浓度范围内工作；③极高的抗爆能力，能够在高于优质汽油所容许的压力下燃烧而不会爆震。这正适合高压缩比、高性能的发动机。

以甲醇作为高密度储氢材料，每吨甲醇与水重整可制出超过 180 kg 氢气，相比高压或低温液态储氢方式具有更高的储氢能量密度（车载 1 L 甲醇，相当于 2 L 的液氢，只需要使用在线转化装置，就可实现即用即制）。

甲醇是一种低能量密度燃料，热值较低，为 19.9MJ/kg，甲醇低热值约是柴油低热值的 46%，是汽油低热值的 47%。甲醇的体积能量密度约为柴油的 25%，这意味着要获得与柴油相同的体积能量，储存容器体积必须扩大至原来的 2.5 倍，如果使用现有舱柜，运输距离将减少一半。

作为一种燃料，由于常温常压下是液体状态，可安全、高效、经济、便捷储运，既可以解决氢气液化带来的高能耗问题，还可以把燃料高效性和液体燃料的优势结合起来，因此甲醇成为当前最具竞争力的低碳燃料/储氢燃料之一。

1.3.2　甲醇作为船舶燃料的应用

甲醇作为船舶动力燃料的探索已有十余年，主要是甲醇燃料发动机，且颇具竞争力。就减排效果来说，甲醇发动机与 LNG 发动机相差无几，能使硫化物(SO_x)、氮氧化物(NO_x)、颗粒物(PM)排放分别减少 99%、60%及 95%，能很好地满足海事法规要求。此外，甲醇在室温下呈液态，无须加压即可储存，便于运输，已有超过 100 年的安全海运历史；即便泄漏，也能够实现生物降解，尤其是在水中可迅速稀释至“无毒级别”，对环境和海洋生物的负面影响较小。

近年来，随着环保要求的不断提高，甲醇燃料船舶的发展受到了更多的关注。目前，全球已有多艘甲醇燃料船舶投入运营，主要包括集装箱船、散货船、油轮等类型。这些船舶的成功运营为甲醇在船舶领域的应用提供了宝贵的经验(表 1)。

表 1　甲醇发动机国内外技术发展情况

		国外厂商					国内厂商	
		MAN ES	WinGD	Wartsila	MTU	Caterpillar	淄柴	中船动力
二冲程	型号	ME-LGIM	未公布	—	—	—	—	—
	开发情况	商业化	研发中	—	—	—	—	—
	订单	50 台	无	—	—	I	—	—
四冲程	型号	未公布	—	Wartsila32	未公布	未公布	Z6170	6M320DM
	开发情况	研发中	—	研发中	研发中	研发中	样机	点火成功
	订单	无	—	6 台	无	无	无	无

总体来看，船舶甲醇燃料发动机中，二冲程领域目前仅有 MAN ES 和 WinGD 正在开展相关工作，MAN ES 旗下的 ME-LGIM 发动机已成功实现大规模商业化应用。四冲程领域是目前国内外发动机厂商重点攻克的领域，虽然还没有商业化运营的案例，但在航运业对甲醇燃料愈发关注的背景下，预计 2028 年将完成破冰并实现规模化、商业化应用。

在甲醇燃料喷射所用技术路线上，国内外存在较大区别，国外普遍采用缸内液体直喷技术，而国内则采用进气歧管喷射技术；后处理方面，除 MAN ES 可选用燃料掺水的方式降低 NO_x 排放外，其他企业均采用 SCR 的方式降低 NO_x 排放。

国际上，欧洲是船用甲醇燃料的研究和实践先锋，船用甲醇燃料研究与应用均处于世界领先水平。早在 2006 年，欧盟委员会就资助了一个名为“基于可再生甲醇的商船辅助电力系统可行性研究”项目(METHAPU)，旨在评估利用甲醇燃料电池向 SOLAS 船舶重要设备供电的相关技术及可行性。之后，瑞典国家创新局陆续开展了一系列研究或试点项目，实现了甲醇用作船用燃料从科研向实船应用的跨越。但就应用现状看，基本上处于研发试验阶段。

1.4　氨能

氨是重要的化工产品，氮肥工业、有机合成工业及制造硝酸、铵盐和纯碱都离不开它，其主要消费领域是化肥工业。由于氨气在纯氧中可以燃烧，且会生成一种单质和水，因此氨被视为运输设备的能源已有很长时间了。最早尝试使用氨气开发发动机的科学家是德国发明了柴油机的鲁道夫·迪塞尔(Rudolf Diesel)，迪塞尔在 19 世纪后期对氨燃料发动机进行了 7 年的研究。

氨有强烈的刺激气味，会灼伤皮肤、眼睛、呼吸器官的黏膜，人吸入过多能引起肺肿胀，甚至死亡，因此氨是国际海运危险货物规则(IMDG)中列明的 2.3 类有毒气体，属于易爆的高危险品，必须以溶液形态储存，其储存和供给网络必须安全可靠，以防泄漏。有鉴于此，把氨作为燃料对公众来讲是相当陌生的。

氨作为一种富氢、无碳能源，具有高能量密度，储运相对容易等优点，加上具有良好的产业基础，价格低廉，可确保其在全球范围内的供应，因此氨正逐渐成为船舶新能源领域的研究热点。

氨燃料上船的应用方式有以下两种。

（1）氨燃料发动机

将氨气直接作为燃料的发动机，具有无碳无硫等优点，但其面临的技术难题也不容忽视：

①火焰传播速度慢、燃烧范围较窄及 NO_x、N_2O 排放等问题；

②NO_x 排放高，同时由于余隙容积的影响，乏气中存在未燃尽氨气；

③具有毒性和腐蚀性。

因此，目前如何使氨在发动机燃烧室中进行高速、稳定、控氮化物燃烧是业界关注的研究焦点。

（2）船用燃料电池

①直接供氨燃料电池（DAFC）（处于实验室研发阶段）

②间接供氨燃料电池（IAFC）

1.4.1　氨的燃料特性

（1）氨由氮和氢组成，燃烧时不产生二氧化碳，仅产生氮气和水，是一种理想的无碳能源。同时具备常用燃料所需的廉价、易得、易挥发、便储存等优点。

（2）与其他燃料相比，氨气的密度较低，仅为天然气密度的一半，约为燃油的三分之一。因此将其存储在船上需要更多的空间。

（3）易于储存和运输：氨在常温常压下为气态，可通过压缩或液化的方式进行储存和运输，与液化天然气（LNG）等燃料相比，具有较低的储存和运输成本。

（4）氨气在环境中会代谢掉，不会积累。

（5）氨可以通过多种方式生产，如合成氨工艺、生物质气化等，来源广泛且可以利用可再生能源生产，实现可持续发展。

1.4.2　氨燃料在船舶上的应用

2018 年至 2022 年，国内外曾纷纷豪赌氨燃料动力系统产业将为造船和航运带来的新产业机会，欧洲、日本、韩国、中国都在开展氨燃料船舶研发，不同国家和地区的研发路径各具特点。欧洲主导了氨燃料发动机研发。瓦锡兰（Wartsila）2021 年针对船用市场推出氨混合燃料发动机，在 2024 年左右推出纯氨燃料发动机，同时还参与了全球多个氨燃料船舶研发项目。

2021 年 4 月 11 日，德国 MAN E 推出了“AmmoniaMot”项目，旨在研发制造能够使用氨气和柴油运行的双燃料中速发动机。该项目得到德国政府联邦经济技术部（BMWi）的支持。2023 年 7 月 6 日，该公司研发的氨发动机在哥本哈根研究中心成功进行了氨燃烧试验，原计划在 2024 年开始正式向市场推出氨气燃料动力的二冲程大型船舶主机和四冲程发动机，但从目前进展报道看明显不如预期。

日本高度重视氨燃料产业链布局，计划打造涵盖船舶建造、设备研制、燃料加注的全产业链。已经于 2020 年 10 月成立了燃料氨委员会，由来自公共部门和私营部门的代表组成，旨在解决引进和扩大使用氨作为燃料的技术和其他供应链障碍。该委员会对氨气的采购开展可行性研究，以建立解决方案的供应链，并开展示范项目以推广氨气燃料，同时考虑在火力发电、工业和船舶等方面使用氨气燃料。在船舶领域，委员会希望到 2028 年实现零排放船舶的商业运营，到 2050 年完成船舶领域氢气、氨气等替代燃料的转换。

此外，五家日本船企与全球船机巨头 MAN E S 联手启动了氨动力零碳船舶开发计划，目标是在 2024 年实现氨燃料船的商业化，推出日本的行业标准。

国内方面也有极大进展，2023 年 11 月 30 日，中车大连公司自主研发的我国首台中速大功率氨燃料发动机在大连点火成功。国内外已下水和计划研制的氨动力船舶如图 2。

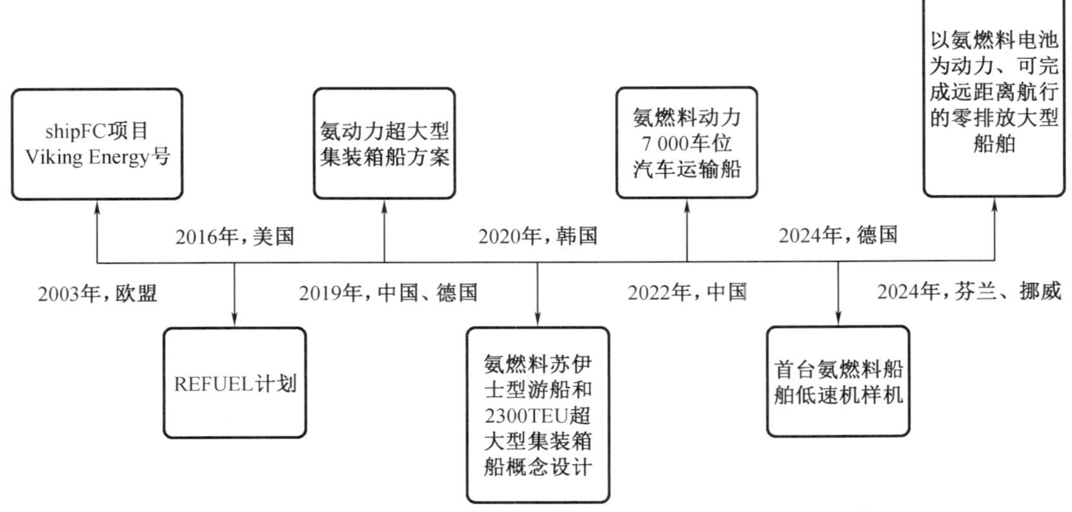

图 2　国内外已下水和计划研制的氨动力船舶(来源:中国氢能联盟)

总体来看,目前国内外已经开展了一系列关于氨动力海上船舶,包括氨氢动力海上船舶的相关研究。其中,氨动力海上船舶目前仍处于前期的技术研发阶段,主要集中于油船、集装箱船、散货船等主流船型及液化气船的研发,全球范围内还没有投入商用的船用氨燃料发动机,也没有投入实际应用的氨燃料动力船,仅有氨燃料预设船舶在运营。

因为氨作为燃料独自使用时具有燃点高、燃烧稳定性差等缺点,会导致燃烧不充分,这将排放 NO_x 污染环境。为了使氨具有更好的燃烧效果,一般需要添加一定量的含碳化合物,但这样无法达到“净零”目标。因此氨能作为燃料直接使用,要想达到完全的零排放还有很长的路要走。目前氢氨融合实现高温零碳燃料燃烧是一个重要的技术发展方向。而氨燃料电池技术仍处于研发阶段,但有望在未来成为船舶的主要动力源之一。

对于氨燃料在船舶上的应用,目前还面临一个主要问题,即为了确保氨燃料在船舶上的安全储存和供应,需要开发专门的储存和供应系统,这些系统包括氨储罐、加注设备、输送管道等,还需要满足严格的安全标准和规范,来确保氨燃料在船舶上的安全使用。因此为了实现氨燃料在船舶上的广泛应用,需要建设相应的加注设施、储存设施等基础设施,这需要大量的资金投入和政策支持。此外,氨燃料在船舶上的应用,目前全球各国都缺乏统一的法规和标准,需要加快制定相关法规和标准,规范氨燃料在船舶上的生产、储存、运输和使用,确保航运业的安全和可持续发展。

2　未来船舶新能源动力发展展望

未来船舶新能源动力燃料的低碳转型是一项长期性、复杂性的系统工程,对清洁能源应用前景的研判,需要综合考虑下面几大因素,这也是未来选择替代燃料的最为关键的考量。

(1)上游能源产业的供应能力。

(2)经济可接受性。

(3)船上加注、储供、动力等环节的技术成熟度。

(4)环境适应性。

(5)技术法规支撑下的风险严控。

目前在全球各利益方中,政府和监管机构的立场是明确的,即通过制定法规来推动航运业的脱碳进程。国际海事组织和欧盟等监管机构正在将该目标转化为法规,强制性的二氧化碳法规也在逐步加强。

但港口和航运公司对于未来零碳燃料的选择主要考虑的是替代燃料的成本优势和技术可行性。不同替代燃料均需考虑船舶建造或改造成本、适用该替代燃料的供应基础设施建设成本、燃料生产成本等,虽然目前越来越多的 LNG 动力船正在规划之中,但未来替代燃料更倾向于哪种燃料仍未可知,大家都处于困惑、疑虑与观望中。

而动力设备生产商及燃料供应商则普遍认为,对于一个高度复杂、难以削弱的全球化产业而言,要判断各种替代燃料的真正潜力还为时尚早,只有时间才能证明哪些方案有助于航运业脱碳。

研究机构和学术界则对未来的零碳燃料总体持开放态度,他们认为氨、氢、甲醇、生物燃料、电池和核等能源都有可能成为未来的船舶燃料。

全球海事论坛(GMF)曾发布过一份研究报告,对全球主要航运公司进行了调查,并评估了航运业零排放路径的多燃料选择。其中有45%的受访者表示,到2050年最常见的燃料组合将是船队同时使用燃料油/生物柴油、甲烷、甲醇和氨。

调查结果还表明,到2050年,内燃机仍将是首选,航运业采用替代燃料的速度将取决于其与化石燃料的成本差距及这类环保替代燃料在全球港口的可用程度。

为了实现零排放,航运业需要一个目标更为宏大的监管框架,具有明确的减排目标和支持政策,以便缩小绿色燃料和目前为全球船队提供动力的化石燃料之间的成本差距。

2.1 天然气可能的"碳中和"路径

此前LNG被认为是最能代表未来的燃料之一,IMO硫排放新规加速了其在航运业内的使用和普及,因为其燃烧后的硫化物排放为零,且较传统燃油碳排放能减少15%~20%。

目前LNG是除了燃油之外最容易获得的燃料之一,全球主要港口几乎都在投资建设LNG燃料加注站,LNG加注船的订单也在不断上升。

选择使用LNG燃料的船舶可以享受长达8—10年的排放合规,从而获得比传统船舶燃料更胜一筹的融资。如果使用能够进一步减少排放的燃料,即生物LNG/可再生天然气,则能够进一步适配目前的设施设备及供应链,从而延长或完全达到零碳标准,因此LNG在中长期内将继续成为传统燃料的替代品。

近两年,以LNG为主燃料的双燃料动力船舶项目呈现出指数型增长态势,LNG动力船舶时代即将到来。

总体而言,LNG综合优势明显,是航运业实现温室气体减排中期目标最现实可行的选择。唯一不足是长远来看,采用LNG尚不能满足航运业2050减排目标。

一种业界典型观点认为,LNG作为过渡燃料,或等待零碳排放燃料技术成熟,然后大规模应用;或直接转向生物质制取LNG和可再生电力制取可再生天然气;或采用碳捕集技术。

利用40年的时间实现碳中和,LNG在船舶动力能源转型这条路上应该怎么走呢?目前来看,LNG燃料合理应用的路径有以下3条。

路径1:让LNG穿上"碳中和"外衣,以碳税/碳交易达到碳中和的效果。

路径2:通过碳捕集技术实现零碳排放。

路径3:通过生物质能、风能和太阳能,大规模生产生物/可再生天然气。

以上路径,哪种更经济实惠,哪种对环境与社会发展更有益,还需要今后进行更多研究与测算。

2.2 船舶氢能燃料应用展望

氢能大规模应用面临以下问题。

(1)电解水不如直接用电

电解水制氢后,通过燃料产生的电量不及原来用电量的三分之一,因此能效降低了三分之二。

(2)用化石能源制氢不会减少碳排放,同时低效能会带来更大污染

1 kg煤直接燃烧发的电量是制氢后通过燃料电池产生电量的五倍以上,用天然气制氢,理论上8 kg天然气制1 kg氢,由于碳的能量损失,8 kg天然气用传统内燃机驱动车比1 kg氢用燃料电池驱动车跑的远,同样甲醇制氢也一样,不如直接用甲醇内燃机驱动车,因此用天然气或甲醇制氢是多此一举。

(3)制氢容易成本高,且储氢、运氢更有难度

氢燃料电池船与LNG动力船有一定的相似性,都是新能源船舶、都使用具有危化品属性的燃料,LNG动力船在推广过程中遇到的制造/运营成本高、基础设施少、技术有待发展、政策法规缺位、人员培训不足等问题,在

燃料电池船舶推广过程中也将再次出现。

考虑到国内外 LNG 船舶推广经验与氢燃料电池汽车产业化的基础,基础设施、技术、政策法规和安全标准将是氢燃料船舶示范推广中亟待解决的难题。

氢气储运是制约绿色氢能发展的壁垒。氢能源的利用和发展本质需求是推动 LNG 运输船的发明及 LNG 海上运输的成功,可以预见,只要通过工业界、政府、国际组织、船级社等各方的共同努力,液态氢的海上运输能够成为现实。

低温液态氢的储、运、注所面对的主要挑战是要求氢气保持为-253 ℃(20 K)的液态,这比 LNG 所需维持的温度低将近 100 ℃,正如大约 60 年前,液化天然气的运输也是一场革命。有鉴于此,氢燃料受制于成本、能量密度等原因并不适合远洋船舶。

2.3 船舶氨能燃料应用展望

2.3.1 有利条件

(1)氨气生产和供应有保障

目前,氨气的年产量为 1.8 亿 t。如果要在 2050 年之前覆盖船用燃料消耗的 30%,则每年需再增产 1.5 亿 t。但实际上氨气足以满足初期的船用需求,航运业可以顺利地引进氨气燃料。

氨气燃料的大规模应用还需要依靠强大的物流链。目前全球已有 120 多个港口可以处理氨气产品的进出口,此外还有大量氨气存储设施。这些基础设施为船用氨气燃料的供应打下了良好基础。

(2)氨气燃料价格具有竞争力

与船用低硫燃油相比,氨气燃料的价格具有竞争力。使用绿色氨气作为船舶燃料的成本类似于使用合规燃油,况且如今常规氨气的成本已经相当低,这充分证明了氨气用作船舶燃料的可持续性。

只有在用于生产氨气的电力也来自可再生能源(例如风能)的情况下,氨气才能算作可持续燃料。利用可再生能源生产全球 30%的船用燃料需要 400 GW 装机容量。最近十年中可再生能源发电设备增长强劲,典型的年增长率在 20%~30%之间。仅在 2019 年,全球新增可再生能源设备安装容量就高达 184 GW。从风能和太阳能的角度来看,在 2020 年至 2040 年增加 200 GW 的装机容量用于燃料生产将是一项非常容易完成的任务。

(3)氨气燃料具备多种环保效益

氨气是一种无碳无硫的燃料,绿色氨气完全由可再生电力、水和空气生产而来。与可持续碳基燃料不同,生产绿色氨气的原料几乎是无限的。

氨气可以在没有 SO_x、二氧化碳或颗粒物排放的内燃机中燃烧。运用催化(SCR)技术可将氨气的 N_2O/NO_x 排放降到极低水平,最后排出的废物中仅含氮和水。同时泄漏的氨气在环境中会代谢掉,不会积累。

2.3.2 存在的问题

(1)社会大众能否接受氨作为大规模燃料和能源载体

尽管氨作为化学原料很有价值,但运输部门几乎没有动力使用它。石油具有较高的能量密度,生产起来更容易且更便宜。使用氨作为燃料将导致每天公共场所需要处理的氨量增加。因此必须仔细评估和减轻氨意外释放或暴露的风险。

(2)氨燃料与其他燃料相比,存在燃烧性较差、具有毒性和腐蚀性的问题

氨作为船用燃料,在输送、存储、后续处理、燃烧控制等方面至关重要。目前氨的安全性及安全处理的技术并未得到验证。

(3)必须仔细考虑氨这种新燃料相关的生产和使用技术所造成的环境影响

氨在高温下燃烧时会产生 NO_2,这会导致烟雾和酸雨,并可能危害人们的呼吸系统。燃烧还会产生少量的 N_2O,要避免为了防止二氧化碳排放的危机而制造另一场涉及氨和氮氧化物排放的危机。

(4)增加燃料供应和建立燃料分配基础设施是氨动力运输的最大挑战

由于氨气主要用于化肥生产,因而已经具备国际贸易基础设施。然而当前氨燃料在船舶工业中的应用尚

处于起步阶段,由于氨具有一定毒性和强烈刺激性气味,因此作为船舶燃料使用需要采用严格的安全防护措施,目前尚缺乏技术标准支撑,存在标准规范不完善、关键配套设备仍在研制、燃料供应不足、加注设施欠缺等问题。

(5)氨的能量密度是柴油的一半,船舶将需要容纳更大的储罐

在全球范围内,每年消耗约3亿t船用燃料。鉴于氨的能量密度是柴油的一半,氨生产商将需要提供两倍于柴油的液态氨,而船舶将需要容纳更大的储罐,这有可能吞噬货物空间。

(6)绿氨大规模安全生产难题

绝大多数氨是高度碳密集过程的产物,主要用于制造肥料和化学药品。目前没有任何大小的船只可以使用这种燃料。即使有,使用碳中和方法生产的可再生氨或绿色氨也几乎不存在。氨气的能量密度比石油低,这意味着船舶需要消耗的燃料量将是石油的5倍。根据国际航运公会(ICS)的数据,氨气产量必须增加4.4亿t,超过目前的3倍,这将需要750 GW的可再生能源。

随着绿色制氨技术及氨燃烧优化技术的发展,示范性的零碳排放氨燃料船舶将不再遥远。但氨的利用是继LNG动力船舶之后面临的重大变化,由于燃料变化的影响很大,因此造船公司很难单独应对。

2.4 船舶甲醇燃料应用展望

2.4.1 有利条件

(1)甲醇的优势在于不必从头打造全新的基础设施,而且醇类燃料的使用已有很好的经验。甲醇已是目前居世界前五位的海运大宗化学品,其运量占世界海运化学品总量的35%。甲醇已经可以在全球100多个港口进行供应,包括所有主要的燃料供应中心。

(2)甲醇作为常温常压下的液体燃料,可安全、高效、经济、便捷储运,绿色甲醇能量密度高,是理想的液体富氢载体和能源储运方式。(每吨甲醇与水重整可制出超过180 kg氢气,较高压或低温液态储氢方式具有更高的储氢能量密度)

(3)甲醇燃料发动机技术成熟。从技术是否成熟/使用成本/燃料是否易于加注这些方面评估,甲醇作为船舶燃料推广的障碍不大。

2.4.2 近期各方的展望

能源巨头壳牌公司不会推广生物甲醇作为船用燃料,而是认为该行业可以通过使用液化天然气实现最佳脱碳,然后再逐步转向生物液化天然气和电子燃料。

壳牌下游及船用LNG全球总经理Tahir Faruqui表示,LNG是船舶航运领域脱碳的不二之选,LNG作为船舶替代燃料不是一种过渡能源,而是一种转型能源。

劳氏船级社(LR)最近预测:出于对可持续来源碳成本的担忧,甲醇燃料的长期需求预测低于氨和生物甲烷,这将抑制未来甲醇燃料船舶的订购。

美国船级社(ABS)认为:如果甲醇作为燃料的使用继续以目前的速度进行,那么即使是灰色甲醇的使用也可能受到化学工业其他领域需求的限制。

标普全球(S&P Global)援引一些船级社的观点表示:甲醇可能不会成为最普遍的船用燃料,尽管甲醇燃料很受欢迎,但其供应有限,成本高昂。标普全球称,氨可能在未来几年取代绿色甲醇,成为航运公司的首选燃料。

2.5 新能源的混合使用

典型做法:

(1)LNG+氢能

氢能和LNG都是清洁燃料,具有不同的优势。氢能具有能量密度高、加注时间短等优点,但目前成本较高,基础设施不完善;LNG具有价格相对稳定、基础设施较为完善等优点,但燃烧仍会产生一定的污染物和温室气体。将氢能和LNG结合起来,可以充分发挥两者的优势,提高船舶的环保性能和运营效率。例如,可以采

用氢能作为主动力,LNG 作为辅助动力,或者采用双燃料发动机,既可以燃烧 LNG,也可以燃烧氢气。

(2)甲醇

甲醇作为船舶新能源,可以与其他新能源(如太阳能、风能、氢能等)结合使用,实现船舶能源的多元化和可持续发展。例如,可以利用太阳能和风能为甲醇生产提供能源,实现绿色甲醇的生产;也可以将甲醇与氢能结合使用,提高船舶的动力性能和续航能力。

3 结论

船舶新能源动力技术的研究与应用是当前船舶行业的热点,也是实现船舶行业可持续发展的必然选择。太阳能、风能、氢能、LNG 等新能源动力技术在船舶上的应用已经取得了一定的进展,但仍面临着一些挑战。未来,随着技术的不断创新、政策的支持和市场的需求,船舶新能源动力技术将不断发展和完善,为船舶行业的绿色转型提供有力支撑。

船舶制造数字化转型若干思考

刘建峰

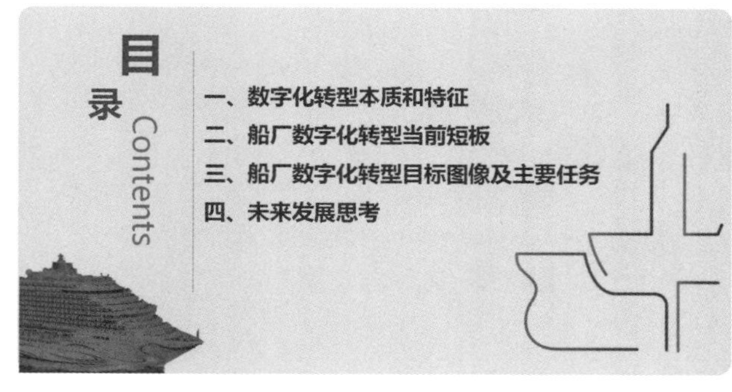

一、数字化转型本质和特征

CSSC | SWS

一、数字化转型本质和特征

（一）国家高度重视数字化转型发展

自党的十八大以来，习近平总书记高瞻远瞩，作出一系列新论断新部署新要求，为数字经济发展和数字化转型把舵定向、绘就蓝图。

习近平总书记在党的二十大报告中指出：“坚持把发展经济的着力点放在实体经济上，推进新型工业化”、“促进数字经济和实体经济深度融合”

习近平总书记在全国新型工业化推进大会上指出：“把高质量发展的要求贯穿新型工业化全过程，把建设制造强国同发展数字经济、产业信息化等有机结合，为中国式现代化构筑强大物质技术基础。

推动制造业数字化转型，是贯彻《国务院关于深化制造业与互联网融合发展指导意见》的再动员、再部署，与十七大提出的两化融合，十八大提出的两化深度融合一脉相承，是新时代背景下两化融合的新使命和新要求，标志着两化融合迈入新阶段。

CSSC | SWS

一、数字化转型本质和特征

（二）数字化技术发展成为引领新一轮科技革命主导力量

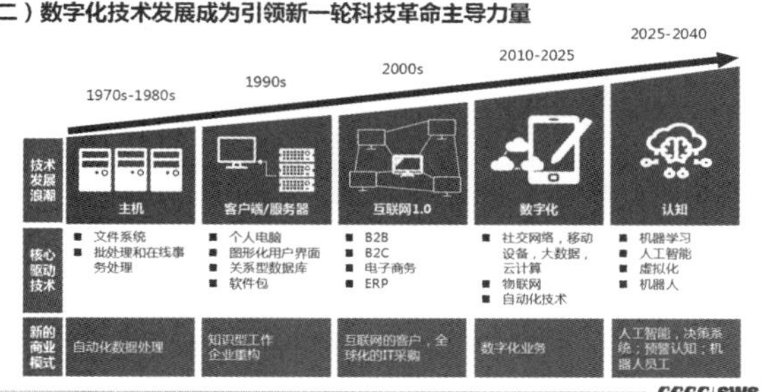

CSSC | SWS

一、数字化转型本质和特征

（三）数字化转型定义

数字化：就是将许多复杂多变的信息转变为可以度量的数字、数据，再以这些数字、数据建立起相应的数字化模型，把它们转变为一系列二进制代码，引入计算机技术，进行统一处理，这就是数字化的基本过程。计算机技术的发展，使人类第一次可以利用极为简洁的“0”和“1”编码技术，来实现对一切声音、文字、图像和数据的编码、解码，以及各类信息的采集、处理、贮存和传输实现了标准化和高速处理。

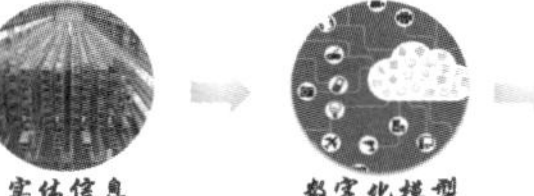

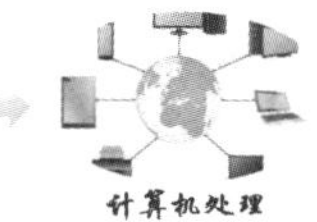

实体信息　数字化模型　二进制代码　计算机处理

数字化转型：是利用新一代信息技术，构建企业运行数据的采集、传输、存储、处理和反馈的闭环，打通不同层级间的数据壁垒，提高企业整体的运行效率，助推更高层次的精益管理和精细化管理，构建全新的数字经济体系。

CSSC | SWS

一、数字化转型本质和特征

（四）企业数字化转型本质

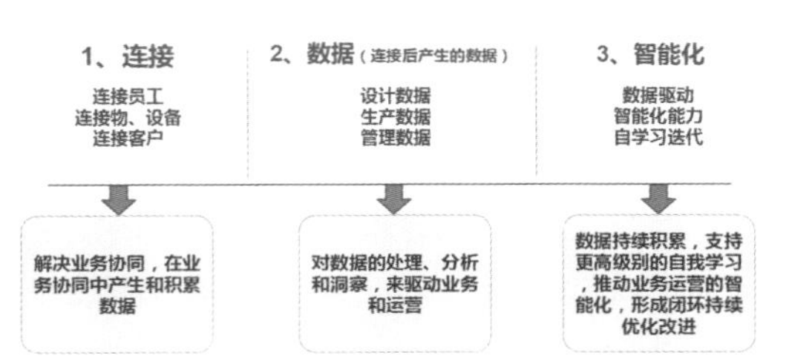

CSSC | SWS

一、数字化转型本质和特征

（五）制造业数字化转型的主要特征

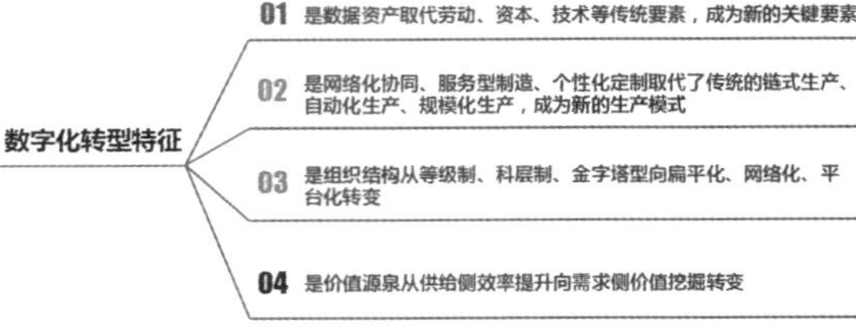

CSSC | SWS

一、数字化转型本质和特征

（六）企业数字化发展的六个阶段

CSSC | SWS

一、数字化转型本质和特征

（七）数字化是制造模式发展进程必不可少的

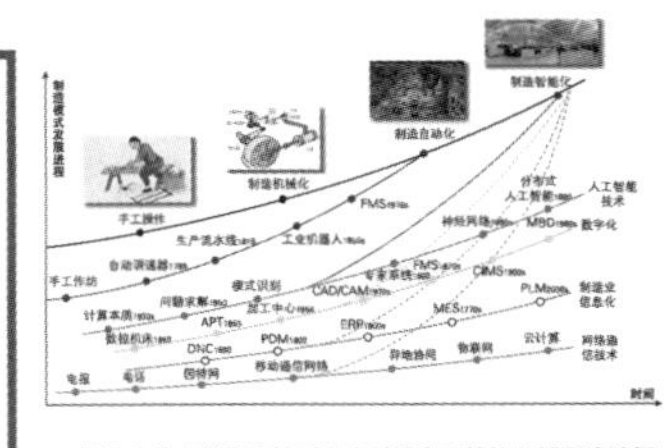

■ 制造企业向数字化转型是应对重大变革的必然正确选择

CSSC | SWS

一、数字化转型本质和特征

（八）“人知识和经验的数字化“降低了作业人员的技能经验要求

◆ 从制造系统演进过程可发现两个特征性的变化

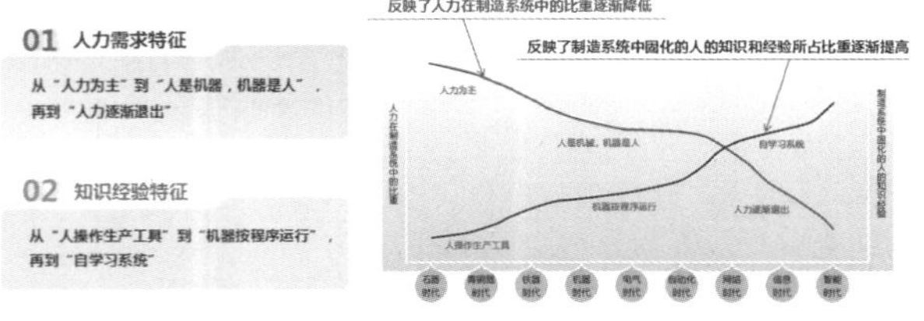

CSSC | SWS

一、数字化转型本质和特征

（九）制造企业的数字化

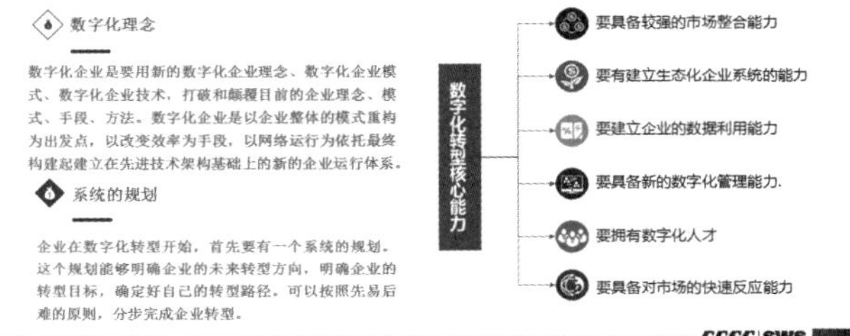

CSSC | SWS

二、船厂数字化转型当前短板

CSSC | SWS

二、船厂数字化转型当前短板

（一）国外船厂数字化转型发展情况

全球数字化变革浪潮下，数字技术与船舶先进制造技术正加速融合

大力应用新一代数字技术，加快推进数字船厂建设，已经成为当前世界造船业发展的主要趋势，世界造船强国纷纷采取数字船厂措施提高造船效率，推动船舶总装建造技术转型升级。

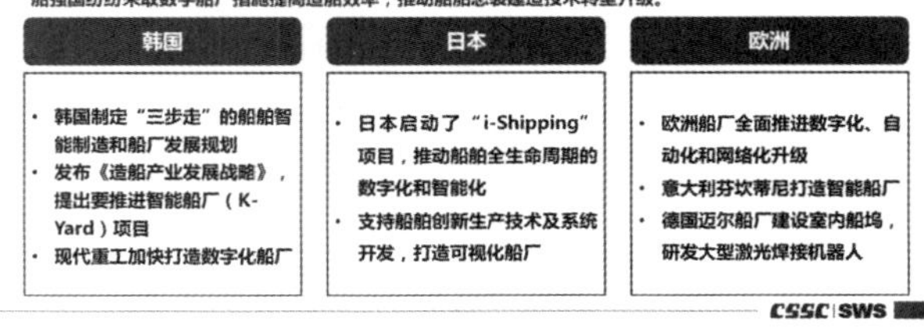

CSSC | SWS

二、船厂数字化转型当前短板

（一）国外船厂数字化转型发展情况

CSSC | SWS

二、船厂数字化转型当前短板

（二）国内船厂数字化转型现状

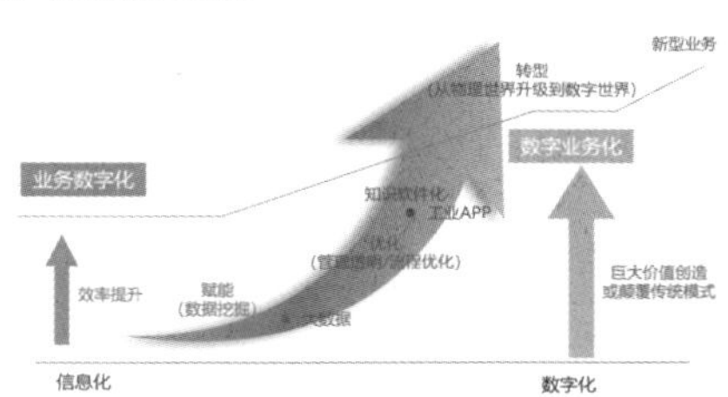

> 思想没有统一，认识上有距离，行动上缺少动力，方法上缺少系统策略，一边观望和等待一边缓慢行动。

CSSC | SWS

二、船厂数字化转型当前短板

（三）船厂数字化转型主要短板

1、一体化设计存在较大提升空间，数字化工艺信息不完整，设计与生产数据流动不畅

① **数字化工艺信息不完整**，对智能化装备的工艺设计支撑能力不足，无法满足产线智能化升级后的工艺设计需求

② **三维设计与生产现场数据流动不畅**，生产设计与建造生产之间存在模型数据不同步，未能打通设计与生产的数据链路，数据驱动赋能困难

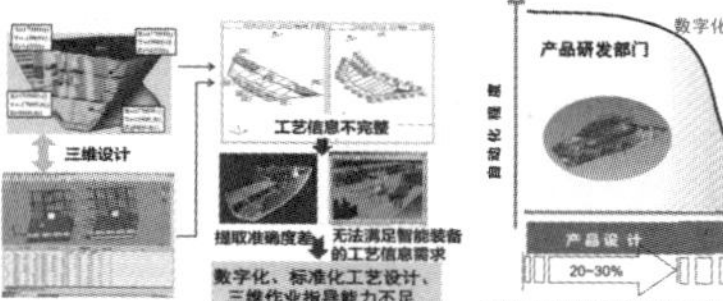

二、船厂数字化转型当前短板

（三）船厂数字化转型主要短板

2、装备数字化、智能化水平较低，车间缺乏有效的数字化工具

① **装备数字化、智能化水平较低**，制造自动化率低于日韩（近期地方船厂加大了智能产线的投入），数字化装备、产线研制和应用能力不足

② **车间作业层面缺乏有效的数字化管控工具**，导致有效生产数据缺失且无法贯通，数字化生产执行管控模型不清晰，装备和产线受生产准备（设计、物资）状态影响，难以按序按节拍流通，导致车间效能无法完全发挥

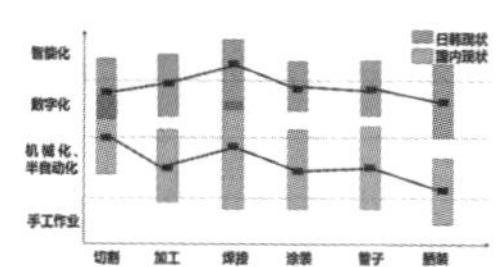

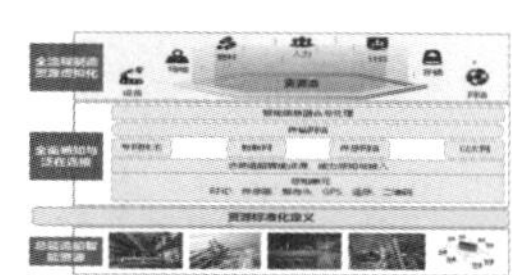

二、船厂数字化转型当前短板

（三）船厂数字化转型主要短板

3、业务数字化能力有待提高，计划资源配置不均衡，供应链协同不足，缺乏统一数据管理

① 全流程数字化能力有待提高，计划、物流、供应链、质量、能源、安全、服务等业务缺乏数字化管控手段

② 计划资源配置不均衡，计划调整、设计变更都会制约物流调度、供应链配套，造成中间产品易造成积压，项目间资源平衡难，导致不能满足均衡节拍生产要求，导致造船效率与日韩比存在差距

③ 与供应商协同能力初步建立，但整体数据双向交换，产业链协同共赢依然不够

④ 各子系统的开发基于业务部门提出需求，内部和外委开发和外采外购。因为部分项开发，缺乏统一的业务和数据规划，导致业务间的协同效率不高，从而降低运营效率

二、船厂数字化转型当前短板

（三）船厂数字化转型主要短板

4、新技术布局系统性不够，经营决策缺少数据化模型，数据资产作用不明显

① 人工智能AI、生成式人工智能快速发展，在技术和业务场景储备存在不足

② 大数据、云计算、人工智能等新一代数字技术迅速发展，智能预测、决策判断、风险识别等智能决策场景对数据提出更高的要求

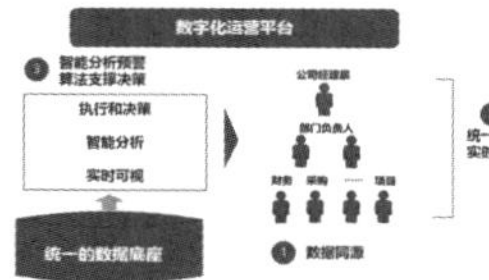

三、船厂数字化转型目标图像和主要任务

三、船厂数字化转型目标图像和主要任务

（一）船厂数字化转型

■ 造船企业数字化转型

是指聚焦造船企业以及产业链、供应链，运用船舶先进制造技术与工业互联网、大数据、云计算、人工智能、区块链等数字技术，以数据为驱动，对研发设计、生产制造、管理运营等业务环节，进行软硬结合的数字化改造，推动造船企业生产方式、企业形态、业务模式、就业需求的全方位变革，重构传统船舶建造体系，促进产业链、供应链高效协同和资源配置优化，催生造船新模式新业态。

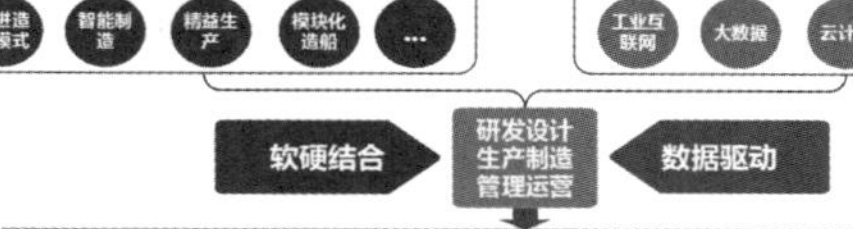

三、船厂数字化转型目标图像和主要任务

（二）船厂数字化转型总体目标

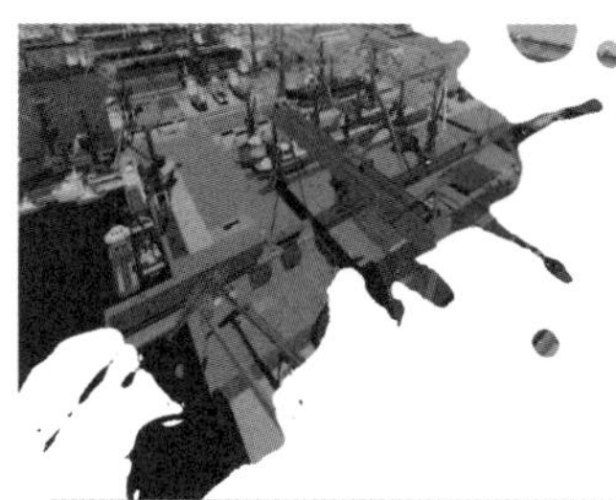

瞄准精益生产模式，以"建设数字船厂"为目标导向，实施物联网、大数据、人工智能等新一代数字化技术与船舶先进制造技术融合，以一体化设计、智能化生产、数字化运营等为载体，打造装备自动化、智能化升级的生产线和数字化驱动业务转型的全流程管理线；定义新模式，驱动新变革，构建业务数字化、管控一体化、运营智能化的数字化新模式船厂。

三、船厂数字化转型目标图像和主要任务

（三）数字化船厂目标图像

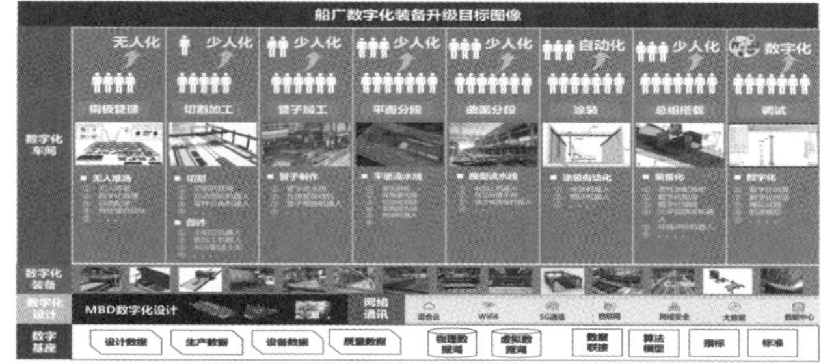

三、船厂数字化转型目标图像和主要任务

（四）造船企业数字化转型内涵

1、一体化数字设计　　2、智能化生产装备　　3、数字化管控

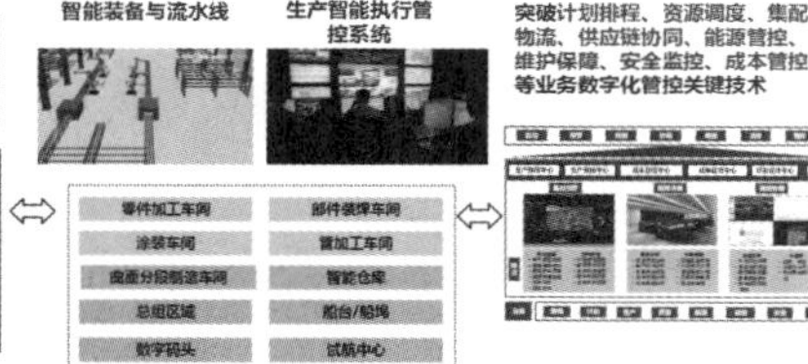

三、船厂数字化转型目标图像和主要任务

（五）造船企业数字化转型的基本框架

■ 两基础一核心

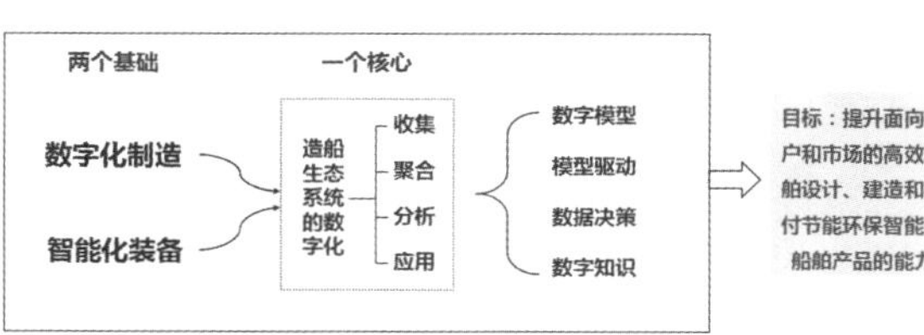

三、船厂数字化转型目标图像和主要任务

（六）数字化船厂特征

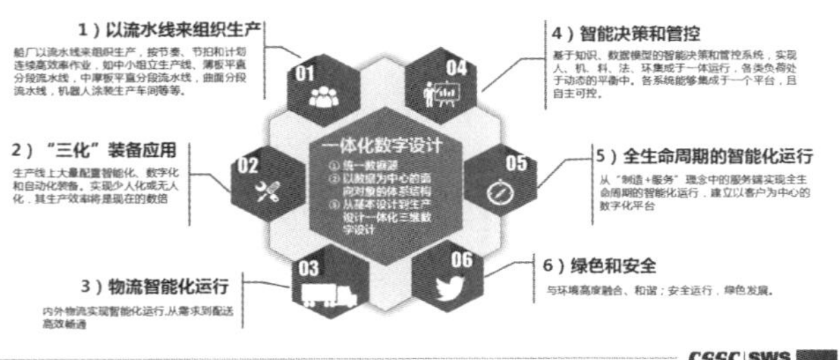

CSSC | SWS

三、船厂数字化转型目标图像和主要任务

（七）船厂数字化转型的主要任务清单

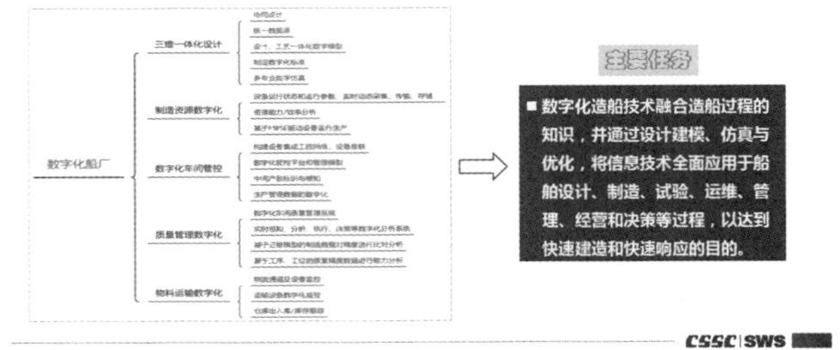

CSSC | SWS

三、船厂数字化转型目标图像和主要任务

（八）船厂数字化转型的任务

1、根据数字化转型成熟度进行等级评定，梳理短板明确发展方向

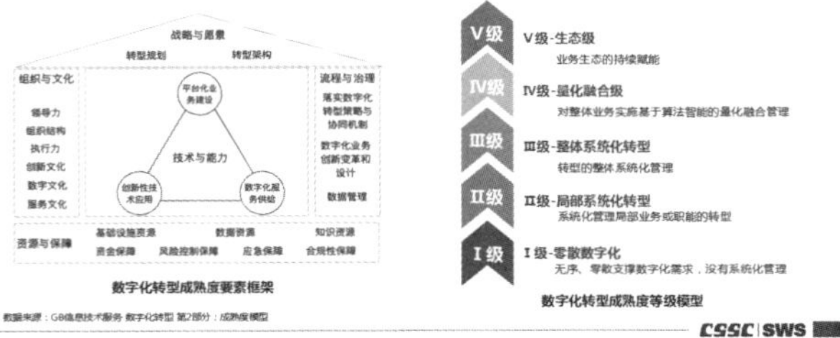

CSSC | SWS

三、船厂数字化转型目标图像和主要任务

（八）船厂数字化转型的任务

2、统一数据管理

CSSC | SWS

三、船厂数字化转型目标图像和主要任务

（八）船厂数字化转型的任务

3、基于三维模型的一体化设计

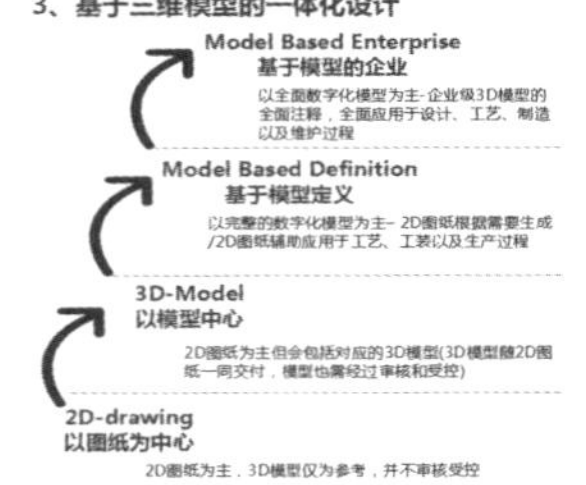

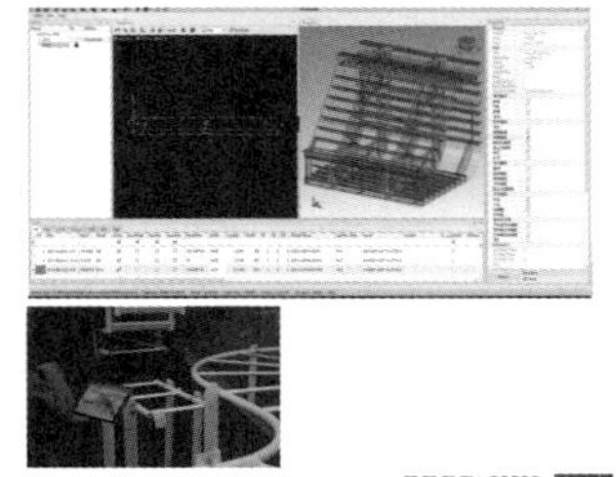

CSSC | SWS

三、船厂数字化转型目标图像和主要任务

（八）船厂数字化转型的任务

4、基于模型的船舶设计建造运营管理的企业模式

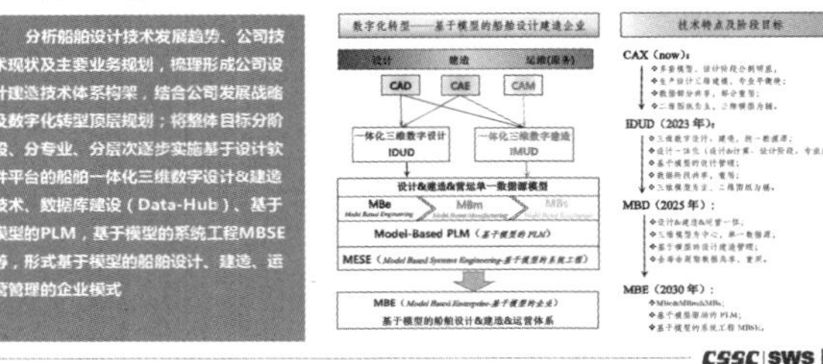

CSSC | SWS

三、船厂数字化转型目标图像和主要任务

（八）船厂数字化转型的任务

5、开发一体化全流程生产组织系统

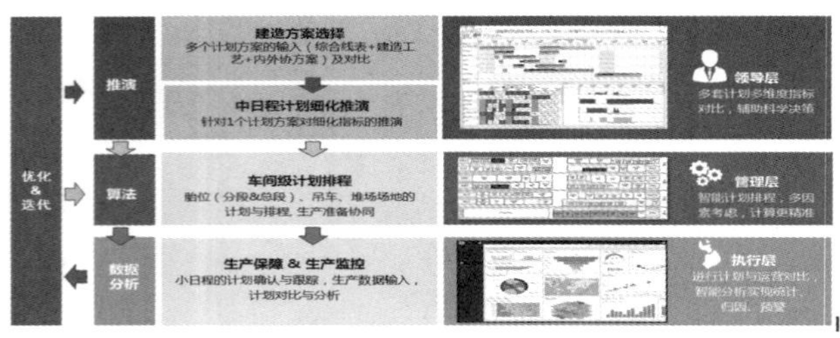

CSSC | SWS

三、船厂数字化转型目标图像和主要任务

（八）船厂数字化转型的任务

6、构建供应链全流程数字化管理系统，突破风险、成本、质量和计划管控难题

基于价值共赢的供应链模式，构建供应链计划体系，打造供应链协同平台、轻量化供应商服务平台、物流控制塔，推动企业从"纵向一体化"向"横向一体化"模式转变，构建柔性联动、供需合一计划体系，全过程协同管控，实现成本事前预控和过程动态管控，增强公司供应链整体竞争力，降本、增效，提高供应链过程的风险抵抗力。

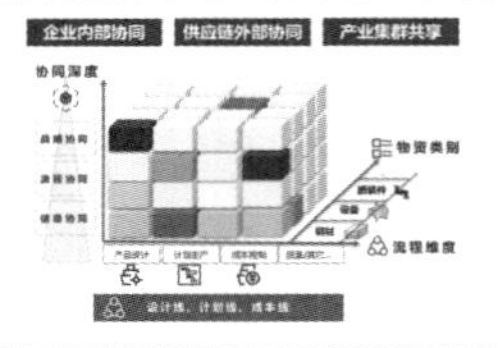

CSSC | SWS

三、船厂数字化转型目标图像和主要任务

（八）船厂数字化转型的任务

7、以优化流程和价值创造为目标，推进数智化装备落地建设

CSSC | SWS

三、船厂数字化转型目标图像和主要任务

（八）船厂数字化转型的任务

8、面向数字化船厂的车间执行系统MES应用和真正见效

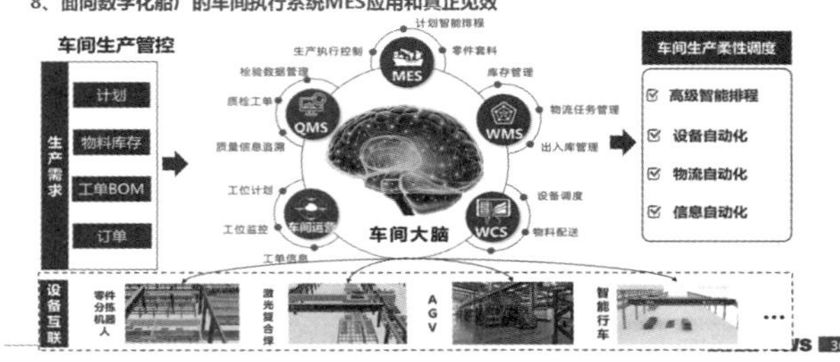

三、船厂数字化转型目标图像和主要任务

（八）船厂数字化转型的主要任务

9、基于数模的全流程品质&精度管理系统，赋能现场生产管理

基于新一代信息技术，构建数字班组，打造现场便捷、自动、智能检验检查场景，推动质量、精度和安全数据从"互通"到"联动"的转变，推动生产现场从"事中实时管控"向"事前预先管控"模式的转变，实现生产安全可控，减少生产精度偏差，保证产品质量，为生产现场减负，赋能现场管理能力。

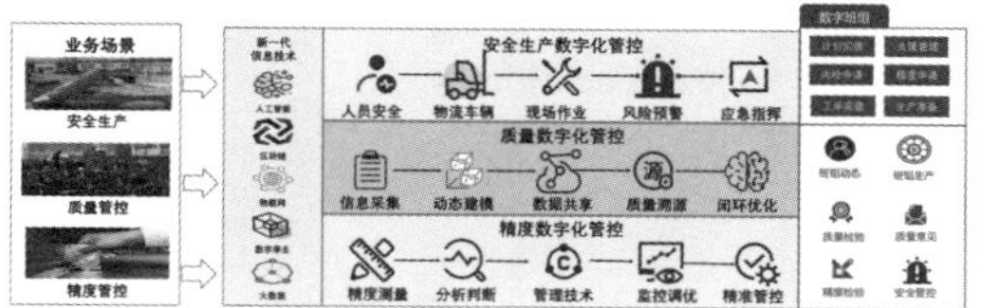

CSSC | SWS

四、未来发展思考

CSSC | SWS

四、未来发展的思考

（一）关注国家政策

工业和信息化部办公厅关于印发《工业重点行业领域设备更新和技术改造指南》的通知

发布日期：2024-9-20

1、设备更新目标

3、重点方向

① 绿色低碳改造
② 数字化改造
③ 高端设备升级改造
④ 工业操作系统升级改造
⑤ 工艺软件升级改造

CSSC | SWS

四、未来发展的思考

（二）技术创新与产业升级对船舶制造可带来全新的发展机遇

智能化技术应用

人工智能、大数据、物联网等技术的应用，为船舶行业提供了智能化、自动化生产的可能，提高生产效率和质量。

新能源技术应用

新能源技术如氢能、太阳能、风能等的应用，为船舶行业提供了新的动力来源，减少对传统能源的依赖。

产业升级机遇

船舶行业正经历着从传统制造向智能制造、绿色制造的转型，为产业升级提供了机遇。

CSSC | SWS

四、未来发展的思考

（三）智能化船舶技术研究与应用

智能化船舶

智能化船舶：指利用传感器、通信、物联网、互联网等技术手段，自动感知和获得船舶自身、海洋环境、物流、港口等方面的信息和数据，并基于计算机技术、自动控制技术和大数据处理分析技术，在船舶航行、管理、维护保养、货物运输等方面实现智能化运行的船舶。

特征

智能化船舶具有高效、安全、环保、经济、可靠等特点，能够自主决策、规避危险、优化航线、节能减排、提高运输效率等。

自主航行系统

① 自主航行算法研究
② 自主避障算法研究
③ 自主靠泊技术研究
④ ……

智能感知与决策技术

① 多源信息融合技术研究
② 智能决策支持系统研究
③ 远程监控与故障诊断技术研究
④ ……

船舶物联网技术应用

① 船舶物联网平台构建
② 船舶能效管理系统研究
③ 船舶智能维护系统研究
④ ……

CSSC | SWS

四、未来发展的思考

（四）船舶绿色、安全与舒适性技术

01 智能化安全系统

未来船舶将更加注重智能化安全系统的发展，包括智能监控、智能预警、智能应急处理等，以提高船舶的安全性能。

02 舱室美观设计优化

未来船舶将更加注重舱室设计的舒适性，包括空间布局、色彩搭配、照明设计等，以提高乘客的居住体验。

03 减震降噪技术

采用先进的减震降噪技术，如主动减震、隔音材料等，降低船舶运行时的震动和噪音，提高乘客的舒适度

04 乘客体验优化

娱乐设施完善、个性化服务、通信信息化服务、文化体验

CSSC | SWS

四、未来发展的思考

（五）绿色智能船舶设计新方法

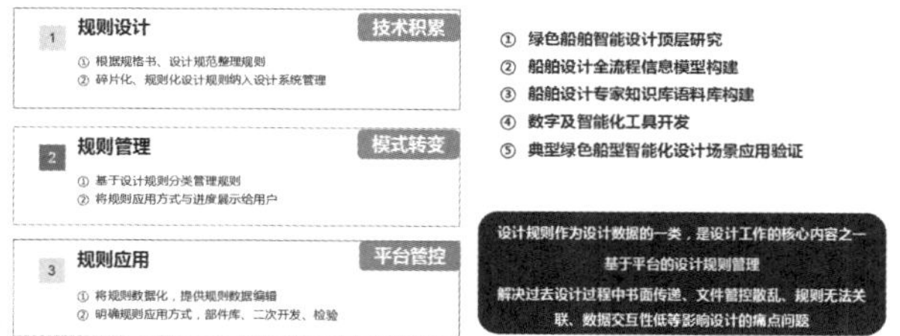

CSSC | SWS

四、现代造船新技术应用

（六）船厂数据中心

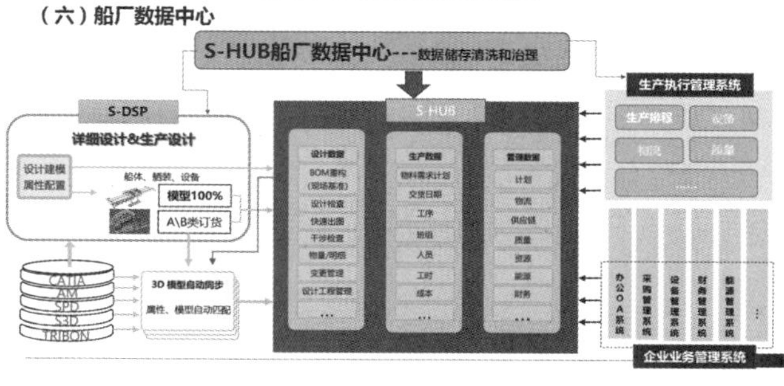

CSSC | SWS

四、未来发展的思考

（七）基于模型的可视化工艺和管理

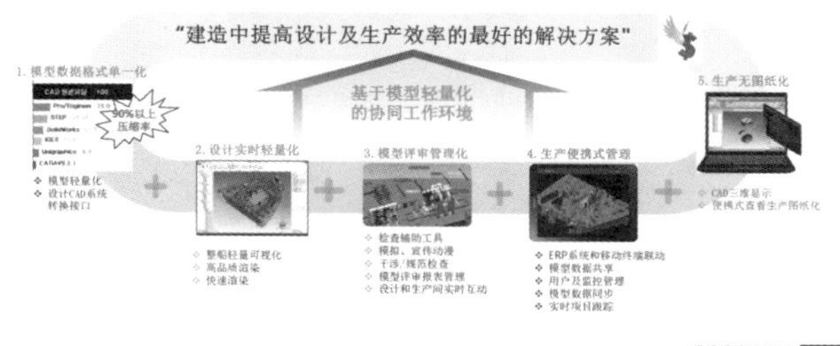

CSSC | SWS

四、未来发展的思考

（八）CAE仿真技术深度应用，解决大量工艺力学问题

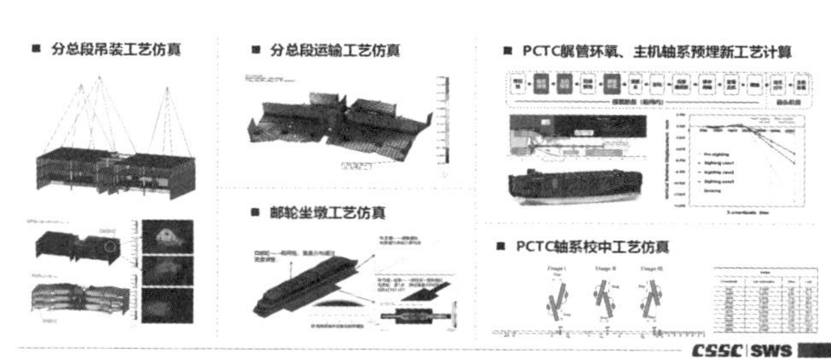

CSSC | SWS

四、未来发展的思考

（九）工艺仿真优化建造流程和数字孪生技术全面应用

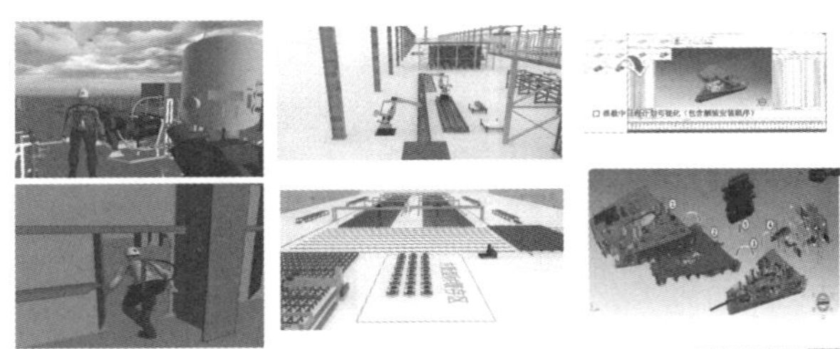

CSSC | SWS

四、未来发展的思考

（十）自动化、智能化焊接新技术

重点关注激光焊接技术应用

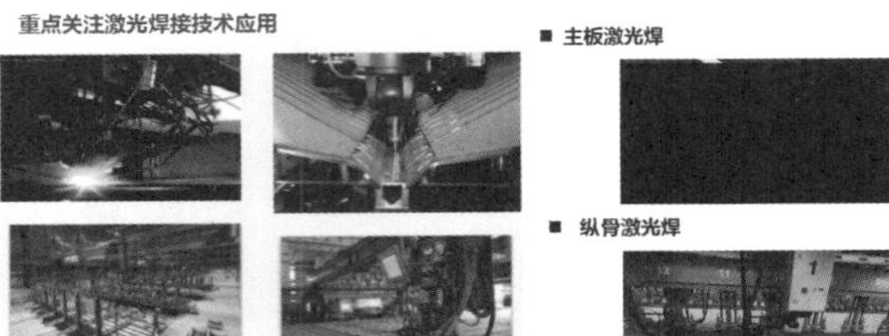

薄板焊接技术

CSSC | SWS

四、未来发展的思考

（十一）基于AI的智能技术在造船中得到广泛应用

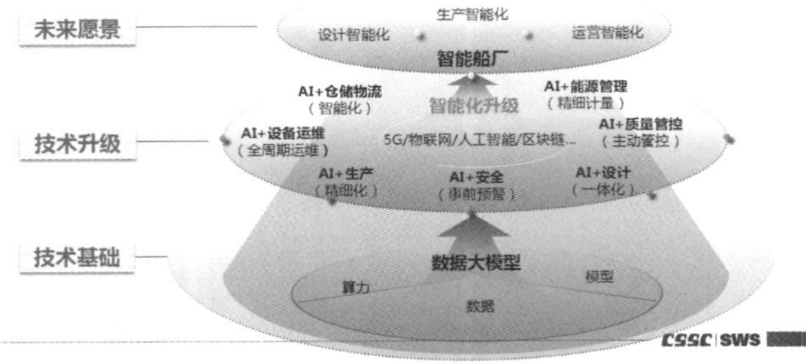

CSSC | SWS

四、未来发展的思考

（十二）可预见造船模式将会不断迭代更新

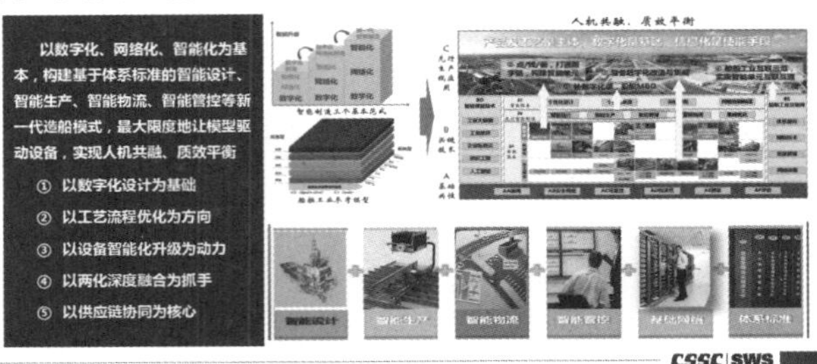

CSSC | SWS

四、未来发展的思考

■ **结束语**

价值创造的方式正在改变。加班、拼体力的时代已经逐步被机械化、自动化、数字化、智能化所替代，数据资产数智化流程价值创造的作用凸显。

绿色智能船舶、绿色安全建造技术已成为各国抢占船舶产业发展的先机和技术制高点的关键。

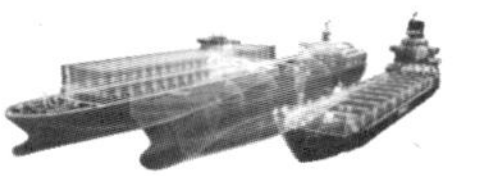

CSSC | SWS

CSSC | SWS

推进全链数智转型·共享产业数字红利

朱明华

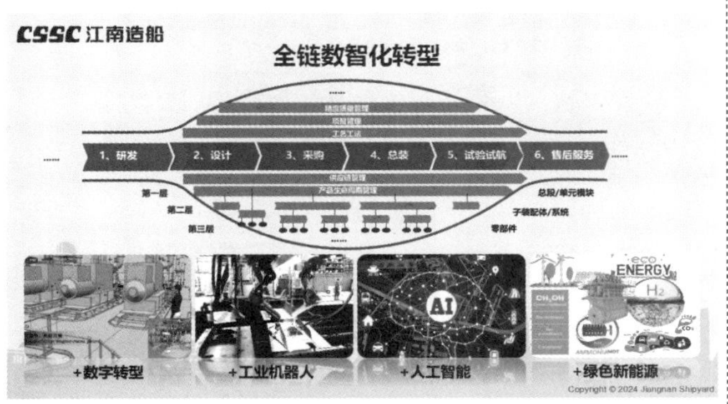

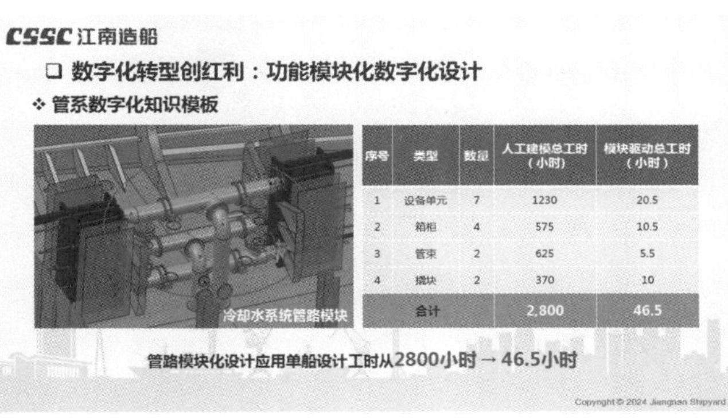

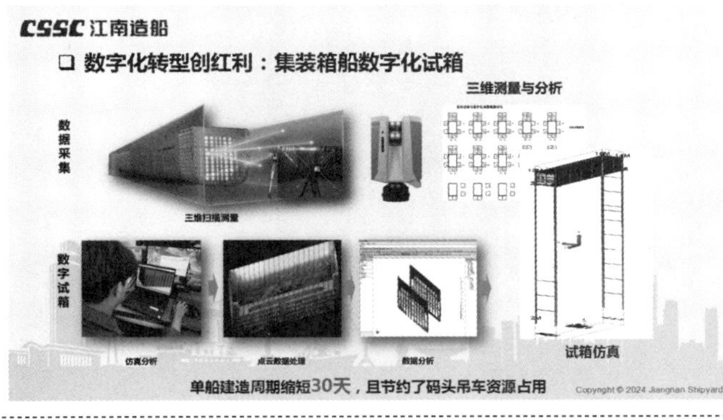

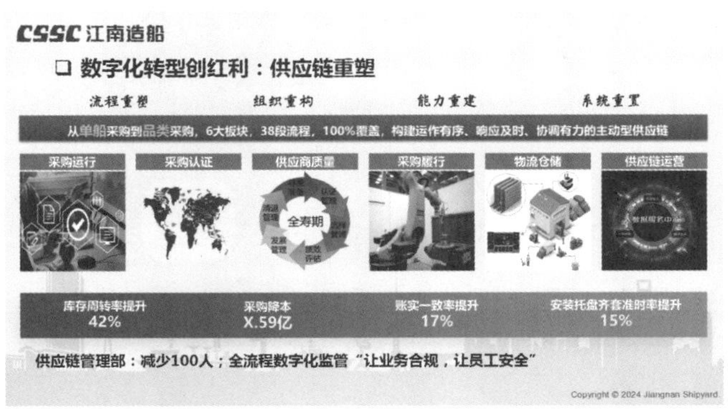

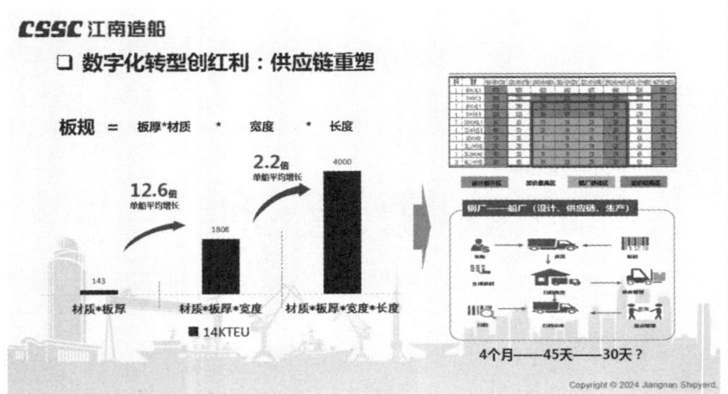

CSSC 江南造船

□ 智能制造创红利：标准化是基础，统标统型不可忽视

传统制作　结构特征　智能单元

下枪难、效率低、用工多　关键结构、大物量（409只/船）　机器人自动焊接、包角

成型差、打磨多　小空间、大焊脚、立焊、多层道　成型饱满、圆润、取消打磨

鞍座智能制造单元：机器人多层多道自动连续焊接，效率提升33%，用工减少40%，质量稳定性好

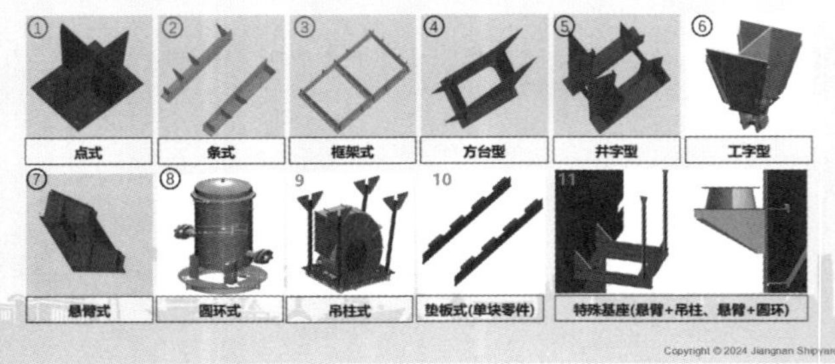

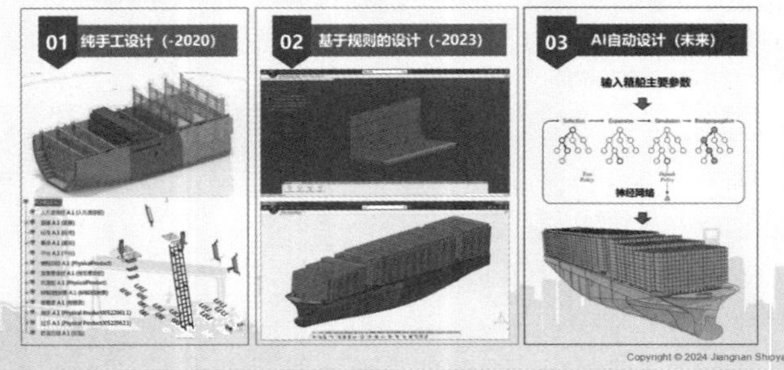

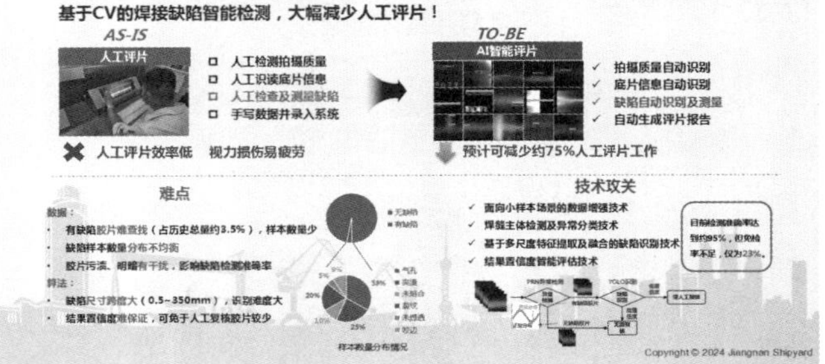

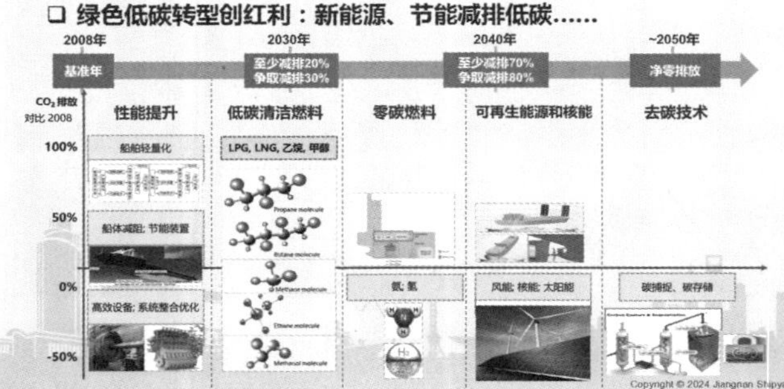

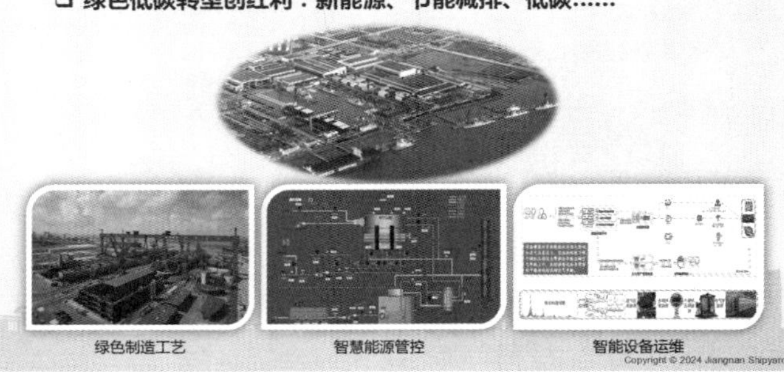

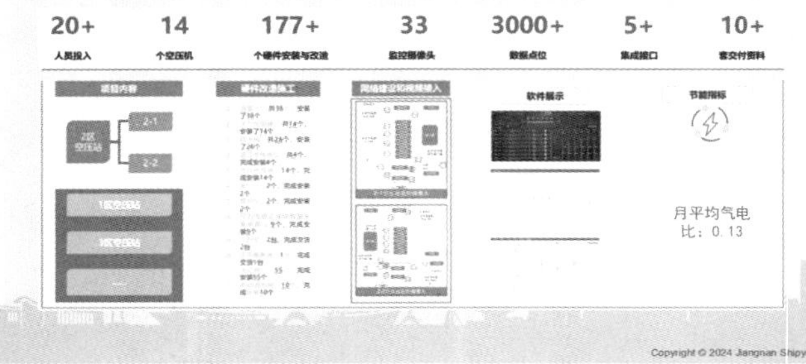

CSSC 江南造船

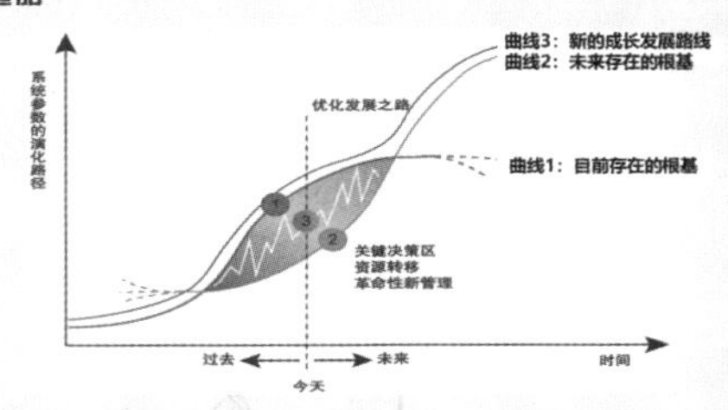

“数智”将会像血液一样流淌至产业链各个环节，业务流、价值流的毛细血管……。同时，又将驱动生产力发展和生产关系适配，催生新型建造模式的诞生……，进一步创造和释放产业红利。

绿色智能引领船舶制造高质量发展

刘 传

CSSC 大连造船

绿色智能引领船舶制造高质量发展

目录

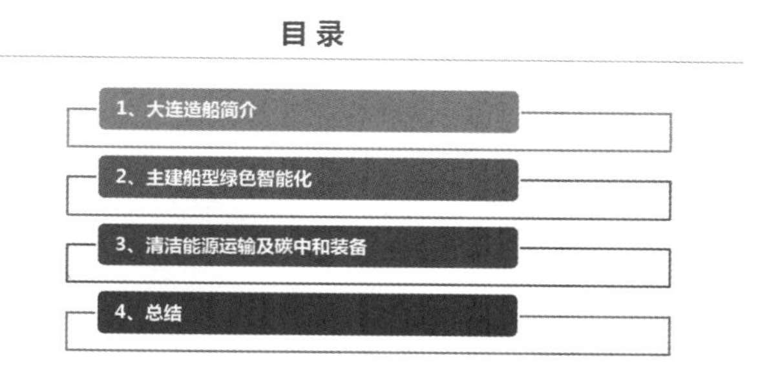

1 大连造船简介

大连船舶重工集团隶属于中国船舶集团，见证了中国船舶工业从小到大的发展历程，以建造两艘航空母舰的卓越功勋，彰显百年船厂雄厚实力。创造了中国造船史上80多个“第一”，是中国民船建造的旗舰。

大连造船以绿色化、数字化、信息化、智能化、精细化为发展方向，强力推进科技创新。拥有国家级企业技术中心和由中国工程院院士、中国船舶设计大师领衔的1000多人的船舶研究院。

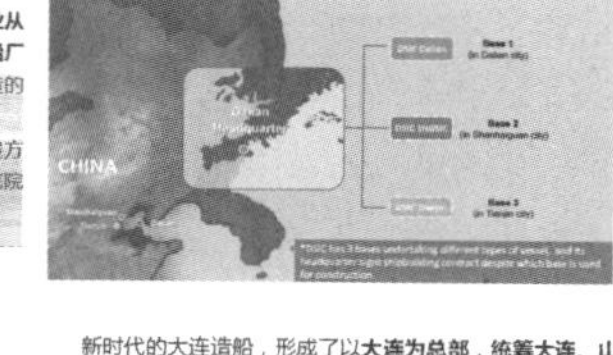

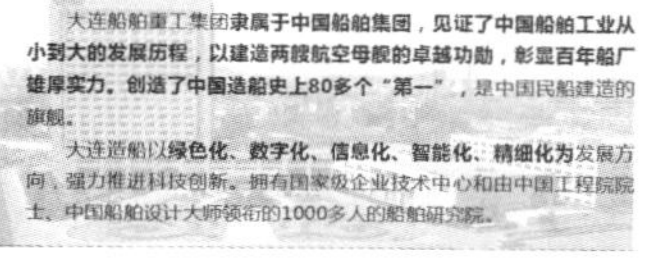

新时代的大连造船，形成了以大连为总部，统筹大连、山海关、天津等多地一体化发展的总体布局。大连基地聚焦军工核心能力和高技术、高附加值产品，山海关基地修造并举，天津基地深耕民船建造。大连造船现有船坞21座，船台10座，舾装码头21公里，总占地面积1230万平方米。

1 大连造船简介

大连造船秉持“探索一代、预研一代、储备一代、建造一代”的研发思路，以技术创新推动产品创新，以产品创新实现企业高质量发展。持续创新的理念为大连造船创造了近年来多个中国乃至世界第一。

2. 主建船型绿色智能化

绿色智能塑造大连造船品牌工程

共开发七代九型VLCC，承建VLCC全球占比超过15%；累计获得订单128艘（截止8月）；综合指标国内领先、国际一流。

2. 主建船型绿色智能化

2.1 LNG燃料动力船

- T300K-91 全球首艘LNG双燃料VLCC

  C型LNG燃料舱（共7000m³），LNG双燃料主机/发电机/辅锅炉，授予Nature Gas Fuel附加标志；

  提前达到EEDI PHAES III阶段。

- T300K-112~117希腊CAPITAL DF VLCC，

  C型LNG燃料舱（共9000m³）；

  MAN主机，采用高压供气系统。

- C16K LNG动力16000箱级集装箱船

  B型LNG燃料舱（共13000m³），自主知识产权。

2. 主建船型绿色智能化

2.2 甲醇动力船

低碳

大连造船目前有7艘甲醇动力船舶：

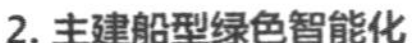

- ✓ 为**招商轮船**打造的超大型油船（VLCC）,1艘；

- 载重量：306,000 t，2026年4月交船
- 甲醇燃料舱舱容：7,000 m3
- 续航力：全球航线（燃油+甲醇）
- 年消耗甲醇：约20000吨（全航程使用甲醇）

- ✓ 为**法国达飞**打造的16000级集装箱船，6艘；

- 装箱量：16,000 TEU，2025年12月交船
- 甲醇燃料舱舱容：10,000 m3
- 续航力：全球航线（燃油+甲醇）
- 年消耗甲醇：约40000吨（全航程使用甲醇）

2022.12.29	24,000 TEU 集装箱船(Type B Tank LNG Fuelled and Methanol Fuelled)	获得船级社AIP证书
2023.12.02	Methanol Fuelled Aframax Tanker11万级油船	获得船级社AIP证书

2. 主建船型绿色智能化

2.3 氨燃料动力船

零碳

一、11万成品油船——已有2艘船订单，全球首制
- ✓ 氨燃料储存舱(C型舱)：1,750m³ x 2
- ✓ 搭载Win-GD液氨双燃料动力主机
- ✓ 满足EEDI PHAES III阶段要求

二、氨燃料动力16000TEU集装箱船—获LR船级社AIP认可
- ✓ 氨燃料储存舱(B型舱)：20,000m³
- ✓ 搭载Win-GD液氨双燃料动力主机
- ✓ 满足EEDI PHAES III阶段要求

三、氨燃料动力21万吨散货船—LR船级社AIP认可
- ✓ 氨燃料储存舱(C型舱)：3,600m³ x 2
- ✓ 搭载Win-GD液氨双燃料动力主机
- ✓ 满足EEDI PHAES III阶段要求

2. 主建船型绿色智能化

2.4 智能船

智能

- 第一代（智能船舶1.0）

- 第二代（智能系统提升）

- 第三代（智能船舶2.0）

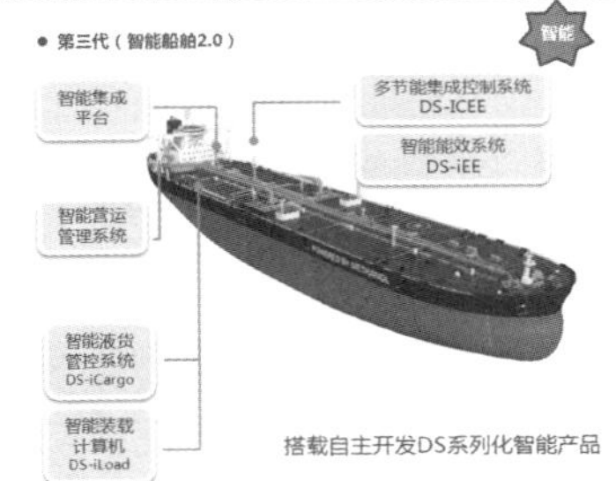

3. 清洁能源运输及碳中和装备

3.1 清洁能源运输装备

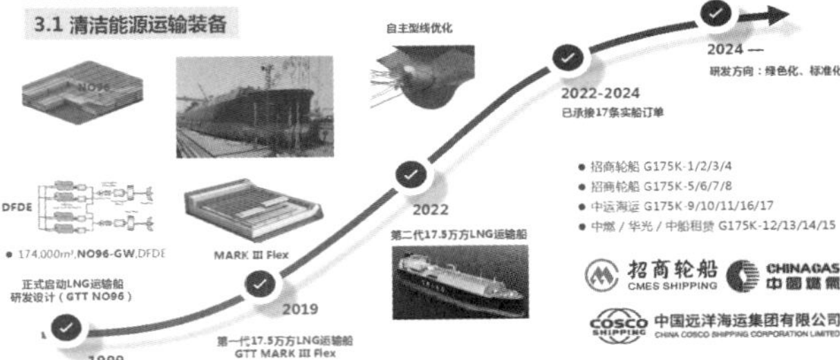

3. 清洁能源运输及碳中和装备

3.1 清洁能源运输装备

3. 清洁能源运输及碳中和装备

3.2 碳中和产业链装备

世界首艘投入商业运营的液态CO2运输船于今年交付。

- 7500m³液化CO2运输船为挪威北极光公司建造
- 全球首次使用特殊材料制成的全压C型液货罐
- 应用转子风帆级气泡减阻两大创新技术，大幅度降低排放水平，满足满足EEDI III阶段要求
- 服务于海洋碳运输与封存

3. 清洁能源运输及碳中和装备

3.2 碳中和产业链装备

世界首艘投入商业运营的液态CO2运输船于今年交付。

- 7500m³液化CO2运输船为挪威北极光公司建造
- 全球首次使用特殊材料制成的全压C型液货罐
- 应用转子风帆级气泡减阻两大创新技术，大幅度降低排放水平，满足满足EEDI III阶段要求
- 服务于海洋碳运输与封存

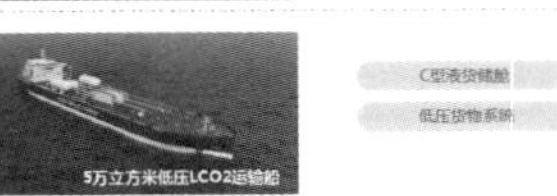

3. 清洁能源运输及碳中和装备

3.2 碳中和产业链装备

50,000 m3液态CO2浮式储存及注入装置

垂线间长	224.6 m	双燃料发电机组	LNG 双燃料 4 X 3690 kW
型宽	33.0 m	应急发电机组	1 X 500 kW
型深	64.0 m	液态CO₂存储罐	设计压力: 8 barg 设计温度: -55 ℃
设计吃水	11.0 m		
液态CO₂存储量	~50,000 m³	液态CO₂处理系统	装载速率：5,000 m³/h 液货泵：6 X 190 m³/h
液态CO₂注入量	~3 MTPA		
系泊形式	多点锚泊	液态CO₂注入设备	4 X 125 m³/h 注入压力：60-150 barg 注入温度：4-9 ℃
定员	30		

DNV

Approval in Principle (AiP)

3. 清洁能源运输及碳中和装备

3.3 清洁燃料储舱

- 世界最大B型LNG燃料舱

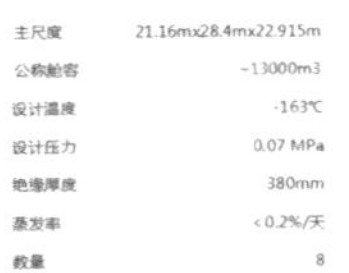

主尺度	21.16mx28.4mx22.915m
公称舱容	~13000m3
设计温度	-163℃
设计压力	0.07 MPa
绝缘厚度	380mm
蒸发率	<0.2%/天
数量	8

- 世界首艘双燃料VLCC船LNG燃料舱

主尺度	Φ12.7m × 36m
公称舱容	~3520m3
设计温度	-163℃
设计压力	0.45MPa
绝缘厚度	350mm
蒸发率	≤0.3%/天
数量	2

- 扩展外部客户

产品名称	规格	数量	客户
C 型LNG燃料罐	600m3	4	大连国鸿
C 型LNG燃料罐	3000m3	3	大连国鸿
C 型LNG燃料罐	1675m3	8	广船国际
C 型液氨燃料罐	3000m³	4	青岛双瑞

3. 清洁能源运输及碳中和装备

3.4 风帆助推装备

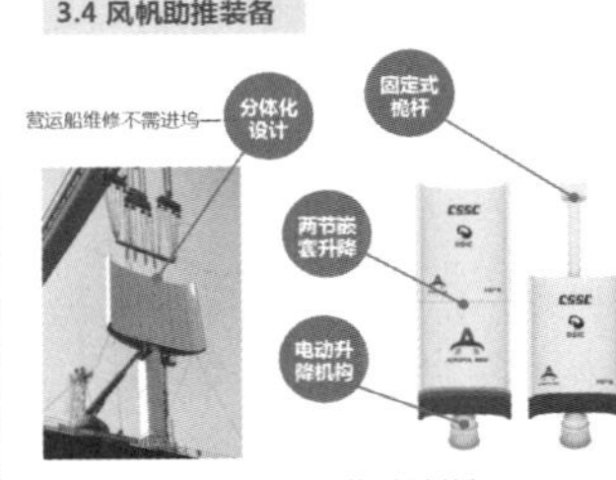

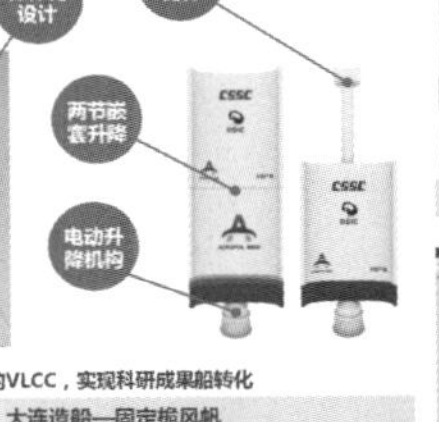

- 即将应用于待接的VLCC，实现科研成果船转化

大连造船—固定桅风帆

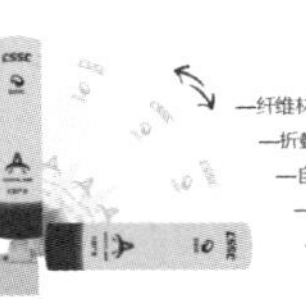

—纤维材料一体成型帆叶
—折叠回收，检修方便，空高无限制
—自主知识产权；完整产业链
—适用散货船及其他中小型船舶
—技术成熟，样机验证正在开展

大连造船—折臂式风帆

- 自动调整风攻角
- 实时评估风力推进效率
- 自动实现推力最大化

大连造船—风帆智能控制系统

3. 清洁能源运输及碳中和装备

3.5 海上风电建设、运维装备

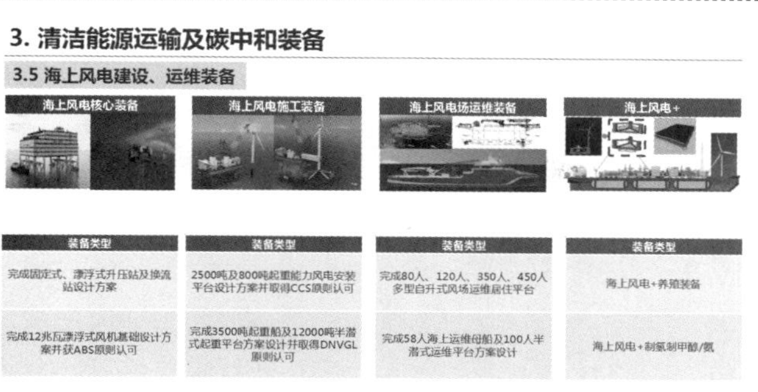

4. 总结

目前手持绿色智能船船型

No	船 东	船舶类型
1	招商	17.5立方米液化天然气运输船
2	中远海运	17.5立方米液化天然气运输船
3	中燃	17.5立方米液化天然气运输船
4	招商	甲醇燃料智能VLCC
5	Capital	LNG 双燃料 VLCC
6	AET	液氨双燃料动力阿芙拉型原油船
7	MSC	LNG双燃料16,000TEU集装箱船
8	达飞	甲醇双燃料16,000TEU集装箱船
9	Northern Light	液态二氧化碳运输船

共计：42艘

4. 总结

与业务工作深度融合的智慧安全管理——船舶建造数字安全管控设想

邹晓峰

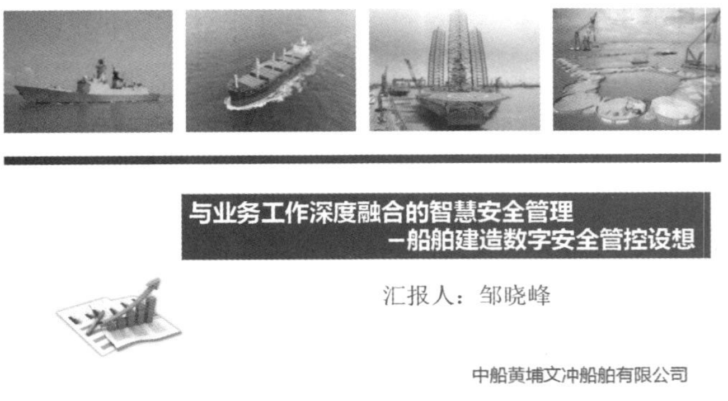

与业务工作深度融合的智慧安全管理
–船舶建造数字安全管控设想

汇报人：邹晓峰

中船黄埔文冲船舶有限公司

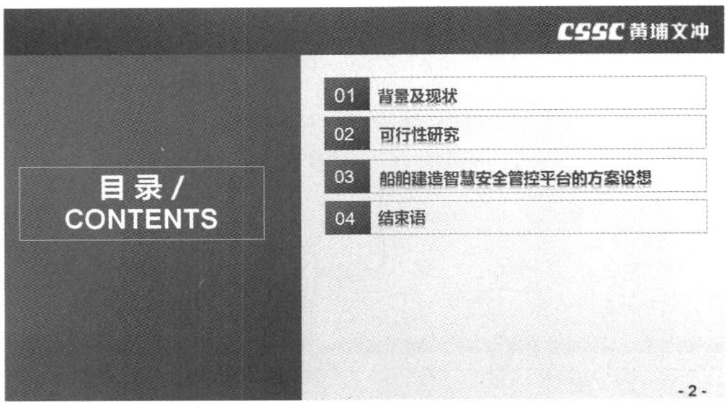

CSSC 黄埔文冲

目录 / CONTENTS

01 背景及现状
02 可行性研究
03 船舶建造智慧安全管控平台的方案设想
04 结束语

- 2 -

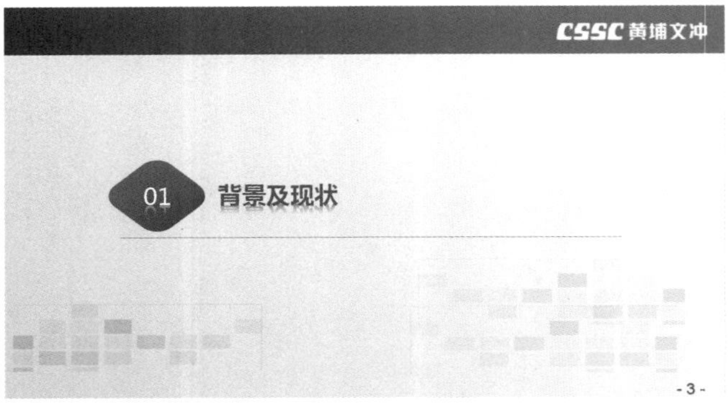

CSSC 黄埔文冲

01 背景及现状

- 3 -

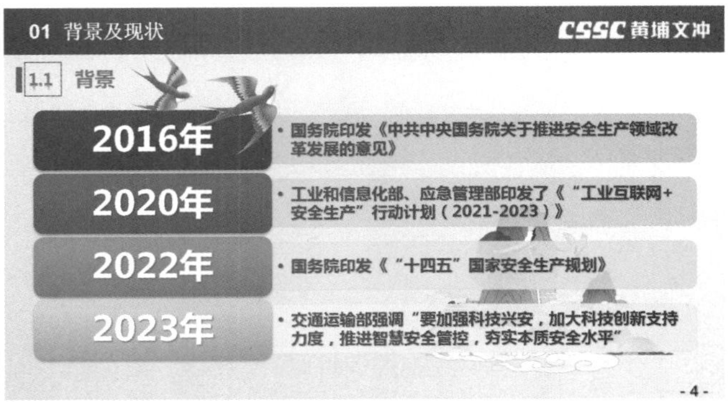

01 背景及现状 CSSC 黄埔文冲

1.1 背景

2016年 • 国务院印发《中共中央国务院关于推进安全生产领域改革发展的意见》

2020年 • 工业和信息化部、应急管理部印发了《“工业互联网+安全生产”行动计划（2021-2023）》

2022年 • 国务院印发《“十四五”国家安全生产规划》

2023年 • 交通运输部强调“要加强科技兴安，加大科技创新支持力度，推进智慧安全管控，夯实本质安全水平”

- 4 -

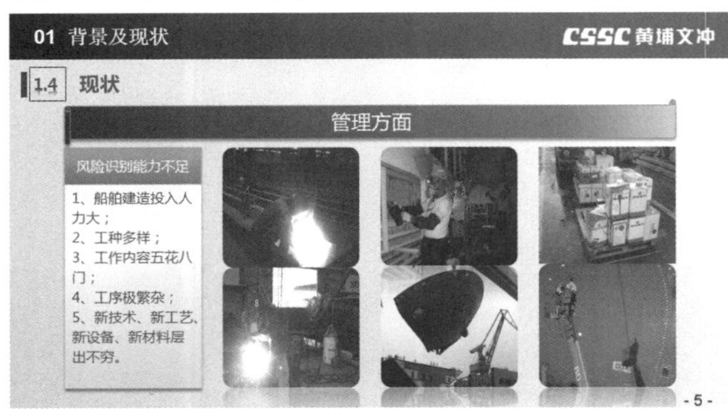

SHIPTEC
CHINA

01 背景及现状
CSSC 黄埔文冲
1.4 现状
管理方面
人工管理的局限性
传统的人工巡检方式往往受限于人员经验、疲劳度、工作强度及环境复杂性，容易漏检或误判，且难以利用手工的数据记录进行追溯和提升。
-7-

01 背景及现状
CSSC 黄埔文冲
1.4 现状
管理方面
人员、设备、环境这三个因素在安全管理的现状基本上是各自为政，管人的管人、管设备的管设备、管环境的管环境，缺少系统性自然也就缺少关联性。
-8-

01 背景及现状
CSSC 黄埔文冲
1.4 现状
管理方面
•安全管理中的人员、设备、环境三个因素与生产管理这三个因素管理联动性、系统性不强。
•人使用工具在特定的环境中工作是一种组合式、动态存在的。
-9-

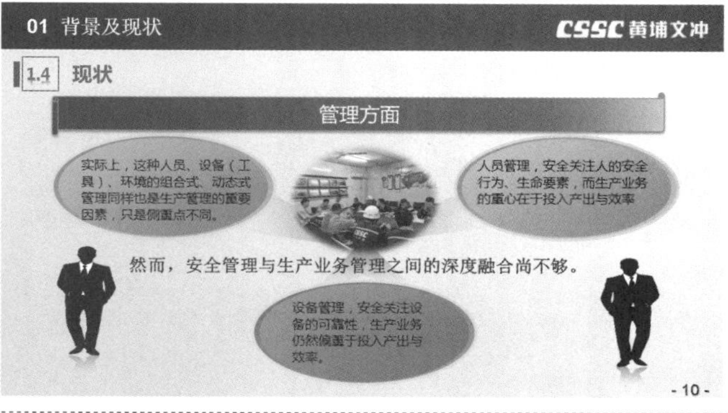
01 背景及现状
CSSC 黄埔文冲
1.4 现状
管理方面
实际上，这种人员、设备（工具）、环境的组合式、动态式管理同样也是生产管理的重要因素，只是侧重点不同。
人员管理，安全关注人的安全行为、生命要素，而生产业务的重心在于投入产出与效率
然而，安全管理与生产业务管理之间的深度融合尚不够。
设备管理，安全关注设备的可靠性，生产业务仍然侧重于投入产出与效率。
-10-

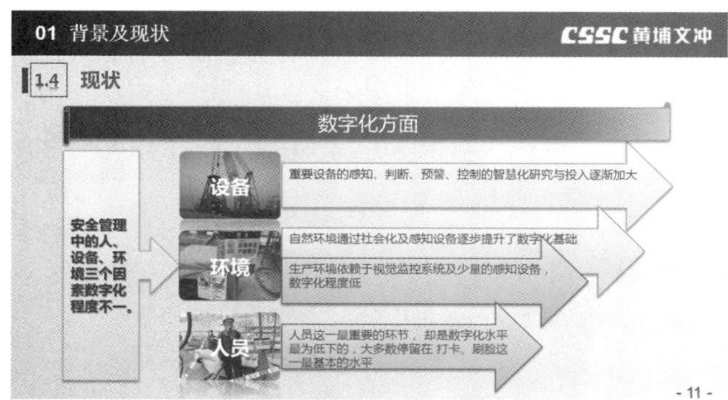
01 背景及现状
CSSC 黄埔文冲
1.4 现状
数字化方面
安全管理中的人、设备、环境三个因素数字化程度不一。
设备
重要设备的感知、判断、预警、控制的智慧化研究与投入逐渐加大
环境
自然环境通过社会化及感知设备逐步提升了数字化基础
生产环境依赖于视觉监控系统及少量的感知设备，数字化程度低
人员
人员这一最重要的环节，却是数字化水平最为低下的，大多数停留在 打卡、刷脸这一最基本的水平
-11-

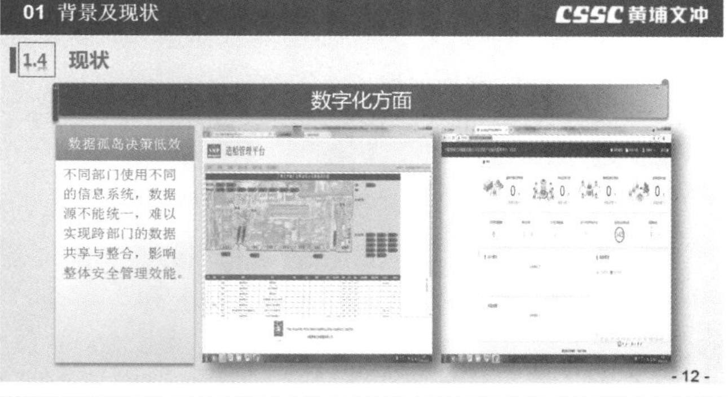
01 背景及现状
CSSC 黄埔文冲
1.4 现状
数字化方面
数据孤岛决策低效
不同部门使用不同的信息系统，数据源不能统一，难以实现跨部门的数据共享与整合，影响整体安全管理效能。
-12-

CSSC 黄埔文冲
02 可行性研究
-13-

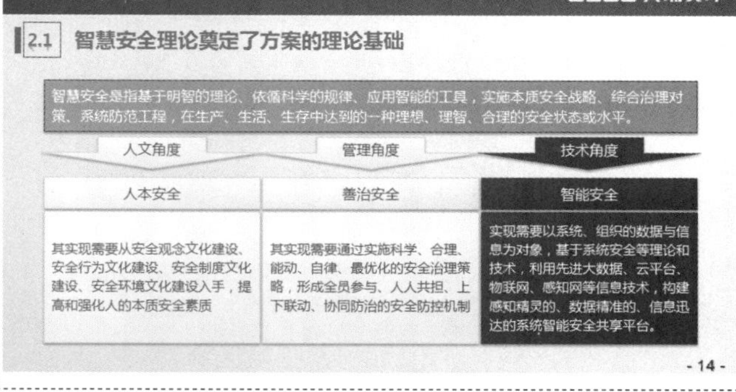
02 可行性研究
CSSC 黄埔文冲
2.1 智慧安全理论奠定了方案的理论基础
智慧安全是指基于明智的理论、依循科学的规律、应用智能的工具，实施本质安全战略、综合治理对策、系统防范工程，在生产、生活、生存中达到的一种理想、理智、合理的安全状态或水平。
人文角度
管理角度
技术角度
人本安全
其实现需要从安全观念文化建设、安全行为文化建设、安全制度文化建设、安全环境文化建设入手，提高和强化人的本质安全素质
善治安全
其实现需要通过实施科学、合理、能动、自律、最优化的安全治理策略，形成全员参与、人人共担、上下联动、协同防治的安全防控机制
智能安全
实现需要以系统、组织的数据与信息为对象，基于系统安全等理论和技术，利用先进大数据、云平台、物联网、感知网等信息技术，构建感知精灵的、数据精准的、信息迅达的系统智能安全共享平台。
-14-

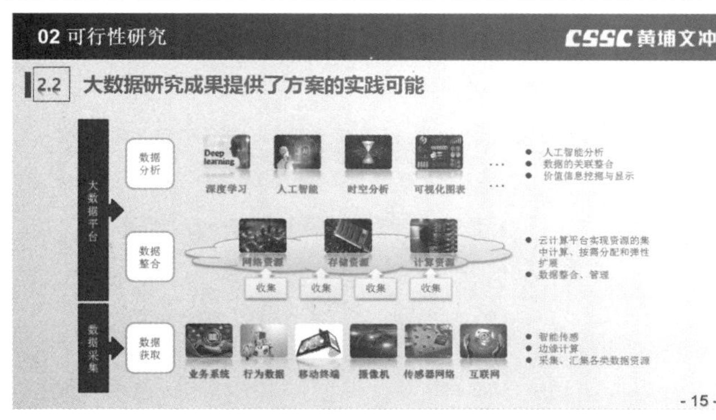
02 可行性研究
CSSC 黄埔文冲
2.2 大数据研究成果提供了方案的实践可能
大数据平台
数据采集
数据分析
Deep learning
深度学习
人工智能
时空分析
可视化图表
人工智能分析
数据的关联整合
价值信息挖掘与显示
数据整合
网络资源
存储资源
计算资源
收集
收集
收集
收集
云计算平台实现资源的集中计算、按需分配和弹性扩展
数据整合、管理
数据获取
业务系统
行为数据
移动终端
摄像机
传感器网络
互联网
智能传感
边缘计算
采集、汇集各类数据资源
-15-

02 可行性研究
CSSC 黄埔文冲
2.3 船舶建造智慧安全管理的方法论
关键基础
解决安全管理、生产业务管理中的人、设备、环境三大要素的终端数字化问题是关键基础，尤其是人的因素，必须将对人在安全、生产需求方面的信息数字化。
-16-

02 可行性研究
CSSC 黄埔文冲
2.3 船舶建造智慧安全管理的方法论
重要保障
确保安全管理、生产业务管理中的人、设备、环境三大要素的数据来源唯一性是数字化进程的重要保障。
- 17 -

02 可行性研究
CSSC 黄埔文冲
2.3 船舶建造智慧安全管理的方法论
核心理念
建立安全管理、生产业务管理中的人、设备、环境三大要素的数据组合式应用场景是智慧管控的核心理念。
- 18 -

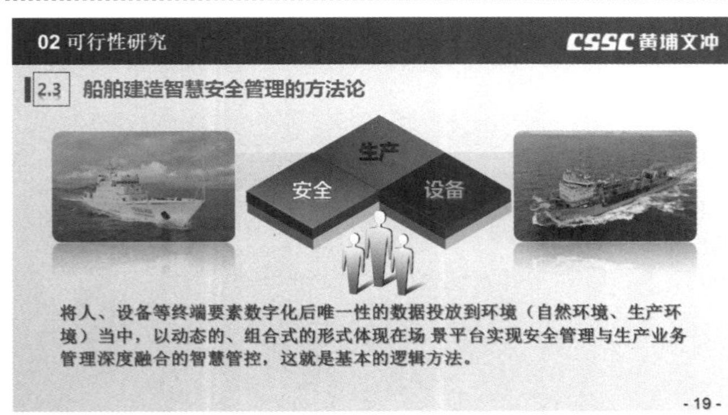
02 可行性研究
CSSC 黄埔文冲
2.3 船舶建造智慧安全管理的方法论
生产
安全
设备
将人、设备等终端要素数字化后唯一性的数据投放到环境（自然环境、生产环境）当中，以动态的、组合式的形式体现在场景平台实现安全管理与生产业务管理深度融合的智慧管控，这就是基本的逻辑方法。
- 19 -

CSSC 黄埔文冲
03
船舶建造的智慧安全管控平台的建设
- 20 -

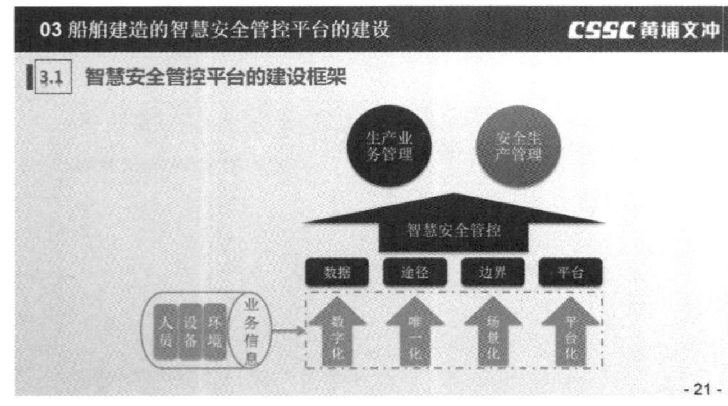
03 船舶建造的智慧安全管控平台的建设
CSSC 黄埔文冲
3.1 智慧安全管控平台的建设框架
生产业务管理
安全生产管理
智慧安全管控
数据
途径
边界
平台
人员
设备
环境
业务信息
数字化
唯一化
场景化
平台化
- 21 -

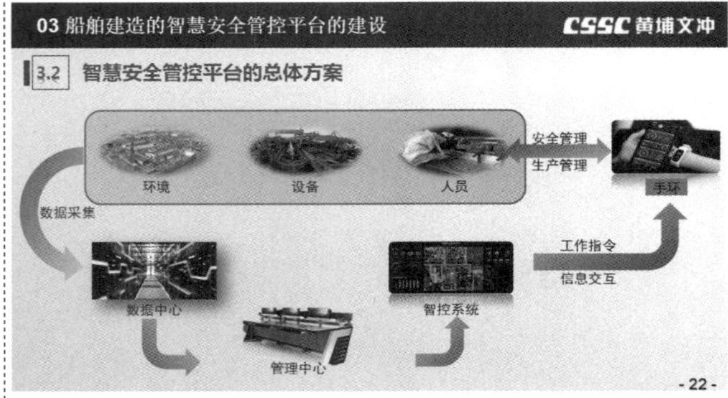
03 船舶建造的智慧安全管控平台的建设
CSSC 黄埔文冲
3.2 智慧安全管控平台的总体方案
环境
设备
人员
安全管理
生产管理
手环
数据采集
工作指令
信息交互
数据中心
智控系统
管理中心
- 22 -

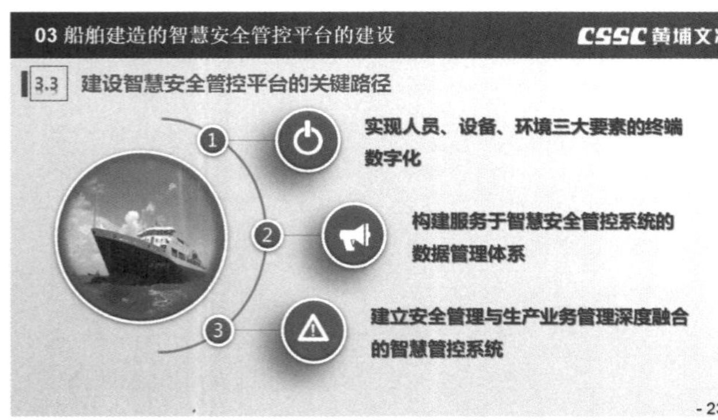
03 船舶建造的智慧安全管控平台的建设
CSSC 黄埔文冲
3.3 建设智慧安全管控平台的关键路径
1
实现人员、设备、环境三大要素的终端数字化
2
构建服务于智慧安全管控系统的数据管理体系
3
建立安全管理与生产业务管理深度融合的智慧管控系统
- 23 -

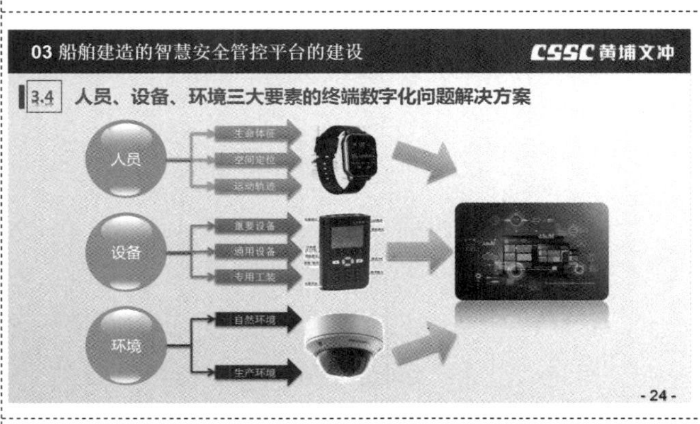
03 船舶建造的智慧安全管控平台的建设
CSSC 黄埔文冲
3.4 人员、设备、环境三大要素的终端数字化问题解决方案
人员
生命体征
空间定位
运动轨迹
设备
通用设备
专用工装
环境
自然环境
生产环境
- 24 -

03 船舶建造的智慧安全管控平台的建设
CSSC 黄埔文冲
3.4 人员、设备、环境三大要素的终端数字化问题解决方案
1
人员的终端数字化问题可以通过电子手环来实现，实现空间定位、运动检测、生命体征（心率、血氧、血压等）等的安全管理与生产管理需求数据传输，真正将人这个终端的信息数字化并唯一化。
- 25 -

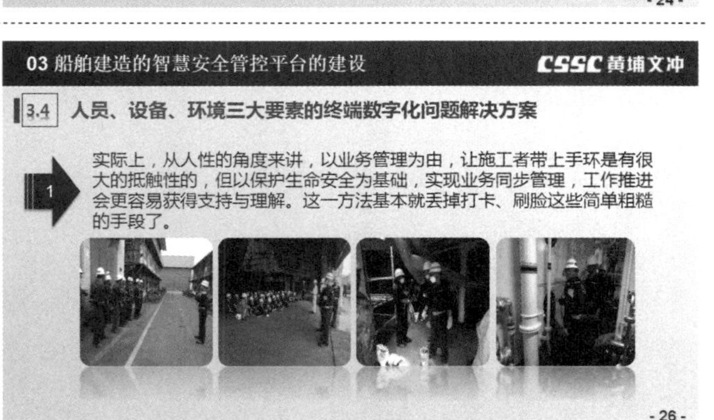
03 船舶建造的智慧安全管控平台的建设
CSSC 黄埔文冲
3.4 人员、设备、环境三大要素的终端数字化问题解决方案
1
实际上，从人性的角度来讲，以业务管理为由，让施工者带上手环是有很大的抵触性的，但以保护生命安全为基础，实现业务同步管理，工作推进会更容易获得支持与理解。这一方法基本就丢掉打卡、刷脸这些简单粗糙的手段了。
- 26 -

03 船舶建造的智慧安全管控平台的建设　CSSC 黄埔文冲

3.4 人员、设备、环境三大要素的终端数字化问题解决方案

设备的终端数字化问题通过投入与改造来实现，重要设备的数字化进程已经在进行中了，而通用设备（比如焊机、风机等）实际上市场上的产品都逐渐具备这新数字化能力，一些专用工装（负载箱、串油机）也可通过简单改造实现。

- 27 -

03 船舶建造的智慧安全管控平台的建设　CSSC 黄埔文冲

3.4 人员、设备、环境三大要素的终端数字化问题解决方案

环境的终端数字化问题分两种类型。自然环境的数字化通过社会化、感知设备均不难实现，主要看需求的精准 度问题（比如，我们现阶段对风机设备进行监控来确保通 风，而实际上我们可能更应该对作业生产环境的温度监 控）；

- 28 -

03 船舶建造的智慧安全管控平台的建设　CSSC 黄埔文冲

3.4 人员、设备、环境三大要素的终端数字化问题解决方案

生产环境的数字化要通过生产业务管理实现，现阶段我们当下的水平以看板形式存在，均以表格数据存在，我们要实现的是将生产环境以模型+数据的数字化形式展现，具备空间、阶段、状态、要求等信息。

- 29 -

03 船舶建造的智慧安全管控平台的建设　CSSC 黄埔文冲

3.5 构建服务于智慧安全管控系统的数据管理体系

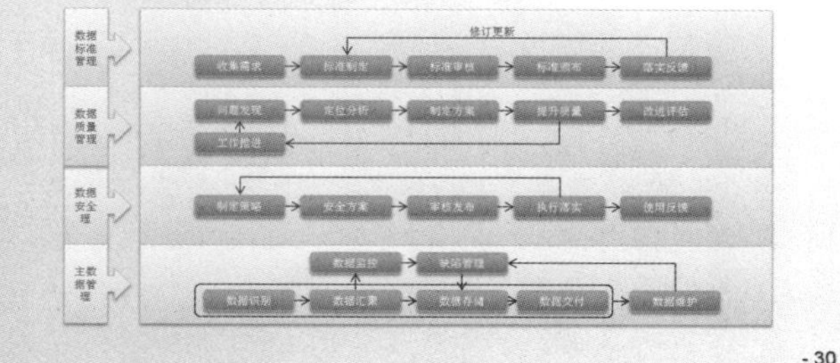

- 30 -

03 船舶建造的智慧安全管控平台的建设　CSSC 黄埔文冲

3.6 实现安全管理与生产业务管理深度融合的智慧管控系统实施方案

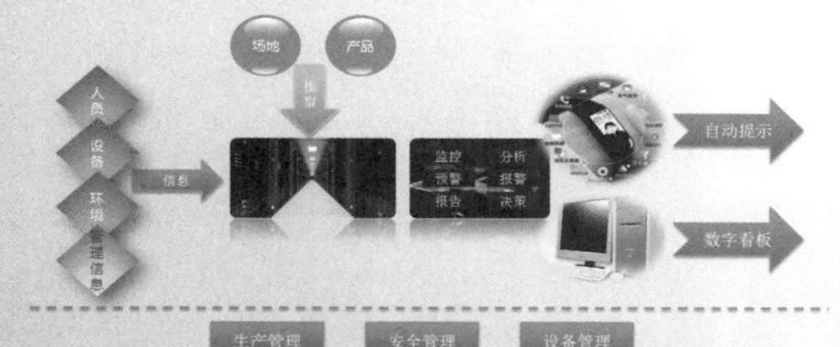

- 31 -

03 船舶建造的智慧安全管控平台的建设　CSSC 黄埔文冲

3.7 实现安全管理与生产业务管理深度融合的智慧管控系统实施方案

1

建立的系统以场地、产品的三维轻量化模型为基础，实现空间与阶段的场景展现；

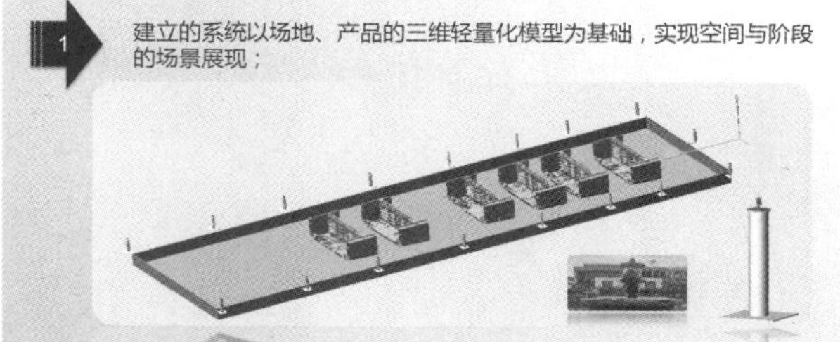

- 32 -

03 船舶建造的智慧安全管控平台的建设　CSSC 黄埔文冲

3.7 实现安全管理与生产业务管理深度融合的智慧管控系统实施方案

生产运行过程所需的信息载入具体场景，完善场景的数字化信息完整性，比如密闭舱室已油漆完工等状态信息。

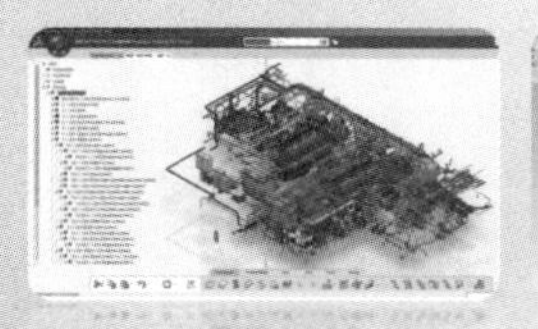
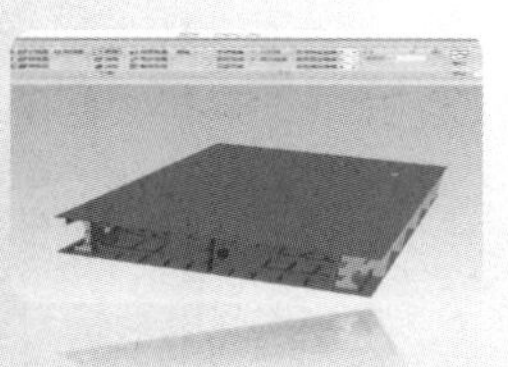

- 33 -

03 船舶建造的智慧安全管控平台的建设　CSSC 黄埔文冲

3.7 实现安全管理与生产业务管理深度融合的智慧管控系统实施方案

将人员、设备、自然环境数字化信息载入系统的生产环境（场景），实现安全管理、生产业务管理的实时动态管理，实现人、设备、环境的监控、预警、报警、分析等 功能，最终实现生产运行（含安全管理、设备管理）完整的数值化看板管理。

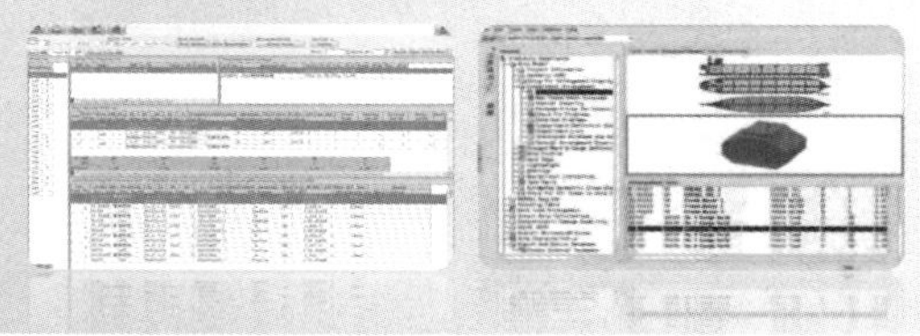

- 34 -

03 船舶建造的智慧安全管控平台的建设　CSSC 黄埔文冲

3.7 实现安全管理与生产业务管理深度融合的智慧管控系统实施方案

充分应用知识管理结合生产环境实现安全管理、作业要求的自动提示功能（通过手环实现终端获取）。

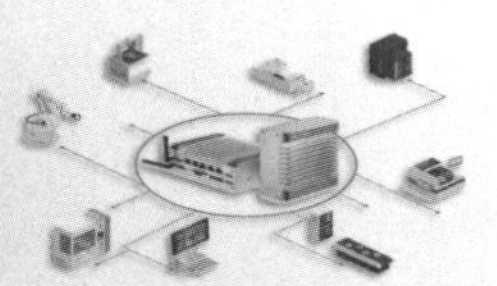

- 35 -

03 船舶建造的智慧安全管控平台的建设　CSSC 黄埔文冲

3.7 实现安全管理与生产业务管理深度融合的智慧管控系统实施方案

关于网络建设，不必过多追求高成本的5G ， 实际上大多的无线通过很低成本的局域网实现性能更好（包括手环的连接），因为我们的场景相对固定，人员管理也是在固定场景内才管控，不在场景内也就不在管理范围内。

- 36 -

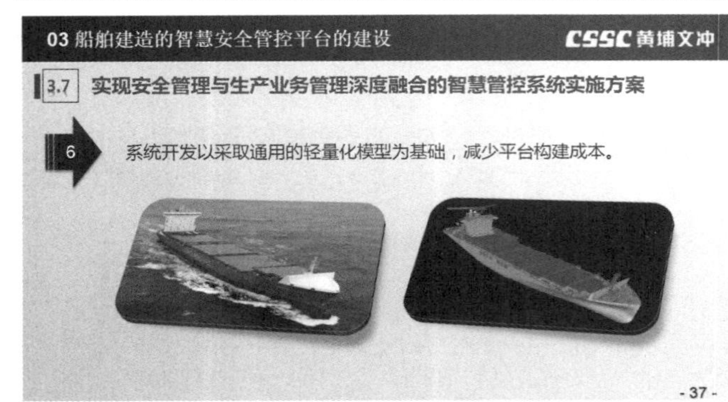
03 船舶建造的智慧安全管控平台的建设
CSSC 黄埔文冲
3.7 实现安全管理与生产业务管理深度融合的智慧管控系统实施方案
6
系统开发以采取通用的轻量化模型为基础，减少平台构建成本。
- 37 -

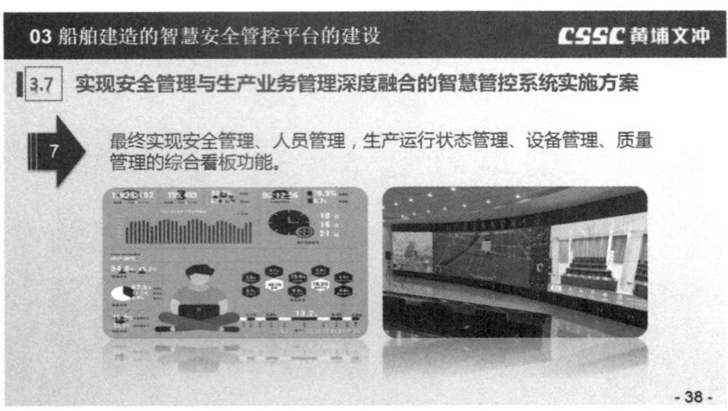
03 船舶建造的智慧安全管控平台的建设
CSSC 黄埔文冲
3.7 实现安全管理与生产业务管理深度融合的智慧管控系统实施方案
7
最终实现安全管理、人员管理，生产运行状态管理、设备管理、质量管理的综合看板功能。
- 38 -

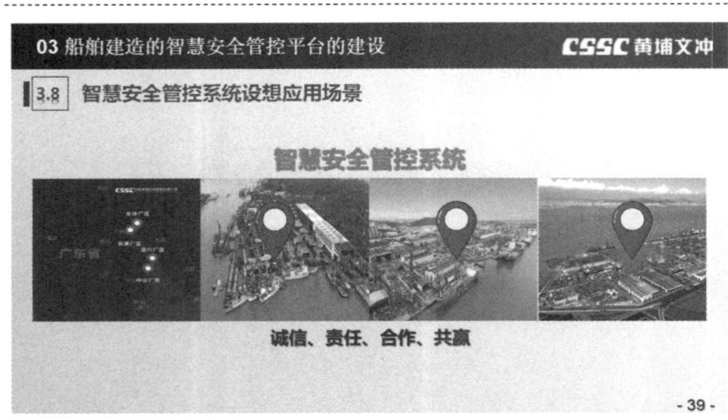
03 船舶建造的智慧安全管控平台的建设
CSSC 黄埔文冲
3.8 智慧安全管控系统设想应用场景
智慧安全管控系统
诚信、责任、合作、共赢
- 39 -

03 船舶建造的智慧安全管控平台的建设
CSSC 黄埔文冲
3.8 智慧安全管控系统设想应用场景
选择监控区域
- 40 -

03 船舶建造的智慧安全管控平台的建设
CSSC 黄埔文冲
3.8 智慧安全管控系统设想应用场景
调入产品模型
调入生产场景
- 41 -

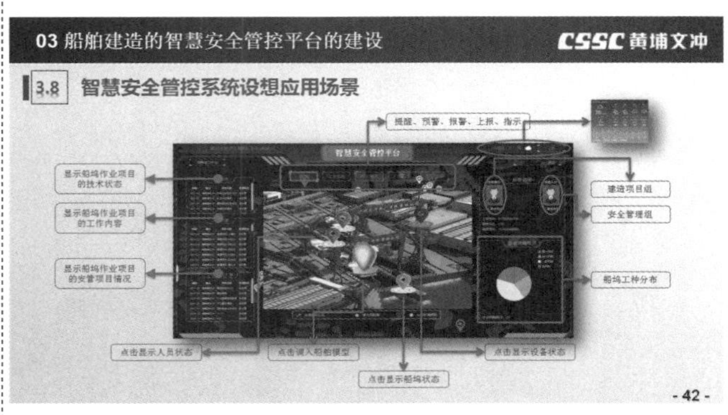
03 船舶建造的智慧安全管控平台的建设
CSSC 黄埔文冲
3.8 智慧安全管控系统设想应用场景
提醒、预警、报警、上报、指示
智慧安全管控平台
显示船坞作业项目的技术状态
显示船坞作业项目的工作内容
显示船坞作业项目的安管项目情况
建造项目组
安全管理组
船坞工种分布
点击显示人员状态
点击调入船舶模型
点击显示设备状态
点击显示船坞状态
- 42 -

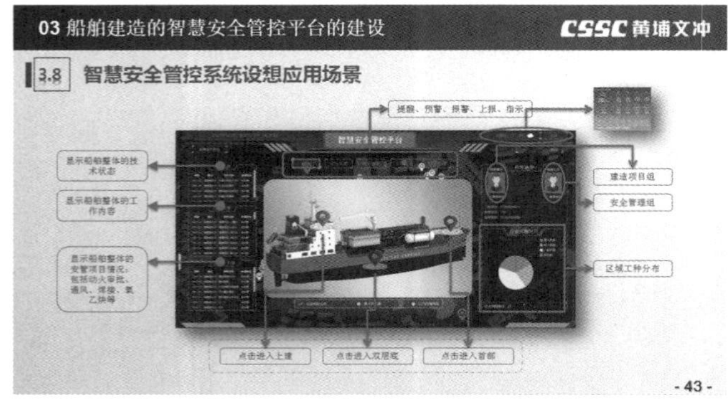
03 船舶建造的智慧安全管控平台的建设
CSSC 黄埔文冲
3.8 智慧安全管控系统设想应用场景
提醒、预警、报警、上报、指示
智慧安全管控平台
显示船舶整体的技术状态
显示船舶整体的工作内容
显示船舶整体的安管项目情况：包括动火审批、通风、样接、氧乙炔等
建造项目组
安全管理组
区域工种分布
点击进入上建
点击进入双层底
点击进入首部
- 43 -

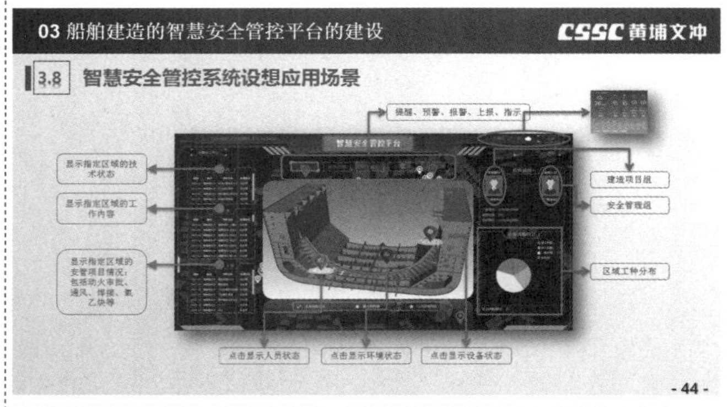
03 船舶建造的智慧安全管控平台的建设
CSSC 黄埔文冲
3.8 智慧安全管控系统设想应用场景
提醒、预警、报警、上报、指示
智慧安全管控平台
显示指定区域的技术状态
显示指定区域的工作内容
显示指定区域的安管项目情况：包括动火审批、通风、焊接、氧乙炔等
建造项目组
安全管理组
区域工种分布
点击显示人员状态
点击显示环境状态
点击显示设备状态
- 44 -

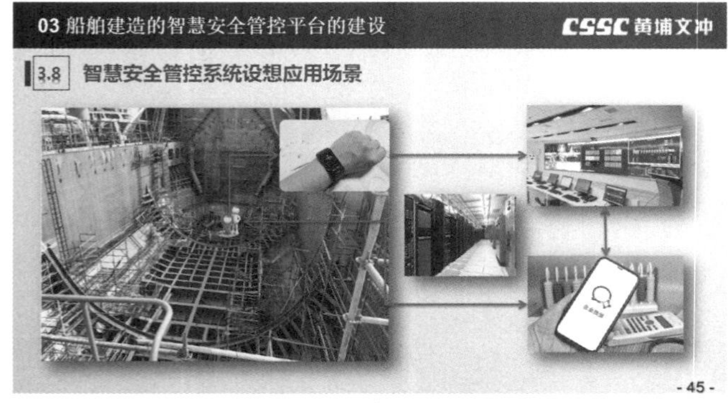
03 船舶建造的智慧安全管控平台的建设
CSSC 黄埔文冲
3.8 智慧安全管控系统设想应用场景
- 45 -

CSSC 黄埔文冲
04 结束语
- 46 -

04 结束语 CSSC 黄埔文冲

4.1 结束语

智慧安全通过战略思维、系统思想、文化理念、规划决策、体制机制、工具理性、管理模式、对策措施等方式体现。智慧安全能够提升安全领导力、安全管理能力和全面安全素质，能够服务于各类组织的决策者、管理者和执行者，可为安全发展型城市、本质安全型企业等的创建提供导向与指导。本设想提出了利用手环和局域网络、开发应用场景平台的方案，使人员管理与安全管理数字化基础功能实现，指出应逐步改造设备、环境感知层面加大信息来源，完善应用平台，最终实现安全管理、人员管理，生产运行状态管理、设备管理、质量管理的综合智慧管控。

- 47 -

散货船改装成养殖工船养殖舱换水方案设计

孙连科　刘　刚　石　强　刘庆江

（大连船舶重工集团有限公司）

摘　要：我国目前正处于陆基型水产养殖向海洋拓展，海洋渔业捕捞向养殖转型的重要阶段，国家支持发展深远海绿色养殖，鼓励发展深远海大型养殖装备，然而对于普通海产养殖业主而言，新造大型养殖装备前期投资过高。在此背景下，将价格低廉的二手船舶改造为大型养殖装备是一个可行的解决途径。本文以某好望角型散货船改装成养殖工船为例，针对原散货船散货舱改成养殖舱后，如何保证养殖舱海水更换满足鱼类生长需求进行研究，并完成了由一型散货船改装而成的通海型养殖工船养殖舱换水方案设计。

关键词：散货船；养殖工船；养殖舱；换水方案

0　概述

我国目前正处于陆基型水产养殖向海洋拓展、海洋渔业捕捞向养殖转型、近海养殖向深远海养殖发展的重要阶段，近年来养殖产量稳居世界首位。2019 年，国家十部委联合印发《关于加快推进水产养殖业绿色发展的若干意见》，提出将积极拓展养殖空间，提高养殖设施和装备水平作为重点任务，支持发展深远海绿色养殖，鼓励深远海大型养殖装备、养殖产品收获装备等关键装备研发和推广应用。2023 年，农业农村部等八部门联合印发《关于加快推进深远海养殖发展的意见》，提出深远海养殖主要指以重力式网箱、桁架类网箱及养殖平台、养殖工船等大型渔业装备为主体，以机械化、自动化、智能化装备技术为支撑，在深远海进行规模化高效水产养殖的方式。2024 年，农业农村部发布《2024 年水产绿色健康养殖技术推广"五大行动"实施方案》，提出推广重力式深水网箱、桁架类深远海网箱和养殖工船等设施设备，支持深远海养殖发展。

目前，离岸大型网箱型式的海洋牧场及各类型海洋牧场类平台陆续投入市场，其中深远海养殖工船因其型式结构成熟、自航转运方便、易于建造等特点也受到市场青睐。同时，养殖工船集养殖、加工、储藏、育苗、看护周围网箱于一体，可实现由"捕"向"养"的转变[1]。对于普通海产养殖业主而言，新造大型养殖装备的前期投资过高，导致成本回收周期过长，甚至会造成资金链断裂。在此背景下，将价格低廉的二手船舶改造为大型养殖装备，能够降低装备造价，同时也符合国家对于深远海养殖发展的要求，这无疑将成为一个可行的解决途径。

本文以某好望角型散货船改装成养殖工船为例，对养殖舱换水方案进行研究。养殖工船养殖舱由原散货船散货舱改装而成，养殖舱内的海水需要定期更换来满足鱼类生长需求，从而提高养殖密度和养殖效率。对于通海型养殖工船养殖舱要保证水体自然流通和强制更换，如何保证养殖舱海水自然流通、如何根据使用需要快速完成养殖舱内海水更换，是本文研究的主要内容。

1　养殖工船养殖舱设计

常规的固定开放式网箱养殖模式，会对局部海域生态系统产生很大影响，高密度的海水养殖伴随着大量饲

料和排泄物在海底的沉积、大量化学与生物药品的投放及鱼类的病虫害等多方面问题，这些都会对海洋生态系统产生影响。为尽量降低排泄物及饲料残渣排放对海洋生态的影响，兼顾海水养殖过程中经济高效地满足海水换水需要，本文提出了养殖舱舱底多处大开孔、舷侧大开口的养殖工船设计理念，同时设置大排量换水泵以满足对养殖舱换水需要。散货船改为养殖工船仍然具有自航能力，可以不定期更换养鱼场地，另外养殖工船通过舷侧和底部开孔及设置换水泵可以实现海水自然更换和强制更换，上述两种换水方式可以尽可能减小养殖工船对局部海域生态系统产生的影响，同时也能提高养殖效率。

某好望角型散货船共有 9 个散货舱，根据养殖工船总体布置设计要求，原散货船 9 个散货舱均改为养殖舱，其中中间第 5 散货舱改为育苗舱，艉货舱区尾端隔离出一个设有三层甲板的设备间，自下而上依次分隔成艉部泵舱、新增机舱、制氧设备间和辅助设备间，用于布置换水泵、压载水处理装置、新增发电机组及养鱼系统制氧设备等。对于跨海域作业的船舶改装后要安装压载水处理装置，需要满足 CCS 钢制海船入级规范关于压载水管理系统相关要求[2]。新增发电机组为渔业养殖专用系统与设备供电，渔业养殖专用设备包括饲料投喂系统、制氧系统、鱼处理系统、监控系统、鱼苗入舱系统等[3]。

为保证养殖舱海水自然流通需要，在 1~9 养殖舱两侧开一排通孔，开孔上缘高度要低于养殖作业工况下的吃水线，开孔用于保证养殖状态养殖舱内外海水的流通。开孔处安装一层可拆换的高分子材料挡鱼网。在 1~9 养殖舱（除第 5 舱外）每舱双层底大约中心位置处开通向外底板的若干个大孔径通孔。开孔内底板处设置固定式钢质挡鱼网，在内底处和外底处安装阀门，上下两个阀门之间安装一层可拆换的挡鱼网，外底板处设置防鲨网。需要时可以关闭阀门，在 1~9 养殖舱两侧开孔和每个养殖舱双层底大约中心位置处开孔，可以实现养殖状态下养殖舱内外海水的流通。原散货船第 5 散货舱改为若干个小的育苗舱，以满足养鱼育苗的需要。

某通海型养殖工船养殖舱底部布置如图 1 所示。

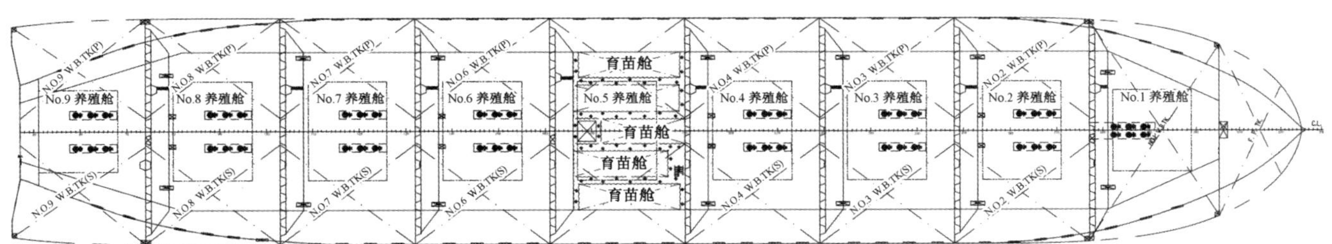

图 1　养殖舱底部布置示意图

2　养殖舱换水要求

养殖工船养鱼作业时，要经常对其养殖舱进行换水。换水的好处有很多，可以更好地保持水质，提高水体的溶氧，因为水中的氧气会持续消耗，长期不换水的话，水中氧气会消耗殆尽，同时鱼类排出的粪便和食物残渣又很容易使水变质，水中还会含有大量的氨氮等有害物质，对养鱼作业不利。养殖舱的换水率、养殖密度需要监测，同时根据不同的鱼种确定。养殖舱容量的计算要以能满足鱼类生长发育的氧气消耗总量与输入养殖舱水体的氧气总量到达平衡为依据。其中，以养殖大黄鱼为例，若采用封闭式养殖舱，养殖密度可达到 30~40 kg/m^3，换水率约为 10~20 次/天，若采用网箱则养殖密度可达到 6~8 kg/m^3。为了保证养殖密度，封闭式养殖工船养殖舱每 24 小时应尽量多次换水，以不间断换水 16 次左右为宜。由于保证了换水次数，同时增加了制氧增氧系统，封闭式养殖舱的养殖密度可达到传统网箱的 4~6 倍。另外，不同鱼种和鱼种的不同生长阶段，每天的换水率也会不同。

对于散货船改装的养殖工船，通常散货舱改为通海型养殖舱，改装后的养殖舱将不同于封闭型养殖舱，也不同于传统的网箱结构，在换水要求和养殖密度方面，大致将介于两者之间，具体指标还需根据养鱼品种进一步确定。改装的通海型养殖工船养殖舱，每个养殖舱都要考虑到养鱼换水需求，可以考虑设置两种换水方式，一种是自然流通换水，在每个养殖舱两舷侧各开一排通孔，通海孔上缘位于作业水线以下，每个养殖舱双层底管隧处设置若干个较大通孔,这样可以实现自然流通换水;另一种是根据实际使用情况设置几台较大排量的换水泵,换水泵通过总管与每个养殖舱连接,配置的较大排量换水泵可在要求时间内完成全部养殖舱水体的更换。自然流通换水方式结合换水泵强制换水方式,能够完全满足养殖舱养鱼换水的需求。

3 目标养殖工船换水方案设计

3.1 常规改装养殖工船换水方案设计

目前市场上有新造的养殖工船项目,养殖舱采用全封闭式,类似于陆地上的养殖方式,需要经常对养殖舱进行换水。有的养殖项目是通过对旧散货船进行改造,相对来说建造成本较低,但受制于旧船型的影响,散货舱无法改为全封闭式养殖舱,通常改为通海型养殖舱,即在船的两舷侧上下部位开设多个较大的自由孔,保证养殖舱内海水自然流通,但没有设置换水泵来满足养殖舱换水需求,只能靠海水自然流通来满足养鱼需要,养殖密度和养殖效率均较低。

常规养殖船舷侧开孔典型图如图 2 所示:

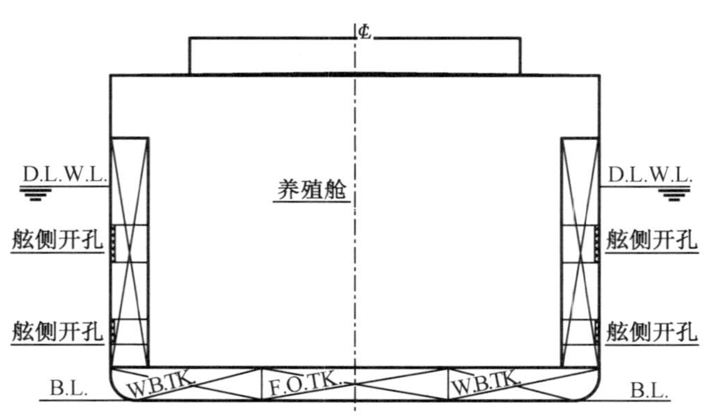

图 2 养殖舱舷侧开孔典型图

此种方案的海水自然流通效率较低,尤其那些海水流动缓慢的区域,将会对养殖水体产生很大影响。另外,养殖舱底部长时间累积将会有大量的鱼类排泄物,也很难清理,因此有必要对上述方案进行改进。

4.2 目标改装养殖工船换水方案设计

改装养殖工船养殖舱除了舷侧开孔外,建议对养殖舱底部增加开孔,通过上部舷侧开孔和底部开孔,其自然流通效果会更好,另外,底部开孔也方便养殖舱底部鱼类粪便的清理。此外,可以通过设置较大排量的换水泵来对各养殖舱进行强制换水,换水泵通过总管与每个养殖舱连接,在自然流通换水满足不了养殖舱换水要求的情况下,配置较大排量换水泵可在要求时间内完成全部养殖舱水体的更换。

目标散货船改装的养殖工船,属于通海型养殖工船,根据养鱼需要,设置自然流通换水,在每个养殖舱舷侧开一排较大通孔,通孔处安装拦鱼网,同时每个养殖舱双层底管隧处设置多个大口径的通孔,开孔通向外底板,内底板和外底板开孔之间通过管路连接,每个管路上设置两个大尺寸遥控蝶阀,两个阀门中间安装可更换的拦鱼网,可方便快捷地对拦鱼网进行更换。养殖舱的海水通过舷侧开孔和双层底内开孔之间的静水压形成流通,从而保证养殖舱内海水的自然更换。

目标通海型养殖工船养殖舱开孔型式典型示意图如图 3 所示。

除了自然流通换水外,还可根据实际使用情况设置两台换水泵,每台换水泵流量约 3 000 m^3/h,换水泵通过总管与每个养殖舱连接,目标养殖工船养殖舱水体总容积约 13 万 m^3,配置的两台换水泵可在一天时间内完成全部养殖舱水体的更换,具体养殖舱水体更换需要根据养鱼种类实际使用需求确定。每个养殖舱底部各设有两个换水井,换水井低于养殖舱底部平面,从换水井引出支管连接至两路换水总管,换水总管一端连接换水泵,换水时通过换水泵把养殖舱内水体排至舷外,两台换水泵可同时工作也可以单台泵组工作。自然流通换水方式结合换水泵强制换水方式,能够完全满足养殖舱鱼类生长换水需求。还可新增加一套阀门遥控系统,用于对各养殖舱强制换水系统阀门进行遥控。

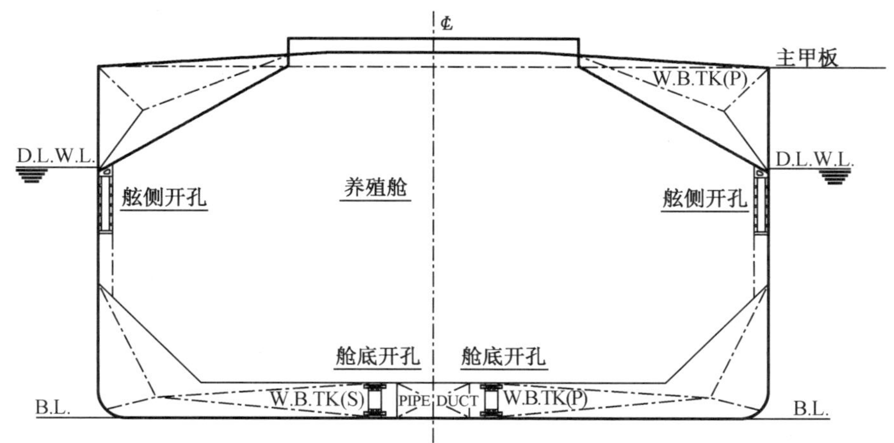

图 3 目标养殖工船养殖舱开孔型式典型示意图

目标通海型养殖工船养殖舱强制换水系统示意图如图 4 所示。

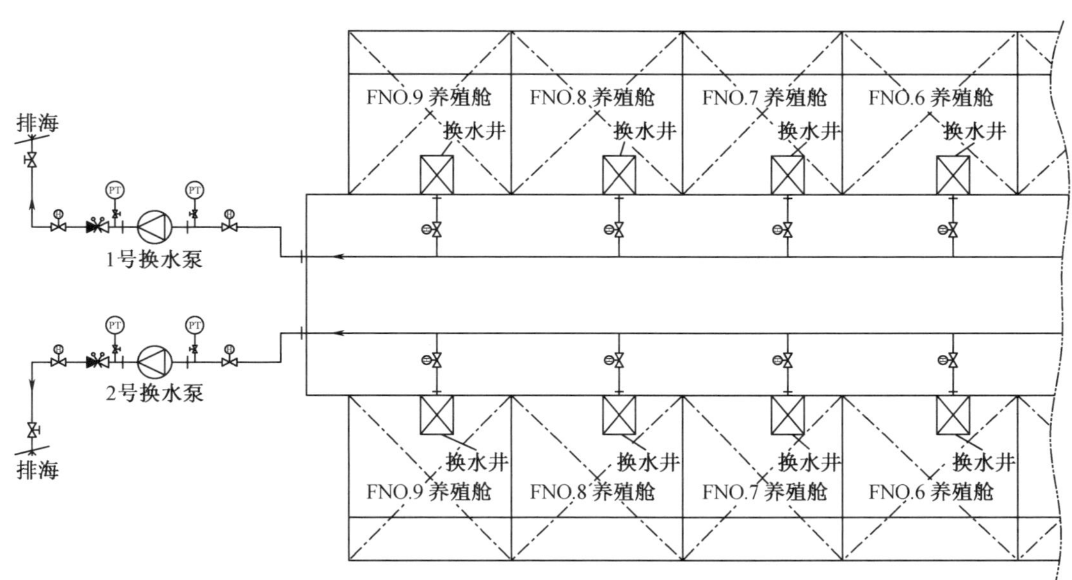

图 4 目标养殖工船养殖舱强制换水系统示意图

除了对养殖舱进行换水设计外,还需要考虑对育苗舱进行换水,原散货船第 5 散货舱改为若干个小的育苗舱,育苗舱水质情况需要实时监测,根据监测结果定时对育苗舱进行换水,配备两台育苗舱海水换水泵,从海底吸入海水经海水处理单元后泵入各育苗舱,排水时位于水线以上的育苗舱排水方式为重力排水,可直接排至舷外,位于水线以下的育苗舱排水可通过设置排水泵来实现。

4 结语

通过对某散货船改装而成的养殖工船的研究,我们开发设计了一种由散货船改装而成的通海型养殖工船的养殖舱及育苗舱的换水方案。此种换水方案相对于常规改装养殖工船有了很大改进,对于同类型的其他由深远海散货船改装而成的通海型养殖工船具有一定的参考借鉴作用。

参考文献

[1] 丁永良.海上工业化养鱼[J].现代渔业信息, 2006, 21(3):4-6.

[2] 中国船级社. 钢质海船入级规范[M]. 北京:人民交通出版社,2024.

[3] 李明云,苗亮,陈炯,等. 封闭式工船养殖大黄鱼容量的计算及其评估[J].科学养鱼,2021,12:75-76.

特种用途船安全规则对船舶稳性的影响研究

王志超　姚云熙　李在鹏　孙国君

（大连船舶重工集团有限公司）

摘　要：随着船舶市场呈现多样化，绿色智能的特种用途船需求量逐步扩大。针对《特种用途船安全规则》（SPS2008）对船舶稳性存在着较大影响，特开展研究。本文先对SPS2008的特殊要求进行整理，就SPS2008中涉及稳性的要求进行了归纳总结，并以某型绿色智能深海工程船为依托，评估SPS2008对破舱稳性的影响，得出了提高破舱稳性及分舱布置的有效方法。本文仅针对特种用途船设计方面予以阐述，望对类似船舶设计起到一定参考作用。

关键词：特种用途船；破舱稳性；分舱

0　引言

海洋特种船舶是指为海上运输、海洋勘探、海上钻井及海上采油等作业提供服务和安全保障的工程船舶。该类型船舶在满足常规船用规范外还需要满足《特种用途船舶安全规则》（以下简称SPS2008），但按照《海上移动式钻井平台构造和设备规则》（MODU）设计的船舶则不适用于SPS2008。

2008年国际海事组织海上安全委员会（简称海安会）第84次会议MSC.266（84）通过了SPS2008以替代A.534（13），该规则于2008年5月13日生效。SPS2008中明确了特种用途船舶系指因船舶功能的需要而载有12名以上特殊工作人员的机械自航船舶。其中特殊人员系指除乘客或船员或一岁以下儿童以外，与船舶的特殊用途有关的或在船上进行特殊工作而乘载于船上的所有人员。其中SPS2008明确将起重船、铺管船、打捞船、铺缆船、潜水支持船、地震测量船上的施工作业人员列为特殊人员。仅用于提供居住和运送作业人员的船舶不适用于SPS2008。

而2016年11月25日经国际海事组织批准的"关于在国际航行船舶上安全载运12名以上工业人员的临时建议案》（MSC.418（97）号决议）提出了对往返于岸基与海上油田之间，载运12名以上海上油田工作人员和相关人员的近海供应船应满足特种用途船的相关要求。

随着市场逐渐多样化，绿色智能特种用途船的需求量逐步扩大。因此针对特种用途船安全规则对船舶设计的影响的研究十分必要，其中SPS2008对船舶稳性影响较大。本文首先对SPS2008的特殊要求进行整理，并以某绿色智能深海工程船为研究对象，对影响较大的稳性进行分析，并得出相应的结论。

1　特种用途船安全规则对稳性的主要影响

SPS 2008规范适用于所有在2008年5月13日及以后发证的不小于500总吨的特种用途船。主管机关也可在尽可能合理及可行的情况下，将这些规定应用于500总吨以下的特种用途船和在2008年5月13日以前建造的特种用途船[1]。

SPS 2008中的稳性要求对完整稳性影响不大，但在破舱稳性中增加了客船的计算衡准，这使得货船破舱稳性计算更加严格，表1为常规货船（不适用于SPS2008）规范与特种用途船规范的破舱稳性计算要求的对比。

表 1　常规货船规范与特种用途船破舱稳性规范对比

序号	项目	常规货船	特种用途船
1	破舱稳性计算衡准	ICLL(1966),SOLAS(2014)	ICLL(1966),SOLAS(2014),SPS(2008)
2	分舱指数	$A \geqslant 0.5R$	$P \geqslant 240 \quad A \geqslant R$ $60<P<240 \quad 0.8R<A<R$ 线性差值 $P \leqslant 60 \quad A \geqslant 0.8R$
3	中间阶段残存概率 $S_{intermediate}$	1	$S_{intrtmediate}=\left[\frac{GZ_{max}}{0.05}\cdot\frac{range}{7}\right]^{\frac{1}{4}}$
4	最终平衡阶段残存概率 S_{final}	$S_{final}=K\cdot\left[\frac{GZ_{max}}{0.12}\cdot\frac{range}{16}\right]^{\frac{1}{4}}$ 其中 K 值计算中: $\theta_{min}=25°$ $\theta_{max}=30°$	$S_{final}=K\cdot\left[\frac{GZ_{max}}{0.12}\cdot\frac{range}{16}\right]^{\frac{1}{4}}$ 其中 K 值计算中: $\theta_{min}=7°$ $\theta_{max}=15°$
5	经受横倾力矩的残存概率 S_{mom}	1	$S_{mom}=\frac{(GZ_{max}-0.04)\cdot\Delta}{M_{heel}}$
6	横倾力矩 M_{heel}	无	$M_{heel}=$最大$\{M_{乘客}$或$M_{风}$或$M_{救生艇筏}\}$
7	残存概率破损范围	无	$P \geqslant 400$ 纵向:$0.03L_s$,不小于 3 m 横向:$0.1B$,不小于 0.75 m $60<P<400$,线性差值 $P \leqslant 60$ 纵向:$0.015L_s$,不小于 3 m 横向:$0.05B$,不小于 0.75 m

2　特种用途船安全规则中稳性及分舱研究

针对船舶破舱稳性增加了客船的稳性要求,由此可能对船舶稳性产生颠覆性影响。故本文针对 SPS2008 对影响较大的破舱稳性开展研究。

本文以某绿色智能深海工程船为依托,对是否考虑 SPS2008 定的破舱稳性进行对比分析,并提供一定船舶分舱建议。

2.1　船型参数

本文参考船型的主要参数如表 2 所示。

表 2　某绿色智能深海工程船主要参数

项目	船型参数
船长/m	178
型宽/m	32.2
型深/m	16.8
运载人数/人	180
船级社	ABS

2.2 特种用途船安全规则对破舱稳性的影响分析

本绿色智能深海工程船为B型干舷，且需满足钢制海船规范、SOLAS公约及SPS2008要求。为研究SPS2008对本特种用途船的影响，特进行了是否考虑SPS2008的破舱稳性计算，从而评估SPS2008对本船稳性计算的影响。

本船运载人数180人，按照SPS2008和SOLAS规范，分舱指数R规范要求值如下：

(1)不考虑SPS2008，要求的分舱指数$R=1-\frac{128}{L_S+152}=0.6085$，同时$A\geqslant 0.5R$，且轻载分舱指数($A_L$)、部分分舱指数($A_P$)、最深分舱指数($A_S$)需大于0.5$R$。

(2)考虑SPS2008，要求的分舱指数$R=1-\frac{5\,000}{L_S+2.5N+15\,225}=0.6389$，同时$A\geqslant 0.93R$，且分舱指数$A_L$、$A_P$、$A_S$需大于0.9$R$。

根据本船舱室布置，对舱室进行水密划分，分舱情况如下。

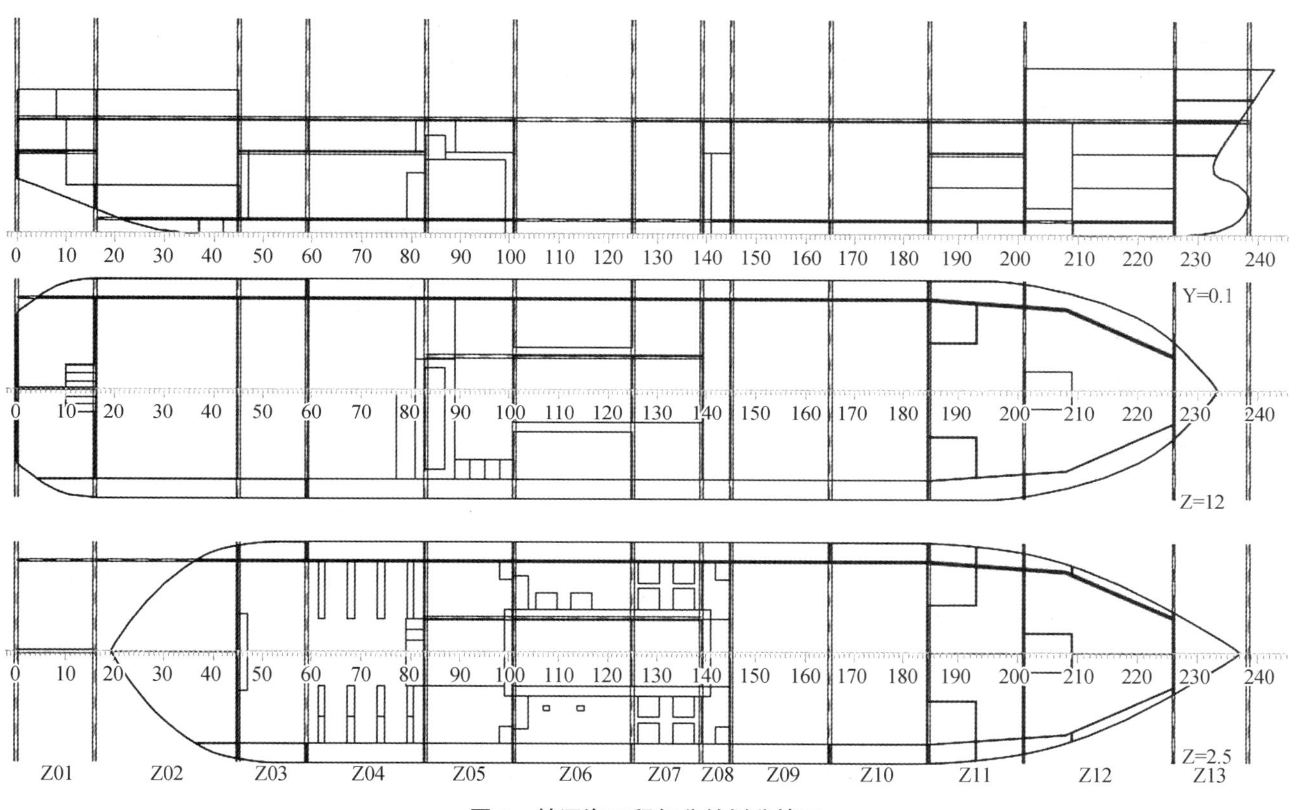

图1 某深海工程船分舱划分情况

根据初始装载工况，选定最深分舱吃水、轻载航行吃水和部分分舱吃水，并给定最小初稳性高(GM)值，按照图1的分舱形式，得出实际分舱指数A，具体结果如表3所示。

表3 不考虑SPS2008的破舱稳性结果

吃水工况	吃水/m	GM/m	计算分舱指数A	分舱指数比A/R	是否满足规范要求
轻载航行吃水DL	7.90	2.5	$A_L=0.7670$	1.26	OK
部分分舱吃水DP	9.76	2.0	$A_P=0.6694$	1.1	OK
最深分舱吃水DS	11.00	2.0	$A_S=0.4728$	0.78	OK
最终分舱指数A	$A=0.4A_S+0.4A_P+0.2A_L=0.6103$				OK

采用上述 GM 计算考虑 SPS2008 规范的破舱稳性,其结果如表 4 所示。

表 4 考虑 SPS2008 的破舱稳性结果

吃水工况	吃水/m	GM/m	计算分舱指数 A	分舱指数比 A/R	是否满足规范要求
轻载航行吃水 DL	7.90	2.5	$A_L=0.5852$	0.92	OK
部分分舱吃水 DP	9.76	2.0	$A_P=0.5343$	0.84	NO
最深分舱吃水 DS	11.00	2.0	$A_S=0.4622$	0.72	NO
最终分舱指数 A	$A=0.4A_S+0.4A_P+0.2A_L=0.5156$				NO

通过上述计算结果可以看出,同样吃水和 GM,按照 SPS2008 计算,要求的分舱指数 R 增加,而实际得到的分舱指数 A 却降低了,因此实际分舱指数 A 不满足规范要求值,且相差较多。

首先考虑对设计影响较小且不影响装货性能的工况,就是提高风雨密开口高度。从 *SOLAS* 关于中间阶段生存概率 S 的计算要求中可看出,当船舶横倾角大于 15°时,S 取为 0,意味着当开口已位于 15°范围以外时,继续增大横倾角并不会使结果得到改善[2]。将本船风雨密开口高度提高 1 m,由此造成管路长度增加,同时水密舱室压头要求增高,建造成本略有增加。计算破舱稳性结果如表 5 所示,仍不满足规范要求,且改善效果较小,需使用其他方法。

表 5 提高开口高度后考虑 SPS2008 的破舱稳性结果

吃水工况	吃水/m	GM/m	计算分舱指数 A	分舱指数比 A/R	是否满足规范要求
轻载航行吃水 DL	7.90	2.5	$A_L=0.6072$	0.95	OK
部分分舱吃水 DP	9.76	2.0	$A_P=0.5666$	0.84	NO
最深分舱吃水 DS	11.00	2.0	$A_S=0.4758$	0.74	NO
最终分舱指数 A	$A=0.4A_S+0.4A_P+0.2A_L=0.5264$				NO

在保证分舱划分不变以及开口高度不变的情况下,可增加 GM 值来满足规范要求值,通过计算公式可知,GM 值对分舱指数 A 的影响是最明显的[3]。但随着 GM 值的增大,其装货配载的难度也随之增加,因此需选定相对合理的 GM 值进行计算。调整后的计算结果如表 6 所示。

表 6 调整 GM 后考虑 SPS2008 的破舱稳性结果

吃水工况	吃水/m	GM/m	计算分舱指数 A	分舱指数比 A/R	是否满足规范要求
轻载航行吃水 DL	7.90	3.8	$A_L=0.7294$	1.14	OK
部分分舱吃水 DP	9.76	2.8	$A_P=0.6329$	0.99	OK
最深分舱吃水 DS	11.00	2.8	$A_S=0.6058$	0.95	OK
最终分舱指数 A	$A=0.4A_S+0.4A_P+0.2A_L=0.6414$				OK

根据以上计算情况得出,是否考虑 SPS2008 的破舱稳性许用 GM 值如图 2 所示。

根据调整后的 GM 值计算的破舱稳性满足规范要求。计算中针对三种 GM 值都进行了增加,由于本船运载人数较多,故对破舱稳性要求非常严格,造成了 GM 值至少增加 40%。这对初始装载工况影响较大,既对船舶载货性能存在较大影响,也导致运营的经济性变差。

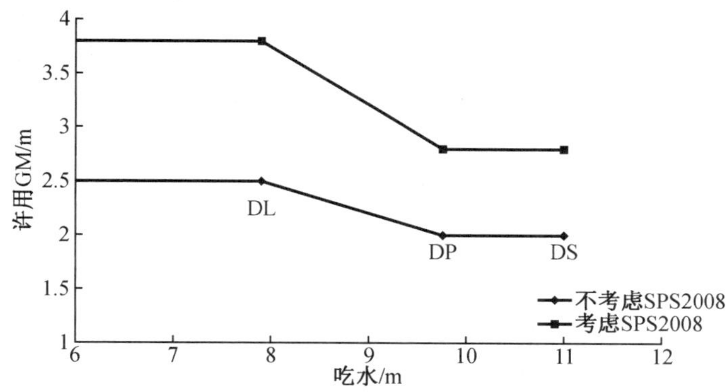

图 2　有无 SPS2008 的破舱稳性许用 GM 值

经过计算得到的四种不同情况下计算分舱指数汇总如图 3 所示。

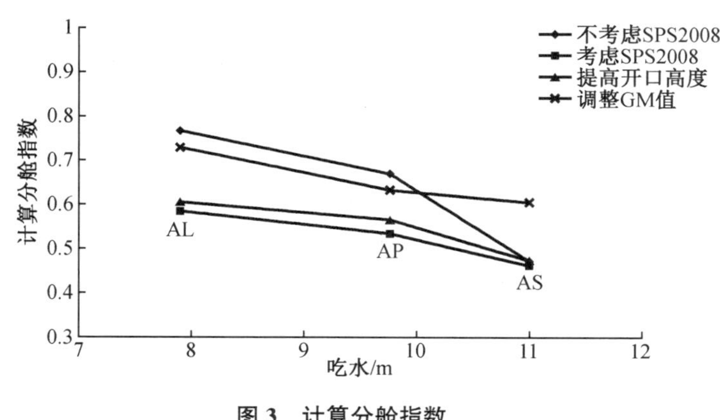

图 3　计算分舱指数

针对四种不同情况计算的分舱指数，最深分舱吃水和部分分舱吃水对提高整体分舱指数效果较明显，两者都分别占 40%。本计算实例中得出，通过提高开口高度和调整 GM 值都可提升分舱指数，而调整 GM 值效果较明显，提高开口高度方法则效果较差。故在实际分舱指数与要求值相差较小时，采用提高开口高度方法，船舶成本增加较小。而分舱指数与要求值相差较大时，建议适当提高 GM 值，但需要保证船舶实际 GM 值可实现。

本文采用的只是提高稳性结果的两种方法，其他优化破舱稳性的方法详见如下内容，具体结果影响暂不讨论。

(1)增加水密分割，有效减少局部破损的进水量，但增加了水密舱壁的数量，使得空船重量及水密门数量增加，建造经济性变差。

(2)更改船舶尺度，增加型深或船宽都可有效改善破舱稳性，但更改船舶尺度对船舶经济性影响巨大，一般在前几种方法使用后仍无法实现才更改船舶尺度。

另外，本船将双层底延伸至两侧，从而满足了双层底布置要求[4]，提高了分舱指数。同时减少穿舱管系布置，如管系必须穿舱时，应尽量靠近舱壁上部或船舯部，进而减小船舶破损后导致其他舱室延伸进水的风险[5]。

2.3　小结

通过上述破舱稳性计算结果分析，SPS2008 对破舱稳性要求较高，因此在船舶稳性计算及分舱布置时应有所侧重，主要有以下几点：

(1)SPS2008 与运载人数相关，人数越多，要求的分舱指数越大，使得破舱稳性满足难度加大[6]。如条件允许的话，可适当控制运载人数。

(2)增加了船舶破损后中间及经受横倾力矩残存概率影响，同时缩减中间阶段横倾角范围，由此需要适当加密分舱划分，并提高许用 GM 值，来满足破舱稳性要求。

(3)在船舶功能确定后，要求的分舱指数 R 值很难降低，仅能通过提高分舱指数 A 达到较好的破舱稳性结果。而 GM 值变化对分舱指数 A 的影响是非常明显的，属首选方法。但随着 GM 值的增大，对该船舶载货性能也提出了更高要求。

(4)采用提高开口高度、开口高度向船中偏移,也可小幅度提高分舱指数 A,但提高效果有限。而增加水密分割,甚至更改船舶尺度也可改善船舶破舱稳性,WJG 同时都造成了一定的经济性损失。

(5)尽量将双层底延伸至舷侧,满足 SOLAS 公约 R 要求,提高分舱指数的同时,还可避免 SOLAS Ⅱ-1 章 B-2 部分第 9 条中底部擦损的计算。

3 结论

从以上对于规范阐述及破舱稳性实例计算中可以发现,特种用途船既不同于货船,也不同于客船,因其特殊性,不能完全按照 SOLAS 公约对货船或客船的要求进行设计,应根据运载人员数量最终确定参照的规范。

本文就 SPS2008 中涉及的稳性要求进行了相应的归纳总结,并以某型绿色智能深海工程船为依托,评估 SPS2008 对破舱稳性的影响,得出了提高破舱稳性及分舱布置的有效方法。

本文仅针对特种用途船设计方面予以阐述,希望对类似特种用途船设计起到一定参考作用。

参考文献

[1] 陈斌. 特种用途船舶舾装设计[J]. 船舶设计通讯, 2014(增刊 1): 31-34.

[2] 李宏伟,王冬,郑宏宇. SOLAS 2020 对客滚船设计的影响[J]. 船舶与海洋工程, 2019,35(6): 43-48.

[3] 李学菊,张海华. 特种用途船舶分舱稳性计算的应用分析[J]. 船舶与海洋工程, 2016,32(1): 59-64.

[4] 陈晶晶, SOLAS 对双层底要求研究[J]. 船舶与海洋工程, 2012(2):62-66.

[5] 郑鹏翔. 起重铺管船的破损稳性[J]. 船舶, 2012, 23(5): 12-13.

[6] 周健.《特种用途船舶安全规则 2008》对起重/铺管船设计新要求分析[J]. 上海造船, 2011(2), 59-63.

FLNG 的特殊性危险源识别及分析研究

年继业　姜福洪　孙　明　李　放

（大连船舶重工集团有限公司）

摘　要：针对浮式液化天然气装置（FLNG）在天然气开采、液化、存储等作业过程中，所涉及的危险源纷杂众多，且发生危险时容易引发重大安全事故的特点，针对性地进行 HAZID 分析，提出 FLNG 的特殊危险源，并进一步探究这些危险源的危险性，为 FLNG 的其他 HSE 分析提供基础，并为 FLNG 的安全设计及制造提供参考。

关键词：FLNG；HAZID；危险源

0　引言

浮式液化天然气装置（FLNG）是一种集海上天然气开采、净化、液化、存储和外输功能于一体的海工装备，是我国南海天然气资源开发装备的最优选择[1]。

无论是天然气还是 LNG，均属于具有较高危险性的危险源。FLNG 本身作为一种海上天然气资源的开发装备，天然气和 LNG 的使用贯穿其整个作业流程，因此具有较高的泄漏、失火、爆炸风险[2]。同时，FLNG 在天然气净化阶段可能产生的硫化物和汞等杂质，以及天然气液化工艺流程中使用到的烷基化合物、乙二醇、乙烯、胺等也均为危险源[3]。

危险源识别（HAZID）是一种将风险评估系统化的方法。通常在方案设计初期阶段使用，用来在设计之初对危险源及相关风险进行早期的评估与研判，并作为输入信息纳入设计和施工的策划中[4]。

本研究基于 FLNG 自身作业的特殊性，以 HAZID 方法为研究手段，首先识别 FLNG 区别于其他海上设施的特有危险源，然后从危险源泄漏、燃烧、爆炸、毒性等方面，依次对每类危险源进行进一步的分析研究。

1　FLNG 的危险源识别研究

天然气和 LNG 作为一种危险源，普遍存在于 FLNG 的转塔（立管）区、上部净化和液化模块、LNG 货物维护系统及 LNG 外输设备之中。

FLNG 海上安装方式分为单点系泊和多点系泊[5]。对于单点系泊的 FLNG，天然气通过转塔从海底开采管道进入 FLNG[6]；对于多点系泊的 FLNG，天然气通过舷外立管从海底开采管道进入 FLNG[7]。无论采用何种方式，天然气进入 FLNG 后，均被运送至上部模块，开始进行净化作业。

净化的目的在于除去天然气中夹杂的二氧化碳、硫化氢、重烃、汞等杂质[8]。经过净化的天然气将进入液化工艺阶段。

在天然气液化工艺过程中，天然气逐渐变为 LNG[9]。经过液化处理的 LNG 进入 LNG 液货围护系统存储[10]，并在特定时间外输至 LNG 运输船上[11]。

天然气及 LNG 在 FLNG 上的典型分布如图 1 所示。

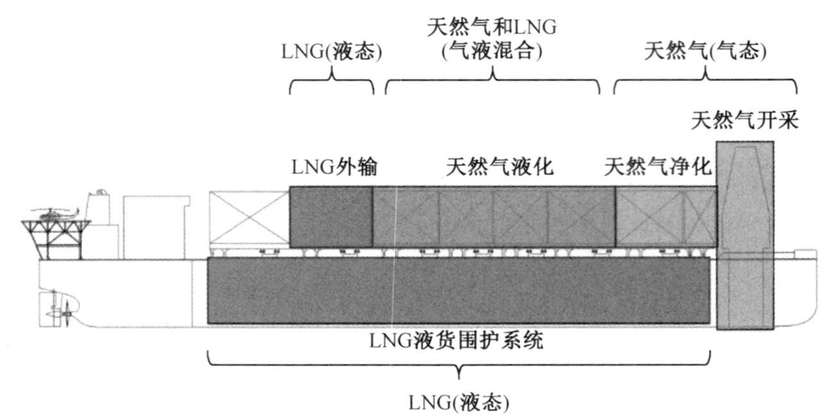

图 1　天然气及 LNG 在 FLNG 上的典型分布图

在天然气开采和净化阶段,天然气中的杂质硫化氢和汞蒸气同样属于危险源。

在天然气液化阶段,制冷剂中使用到的气态和液态的碳氢化合物,主要包括甲烷、乙烷、丙烷、丁烷、戊烷、乙二醇、乙烯、胺,均为危险源。

综上,考虑到 FLNG 作业的特殊性,其明显区别于其他海洋平台的危险源如表 1 所示。

表 1　FLNG 特殊危险源

危险源	潜在出现位置
天然气	转塔(立管)区、净化模块、液化模块
LNG	液化模块、LNG 液货围护系统、外输设备
硫化氢	净化模块
汞(蒸气)	净化模块
甲烷	液化模块
乙烷	液化模块
丙烷	液化模块
丁烷	液化模块
戊烷	液化模块
乙二醇	液化模块
乙烯	液化模块
胺	液化模块

2　天然气泄漏危害研究

天然气是碳氢化合物成分的混合物,由大约 90% 的甲烷,一定数量的乙烷、丙烷和丁烷及一定比例的氮(少于 1%)组成。

天然气泄漏的最大危险在于可能会产生燃烧或爆炸。天然气的主要成分甲烷,在常温常压下爆炸极限为 5%~15%,属于易燃易爆气体。爆炸会产生各种破坏效应,如爆炸波、热辐射、一次碎片冲击作用、有毒气体产生的致命效应等,但最危险、破坏力最大的还是爆炸波。天然气如果带有压力泄漏,还可能引发喷射火焰,短时间内对结构、设备和人员造成严重伤害。

3 LNG 泄漏危害研究

LNG 是液态的天然气,其成分与天然气一致。LNG 密度为 430~470 kg/m^3。通常处理温度在-162 ℃左右(在标准大气压下,LNG 在-160 ℃左右沸腾)。

泄漏的 LNG 会立即开始蒸发,重新变成气体。由于这种气体非常冷(温度与 LNG 相似,约为-160 ℃),因此会凝结周围空气中的水蒸气,形成可见的"云"。最初,"云"的密度比空气大,随着"云"的温度不断升高,密度会降低,直到其密度低于空气,在空气的浮力作用下上浮。

"云"的大小取决于泄漏的 LNG 的体积、泄漏的速度和泄漏的位置。LNG 释放的显著特点在于形成显著的气云。

气云易燃易爆,接触到点火源会产生强烈的燃烧或爆炸,对 FLNG 设备和操作人员的安全造成严重威胁。同时,气云温度极低,在扩散过程中,接触到船体材料,材料将受到低温的影响,有脆化的风险;接触到人员,则会引起人员冻伤甚至死亡。

如果 LNG 泄漏到水中,由于水的比热容较高,LNG 会迅速吸收热量并快速膨胀,从而发生快速相变现象。由于 LNG 气化后,其体积扩大约 600 倍,所以 LNG 的快速相变将会产生危险的局部超压。LNG 中乙烷和丙烷的含量越高,局部超压现象将会越严重。LNG 泄漏到海面,还可能引起池火,其主要危害在于热辐射。

综上,LNG 泄漏是 FLNG 面临的最大风险,与 LNG 泄漏有关的主要安全和健康危害如表 2 所示。

表 2 与 LNG 泄漏有关的主要安全和健康危害

LNG 泄漏可能引发的危害
爆炸
低温液体和低温蒸气泄漏损害临近的设备和结构
低温液体的快速相变引起的局部超压
冻伤及冷烧伤
池火
喷射火焰

4 天然气杂质泄漏危害研究

天然气在自然形成的过程中,不可避免地会产生一些杂质,这些杂质随天然气一同被开采至 FLNG 上,其中对人员安全有明显危害的为硫化氢和汞(蒸气)。

全球已发现气藏中,几乎都存在硫化氢气体。硫化氢在标准状况下是一种易燃的酸性气体,无色,低浓度时有臭鸡蛋气味,浓度极低时便有硫磺味,有剧毒。

硫化氢的毒理学资料如表 3 所示[12]。

表 3 硫化氢的毒理学资料

浓度(ppm)	人体吸入反应
1 000 以上	瞬间猝死("电击样"死亡)
600~1 000	短时间内死亡
280~400	一小时内死亡

表 3(续)

浓度(ppm)	人体吸入反应
120~280	一小时内急性中毒
50~120	嗅觉麻痹
25~50	气管刺激、结膜炎
0.41~25	嗅到难闻的气味
低于 0.41	人开始嗅到臭味

汞在常温下为液态,在天然气开采中,常常以气态的形式混在天然气中。

汞蒸气有剧毒,口服、吸入或接触后会导致脑和肝损伤。人吸入浓度 1~3 mg/m^3 的汞蒸气即可致急性中毒[13]。

汞的化合物多具有毒性,其中最危险的汞有机化合物是二甲基汞[$(CH_3)_2Hg$],皮肤上仅接触几微升二甲基汞就可以致死[14]。

5 制冷剂泄漏危害研究

在天然气液化工艺过程中,制冷剂普遍存在。制冷剂中对安全具有潜在危害的物质包括烷基化合物、乙二醇、乙烯和胺。

5.1 烷基化合物

制冷剂中烷基化合物主要包括甲烷、乙烷、丙烷、丁烷和戊烷。

甲烷在常温常压下爆炸极限为 5%~15%,它在正常情况下比空气轻得多,但在低于-100 ℃的温度下会比空气重。当其在压力下从液化工艺模块区域释放出来时,将与大气混合,形成可燃气云。这种可燃气云膨胀到某一处,接触到点火源,将会引发强烈的燃烧和爆炸。

乙烷在常温常压下爆炸极限为 3%~12.5%,它几乎和空气密度一样,如果考虑层流燃烧速度,乙烷气体的“反应性”则略高于甲烷气体(0.53 m/s 和 0.45 m/s)。当乙烷气体释放到大气中时,在没有风的情况下,它会慢慢地与泄漏点周围的空气混合。因此,在类似的初始工艺条件下,在开放区域以及同样拥挤和密闭的区域,它往往会聚集更大尺寸的可燃气云。

丙烷在常温常压下爆炸极限为 2.1%~9.5%,在常压下,它的沸点为-42.1 ℃。丙烷蒸气比空气略重(MW=30 g/mol)。如果考虑层流燃烧速度,丙烷气体的“反应性”略高于甲烷气体(分别为 0.51 m/s 和 0.45 m/s)。与乙烷类似,当丙烷气体释放到大气中时,无风条件下,它会慢慢与泄漏点周围的空气混合,形成可燃气云。

丁烷在常温常压下爆炸极限为 1.6%~8.4%,在常压下,它的沸点为-0.45 ℃。丁烷蒸气明显比空气重(MW=58 g/mol)。如果考虑层流燃烧速度,丁烷气体的“反应性”则略高于甲烷气体(分别为 0.50 m/s 和 0.45 m/s)。当释放到大气中时,根据其初始工艺条件的不同,它可能会全部或部分闪燃。

戊烷在常温常压下爆炸极限为 1.4%~7.8%。在常压下,它的沸点为 36.1 ℃。蒸气明显比空气重(MW=72 g/mol)。如果考虑层流燃烧速度,戊烷气体的“反应性”则略高于甲烷气体(分别为 0.52 m/s 和 0.45 m/s)。当释放到大气中时,根据它的初始工艺条件,它可能会完全闪燃。

上述所有低温物质在释放时都可能产生爆炸、喷射火焰或池火,其高温、爆炸波和热辐射足以损害所有可能被吞没或可能受到影响的人、设备及结构。此外,即便未遇到点火源,其在液化过程中所处的低温状态也可能会造成结构的低温脆性及人员的冻伤或死亡。

5.2 乙二醇

乙二醇(MEG)多与淡水混合,用于天然气液化过程中的热交换阶段。

化学品安全技术说明书数据库(MSDS)[15]显示,纯乙二醇具有毒性。人员吸入、食入或皮肤接触后,可能

引发眼球震颤、淋巴细胞增多、反复昏厥等症状。严重的可能产生肺水肿,心、肾功能衰竭,甚至死亡。

纯乙二醇在高温下具有可燃性,闪点在 110 ℃左右,自燃温度在 412 ℃。

5.3 乙烯

乙烯在常温常压下爆炸极限为 2.7%~36%,具有较大的爆炸风险。同时,乙烯具有微毒性,吸入较高浓度的乙烯气体,可能会引起明显的记忆障碍,甚至导致意识丧失。眼部和呼吸道黏膜接触高浓度的乙烯气体,可能会出现流泪、咳嗽等症状,但通常在隔离乙烯后的几个小时,症状可逐渐消退。

5.4 胺

在制冷剂中,胺多以溶液的形式存在,通常为 89% w/w 的甲基二乙醇胺(MDEA)。

甲基二乙醇胺溶液具有毒性,化学品安全技术说明书数据库(MSDS)显示,人体接触甲基二乙醇胺溶液,会出现严重的眼睛损伤、过敏、哮喘、吸入呼吸困难等症状。

6 结论

本文对 FLNG 作业过程中涉及的且明显区别于其他海洋平台的特殊危险源进行全面系统的 HAZID 研究,结论如表 4 所示。

表 4 FLNG 的特殊危险源 HAZID 研究结论

特殊危险源	可能出现的区域	潜在危害
天然气	转塔(立管)区、天然气净化模块区域	燃烧、爆炸
LNG	天然气液化模块、LNG 液货围护系统、LNG 外输区域	燃烧、爆炸、低温
硫化氢	转塔(立管)区、天然气净化模块区域	毒性
汞(蒸气)	转塔(立管)区、天然气净化模块区域	毒性
烷基化合物	天然气液化模块	燃烧、爆炸、低温
乙二醇	天然气液化模块	毒性、燃烧
乙烯	天然气液化模块	毒性
胺	天然气液化模块	燃烧、爆炸、毒性

参考文献

[1] 谢彬,喻西崇,韩旭亮等. FLNG 研究现状及在中国南海深远海气田开发中的应用前景[J]. 中国海上油气,2017,29(02):127-134.

[2] 贾巧娇. 海上 FLNG 气体泄漏爆炸风险分析[D]. 上海:上海海洋大学,2021.

[3] IKEALUMBA W C, WU H. Some Recent Advances in Liquefied Natural Gas (LNG) Production, Spill, Dispersion, and Safety [J]. Energy Fuels, 2014, 28(6): 3556-3586.

[4] 王小岩,冯玉虎,胡文辉,等. HAZID 分析方法应用浅析[J]. 化学工程与装备,2019,264(01):314-316.

[5] 叶冬青,陆文俊,季腾. FLNG 船关键系统技术研究[J]. 中国水运(下半月),2021,21(11):1-2.

[6] 王春霞,李亚菲,王战勇. FLNG 上部模块总体布置研究[J]. 石油工程建设,2017,43(02):23-26.

[7] 罗晓健,郭学龙,杨涵婷,等. FLNG 船舶总体设计方案研究[J]. 石油工程建设,2019,45(06):32-37.

[8] 陈景峰,李辉,欧阳丽虎,等. 天然气液化工艺技术与设备的比较分析[J]. 天津科技,2023,50(03):5-7,10.

[9] 尹全森. 混合制冷剂循环优化设计和动态特性研究[D]. 哈尔滨:哈尔滨工业大学,2010.

[10] 冯明,刘艳年. LNG 液舱围护系统发展现状及趋势分析[J]. 船电技术,2021,41(12):25-30.
[11] 谢彬,赵晶瑞,喻西崇. FLNG 外输系统在中国南海的适用性分析及国产化研究思考[J]. 中国海上油气,2020,32(05):152-158.
[12] KAPPUS H,李长龙. 硫化氢的毒理学[J]. 国外医学(卫生学分册),1980(05):278-280.
[13] 吴抒见. 金属汞对神经系统的毒作用[J]. 铁道劳动安全卫生与环保,1990(01):63-65.
[14] 时国庆,刘杰民,弓爱君,等. 汞化合物的生物检测技术[J]. 环境污染治理技术与设备,2004,005(006):6-11.
[15] 翦英红,范宁伟,秦慧芳,等. MSDS 及其在高校化学实验室的使用探析[J]. 吉林化工学院学报,2022,39(06):33-36.

船舶清洁能源综合对比分析

左天欣

（渤海船舶职业学院）

摘　要：本文深入剖析了风能、太阳能、核能及甲醇燃料各自在替代传统化石燃料以驱动大型运输船舶方面的优缺点。通过全面考量这些清洁能源的特性，并结合当前国际形势、我国船舶运输行业的发展现状及各清洁能源的产能现状，最终得出结论，大力发展甲醇燃料相关产业应作为我国远洋运输业发展的优先选择。

关键词：清洁能源；甲醇；燃料电池；大型运输船舶

0　概述

在国际政治局势复杂的2024年，我国的能源安全形势显得更加严峻。据2020年第七次全国人口普查数据显示，我国现有人口占世界总人口的18%，但石油和天然气的储量却分别仅占世界总量的2.4%和1.2%，人均石油、天然气储量远低于国际平均水平[1]。同时，在经济高速发展的背景下，中国已经跃居成为第二大能源消费国，对煤炭的过度依赖使得我国在未来可能成为“污染大国”[2]。因此，加速研究清洁能源的开发利用不仅关乎国家能源安全，也是实现可持续发展、改善环境质量的必由之路。

过去二十年中，海运承载了全球近五分之四的国际贸易量，我国远洋运输业的稳健发展对维持贸易顺差也至关重要。然而，随着2022年世界航运业碳排放量突破10亿吨大关，航运业已成为温室气体减排的重点领域。国际海事组织（IMO）为此将减排目标由2050年实现温室气体减排50%升级至2100年零排放，这标志着全球航运业正迈向绿色低碳的新时代。我国作为航运大国，亦需积极响应国际社会的号召，推动“绿色船舶”的研发与制造。“绿色船舶”的核心是在使用清洁能源为船舶提供安全、稳定且高效动力来源的同时实现自身的低排放或零排放。当前，风能、太阳能、核能、甲醇等清洁能源，从理论层面看均颇具发展潜力。然而，受限于各自的能源特性、我国的地理地形以及产能结构，部分动力来源并不适用于我国的“绿色船舶”自主研发和制造工作。本文将深入探讨这些清洁能源在大型船舶运输中的应用方式，并详细比较它们的优缺点。

1　风能

人类借助于风能在水上航行可追溯至公元前4000年的埃及，当时商人便已在尼罗河上运用风帆来运送货物。相较传统化石燃料，风能具备储量巨大、可再生且无污染的显著优势。然而，其能流密度低与稳定性差的劣势亦不容忽视。如表1所示，风能的能流密度远低于其他能源形式。

表 1　各种类型能源的能流密度

能源类型(假定状态)	风能(风速 3 m/s)	水能(流速 3 m/s)	海浪(浪高 2 m)	潮汐(潮差 10 m)	太阳能(晴天平均)
能流密度/(kW/m^2)	0.02	20	30	10	1

此外,风能缺乏稳定性(或可预测性),这也是其难以被利用的原因之一。虽然我国在 20 世纪末也自主研发过中小型的风力助推器,其中比较成功的案例是于 1996 年 2 月首航的可搭载 140 个标准集装箱的"明州 22 号",但这远远不能满足现代大型货船对于动力和搭载空间的需求。因此,在目前技术条件下,风能直接用于大型船舶动力输出的可行性较低。无论是在船舶上安装超大型风帆还是大型风力发电机,在技术上都存在无法攻克的难题,一种可能的解决方案是将风能转化为电能后再为船舶提供动力。但是,从空间上看,我国的风电产区主要集中在内蒙古中部、黑龙江东部、河北北部、山西北部、新疆北部和东部等内陆地区,而电动船舶的充电设施多集中在沿江和沿海地带,这种转化方式需要完善的电网基础设施作为支撑,经济效益可能难以达到预期。综上,风能因其能流密度低及分布不均等问题,不适合作为远洋运输业实现"绿色转型"的主要清洁能源。

2　太阳能

太阳能是一种普及率很高的清洁能源,随处可见的太阳能热水器、路灯、水泵等小型设施都是对太阳能的直接或间接利用。太阳每秒钟照射到地球上的能量相当于约 5×106 t 标准煤充分燃烧所释放的能量,这一点也是太阳能最大的优势——能源储藏量巨大,相对于地球的预期年龄,太阳能是"取之不尽"的。太阳能转化为电能的过程虽然不会产生三废(废水、废气、废渣)和其他有害物质,但是在制造和回收光伏发电系统的过程中,如果操作不当,会导致铅、硒等有害物质释放到土壤和水体中,影响周围生态环境[3]。

太阳能自身也具有一定的缺陷,如分散性和间断性导致其很难直接应用于大型运输船舶上。如表 1 中所示,尽管太阳能的能流密度好于风能,但也远低于其他能量形式,这就需要更大的面积来接收太阳能。远洋运输船舶需要把大部分空间预留给货物,在船舶上安装光伏发电装置为自身提供动力是不现实的,更重要的是,昼夜、季节和气候的变化很难保证太阳能来源的稳定性,所以在船舶上安装光伏板只适用于中小型游艇,例如 2010 年在德国基尔下水的"Turanor Planet Solar 号"太阳能动力游艇(图 1)。同样,将太阳能先转化电能后再为提供动力的设想也难以实现,就目前技术而言,蓄电池的体积和密度过大不适用于大型远洋运输船只,仅可搭载于近海中型货船,如 2023 年 7 月在扬州下水的 700 标箱纯电动力集装箱船,其总续航能力仅为 205 n mile,所以,未来有关蓄电池的研究方向一定是精简化和轻量化,使其能以更小的体积和密度为大型运输船舶提供更长的续航。

图 1　Turanor Planet Solar 号太阳能动力游艇

3 核能

相较于风能和太阳能,核能最大的优势是单位能量密度极高,1 t 金属铀在反应堆的狭小空间中裂变所产生的能量相当于约 2.7×10^6 t 标准煤充分燃烧所释放的能量[4]。与此同时,不论是与其他清洁能源还是与传统化石燃料相比,核能在环保效益与经济效益方面均表现卓越。风力发电所需的扇叶、基座和光伏发电板在制造、运输、组装、拆解和回收过程中都会对施工地区周边的生态环境造成影响,而传统化石燃料的燃烧会释放大量的 SO_2、CO_2、CO、N_2O 等有害气体,导致出现酸雨与"温室效应",进而破坏生态平衡。核能的利用则能够规避上述问题,但前提是必须确保在放射性物质的开发、利用和回收过程中不发生任何安全事故。从经济效益的视角出发,尽管核电厂的建设成本相对较高(这主要归因于安全保障设施,如密封安全壳的建设),但其长期的原料成本、运营成本及维护成本均显著低于其他类型发电站,这使得核电站在经济层面具有显著的优势。

然而,尽管核能有上述诸多优势,但历史上切尔诺贝利核泄漏事件导致公众对于核能的利用始终抱有怀疑的态度,这也是核能不能应用于大型运输船只的原因之一。频繁进出港口的核动力商船可能引发当地政府和居民对辐射的担忧,从而导致装卸货物的延误,这对追求高效益的远洋运输业而言是极大的障碍。但事实上,核能发电技术已经历五十多年的发展,其安全性得到了极大的提升。切尔诺贝利核电站当时采用的是石墨沸水堆,其设计本身就容易引发瞬发超功率而损坏反应堆,加之在建设之初没有设置封闭放射性物质的安全壳厂房,最终导致了悲剧的发生。各国媒体和政府应该加强核知识的普及,帮助公众形成科学合理的认识。

值得注意的是,设施本身的安全性并非阻碍核动力船只建造的主要因素,核潜艇和核动力航空母舰就是最好的例证。真正的挑战在于确保核动力商船在航行过程中的绝对安全,由于《联合国海洋法公约》规定商船上的工作人员不能进行任何军事武器的操练或演习,所以在船舶遭遇海盗或恐怖组织后,一旦核设施落入不法分子手中,后果将不堪设想。

2023 年 12 月初,中国船舶集团有限公司下属的江南造船有限公司公布了预计成为世界最大的核动力集装箱船的设计方案。综上所述,核动力装置可以很好地为船艇提供动力,但种种因素的限制使其很难应用于大型远洋运输船上。

4 甲醇

4.1 煤基甲醇与"绿色甲醇"

相较于其他常见的能源类型,如氢、氨、液化天然气(LNG)、液化石油气(LPG)等,甲醇是最适合中国大力开发的清洁能源。目前工业生产中主要采用 CO、CO_2 加压催化氢化法来合成甲醇,煤、焦炭、天然气、重油等都可以成为制取甲醇的原料。我国已探明的化石能源储备中煤炭占比高于 90%,且煤炭产量常年占据世界总产量的 50%左右[5],利用好高硫或其他劣质煤制造甲醇,既可以避免资源浪费,又可减少环境污染,因此,深入研究和推广更加环保的煤基甲醇制造技术对于促进低碳经济发展和提高国家能源安全系数具有重要意义。

甲醇自身毒性较大,且煤基甲醇生产流程中会产生大量废水和废气。以德士古水煤浆加压气化技术为例,水煤浆气化过程中产生的废水含硫、磷、粉煤灰等有害物质,目前最优处理方法为序列间歇式活性污泥法(SBR),SBR 工艺具有技术简单、前期投入低、有机物去除率高、对不同水质适应性好等优点,对于实现生产流程中水资源的回收再利用起到十分积极的促进作用。另外,在气化原料的选择上,各地厂商一定要根据当地资源状况选择合适的材料(块煤、水煤浆、干煤粉等),同时还要根据自身设备特点调节粗煤气中的碳氢比例,节约成本的同时,还能确保设备长时间安全稳定的运行[6]。

其实,煤基甲醇最难处理的是中间环节所产生的挥发性有机化合物(VOCs),如非甲烷总烃、二甲醚等。通常 VOCs 废气组成成分较为繁杂,很难找到一种处理手段使其达到排放标准,要通过多种方法组合来实现无害化排放。工业生产中常见的 VOCs 处理方法有燃烧法、活性吸附法、吸收除气法和冷凝法,但根据多年工业生产经验以及国内煤基甲醇行业现状来看,选择冷凝(丙烯与制冷剂双冷源)加变压吸附组合工艺是效率最高的[7]。将中间产品罐区和成品储罐区挥发的混合废气进行密闭收集,再送入冷凝变压吸附机组,实现甲醇废气冷凝成液态甲醇的同时对其他 VOCs 的吸附,直至废气达到排放标准为止。总之,要严格把控甲醇生产过程中的污染排放才能真正体现甲醇作为清洁能源的优势。

当前,我国是甲醇最大生产国又是最大的消费国。2023 年全国甲醇总产量约 8 424 万 t,进口量为 1 455.9 万 t,总消费量为 9 334 万 t。为了彻底实现自给自足的能源供应状态,甲醇缺口可以通过“绿色甲醇”的生产制造进行填补,绿色甲醇的生产主要是将碳来源从化石燃料替换成农业、工业和生活废弃物等,并且通过其他清洁能源(太阳能、风能、潮汐能、地热能等)来电解水制氢,再经过除尘、除硫、除氮等步骤后,将净化后的合成气送入反应器中得到最终的甲醇产品。各地政府和企业一定要结合自身优势和特点,因地制宜,就地取材,积极打造绿色环保的闭合式绿色甲醇产业链。目前,全球范围内计划和在建的绿色甲醇制备项目超 80 个,预计在 2027 年全球绿色甲醇产能可增加 800 万 t/年,按当前发展速度来看,2050 年全球绿色甲醇的产量有可能达到 2.5 亿 t/年,加之各国政府在政策和经济上支持,绿色甲醇行业的发展前景一片大好。

4.2 船舶应用

在成功解决甲醇燃料来源问题后,如何高效、环保且经济地将其应用于船舶动力系统成为研究的重点。目前最常见、最直接的方法是将甲醇按照一定比例(15%、50%或 85%)添加到成品燃料油、液化气中制成混合型燃料。与传统化石燃料相比,甲醇密度低、含氧的特点使得混合燃料能够提高喷雾质量并改善缸内燃烧效率,从而降低尾气中碳的排放,同时,甲醇蒸发潜热高的特点也有利于降低压燃式内燃机的缸内温度而减少 NO_x 的排放。使用混合燃料的优势还在于不需要对传统燃料的内燃机进行大规模改造,有效节约了改建成本[8]。

截至 2023 年底,全球范围内共接到 130 艘甲醇动力船的订单,总吨位约占当年总订单量的 13%,在清洁燃料船舶订单中占比仅次于液化天然气(LNG)动力船,这足以说明各国海洋运输业对甲醇燃料的认可正在逐步提高。然而,甲醇燃料自身亦存在诸多缺陷,在甲醇动力船的发动机和船体设计时必须注意解决这些缺陷导致的问题。

热值低:热值问题是甲醇的一大短板,其热值不及汽油的一半,因此需要设计更大的燃料储存空间来补偿,这无疑增加了船体重量,影响运行效率。理想的解决方案是根据货船航线长短和甲醇补充站的布局来合理配置燃料箱大小。

腐蚀性/毒性:甲醇具有腐蚀性且对橡胶有溶胀作用,除了在燃料中添加抗腐蚀、抗溶胀的添加剂外,还要采用抗腐蚀的材料来制造燃料储存箱。

低温启动性差:甲醇的气化潜热值较高导致其低温启动性能差,所以在发动机设计制造过程中可以通过甲醇油轨、喷油器或冷却液加热等来优化其低温启动性能[9]。

十六烷值低:甲醇的十六烷值偏低,这影响了其压燃性能。在甲醇燃料中添加十六烷值调和剂,可有效提升其压燃性能,使之更适用于双燃料或甲醇直接压燃内燃机[10]。

近年来,我国造船业在清洁能源船舶船体设计和制造方面取得了显著进步,但在发动机研发和生产领域与国际知名企业如曼恩、瓦锡兰等仍有较大差距。以瓦锡兰 2023 年底推出的 W32 甲醇发动机为例,其功率输出范围为 3.4~5.2 MW,转速为 720~750 rpm,并能使用重油、LNG、甲醇燃料等多种传统或清洁型液体燃料,这为我国工程师提供了宝贵的学习和借鉴机会。值得欣慰的是,这种差距正在逐步缩小。2024 年 5 月 18 日,由中国船舶集团有限公司自主研发的甲醇双燃料低速机——6G50ME-C 9.6-LGIM-EGRBP 举行了交机仪式,这标志着我国甲醇双燃料低速机实现了“零”的突破。

类似于机车动力系统从内燃机向供电装置的转变,船舶业也迎来了自己的“新能源”——清洁燃料电池。燃料电池是由燃料中贮藏的化学能直接转化为电能,由于没有燃烧过程,其能量转换效率极高,同时,燃料电池完成能量转换后无有毒有害物质产生,且产生的水可以循环利用来节省资源。更重要的是,燃料电池工作状态下无机械磨损、噪声或震动,既降低了维护成本,又有利于船员身心健康。考虑到我国的能源结构特点,研发甲醇燃料电池显得尤为迫切。

在众多甲醇燃料电池技术中,高温甲醇燃料电池(HTMFC)最适合当前船舶运输业的发展。HTMFC 是将甲醇与水按一定比例混合后在高温状态下(大于200℃),通过催化剂作用生成富氢气体,气体经过纯化后由燃料电池电堆反应生成电能,为船舶提供动力的同时能实现颗粒物、HC、SO_x 和 NO_x 的零排放。但是,HTMFC 的核心技术(甲醇重整催化剂、质子交换膜(PEM)和高压氢阀门等)仍被西方国家所垄断,因此,我国各高校和研究所应加大研发力度,以早日突破专利壁垒。

5 总结

为尽早实现"双碳"目标,我国船舶运输业亟须向清洁燃料转型。鉴于风能、太阳能和核能等清洁能源在大型运输船舶上的应用限制,发展甲醇混合燃料、发动机及燃料电池成为最优选择。期待我国科研人员能充分发挥才智,为祖国的环保事业和可持续发展贡献力量。

参考文献

[1] 严新平, 徐立, 袁成清. 船舶清洁能源技术[M]. 北京: 国防工业出版社, 2012.

[2] 张建云,王国庆,刘九夫,等.《中国应对气候变化国家方案》简介[J]. 中国水利,2008(02):72-74.

[3] 王长费,王斯成. 太阳能光伏发电实用技术[M]. 北京:化学工业出版社, 2005: 10-23.

[4] 张灿勇, 马明礼. 核能及新能源发电技术[M]. 北京:中国电力出版社, 2009.

[5] 郭新宇. 煤基甲醇:中国新能源的最佳选择[J]. 中国石油和化工经济分析, 2009. 12: 23-26.

[6] 陈超,张培培,张若淇. 煤制甲醇变换工艺优化改造[J]. 氮肥与合成气, 2024. 52(01): 9-12.

[7] 张超, 李建生. 煤制甲醇生产过程中的挥发性有机废气(VOCs)治理工艺解析[J]. 中国化工贸易 · 下旬刊, 2019 (09):102.

[8] 胡志远, 徐扬, 石秀勇, 等. 绿色甲醇制备及其在内燃机上的应用[J]. 内燃机, 2022, 38(06): 7-12.

[9] 李东利, 宋志辉, 刘岩, 沈源, 王瑞平. 甲醇发动机直接起动技术研究[J]. 小型内燃机与车辆技术 2023, 52(06): 27-30.

[10] Jackson MD, et al. Transit Bus Operation with Methanol Fuel[J]. SAE Technical Paper, 1985. 02, Vol16.

对船舶工业数字化建设的思考

尤加法　李小刚　初正会　王　飞　林宇琦

（大连船舶重工集团有限公司）

摘　要：本文对船舶工业中的数字化建设和软件矩阵建设进行了讨论。由于船舶行业的特殊性和复杂性，数字化建设需要建立统一的规范和标准，以解决模型共用专用性的问题。同时，国产化数字化软件生态的发展也面临诸多挑战，需要长期的技术发展和政策支持。船舶数字化建设需要制度机制的支持和推动，各行业集团应给予下属企业必要的政策支持，促进其整体提升。

关键词：数字化建设；船舶工业；企业管理；数字样机

0　引言

近年来，船舶行业快速发展，船舶制造业有着成体系的、相对完善的数字化开发软件，对船舶设计数字孪生技术也有很深入的研究，船舶设计中的数字建模技术目前主要应用于船体和舾装设计[1-2]。另外，所使用的软件大多以国外软件为主，国产化软件应用并不广泛，我国在工业数字化软件开发领域有着强烈的全自主知识产权化的需求，以解决国外软件在关键时期“卡脖子”的风险。而相同的境遇也发生在核电[3]、航空、航天[4]等占用重大国有资本的重资产、高精尖、全自主化产权进展待突破的领域。

本文即对船舶工业数字模型建设底层逻辑、数字化模型生态建设和企业管理等问题的现状、困境和发展进行讨论。

1　模型共用和专用问题

由于船舶行业的小众化特点，无法做到像一些汽车行业、家电行业等面向大众的消费品批量化生产。其中，一些特种船舶和海洋工程船舶的模型共用性更不乐观，其中很多船型的部分型号船舶装备仅为单型，不会形成大规模、批量化、系列化的生产。很多特种船舶配套新研制装备数量多、改型舾装品复杂且专船专用，模型共用更加困难。

船舶的组成十分复杂，涵盖的专业种类和舾装件数量、设备数量等都十分庞大，功能各异。可以理解成将船舶的构成由大到小细分成不同级别的“部件”，将“部件”进行通用化和特定化划分。同样也可以将“部件”再细分成“零件”，将“零件”再进行通用化和特定化划分。船舶行业应建立数字模型统一的规范和标准，在统一规范和标准下的通用化“部件”或“零件”可以考虑模型共用，用特定化的“部件”或“零件”建立专用模型。同样，“部件”也是由“零件”组成的，“零件”的通用化水平越高，“零件”模型的共性边界越大。船舶行业若能够基于一个平台，以统一的规范和标准建设标准的“零件”模型库，那么所有的“部件”不论是通用的还是特定化的，它的构成“零件”都应来自模型库。以船体模型为例，它需要适应原理设计、力学分析、详细设计和生产设计各个功能，从最初的“概念”到最后的“成品”一条线贯穿始终，基于统一的平台、规范和标准，建立船体“零件”模型库。不同的船型由不同的分段（即“部件”）合拢组成，根据功能的不同，可以在船体“零件”模型库内选取形成"部件"。因此,根据多元化的功能需要,基于统一的软件平台或平台矩阵,最大化的实现"零件"模型共用,甚至"部件"模型共用,根据特定需要,解决模型专用。

2 在现实条件下数字化软件生态如何突围的问题

国产化软件很多,为什么没有被广泛应用,归根结底就三个字"不好用"。船舶数字化模型设计软件(包括船体和舾装等小方向)要做到"大而全"也有着技术上的困难,尤其是我国工业软件开发能力尚且薄弱,且极易被外国从技术上封锁、制裁、"卡脖子",这使完全自主知识产权的、"大而全"的船舶模型设计软件的开发存在更多风险因素。另外,在市场化的经济环境背景下,企业首先考虑的是效益,所以无论是在软件还是硬件的投资上,应首先选择性价比最高的。

近年来,国家大力提倡创新,国产化设备提升很快,有些设备已经超越了国外。企业设备更新换代相对来说容易,但软件更新换代却不那么容易,一个是使用习惯的问题,另外就是不同软件模型互通的问题。建立国产化的数字化软件生态,不可能一蹴而就,需要一个长期的过程。我国独有的制度优势就是集中力量办大事,国家统筹整体的体系架构,各行业在保证必要的接口互通的基础上,各行业根据自身行业特点,由行业集团总体牵头,对标某个软件结合实际的应用场景进行开发,选择试点单位和某型号进行应用完善,随着软件不断完善,逐步扩大试用范围和产品型号,最后强推。企业在更新国产化软件过程中,集团应给予必要的政策支持。

3 数字模型知识产权和合理计价问题

数字模型涉及各单位的知识产权,对一个集成系统或某大型装备模型来说,它是由不同单位的模型组合而成的,假如将这个集成系统或装备模型作为一个整体来看,组成它的模型组件只要能够实现其功能即可。也就是说,针对这个整体,单个的模型组件只要能将功能接口与其他模型连接即可,这个单模型的具体构成,可以是个黑盒。这里的单模型不能是上文提到的"零件",至少也应该是能够实现一定功能的成套设备模型。模型主要是智力成本,实体装备除了智力成本(设计研发成本)还有材料成本、生产成本、运输成本等。数字模型所承载的信息量决定了模型的价值和知识产权密集度。

模型的计价应遵循市场化原则,模型需求单位对模型供给单位提出模型需求,即模型所承载的信息量、数字模型的可维护性等,根据不同的需求来讨论计价问题。对船舶行业来讲,总装制造单位只是整个装备数字化建设中的一个单元,总体所、技术责任单位、集团外设备配套单位等在整个船舶装备设计、建造、实验、后期运维等各环节责任分工不同,所建立模型的信息承载量也不同。模型需求单位只需要模型供给单位提供功能接口,而无须了解模型的工艺信息、材料信息等其他信息,这样知识产权或专利等问题就不敏感了。模型的合理计价可以考虑参照实体研发设计成本的一定比例给予支持。

4 数字化模型贯通传递的问题

一般情况下,船舶设计软件通过某些手段是可以实现数据互相联通的,即软件甲中生成的船体建模和舾装件建模可以导入软件乙中,这样就可以在产业链中实现:甲公司进行原型设计,乙公司只进行受力分析,甲和乙使用可以互相传递数据的不同软件,或者在同一个软件平台上开展工作。这也符合我国很多行业的系统生态,某一集团有众多职能不同的子公司,它们完全可以在统一的领导下,在同一个软件系统内实现不同的工作职能,从而形成一个统一的软件矩阵。

就船舶行业而言,"大而全"的数字模型软件并没有在行业内应用。现在的生态是:①在某些特定船舶的设计和生产任务中,船东要求使用某型数字建模软件进行详细设计和生产设计。他们作为业主方或使用方,自身有着对船舶产品全寿命维护的需求,所以对船舶数字孪生技术非常重视,会对自己运行的每一个船舶或海工产品都进行全寿命的数字孪生建模或维护。而船舶制造方却不一定有这样的需求,因为他们没有对某个产品有全寿命维护的需求,不一定接到船东的此产品的后续维修任务。②某些特定船舶的设计和生产任务依赖于行业内多个生产厂家和设计院所,他们所使用的数字化软件也不一样,甚至使用各自的模型开展工作,然后再在生产链路中不断进行数据传递,形成整个生产链路的信息传递。

从行业的角看,数字化模型贯通传递,应该解决软件平台统一的问题。再有,即使是基于一个软件平台的设计,但由于设计人员的设计习惯不同,设计出来的作品也不同,反馈到模型上就会存在差异,因此不同的设计所使用的数据源应统一。不同的设计阶段,由于对模型的需求不同,模型所承载的信息量也会不同,以上等等,仍然是回归到标准化、规范化的问题。应通过标准、规范的约束,使设计习惯尽量减少个性化,统一数据源,明确各阶段模型承载信息量。

因此,想解决船舶模型间的数据传递带来的困难,可以从两个方面考虑,一是依靠中心化的决策指令推广,这会引起改革成本分配的问题,顶层架构的决策考量因素很重要。二是因势利导,将全链路的不同模型间的数据传输路径分别打通,如同秦朝修长城一般——不是将每个山峰都重新修上城墙,而是将各国的残余长城和堡垒全部利用起来,连成整体。这样的成果虽并不完全理想化,与完全自主知识产权化的思想有一定距离,但至少行之有效,将庞大的工程分解成为可实现的每一个小步骤,而且成本低廉、生命力强,不会一受到外部制裁就全局失效,可以为后续我国“举全国之力”地开发全自主知识产权化的船舶数字化模型奠定基础。这个基础不仅是技术上的,也是管理和资本上的。

5 装备数字化建设的制度机制问题

装备数字化转型是一个长期的过程,像民营企业的数字化转型 10 年投了 100 多亿,数字化转型的动力来自效益的整体提升,在国企中,我国数字孪生应用最成熟、最广泛的行业是航空航天业[5-6]。我国的航空航天业处于世界领先地位,数字孪生技术的应用助推了航空航天业的快速发展。航空航天业的设计和生产过程与船舶类似,物量总量大、零部件种类繁多、容错率低,所以利用数字孪生技术可以一体化地解决开发、设计、生产、全寿期维护和退役的一系列问题,同时可以降低成本,管理也更高效。

以上可以看出装备数字化建设和企业的数字化转型都有着实实在在的动力需求,而过程也是相对困难的,同样也需要很长的发育时间,前期的投入和产出比肯定也是负数,但从长远看,无论是国家层面还是企业层面都是有益的。制度机制应自上而下,提升企业的数字化转型的内外动力,在企业数字化转型的初期,各行业集团应给予下属企业极大的政策支持,避免“一刀切”式考核,企业应及时将数字化建设过程中的经验和教训进行总结并在行业集团内分享,促进整体提升。

6 关于加快推进船舶工业数字化建设的思考建议

数字化建设应在国家主管部门顶层设计的基础上,明确各行业各单位数字模型功能接口的标准问题,各行业集团层再进行系统的规划,避免所有成员单位因数字化而数字化,因数字化重要,大家都忙于数字化,对数字化的理解却各不相同,同一行业重复投入,会造成资源的极大浪费。大型国企的集团层面应明确数字化建设的层进关系(或分步实施方案),如首先明确软件平台,设定标准、规范,再根据各成员单位主要业务情况来明确集团层面的数字化建设任务分工,各成员单位根据任务分工,进行重点研究和突破,逐步组建集团的数字化建设软件平台矩阵。有初步成果后,在某项目上进行成果验证,根据验证效果,逐步扩大验证项目,持续更新迭代这个软件平台矩阵。各行业数字化建设取得阶段性进展后,在更大的系统工程上,去验证不同行业的数字化模型接口贯通性。

7 总结

本文对船舶工业中的数字化建设和软件矩阵建设进行了讨论,分析了船舶工业中的发展现状和不足性,认为国产化数字化软件需要长期的技术发展和政策支持。船舶数字化建设需要制度机制的支持和推动,也需要技术上的成熟化应用范例。本文对船舶工业数字化建设进行了一些思考并提出了建议。

参考文献

[1] 沈闻孙,刘宝钧,李琦. 中国船舶工业信息化建设发展研究[J]. 造船技术, 2009(1):1-4.

[2] 周自永,孔祥伦. 大型船舶信息化建设中的网络一体化应用探讨[J]. 数字化用户, 2019, 25(14):66.

[3] 李耀波. SD 核电工程管理信息系统分析与设计[D]. 济南:山东大学,2013.

[4] 樊晶. 航天 A 所试验信息化规划研究[D]. 哈尔滨:哈尔滨工业大学,2024.

[5] 苏彬,姜钊. 航空航天领域数字孪生技术应用浅析[J]. 现代工业经济和信息化, 2022, 12(9):132-134.

[6] 丁建立,吴俣. 基于数字孪生的航班链延误动态预测模型[J]. 南京航空航天大学学报, 2023, 55(5):859-867.

油轮货舱冬季特涂加热与保温研究

张恒星 宋 林 姜延令 姜欣彤 江玉洁

（大连船舶重工集团有限公司）

摘 要：本文对某成品油轮在冬季进行特涂期间的岸送蒸汽、电锅炉蒸汽供热的功率和全船总体的散热功率进行了详细计算。根据计算结果将供热功率与散热功率进行对比，由此判断依靠蒸汽提供的热量能否维持该货舱在冬季的特涂温度。同时依据研究结果针对某船型提出了可行的保温方式——增加额外的热源并加强船体保温和舱内空气对流。本文还发现了施工中可能存在的最低温度部位，提醒施工中需要注意对最低温度部位加强保温，为合理地进行货舱保温提供了理论依据。

关键词：动力机械及工程热物理；蒸汽加热；特涂；加热；散热；保温

0 概述

在成品油轮施工中，货舱特涂是一项重要的施工内容。由于北方天气寒冷，如在冬季期间进行货舱特涂油漆施工，需要使用临时蒸汽等热源对货舱进行加热和保温，以此保证要进行特涂的钢板的温度保持在 15 ℃以上的最佳温度。因此，如何正确地对船体进行加热和保温就成为一项重要的研究课题。

为了正确进行货舱加热和保温工作，需准确计算出特涂施工期间船只通过临时管路输送的蒸汽能够获取的热量，以及船体结构向周围环境散发的热量，将二者进行比较，然后根据比较结果判断是否需额外增加热源，进而采取恰当的加热或保温措施来使特涂期间钢板的温度满足要求。

1 计算供给货舱的蒸汽热量

先计算出货舱升温所需的热量，方便评估船体在固定时间内所需的加热功率。假设船体在没有向外散热的理想状态下，计算将货舱加热升温 20 ℃所需的热量。货舱总共有两部分需要进行加热：货舱内的空气和货舱的壳体。使用热量计算公式计算所需热量：

$$Q=C\cdot M\cdot \Delta T$$

式中 Q——热量，kJ；

C——物体比热容，kJ/(kg·K)；

M——空气质量，kg；

ΔT——空气温度差，K。

1.1 加热货舱内的空气所需热量

经查询相关数据可知，货舱的总容积为 $V=130\ 956\ \mathrm{m}^3$，当温度为 0 ℃时，空气密度为 1.293 kg/m^3，因此货舱内的总空气质量为：

$$M=\text{空气密度}\times\text{总的货舱容积}=1.293\times 130\ 956=169\ 326\ \text{kg}$$

$$\text{空气的比热容}\ C=1.004\ \text{kJ/(kg}\cdot℃)$$

加热全船货舱空气所需热量：

$$Q_1=1.004\times 169\ 326.6\times 20=3\ 400\ 078\ \text{kJ}=944.5\ \text{kW}\cdot\text{h}$$

1.2 加热货舱的壳体所需热量

经查询相关数据可得货舱的总面积 S 约为 19 800 m^2，舱壁平均厚度 T 约为 15 mm，因此需被加热的钢板体积 $V=S\cdot T=19\ 800\cdot 0.015=297\ m^3$。

钢板的密度为 7 800 kg/m^3，因此钢板的总质量 $M=297\times 7\ 800=2\ 316\ 600$ kg。

钢的比热容 $C=0.46$ kJ/(kg · ℃)，加热全船货舱钢板所需热量：

$$Q_2=0.46\times 2\ 316\ 600\times 20=21\ 312\ 720\ \text{kJ}=5\ 920\ \text{kW}\cdot\text{h}$$

1.3 加热货舱升温 20℃所需热量

$$Q=Q_1+Q_2=5\ 920+945=6\ 865\ \text{kW}\cdot\text{h}$$

2 计算输入货舱的总蒸汽加热功率

某油轮在冬季特涂工作期间，由岸送蒸汽和电锅炉同时输入蒸汽供热。为了计算出总的蒸汽加热功率，需要分别计算出二者的蒸汽流量，然后进行热力计算，根据蒸汽加热前后的比焓与流量，进而计算出蒸汽的散热功率，也就是提供给船体的加热功率。

2.1 蒸汽流量的理论算法

蒸汽管道中通过的蒸汽容积 V 可用下列公式表示：

$$V=3\ 600\text{w}\times\pi\times(d/1\ 000)^2/4\ \frac{\text{m}^3}{\text{h}}$$

蒸汽管道中通过的蒸汽质量 G 可用下列公式表示：

$$G=V/\alpha=\frac{3\ 600w\times\pi\times(d/1\ 000)^2}{4\alpha}=0.002\ 83d^2\times\pi\times\gamma\times w\ \text{kg/h}$$

式中 G——为蒸汽的重量流量，kg/h；

d——为蒸汽管内径，mm；

w——为蒸汽的流速，m/s；

γ——为蒸汽的密度，kg/m^3；

α——为蒸汽的比容，m^3/kg。

2.2 蒸汽流量的实际计算

某油轮供给货舱加热的临时蒸汽包含两部分：岸送蒸汽和电锅炉蒸汽。

2.2.1 岸汽的流量

岸送蒸汽的管路口径为 DN100，根据蒸汽流速（表 1），蒸汽流速 $w=25$ m/s。

表 1 蒸汽流速表

介质	工作条件或管径范围	流速/（m/s）
饱和蒸汽	DN>200	30~40
	DN=200~100	25~35
	DN<100	15~30

通常蒸汽管路供汽压力,表压为 2.5 bar,绝对压力为 3.5 bar,这时蒸汽密度 $\alpha=1.907\ kg/m^3$,内径为 100 mm;

蒸汽每小时的蒸汽流量 $G_{岸}$ 计算如下:

$$G_{岸}=V/\alpha=\frac{3\ 600w\times\pi\times(d/1\ 000)^2}{4\alpha}=0.002\ 83d^2\times\gamma\times w\ kg/h$$

$$G_{岸}=0.002\ 83d^2\times\gamma\times w=0.002\ 83\times10\ 000\times25\times1.907=1\ 349\ kg/h$$

2.2.2　电锅炉蒸汽的流量

电锅炉供汽的管路口径为 DN80,阀门全开时电锅炉蒸汽管路供汽压力,表压为 1.8 bar,绝对压力为 2.8 bar,这时对应的蒸汽密度 $\alpha=1.547\ kg/m^3$,内径为 ϕ78 mm,蒸汽流速 $w=30\ m/s$;计算得蒸汽的流量 $G_{电}$ 如下:

$$G_{电}=V/\alpha=\frac{3\ 600w\times\pi\times(d/1\ 000)^2}{4\alpha}=0.002\ 83d^2\times\gamma\times w\ kg/h$$

$$G_{电}=0.002\ 83d^2\times\gamma\times w=0.002\ 83\times78\times78\times1.547\times30=799\ kg/h$$

3.3　计算通过蒸汽向舱内输送的总热量

通过现场测量,进入货舱的蒸汽温度为 120 ℃,货舱蒸汽出口温度为 90 ℃,因此每小时蒸汽输入的总热量 Q 为

$$Q=G\times(C_1-C_2)$$

式中　Q——单位时间总热量,kJ/h;

G——蒸汽的重量流量,kg/h;

C_1——120 ℃时蒸汽的比焓,kJ/kg;

C_2——90 ℃时水的比焓,kJ/kg。

查蒸汽性能表可知:

蒸汽在 120 ℃时水的比焓 $C_1=2\ 707$ kJ/h,90 ℃时水的比焓 $C_2=355.92$ kJ/h

岸汽加热功率:

$$Q_{岸}=G\times(C_1-C_2)=1\ 349\times(2\ 707-355.92)=3\ 171\ 607\ kJ/h=881\ kW$$

电锅炉加热功率:

$$Q_{电}=G\times(C_1-C_2)=799\times(2\ 707-355.92)=1\ 878\ 513\ kJ/h=521\ kW$$

因此总计蒸汽可提供的加热功率为 $Q=Q_{岸}+Q_{电}=881+521=1\ 402$ kW

3　货舱的散热功率计算

在计算了货舱升温所需热量以及蒸汽的加热功率之后,还需计算货舱的散热功率,这样才能正确计算出加热货舱所需的蒸汽功率以及加热货舱所需的时间。

3.1　确认货舱散热面

货舱的上下左右前后 6 个表面都存在散热,其中货舱顶部直接到主甲板,铺设珍珠岩绝缘保温层,货舱侧面和底部都存在空舱,也相当于形成了一个保温层。因此货舱总的散热功率如下:

$$q_{总}=q_{顶}+q_{侧}$$

3.2　主甲板面散热功率计算

根据傅里叶定律

$$Q=K\cdot A\cdot\Delta T/d$$

式中　Q——单位时间内传热量,W;

K——材料的导热系数,W/(m·K)或 W/(m·℃);

A——传热面积，m^2；

ΔT——通过材料的温度差，K 或℃；

d——材料厚度，m。

$$q_{顶}=q_1+q_2$$

式中 q_1——铺绝缘的甲板面散热量；

q_2——甲板未包绝缘结构的散热量。

3.2.1 铺绝缘的甲板面散热量 q_1 计算

$$q_1=K\times A\times \Delta T/d$$

珍珠岩导热系数为 0.07 W/(m * K)；

铺绝缘的甲板面积 $A=8\ 440\ m^2$；

设定室内外温差 $\Delta T=20$ ℃；

珍珠岩绝热层厚度 $d=100$ mm=0.1 m。

$$q_1=\frac{K\times A\times \Delta T}{d}=\frac{0.07\times 8\ 440\times 20}{0.1}=118.2\ \text{kW}$$

3.2.2 主甲板结构散热功率计算 q_2 计算

表 2 横向结构与纵向结构导热面积 A_1、A_2 计算表

横向结构长度	横向结构宽度	横向结构导热高度	横向结构数量	导热面积 A_1
40 m	0.01 m	0.3 m	56	22.4 m^2
纵向结构长度	纵向结构宽度	纵向结构导热高度	纵向结构数量	导热面积 A_2
180 m	0.01 m	0.3 m	50	90.0 m^2

甲板上还有其余一些结构，估算面积 $A3\approx 10\ m^2$；

结构总导热面积 $A=A1+A2+A3=22.4+90+10=122.4\ m^2$；

钢的导热率 $K=45$ W/m · K；

设定结构两端温差 $\Delta T=20$ ℃。

$$q_2=\frac{K\times A\times \Delta T}{d}=\frac{45\times 122.4\times 20}{0.15}=734.4\ \text{kW}$$

4.2.3 主甲板面(即货舱顶部)散热功率计算

$$q_{顶}=q_1+q_2=118.2+734.4=852.6\ \text{kW}$$

3.3 货舱两侧侧压载舱散热功率计算

货舱的侧面和底部通过压载舱向外散热，压载舱内中空，因而形成了空气中间夹层，这有利于货舱保温。

由于通过货舱壁的热量 Q_1 与通过压载舱空气间层和船体外板的热量 Q_2、Q_3 相同，因此通过计算通过压载舱空气间层的热阻，计算出通过空气间层的热量，进而可以计算出货舱向外界散发的热量。

空气间层的热阻计算公式如下：

$$R_k=\frac{d}{\beta_a+\beta_b+\beta_c}$$

式中 R_k——空气间层热阻，m^2 · K/W；

d——空气间层厚度 m；

β_a——空气的导热系数 W/m^2 · K；

β_b——空气间层的对流当量导热系数 W/m^2 · K；

$\beta_b = \beta_{b\perp} \sin^{1/2}\alpha$;

$\beta_{b\perp} = 0.942 d^{3/2} \Delta t^{1/2}$;

β_c——夹空气间层两表面的辐射当量导热系数 W/m²·K,其中

$$\beta_c = C\theta d$$

C——空气间层的导入辐射系数,W/m²·K⁴,其中

$$\frac{1}{C} = \frac{1}{C_1} + \frac{1}{C_2} - \frac{1}{C_0}$$

式中 C_1, C_2——两表面的辐射系数;

C_0——黑体辐射系数;

Δt——空气间层两表面的温差;

α——空气间层所在面的坡度角;

θ——空气间层的温度因子。

3.3.1 空气导热系数与空气间层的温度因子数值选取

空气导热系数 β_a 如表 3。

表 3 空气的导热系数

使用温度/℃	-20	0	10	20
β_a/(W/m²·K)	0.002 26	0.023 7	0.024 5	0.025 2

根据表 3,压载舱平均温度约为 4℃,选取 $\beta_a = 0.024$ W/m²·K,根据表 4,对于冬季货舱保温,选取 $\theta = 1.0$。

表 4 空气层的温度因子 θ

使用条件	夏天隔热	冬季保温	冷库绝缘
建议取值	1.2	1	0.8

3.3.2 计算货舱底部的散热功率 q_d

首先算出货舱底部空气间层的热阻 R_{kd}:

$$R_{kd} = \frac{d}{\beta_a + \beta_b + \beta_c}$$

$$\beta_a = 0.024 \text{ W/(m}^2\cdot\text{K)}$$

$$\beta_b = \beta_{b\perp} \sin^{1/2}\alpha = 0$$

$$\beta_c = C\theta d$$

油漆钢板的辐射系数约为黑体的 0.9 倍:

$$C_1 = C_2 = 0.9 \times C_0$$

$$C_0 = 5.70 \text{ W/(m}^2\cdot\text{K}^4)$$

$$C_1 = C_2 = 0.9 \times C_0 = 0.9 \times 5.7 = 5.13$$

$$\frac{1}{C} = \frac{1}{C_1} + \frac{1}{C_2} - \frac{1}{C_0}$$

经计算,得 $C = 4.66$,代入公式得

$$\beta_c = C\theta d = 4.66 \times 1 \times 2.17 = 10.1 \text{ W/m}^2\cdot\text{K}$$

$$R_{kd} = \frac{d}{\beta_a + \beta_b + \beta_c} = \frac{2.17}{0.024 + 0 + 10.1} = 0.214 \text{ m}^2\cdot\text{K/W}$$

由于冬季海水温度平均会高于环境温度 3 ℃,因此当货舱内部和外部环境温差为 20 ℃时,货舱内部和底部海水间的温差为 17 ℃。货舱底部面积约为 8 440 m^2。

因此货舱底部散热量为

$$q_d=\frac{A\times\Delta T}{d\times R_{kd}}=\frac{8\ 440\times17}{2.17\times0.214}=308.9\ \mathrm{kW}$$

3.3.3 计算货舱侧面的散热功率 q_c

首先算出货舱侧面空气间层的热阻 R_{kd}:

$$R_{kd}=\frac{d}{\beta_a+\beta_b+\beta_c}$$

$$\beta_a=0.024\ \mathrm{W/m^2\cdot K}$$

$$\beta_b=\beta_{b\perp}\sin^{1/2}\alpha$$

$$\beta_{b\perp}=0.942d^{\frac{3}{2}}\cdot t^{\frac{1}{2}}=0.942\times2.17^{\frac{3}{2}}\times20^{\frac{1}{2}}=0.942\times3.2\times4.47=13.47$$

$$\beta_b=\beta_{b\perp}\sin^{1/2}\alpha=13.47\times1=13.47\ \mathrm{W/m^2\cdot K}$$

$$\beta_c=C\theta d=4.66\times1\times2.17=10.1\ \mathrm{W/m^2\cdot K}$$

$$\frac{1}{C}=\frac{1}{C_1}+\frac{1}{C_2}-\frac{1}{C_0}$$

经计算,得 $C=4.66$,代入公式得

$$\beta_c=C\theta d=4.66\times1\times2.17=10.1\ \mathrm{W/m^2\cdot K}$$

$$R_{kd}=\frac{d}{\beta_a+\beta_b+\beta_c}=\frac{2.17}{0.024+13.47+10.1}=0.09\mathrm{m^2\cdot K/W}$$

货舱两侧面的面积 $A_1=A_2=4\ 220\ \mathrm{m^2}$,货舱艏艉面积为 $A_3=A_4=824\ \mathrm{m^2}$,总面积 $A=10\ 088\ \mathrm{m^2}$

$$q_c=\frac{A\times\Delta T}{d\times R_{kd}}=\frac{10088\times20}{2.17\times0.09}=1\ 033.1\ \mathrm{kW}$$

3.3.4 计算全船总的散热功率 $Q_{散}$

估计其余热损失,包括管路、阀门附件、侧面钢结构的热损失 q_L 总计大约 150 kW

$$Q=q_c+q_{顶}+q_L=1\ 033.1+852.6+150=2\ 035.7\ \mathrm{kW}$$

货舱室内外温差为 20 ℃时:

船体总的散热功率 $Q_{散}\approx2\ 040$ kW

采用上述同样的计算方法,当货舱室内外温差为 25 摄氏度时,

船体总的散热功率 $Q_{散}\approx2\ 540$ kW

3.4 利用分析过程和计算结果指导生产

3.4.1 计算满足特涂生产所需的加热功率并与实际情况进行对比指导生产

蒸汽总的加热功率约为 1 400 kW,当货舱室内外温度差为 20 ℃时,船体总的散热功率为 2 040 kW,维持货舱温度平衡所需的加热功率缺口为 640 kW;当货舱室内外温度差为 25 ℃时,船体总的散热功率为 2 540 kW,维持货舱温度平衡(即保温)所需的加热功率缺口为 1 140 kW,详见表 5。

表 5 温度平衡加热功率缺口计算

温度/℃	加热功率/kW	散热功率/kW	保温加热功率缺口/kW
20	1 400	2 040	640
25	1 400	2 540	1 140

冬季最冷的时候岸送蒸汽的蒸汽压力还会出现不足，只有 1.5 bar 左右，这时蒸汽的加热功率为 1 170 kW，缺口将进一步扩大，详见表 6。

表 6　压力不足时温度平衡加热功率缺口计算

温度/℃	加热功率/kW	散热功率/kW	保温加热功率缺口/kW
20	1 170	2 040	870
25	1 170	2 540	1 370

由以上结果得出需要加温机进行辅助加温，每台加温机功率为 100 kW，假设加热效率为 0.8，则每台加温机可提供 80 kW 的热量，每个货舱放置一台加温机，货舱总共可提供约 1 040 kW 的热量，再加上压载舱的加温机，这样勉强能维持温差为 25 ℃时单船的温度平衡(即保持货舱温度)。若需快速升温达到特涂要求，需增加额外的加温机或增加额外的热源，如启用船上锅炉。每舱使用 2 台加温机时，可提供 2 080 kW 的热源，能够覆盖热损失并使货舱升温。

3.4.2　计算货舱升温所需的时间

在表 6 的条件下，货舱升温所需热源与时间详见表 7。

表 7　货舱升温所需热源与时间

温度/℃	加热功率/kW	散热功率/kW	剩余升温功率/kW	货舱升温所需热量/kW · h	升温时间/h
20	3 250	2 040	1 210	6 865	6
25	3 250	2 540	710	6 865	10

由此可知使货舱升温所需时间为 6~10 h。

3.4.3　货舱最低温度部位判断

在研究货舱散热保温过程中发现：由于货舱边角处通过钢结构直接向室外导热，而且没有空气或保温绝缘(详见图 1)，这些部位将出现最低温，这也与实际施工过程中反馈的情况相符。在保温过程中应尽量创造好的条件对这些部位增加供热并且在涂装过程中注意监测这些部位的温度以保证特涂施工的质量。

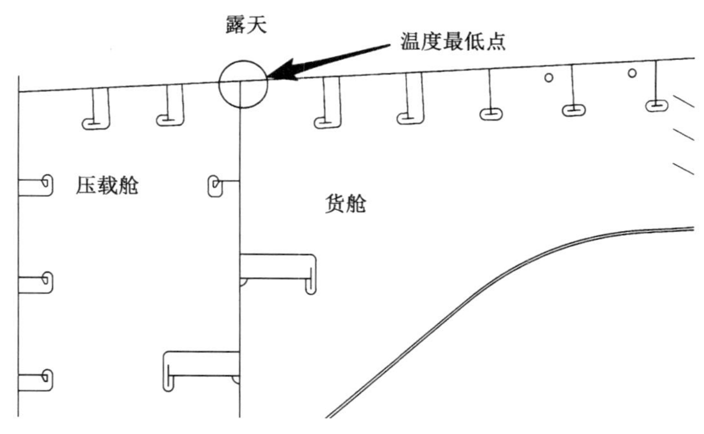

图 1　货舱最低温度部位示意图

4 结论

通过以上的分析研究可知：

(1)本研究提出了一种货舱加热、保温过程的温度计算方法，对生产具有指导意义。

(2)某油轮利用现有岸送蒸汽、加电锅炉无法满足冬季特涂施工，需增加热源。

(3)货舱加热升温时每个舱应开 2 台加温机进行加温，保温时至少开 1 台。

(4)货舱从 0 ℃开始升温的时间为 6~10 h，温度越低所需的时间越长，施工中应预留出足够的升温时间，以免影响生产安排。

(5)温度最低部位出现在货舱顶部折角，施工中应注意监测这些部位，保证特涂温度。

(6)冬季特涂保温过程中能源、材料消耗巨大，从成本和环保的角度出发应避免在冬季进行特涂。

船台提升总组合拢吊车效率方法探究

张　鹏　宋　林　张小奇　姜欣彤　马　志

（大连船舶重工集团有限公司）

摘　要：在船台建造过程中，大吊车的使用效率决定着前期船体的整体建造速度，为了提高船台船体的建造速度，对影响大吊车效率的诸多因素进行分析总结，其中包括吊点的设计、总组合拢口的分析、施工定位方法、总组合拢封焊的确定等。本文结合近几年船台的施工经验，通过模拟搭载、设计阶段改进及工装的改造等一系列手段，在实际生产中提高大吊车的效率，从而提高船台船体的建造速度。

关键词：吊点；封焊；模拟搭载

0　前言

分段总组合拢是船舶建造前期的主要施工项目，其施工的速度直接决定了整体船舶的建造速度，而大吊车的吊运总组合拢效率又直接决定了总组合拢的速度，总组合拢吊运过程分为分段挂钩—分段吊运—分段靠拢—分段精度定位—分段封焊—落钩。为提高大吊车的使用效率，在生产过程中通过对模拟搭载的使用，总结过往出现的问题，不断创新及改进，提高吊运合拢各个阶段的效率。

1　分段挂钩及吊运阶段

分段挂钩是指将吊索具安装到指定吊点，分段吊运是指挂钩结束经检查无误后，吊车将分段吊起。这两个阶段的主要问题均是由于吊点设置不合理，导致后续相关工作需要较长时间处理，故放在一起进行研究。

1.1　影响吊车效率的因素

1.1.1　吊点位置不合理

（1）设计吊点位置不合理，导致分段翻身、吊运过程中出现偏重，产生较大歪斜，或者分段本身出现一定变形，导致总组合拢分段时调整分段主要构件对位困难，需要消耗大量时间进行再调整。

（2）设计吊点位置不合理，导致安装相关吊索具或起吊时，吊索具与邻近构件如管系、铁舾或者设备等相碰，从而无法顺利完成挂钩或吊运作业。图 1 所示就是设计吊耳与管系相碰，后来修改了吊耳位置。

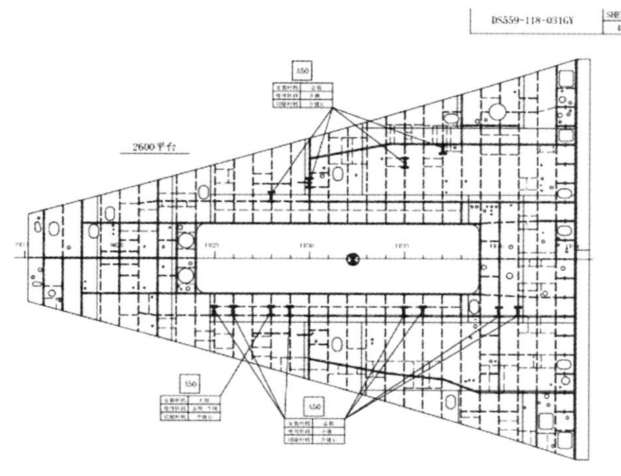
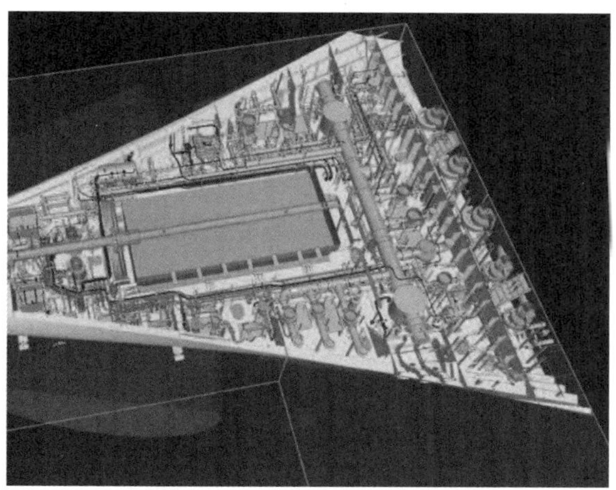

图 1　修改吊耳位置

1.1.2　吊运方式不是最优

受船台自身硬件设施影响,个别分段需要翻身后进行转向,或者需要使用双吊配合,或者需要使用盘车进行辅助,个别吊运方案未考虑船台的实际吊运资源,有可能做出的设计需要使用船台自身无法满足的条件,从而导致效率低下。

1.2　提高吊车效率的要点

1.2.1　设计改进

针对吊点位置,在设计时应尽可能考虑所有情况,加强计算重心的准确性,保证分段吊运时尽量平整。设计吊运方案时,总装部将现有可使用资源告诉设计者,使编制的方案贴近实际,以免造成不必要的浪费。

1.2.2　加强审图

通过三维模型对设计的吊耳进行审核,以保证吊耳位置与相邻构件不干涉。在设计时就将有问题的吊耳改正,防止到现场时再修改,影响吊车效率。

2　分段靠拢阶段

分段靠拢是指分段吊起后,在起重工指挥下,向安装位置靠拢,直至基本到位的阶段。此阶段是最容易出现临时状况且耗费时间最多的。尤其是机舱段,出现过分段悬挂一整晚的情况。

2.1　影响吊车效率的因素

总组合拢口上的结构件超出总组合拢口,或者总组合拢口附近的舾装件及管系精度不好,局部超过总组合拢口,导致分段靠拢时,需要临时拆除或者开幅,浪费大量时间。

分段靠拢过程中,吊运分段上的结构件,吊运加强及舾装管系与其他分段的结构、舾装管系或者设备相碰,需要临时拆除妨害物件。尤其是机舱段,分段上有大量的舾装件、管系及设备,如若安排不当,会消耗大量的时间。

分段总组合拢顺序不合理,个别分段是插入式总组合拢,增加了总组合拢的难度,需要使用更多时间进行分段靠拢。(所谓插入式是指总组合拢分段安装位置四周至少 3 面已经有分段,分段总组合拢时需要同时考虑所有总组合拢面)

人员安排衔接不通畅,针对施工中发现的妨害物件,需要管工、脚手架工或者其他工种配合拆除时,要等待相关人员到来后才能施工,无形中也浪费了大量时间。

2.2　提高吊车效率的要点

2.2.1　设计改进

(1)优化总组合拢顺序,尽量不安排插入式总组合拢分段。在吊运资源满足的情况下,尽量使用大总组段,以减少大吊车吊运数量。

(2)针对总组合拢口的构件,在满足设计要求的前提下,提前开幅或者整件改成备件,待总组合拢后再进行安装。

2.2.2 三维模拟使用

通过模型对总组合拢分段吊运安装进行模拟,提前发现妨害的构件、舾装件或者管系,提前进行处理,不要等到吊运安装时吊车吊着分段再进行处理。

2.2.3 现场施工检查

在总组合拢吊运前,组织专人检查分段的状态,包括总组合拢口有无突出的舾装及管系,总组合拢位置有无妨害的设备及物品,以确保现场与三维模型上不同的地方不会影响分段的靠拢。

2.2.4 做好人员组织

在进行三维模型检查及人员提前检查后,仍会有个别位置无法发现,就需要现场安排人员进行拆除或切除。需在总组合拢前安排好相关人员在现场待命,一旦发现不合适的地方立即修改,而不是发现问题后再联系人员,然后等待人员去现场修改。

3 分段精度定位阶段

分段精度定位是指分段靠拢后,找线人员对总组合拢分段进行精度测量,在保证整体精度的前提下,对分段进行切修,最后分段吊运到位的阶段。此阶段重点是在控制船舶的整体精度前提下,尽量减小吊运分段总组合拢后的装配修改数量。

3.1 影响吊车效率的因素

分段精度不好,需要大面积切修,导致切修时间过长,大吊车长时间悬挂分段。

分段局部位置不对位,使用吊车无法进行精准调整,需要焊接眼板并使用葫芦或者螺旋套进行微调。

吊运分段精度良好,已安装分段由于累计误差或自身原因导致精度不好,需要切修吊运分段来进行整体调整。

3.2 提高吊车效率的要求

3.2.1 提高分段精度验收检验

在接收分段时,提高精度验收要求,主要关注分段的长度、半宽、线型及整体平面度等,尽量在源头上减少分段的精度问题。

3.2.2 模拟搭载

根据已安装分段的三维数据和吊装分段的三维数据进行模拟搭载,提前发现总组合拢的相关精度问题,制定相应的总组合拢改变方案,做到在最大限度保证分段数据的前提下,减少分段总组合拢过程中的切修,节省大吊车的使用时间。模拟搭载方式参照图 2。

3.2.3 改进总组合拢辅助工装

利用一些小的工装改进,来减少分段的总组合拢时间,如总组高架墩上尽量用螺旋顶代替调整管,减少加调节管研配时间。在总组合拢分段合适位置上增加挡板,便于分段一下靠到位等,需要施工人员通过日常工作总结,进行相关的小改进。

4 分段封焊及落钩阶段

分段封焊是指分段精度定位后,对吊运分段进行封固焊接,在封固牢固后,即可吊车落钩,整个总组合拢作业施工完毕,此阶段重点是在保证安全的前提下,尽可能减少封焊施工量。

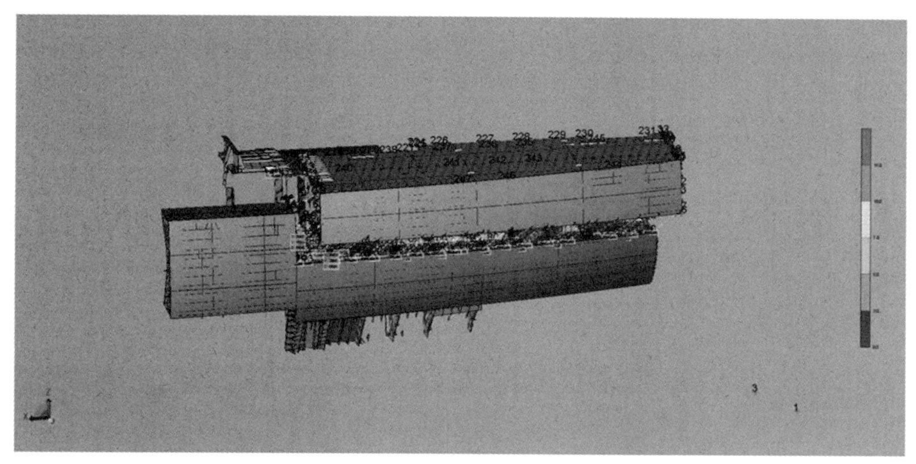

图 2　模拟搭载方式

4.1　影响吊车效率的因素

封焊数量过多,需要大量时间焊接。

4.2　提高吊车效率的要点

优化封焊工艺:根据现场的支撑高架墩位置及相邻分段的接触位置,尽量减少焊缝封焊的数量,能用封焊板替代的使用封焊板替代。在保证安全的前提下,能落钩后进行二次封焊的改为落钩后二次封焊。

5　结束语

在现场施工过程中,要及时处理出现的问题,并进行汇总,找出规律。大吊车效率的提升不是一朝一夕能完成的,需要在日常的施工中不断地一点一点改进,如改进人员管理模式、改进施工工艺、改进使用的工具等。

数据的积累是生产技术创新的根本,应重视并及时对提升大吊车效率的改进方法进行汇总分析,不断充实提升效率的方法的数据库,根据数据库系统总结出一套行之有效的方案,最终取得一个令人满意的结果。

LNG 船货舱结构与划分对总组合拢精度的影响

赫　鑫　宋　林　姜延令　梁煜业　韩　光

（大连船舶重工集团有限公司）

摘　要:本文结合多年建造策划经验,综合研究 LNG 船结构特点、分段划分以及精度控制的关系。对比船厂起重能力、船型结构特点,综合考虑不同分段划分形式对 LNG 船货舱精度控制的影响,对货舱区域关键部位进行综合分析,提出通过吊装能力保证分段划分、通过分段划分规避结构控制难点、通过压弯结构取代三心对位、通过分段划分减少 LNG 船货舱精度控制难度等基本思想,进而实现 LNG 船货舱区域精度控制,保证 LNG 船在船厂的顺利建造与精度管控。

关键词:LNG 船;精度;划分;结构

0　前言

随着造船水平的不断提升,国产 LNG 船已经在各厂投产建造,LNG 船作为高附加值、高精度要求的船舶产品,其建造精度控制水平和分段划分水平直接影响了船舶的建造难度甚至建造成本。因此,研究 LNG 船货舱结构与分段划分,可以有效地降低 LNG 船货舱精度控制难度,最大程度减少分段结构与分段划分对船舶总组合拢精度的影响,提高总组合拢效率,提高设计管理水平。

1　船厂基本资源对 LNG 船分段划分的影响

1.1　明确分段建造能力及总段吊装能力

确定分段制造部门的流水线,分段建造场地的吊装能力、场地面积,对 LNG 船胎位进行综合统筹管理,确定 LNG 船建造批次。

1.2　明确 LNG 船吨位对主尺度的基本关系

根据 LNG 船货舱主尺度、典型横剖面进行换算,确定 LNG 船货舱长度方向的分段布局,选取货舱典型横剖面,确定不同位置的分段划分并对比获得 LNG 船分段基本长度区间,确定 LNG 船最大板幅。[1] 充分提高钢材利用率,用最优的排板形式,减少焊接拼装造成的额外工时浪费。

1.3　明确流水线进线段数量

通过计算平整分段数量,选择分段进线数量,用数控设备替代半自动设备进行装配和焊接,提升分段建造速度和胎位流转速度。

1.4　明确分段流转制约的瓶颈因素,补齐短板,扩大产能

梳理钢料加工、分段制造、总段合拢阶段各流程的短板,建立畅通的分段供需流转通道,避免物量堆积,保证分段运转有序衔接。对制约生产的短板进行改造,如场地、转运、消化基本周期等因素。

2 LNG 船货舱典型结构与分段划分的关系

2.1 典型剖面划分综合考虑因素

17.5 万 t MARK Ⅲ型 LNG 燃料舱典型横剖面如图 1，为 8 边型组合。可将横剖面划分为底部、舷侧、舭部、甲板、横壁 5 个部分。划分时，应优先考虑货舱区标准化、批量化建造、分段建造难度、重要结构点分段内部消化、分段缝划分的工艺性与合理性等因素。

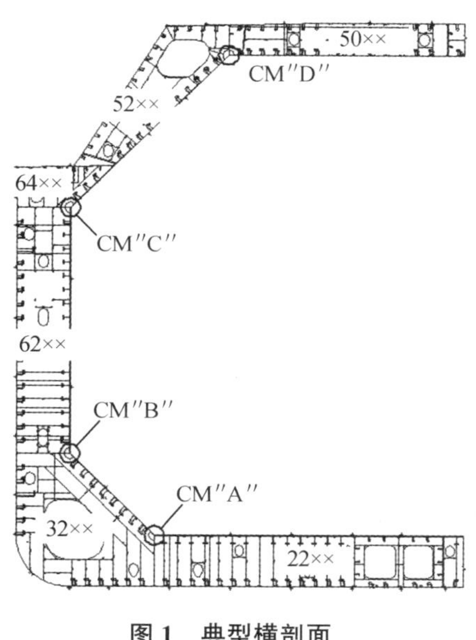

图 1　典型横剖面

2.2 横壁段的划分形式与考虑因素

对应典型横壁分段，应综合考虑分段施工的难易程度和总段合拢的难易程度，结合船厂自身特点对对接缝合角接缝的焊接形式做好综合考量。

横壁对接缝可以一定程度消化结构中的 CM 点，最大程度地在分段阶段实现 CM 点的闭环管理，提升总装阶段的精度控制难度。横壁角焊缝处理，可以提升分段的阶段批量化生产效率[2]，减少多余分段组立预组程序。

2.3 折角点位置的划分与精度关系

对应货舱折角点的选择，应综合考虑三心对位与圆弧压弯形式的利弊：三心对位增加焊接工作量，圆弧压弯增加精度控制难度，后期对总段对位搭载精度要求较高。需要对圆弧板压弯、分段建造控制、总装合拢工序进行综合管理。

2.4 斜坡板区域的连续和断开形式

对应舭部、斜甲板区域涉及斜面的区域，应最大程度减少分段划分，尽量保证斜面相对完整。同时避开 CM 点区域。这样可以有效地控制分段建造阶段结构由于斜面半宽数据不同步、焊接间隙控制、吊装变形等因素对精度的影响。

3 LNG 船货舱内壳面平整度的高精度要求与分段划分的关系

3.1 LNG 船平整度要求特殊性

由于 MARK Ⅲ型 LNG 船自身绝缘箱的安装特点，通常对内壳平整度要求极高。内壳平整度要求为每米平整度不大于 4 mm 且满足每 3 m 范围内结构点平整度不大于 4 mm，相对于传统 CSQS 平整度要求提升较大。

3.2 分段划分与结构的位置关系，影响内壳面的平整度

货舱舱室的分段划分，应优先选择结构中心位置，避免出现内壳板远离强框架的划分形式，进而造成局部内壳板受到重力下沉，影响内壳平整度。如分段划分受到限制，可使用临时支撑对远离框架点进行临时加强。

3.3 焊缝余高和内壳平整度的关联性

受不同组立阶段焊接条件的影响，LNG 内壳表面会涉及埋弧自动焊、垂直气电焊、二氧焊等多种焊接方式。受到不同焊接设备、焊接间隙的影响，焊缝余高会有超出 4 mm 的可能，需要重点控制内壳面的焊缝平整度。

3.4 总组合拢口处反变形对平整度的影响

受焊接变形的影响，焊接面通常会出现板缝下凹的情况[3]，为满足 LNG 船平整度要求，需要在分段完工后，对总组合拢口进行背烧，根据焊接方向选择适当的反变形，反变形量设置不超过 4 mm，如图 2 所示。

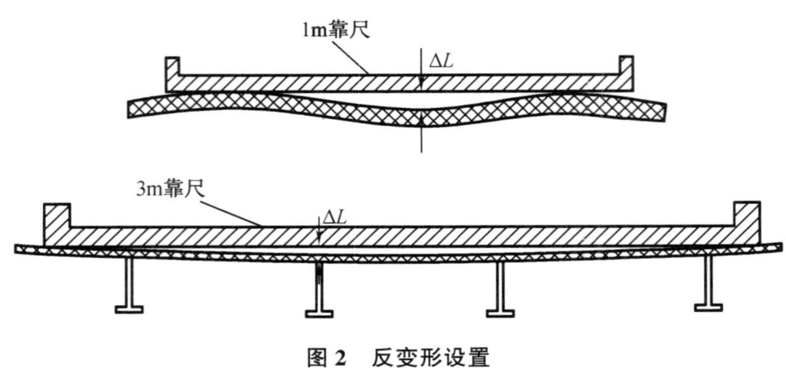

图 2　反变形设置

4 LNG 船货舱各区域分段划分与精度的关联性

4.1 底部分段划分与精度的关联性

4.1.1　底部横向划分与精度控制的关联

综合考虑底部分段管隧道的完整性，实现底部横向划分偏心布置。根据结构特点，考虑底部横向划分为 2 个分段或 3 个分段，实现底部分段的总组和合拢。

底部总段正造时，支撑垫布置在强力框架上，应在位于板缝区域 2.5 m 范围内为宜。这样可以有效地支撑分段，防止分段板边下沉。

4.1.2　底部纵向划分与精度控制的关联

底部分段纵向划分应综合考虑货舱的长度，最大程度减少分段长度方向环缝，减少货舱合拢阶段环缝数量可以有效保证货舱长度主尺度的控制。

底部分段合拢缝，可考虑布置在横壁隔离舱内部，最大程度减少焊缝在内壳面总合拢缝的米数的占比，降低内壳面平整度的控制难度。

4.2 舭部分段划分与精度的关联性

4.2.1　舷侧分段纵向划分与精度控制的关联

舷侧分段的首尾方向分段划分，通常有两种设计形式，一个是与底部分段和甲板分段齐口布置，另一种是错缝布置。优先考虑的应是齐口布置，这样对横剖面同面度控制有利，错缝布置是在考虑避开重要结构时才选择的特殊形式，同时需要考虑合拢顺序，保证横壁的顺利插入。

4.2.2　舷侧分段高度方向的划分与精度控制的关联

如吊装能力允许，应优先考虑壁部分段与舷侧分段整体进行总组。同时要做好舱内脚手架布置与合拢顺

序的综合考量。如受到吊装能力制约，舷侧分段需要与舭部分段分别合拢的情况下，需要重点考虑舷侧分段与横壁分段的封固形式，最大程度减少远离合拢口处的舷侧分段的垂直度。

4.3 甲板分段划分与精度的关联性

4.3.1 甲板分段吊装的关联性

甲板分段主要由中甲和边甲构成。如甲板与横壁为角焊缝节点，则需要综合考虑甲反凹形状的吊运变形，做好有限元分析与计算。

4.3.2 升高甲板与舷侧分段的划分形式

升高甲板与舷侧的连接方式一定程度影响分段整理的精度。对接和角接均会产生不同的控制效果，对接相对于角接而言，精度控制难度相对略低，建议优先考虑。

4.4 横壁分段划分与精度的关联性

4.4.1 横壁分段划分与吊装资源的关联

综合考虑横壁宽度和高度，可根据吊装能力进行分体合拢或者整体合拢。分体合拢时，重点考虑的是横壁分段与舭部分段的对位关系和结构插入关系。整体合拢时重点考虑的是分段的垂直度，可通过下口分段封焊保证横壁的垂直度，如图3所示。

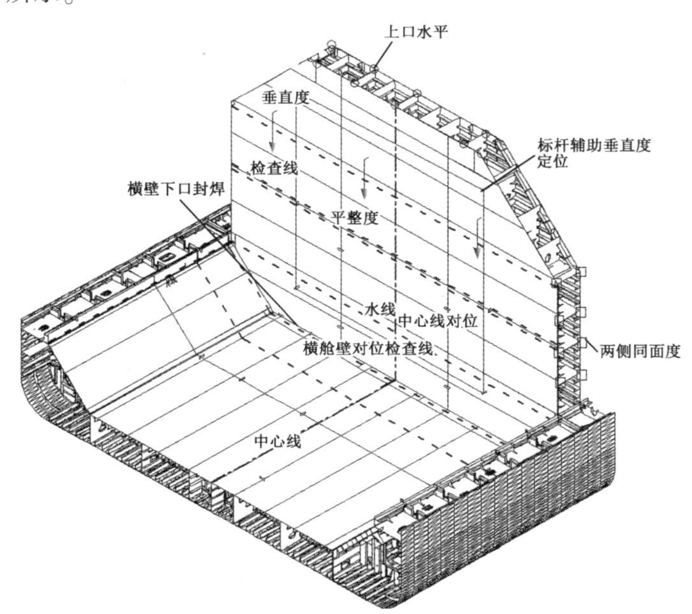

图3 横壁分段划分与吊装资源的关联图

4.4.2 横壁分段与货舱内壳的精度关联性

由于横壁分段划分为货舱的临界点，需要进行双面平整度控制。同时横壁自身垂直度直接影响了货舱的舱容、货舱的主尺度，以及整个货舱环形段的对位关系。保证横壁的垂直度和平面度，可以保证整舱的对位关系。横壁与环形段的结构对位，是控制各区域分段建造、定位的重点考虑因素。

4.4.3 不同类型横壁划分与精度的关联性

横壁划分涉及多个舱室，不同的横壁分段划分有不同的特点。

对于1舱向2舱过渡区域横壁的划分，设计上多为斜向过渡，这会导致合拢舷侧分段时需要由外向内，由下向上靠，对合拢精度和便利性不利。可考虑垂直划分，增加开副的方式，减少合拢舷侧段由外向内的情况，避免舷侧分段合拢对横壁垂直造成影响。

对应机舱和货舱分割横壁，可综合考虑机舱布置与横壁自身的结构特点，确定横壁前后合拢缝划分是在机舱区还是在横壁内部隔离区，在机舱完整性和横壁自身精度上平衡利弊。

5 LNG 船货舱关键节点的结构形式与分段划分的影响

(1)合拢缝位置结构补板尽量设计在合拢缝的外侧,避免分段切修时更换补板。

(2)合拢缝肋板处坡口面方向应布置在结构面上,减少焊接变形的影响。

(3)纵向分段划分主要考虑分段缝及折角缝位置,如可行,则尽量远离强框架处,避免分段缝位置处有强框架的肘板。

(4)货舱线型过渡区域,分段缝通常设计成斜线。需要综合考虑交叉点位置的设计形式,结合合拢顺序,避免分段插入的情况产生。

(5)LNG 船货舱设计有泵塔基座,需要考虑纵向泵塔的位置,最大程度保证泵塔基座施工完整,避免纵向划分跨过基座结构。

6 结束语

LNG 船建造的结构设计、分段划分与精度控制,三者互相关联,互相制约。针对 17.5 万 t 级别的船舶,各大造船厂根据自身的资源特点,设置了不同的划分形式。应该求同存异,不断摸索出适用于自身船厂特点的划分形式,最大程度满足精度要求,减少经济成本。

(1)在建造和策划阶段,需要根据自身特点,严格执行 GTT 标准,采用正确的精度控制方式和工艺手段,让分段划分服务于结构与精度。

(2)对应三心对位或压弯区域的结构点,要通过控制样板精度、检测线精度的方式进行定位与调整。

(3)对货舱平整度的控制上,板口反变形背烧、WPS 的执行,以及分段划分中货舱面焊缝比例均时影响平整度和后期修整的重要因素。

(4)分段划分中,插入式的节点设计可能会影响局部区域平整度和后期消化,特别是横壁对位结构处,应最大程度保证横壁相关分段的结构对位和建造精度。

参考文献

[1] 李杨. LNG 船舶建造的 HSE 管理[J]. 安全与环境工程。2011,18(05):80-82.

[2] 李建. 世界 LNG 船舶研究[J]. 中国石油大学胜利学院学报,2006,20(03):18-21.

[3] 王锦辉. 中国液化天然气(LNG)船建造现状浅析[J]. 江苏船舶,2004,21(04),8-9.

舵系安装工艺的研究与优化

贾新宇　王　淳　王立志　姜延令　姜宝柱　李兆瑞

（大连船舶重工集团有限公司）

摘　要：随着国内船舶制造业的蓬勃发展，船舶制造技术日新月异。本文载重量在以 5 万 t 以上大型船舶通常采用的半悬挂双舵钮平衡舵为研究对象，通过优化其部分组件的安装工艺，实现施工周期，合理调配生产资源。在缩短施工周期的舵系安装工艺研究中，首先记录舵系安装施工过程，然后对施工周期进行分析研究。通过推动舵系各区域的组件同时施工，使施工周期重叠，以缩短整体施工周期的方法为研究方向。通过优化点找到需要优化的舵系组件，运用先确定结果后优化的方法对其安装工艺进行优化，并确定优化方案，最后分析优化方案的可行性。将以上各舵系组件的安装工艺优化方案融入到整个舵系安装工艺中，形成舵系安装工艺整体方案。

关键词：船舶；舵系；安装工艺

0　概述

近些年国内船舶行业蓬勃发展，随着交付吨位逐年增长，生产节奏也越来越快，施工周期被逐渐压缩，对舵系安装工艺与技术的要求也在不断提高。

本文主要研究的大型船舶是指载重量在 5 万 t 以上货船，其舵系采用半悬挂双舵钮平衡舵。该舵系的主要特点是一部分舵面积分布在舵杆的后方，另一部分舵面积分布在舵杆的前方，但不是沿着整个舵高方向分布，而是仅集中在舵的下半部，并且挂舵臂上有上、下两个舵钮。舵系中的舵承是通过舵承基座与船体连接的，而不是直接焊接到船体上的。这样做的好处是通过舵承基座的定位与加工，可以有效消除船体误差，制造成本相对低廉。舵机采用柱塞式电动液压舵机，可以为船舶提供较大转动力矩。由于这套系统的输出转动力矩大、可靠性强、制造成本低，因此其在大型货船上已被广泛使用。

通过研究与优化舵系安装工艺，可使之与实际生产结合得更加紧密，从而缩短舵系安装施工周期，促进生产资源的合理调配。在研究过程中对舵系安装施工周期的详细记录和工艺优化的方法，可为以后的相关研究提供参考数据和研究方法。

1　舵系安装施工周期优化研究

在舵系安装工艺规程中，对各个工序有一定的顺序要求，但受到其他工种、工序等客观因素的影响，在实际船舶建造过程中。舵系安装施工并不能连续作业，而且舵系安装施工还受到外部环境的影响和制约。

舵系安装施工过程涉及船体施工、轴系施工、涂装施工等，在施工过程中可将舵系分为舵钮区域、舵承区域及舵机区域。

1.1 分析确定工艺优化关键点

不同吨位船型的舵系安装施工周期是很相近的,因此完全可以将舵系安装施工统计表进行统一和简化,如图 1 所示。

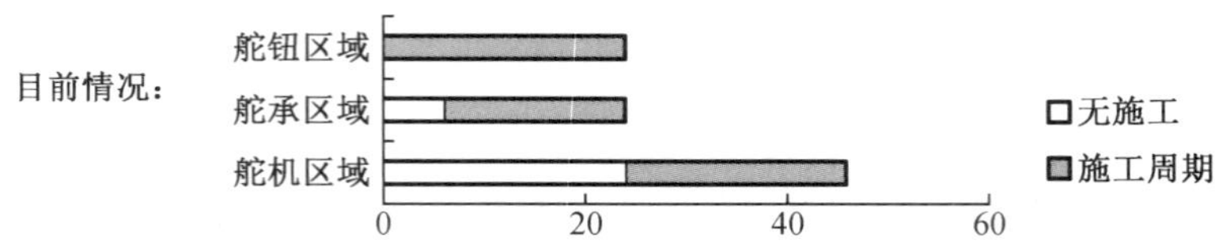

图 1 舵系安装施工周期示意图

为了缩短施工周期,最理想的优化方法是这三个区域同时施工,如图 2 所示。

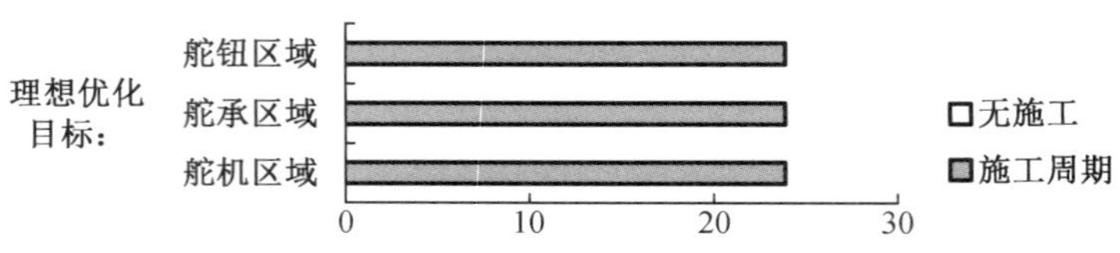

图 2 舵系安装施工周期理想优化图

舵承区域和舵机区域的无施工与施工周期的相交处为关键优化点,如图 3 所示。

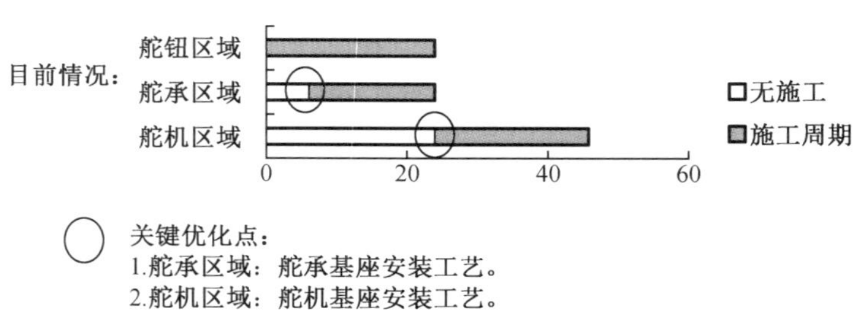

图 3 关键优化点

舵承区域关键优化点:舵承基座安装工艺,其中包括基座的定位、切割、焊接、上表面加工等。

舵机区域关键优化点:舵机基座安装工艺,其中包括基座的钻孔、定位、切割、焊接等。

1.2 舵系安装工艺优化研究

为保证舵系的安装精度,对舵系按照舵钮区域→舵承区域→舵机区域的顺序从下到上安装定位,两个关键优化点也会受到前面工序的限制。下面将对它们分别进行研究与分析,得到优化方案,并对优化方案进行可行性分析。

1.2.1 舵承基座安装工艺优化

(1)舵承基座安装工艺分析

对于舵承基座的安装首先要考虑的是其定位,定位分为高度定位和中心定位。舵承基座高度定位尺寸是通过舵杆预装尺寸与船体尺寸计算得出的,如图 4 所示。

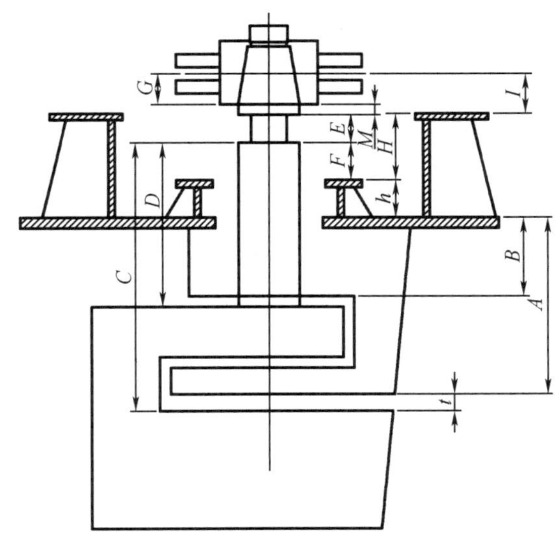

图 4　舵系基座高度计算图

舵承基座高度定位的计算过程:

①舵杆与舵叶预装完成后,测量并记录数据 C、D。

②船体挂舵臂段合拢交验完成后,测量并记录数据 A、B。

③参考使用 B 和 D 数值,计算舵承座距离甲板面上端的高度 h,公式如下:

$$h=C-A-t-F$$

式中　C——舵杆与舵叶预装完成后测量的实际值;

A——舵机甲板至挂舵臂下端的高度,为合拢后的实际值;

t——挂舵臂下平面距离舵叶的理论要求值,按图纸数据;

F——舵杆端面与舵承座上平面之间距离,按图纸数据;

④给出高度 h 后,由于舵承基座上表面还需要加工,需要多留出 5~10 mm 的加工量,即舵承座焊接后舵承座上平面距离甲板面的高度为 $h+(5\sim10)$。

⑤对舵承基座底部进行切割,保证其高度。

舵承基座高度可在预装和船体成型后得出,完全不受舵钮区域施工的影响。下一步要考虑的是舵承基座的中心定位。为了保证舵系部件都在一个轴心上,舵承基座的中心定位必须在舵钮加工完成后进行。

最后要考虑的是舵承基座的上表面加工,其目的是使舵承基座上表面与舵线垂直。加工基准点通常在舵系复线(复光)时制作。

(2)提出舵承基座安装工艺优化方案

通过以上分析发现可以提前确定舵承高度,而舵承上表面加工与舵承中心定位都是依靠加工后的舵钮确定的,由此可以设想舵承基座的焊接和上表面加工都可以在舵系复线(复光)前完成。

本文以 7 万 t 成品油船为例,提出舵承基座安装工艺优化方案,如表 1 所示。在该优化方案中,在第一次拉舵线时确定舵承基座高度,并利用舵钮加工的空余时间完成切割。在舵钮加工完成后,当天晚上定位舵承基座并完成焊接。之后在第 2 天凌晨重新拉舵线,并制作舵承基座上表面加工基准点。利用舵系安装施工需要等待轴系施工的第 8 天,加工舵机基座上表面。在舵系复线时测量基座上表面与舵系中心线之间的垂直度。

该优化方案利用了舵承基座高度可以提前确定、舵系可以在凌晨拉舵线及等待轴系施工的一天时间。如果该优化方案可以实施,能使舵系安装周期整体缩短 2 天。对该优化方案还需要在施工周期与安装精度控制方面进行可行性分析,以确定最终优化方案。

表 1　舵承基座安装工艺优化

舵承基座安装工艺优化前					舵承基座安装工艺优化后				
周期(第几天)	阶段	舵钮区域	舵承区域	舵机区域	周期(第几天)	阶段	舵钮区域	舵承区域	舵机区域
0	总组		通过舵叶与舵杆预装时的测量数据,确定舵承座的切割量	1. 通过舵柄与舵杆预装时的测量数据,确定舵机座高度(以舵承上表面为基准。2. 舵机座钻孔、焊接垫安装完成	0	总组		通过舵叶与舵杆预装时的测量数据,确定舵承座的切割量	1. 通过舵柄与舵杆预装时的测量数据,确定舵机座高度(以舵承上表面为基准)。2. 舵机座钻孔、焊接垫安装完成
1	合拢	第一次拉舵线			1	合拢	第一次拉舵线	舵承座到位(按船体结构定位),确定切割量	
6	合拢	舵钮加工			6	合拢	舵钮加工	舵承座完成切割	
7	合拢	舵钮加工	舵钮加工设备拆除后,拉钢丝线,舵承座到位		7	合拢	舵钮加工	1. 舵钮加工后,以加工后舵钮为基准拉舵线,重新定位舵承座。2. 完成舵承座焊接	
8	合拢		1. 确定舵承高度。2. 舵承座。3. 完成舵承座焊接		8	合拢		1. 凌晨拉舵线,制作舵承座上表面加工基准点。2. 确定舵承座加工尺寸。3. 开始加工	
9	合拢	复线	1. 确定舵承座上表面加工量。2. 确定舵承座上表面加工基准点		9	合拢	复线	1. 完成舵承基座加工。2. 夜间进行舵系复线,同时测量舵线与舵承基座之间的垂直度	

表 1(续)

舵承基座安装工艺优化前					舵承基座安装工艺优化后				
周期(第几天)	阶段	舵钮区域	舵承区域	舵机区域	周期(第几天)	阶段	舵钮区域	舵承区域	舵机区域
10	合拢		1. 舵承座上表面加工。 2. 完成后,夜间拉舵线,测量基座上表面与舵线之间的垂直度。 3. 吊装舵承、找正号眼、测量垂直度		10	合拢		吊装舵承、找正号眼、测量垂直度	
11	合拢				11	合拢	舵套冷装		
12	合拢		吊装舵承、找正号眼、测量垂直度						
13	合拢	舵套冷装							

(3)优化方案的可行性分析

从施工周期与施工精度两方面分析优化方案的可行性。

①施工周期可行性分析

舵系复线(复光)必须在轴系艉管与舵钮都加工通常完成后进行,而舵钮加工会提前 1~2 天完成。该优化方案充分利用了这段周期,同时舵承基座已提前完成切割,可以直接焊接,这样就空出了时间用来加工舵承基座上表面。从施工周期方面分析,该优化方案满足了施工周期的计划安排,是可行的。

②精度控制可行性分析

舵承基座的施工精度主要取决于舵钮加工精度、舵承基座上表面加工精度,以及工作人员的施工和测量精度。

舵钮加工是为了消除轴舵线偏差,该偏差会在第一次拉舵线(照光)时初步确定,并在轴系艉管和舵钮加工完成后最终确定。舵钮加工精度取决于工作人员对加工基准点的安装精度、机械设备的找正和加工精度。这两个方面会综合体现在第一次拉舵线(照光)与舵系复线(复光)时轴舵线偏差的变化上。本文搜集、整理了 8 艘不同船型舵钮加工前后轴舵线偏差变化数据,如表 2 所示。

表 2 舵钮加工前后轴舵线偏差变化数据

项目	船序号							
	1	2	3	4	5	6	7	8
第一次拉线(照光)	P1.5	P1.5	P1.2	P1	P0.5	P1.5	0	P0.5
舵系复线(复光)	P2	P1	P0.8	P1	P0.6	P2	S0.1	P0.8
变化值	0.5	0.5	0.4	0	0.1	0.5	0.1	0.3

表 2 中 P 表示左,如 P2 表示舵线在轴线左侧偏差 2 mm。S 表示右,如 S0.1 表示舵线在轴线右侧偏差 0.1 mm。从表 2 中可以看出变化值最大为 0.5 mm,舵钮加工后的轴舵线偏差最大为 2 mm,完全满足偏差≤4 mm、极限为 6 mm 的工艺要求。

舵钮上还要安装衬套,衬套加工尺寸可以参考上、下舵钮加工的偏心数据和轴舵线偏差,制作成外圆柱中心与内圆柱中心之间定位有差别的偏心套,以消除相应误差。所以通过舵钮加工精度分析可知,该优化方案是可行的。

舵承基座上表面加工精度取决于工作人员对舵钮的测量精度、加工基准点的安装精度,以及机械设备的找正和加工精度。这些方面将最终体现在加工后舵承基座上平面与舵线之间的垂直度测量数据上。本文搜集、整理了 8 艘不同船型的舵承基座上表面加工后垂直度测量数据,如表 3 所示。

表 3　舵承基座上表面加工后垂直度测量数据

项目	船序号							
	1	2	3	4	5	6	7	8
垂直度($mm \cdot m^{-1}$)	0.08	0.09	0.06	0.10	0.11	0.07	0.08	0.05

工艺要求该垂直度≤0.15 mm/m,表 3 中各船舶都是满足要求的,所以从舵承基座上表面加工精度控制方面的分析可知,该优化方案也是可行的。

以上分析表明舵承基座安装工艺的优化方案是可行的。

(4)优化工艺方案实施要点

为了保证舵系安装施工精度和工艺优化方案有效实施,总结了如下施工要点:

①舵系拉舵线施工必须在阴雨天或晚间进行,避免光照造成船体变形。

②舵钮加工后的舵承基座定位、舵承基座上表面加工基准点制作、舵系复线,这 3 次拉舵线的时间间隔不应过长,其间不应有大型设备的吊装。

③上述 3 次拉舵线都是以上舵钮上和下舵钮下为基准找正的,3 次找正数据之间的偏差不应超过 0.05 mm。

1.2.2　舵机基座安装工艺优化

(1)舵机基座安装工艺分析

①舵机高度的计算

如图 4 所示,舵机基座高度是以舵承基座上表面为基准确定的,用 H 表示,计算公式如下:

$$H=F+E+M+G-J$$

式中,F、E、G、J 都是设计理论数值;M 为预装舵柄时测量得到。可见舵机基座高度在预装舵柄后就可以确定,但由于该高度是相对于舵承基座的,因此只有在舵承基座上表面加工完成后,才能确定舵机基座的切割量。

②舵机基座安装工艺的起始

本文所论优化以提前进行舵机基座施工为目的,所以要分析舵机基座安装起始工序的施工时机。从上述分析可以了解到,舵承基座上表面加工完成后就可以开始舵机基座的施工。但是由于舵机将舵承包围在中心,而且它们之间的空间狭小,因此,如果舵机基座开始安装施工,那么舵承安装施工将没有空间开展。所以,舵机基座吊装都会在舵承安装完成以后进行。

(2)提出舵机基座安装优化方案

舵机基座的前期施工包括定位与切割,而主要矛盾集中在施工空间上。舵机基座的定位必须在舵机室内完成,而基座的切割可以离开舵机室完成,因此可以通过改变施工区域,使舵机基座切割工序得以提前开始。这为优化提供了方向,据此提出相应的优化方案,如表 4 所示。

表 4　舵机基座安装工艺优化方案

舵系安装工艺优化前					舵系安装工艺优化后				
周期(第几天)	阶段	舵钮区域	舵承区域	舵机区域	周期(第几天)	阶段	舵钮区域	舵承区域	舵机区域
10	合拢		1.舵承机座上表面加工。 2.完成后,夜间拉舵线,测量基座上表面与舵线之间的垂直度		10	合拢	舵套冷装	吊装舵承、找正号眼、测量垂直度	
11	合拢				11	合拢	舵叶吊装到位	对舵承吊下船,开始钻孔,当天结束	
12	合拢	舵套冷装	吊装舵承、找正号眼、测量垂直度		12	合拢	穿舵杆		吊装舵机基座,找正
13	合拢	舵叶吊装到位	将舵承吊下船,开始钻孔,当天结束		13	合拢	压装舵杆与舵叶,打紧液压螺母	上舵承,找正结束,铣孔用临时螺栓连接结束	将舵机基座吊装下船,完成切割
14	合拢	穿舵杆			14	合拢	测量舵叶止跳加工尺寸	铣孔开始	
15	合拢	压装舵杆与舵叶,打紧液压螺母	上舵承,找正结束,铣孔用临时螺栓连接结束		15	合拢			
16	合拢	测量舵叶止跳加工尺寸	铣孔开始		16	合拢		舵承铣孔结束	
17	合拢				17	合拢		加工铣孔螺栓	
18	合拢		舵承铣孔结束						
19			加工铣孔螺栓						
20	合拢	止跳块安装完成	铣孔螺栓冷装						

表 4(续)

舵系安装工艺优化前					舵系安装工艺优化后				
周期(第几天)	阶段	舵钮区域	舵承区域	舵机区域	周期(第几天)	阶段	舵钮区域	舵承区域	舵机区域
21	合拢	1. 测量舵系间隙。 2. 测量止跳块间隙。 3. 确定舵机零位。 4. 进行摆舵试验	舵承螺丝打紧检验						
22	合拢	对舵叶可拆板和舵叶进行涂装施工		吊装舵机基座,找正					
23				舵机基座切割完成					
24									
25									
26									

从表 4 中可以看出,由于复线后的舵系安装施工比较密集,而且大部分集中在舵承区域,所以优化后舵机区域施工从第 13 天开始。利用施工场所的转移,在舵机室内找正并确定舵机基座切割量后,将其吊装到船下切割。以这种方式施工可缩短整个舵系施工周期。

(3)优化方案的可行性

该优化方案利用了舵机区域空闲的施工周期,并没有改变原有的施工方式,只是改变了舵机基座的施工场所,对施工精度不造成影响。虽然舵机基座需要第二次找正和第二次吊装,但相较于周期缩短的效益,该问题可忽略。该优化方案是可行的。

2 促进生产资源合理调配的工艺优化研究

2.1 舵系安装生产资源分析

目前船舶装建主要分为分段阶段、总组阶段、合拢阶段和水下阶段。舵系安装主要集中在合拢阶段和水下阶段,其中,合拢阶段的主要施工种类包括舾装件焊接、机械加工、设备装配等,水下阶段的主要施工种类是舵机安装施工,包括舵机找正、舵机基座焊接、舵机装配等。

作为船舶建造的总装部门,当一艘船舶下水后,空出的船台/船坞将很快投入到下一艘船舶的总组和合拢中,主要占用焊接资源与吊车资源,而水下阶段的船舶建造主要占用生产资源,包括少量焊接资源、吊车资源、设备调试资源与货舱特涂资源。如果将焊接资源都集中在船台/船坞,将很有利于焊接资源的调配,其中包括焊接人员、焊接设备、焊接电能等。所以对于水下阶段的舵系安装,其舵机基座的焊接如果能在船舶下水前完成,将会促进生产资源的合理调配。

2.2 舵机安装工艺优化研究

2.2.1 分析舵机安装工艺

舵机安装的主要工艺如下:

①在总组阶段按照舵机本身的理论尺寸,对舵机基座完成地脚螺栓孔钻孔和焊接垫安装。

②舵承安装好后,根据预装舵柄时的测量数据与舵承基座的实际高度,对舵机基座进行切荒和开坡口。

③舵柄压装结束后,吊装舵机基座和舵机。此时施工周期安排已经到了船舶下水阶段。

④船舶下水后,对舵机进行找正,同时对舵机基座的定位也在这一过程中进行调整。

⑤所有找正完成后,焊接舵机基座。

⑥加工和研配调整垫,最终把紧地脚螺栓,完成舵机安装。

目前该工艺满足舵机安装精度的要求,但是由于船台/船坞周期不断减少,舵机基座的焊接通常在船舶下水后进行。从上述工艺可以看出,舵机基座随舵机找正后才可以定位,所以首先要解决舵机基座定位问题。舵系主要部件的实际安装基准都是由加工后的舵钮确定的,所以舵机基座也可以采用此方式,即舵钮加工后在拉舵线时以舵线为轴心在舵机室甲板面上为舵机基座定位画出十字线。如果舵机基座按舵线定位,总组阶段的基座钻孔将影响舵机找正时的调整,所以对基座只能在舵机找正后钻孔。

2.2.2　提出工艺优化方案

通过上述分析并结合舵机基座工艺优化,提出进一步优化方案。

优化后舵机安装工艺如下:

①舵钮加工完成后,利用舵承基座定位时拉的舵线,在舵机室甲板面为舵机基座定位画出十字线。

②舵承找正后吊离舵承基座,吊装舵机基座,并根据十字线定位,依据预装舵柄时的测量数据与舵承基座的实际高度,在舵机基座上标注切割量。

③将舵机基座吊转下船,在船下切割。

④舵承安装好后,将舵机基座吊装上船,再次根据十字线定位,最后完成焊接。

⑤吊装舵机后,船舶下水。

⑥舵机找正后,标注地脚螺栓孔位置,将舵机吊离舵机基座,进行钻孔和安装焊接垫。

⑦第二次吊装舵机和舵机找正,随后加工和研配舵机调整垫。最终把紧地脚螺栓,完成舵机安装。

2.2.3　优化方案可行性分析

(1)施工周期可行性分析

舵机基座定位焊接利用的是舵钮区域的舵叶涂装需要打舵角的这段时间,即舵机无法吊装的这段时间,因此不会延长船舶合拢周期。优化前舵机基座钻孔在船下进行,不占用舵系安装整体施工周期,而优化后该项工作移到船舶下水后进行。这与第二次吊装舵机和舵机找正施工一起使舵系安装整体施工周期在船舶水下阶段延长了 2 天。目前舵系安装施工周期多呈现合拢周期不足而水下周期比较充足,相较于生产资源合理分配得到的效益,该问题可忽略。该优化方案是完全可行的。

(2)精度控制可行性分析

舵机基座主要误差包括制作误差和定位误差。在原工艺中,舵基基座总组阶段按照理论尺寸钻地脚螺栓孔就是为了减小舵机基座的制作误差和定位误差,舵机基座随舵机找正后定位是为了最终消除基座的制作误差和定位误差。优化方案将相应误差都累计到舵机找正时消除,有可能导致舵机与基座相对位置偏差大的情况。为了消除这一隐患,可以考虑在设计时将舵机基座表面积加大,为舵机找正调整留有一定的空间。同时对舵机基座的制作和定位增加精度控制。满足以上考虑的情况下,该优化方案在精度控制方面是可行的。

3　最终工艺优化方案研究

将以上两个方向的舵系安装工艺优化方案相结合,并延伸到整个舵系安装过程中,得到最终优化方案。分析研究最终优化方案,如下:

①舵钮区域施工优化前在第 12 天进行舵套冷装,优化后提前到了第 10 天,使舵钮区域的施工周期提前了 2 天,但对舵系安装整体施工周期没有影响。

②舵承区域施工优化前在第 11 天完成舵承基座上表面加工后垂直度测量,优化后提前到了第 9 天,使舵系安装整体施工周期缩短了 2 天。

③舵机区域施工的优化是将原来第 23～26 天的舵机基座切割前移到了第 13～17 天，这样可以使舵系安装整体施工周期缩短了 9 天。

④由于结合了促进生产资源合理调配的优化方案，施工周期增加了 2 天。其中优化前的舵机基座钻孔是在船下进行的，不占用舵系安装整体施工周期，而优化后该项工作移到船舶下水后施工。这与第二次舵机吊装与找正施工一起使舵系安装整体施工周期在船舶水下阶段延长了 2 天，分别是第 28 天和第 29 天。因为目前舵系施工周期多呈现合拢周期不足，而水下周期比较充足，同时相较于生产资源合理分配得到的效益，延长的施工周期是可以接受的。

⑤方案优化后在第 27 天达到船舶下水舵系安装要求，比优化前提前了 4 天。

⑥通过之前的安装精度可行性分析，优化方案完全可以保证舵系安装精度。

这样最终优化方案使舵系安装施工周期整体缩短了，分别达到了缩短施工周期和促进生产资源合理调配的效果。

4 总结

在缩短舵系安装施工周期的安装工艺优化研究中，首先记录和统计了船舶的舵系安装施工过程。在研究过程中分析施工周期，并从空间上将舵系分为 3 个区域：舵钮区域、舵承区域、舵机区域。通过舵系各区域同时施工，使施工周期重叠，以缩短施工周期的方法为研究方向。在研究中找出使 3 个区域的施工周期重叠更大的关键工艺优化点：提前进行舵承基座安装和提前进行舵机基座船下焊接。根据关键优化点提出优化方案，并对优化方案进行可行性分析，保证舵系安装精度，最后得到可行的工艺优化方案。

在促进生产资源合理调配研究过程中，先对舵系安装过程中的生产资源进行分析，发现资源调配不合理的优化点，即舵机基座在船舶水下阶段焊接占用了其他船舶合拢阶段的焊接资源。为解决这一问题，运用先确定结果后优化的方法优化舵机基座安装工艺，提出优化方案，分析优化方案可行性，最后得到可行方案。该优化方案改变了舵机基座施工顺序，使舵机基座先焊接后钻孔，在保证舵系安装精度的前提下，达到了在船舶下水前完成舵系结构焊接施工的目的，使生产资源得到合理调配。

其中对舵机安装工艺中舵承基座和舵机基座的安装工序的优化，分别达到了缩短施工周期和促进生产资源合理调配的目的，该优化经验证是合理可行的。

船舶设计评审制度研究——以电气专业为例

徐有辉　姜延令　郭昌蔚　毕成龙　陈为运

（大连船舶重工集团有限公司）

摘　要：船舶电气设计问题频出，设计评审已然成为生产链条中不可或缺的一环。在理论层面，在现代化造船的视角下，结合船舶电气设计准确性、安全性及高效性的特点，设置出合理优化的专业评审团队，可以为设计评审打下坚实的基础。在实践层面，配合数字化技术的应用，可以丰富评审环节的具体内容，推动评审建议的落实，最大限度地发挥出设计评审降本增效的作用。

关键词：船舶电气；项目评审；生产设计

0　引言

近年来，船舶建造行业蓬勃发展，呈现出快速增长的态势。船舶的生产建造方式以及生产流程与以往相比更为专业化、体系化。船舶生产建造是一个复杂的过程，涉及多个环节和主体。目前比较成熟的生产流程，可按照时间先后简单划分为两个阶段：设计阶段与建造阶段。在设计阶段，由船舶设计师与工程师组成设计团队，按照船东对船舶用途、载货量、航行路线等方面的需求，对船舶的船体结构、动力系统、电气系统以及内部布局等方面进行设计规划。接着，由评审团队对初步设计方案进行内部评审，以确保设计符合技术标准、安全规范以及船级社的要求。设计团队需要参考评审意见对原有设计进行完善，得到最终设计方案，并将其交付船厂，准备开始施工建造。在建造阶段，船厂围绕设计团队给出的最终设计方案开展施工作业。在现如今追求高效造船的背景下，船舶建造以客户需求为导向。这种以客户为中心的理念使得船东在船舶建造过程中扮演了至关重要的角色。在建造过程中，船东常常会提出一些修改意见，如电缆布局调整、设备布局的调整、电气焊接件更换、设备型号的更换等。船厂根据船东的合理意见进行相应调整，并在船东的确认下进行修改，建造出符合船东需求与期望的船舶，最终宣告建造完成。

受现代化技术应用的影响，设计阶段在整个生产过程中的重要性日益凸显。设计阶段不仅是理念和构思的开端，更是解决建造过程中可能出现的各种疑难问题的关键时期。据数据统计，有约 2/3 的产品缺陷是在设计阶段引入的。[1] 随着计算机技术的高速发展，数字化造船的模式已被大范围投入到生产中。设计团队通过构建数字模型可以使设计方案更为精细化、准确化。[2] 通过在设计阶段深入思考、精心规划与充分测试，许多以往在建造过程中可能会遇到的难点问题可以被提前发现并解决，从而避免在后续建造阶段出现大规模的调整与修改，极大地提升了建造阶段的效率，并为船舶建造节省大量的成本。

现代船舶的设计非常复杂，常涉及船体结构、机装管舾、机装铁舾、船装管舾、船装铁舾、居装管舾、居装舾装、电装等多个技术领域的专业知识，这对设计团队而言是巨大的挑战。在实际生产实践中，设计人员可能会出现一些设计失误，导致后续建造环节出现问题。因此，设计阶段中的评审环节成为每个设计项目取得阶段性进展的关键节点。[3] 设计方案在评审中取得反馈，有助于下一步生产方向的明确。然而，若本该及时纠正设计问题的评审环节出于各种原因未能完全发挥其纠错功能，则会导致设计漏洞被遗留到建造阶段，造成经济损失。本文立足于生产实践,着重探究评审环节的必要性、合理性,并尝试建立一套较为成熟的评审体系,以实现最大限度地优化设计阶段的目的。

1 船舶电气设计评审的必要性分析

在船舶设计中,电气设计尤为关键。与一般的电气设计不同,船舶电气设计具有一定特殊性。第一,船舶内部空间有限、布局复杂,对每一个设备的摆放位置和空间大小必须提前进行合理规划与定位,以操作、维修、运行互不影响为前提进行设计。相关设备也不能阻挡或影响船舶的正常通行,因此船舶电气的生产建造更加依赖设计方案的准确性。[4]第二,船舶电气设计会直接影响船舶的运行功能、节能减排效果以及船上人员安全。船舶的导航系统、通信系统、船载设备等都依赖于电力供应,电气系统的设计必须保证稳定可靠的电力供应,以确保各项功能的正常运行。因此船舶电气系统的设计须符合严格的安全标准,必须具备高度的可靠性,以保障船上用电安全,防止因电气故障而导致船舶操作中断或引发安全风险。[5]第三,在保证安全性的前提下,船舶电气设计同时也需要具备较高的自动化水平,以提高船舶上各类设备的运行效率。因此,在兼顾安全性与自动化需求的前提下,船舶电气各个设备之间的关联性极强。一项修改往往会牵涉多项相关工程,使之一同修改。如果调整了某个设备的位置或添加了新的设备,就需要重新规划和布置电气线路。如果在施工阶段发现设计方案出现错误或遗漏,必将导致后期施工过程中施工现场的多次调整和修改。这不仅需要耗费大量的财力,还会延长船舶建造周期。

鉴于船舶电气设计存在上述特殊性,因此更需要与之配套的评审体系来为电气设计查缺补漏。所谓设计评审,即为确定设计达到规定目标的适宜性、充分性和有效性所进行的活动。首先,设计评审可以评估设计方案是否能够满足系统功能性和非功能性的需求。评审团队能够以第三方视角,识别出设计中的潜在缺陷、不合理之处或者可改进之处,及时纠正问题,避免由于设计问题而导致的生产延误和损失,并可以避免大量不必要的生产成本消耗。例如,在某大型集装箱船的设计实践中,设计团队不恰当地将机舱风机变频器安置在机舱风机室中。机舱风机室属于潮湿区域,风机变频器防水等级不达标,会导致变频器的安装存在困难。此外,将风机变频器安装在机舱风机室内不利于其启动与停止操作,也不便于后期维护。因此,在后期建造过程中,船东提出将变频器移出机舱风机室的要求。这项变更需要把两个机舱风机室前壁切割开,将两个风机变频器移到风机室前面的两个房间内。其中,右舷房间内增加船体结构,需要把房间隔离开,形成独立房间以安置机舱风机变频器。另外,更换原风机电缆需要重新接线,造成额外人工费用约 400 工时,以及额外物料成本合计超过 5 万元。如果能够在评审后及时修改设计方案,将变频器移出风机室,则可以避免造成上述不必要的损失。

其次,设计评审不仅是发现问题的过程,更是优化设计、提升质量的过程。除纠错外,设计评审还可以充分考察设计方案的改进空间,挖掘设计方案的潜力,针对当前的设计提出建设性意见,集思广益提出更加优质的设计方案。参与设计评审的专家团队拥有更为丰富的设计经验与实操经验。专家们结合自己的经验提出的建议,往往能对设计方案起到画龙点睛的作用,为设计方案增添新的亮点和创新点。

最后,设计评审不仅是对现有设计成果的审查和评估的过程,更是反思学习与总结经验的过程。通过对评审中发现的问题进行归纳总结,设计团队可以更准确地识别出设计中的薄弱环节与可改进点,有助于提炼出设计过程中的成功经验,有利于造船工法的研究与先进工法的推广应用,从而形成自己独有的设计风格和方法论。这些最佳实践可以作为设计团队的宝贵资产,能够为未来的设计工作提供有益的启示与指导。

2 船舶设计评审面临的现实问题

虽然当前生产流程中通常配备了针对设计的评审程序,但现有程序仍存在一些缺陷,使得评审功能无法得到充分发挥。第一,评审过程本身不够细化。电气设计本身是极其细致复杂的,而在实际操作中,为节省评审时间,各个部门、各个专业均被安排到一起进行评审,导致评审项目较为笼统。仅针对各舱室位置、各舱室主要设备布置、各管路主要布置、主干电缆路径等问题进行介绍讲解,缺乏充分的技术讨论环节,导致对于一些复杂或关键技术问题的理解不够深入,很多细节问题没有得到及时发现和处理,缺乏针对性与专业性,进而影响后续建造质量。

第二,现有的人才培养方式不能满足船舶工业的需求。虽然我国学历教育规模宏大,但培养方式未能与船舶生产实践实现高度契合,导致学生所学知识与技能不能很好地与实际设计工作直接对接。[6]另外,部分设计人员在思想层面对评审意见的重要性缺乏足够的认识,没有慎重考虑评审意见。在实践中,部分设计人员未能正确认识到设计评审的价值,认为设计评审只是一个形式性程序,而非一个对设计结果产生实质性影响的关键环节。这可能会导致设计团队的封闭性,不愿接受外部的批评或建议,致使评审失去实质性作用。在这样的环境中,设计团队更容易陷入自我封闭的状态,失去改进与提高的动力,最终导致设计结果停滞不前,甚至可能出现严重的设计失误。尤其是在现如今造船技术快速更迭的时代,如果设计团队无法长期保持技术革新,则很容易被市场淘汰。

第三,评审建议提出后,往往面临着未能得到有效落实的问题。这意味着"设计—评审—再设计"的流程未能形成有效闭环。评审团队给出的评审建议被赋予的决策权有限,缺乏建议的落实监督程序,最终设计方案的决定权仍被设计人员掌握,导致评审意见无法有效地转化为实际行动,影响设计问题的解决和改进。同样,评审后的设计修改也缺乏充分的记录与跟踪机制,导致设计问题的解决和改进无法得到有效的追踪和监控。

3 船舶电气评审方案之设想

3.1 评审团队的构成及任务

3.1.1 评审团队的结构

评审团队应设置组长 1 人,视情况可设副组长 1~2 人。组长由相关技术负责人或专家担任,主持评审工作,作为评审负责人。评审团队成员的选拔需考虑其专业背景以及对被评审项目的了解程度。一般情况下,评审组应涵盖同行技术专家、质量管理专家以及设计单位的代表。上述专家及代表应对产品领域有较为深入的了解,在专业方面能够较为全面地覆盖被评审项目的技术需求。评审团队成员的人数应根据被评审项目的重要性、复杂程度以及专业面等因素综合考虑确定。

3.1.2 评审组长的职能与任务

在评审开始前,评审组长可依据待评审项目的实际情况选择是否召开评审组预备会议,以商讨评审议程并明确评审组成员的责任分工。评审团队预备会议讨论的内容主要包括:确立评审的核心关注点、审查相关评审文件以明确评审标准、初步评估设计方面是否符合基本要求等。另外,针对评审过程中的重点、关键议题,评审团队通过预备会议可以初步确定。通过预备会议,评审团队可以对评审项目的范围与目标有一个清晰的认识。同时,对一些程序性事项的提前处理,可以大幅提升正式评审的效率与质量。

在正式评审过程中,评审组长需要与各专业的评审人员进行沟通与协调,以确保评审工作的高效开展以及评审结果的准确。当评审团队内部出现不同意见时,评审组长应组织评审团队对分歧点进行充分讨论,在保证各专业观点和意见得到充分考虑和权衡的前提下,寻求共识以达成一致意见。倘若经过充分讨论,仍然未能取得一致意见,评审组长应保留各方意见,并对不同意见进行全面的书面记录,这有助于在日后的工作中进行查阅参考。同时,保留不同意见也进一步保障了评审过程的公正性与透明性,能够为设计团队提供更多参考信息。

在评审结束后,评审组长需要向相关部门和管理层及时汇报评审工作的进展与结果,提供专业的意见和建议,为决策提供参考依据。此外,评审组长还需要监督评审建议的落实情况,跟踪设计项目的整改情况,对设计项目的后续过程进行充分记录,确保评审工作成果能够有效落实。

3.1.3 评审人员的构成

评审团队的人员由来自不同领域、不同专业背景的人员组成。多个领域的专家协同合作,运用跨界思维,破除传统领域的技术壁垒,更容易产生新的思路,纠正更多潜在的设计漏洞。[7]跨领域的交流与合作更有利于激发设计的潜力。这在实践中有很多案例可以佐证。例如,在 G175K-1#船的原设计方案中,主楼、艉楼之间的左舷处设置了 3 根电缆管,分别为动力管、信号管以及本安管。主楼后壁与艉楼前壁各有 1 个电缆箱,与上述 3 根电缆管的两端相连接。此外,主楼后壁与艉楼前壁的设计中还包括了共计 6 个船舶用密封贯舱件(MCT框)。然而,该设计方案存在 2 个缺点:一是增加了 2 个电缆箱和 6 个 MCT 框的采购成本,以及 2 个电缆箱的安装成本和 MCT 封堵的人工成本;二是电缆管与电缆箱连接的一端需要制作假样管,然后再将其送到舾联公司制作成正式的电缆管,这不仅会浪费制作费用,还需消耗一周的等待时间。电气专业人员经过与舾装专业人员的研究商讨后,确定了改进方案:取消主楼后壁、艉楼前壁上的 2 个电缆箱和 6 个不同规格的 MCT 框,将 3 根电缆管设计成带有膨胀节的电缆管。然后,在主楼后壁、艉楼前壁开孔,将 3 根电缆管的两端分别伸进主楼后壁和尾楼前壁中,并进行焊接。电缆施工结束后,在主楼、艉楼房间里进行电缆管口的封堵即可。这一方案避免了使用吊车资源,降低了施工人员的劳动强度,使施工更加方便,节省了大量的时间和人工费用,同时,也减少了电缆箱及 MCT 的成本。

此外,评审人员的结构还应相对固定,评审人员须长期承担评审任务。一是使用相对稳定的评审团队可以产出相对稳定的、具有一致性的评审标准,避免由于评审人员的频繁变动而导致评审标准的不当浮动。二是固定的评审团队多次参与评审的过程有利于评审人员积累评审经验,进而能够更加准确地识别出设计问题并提出有效的解决方案,促使整个评审流程向专业化方向发展。三是长期参与评审的固定人员无须经常进行评审培训,他们对评审流程和项目要求的理解也会更加到位。这样可以节省评审人员的培训成本,也有利于评审工作更加高效的开展。

3.2 评审的具体内容

船舶设计分为详细设计和生产设计两方面。详细设计侧重于船舶各项基本性能,主要解决“造什么样的船”的问题,而生产设计则是结合船厂自身设施设备条件,将造船流程的各项工作要求落实到船体、舾装和涂装的具体设计图纸中,使生产的组织者、作业者在拿到图纸后能清晰了解具体的施工顺序、工艺要领和作业计划。在船舶电气建造过程中,修改量最大的部分就是生产设计。因此,生产设计是船舶电气设计评审的重点内容。

船舶电气设计评审项目清单如表 1 所示。

表 1　船舶电气设计评审项目清单

评审项目	具体内容
各平台地板	从左到右、从前到后检查此平台地板上所有设备位置、上线电缆贯通位置、上线电缆托架位置及形式尺寸、落地设备底座与设备之间的连接形式(正常情况下应为螺丝连接,不应为焊接式连接)、落地设备座架安装孔距、落地设备座架与电缆贯通间距、落地设备座架与焊缝间距、主配电盘集控台等大型设备地面电缆贯通开孔位置、大型落地设备座架加强、小型落地设备座架加强、到各传感器压力开关的电机电缆路径、地面电缆防机械损伤、在没有影响的情况下将落地设备底座的工序前移到分段部施工
各平台墙壁	从左到右、从前到后检查此平台墙壁上所有设备位置、所有设备附近电缆托架(扁钢)位置和形式及安装尺寸、所有电缆贯通与电缆托架间距和高度、壁式设备座架高度、壁式座架安装孔距、壁式座架与座架后面电缆托架间距(保证大规格电缆弯曲半径)、壁式座架与下方电缆托架间距
各平台天棚	从左到右、从前到后检查此平台天棚上所有电缆托架(扁钢)设计情况、所有电缆贯通与电缆托架间距和高度落差、天棚电缆托架与墙壁电缆托架间距和落差、主电缆托架与分支电缆托架之间的衔接(分支电缆托架扁钢至少要延伸到主电缆托架上方 1/2 处)、电缆托架悬崖式落差、电缆托架与管支架相碰、电缆托架与船体结构相碰、电缆托架支腿加强、扁钢位置、电缆吊架形式的选用
灯具布置	应急照明和正常照明灯具布置(梯口和门口附近、应急逃生通道门口附近、救生设备附近、救生艇操作说明附近、应急设备附近的灯为应急灯)、灯具与其他结构如管子及其他设备相碰、灯具高度、灯支架颤动、灯具数量。所有强光灯位置必须方便操作且方便后期维护
各单元	每个单元(地板架单元、净油机单元等)上的所有电气焊接件都要与单元一体化

表 1(续)

评审项目	具体内容
从天棚到地板的电缆托架和设备座架	从天棚到地板的电缆托架和设备座架,要在地板以上 1.5~2 m 之间断开,地板以上 1.5~2 m 在合拢后施工,其他部分由分段部施工
火警探测系统	火警探测器位置离通风口要大于 1 m,火警探测器高度、火警探测器之间的距离不能超过 11 m,火警探测器距离墙壁不能大于 5.5 m,壁式火警探测器距离墙壁不能小于 500 mm。还应评审火警探测器底座、火警按钮位置等
水雾灭火系统	感光探测器与感烟探测器间距 500~600 mm(感光探测器、感烟探测器要安装在水雾喷淋上方)、水雾灭火声光报警位置、水雾灭火释放按钮位置
内部通信系统	扬声器位置、扬声器数量、驾驶室两翼扩音对讲位置
机舱报警灯柱	机舱报警灯柱数量、机舱报警灯柱位置
遥控按钮	各系统油水泵风机遥控按钮位置,应方便操作
居住区各房间内装	开关、插座位置及高度、冰箱插座高度、子母钟位置、驾驶室内梯道应急灯布置、延伸报警板位置、厨房设备布置、餐厅电话位置、烘干间电暖气位置
驾驶室	前仪表板底座、三面舵角底座设计成高度可调节式,罗经表面要高于驾驶室窗框下且沿高于室外栏杆
雷达桅、信号桅、前桅、艉灯柱	雷达波导管支架位置、雷达桅各设备电缆支架形式、风向风速仪安装高度(不能被其他设备遮挡)、航行灯挡光板、雷达桅电缆贯通形式、C 站天线接地柱、雾笛接地情况、雷达桅灯接线盒位置、每个信号灯接线盒位置、信号灯电缆支架腿高度和位置
罗经平台	所有天线底座接线盒位置(要朝向罗经平台里面)、每根天线电缆出 MCT 框口附近的电缆支架位置、每个天线接地柱、鹅颈管高度、高压警示牌底座
大型壁式座架	大型壁式座架要选用 5A 或 5B 形式,防止设备座架变形
电气焊接件和设备占用通道	一般情况下,所有设备、电气焊接件不能占用正常通道,要保留 600 mm 间距;并且也要保证当设备门打开时,不能阻碍通道
露天甲板电缆贯通	露天甲板电缆贯通的高度,要高于 300 mm,防止电缆受机械损伤
接地柱	各专业设计的设备底座都要有接地柱,且接地柱位置要与设备接地点相对应

3.3 评审结果的落实与反馈

设计团队在收到评审意见后,应对评审意见中提出的问题及措施建议进行深入分析和研究,找出问题的根源和关键因素,并根据具体情况制定相应的改进措施。这些改进措施应当具体明确,包含修改设计图纸、调整设备安装位置、加强设备支撑结构等。随后,设计团队应组织落实这些改进措施,明确责任人、时间节点与执行步骤,确保每一项建议都得到了有效的处理和解决。为此,可以建立相应的跟踪和监督机制,定期对改进措施的落实情况进行检查和评估。对复杂疑难的部分,评审团队可以要求设计团队在修改后再次提交审查,以确保关键环节不出差错。

4 结语

本文从实际操作的角度出发,探讨了在船舶电气建造施工背景下,设计评审的必要性与可行性,并给出了设计评审团队的组成方案以及评审过程中需要重点关注的事项,这为实践中船舶电气设计评审环节的设置提供了参考与指南。放宽视野来看,船舶电气设计评审并不只是为解决设计阶段出现的问题,更是为后续的施工阶段提供便利,避免非必要支出,起到降本增效的作用。在急剧变化的现代化、数字化的造船背景下,我们有必要摒弃传统的形式化的评审方式,采取科学的管理方法,围绕实际建造过程中总结出的宝贵经验,构建出多个维度互相配合的解决方案,最终形成完善的"设计—评审—再设计—建造"的一体化生产流程。船舶电气设计评审仅是现代化船舶制造过程中的一个环节,如何实现更高效的船舶制造,还需更多的经验积累和进行更细致的后果检视。为此,我们仍有很长的路要走。

参考文献

[1] 马玉杰,赵宏建,王樱霖. 关于改进提高设计评审有效性的思考[J]. 航空标准化与质量,2023(S1):146-148.

[2] 周嘉俊. 船舶电气生产设计流程及细节问题研究[J]. 山东工业技术,2018(21):45.

[3] 李月恩,古今,高志洁,等. 基于高频评审的产品创新设计驱动模型研究[J]. 设计,2022,35(22):130-133.

[4] 王露. 船舶电气生产设计要点及细节问题浅析[J]. 船舶物资与市场,2019(8):19-20.

[5] 刘智远. 船舶电气生产设计流程及细节问题[J]. 船舶物资与市场,2021(3):13-14.

[6] 何海华,张济,张兆德. 我国船舶设计与建造技术的现状与未来趋势[J]. 中国水运,2023(9):16-18.

[7] 孔毅. 新时代下的工业设计新思潮[J]. 设计,2016(13):78-79.

精益生产与数字化技术在现代船舶建造中的融合

江玉洁　卢　林　金鹏程　韩　光　历　侠　倪　凡

（大连船舶重工集团有限公司）

摘　要：现代船舶建造提高生产效率和降低成本一直是船舶建造行业的重要课题。本文探讨了精益生产与数字化技术在现代船舶建造中的融合应用，旨在通过系统化的方法提高船舶建造的质量和效率。首先介绍了精益生产的核心理念，包括持续改进、消除浪费和增强价值创造。其次分析了数字化技术，如三维（3D）建模、虚拟现实（VR）、增材制造（3D打印）、物联网（IoT）和人工智能（AI）在船舶设计、制造和管理中的应用。通过研究，本文展示了精益生产与数字化技术如何协同工作来优化船舶建造流程，减少资源浪费，并提高生产灵活性。最后提出了实施精益生产和数字化技术融合的策略和建议，为船舶建造行业提供了一种新的发展方向。

关键词：精益生产；数字化技术；船舶建造；效率提升；成本控制

1　引言

随着生产的快速发展，现代船舶建造行业迫切需要推进精益生产（LP）。精益生产作为一种高效的生产管理方法，通过持续改进流程来消除浪费，提高生产价值。而数字化技术的引入，为精益生产提供了新的工具和平台，使得船舶建造过程更加智能化、自动化。

本文旨在探讨精益生产与数字化技术在船舶建造中的融合应用。引入精益生产理念，能使船舶建造过程中的每一个环节都被优化，从而实现资源的最大化利用和成本的有效控制；而数字化技术，包括三维建模、虚拟现实、增材制造、物联网和人工智能等，能够为船舶设计、制造和管理提供前沿和全新的解决方案，极大地提高生产效率和产品质量。

本文将通过分析精益生产与数字化技术在船舶建造中的融合实践，探讨如何通过这两种方法的结合，实现船舶建造流程的优化，减少资源浪费，并提高生产灵活性。此外，本文还将提出具体的实施策略和建议，以期为船舶建造行业的可持续发展提供参考。

1.1　船舶建造行业的背景和挑战

随着全球化贸易的不断增长，船舶建造行业面临着诸多挑战，包括激烈的国内和国际竞争、日益严格的环保法规，以及对高效能源利用和成本控制的不断追求。船舶建造是一个资本密集型、技术密集型的行业，其生产过程复杂，涉及大量的人力、物力，建造周期较长。因此，提高生产效率、降低成本、缩短建造周期、提升产品质量成为行业发展的关键。

1.2　精益生产和数字化技术的概念

精益生产是起源于20世纪50年代的日本丰田的生产方式，核心在于消除生产过程中的一切浪费，通过持续改进流程来提高效率，实现价值最大化。精益生产强调流程优化、减少库存、提高生产灵活性和响应速度。

与此同时，数字化技术的发展为精益生产提供了新的工具和方法。数字化技术正在逐步改变传统的船舶设计和建造方式，使得生产过程更加智能化、自动化。

1.3 研究精益生产和数字化技术融合的必要性和目的

研究的必要性在于，尽管精益生产和数字化技术在其他制造业领域已有广泛应用，但在船舶建造这一特定行业中，如何结合这两种方法以实现最佳效果，仍然是一个值得深入探讨的问题。研究的目的是通过理论分析和案例研究，提出一套适用于船舶建造行业的精益生产与数字化技术融合策略，以期为行业和大连船舶重工集团有限公司简称大船集团发展提供可行的改进方案。

2 精益生产理论基础

2.1 精益生产的起源和发展

精益生产的概念起源于日本，彼时这种生产方式的关键在于减少浪费、提高效率，并通过持续改进流程来追求完美。随着时间的推移，这种生产方式逐渐被总结成一套完整的管理哲学，即精益生产。

精益生产的发展经历了几个阶段。最初，它主要被应用于汽车制造业，但随着其理念的传播和实践的成功，精益生产开始为其他制造业领域所采纳。其应用于造船业，即可称为精益造船模式（lean shipbuilding system）。

2.2 精益生产的核心原则

精益生产的核心原则可以概括为以下几个方面：

①消除浪费：识别并消除生产过程中的一切非增值活动，如过度生产、等待时间长、不必要的运输、过程中的缺陷、过多的库存等。

②持续改进：鼓励员工不断寻求改进的机会，通过“小步快跑”的方式实现持续的改进。

③流程优化：重新设计工作流程，以减少不必要的步骤，提高流程效率。

④拉动式生产：根据客户需求来安排生产，避免过度生产和库存积压。

⑤标准化作业：建立标准化的工作流程和作业指导，确保质量和效率的一致性。

⑥团队工作：鼓励团队合作，通过跨职能团队解决复杂问题。

这些原则共同构成了精益生产的基础，旨在通过系统化的管理，实现资源的最优化利用和生产效率的最大化。

精益生产不仅是一种生产管理方法，更是一种可以跨行业应用的管理哲学，能够帮助组织提高效率、降低成本，并最终提升竞争力。

3 数字化技术在船舶建造中的应用

3.1 船舶数字化技术概述

数字化技术是指利用计算机和网络技术对信息进行创建、存储、处理和传输的一系列技术。这些技术在船舶建造行业中的应用不仅改变了传统的设计和生产流程，还为提高效率、降低成本和提升产品质量提供了新的途径。数字化技术在船舶设计、制造和管理中的集成应用，标志着船舶建造行业向智能化和自动化的转变。

3.2 三维建模技术与虚拟现实技术在船舶设计中的应用

三维建模技术在船舶设计领域中的应用标志着设计工作从传统的二维图纸向数字化、可视化的转变。大船集团设计研究院有限公司通过采用先进的三维建模软件，能够在计算机中构建出逼真的船舶模型。

在设计过程中，对三维模型可以轻松地进行修改和优化。设计团队可以实时地评估设计变更对船舶性能和建造成本的影响，从而做出更加合理的决策。此外，三维模型的轻量化版本可以方便地在不同的生产和管理部门之间进行传递和评审，确保了信息的一致性和实时性。

轻量化模型的使用特别适用于大型船舶项目。借助轻量化模型,项目团队能够快速识别和解决设计中的潜在问题,减少了在建造过程中的返工和延误,从而节约了成本和时间。

虚拟现实(VR)技术的引入为船舶设计带来了革命性的改变。虚拟现实技术通过创建沉浸式的三维环境,允许设计师、建造师和船东"走进"船舶的三维模型中,直观地体验船舶的内部空间和功能布局。这种体验超越了传统的二维或三维图像,提供了更加直观和真实的感受。

在虚拟现实环境中,设计师可以测试不同的设计方案,评估空间布局的合理性,以及检查设备和结构的兼容性。船东也可以在设计阶段提供反馈意见,确保最终的船舶设计能够满足其需求和预期。这种互动性的设计过程不仅能够提高设计的质量,还能提升客户的参与度和满意度。

此外,虚拟现实技术还可用于培训和教育。新员工可以通过虚拟现实体验快速了解船舶的结构和系统,而设计团队则可以通过虚拟现实进行协作和交流,共同解决设计难题。随着技术的进步,虚拟现实技术在船舶设计中的应用将越来越广泛,为船舶建造行业带来更高的效率和更好的设计成果。

3.3 增材制造技术在船舶建造过程中的应用

增材制造,广泛称为3D打印,正在船舶制造领域引起一场革命。这项技术通过逐层添加材料的方式,使得复杂设计的实现变得快速、灵活且成本效益高。在船舶建造过程中,3D打印技术的应用主要体现在以下几个方面:

首先,3D打印技术在快速原型制造方面具有显著优势。设计师和工程师可以利用3D打印技术快速制作出新设计概念的实体模型,这不仅加快了设计验证过程,还降低了与设计相关的风险。借助原型,项目团队能够在早期阶段发现潜在的设计缺陷和制造问题,从而在实际生产之前进行必要的调整。

其次,3D打印技术在生产复杂零部件方面展现出巨大潜力。传统制造方法在生产具有复杂几何形状的部件时可能会面临成本高昂、加工难度大等问题。而通过3D打印技术能够轻松制造出这些复杂的零部件,不须复杂的工具或模具,大大减少了生产成本和时间。

此外,3D打印技术还提高了生产灵活性。在船舶建造过程中,经常需要根据客户需求或特定情况对设计进行调整。3D打印技术能够快速响应这些变化,实现按需生产,无论是单个部件生产还是小批量生产,都能够迅速满足客户需求。

在成本控制方面,3D打印技术同样具有优势。对于小批量生产或定制化部件,3D打印技术可以减少材料浪费,降低生产成本。这种成本效益在船舶维修和改造领域中尤为明显,可以快速生产出替换部件,缩短船舶的停机时间。

然而,3D打印技术在船舶建造中的应用也面临着一些挑战。例如,材料性能和耐久性是关键考虑因素,必须确保3D打印部件能够满足船舶建造的严格要求。此外,对于大型船舶部件,3D打印机的尺寸和生产速度可能成为限制因素。

未来,随着3D打印技术的进步,包括打印速度的加快、打印尺寸的扩大以及新材料的开发,其在船舶制造中的应用将更加广泛。这不仅会改变船舶部件的生产方式,还将推动整个船舶设计和建造流程的创新。

3.4 物联网在船舶管理中的应用

物联网技术在船舶管理中的应用代表了工业自动化和智能化的新前沿。物联网技术通过将传感器、设备和机器连接到互联网,实现了对船舶建造和管理过程的全面监控和控制,极大地提高了生产效率和产品质量。

首先,物联网技术在监控生产环境方面发挥着重要作用。通过在船舶建造的关键区域部署传感器,可以实时收集和分析各种环境参数,如舱室温度、湿度和压力。这些数据对于确保焊接、涂装和其他敏感工艺在最佳条件下进行至关重要,有助于维持产品质量和生产效率。

其次,物联网技术在追踪船舶部件的库存和物流信息方面具有显著优势。通过使用射频识别技术(RFID)标签、条形码或二维码,每个部件的流动都可以被精确追踪,从而实现对库存水平的实时监控和需求预测。这不仅能减少库存成本,还能提高对供应链中断的响应速度和适应性。

此外,物联网技术还能够优化生产计划和调度。通过收集和分析生产过程中的数据,管理人员可以更好地理解生产瓶颈和效率问题,从而做出更加明智的决策。这种数据驱动的方法有助于提高生产线的透明度,实现更加精益和灵活的生产管理。

在船舶维护和管理方面,物联网技术同样展现出巨大潜力。通过在船舶的关键部件上安装传感器,可以实时监测船舶的运行状态,预测潜在的故障和维护需求。这种预测性维护不仅缩短了意外停机时间,还延长了船舶的使用寿命。

然而,物联网技术的应用也面临着一些挑战。数据安全和隐私保护是主要关注点,因为连接到互联网的设备可能面临黑客攻击和数据泄露的风险。此外,物联网设备的集成和管理需要高度的技术支持和专业知识。

未来,随着物联网技术的不断发展和成熟,其在船舶管理中的应用将更加广泛和深入。通过集成更先进的分析工具和人工智能算法,物联网技术将能提供更加深入的洞察和自动化的决策支持,推动船舶建造和管理行业的创新和发展。

3.5 人工智能技术在船舶建造中的应用

人工智能技术在船舶建造行业中的应用正逐渐展开,预示着未来生产方式的重大变革。人工智能技术通过其强大的数据处理能力和模式识别功能,在船舶设计、制造、维护和管理等多个方面展现出巨大潜力。

首先,在船舶设计阶段,人工智能可以分析大量的历史数据和设计参数,为设计师提供最优设计方案。通过机器学习和深度学习算法,人工智能能够识别出影响船舶性能的关键因素,并预测不同设计选择对船舶速度、稳定性和载重能力的影响。这不仅提高了设计效率,还确保了设计的最优化。

其次,在船舶制造过程中,人工智能驱动的机器人和自动化系统可以执行精确的焊接、切割和装配任务。这些智能系统能够减少人为错误,提高生产效率和产品质量。同时,人工智能还能够通过预测性维护来优化生产计划,通过分析设备数据来预测潜在故障,从而缩短停机时间。

在船舶维护方面,人工智能可以通过分析船舶运行数据来预测维护需求,实现从传统的周期性维护向基于条件的维护转变。这有助于降低维护成本,延长船舶使用寿命。

此外,人工智能在供应链管理中的作用也日益显著。通过分析市场需求、库存水平和物流信息,人工智能可以优化库存管理,减少库存积压,提高供应链的响应速度和灵活性。

然而,人工智能技术在船舶建造中的应用也面临着一些挑战。人工智能技术的实施需要大量的前期投资,包括硬件设备、软件开发和员工培训。数据安全和隐私保护也是重要考虑因素,尤其在涉及敏感商业信息时。此外,人工智能技术的快速发展要求企业不断更新知识和技能,以适应不断变化的技术环境。

3.6 数字化技术的集成应用

数字化技术的集成应用在船舶建造行业中正逐渐成为推动创新和提高竞争力的关键因素。通过将多种前沿技术融合到一个协同的系统中,数字化转型为行业带来了深远的影响。

三维建模技术、增材制造技术、物联网技术和人工智能技术的集成不仅优化了船舶建造的各个环节,还为行业的可持续发展提供了坚实的技术支持。通过提高生产效率、减少浪费、降低环境影响,数字化技术的应用有助于船舶建造行业实现其长期的环保和经济目标。

3.7 面临的挑战与未来展望

当前数字化技术在船舶建造行业中的应用虽然展现出巨大潜力,但也存在一些挑战需要应对。首先,技术的高成本要求企业进行大量的前期投资。其次,专业人才的缺乏也是一个普遍问题,因为数字化技术的应用需要具备相应技能和知识的人才来操作和维护。此外,随着大量数据的生成和使用,数据安全和保密问题也变得尤为重要,需要企业制定健全的数据管理和安全规定来应对潜在的风险。

为了应对这些挑战,大船集团需要制定明智的战略,加大对数字化技术的投入,包括人才培养和技术研发。例如,通过与教育机构合作,培养具备未来所需技能的专业人才。同时,还需要投资数据管理和安全技术,确保数据的安全性和合规性。

展望未来,随着技术的不断进步和成本的降低,数字化技术在船舶建造行业中的应用将更加广泛。这将推动行业的创新,提高生产效率和产品质量,同时促进环境的可持续发展。通过积极拥抱数字化转型,持续进行技术创新和流程优化,船舶建造行业可以更好地适应市场变化,提供更高质量的产品和服务,满足客户需求,并在全球竞争中保持领先地位。

4 精益生产与数字化技术的融合

4.1 融合的理论基础

精益生产与数字化技术的融合是基于两者共同的目标:提高效率、降低成本、提高质量。精益生产的目标在于通过消除浪费来改进生产流程,而数字化技术则提供了实现这一目标的工具和平台。融合的理论基础可以从以下几个方面进行阐述:

(1)系统性思维:将精益生产和数字化技术视为一个整体系统,每个组成部分都对整个系统的效率和效果产生影响。

(2)流程优化:精益生产强调流程的持续优化,而数字化技术则提供了数据分析和流程模拟的工具,有助于更精确地识别和消除流程中的瓶颈。

(3)数据驱动:数字化技术的核心优势在于数据的收集和分析,这与精益生产中基于数据做决策的原则相契合。

(4)持续改进:精益生产中的持续改进理念与数字化技术提供的实时反馈和监控能力相结合,可以实现更快速的循环改进。

4.2 融合的优势与面临的挑战

4.2.1 优势

融合精益生产与数字化技术可以带来多方面的优势:

(1)效率提升:通过优化流程和减少浪费,提高生产效率。

(2)成本控制:减少非增值活动和资源浪费,有效控制成本。

(3)质量保证:通过精确的数据分析和流程控制,提高产品质量。

(4)灵活性增强:数字化技术提高了生产过程的可调整性和响应市场变化的能力。

(5)创新促进:结合精益生产和数字化技术,激发新的生产方式和商业模式的创新。

4.2.2 面临的挑战

当然,融合也面临着挑战:

(1)技术整合:不同的技术和系统可能存在兼容性问题,需要解决技术整合的难题。

(2)改变现有管理:改变现有的工作流程和习惯并非易事,需要有效地变革管理策略。

(3)投资成本:引入新的技术和设备需要大量的前期投资。

(4)人才短缺:缺乏既懂精益生产又懂数字化技术的人才。

(5)数据安全与保密:在数字化转型过程中,需要确保数据的安全和合规性,防止泄露公司机密。

由上可见,精益生产与数字化技术的融合为船舶建造行业带来了巨大的潜力和机遇,同时也面临着很多挑战。

5 案例研究

5.1 上海外高桥造船有限公司精益生产与数字化技术的融合实践

上海外高桥造船有限公司(以下简称“公司”)的融合实践主要体现在以下几个方面:

(1)智能制造战略

公司以数字化、网络化、智能化技术深化应用为主线,制定了智能制造的“三步走”策略,包括试点推进、协同跨越和全面建成阶段，以实现企业智能化转型。

(2)数字化设计

公司推进基于模型、知识驱动的智能化设计，以实现设计数据、模型全流程贯通，提升设计质量与效率。

(3)生产过程智能化管控

公司建立了广泛互联、实时感知、精准执行的生产过程综合智能化管控体系，以实现制造过程数字化和实时智能管控。

(4)工业互联网平台

公司发展工业互联网平台，以支撑智能制造的全面开展，服务于公司整体的内部工业和外部供应系统，提升产业链协同效率。

5.2 评估融合效果和影响

通过实施精益生产与数字化技术的融合策略公司取得了以下显著效果：

(1)生产效率提升

通过智能制造和数字化转型，公司显著提升了生产效率和产品质量。例如，在智能制造的试点推进阶段(2018—2020 年)，公司实现了焊接自动化率的稳步提升。

(2)成本降低

智能化管控和优化的生产流程降低了生产成本，提高了资源利用率。

(3)市场响应速度加快

数字化技术的应用提高了公司对市场变化的响应速度。公司通过实时数据采集和车间施工计划自动排程，能够更快地调整生产计划以满足客户需求。

(4)创新能力增强

融合策略激发了员工的创新思维，促进了对新技术和新工艺的开发。

(5)环境影响降低

通过优化工艺流程和提高资源利用率，减少了能源消耗和废弃物的产生。

然而，融合实践也遇到了一些挑战，如技术整合的复杂性、员工对新流程的适应及数据安全。为了应对这些挑战，公司采取了一系列措施，包括加强技术培训、优化变革管理流程、制定严格的数据安全管理规定。

通过对该案例的研究，我们可以看到精益生产与数字化技术融合在船舶建造行业的实际应用效果，以及这种融合对提升企业竞争力的重要作用。这一案例为其他船舶建造企业提供了宝贵的经验和启示。

6 大船集团融合策略与建议

6.1 精益生产与数字化技术融合的实施策略

6.1.1 制订全面的战略规划

精益生产与数字化技术融合的实施首先需要制订一个全面的战略规划，这要求企业高层明确融合的长期目标和短期目标，以及如何量化这些目标。预期成果可能包括生产周期的缩短、成本的降低、产品质量的提升等。评估标准则需要基于关键绩效指标(KPI)来设定，如生产效率、库存周转率、一次通过率等。识别关键的生产流程意味着要对现有的生产系统进行全面审查，找出瓶颈和改进点。技术升级的优先级应基于这些审查结果来确定，同时需要考虑技术成熟度、成本效益和实施难度。具体行动计划应包括时间表制定、责任分配、预算安排和风险管理。

6.1.2 强化组织文化和领导力

成功的技术融合不仅需要硬件和软件的支持，还需要强大的组织文化和领导力。组织文化的转变应以数据为中心，鼓励基于事实和数据的决策。持续改进和创新应成为企业文化的一部分，应鼓励员工提出改进建议并参与实施。领导层需要展示对变革的信心，通过领导力推动整个组织的转型。组织文化和领导力的强化涉及领导力培训、变革管理策略和沟通计划的制定。

6.1.3 投资关键技术

企业应识别和投资能够显著提升效率的关键技术。云计算可以提供灵活的数据存储和计算能力;大数据分析技术可以帮助企业从海量数据中提取有价值的信息;物联网技术可以实现对设备的智能监控和控制;人工智能技术可以自动化实现复杂的决策过程;增材制造技术可以提供生产复杂部件的新方法。对这些技术的投资应与企业的战略规划相一致,并考虑技术的兼容性和集成性。

6.1.4 优化和标准化流程

精益生产的原则应指导生产流程的优化,这包括识别并消除浪费、简化流程、提高生产灵活性和响应速度。标准化流程是确保效率和质量的关键,它可以帮助减少变异和错误。标准化流程还有助于新技术的推广和员工的培训。企业应制作详细的操作手册和流程图,确保每个员工都能遵循最佳实践流程。

6.1.5 建立数据驱动的决策机制

数据驱动的决策机制要求企业建立强大的数据分析能力,这包括数据的收集、存储、分析和可视化。实时监控系统可以提供对生产过程的即时反馈,帮助管理层快速响应问题。数据分析可以用于预测性维护、质量控制和市场需求预测。企业应投资数据分析工具的研发和数据分析师的培训。

6.1.6 培养人才和技能发展

技术的融合需要员工的支持和参与。企业应提供培训和制订发展计划,帮助员工掌握新的技术和工具。这可能包括内部培训、外部研讨会、在线课程等。跨专业和部门的学习和工作可以促进知识共享和创新。此外,企业还应考虑与教育机构合作,吸引和培养未来的人才。

6.1.7 实施试点项目和逐步推广应用

实施试点项目是验证新技术和流程的有效方法。在小范围内实施试点项目可以降低风险,并提供宝贵的经验。试点项目应明确目标、范围和评估方法。根据试点项目的结果,企业可以调整和优化方案,然后逐步推广应用,扩大应用范围。这要求企业有灵活的项目管理能力和变革管理策略。

通过这些策略的实施,企业可以确保精益生产与数字化技术的融合不仅能够提高生产效率和产品质量,还能够增强企业的市场竞争力和应对未来挑战的能力。这需要企业有清晰的愿景、坚定的决心和持续的努力。随着技术的不断发展和市场环境的变化,企业还需要持续评估和调整其策略,确保与时代同步。

6.2 针对大船集团的具体实施建议

6.2.1 建立精益数字化转型小组

精益数字化转型小组的建立是实现精益生产与数字化技术融合的关键。该小组由企业领导层的代表、信息技术(IT)专家、设计工程师、生产技术人员以及来自生产一线的员工组成。这个多元化的小组将确保从不同角度审视和解决问题,促进跨部门的沟通和协作。小组的职责包括制订转型计划、监督执行进度、评估效果,并将其作为内部沟通的桥梁。

6.2.2 制订数字化转型规划

数字化转型规划应详细阐述短期和长期目标,明确各阶段的关键成果和时间节点。此规划应包括技术选型、人员培训、流程优化等关键要素,并设立评估机制以监控转型进度和效果。此外,规划还应包括风险评估和应对策略,确保企业在数字化转型过程中能够灵活应对各种挑战。

6.2.3 投资关键技术及相关基础设施

对云计算、大数据分析、物联网、人工智能和增材制造等关键技术的投资是实现数字化转型的基础。这些技术不仅能提高生产效率,还能为决策提供数据支持,增强企业的适应性和创新能力。投资决策应基于深入的市场调研和技术评估,确保选择的技术与企业的长期战略相匹配。

6.2.4 推行精益生产培训计划

精益生产培训计划应涵盖精益生产原则、数字化工具使用以及新技术应用的讲解。通过培训,员工能够更好地理解精益生产与数字化技术融合的价值,提升其应用能力,促进对变革的接受和实施。培训内容应根据员工的不同需求和能力水平进行定制,确保培训效果的最大化。

6.2.5 优化供应链管理

利用数字化技术优化供应链管理,可实现对库存的实时监控和自动补货,提高供应链管理的透明度和响应速度。这有助于降低库存成本,提升客户满意度,并有助于加强与供应商的协同。供应链管理优化还应包括需求预测和风险管理,以降低供应链中断的风险。

6.2.6 实施船东参与策略

通过数字化平台收集船东反馈,将客户需求纳入产品设计和生产过程。这种参与策略有助于提高产品的市场适应性,增强客户忠诚度。船东参与策略还可以通过定制化服务来实现,为客户提供更加个性化的船舶解决方案。

6.2.7 强化数据安全

在数字化转型过程中,数据安全至关重要。企业需要制定严格的数据保护规定,采用先进的安全技术,确保企业和客户数据的安全。数据安全保障措施应包括网络安全、数据加密、访问控制和数据备份等。

6.2.8 建立持续改进机制

企业可通过建立持续改进机制,鼓励员工在日常工作中寻找改进机会。此外,企业可通过定期审查生产流程和数据指标,快速识别问题并实施解决方案,形成持续改进的文化。持续改进机制还应包括对员工的创新提案和改进建议的收集与实施。

6.2.9 加强国内、国际合作与交流

积极参与国内外合作与交流,引进先进技术和管理经验,有助于提升企业的技术水平和市场竞争力,促进创新和知识共享。合作与交流的形式可以多样,包括技术合作、联合研发、学术交流等。

6.2.10 关注环境可持续性

在精益生产和数字化转型中融入环境可持续性理念,关注环境可持续性,通过优化资源使用和减少废物排放,可提高企业的环保管理工作水平,实现绿色生产。环境可持续性还应包括对可再生能源的使用和对环境影响的评估。

通过对这些建议的实施,企业将能够实现精益生产与数字化技术的深度融合,提升运营效率,增强市场竞争力,并为可持续发展奠定坚实基础。

6.3 未来船舶建造行业发展趋势预测

随着技术的不断进步和市场需求的日益变化,精益生产与数字化技术的融合正成为推动船舶建造行业发展的关键力量,以下是对其未来发展趋势的探讨。

6.3.1 智能制造的深化

智能制造的深化是船舶建造行业未来发展的关键趋势。随着技术的不断进步,未来的船舶制造将越来越多地依赖于自动化和智能化技术,从而实现生产流程的改进和效率的显著提升。

首先,自动化设计系统将利用先进的算法和人工智能技术,根据给定的设计参数和性能要求,自动生成船舶设计图纸。这不仅减少了设计时间,还提高了设计的精确性和可靠性。自动化设计系统还可以实现个性化定制,满足客户对船舶的特定需求。

其次,机器工人将在船舶建造过程中扮演越来越重要的角色。通过编程和人工智能技术,机器工人可以执行精确的焊接、切割、装配等任务,减少人为错误,提高生产效率。同时,机器工人还可以在危险或恶劣的工作环境中工作,提高工作安全性。

自动涂装技术也将在船舶建造中得到广泛应用。自动化涂装系统可以根据船舶的形状和尺寸,自动调整涂装参数,实现均匀、高效的涂装。这不仅提高了涂装质量,还减少了涂料的浪费和环境污染。

此外,智能化物流系统将实现物料的自动化存储、检索和运输。通过物联网技术,物流系统可以实时监控物料的状态和位置,优化物料的流动路径,减少物流成本和时间。

总之,智能制造的深化将为船舶建造行业带来革命性的变化。通过集成更多自动化和智能化技术,未来的船舶建造将实现更高的生产效率、更优的产品质量、更低的人力成本和更少的人为错误。这将推动船舶建造行业的持续发展和创新。

6.3.2 大数据分析和人工智能技术的应用

大数据分析和人工智能技术在船舶建造行业中的应用正迅速扩展,为行业变革带来深远的影响这些技术的应用不再局限于基础数据分析,而是向着构建复杂的预测模型和自适应控制系统方向发展。

通过收集和分析大量的生产数据,企业能够更深入地理解生产过程中的各种模式和趋势。深度学习算法的应用使得机器能够从数据中学习并做出智能决策,从而实现对船舶生产过程的实时优化。例如,人工智能可以预测设备的最佳维护时间,缩短意外停机时间,提高生产效率。

此外,人工智能还能够进行故障预测。通过对历史故障数据的分析,人工智能可以识别出故障发生的前兆,提前采取措施防止故障发生,从而降低维修成本和提高船舶的可靠性。

随着技术的进步,大数据分析和人工智能的集成应用将更加广泛,它们将帮助船舶建造企业更好地应对市场变化,提高竞争力。企业需要投资对相关技术的研发,培养专业人才,并建立数据驱动的决策机制,以充分利用大数据和人工智能技术的潜力。

6.3.3 绿色制造和可持续发展

环境可持续性将成为设计和生产过程的重要考量因素。未来的研究将集中在如何通过精益生产减少资源消耗和废物产生,以及如何利用可再生能源和环保材料。

综上所述,未来的发展趋势和研究方向将集中在深化智能制造、大数据分析和人工智能技的应用、绿色制造和可持续发展等方面。在这些方面发力,可以确保大船集团在未来的市场竞争中保持领先地位,从而可为行业持续发展做出贡献。

7 结论

本文研究为船舶建造行业提供了精益生产与数字化技术融合的新视角,并对企业如何实施这一融合提供了策略和建议。大船集团应用这些策略和建议,并通过不断的技术创新和改进,将能够在激烈的市场竞争中保持领先优势,并为船舶建造行业的可持续发展做出贡献。

参考文献

[1] CUSUMANO M A. The Japanese Automobile Industry: Technology and Management at Nissan and Toyota[M]. Cambridge, Mass.: Harvard University Press, 1991.

[2] JEFFREY K L, LAMB T. What is lean ship construction and repair[J]. Journal of Ship Production, 2002.

基于实动工时的分段阶段舾装工时测算研究

田世硕　张向方　刘　畅　宋立福　何文举　鲍金海　刘　亮

（大连船舶重工集团有限公司）

摘　要：鉴于目前日趋严峻的船舶建造行业用工现状，考虑到生产效率提升的需求，以及要做到合理科学派工、计划制订、配员、资源配置，分段阶段舾装工时的测算工作对于船企分段阶段生产管理工作的推进和效率提升显得尤为重要。本文主要描述了一种适用于分段阶段舾装施工特点的，基于现场实动工时数据，通过科学手段建立的根据舾装物量测算舾装安装工时的测算模型。

关键词：生产效率提升；分段建造；分段预舾装；工时测算

工时的测算工作目前是船舶建造行业分段建造计划体系的关键[1]。通过分段阶段的施工工时测算工作，可以在前期测算分段施工工时，进而帮助车间进行计划排产、科学派工、资源分配、加班赶工计划制订等决策，将施工单位的施工工法自然地导向更优解[2]。这也为后续精细化派工、设计托盘细化工作奠定了理论以及数据基础。目前分段阶段的结构施工已经有了较为成熟的工时测算方案，但是各船厂在用的舾装定额工时或工时测算体系均年代较为久远。其中采用的标准工时基数多以总装、合拢甚至水下舾装阶段施工为基准确定[3]，而针对分段阶段仅给出了较低的难度系数[4]。由于制定的标准工时基数往往多年未更新，已经逐渐无法满足近年来不断推进、优化，预舾装率不断提高的分段阶段舾装施工的需求，所以结合目前分段建造工法，以合理的现场实动工时大数据为基础研究新的分段阶段舾装施工专用的工时测算体系显得尤为重要。

1　分段阶段安装舾装件的特点

随着工序前移的不断推进，分段阶段的预舾装率不断提高，部分船型的预舾装率可以达到70%～80%。安装舾装件的工时占分段阶段整体建造工时的比例也大幅提高，对舾装件已经无法按照旧有的分段成型后统一突击的方式进行安装。为避免舾装作业将分段建造周期拉长，舾装件与分段结构的穿插作业为目前分段舾装作业的主流。

目前分段阶段的结构建造主要分为小组立—中组立—大组立或小组立—板片—中组立—大组立这样3～4个阶段（图1）。舾装件也按照分段组立阶段划分为小组、大组立托盘，某些大型船厂目前也在推进舾装中组立托盘的细化工作。

相较于总组、合拢时以及水下的较为单一、封闭的安装环境，分段阶段舾装件的安装条件更灵活，作业环境大多为较开放环境。大部分舾装件在策划得当、生产准备情况良好的情况下都有机会在平面阶段安装，但由于受各种因素的影响，舾装件往往错失在平面阶段安装的机会，导致其安装工时上下限差距较大。

不同区域、类型的分段其结构特点也往往不同。这些结构特点通过影响分段成型后作业空间、作业面复杂情况等，决定着舾装件安装工时的多寡。施工各项因素造成的施工方法、难度等的不确定性，导致测算工时工作完成困难。

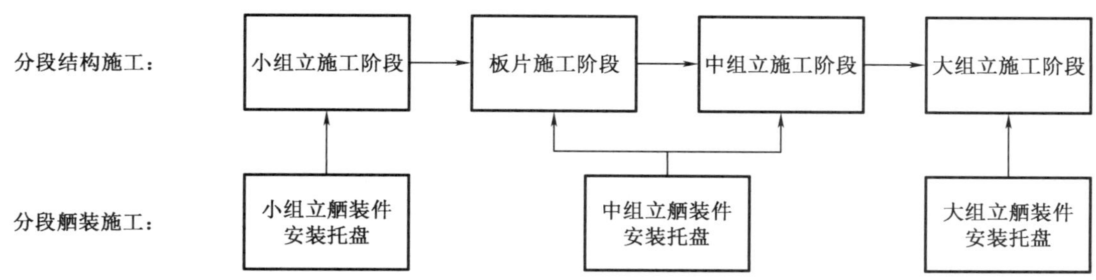

图1　分段阶段安装舾装件示意图

2　工时测算思路

首先，为解决工时测算的不确定性问题，将舾装工程分算、舾装施工工时现场测定、舾装件定额历史数据三者相结合，形成舾装件优劣状态和施工理论工时两类数据，即将分段施工的安装状态定为舾装件均在平面阶段安装和舾装件均在分段成型后安装的上下限状态，最终的合理实动工时应在测算的上下限工时之间。

其次，研究并确定理论工时与实动工时之间的逻辑关系，引进生产状态标准系数，用于科学评估舾装施工状态[5-6]。

通过分析舾装件施工特性，将分段阶段安装的舾装件进行分类，并统计测算其基础工时基数，形成各船型通用的工时基础数据库。此外，有效采集现场实动工时，以实动工时为验证，形成船舶各典型区域舾装实动工时大数据。

综上所述，确定分段预计舾装工时，通过不断的修正，使其接近最真实现场定额。

具体测算思路流程为：首先获取分段舾装件的基础数据，根据其中舾装件的特性因素与工时基础数据库相匹配，通过工程分解，进而得出整段的测算工时。其次通过大量的现场实动工时与测算方案进行比对修正，调整工时基数以及各影响因素。最后使测算方案与现场的合理实动工时相拟合(图2)。

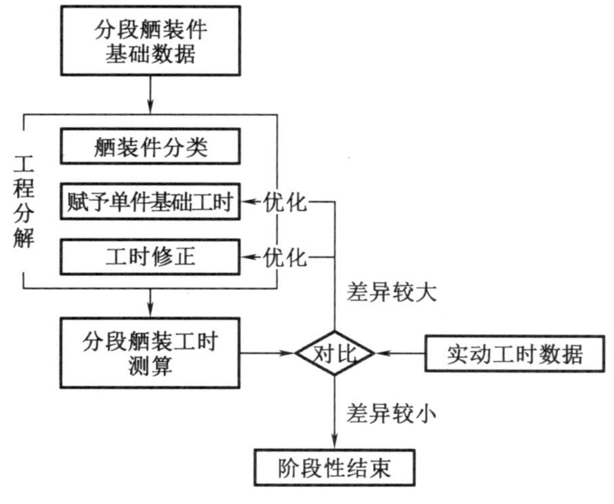

图2　工时测算思路

3　工时测算方案的建立

3.1　工时测算模型的建立

在结构方面，施工构件的数量对于整段施工的实动工时的影响不大。构件的自身特性——质量和焊接长度对实动工时的影响是占首位的，所以目前结构施工工时的主要测算模型为：将分段阶段的工时参数整体归纳进质量和焊接长度，进而测算出工时，具体如下：

$$A=ST\times M$$

式中 A——分段总工时；

ST——标准分段每施工单位物量所需要消耗的工时，即分段施工的难度系数，ST 值与分段类型有关，能够反映出一个分段的施工难度；

M——分段施工物量即焊接长度，该数值在分段建模结束便可以计算出。

在施工过程中，舾装件的自身特性较为清晰，舾装件且工时影响因素较为明确。由于单件舾装件施工工时通常较短，颗粒度较为清晰，所以测算方案的思路为：赋予每个独立安装的舾装件以测算工时，再相加得出整个分段阶段的测算工时。图 3 以管子安装的工时测算为例介绍由微观至宏观的工时测算思路。

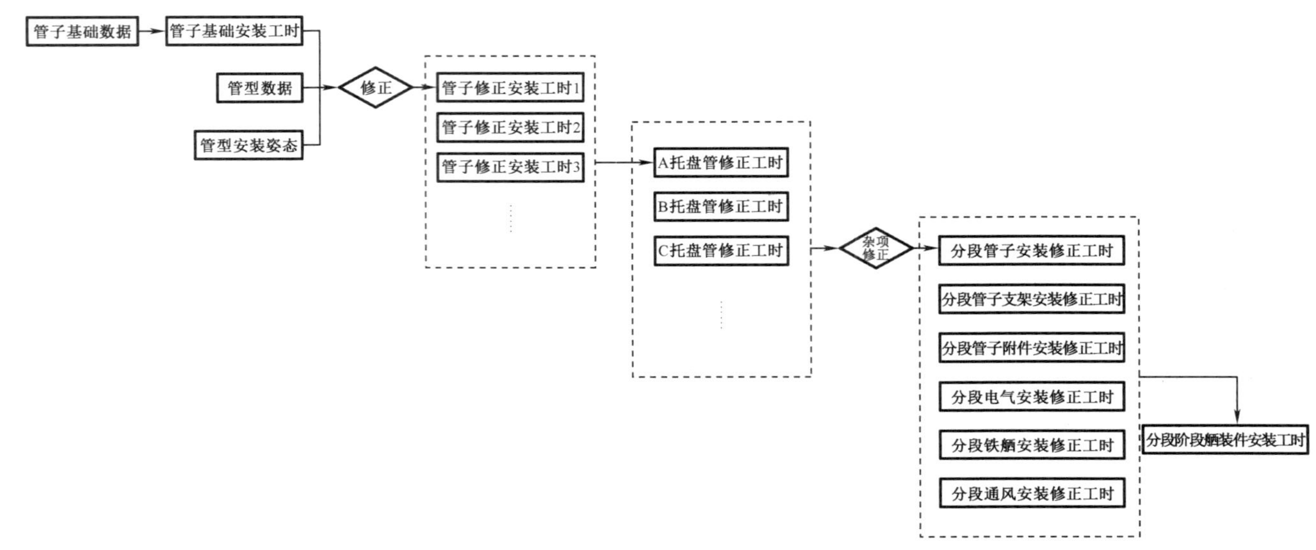

图 3 由微观至宏观的工时测算思路

在单件舾装件测算工时方面总结出具体规律为：舾装件的类别、规格和质量对于其实动工时影响是最大的，不同的类别和规格决定了不同的施工工法，不同的质量决定了相同类别和规格的舾装件的不同安装难度及占用吊车等各种资源的多寡，所以这 3 个因素为将舾装物量反映至工时的关键因素[7]。

单件舾装件的施工工时也会受到其自身的形状特性（如管子的支管数量、弯管数量等）、安装姿态（如立面、仰面等）等的影响。所以，单件舾装件安装的测算工时公式如下：

$$T_{单件}=\mathrm{ST}_1\times\mathrm{ST}_2\times A_{基础}$$

式中 $T_{单件}$——单件舾装件所需工时；

ST_1——舾装件形状修正系数；

ST_2——舾装件位置修正系数；

$A_{基础}$——根据舾装件的类型、规格、质量等因素赋予单件的舾装件基础工时。

前文提到的舾装件优劣状态和施工理论工时两类数据主要就靠 ST_2 进行区别，上限为舾装件在平面姿态下施工。ST_2 不做补偿，而舾装件分别在立、仰面姿态下施工时，分别做出不同的工时补偿，进而得出优劣状态施工测算工时的上下限。

分段舾装件安装总工时即为此分段安装的所有单件舾装件测算工时之和，然后再根据分段的复杂程度、施工环境进行整体 ST 修正。ST 修正系数来自大量分段的实动工时反馈，按照分段所处的区域进行统一修正所得，具体如下：

$$A_{总}=\mathrm{ST}\sum_{i=1}^{n}T_{单件}$$

式中 $A_{总}$——舾装安装总工时；

ST——分段施工的难度系数，代表着分段施工的难度；

$T_{单件}$——单件舾装件安装的测算工时。

3.2 舾装件基础工时数据库的建立

对舾装件首先按照不同专业(管系、通风、电气、铁舾)分别建立基础工时数据库,之后根据不同专业的舾装件特性按类别、规格、质量再次进行细分,完善各专业基础工时数据库。

3.2.1 管系专业数据库

经过大量的现场调研发现,在管子安装过程中,管子口径为耗工的主要因素中的第一影响因素,管子口径越大,安装所耗工时越长;第二影响因素为管子质量,同等口径的管子,质量越大,长度越长,安装所耗时长越长。

在口径方面,由于分段阶段安装的管子绝大多数都是用法兰连接的,且法兰的紧固所耗工时约占用管子整体安装工时的30%,这也是导致不同规格管子安装时长有差距的主要原因。所以,本文在法兰规格细分上选用了《钢制管法兰 第1部分:PN系列》(GB/T 9124.1—2019)中。

表1 法兰规格

公称尺寸 DN	连接尺寸					法兰厚度 C/mm	法兰颈	
	法兰外径 D/mm	螺栓孔中心圆直径 K/mm	螺栓孔直径 L/mm	螺栓			N/mm	r/mm
				数量 n/个	螺纹规格			
65	160	130	14	4	M12	14	94	6
80	190	150	18	4	M16	16	110	8
100	210	170	18	4	M16	16	130	8
125	240	200	18	8	M16	18	160	8
150	265	225	18	8	M16	18	182	10
200	320	280	18	8	M16	20	238	10

对于质量,依照现场的吊装习惯和难度,将其细分为25 kg及以下、25~300 kg、>300~1 000 kg、1 t以上4个等级。

综合考虑以上原则,最终管子专业数据库的具体分项情况如表2所示。

表2 管子专业数据库的具体分项情况

管径/mm	质量/kg	类型	管径/mm	质量/kg	类型	管径/mm	质量/kg	类型
10~114	≤25	小型	114~225	≤25	小型	225~355.6	25~300	中型
	>25	大型		25~300	中型		>300	大型
				>300	大型			
管径/mm	质量/kg	类型	管径/mm	质量/kg	类型	管径/mm	质量/kg	类型
>355.6~457	25~300	中型	>457~610	25~300	中型	>660~900	25~300	中型
	>300~1 000	大型		>300	大型		>300	大型
	>1 000	超大型		>1 000	超大型		>1 000	超大型

利用此数据库格式面向现场班组下发数据统计表,收集每个细分项班组的施工周期。

表 3　部分现场工时基数统计情况

管径/mm	质量/kg	类型	现场统计工时/个														
>10~114	≤25	小型	1.50	4.50	1.00	0.50	0.50	1.65	1.50	8.50	0.58	1.70	5.00	4.50	1.10		0.50	2.00
	>25	大型	1.70	9.00	1.25	0.50	0.60	3.15	1.70	9.00	1.08	1.70	5.00	9.00	1.10		0.50	2.17
>114~225	≤25	小型	1.50	5.00	1.25	1.00	0.60	3.15	1.50	9.00	1.08	1.70	5.00	9.00	1.10		0.60	2.17
	25~300	中型	1.60	9.00	1.50	1.00	0.60	3.15	1.60	9.00	1.67	1.80	6.00	9.00	1.40		0.60	3.75
	>300	大型	2.00	9.00	1.50	1.00	0.60	4.75	2.00	9.00	1.67	2.20	6.20	9.00	1.40		0.60	4.00
>225~355.6	25~300	中型	2.00	17.00	1.50	1.00	0.80	6.25	2.00	17.00	1.17	2.20	6.20		1.80		0.70	4.00
	>300	大型	2.00	17.00	1.50	1.00	0.80	6.25	2.00	17.00	1.75	2.20	6.40		1.80		0.70	4.50
>355.6~457	25~300	中型	2.40	17.00	2.00	1.00	0.90	6.50	2.40	17.00	1.25	2.60	6.80		2.40	1.00	0.80	4.50
	300-1 000	大型	2.40	18.00	2.00	1.00	0.90	9.75	2.40	18.00	1.83	2.60	6.80		2.40	1.50	0.80	8.67
	>1 000	超大型	2.40	19.00	2.00	1.00	0.90	13.50	2.40	19.00	3.00	2.60	6.80		2.40	1.50	1.00	14.67
>457~660	25~300	中型	3.00	20.00	2.00	1.50	1.60	9.75	3.00	20.00	1.33	3.20	7.60		3.00	1.00	1.00	10.67
	>300	大型	3.00	20.00	2.00	1.50	1.60	10.00	3.00	20.00	2.33	3.20	7.60		3.00	1.50	1.00	10.67
	>1 000	超大型	3.00	23.00	2.00	1.50	1.60	13.50	3.00	23.00	3.50	3.20	7.60		3.00	4.00	1.20	23.33
>660~900	25~300	中型	3.40	24.00	2.50	0.00	1.80	12.00	3.40	24.00	2.33	3.60	10.00		3.40	2.00	1.20	0.00
	>300	大型	3.40	24.00	2.50	0.00	1.80	12.00	3.40	24.00	3.83	3.60	10.00		3.40	2.67	1.20	0.00
	>1 000	超大型	3.40	28.00	2.50	0.00	1.80	12.00	3.40	28.00	4.50	3.60	10.00		3.40	4.00	1.20	0.00

通过去除极端不连续的数据,针对剩下的连续数据取平均值,最终得出初版的管子基础工时数据库(表4)。

表 4 管子基础工时数据库

管径/mm	质量/kg	类型	基础工时/个
10~114	≤25	小型	0.69
	>25	大型	0.75
>114~225	≤25	小型	0.93
	25~300	中型	1.02
	>300	大型	1.12
>225~355.6	25~300	中型	1.66
	>300	大型	1.75
>355.6~457	25~300	中型	1.88
	300~1 000	大型	2.01
	>1 000	超大型	2.16
>457~660	25~300	中型	2.18
	>300	大型	2.34
	>1 000	超大型	2.75
>660~900	25~300	中型	2.8
	>300	大型	3.07
	>1 000	超大型	3.33

3.2.2 通风专业数据库

通风专业数据库的构建与管系专业数据库类似,对圆形风管按照与管径类似的方式进行细分,对方风管按照最长边的长度进行细分,最终的方风管基础工时数据库情况如表 5 所示。

表 5 方风管基础工时数据库

单边宽度/mm	质量/kg	类别	基础工时/个	单边宽度/mm	质量/kg	类别	基础工时/个
100~350	<25	小型	1.45	1 000~1 250	25~200	中型	3.5
	25~200	中型	2.11		>200~500	大型	3.74
	>200~500	大型	2.188		>500	超大型	3.91
400~650	<25	小型	1.85	1 300~1 550	25~200	中型	4
	25~200	中型	2.73		>200~500	大型	4.24
	>200~500	大型	2.875		>500	超大型	4.24
	>500	超大型	2.9	1 600~1 850	25~200	中型	4
700~950	25~200	中型	3.2		>200~500	大型	4.5
	>200~500	大型	3.4		>500	超大型	4.53
	>500	超大型	3.5	1 900~2 000	25~200	中型	5
					>200~500	大型	5
					>500	超大型	5

3.2.3 电气、铁舾专业数据库

电气、铁舾的舾装件与管子、风管不同，其类别为影响安装所耗工时的主要因素，根据大量的调研，将电气件按照安装难易程度整合成 8 大类，并按质量细分为 12 小类。采用与前文同样的现场工时基数采集分析方法，最终得出电气基础工时数据库，如表 6 所示。

表 6 电气件基础工时数据库

类别	质量/kg	基础工时/个
电气贯通件(电缆筒/MCT)		0.47
扁钢电缆支架、电缆吊架		0.16
电缆托架	<25	0.32
	≥25	0.45
小型支架、壁式设备座架、灯架	<25	0.27
	≥25	0.51
门型支撑	<25	0.47
	≥25	1.19
加强角钢		0.47
加强圆管		0.49
其他	<25	0.56
	≥25	0.79

将铁舾件整合成常见的 18 大类，并按照质量细分为了 56 小类，最终的铁舾件基础工时数据库如表 7 所示。

表 7 铁舾件基础工时数据库

类别	质量/kg	类型	基础工时/个	类别	质量/kg	类型	基础工时/个
平台	<25	小型	1.1	导轨			6.5
	25~200	中型	2.18	焊字			0.8
	>200~500	大型	3.86	水密门	25~200	中型	6.5
	>500	超大型	4.49		>200~500	大型	11
	<25	小型	1.1		>500	超大型	15
	25~200	中型	2.24	栏杆/护栏	25~200	中型	2.03
	>200~500	大型	3.05		>200~500	大型	3.63
	>500	超大型	3.95		>500	超大型	4.44
直梯	<25	小型	1.03	舱口	25~200	中型	2.79
	25~200	中型	1.92		>200~500	大型	3.95
	>200~500	大型	2.34		>500	超大型	4.52
	>500	超大型	3.17	阳极	≤25	小型	1
地板架	25~200	中型	2.94		25~300	中型	2.16
	>200~500	大型	4.73		>300~1 000	大型	
	>500	超大型	7.7		>1 000	超大型	
吊梁	<25	小型	0.93	电缆箱	≤25	小型	12
	25~200	中型	3.97		25~300	中型	18
	>200~500	大型	3.81		>300~1 000	大型	
	>500	超大型	5.38		>1 000	超大型	

表 7(续)

类别	质量/kg	类型	基础工时/个	类别	质量/kg	类型	基础工时/个
基座	<25	小型	1.29	百叶窗	≤25	小型	2
	25~200	中型	3.02		>25~300	中型	9
	>200~500	大型	2.98		>300~1 000	大型	26
	>500	超大型	3.99		>1 000	超大型	40
系泊(导缆孔、带缆桩)	25~200	中型	2.75	其他	≤25	小型	0.463
	>200~500	大型	4.1		25~300	中型	0.8
	>500	超大型	5.94		>300~1 000	大型	1.6
挡水圈		小型	0.33		>1 000	超大型	2
挡油水平铁	<25	小型	0.63	支架	≤25	小型	0.453
	25~200	中型	4.64		25~300	中型	0.567

3.3 修正系数 ST 的确定

3.3.1 形状修正系数 ST_1 的确定

由于安装数量较多的舾装件除管子及风管之外,基本为标准件,外形相差不大,并无明显影响安装工时的形状特性,所以形状修正系数仅针对管子及风管。

管子和风管的形状影响因素主要有弯管数量及支管数量两项,经现场长时间数据累计、分析、简化,得出形状修正系数相关关系如下:

当主管直径在 100 mm 以下时,由于管子带有一定的挠度,所以其弯管对管子安装无影响。

当主管直径在 100 mm 以上时,安装弯管所耗工时为直管的 1.3 倍,所以形状修正系数 ST_1 取 1.3。

当主管直径在 100 mm 以上时,安装支管所耗工时对比直管遵循以下关系:

$$ST_1=1+n\times0.1$$

式中 n 为单根管所含支管数量。

当两种修正项均存在于一根管时,其 $ST_1=ST_{弯管}\times ST_{支管}$。

3.3.2 位置修正系数 ST_2 的确定

根据现场经验得出不同安装姿态下舾装件的位置修正系数:当舾装件处于平面姿态下施工时,ST_2 为 1;当处于立面姿态下施工时,ST_2 为 1.5;当处于仰面姿态下施工时,ST_2 为 2。

3.3.3 分段施工的难度系数的确定

分段整体舾装的难度系数视分段舾装件施工环境而定,首先将全部分段按照分段区域类型细分为机舱,大底,舭部,舷侧,甲板,生活楼,艏部等区域,如图 4 所示。

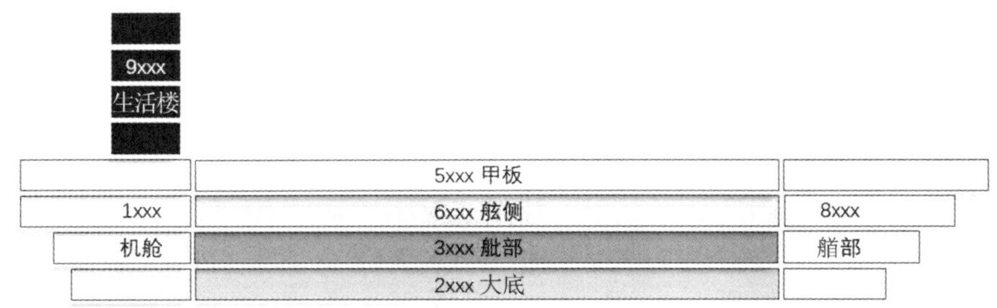

图 4 分段分类

根据分段的结构特性,给予不同区域的分段以不同的初始施工难度系数(表 8)。

表 8 不同区域分段的施工难度系数

区域	机舱	大底	舭部	横、纵舱壁	横舱壁（集装箱船）	舷侧	甲板	生活楼	艏部
施工难度系数	1	1.3	1.5	1.3	1.3	1.3	1	1	1

除区域性的修正之外，根据每个分段的特点仍需要对专段进行修正，如部分机舱分段内存在狭小空间或影响舾装件施工的交叉作业等因素，需要给予工时修正，此类修正往往需要在分段开工前根据图纸情况与车间确认其修正值。

4 实例介绍

为更好地说明工时测算体系的测算步骤，下面以国内某大型船舶制造企业某型船的某机舱分段为例，介绍其测算工时的具体过程。

工时测算以 Excel 加 VBA 代码开发脚本的形式进行一定程度的自动化运算。

4.1 物量信息的获取

在 Excel 中通过数据链接接口编写代码，直接从相关物资平台数据库中提取分段舾装物量信息（图 5）。

```
Sub RefreshData()
    Dim conn As ADODB.Connection
    Dim cmd As ADODB.Command
    Dim rs As ADODB.Recordset
    Dim param As ADODB.Parameter
    Dim connStr As String
    Dim query As String
    Dim paramValue As Variant
    Sheet1.Range("A2:L1500").ClearContents
    ' 设置连接字符串
    connStr = "Provider=SQLOLEDB;Data Source=192.122.10.6;Initial Catalog=xz_erp;User ID=xz_erp_fd;Password=xz_erp_fd;Persist Security Info=True;"
    ' 设置查询语句
    query = "SELECT 工程编号,制作图号,托盘表号,管件号,页码 as 页码,管型,规格,convert(float,left(规格,charindex('*',规格)-1)) as 规格,材质,主管长度,"
    [管材重量(KG)],[总重量(KG)],涂装方式,表面处理,涂装代码 from tq_pipe where 工程编号 like '%ST155K-2%' and left(制作图号,4) = ?"

    ' 获取 sheet2 中 A1 格的值
    paramValue = ThisWorkbook.Sheets("工时测算").Range("A1").Value

    ' 创建连接对象
    Set conn = New ADODB.Connection
    conn.Open connStr

    ' 创建命令对象
    Set cmd = New ADODB.Command
    With cmd
        .ActiveConnection = conn
        .CommandText = query
        .CommandType = adCmdText
        ' 添加参数
        Set param = .CreateParameter("paramValue", adVariant, adParamInput)
        param.Value = paramValue
        .Parameters.Append param
    End With

    ' 执行查询并获取结果集
    Set rs = cmd.Execute

    ' 将结果集加载到 sheet1 中
    ThisWorkbook.Sheets("管子数据表").Range("A2").CopyFromRecordset rs

    ' 关闭连接
    rs.Close
    conn.Close

    ' 释放对象
    Set rs = Nothing
    Set cmd = Nothing
    Set conn = Nothing
    arr1 = Sheet1.Range("a1").CurrentRegion
    Dim x As Integer
End Sub
```

图 5 数据提取代码①

管子数据提取结果如表 9 所示。

① 原代码中“重量”即“质量”，KG 即为千克（kg）。

表 9　管子数据提取部分结果

制作图号	管件号	管型	规格/mm	管径/mm	总质量/kg	涂装方式	涂装代码
1055MP12APM	872-CO27-4	特殊	559×12.7	559	433.65	特涂	外 PJ01|PD01/内 PZ03
1055MP12APM	872-CO29-1	特殊	559×12.7	559	383.12	特涂	外 PJ01|PD01/内 PZ03
1055MP12APM	872-CO37-1	特殊	219×13	219	91.45	特涂	外 PJ01|PD01/内 PZ03
1055MP12APM	872-CO50-1	特殊	219×13	219	101.98	特涂	外 PJ01|PD01/内 PZ03
1055MP12APM	872-BA94-2	弯头	325×13	325	302.01	涂塑	外 PJ01
1055MP12APM	872-BA94-3	弯头	325×13	325	136.78	涂塑	外 PJ01
1055MP12APM	872-BA94-4	其他	325×13	325	112.9	涂塑	外 PJ01
1055MP12APM	872-CO53-8	其他	325×13	325	107.5	特涂	外 PJ01/内 PZ03
1055MP12APM	872-CO53-9	弯头	325×13	325	277.4	特涂	外 PJ01/内 PZ03

4.2　工程分解

工程分解内容分为两部分：一为分解管子自身的形状特性，二为分解管子的安装特性，进而确定每根管子的 ST_1 和 ST_2 值。

以 CO53-2 管为例，分解得出其管型如图 6 所示。

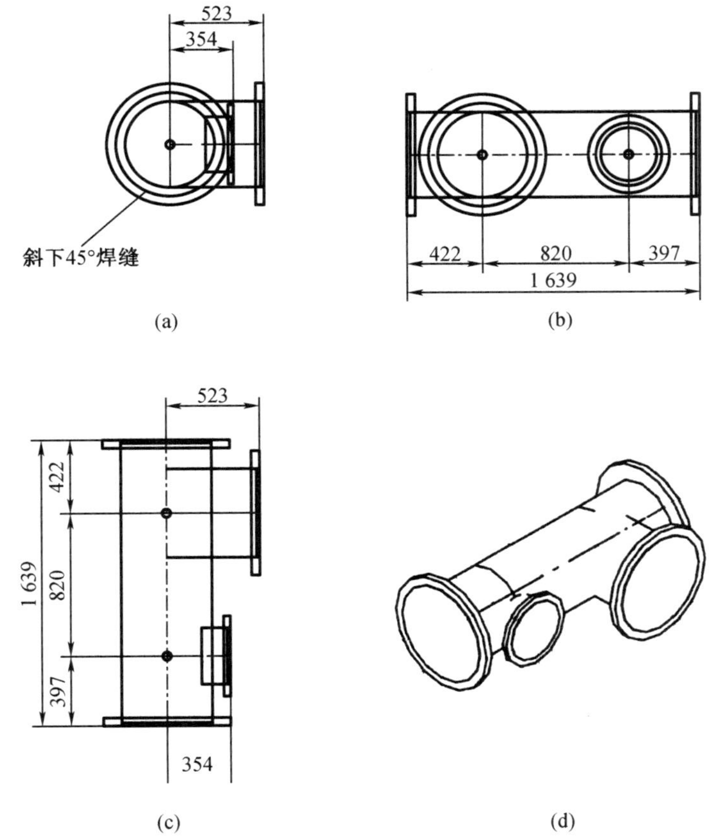

图 6　CO53-2 管制作图示(单位：mm)

根据图 6 可知，此管管径大于 100 mm，有两个支管且不是弯管，可以判定形状修正系数 $ST_1=1+2\times0.1=1.2$。管子的安装位置具体见模型(图 7)。

由图 7 可知此管安装位置较高，安装姿态属于立面安装，其位置修正系数 $ST_2=1.5$。

图 7　CO53-2 管安装位置

此管的质量为 501.67 kg、管径为 508 mm，自管子基础工时数据库中找到对应的管子基础工时，并根据形状修正系数得出其安装工时的下限，然后再根据位置修正系数得到其安装工时的上限，具体如表 10 所示。

表 10　CO53-2 管子工时测算情况

制作图号	管件号	管型	规格/mm	管径/mm	总质量/kg	涂装方式	表面处理	涂装代码
1055MP12APM	872-CO53-2	其他	508 * 12.7	508	501.67	特涂	内外喷砂涂漆	外 PJ01/内 PZ03
平面施工工时/个	立面施工 ST 工时/个	仰面施工 ST 工时/个	管型修正工时/个	弯管工时/个	支管工时/个	基础安装工时/个	管子安装修正工时 1/个	管子安装修正工时 2/个
1	1.5	0	1.2	0	0.2	2.34	2.808	4.212

利用 VBA 编程对舾装件数据与工时基数数据库之间的部分数据比对赋值工作进行数字化，具体代码如图 8 所示。

```
Sub 管系工时核算()
Dim x As Integer
Dim a As Integer
Dim b As Integer
arr1 = Sheet1.Range("a1").CurrentRegion
For x = 2 To UBound(arr1)
 If arr1(x, 8) < 114 Then
    a = 2
    If arr1(x, 12) < 25 Then
     Sheet1.Cells(x, 24).Value = Sheet4.Cells(a, 4).Value
    ElseIf arr1(x, 12) >= 25 Then
     Sheet1.Cells(x, 24).Value = Sheet4.Cells(a + 1, 4).Value
    End If
 ElseIf arr1(x, 8) >= 25 And arr1(x, 8) < 225 Then
    a = 4
    If arr1(x, 12) < 25 Then
     Sheet1.Cells(x, 24).Value = Sheet4.Cells(a, 4).Value
    ElseIf arr1(x, 12) >= 25 And arr1(x, 12) < 300 Then
     Sheet1.Cells(x, 24).Value = Sheet4.Cells(a + 1, 4).Value
    Else
     Sheet1.Cells(x, 24).Value = Sheet4.Cells(a + 2, 4).Value
    End If
 ElseIf arr1(x, 8) >= 225 And arr1(x, 8) < 406 Then
    a = 7
    If arr1(x, 12) < 300 Then
     Sheet1.Cells(x, 24).Value = Sheet4.Cells(a, 4).Value
    Else
     Sheet1.Cells(x, 24).Value = Sheet4.Cells(a + 1, 4).Value
    End If
  ElseIf arr1(x, 8) >= 406 And arr1(x, 8) < 508 Then
    a = 9
    If arr1(x, 12) < 300 Then
     Sheet1.Cells(x, 24).Value = Sheet4.Cells(a, 4).Value
    ElseIf arr1(x, 12) >= 300 And arr1(x, 12) < 1000 Then
     Sheet1.Cells(x, 24).Value = Sheet4.Cells(a + 1, 4).Value
    Else
     Sheet1.Cells(x, 24).Value = Sheet4.Cells(a + 2, 4).Value
    End If
  ElseIf arr1(x, 8) >= 508 And arr1(x, 8) < 660 Then
    a = 12
    If arr1(x, 12) < 300 Then
     Sheet1.Cells(x, 24).Value = Sheet4.Cells(a, 4).Value
    ElseIf arr1(x, 12) >= 300 And arr1(x, 12) < 1000 Then
     Sheet1.Cells(x, 24).Value = Sheet4.Cells(a + 1, 4).Value
    Else
     Sheet1.Cells(x, 24).Value = Sheet4.Cells(a + 2, 4).Value
    End If
  Else
    a = 15
    If arr1(x, 12) < 300 Then
     Sheet1.Cells(x, 24).Value = Sheet4.Cells(a, 4).Value
    ElseIf arr1(x, 12) >= 300 And arr1(x, 12) < 1000 Then
     Sheet1.Cells(x, 24).Value = Sheet4.Cells(a + 1, 4).Value
    Else
     Sheet1.Cells(x, 24).Value = Sheet4.Cells(a + 2, 4).Value
    End If
  End If
  Next x
End Sub
```

```
Sub 电气工时核算()
Dim x As Integer
Dim a As Integer
Dim b As Integer
Dim c As String
arr1 = Sheet8.Range("a1").CurrentRegion
For x = 2 To UBound(arr1)
 If arr1(x, 5) Like "*电缆框*" Or arr1(x, 5) Like "*框*" Or arr1(x, 5) Like "*电缆管*" Or arr1(x, 5) Like "*套管*" Then
    a = 2
     Sheet8.Cells(x, 16).Value = Sheet9.Cells(a, 5).Value

 ElseIf arr1(x, 5) Like "*扁钢*" Or arr1(x, 5) Like "*吊架*" Then
    a = 3
     Sheet8.Cells(x, 16).Value = Sheet9.Cells(a, 5).Value
 ElseIf arr1(x, 5) Like "*电缆托架*" Then
    a = 4
    If arr1(x, 8) < 25 Then
     Sheet8.Cells(x, 16).Value = Sheet9.Cells(a, 5).Value
    Else
     Sheet8.Cells(x, 16).Value = Sheet9.Cells(a + 1, 5).Value
    End If
  ElseIf arr1(x, 5) Like "*支架*" Or arr1(x, 5) Like "*座架*" Or arr1(x, 5) Like "*灯架*" Then
    a = 6
    If arr1(x, 8) < 25 Then
     Sheet8.Cells(x, 16).Value = Sheet9.Cells(a, 5).Value
    Else
     Sheet8.Cells(x, 16).Value = Sheet9.Cells(a + 1, 5).Value
    End If
  ElseIf arr1(x, 5) Like "*门*" Then
    a = 8
    If arr1(x, 8) < 25 Then
     Sheet8.Cells(x, 16).Value = Sheet9.Cells(a, 5).Value
    Else
     Sheet8.Cells(x, 16).Value = Sheet9.Cells(a + 1, 5).Value
    End If
  ElseIf arr1(x, 5) Like "*角钢*" Then
    a = 10
     Sheet8.Cells(x, 16).Value = Sheet9.Cells(a - 1, 5).Value
  ElseIf arr1(x, 5) Like "*圆管*" Then
    a = 11
     Sheet8.Cells(x, 16).Value = Sheet9.Cells(a + 1, 5).Value
  Else
    a = 12
    If arr1(x, 8) < 25 Then
     Sheet8.Cells(x, 16).Value = Sheet9.Cells(a, 5).Value
    Else
     Sheet8.Cells(x, 16).Value = Sheet9.Cells(a + 1, 5).Value
    End If
  End If
  Next x
End Sub
```

图 8　工时核算代码

按同样的方式对其他专业舾装件进行测算，最终得出此段的测算工时如表 11 所示。

表 11　某型船 1055 机舱分段舾装测算工时结果

测算工时	修正工时	数值
管子安装测算工时	修正工时 1	327.574
	修正工时 2	392.6112
电气件安装测算工时	修正工时 1	14.642
	修正工时 2	15.89
铁舾件安装测算工时	修正工时 1	57.04
	修正工时 2	94.872

5　实动工时的采集及其与测算工时的比对分析

5.1　实动工时的采集工作

根据现场的施工、记工情况制作舾装工时记工情况统计表,施工单位按照每日在分段上实际产生的舾装工时进行记工,然后再统一进行工时汇总,如表 12 所示。

表 12　某型船 5 月 29 日某舾装班组的记工情况

日期	5 月 29 日	序号	1	2	5	4	5	6	7	8	5	10	11	12
班长	刘××	班组	民品三管外协舾法 25E											
船只	分段号	作业人员	刘××	管××	刘××	邓××	刘××	张××	范××	全××宁	李×	房××	手××	于××
ST1EE 3-2	3204	舾装(管)	4				8	4						
		舾装(铁)												
		舾装(电)												
		舾装(通风)												
ST 1853-2	3304	舾装(管)	4	8			4	8	8					
		舾装(铁)												
		舾装(电)												
		舾装(通风)												

5.2　采集的实动工时与测算工时的对比分析

对现场采集的实动工时数据进行随机采样,取 21 组分段的现场实动工时数据与测算方案进行对比分析,判断各专业的测算工时方案是否与现场的实动工时足够贴合。

5.2.1　管系专业

对管系专业 21 个分段的安装测算工时与现场实动工时进行对比后发现差距较大,刨除样本量较少的舭部、大底分段，机舱内大部分管子的测算工时比实动工时少 0～150%，绝大部分差距集中在 50%～100%之间（图 9）[①]。

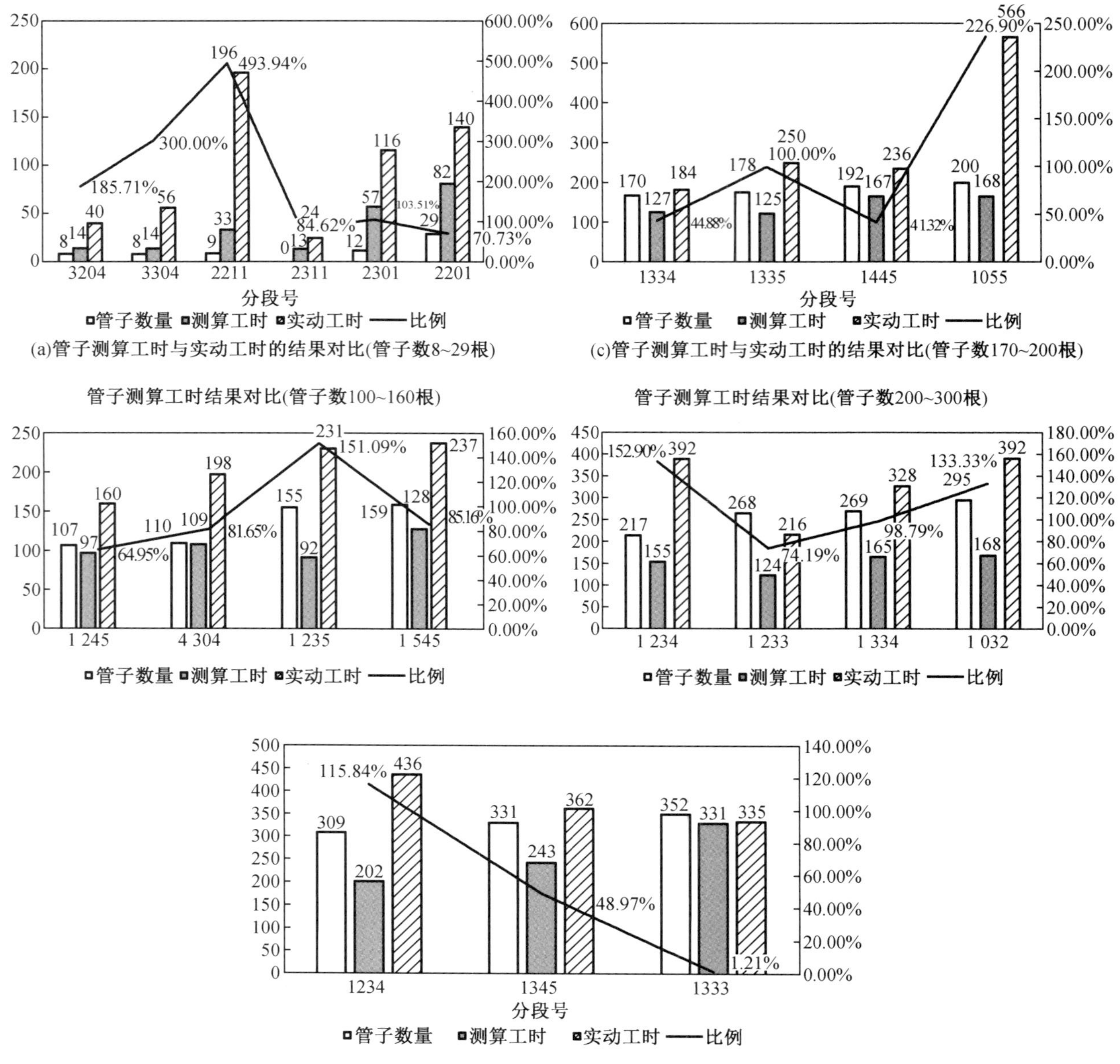

(a)管子测算工时与实动工时的结果对比(管子数8~29根)

(c)管子测算工时与实动工时的结果对比(管子数170~200根)

管子测算工时结果对比(管子数100~160根)

管子测算工时结果对比(管子数200~300根)

(e)管子测算工时与实动工时的结果对比(管子数>300根)

图 9　管子测算工时与实动工时的对比情况

5.2.2　电气专业

电气专业方面的测算工时与实动工时之间的差距比管系专业方面更大。差距最大的分段为某船的 1234 段，380 件电气件产生的实动工时为 436，测算工时为 47，差距近 9 倍；差距最小的分段为某船的 1333 段，142 件电气件产生的实动工时为 30，测算工时为 30（图 10）。

① 本文中，图中涉及工时的单位均为个。

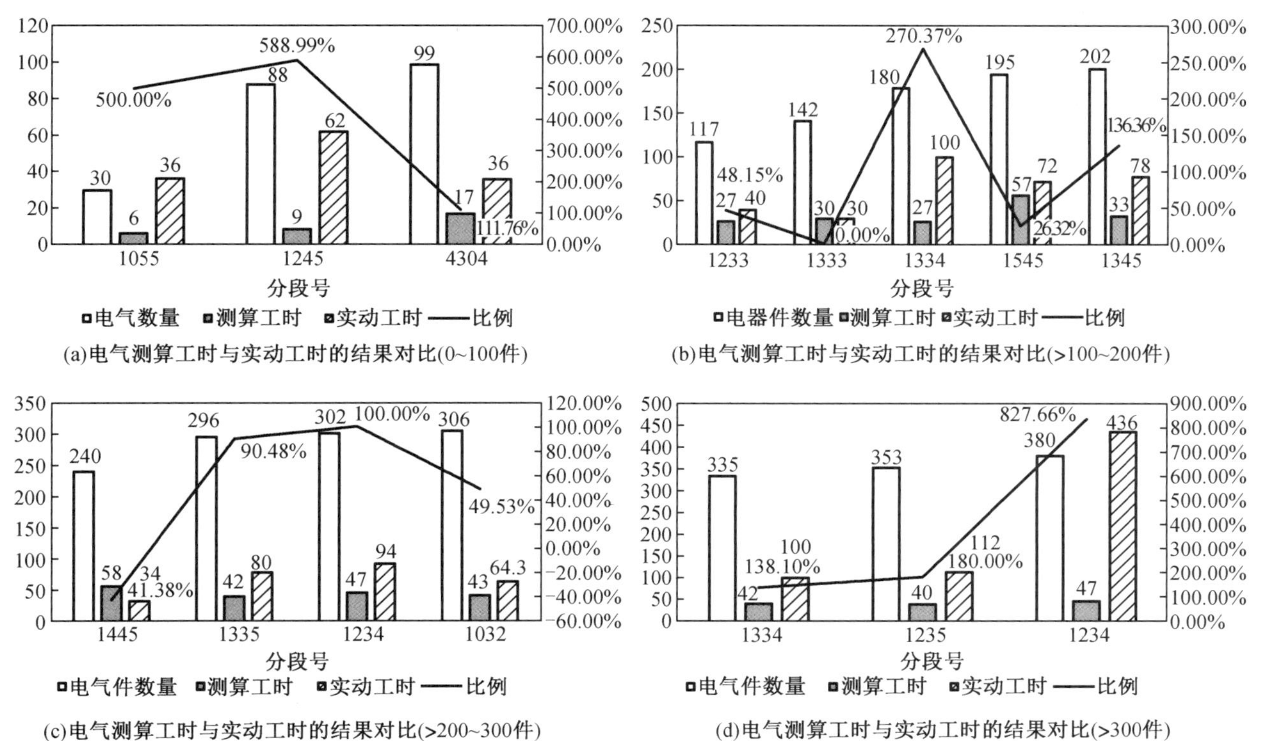

(a)电气测算工时与实动工时的结果对比(0~100件)

(b)电气测算工时与实动工时的结果对比(>100~200件)

(c)电气测算工时与实动工时的结果对比(>200~300件)

(d)电气测算工时与实动工时的结果对比(>300件)

图 10　电气测算工时与实动工时对比情况

5.2.3　铁舾专业

测算工时与实动工时差距最大的为某船的 2201 分段,1 个斜梯、5 个垫板、1 个支撑共 7 件舾装件产生的实动工时为 19,测算工时为 3.5,差距为 443%;差距最小的为某船的 1333 分段,59 件舾装件产生的实动工时为 64,测算工时为 62,差距为 3.2%(图 11)。

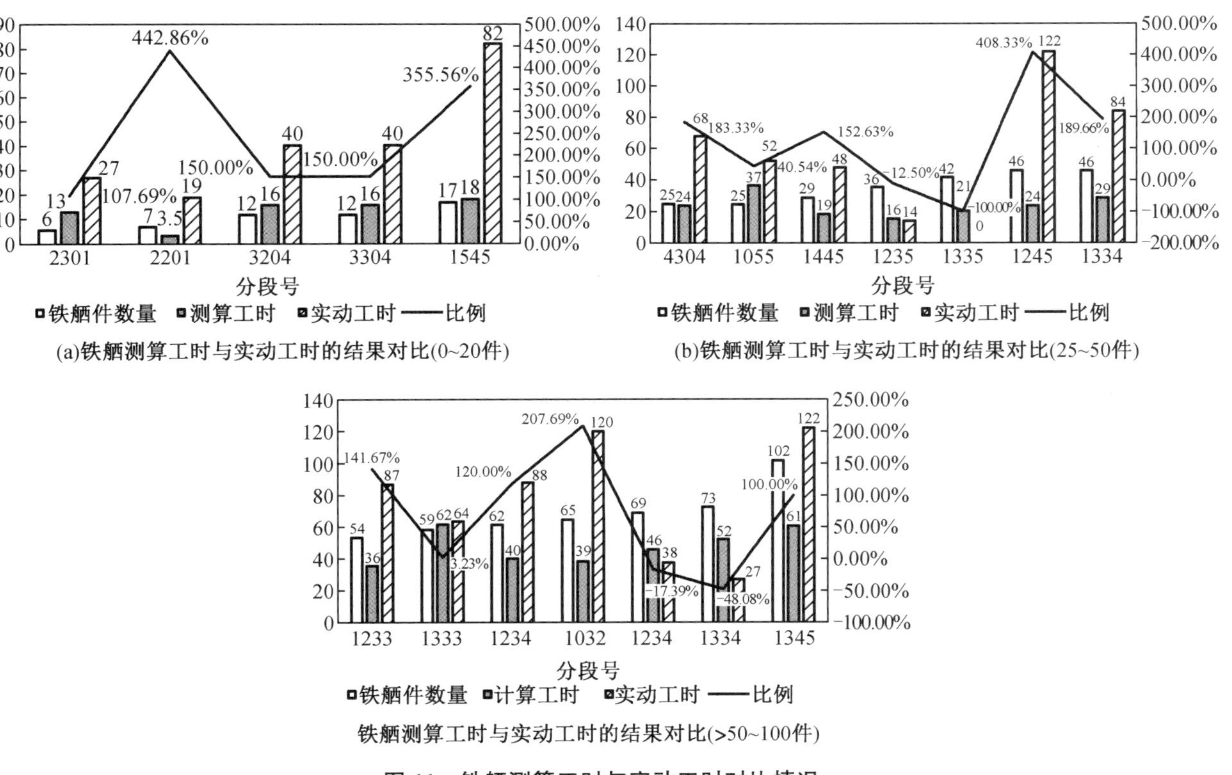

(a)铁舾测算工时与实动工时的结果对比(0~20件)

(b)铁舾测算工时与实动工时的结果对比(25~50件)

铁舾测算工时与实动工时的结果对比(>50~100件)

图 11　铁舾测算工时与实动工时对比情况

5.2.4 通风专业

测算工时与实动工时差距最大的为某船的4304分段,8根螺旋风管产生的实动工时为148,测算工时为7,差距约20倍;差距最小的为某船的1333分段,28根风管产生的实动工时为18,测算工时为19,差距5.3%。某船的4304分段经过现场调研,发现螺旋风管到货尺寸错误,现场对螺旋风管进行了切修,这是导致实动工时数据过高的主要原因。除4304分段外,大部分分段的测算工时与实动工时之间的差距在-10%~170%之间,其中绝大部分分段的测算工时与实动工时之间的差距在50%以内(图12)。

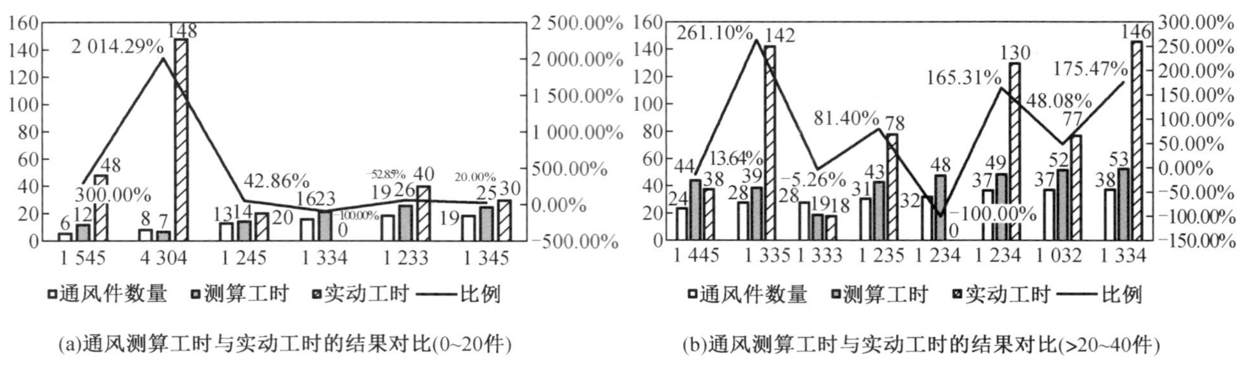

(a)通风测算工时与实动工时的结果对比(0~20件)　(b)通风测算工时与实动工时的结果对比(>20~40件)

图12　通风测算工时与实动工时的对比情况

由于第一轮测算工时与实动工时之间的差距过大,所以需要找出测算模型中存在的问题并进行修正。

5.3　测算模型的修正拟合

由于实动工时远高于测算工时中的高值方案,而测算结果中各项修正的ST值对分段整体工时测算并无决定性的影响,因此判定主要的问题出在第一版方案中的工时基数普遍过低上。所以修正工时基数以使测算结果与实动工时贴近拟合为修正测算方案的重点。

前序统计的工时基数虽是连续数据,但数据范围较大,利用对当前数据取平均值的方式已经明确工时基数过小,所以在数据范围中应逐步剔除最小项,然后反复运算并比对(图13)。

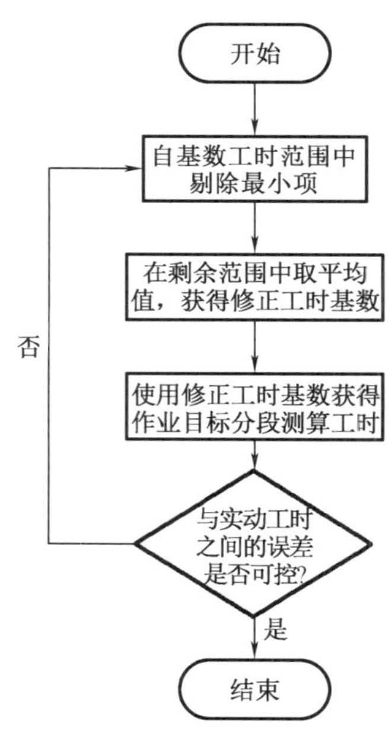

图13　基础工时修正流程

最后,管系专业经过了5轮修正作业、铁舾专业经过了3轮作业、电气专业经过了2轮修正作业后,得到了测算工时的拟合结果。

5.3.1 管系专业(图 14)

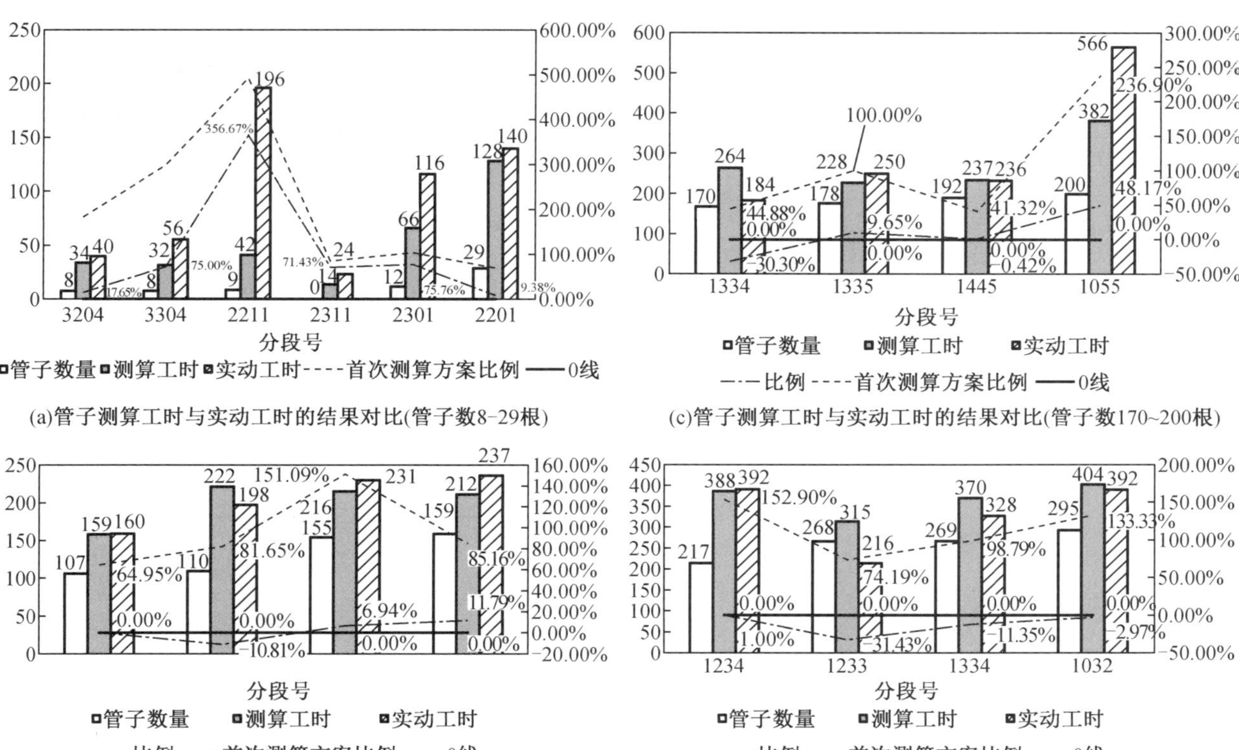

(a)管子测算工时与实动工时的结果对比(管子数8–29根)

(c)管子测算工时与实动工时的结果对比(管子数170~200根)

(b)管子测算工时与实动工时的结果对比(管子数100–160根)

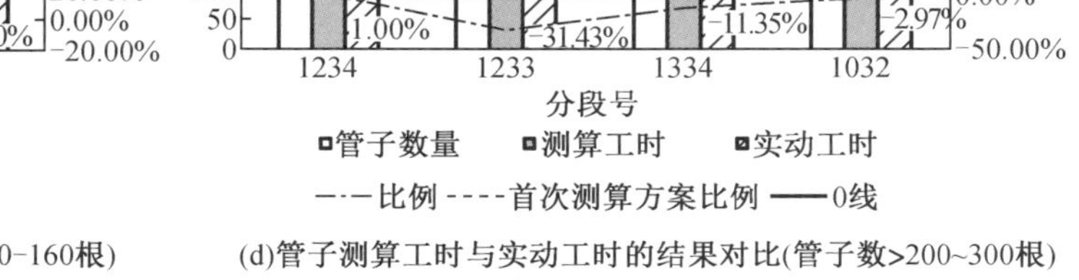

(d)管子测算工时与实动工时的结果对比(管子数>200~300根)

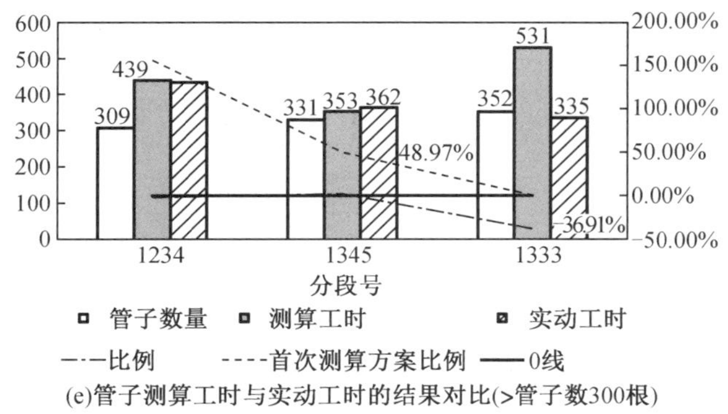

(e)管子测算工时与实动工时的结果对比(>管子数300根)

图 14 修正后管子测算与实动工时的对比情况

经修正后,首批目标分段管子测算工时(21 个)有 13 个的误差在 15%以内。

5.3.2 电气专业(图 15)

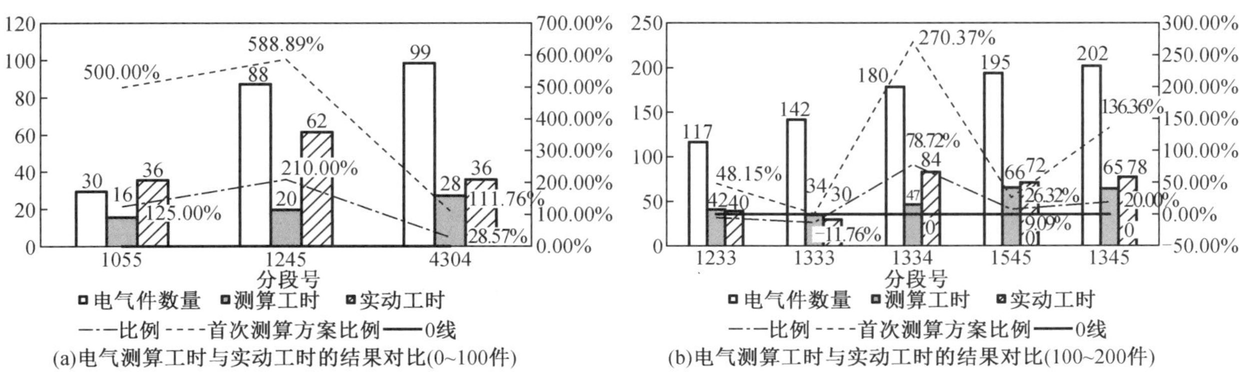

(a)电气测算工时与实动工时的结果对比(0~100件)

(b)电气测算工时与实动工时的结果对比(100~200件)

图 15 修正后电气测算与实动工时对比

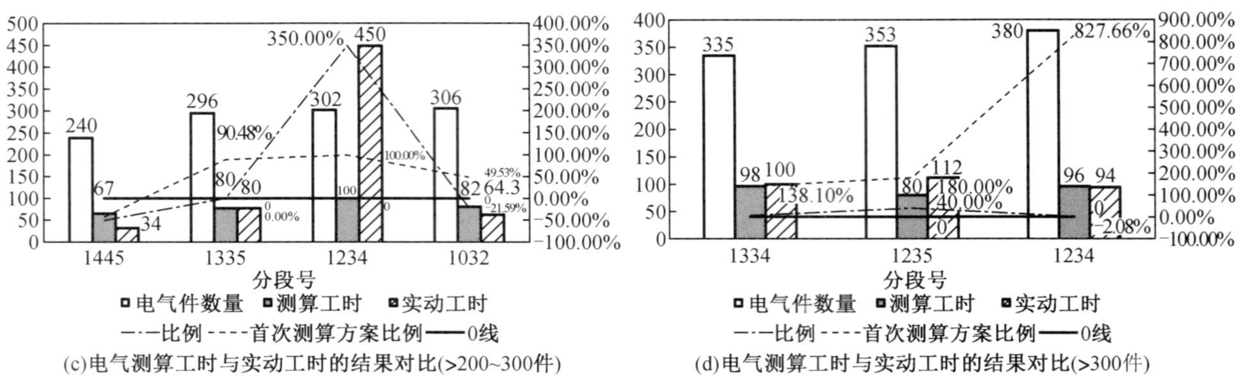

(c)电气测算工时与实动工时的结果对比(>200~300件)

(d)电气测算工时与实动工时的结果对比(>300件)

图 15(续)

经修正后,首批目标分段电气测算工时(15 个)有 7 个数据的误差在 15%以内。

5.3.3 铁舾、通风专业(图 16)

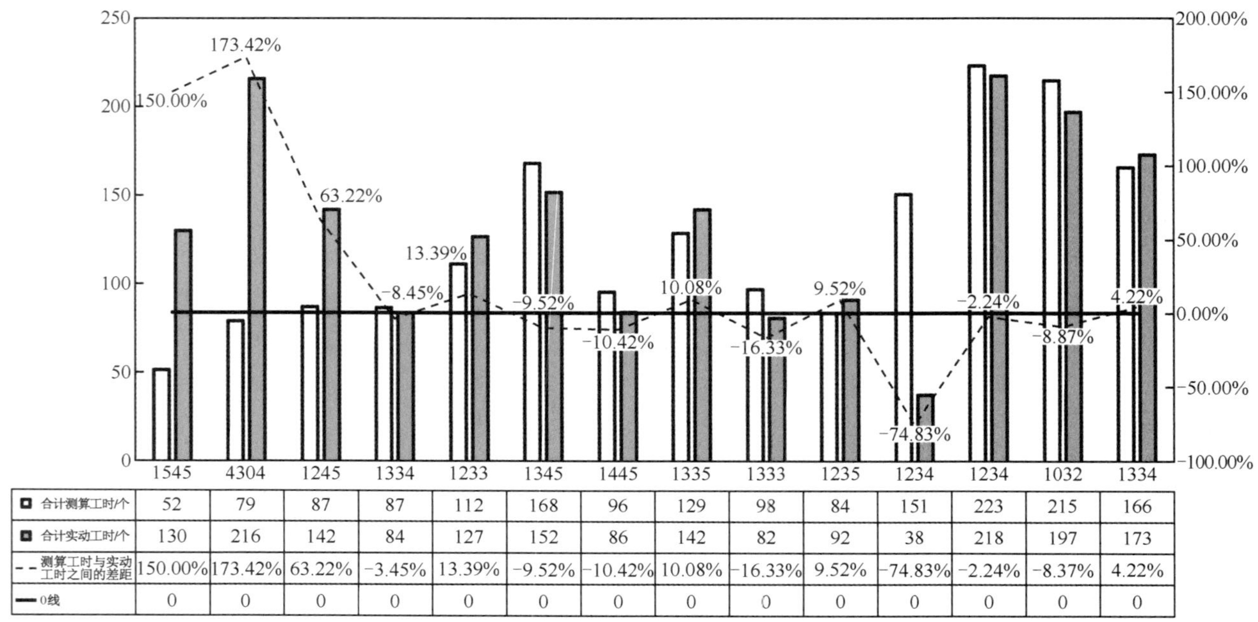

	1545	4304	1245	1334	1233	1345	1445	1335	1333	1235	1234	1234	1032	1334
合计测算工时/个	52	79	87	87	112	168	96	129	98	84	151	223	215	166
合计实动工时/个	130	216	142	84	127	152	86	142	82	92	38	218	197	173
测算工时与实动工时之间的差距	150.00%	173.42%	63.22%	-3.45%	13.39%	-9.52%	-10.42%	10.08%	-16.33%	9.52%	-74.83%	-2.24%	-8.37%	4.22%
0线	0	0	0	0	0	0	0	0	0	0	0	0	0	0

图 16 修正后铁舾、通风测算工时与实动工时的对比情况

同时存在通风及铁舾专业的 15 个目标分段中,误差在 15%以内的有 11 个,其中有 10 个数据的误差在 10%以内。

综上,考虑到现场记工同样会有误差、修改工时,以及临时修改脚手架、舾装件等影响项,所以修正后的测算方案已经明显优于目前已知的大多数方案,与某船厂的分段阶段现场的舾装安装实动工时拟合度较高。

5.4 工时测算体系的应用

经过不断地拟合修正,当前工时测算体系在分段建造的多个方面得到了应用。

(1)各场地舾装负荷测算。各托盘、分段的舾装安装工时结合现场的实际安装进度及未来 2 个月内开工的分段计划,可以得出各场地的舾装施工负荷情况,并最终根据负荷结果,结合舾装人力资源,决策是否需要进行调整。图 17 为某船厂分段各场地 2024 年 7—8 月舾装负荷情况。

(2)利用现有资源拟定工时数据,参与精细化计划制订及派工的全流程,即形成型船工时标准数据库,通过对生产准备信息、节拍化标准周期及工时标准数据库对比,得出场地舾装配员需求情况。通过明确配员,结合图纸及组立信息,形成分段舾装施工标准流程图以指导现场的排产及派工。最后,根据标准流程图上的步骤、周期进行生产计划的跟踪及考核。具体如图 18 所示。

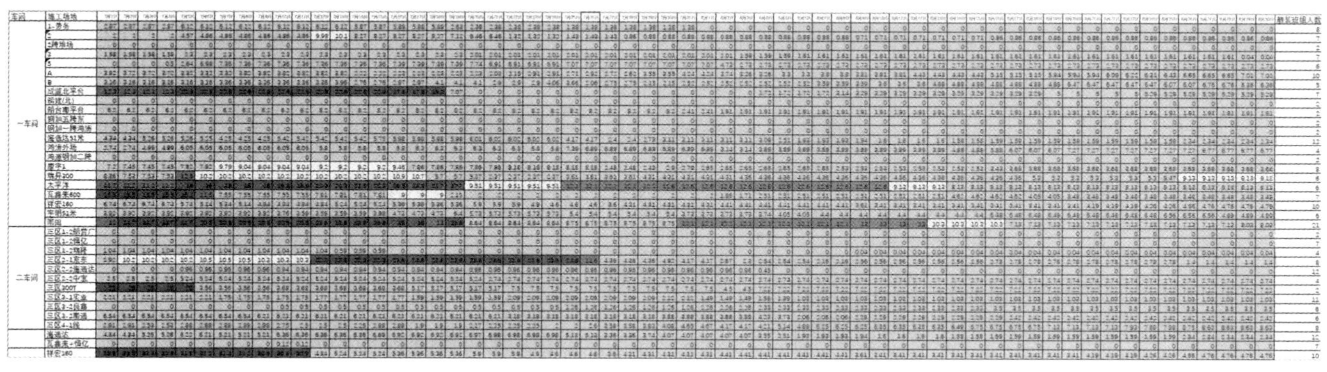

图 17　某船厂分段各场地 2024 年 7-8 月舾装负荷情况

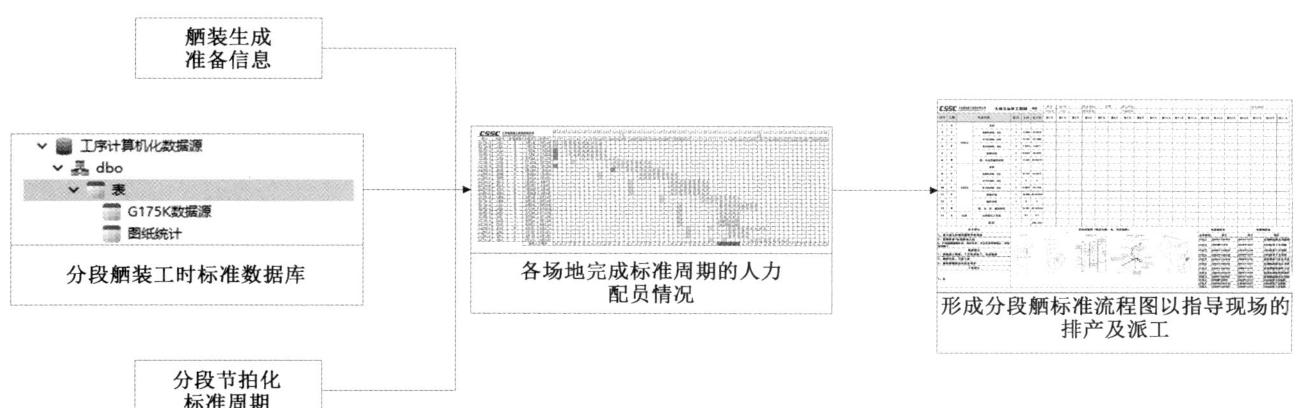

图 18　工时标准数据库参与精细化派工的流程

6　结语

(1)本文提出了一种在分段阶段安装大量舾装件背景下,依据施工现场实动工时进行大数据分析、对比、拟合、完善的舾装工时测算方案。

(2)方案特点为在逻辑上紧密贴合现场施工工法、环境,在数据源头上紧密贴合现场的实动工时,更适用于现阶段的分段舾装建造工作。

(3)根据测算工时的成果,帮助车间进行计划排产、科学派工、资源分配、加班赶工计划制订等决策;将施工单位的施工工法自然地导向更优解;为后续精细化派工、设计托盘细化工作打好理论及数据基础。

(4)目前的测算工作类似于经验归纳,工时基数等主要参数的拟合依靠大量的人工完成,后续研究过程中还需继续推进研究,使用 PSO-BP① 神经网络、粒子群等手段对更多船型、更大范围的分段类型、更广泛的数据进行学习拟合,使模型更加完善[8-9]。

参考文献

[1]　王义,熊天旭,柳万华,等. WJ 在造船工时管理体系中的应用[J]. 广东造船,2020,39(5):99-101,98.

[2]　史恭波,邵家伟,张浩,等. 船舶精细化工时管理模式及应用[J]. 造船技术,2020(3):86-92.

[3]　朱韩刚,马晓平. 船舶建造中的工时物量定额应用方法研究[J]. 江苏造船,2014,31(5):37-39.

[4]　李友竹,马晓平. 船舶制造中的工时物量定额体系研究[J]. 中国水运(下半月),2014,14(10):8-10,13.

[5]　索哲,滕勇,刘金华,等. 船舶生产设计工时管理分析及其信息化[J]. 江苏船舶,2011,28(6):32-34.

[6]　张志英,李珍,何成能,等. 船舶生产设计工时体系及预测模型研究[J]. 中国造船,2009,50(4):177-185.

[7]　范名琦,林坚. 区域造船模式下的工时定额标准体系建设对策[J]. 造船技术,2019(2):86-89.

[8]　陈宁,张亚,曲浩. 船舶生产设计的劳动力负荷问题研究[J]. 造船技术,2007(2):4-8.

[9]　朱历新, 周竞涛, 高俊杰, 等. 基于神经网络的工时定额技术研究[J]. 机械科学与技术 , 2004,23(6):702-704,747.

① PSO-BP 为粒子群优化算法-反向传播神经网络。

基于精益生产的船舶典型分段舾装标准工程图技术研究

刘　畅　杨成文　杨明阳　何文举　鲍金海　田世硕

(大连船舶重工集团有限公司)

摘　要:本文将精益生产理论引入船舶分段舾装生产,论述了精益思想在分段预舾装生产管理中的运用,研究船舶分段舾装标准工序、标准工时、标准周期、标准托盘的确定,立足现场舾装生产实际,形成一种分段舾装标准工程图编制理论方法,集成标准工程信息指导舾装精益生产,将精益生产方式落实到分段舾装建造全过程,为实现高效建造提供实践参考。

关键词:精益生产;分段舾装;标准工程图

1　前言

我国 2023 年造船三大指标(造船完工量、新接订单量、手持订单量)保持同步增长,市场份额连续 14 年居世界第一。预计 2024 年全国造船完工量将在 4 500 万载重吨左右,新接订单量在 5 500 万载重吨左右。面临如此庞大的订单量,在船舶分段阶段高质高效完成建造,为缩短坞内建造周期创造条件显得格外重要。

1.1　研究背景及意义

分段是船舶最主要的中间产品,而船舶舾装作为分段完整性的重要组成零件,预舾装作为分段建造流程中的关键工序,在分段精益高效建造中显示出愈加关键的作用。现阶段在分段预舾装生产组织中仍有许多亟待解决的问题,主要包括:第一,标准工序差异大。现场施工以经验为主,多通过首制船同分段建造经验积累,且受资源与工况不同的影响,舾装施工带有主观性。第二,高效建造引领不够。对舾装各专业标准周期约束不足,在统计不同场地的相同工事时,实动工时间存在较大差异。第三,配员预见性欠缺。以整体物量估算舾装各工种配员,时常带来人员的缺口或个别工种的冗余。第四,派工不精准。对整体活段与单日工作估算不准确,导致在派工分发任务包时存在安排不合理的情况。第五,围绕工序落实精益措施难。较难组织节拍化舾装施工,生产效率提升有上限,不利于提前预见工序瓶颈并加以解决、改善。第六,人才培育不足。现场施工安排的班长或核心骨干负责,且不同水平管理者之间存在精益管理水平差异,有时往往因核心班长流失而造成精益水平下降。

船舶分段舾装的特点是多品种、多工种、小批量。部分船企舾装生产分散在平面、胎上、胎下甚至涂后各工序中,如无统筹安排,则舾装施工与结构施工交互,存在资源争抢;还朋部分船企分段舾装施工在胎下集中预舾装,物量集中,舾装各专业交替形成“堡垒式”作业,一旦形成瓶颈,则后续无法施工,给精益组织生产带来了障碍。为进一步实现精益造船,韩国造船企业经过多年的研究与完善,形成了较为先进的标准工程图体系。2018 年,国内先进船企开始引进、学习、分析、研究标准工程图技术,在吸收消化的基础上尝试编制标准工程图,陆续在浮式生产储卸油装置 FPSO)、集装箱船建造中实施,在“先出典型标准、后全船推进”的同时,向生产准备与生产计划体系拓展。近年来,部门船企分段建造在结构专业化生产体系、标准工时体系建设和舾装托盘细化方面取得了较大进步,但在分段舾装施工现场尚未运用标准工程图开展相关精益工作。

1.2 研究内容

本文根据大连造船舾装生产体系特点,以液化天然气(LNG)船分段舾装为研究对象,在精益生产与工业工程思想指导下,探索确定船舶分段舾装标准工序、标准工时、标准周期、标准托盘,并尝试将以上工程信息整合为标准工程图,运用标准工程图技术来指导分段舾装生产,发挥其对现场的精益改善作用。主要研究内容如下:

(1)研究分段预舾装建造流程,确定影响分段预舾装精益生产的主要因素及局限问题,为标准工序的确定奠定精益理论基础。

(2)研究合理的分段舾装工序前移原则、成组技术与工程分解在舾装设计、施工中的应用,总结一种标准舾装托盘的设计方法。

(3)探索舾装铁舾、管子、电气施工规律,研究一种通过舾装物量测算舾装工时的模型,形成科学的分段舾装标准工时。

(4)确定一种标准工程图,集成标准工序、标准周期、标准工时、标准托盘等信息,用于指导分段现场舾装施工。

(5)选取在建船舶分段,以分段舾装标准工程图技术指导舾装计划排产、施工控制、科学配员等舾装生产管理方面的工作,验证其有效性。

2 基于精益生产的分段舾装标准工程图

2.1 分段舾装建造流程

成组技术是船体分道作业形成的技术基础[1]。零部件的作业阶段通过划分得以明确。按照相似性原理,将这些零部件分类,以组为单位设立工位,即为组立工位。对于船体结构,按分道组建生产线以深化船体分道作业,高效使用生产资源,推动均衡生产的实现[2]。

2.1.1 船舶分段舾装生产建造流程

中间产品分道建造是现代造船模式的突出特点[3]。舾装精益生产首先需要明确分段建造整体流程。分段建造整体流程反映的是按照分道生产原则,从零件到分段的整体建造路径,舾装件是船体结构零件的一部分,因此要依据分段结构的流程来明确舾装件所处建造流程位置(如图1),以及分段预舾装流程(如图2)。

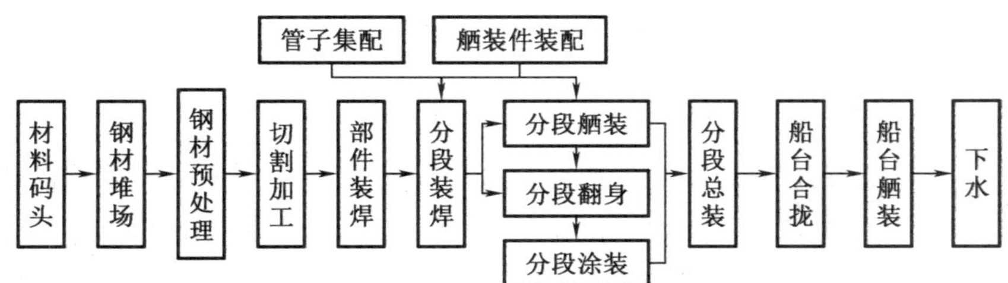

图1 船舶建造流程图

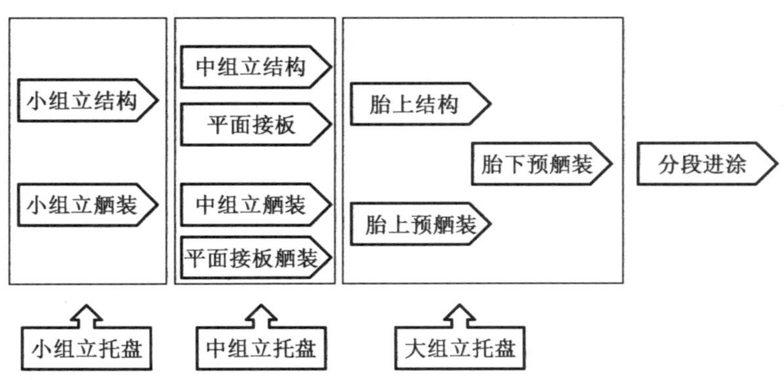

图2 分段各工序预舾装流程图

2.1.2　平面分段中组立流水线舾装生产流程

舾装件有别于结构零件。在小组立、中组立或是平面接板工序中的舾装零件,其舾装被纳入结构建造流程,按节拍有序装焊。但在胎上、胎下预舾装阶段,其舾装通常会分段成独立的施工体系。减少或消除无效时间,是精益造船的方向。精益生产的最佳状态是整个系统均衡、连续地抽节拍流水作业,低成本、高效益、高质量地进行生产[4]。明确分段舾装生产流程(图3),可以从流程上分析价值环节,确定无效时间并努力消除。

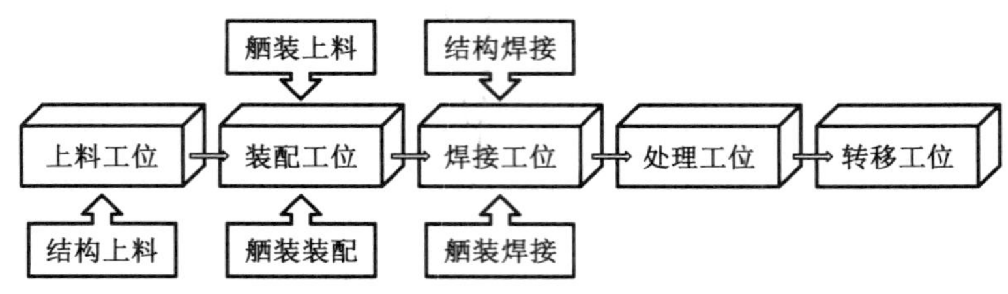

图3　流水线工位舾装流程图

2.1.3　"一站式"分段舾装生产流程

在大组立阶段,预舾装施工呈"一站式"作业,因其类似于堡垒建造,又称"堡垒式"作业,施工顺序为由下至上逐层建造,当下层工序未完工时,上层工序较难开展。"一站式"分段舾装生产流程图如图4所示。

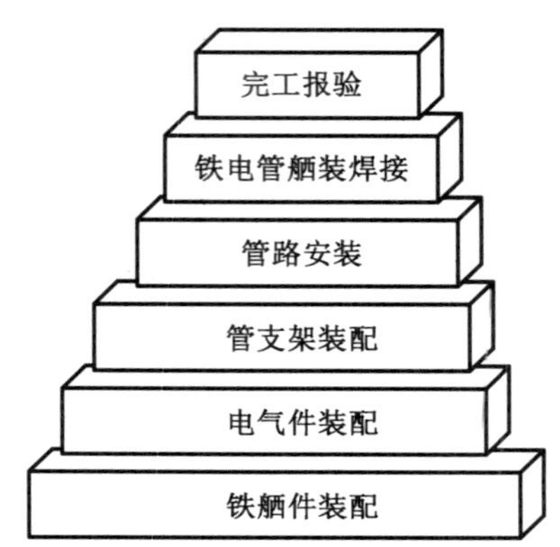

图4　"一站式"分段舾装生产流程图

2.2　舾装精益生产的问题与解决对策

2.2.1　生产准备准时化

在需要的时候,按照所需的数量生产所需的产品,人与物料不出现等工,称为准时生产[5]。处在流水线上的舾装件随分段物料以流水方式向下流转,流水作业对上道工序准时化配送要求较高,一旦某个舾装工位出现堵塞会影响整线生产,配送得过早将占用流水线宝贵的场地资源,特别是一些尺寸大的平台等舾装件;配送得过晚则会影响施工完整性,错过最佳施工阶段。因此,一要保证上道工序物料配送的完整性、配齐率,保证均衡的生产线速度;二要按最佳阶段设计舾装件托盘,首先从设计端实现精益;三要及时传递舾装物料需求信息,以通过准确的信息流提前预警和发现问题,将隐患预先解决,这也是舾装生产数字化、智能化的方向之一。

2.2.2　来料质量零缺陷

质量稳定性影响流水线舾装生产质量,如舾装件精度、舾装保护质量等。流水线物料必须向下流转,产品要零缺陷传递,一旦出现质量问题,则停滞在工位修补,易打乱整线生产节奏,影响生产线速度,而转移处理则会导致错过最佳施工阶段。因此在舾装制作、到货检查、施工保护等全过程中需要落实严格的质量控制措施。

2.2.3　作业人员高素质

人是第一生产力。舾装施工人员的学习能力、岗位技能水平、工种复合情况的高低决定了舾装流水线的运行水平,未来先进设备会越来越多地代替人力,对设备的驾驭与运用需要一支人员构成稳定、素质高、技术能力强的员工队伍，以应对新形势下对舾装精益生产的要求。

2.2.4 设备高稳定性

对作业设备要保养充分、维护及时，保证不出现设备故障或在出现故障能够立即解决。在生产线运行过程中，人机结合要紧密，在 CO_2 自动焊小车、打磨机等单人移动操作设备损坏或维修时可以备用设备替代，但对于不可替代性的设备设施，如吊车、焊接工作站等重要设备，其稳定性要想方设法保证。

2.2.5 生产工艺标准精益化

依据精益化生产需求，通过标准化的运作，实现标准化管理。在工艺方面提升单元化标准模块化程度，如对机舱、上舷侧等舾装集中区域制作进行单元化设计制作，甚至对个别数量少的几根管子也可以制作微单元，最大限度地将舾装制作阶段前移，达到简化船舶生产过程、提高生产效率的目的（图 5）。在工程管理方面提升各施工场标准化施工比例，依据标准化设定组织生产，使其生产过程可控、生产节拍易于优化。除了实现生产工艺、工程管理标准化外，在建造过程中其他要素也要尽可能地实现标准化。

(a)

(b)

图 5 某船型上舷侧单元优化前后对比图

2.2.6 管理精益化

船舶建造是一个非常庞大的体系，特别是舾装生产，建造层次复杂，生产管理涉及方方面面，因此有效地管理与控制生产过程显得尤为重要。建造过程的流畅性主要是由现场生产管控技术决定的。良好的生产管控技术能够尽可能地减少时间、材料以及人力资源的浪费，从而给企业带来最大的效益。通过科学排产等精益管理措施，可以发挥出舾装生产线的最佳效能，减少人力与工时的浪费；还可以保证适量准时地为下道工序提供优质的中间产品；更为重要的是可以优化流程，使众多设备形成一个系统，将其运用到极致，并为实现数字化功能、促进整线智能化运行奠定管理基础。精益管理涵盖了拉动计划体系、准时生产、均衡生产和生产节拍等丰富的内容，如何更好地研究运用分段舾装生产的标准工程图技术，促进精益运行，是重要的研究课题。

2.3 分段舾装标准工程图的设计

在分段实际建造中，如果没有对舾装施工进行精益策划，往往会形成瓶颈工序。引入精益造船模式中均衡生产理念，可将舾装作业模式化，预先分布到舾装各工序作业中，通过在各建造阶段预装来减少舾装的作业量，缩短舾装作业时间，以均衡不同的产线时间。设计分段舾装标准工程图就是进行精益策划的关键过程。

2.3.1 定义

舾装标准工程图是舾装精益生产管理中的一项重要内容，其通过分解舾装各层级工程，细化生产管理颗粒度，推进量化管理方式，持续优化改进流程，实现舾装节拍生产，最终达到生产计划达成、生产成本可控的目标。分段舾装标准工程图的设计及应用主要是将分段舾装生产流程信息化，通过对分段舾装托盘的精细划分，对管系、铁舾、电气等舾装任务进行合理分解，形成对应的工序物量信息模型，结合不同类型工序来配置资源，平衡舾装生产负荷，制订日程计划，调节各工序生产关系，力求达到生产任务之间理想的契合状态，缩短建造周期。

2.3.2 编制原则

(1)坚持集成性原则

将分段舾装建造的标准工序、作业计划、人员、物资、安全提示等作业指导信息有机结合,以图纸形式实现建造全过程的一体化管理。

(2)坚持标准化原则

在工程分解充分的基础上,把舾装工艺流程细化成标准工序,以标准工序为生产管理的最小颗粒度,围绕标准工序开展生产准备、资源管控、信息化等管理工作,实现量化管理。

(3)坚持精益原则

充分运用精益思想,保持适宜颗粒度,以工序为单位设计标准工程图。同一张标准工程图不跨越建造阶段,同一工序不跨施工场地、不跨施工班组。

(4)坚持以人为本原则

设计标准工程图时要充分运用工业工程理论,以施工效率、安全最优化为出发点,在设计过程中要充分与现场施工人员互动,听取最一线的施工人员的意见和建议,保证实用性、有效性。

2.3.3 编制内容

在详细研究舾装生产工艺和生产资源的基础上,对分段舾装建造过程进行合理工序分解,配合相应的作业指导及作业要求(包括质量、精度、安全等),利用统计方法给出各作业阶段的标准工序、标准工时、标准周期和标准信息,形成能够指导建造节拍化的标准化图纸。

(1)标准工序

以舾装工艺技术资料、生产流程为依据,考虑均衡生产节拍,制定满足合理颗粒度要求的标准工序数量,有效指导分段舾装工程分解。

(2)标准工时

理论工时与实动工时统计分析相结合,在标准周期内,制定完成各项标准工序的标准工时与每日人员投入,作为劳动力测算、负荷平衡及工种配比决策的判断依据,保障精细化派工体系高效运转。

(3)标准周期

根据实动工时统计分析,制定基于标准工序的标准周期,作为编制生产日程计划、资源配置计划的参考依据,指导小日程计划的编制与评价。

(4)标准信息

规范舾装建造过程中的安全、质量、工艺、工装等信息,拉动生产准备,提升现场管理水平,提高造船全流程生产效率。

2.3.4 编制方法

在精益生产与工业工程思想的基础上,运用船舶建造成组技术、工况统计分析法、流程图分析法、代表产品法等,从产品价值、作业计划、拉动生产组织、均衡生产和节拍等方面对舾装进行精益分析,剖析精益改善方向,着眼于舾装生产全价值链效益最大化,提升质量,提高效率,降低成本,力争用最少的资源、最短的时间、最佳的持续性实现最大的价值。

(1)阶段一:策划方案,精益分析,工程分解

这一阶段首先组建工作团队,调研舾装生产中的主要问题,进行详细的精益分析。其次,针对分段生产实际,先进行结构的工程分解,明确专业化生产物量与专业化生产场地。最后,根据结构形成的精益生产线,确定舾装标准工序。

(2)阶段二:实施方案,选定船型,工时测定

选定某一持续建造船型产品,在标准工序的基础上,运用工业工程理论,将单件工时定额作业测定与托盘工时定额预估相结合,同时对相同零件不同位置装配焊接加以区分,编辑工时测算理论模型,形成分段舾装理论工时数据库。采集相同分段不同施工单位的实动工时,与理论工时进行对比分析及优化,最终形成船型分段

舾装托盘标准工时数据。

(3)阶段三:绘制标准工程图

一方面编制结合标准工序与标准周期,排定小日程工作时间,在图纸上模拟形成有节拍的均衡生产,同时以托盘数据库为基础,编辑脚本,实现各分段按托盘自动提取数据库工时并排定日程计划;另一方面运用“云桌面”,查阅三维模型,绘制舾装生产组立图(DAP),将装配的工艺过程、工序流程及所需作业基准、工具工装等汇集到一起,详细准确地描述分段舾装建造过程。需要对分段舾装的工艺过程、工序流程进行标准化设计,以形成现场舾装生产执行决策依据。

(4)阶段四:标准化及持续优化

将船型标准流程图下发到车间评审,并推行至现场试用,征集现场意见,通过在建分段生产过程的标准化分解增加生产管理要素,按段补充信息,对确定的生产计划标准周期以及各作业阶段标准人员配备和标准工时进行再次修订,最大限度地贴近现场,并实现对现场生产资源和生产人员的最优化配置。

3 基于效率提升的分段舾装标准工程图信息研究

3.1 分段舾装最优施工设计

3.1.1 舾装件布置特点

常规船型的舾装件分布在不同区域情况不同,平行体分段空间中大设备少,机舱分段中管路和电路密集,通风系统舾装件的布置也有独特之处。平行体分段管系、铁舾、电气 3 个专业的舾装件呈线性分开布置,各有独自的空间,没有交叉和重叠情况,如底管隧分段;机舱分段以及部分艏艉分段设备布置密集,舾装件数量多,管路和电气纵横交错,铁舾件见缝插针,各专业采用分层布置,天棚下电气件在最上层,向下依次是管子、风管和排烟管、吊梁,铁舾件没有明显分层,根据需求设计。以机舱施工顺序为例,分段船体建造顺序依次为:电气件、铁舾件(不包含风管)、管子、风管、吊梁(有精度要求的除外)。如果有单元或者贯穿分段的超大型舾装件,则根据各舾装件相对的空间分布进行优化。机舱舾装施工流程图如图 6 所示。

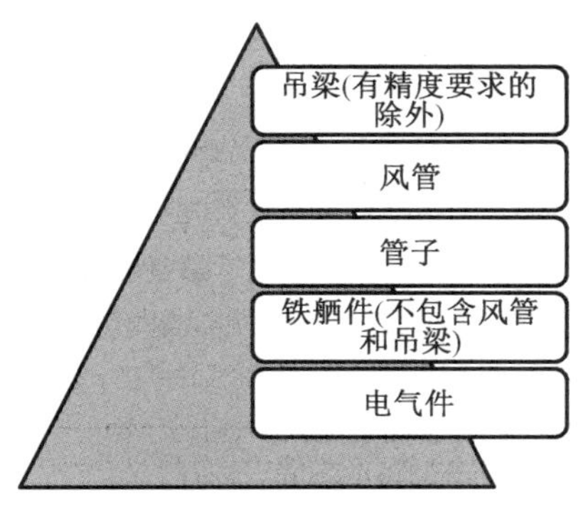

图 6　机舱舾装施工流程图

3.1.2 分段舾装工序前移

分段舾装工序前移是对舾装施工的合理化、经济化、规范化创新。以船体结构施工顺序为基础,对舾装件施工进行合理的拆解并将其插入到船体各道工序中,从而降低工人安装舾装件的难度和劳动强度,达到节省施工工时和规范舾装件施工顺序的目标。

(1)胎板面上的挡水平铁、挡水圈、垫板等在上胎后处于仰面位置,可前移到胎板接板时进行正向安装。

(2)立壁上的大尺寸舾装件在大组立成型后是立面安装的,可前移到胎板之前,在平铺状态下施工。

(3)半封闭空间内的大口径管或斜梯平台很难在分段成型后运进,前移到船体半立体阶段安装或备装。

(4)中组立上的舾装件到大组立成型后再施工,可能会仰面施工,并需要搭脚手架,延长施工周期和增加工时成本,可前移到中组立阶段施工。

3.2 分段舾装标准托盘设计

分段舾装标准托盘设计是基于分段不同施工阶段施工要领，体现“生产引导设计、设计指导生产”的理念，以船体结构施工工序为基础，逐步衍生分段舾装件托盘设计、工艺一体化的具体体现，最终实现分段阶段从设计、制作、集配到安装全流程的舾装件工程分解和分阶段的有序组合叠加。如图 7 所示，每个中组立单独为一个托盘（包括反造分段的胎板），大组立托盘包括：管系专业按施工量成盘，分多个托盘；铁舾专业和电气专业各一个托盘。

安装托盘设计遵循“四不跨”原则，即不跨安装阶段，同一托盘的铁舾件必须同一安装阶段施工；不跨安装区域，同一托盘的铁舾件必须在同一安装区域内；不跨作业单位、作业类型，不同工种、不同施工内容的铁舾件不设计在同一个托盘中；不跨安装图，一份安装图可划分若干托盘，但不允许一个托盘中含两份或两份以上安装图纸内容。

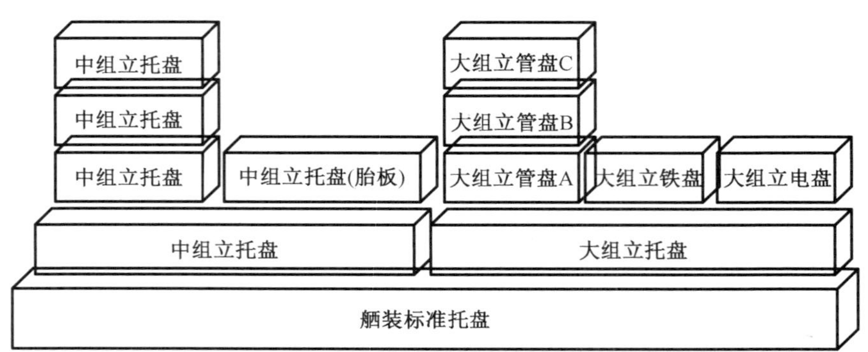

图 7　舾装托盘划分原理图

3.3 分段舾装标准工程图信息确定

3.3.1　分段舾装标准工序确定

基于船舶设计图纸和技术要求进行分析，以生产流程为依据，制定满足合理颗粒度要求的标准工序，以有效指导工程分解。某船 2205 段舾装标准工序分解如表 1 所示。

表 1　某船 2205 段舾装标准工序分解

序号	组立情况	作业内容
1	内底中组立	备料
2	内底中组立	中组立电气件划线/定位
3	内底中组立	内底板铁舾件划线/定位
4	内底中组立	中组立管支架划线/定位
5	内底中组立	中组立管路安装
6	内底中组立	中组立电/铁/管舾件焊接
7	大组立	备料
8	大组立	大组立管支架划线/定位
9	大组立	大组立管路安装
10	大组立	大组立铁舾件划线/定位
11	大组立	铁/管及电气舾装件焊接
12	交验	完整性完工报验

3.3.2　分段舾装标准工时测定

标准工时测定流程为:获取分段舾装物量,对代表零件进行作业测定,形成基础数据;根据舾装件特性因素与工时基础数据库相匹配,通过工程分解得出整段的测算工时;再以大量的现场实动工时与测算方案进行对比修正,调整工时基数及各影响因素,使测算方案与现场的合理实动工时耦合(图8)。单件舾装件施工工时会受到其自身的形状特性(如支管数量、弯管数量等)、舾装件的安装姿态(如立面、仰面等)的影响。综合考虑各因素,单件舾装件施工测算工时公式如下:

$$T_{单件} = \mathrm{ST}_1 \times \mathrm{ST}_2 \times A_{基础} \tag{3.1}$$

式中,$T_{单件}$为单件舾装件施工所需工时; ST_1 为舾装件形状修正系数;ST_2为舾装件位置修正系数;$A_{基础}$为根据舾装件的类型、规格、质量等因素赋予的单件基础工时。

舾装件优劣状态和施工理论工时两类数据主要以 ST_2 系数进行区别,上限为舾装件在平面姿态下施工,ST_2 系数不做补偿,舾装件分别在立、仰面姿态下施工时分别做出不同的工时补偿,进而得出优劣状态下施工测算工时的上下限。分段舾装件安装总工时即为此分段安装的所有单件舾装件测算工时之和,然后再根据分段的复杂程度、施工环境进行整体 ST 修正。ST 修正系数来自大量分段的实动工时反馈,按照分段所处的区域进行统一修正所得。具体如下:

$$A_{总} = \mathrm{ST} \sum_{i=1}^{n} T_{单件} \tag{3.2}$$

式中,$A_{总}$为舾装安装总工时;ST 为分段施工的难度系数,代表分段施工的难度;$T_{单件}$为单件舾装件安装的测算工时。

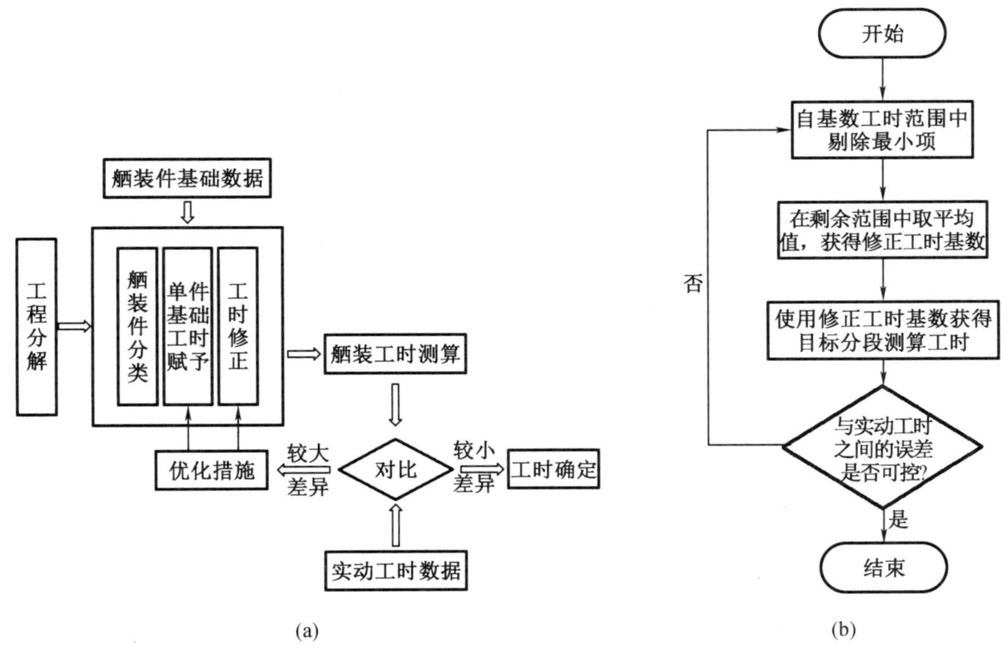

图8　舾装工时测算与修正流程图

3.3.3　分段舾装标准工期排定

以某船 2205 段为例,依据确定的标准工序,将工时测算与修正后得出的标准工时填入,然后依据一般配员情况,得到该段中组立及大组立阶段的标准周期(图9)。

序号	作业内容		配员	工时	总工时	第1天	第2天	第3天	第4天	第5天	第6天	第7天	第8天	第9天	第10天	第11天	第12天	第13天
1	内底中组立	备料	1															
2		中组立电气件划线、定位	2	9.6	19.2													
3		内底纵铁舾件划线、定位	2	12.5	25													
4		中组立管支架划线、定位	3	2.6	7.8													
5		中组立管路安装	3	3.2	9.6													
6		中组立电、铁、管舾件焊接	2	10	20													
7	大组立	备料	1															
8		大组立管支架划线、定位	3	4.4	13.2													
9		大组立管路安装	3	5	15.2													
10		大组立铁舾件划线、定位	2	29	58													
11		铁、管及电气舾装件焊接	2	14.2	28.4													
12	交验	完整性完工报验	1	0.5	0.5													
		总计			196.9													

图 9 2205 段标准工序、工时、周期图

3.3.4 分段舾装标准化信息展示

舾装标准工程图除标准工序、标准工时、标准周期外,还有以下内容。

①安全、质量事项及工装需求:提醒工人进入生产现场需要注意的安全、质量事项,工装需求提醒工人提前准备所需工装。

②舾装件安装图示意:设计绘制舾装施工顺序,指导现场施工。

③托盘、安装图信息:各组立阶段需要安装的托盘表、安装图,分批次需求。

依据托盘表及安装图信息,核查现场是否有遗漏施工。

分段舾装标准托盘信息图如图 10 所示。

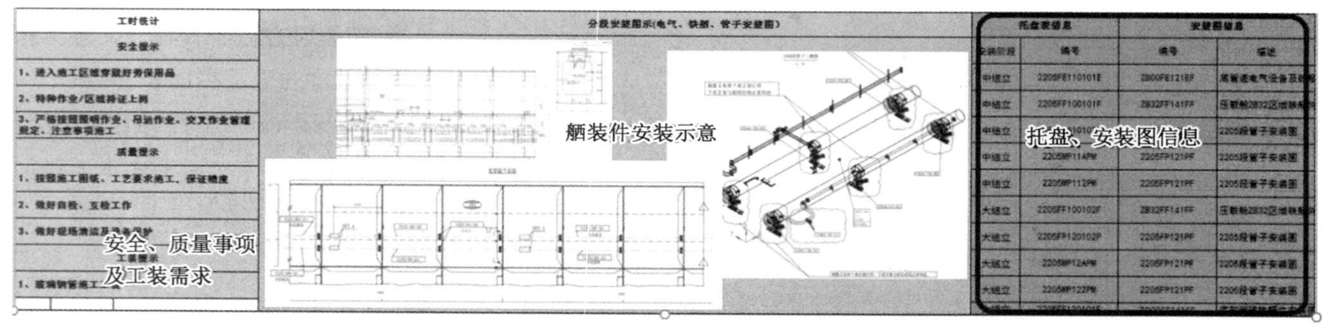

图 10 分段舾装标准托盘信息图

4 分段舾装标准工程图技术应用实践

4.1 选取代表分段的基本情况

选取在建船舶 LNG 的 5205 分段,该分段是升高甲板分段,长 13.162 m,宽 10.186 m,高 8.948 m, 以内甲板上斜壳为胎建造,具有典型代表性。运用舾装标准工程图技术指导该分段舾装计划排产、施工控制、科学配员等舾装生产管理各方面工作,以验证其有效性。

首制船按常规建造方法以内甲板上斜壳为胎建造,拼板装焊纵骨, 凸形斜甲板与框架形成结构中组立,中组立翻身后与胎板组立,在形成的边通道中施工所有舾装件;同时凸形甲板形成小组立,完工后扣盖,形成最终分段大组立。根据现场实动工时记录,本分段舾装配员 5 人,共产生舾装总工时 347 个,大组胎上舾装建造周期 15 天(包含生产异常的等待等无效时间)。

4.2 舾装标准工程图的编制

4.2.1 精益分析与优化

结合分段情况对该分段进行精益分析，并设计舾装生产标准工程图。图 11 中 A 为主生产线，B、C 为二级生产线，D 为三级生产线，在生产流程中预舾装集中在一个工序中，大组立胎上边通道狭窄，受施工面影响而无法展开人力，且人员在施工时无法站立，只能倾斜身姿施工；施工时铁舾专业、电气专业与管系专业施工互相影响，呈“一站式”作业，施工效率低下。需要运用舾装标准工程图技术以及精益方法对其进行优化。

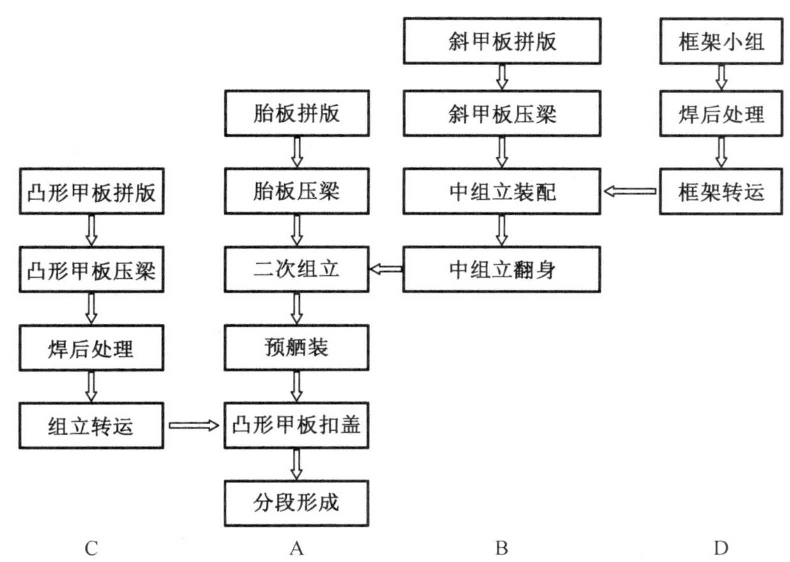

图 11　优化前 5205 分段舾装生产线从属关系简图

(1)工序前移

将分段所有舾装进行工程分解，发现 C 生产线凸形甲板小组立后，可将部分舾装管子、支架以及电气件形成单元，并前移至小组立工序预装，最后将甲板小组立与管路单元翻身扣到大组立胎板上，如图 12 所示。

图 12　凸形甲板小组立管系形成单元装配前移

(2)中组立专业化生产

将整船所有 B 生产线集中在流水线上，组织有节拍的均衡生产，同时亦将可前移的舾装件在中组立场地上预舾装，进一步缓解主生产线 A 的预舾装负荷。凸形斜甲板中组立如图 13 所示。

(3)单元优化

将通道电缆单元、走台铁舾单元进一步优化，便捷施工，缩短边通道预组后的舾装施工周期。

(4)准时化供料

按照新划分工序精益细化舾装托盘，形成新的舾装托盘，更改物料需求期，确保在小、中、大组立开工前物料齐套。

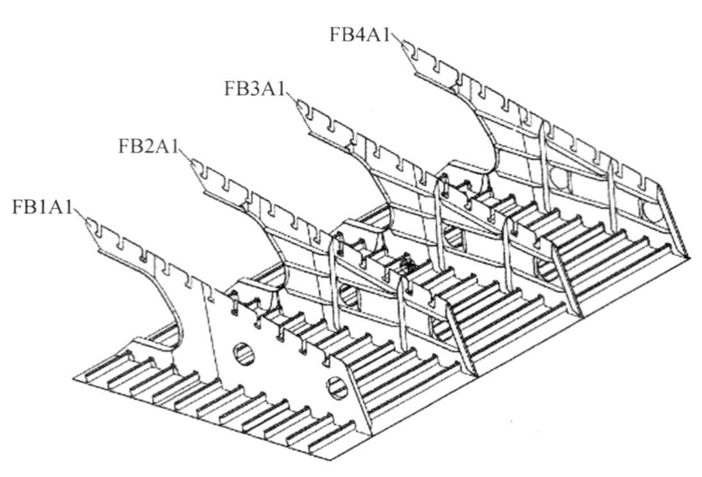

图 13　凸形斜甲板中组立

4.2.2　标准工序确定

如图 14 所示，首先优化生产线流程。先在 D 生产线施工小组立框架，在完成斜甲板拼板压梁后，与框架形成中组立并在 B 专业化生产线上装配，然后在中组立胎上施工中组立舾装件。中组立完成后转运至大组立胎位，翻身扣在已经装焊纵骨的内甲板上斜壳上。随后在形成的边通道中装焊消防管与铁舾、电气平台。另外 C 生产线中的管子单元在凸形甲板上小组立预舾装后，翻身上胎将边通道扣盖，形成最终大组立分段，以优化后的流程确定标准工序。

4.2.3　确定分段舾装装配顺序

结合船体结构建造顺序，以及对该分段舾装的精益分析，明确舾装安装示意图如图 15 所示。

4.2.4　标准工时与配员

汇总本分段舾装基本物量，结合图 8 工时测算与修正流程图，在各类舾装工时定额测算结束形成数据库的基础上，按照(3.1)和式(3.2)工时计算方法，计算出本分段精益优化后的理论舾装总工时为 170 个，其中配员充分考虑现场现有工人实际情况及分段建造节点需要。

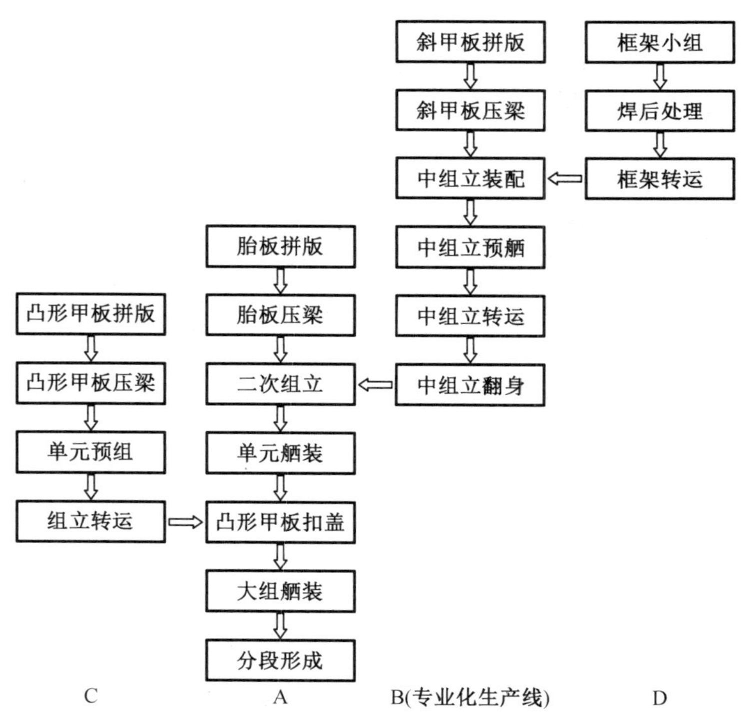

图 14　优化后 5205 分段舾装生产线从属关系简图

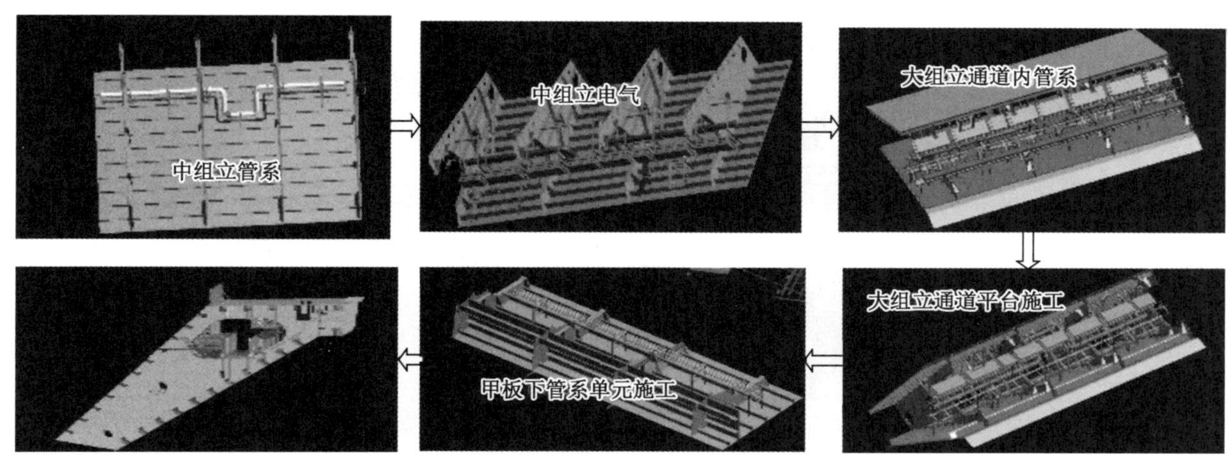

图 15　5205 分段舾装安装示意图

4.2.5　其他标准托盘信息

按照优化后的舾装施工顺序划分托盘,中组立标准托盘信息如表 2 所示,大组立标准托盘信息如表 3 所示。安全提示:进入施工区域穿戴好劳保用品;特种作业/区域持证上岗;严格按照照明作业、吊运作业、交叉作业管理规定、注意事项施工。质量提示:按照施工图纸、工艺要求施工,保证精度;做好自检、互检工作;做好现场清洁及设备保护工作。

表 2　5205 分段舾装中组立标准托盘信息表

安装阶段	托盘信息	安装图信息	描述
中组立	5205FE110101E	ZD70FE121EF	(FR70~123)边舱通道电气设备及铁舾件安装图
中组立	5205FP110102P	5205FP121PF	5205 段管子安装图
中组立	5205MP11APM	5205FP121PF	5205 段管子安装图
中组立	5205MP112PM	5205FP121PF	5205 段管子安装图

表 3　5205 分段舾装大组立标准托盘信息表

安装阶段	托盘信息	安装图信息	描述
大组立	5205FE120101E	ZD70FE121EF	(FR70~123)边舱通道电气设备及铁舾件安装图
大组立	5205FP120102P	5205FP121PF	5205 段管子安装图
大组立	5205MP12APM	5205FP121PF	5205 段管子安装图
大组立	5205MP122PM	5205FP121PF	5205 段管子安装图
大组立	5205FF170101H	5205FF171HF	5205 和 5305 分段舾装件安装图
大组立	5205FF120101F	ZU32FF141FF	甲板下 ZU32 区域铁舾件安装图

4.3　设计分段舾装标准工程图

4.3.1　中组立舾装标准工程图

基于前文研究内容,确定标准工序、标准周期与标准工时,汇集托盘表、安装表信息以及安全、质量提示信息,绘制中组立舾装标准工程图(图 16)和大组立舾装标准工程图(图 17)。

中组立标准工程图						船号			作业场地	流水线		开工时间										完工时间		
						分段号	5205		作业阶段			下胎时间												
序号	作业内容		配员	工时	总工时	第1天	第2天	第3天	第4天	第5天	第6天	第7天	第8天	第9天	第10天	第11天	第12天	第13天	第14天	第15天	第16天	第17天	第18天	第19天
1	中组立（DK1A2）	备料	1																					
2		中组立管支架划线、定位	3	1.4	4.2																			
3		中组立管路安装	3	4.3	13																			
4		中组立电气件划线、定位	2	15	30																			
5		中组立管、电舾件焊接	2	8	16																			
					63.2																			

安全提示	分段安装示意（依次为管、电安装）	托盘表信息		安装图信息	
1、进入施工区域穿戴好劳保用品	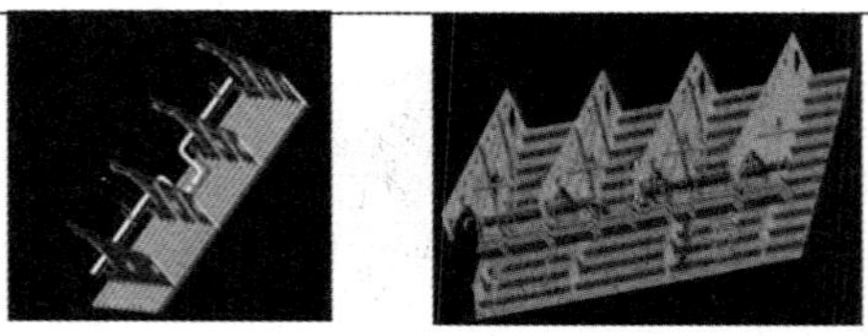	安装阶段	编号	编号	描述
2、特种作业/区域持证上岗		中组立	5205FE110101E	ZD70FE121EF	（FR70˜123）边舱
3、严格按照照明作业、吊运作业、交叉作业管理规定、注意事项施工					
质量提示		中组立	5205FP110102P	5205FP121PF	5205段管子安装图
1、按照施工图纸、工艺要求施工，保证精度		中组立	5205MP11APM	5205FP121PF	5205段管子安装图
2、做好自检、互检工作		中组立	5205MP112PM	5205FP121PF	5205段管子安装图
3、做好现场清洁及设备保护					
工装提示					
1、无					

图 16　5205 分段中组立舾装标准工程图

大组立标准工程图						船号			作业场地	流水线		开工时间										完工时间		
						分段号	5205		作业阶段			下胎时间												
序号	作业内容		配员	工时	总工时	第1天	第2天	第3天	第4天	第5天	第6天	第7天	第8天	第9天	第10天	第11天	第12天	第13天	第14天	第15天	第16天	第17天	第18天	第19天
1	大组立	备料	1																					
2		大组立通道内铁舾件划线、定位	2	2.5	5																			
3		大组立通道内管支架划线、定位	3	4.3	13																			
4		大组立管路安装	3	16	47.5																			
5		大组立升高甲板单元定位	3	3.3	10																			
6		大组立电气件划线、定位	2	3.9	7.8																			
7		大组立剩余铁舾件划线、定位	2	4	8																			
8		大组立铁、管、电舾件焊接	2	8	16																			
9	交验	完整性完工报验	1	1	1																			
		总计			108.3																			

安全提示	分段安装图（依次为铁、电、管安装图）	托盘表信息		安装图信息	
1、进入施工区域穿戴好劳保用品	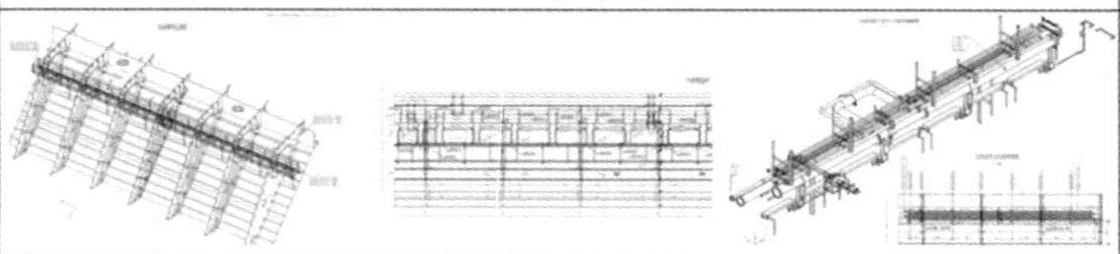	安装阶段	编号	编号	描述
2、特种作业/区域持证上岗		大组立	5205FE120101E	ZD70FE121EF	（FR70˜123）边舱通道
3、严格按照照明作业、吊运作业、交叉作业管理规定、注意事项施工		大组立	5205FP120102P	5205FP121PF	5205段管子安装图
质量提示		大组立	5205MP12APM	5205FP121PF	5205段管子安装图
1、按照施工图纸、工艺要求施工，保证精度		大组立	5205MP122PM	5205FP121PF	5205段管子安装图
2、做好自检、互检工作		大组立	5205FF170101H	5205FF171HF	5205&5305分段舾装件安
3、做好现场清洁及设备保护		大组立	5205FF120101F	ZU32FF141FF	甲板下ZU32区域铁舾件
工装提示					
1、无					

图 17　5205 分段大组立舾装标准工程图

4.4　标准工程图技术应用效果

4.4.1　标准周期

在选取分段舾装施工中，应用标准工程图技术，严格按照标准工序组织施工，提前解决生产异常问题，按节拍实现生产准备准时化。实际施工中组立阶段舾装施工 4 天、大组立阶段舾装施工 6 天，具备交验条件，与标准工程图基本相符，相关实际配员与施工情况如表 4、表 5 所示。

表 4　5205 分段中组立舾装实际配员与施工情况表

作业内容	配员信息	工时/个	总工时/个	施工天数
备料	1	2	2	第 1 天
管支架划线/定位	3	1.4	4.2	第 1 天
管路安装	3	4.3	12.9	第 1 天
电气件划线定位	2	15	30	第 1~3 天
管系、电气舾装件焊接	2	8	16	第 3~4 天
合计			65.1	

表 5　5205 分段大组立舾装实际配员与施工情况表

作业内容	配员信息	工时/个	总工时/个	施工天数
备料	1	2	2	第 1 天
通道内铁舾划线/定位	2	2.5	5	第 1 天
通道内管支架划线/定位	3	4.3	12.9	第 1 天
管路安装	3	16	48	第 1~3 天
升高甲板单元定位	3	3.3	9.9	第 3~4 天
电气件划线/定位	2	3.9	7.8	第 4 天
剩余铁舾件划线/定位	2	4	8	第 5 天
管系、铁舾、电气舾装件焊接	2	8	16	第 6 天
完整性报验	1	1	1	第 7 天
合计			110.6	

4.4.2　节拍连续

节拍可以直观地表现流水线生产率的高低或生产速度的快慢[6]。经过对选取分段的精益优化措施的落实，以及运用标准工程图技术，其生产线形成了均衡连续的生产节拍，如图 18 所示。

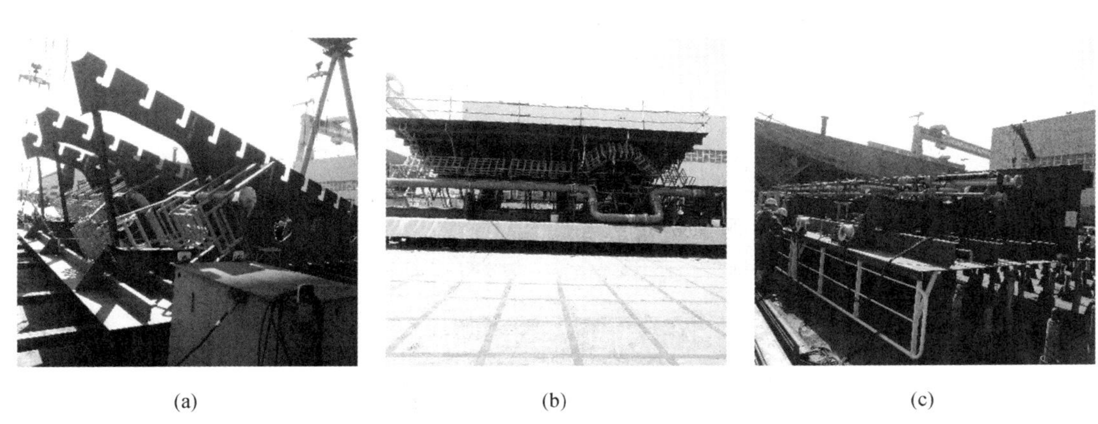

(a)　　(b)　　(c)

图 18　5205 分段舾装节拍生产示意图

4.4.3　效率提升

在施工现场运用标准工程图技术，在落实精益生产各项措施的基础上，精简舾装施工作业人员，不单独配备电焊工、打磨工(随铆工班组配备)，配员 3 人完成分段舾装任务。由于实行节拍化生产及将一部分舾装件施工前移至中组立阶段，大组立施工周期随之缩短。合并对比中组立、大组立舾装施工周期，相比之前缩短了 33%，总工时减少了 49.5%。该分段标准工程图应用前后各类数据对比如表 6 所示。

表 6　5205 分段标准工程图应用前后对比

应用标准工程图技术	作业人员/人	中组立周期/天	大组立周期/天	舾装总工时/个
应用前	5	0	15	347
应用后	3	4	6	175

注：1. 应用前后的周期天数均包括生产异常的等待时间；2. 工时指施工人员在分段实际施工时长

5　展望

本文结合船舶分段舾装建造实际，研究将标准工程图技术引入现场舾装工程管理，围绕标准工程图组织精益生产,选取典型分段进行验证。实践证明,该技术是有效的。未来对于该技术,一是研究应用于计划制订以提升精益对接度,固化舾装分段标准周期,提升计划的准确性,精益工程计划编制;二是研究应用于派工管理以提升配员精准度,便于施工单位依据部门派工计划,合理统筹安排用工人员,保持高效运作;三是研究应用于生产准备以提升物资准时度,围绕生产节拍对舾装与物资以及相关生产保障提供精准要求,保证现场建造节拍,实现提质增效。

参考文献

[1] 戴锋. 现代管理工程[M]. 北京:国防工业出版社,2007.

[2] 王世利. 面向精细化管理的船体组立设计研究[J]. 上海造船,2007(3):48-51.

[3] 刘雪梅. 以成组技术为基础通过组立设计模式深化船体分道作业[J]. 造船技术,2009(2):23-25,28.

[4] CUSUMANO. The Japanese automobile industry: Technology and management at Nissan and Toyota[M]. Cambridge, Mass: Harvard University Press, 1990.

[5] 吴玉瑞,马士华. 现代生产管理学[M]. 武汉: 华中理工出版社, 1994.

[6] 张明华. 精益造船模式研究[D]. 哈尔滨:哈尔滨工程大学, 2005.

FPSO 系列船模拟搭载精度研究

王成行　孙　新　李晓庆　杨　明　刘　静

（大连船舶重工集团有限公司）

摘　要：近些年，随着科技水平的提高，模拟搭载逐渐被应用到船舶建造的合拢工序中。但由于施工人员经验缺乏，数据积累较少，以及模拟搭载过程中数据测量精度和分析验证方式不完善，其模拟搭载精度较差，从而导致模拟搭载数据出现偏差，产生模拟搭载精度数据导向偏差，分段荒料切修不到位或切修过量等问题。本文对作者多年的工作经验和方法进行总结，在进行分段精度数据及合拢口精度数据测量时，制定相应的精度测量点的选取规则，从而保证分段精度数据充分，完善，保证在进行模拟搭载时分段数据和合拢口数据能够有效关联；同时增加模拟搭载荒料切修验证工序，对模拟搭载数据进行自我验证，确保荒料切修充足且不过量。

关键词：模拟搭载；分段合拢；荒料切修

0　前言

模拟搭载可通过采集相关分段及合拢口的真实数据，模拟分段合拢时的真实状态，同时对于需要切修的分段，能够提前确定分段的荒料位置，可将分段合拢过程中分段切修工作前移，避免合拢过程中使用吊车反复调整分段位置，省去精度作业人员反复进入各个舱室进行分段荒料确认流程，解决划荒料线及进行荒料切修时操作空间狭小、操作困难的问题，省去搭设脚手架等相关基础设施工作。模拟搭载在船舶合拢阶段的应用意义重大，但由于模拟搭载精度较难控制，其在分段合拢过程中未得到充分利用，因此提高模拟搭载精度，提升其在合拢过程中的应用频率，是减少合拢定位次数、实现合拢定位一次完成、缩短造船周期的关键之所在。

1　研究过程

1.1　制定分段精度数据测量点的选取规则

为解决分段精度数据测量点遗漏、优化分段数据不足的问题，在进行分段精度数据测量前，先制定分段精度测量点的选取规则，保证同类型分段精度控制点选取位置相同，不同类型分段精度测量点位置选取规则相同，按照规则完成分段精度数据测量工作，为分段优化提供充分可靠数据支撑。

精度测量点的选取规则如下：

在分段板口的主框架与大板交点位置，框架两端距离大板 100 mm 位置，距离板口末端 100 mm 位置，分段的重要结构对位点（CM 点）位置，分段平直部分相隔龙骨末端与外板交点，大板板缝两端龙骨末端与外板交点，以及分段中主要精度数据控制点，都应选取精度测量点。

①分段板口的主框架与大板交点位置。该精度测量点既能反映出框架的空间位置，又能反映出主框架处大板的空间位置，大板的该处位置为硬性结构，可对大板其他位置的精度数据提供参考。

②框架两端距离大板 100 mm 位置。该精度测量点能够反映出框架的尺寸,还可作为荒料准确性的参考点。

③分段 CM 点。该精度测量点为分段硬性结构点,不会因为运输、吊装等原因而产生变形;又是分段制造过程中重点关注的精度控制点,在分段模拟搭载过程中要重点关注且对于正确性判断有足够参考价值。

④分段平直部分相隔龙骨末端与外板交点。该精度测量点能够反映出该位置外板的空间位置,可确定出该位置的间隙或荒料状态。

⑤大板板缝两端龙骨末端与外板交点。可将两端的精度控制点结合来看,能够反映出大板接口对位偏差。该位置使用卷尺测量方便,可根据现场实际测量数据与模拟搭载数据进行对比,对模拟搭载正确性进行验证。

⑥分段中主要精度数据控制点。每种类型的分段的主要精度控制位置有所不同,根据分段实际情况进行精度测量点的选取,其中需要注意与合拢口精度数据测量点相对应(图 1)。

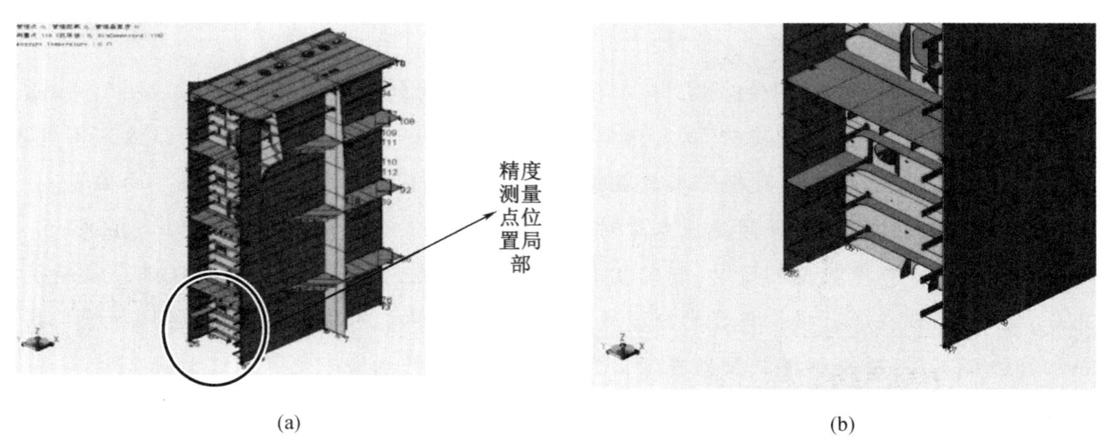

图 1　分段精度点选取位置示意图

1.2　BLOCK 优化精度数据基准点选取

制定三维模型基准点选取规则,改善分段数据精度,提高优化分段效率。将分段精度数据导入到 BLOCK 模型中,选取 3 个基准点:第一点应选择分段的中心点或分段 CM 点、主框架点等硬性结构点;第二点应选另一面相对应的点;第三点的选取应充分考虑分段的高度方向,在其高度方向上选取一点作为高度方向上的基准点。在精度测量点的植入过程还应明确精度测量点的测量顺序,按照对应的测量顺序依次连接(图 2)。

1.3　增加合拢口精度数据定位点

直接测量合拢口精度数据只能对合拢口的型值数据进行反馈,无法捕捉船体整体数据走向,在模拟搭载过程中无法参照相应的船体数据,导致合拢数据片面,完成合拢的分段及合拢数据并非最优状态,将影响后续分段合拢以及整个船体的型值。

在测量合拢口精度数据前,增加合拢口基准点测量,使用全站仪的三维测量方式选取长度、宽度方向上的基准点建立坐标系,再找出合拢过程中高度方向上的基准点,将 3 点测量完成后,记录 3 点的空间位置坐标。基准点测量完成后进行合拢口精度数据测量,将合拢口精度测量点的坐标放在整个船体坐标系中,模拟搭载过程参照整个船体数据。

合拢口精度数据测量点的位置选取要与分段精度测量点的位置相对应,满足在应用 OTS 软件进行模拟搭载时,分段精度数据与合拢口精度数据能够有效关联,便于后续进行模拟搭载数据分析。

1.4　合拢口精度数据植入

在植入合拢口精度数据后调整合拢口将影响模拟搭载精度,因此,合拢口精度数据植入只需将 3 个基准点数据的空间位置还原,在精度测量点位置生成管理点,再将管理点和精度测量点连接即可(图 3)。

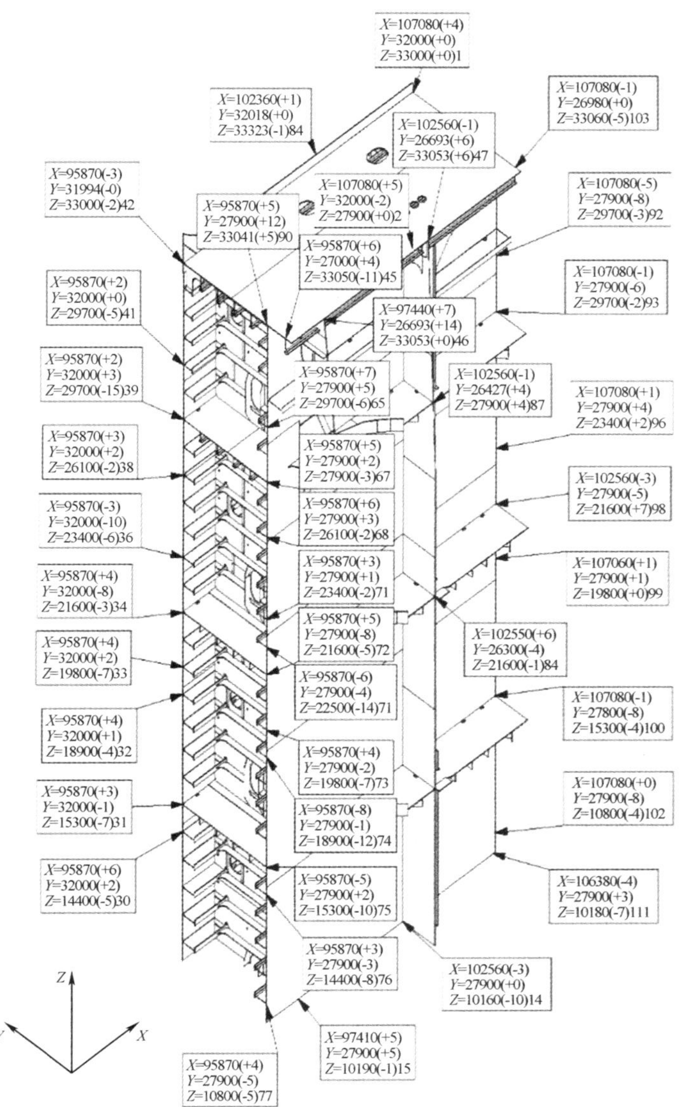

图 2　利用 BLOCK 进行分段数据分析示意图

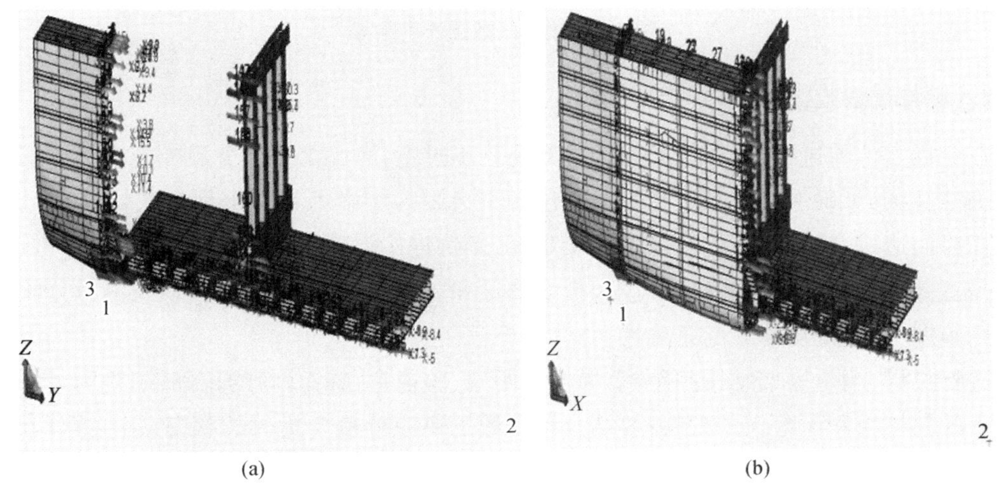

1,2—长度、宽度方向上的基准点;3—高度方向上的基准点。

图 3　分段模拟搭载过程示意图

1.5　模拟搭载分段调整

在模拟搭载过程中,为了保证该项工作快速有效进行,精度数据达标,同时也为了保证后续装配顺利进行,要对分段精度数据进行合理取舍,其中分段中心点精度数据、CM 点精度数据、分段主框架精度数据、分段合拢口精度数据等要进行重点控制,分段其他位置数据可作为参考。

在模拟搭载过程中需要充分考虑分段水平度、分段结构对位、分段合拢口同面度、合拢口间隙、分段整体型值、分段空间位置。在调整过程中,调整其中一项精度数据,则其他精度数据也会相应发生变化。此外,在模拟搭载过程中要充分关注各项精度数据变化,使分段各项精度数据都在公差范围内且为最优状态。

1.5.1　绘制精度数据表

在模拟搭载完成后,绘制精度数据表以为分段合拢提供分段精度数据指导;绘制荒料切修表并提供给参与荒料切修的工作人员,使其按照荒料切修表在分段上划出荒料线。施工人员可在分段合拢定位前完成分段及合拢口的荒料切修工作,将荒料切修工作前置,保证分段在吊装合拢前荒料的切修工作完成。分段切修数据表示意图如图 4 所示。

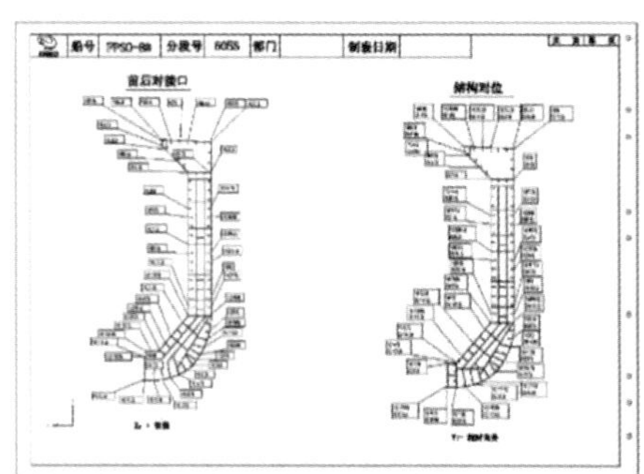
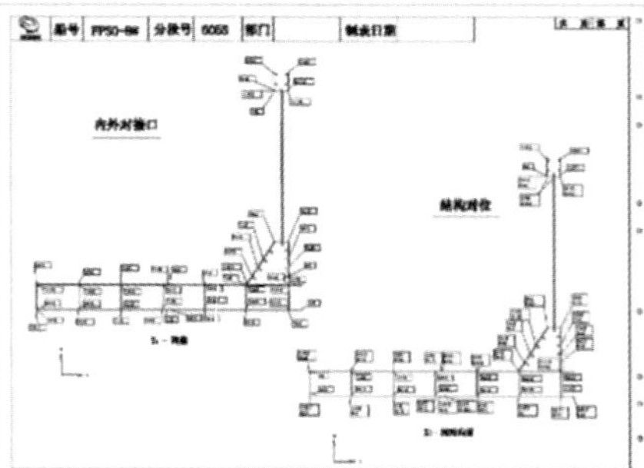
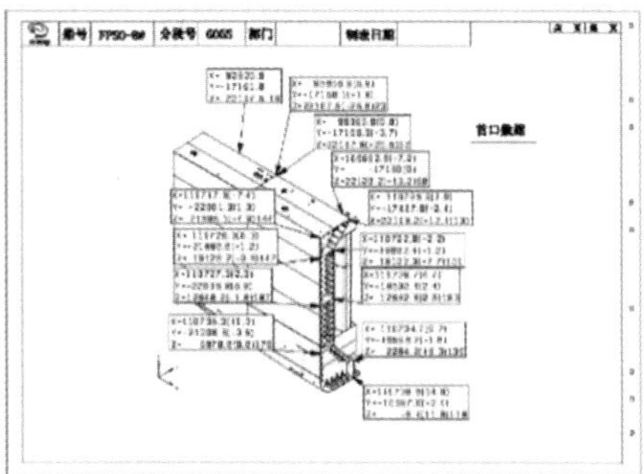
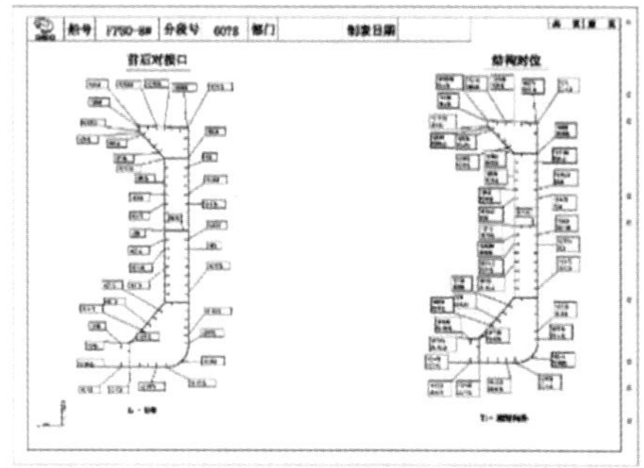
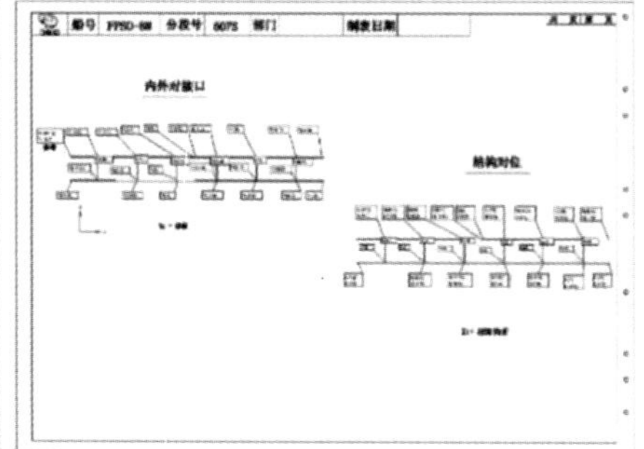
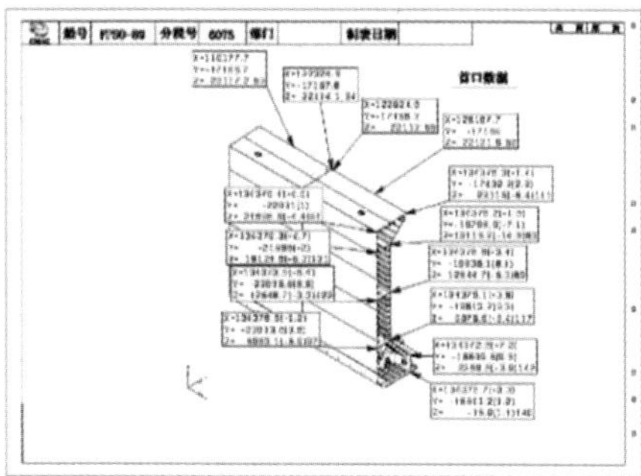

图 4　分段切修数据表示意图

1.6　模拟搭载数据及荒料验证

分段切修在合拢定位前进行,要保证荒料切修充足且不过量,因此需要对分段模拟搭载的切修荒料及其精度数据进行正确性验证,可确保分段在进行合拢定位时不会因为切修不足而出现二次切修,增加工作难度,也不会因为过量切修而造成合拢间隙过大,增加焊接难度,影响焊接强度,导致合拢工作无法正常进行。

对于分段平直部分荒料,可通过对比分段大板切修量和分段框架结构切修量,以及测量分段大板尺寸数据与框架结构尺寸数据,来验证切修量的正确性。

可对分段进行拉尺,测量框架结构间距离、纵桁间距离,验证存在的荒料的正确性。

对于分段中的斜坡板和压弯板的荒料,要结合精度数据还原分段合拢时的状态,来验证其正确性,经验证后标记出需切修的位置(图 5)。

1.7　分段合拢工序

分段合拢各项精度数据在其公差范围可有多种组合方式,为提升合拢工作效率,减少新荒料的产生,同时合拢过程需严格按照精度数据表进行。

1.8　连续模拟搭载

在能保证测量数据的精确性,且有长期的工作经验总结和数据积累的前提下,可尝试进行连续的模拟搭载。其优势在于:连续模拟搭载可将多个分段合拢工作视为整体,进行整体宏观的精度调整,整合各个分段间的精度数据偏差和荒料切修情况,能够有效地避免或减少切修量,提高合拢工作效率。

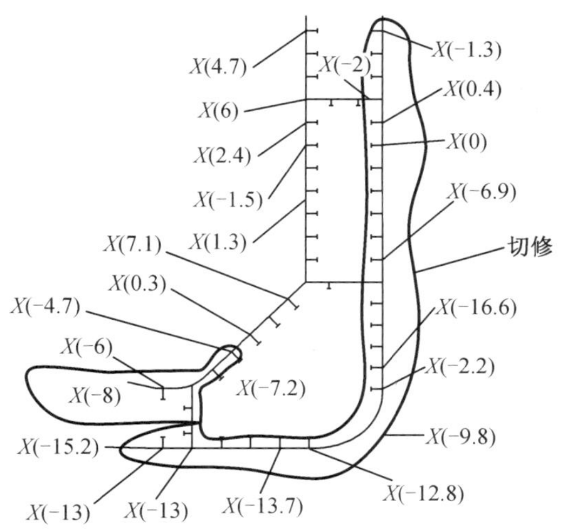

图 5　切修位置示意图

2　推广前景

通过将模拟搭载应用到 FPSO 系列船的合拢工序中,我们对该系列船的各个类型分段的合拢工作进行了研究尝试,对于提升分段合拢工作效率、把控合拢工作精度、降低合拢工作难度、改善船体外形都有着显著效果,这对于后续相关产品合拢相关工作有着极强的借鉴作用和推广价值,经过反复实践尝试,确定该方案能够完全适用于 FPSO、P113K、P110K、T300K 等民用船舶。

3　结束语

分段精度数据与合拢口精度数据测量的精确性和完整性,是能够正确进行模拟搭载分析的前提理论依据,因此,前期的数据测量的精确性、完整性、对应性是该项工作的重点之所在,对此要给予足够重视。

荒料切修完成后不会再有任何补救措施,该项工作没有试错机会,在划荒料线以确定荒料前要有充足的自我检验,同时对于不同类型的分段、分段的不同部位、合拢对接口的不同位置,要保持长期的经验积累与数据统计分析。

参考文献

[1]　李雪梅. 船舶建造工艺,哈尔滨工程大学出版社,2007.

[2]　李歌乐. 船体装配工工艺学[M]. 哈尔滨:哈尔滨工程大学出版社,2007.

浅谈质量成本理论与管理

丰　跃　孔凡君　李明磊

（大连船舶重工集团有限公司）

摘　要：本文重点讲解企业质量成本管理的理论与方法，介绍了质量成本管理科目，说明了由于企业的产品不同，企业类型不同，组织结构和规模大小不同，财务核算制度不同，所以在质量成本管理中的具体做法也不同。考虑到这些。本文以中型企业开展质量成本管理为例进行补充，提出适合本企业的具体方法，使之具有本企业的特色，这样能收到更好的实效，使质量成本管理工作为降低和控制质量成本，提高企业经济效益做出更大贡献。

关键词：质量成本；降低和控制；经济效益

0　前言

质量是一个企业全体员工共同劳动的结晶，因此，质量成本涉及每个员工。而质量成本则是全面质量管理活动的经济性表现，是衡量质量体系有效性的一个重要因素。对质量成本进行统计、核算、分析、报告和控制，不仅可以找到降低生产成本的途径，促进经济效益的提高，同时还可以监督和指导质量管理活动的正常进行。最先将质量与经济联系在一起的是质量管理学科的先驱——美国休哈特。而著名的质量专家朱兰也强调，要用财务管理理论来加强质量管理。同时，随着质量概念的不断演变，即从符合性发展到追求顾客满意，质量的经济性也更显重要，并逐渐成为质量管理中的一个重要内容。

1　质量成本的概念与划分

1.1　质量成本的概念

那么，什么是质量成本呢？简而言之，质量成本就是：生产方和使用方为确保满意的质量所发生的费用以及当质量令人不满意时所遭受的损失。这就是说，质量成本是指企业为保证或提高产品质量而进行的管理活动所支付的费用和由于质量损失而造成损失的总和。对质量成本的概念有许多不同的解释。最早提出质量成本概念的是美国质量管理专家费根堡姆。费根堡姆首先把产品质量和成本联系在一起，指出离开成本谈质量，这样的质量毫无意义。在其编写的专著《全面质量管理》中，他进一步指出，质量成本管理是衡量和优化全面质量管理活动的一种手段。

质量成本管理的目的是不断提高质量管理能力，以适宜的质量满足社会对产品的需求。降低产品总成本，提高经济效益，为评定质量管理体系（QMS）有效性、评价质量管理效果、进行质量奖励和企业考核提供依据。质量成本管理是一种方法，贵在应用，只有应用了才能体现出它的价值。质量成本管理是质量管理与成本管理的结合，只有企业的质量管理人员和财务人员齐抓共管，才能把质量成本管理工作做好。质量成本管理属于管理会计科目，虽然其目的、重点、对象和核算模式均与财务会计不同，但质量成本可利用财务会计的核算结果。

质量成本管理是为强化企业内部管理服务的,也称为内部会计。其结构较松散,方法较灵活,不必像财务会计那样遵循“公认会计原则”,只要求近似值。其重点是算账,而不是记账。

1.2 质量成本的划分

设置质量成本科目是为了有效地进行质量成本管理工作,使质量成本统计、汇总、核算更加科学、系统。质量成本科目设置是开展质量成本管理前期首先要完成的一项工作,因为只有这样才可以将生产过程中纷繁复杂的经济信息和数据变成有规律的、可以识别的质量成本具体数据。质量成本科目的划分将根据企业的具体情况来定,一般分3级科目结构。一级科目为质量成本,可分为内部运行质量成本和外部质量保证成本两个部分。内部运行质量成本大致可分为4大类二级科目:鉴定成本、预防成本、内部损失成本、外部损失成本。对以上4类可根据企业的实际特点设置具有可操作性的三级科目。特殊情况还要增加外部质量保证成本,即为向用户提供其质量保证要求的客观证据所支付的费用,包括特殊的和附加的质量保证措施、程序、数据、证实试验及评定的费用。

企业为了使产品能满足适用性的要求,要在全过程中防止缺陷产品的流传,就必须对产品进行检验或试验,因而产生了鉴定成本。产品在检验或试验时可能失效,也可能在用户使用过程中发生故障,故在出厂前也可能对有缺陷的产品进行返修或在保修期内为用户更换、修理产品等,因此企业不得不产生质量损失。由于存在出现故障的可能性和进行鉴定的必要性,企业还应该投入预防成本,以减少现生产产品和新开发产品的损失成本和鉴定成本。

在企业运营过程中,鉴定成本一般包括进货检验费、工序检验费、成品检验费、试验设备维修费、试验材料及劳务费。预防成本一般包括质量计划工作费、设计评审费、工序能力研究费、质量审核费、质量情报信息费、质量培训费、质量改进措施费、质量奖励等。内部损失成本是交货前因产品不能满足质量要求而造成的损失,如返工、复检、报废等,也就是指产品在出厂前由于发生质量缺陷而造成的损失与为处理质量故障所发生的费用之和,包括废品损失、返工损失、复检费、停工损失、产量损失、质量故障处理费、质量降级损失。外部损失成本主要是交货后因产品不能满足质量要求而造成的损失,如保修、保换、保退、撤销合同及有关质量的赔偿、诉讼费用等,也就是指产品在用户使用中发现质量缺陷而产生的一切费用和损失的总和。它同内部损失成本的区别在于产品质量问题是发生在发货之后。其包括以下各项:索赔费用、退货损失、保修费用、降价损失、诉讼费用、返修或挑选费。

质量成本是用大量数据作为依据进行管理的,可以从下述来源收集数据:预防成本数据由质量管理部门及检验、产品开发、工艺等有关部门根据费用支付凭证统计;鉴别成本数据由检验和开发设计部门根据检验、试验费用凭证统计;内部损失成本数据由检验科和各车间统计员根据废品报告单和生产工作票以及有关的原始凭证统计;外部损失成本数据由销售服务部门根据售出产品的外部反馈信息凭证进行统计。

2 质量成本的管理原则和程序

2.1 质量成本的管理原则

质量成本管理应遵循下列3项原则:

2.1.1 应以寻求适宜的质量成本为目的

任何企业的质量成本都与其产品结构、生产批量、设备条件及人员素质等生产能力相适应。开展质量成本管理的目的是尽快找到适宜的质量成本并有效地控制它。

2.1.2 应以真实可靠的质量记录、数据为依据

在实施质量成本管理过程中,所用的各种记录、数据务必真实、可靠。只有这样,才可能做到核算准确、分析透彻、考核真实、控制有效。否则,质量成本管理工作势必流于形式,无法获取效益。

2.1.3 应发挥各部门积极性,促进质量成本管理有效

必须充分发挥财务、生产、检验、供销、车间等企业各部门的积极性,把质量成本工作纳入到其质量职能中,

只有这样才能坚持不懈地开展质量成本管理。否则,仅靠质量部门是开展不了质量成本管理工作的。

2.2 开展质量成本管理的程序

2.2.1 认真开展质量成本管理的宣传教育

质量成本管理是一个新课题、新工作,推行时涉及很多部门和人员,因此,必须开展质量成本管理的宣传、教育和普及工作,让大家理解和支持质量成本管理工作。

对从事质量成本管理工作的人员要进行专门培训。培训的内容应包括质量成本项目的构成,质量成本数据的收集,质量成本的统计、核算、分析、报告、计划和控制方法等。

2.2.2 建立质量成本核算、统计、管理组织体系

实施质量成本管理必须有组织保证,因此,应依据质量成本管理需要,确定各有关部门的专兼职质量成本核算、统计和管理人员,并明确其职责和任务。

2.2.3 制定质量成本管理的制度或标准

制定开展质量成本管理的程序,规定质量成本原始记录表格的内容与格式,建立质量成本管理的制度或标准。

2.2.4 编制质量成本计划

质量成本计划是指为达到适宜的质量成本而筹划的各种措施。每个推行质量成本管理的部门和单位必须编制质量成本计划,付诸实施并逐渐使质量成本进入控制阶段。质量成本计划按时间结构可分为长期计划、中期计划和短期计划。质量成本计划的内容一般包括企业总质量成本计划、各部门和生产单位的质量成本计划、质量成本构成比例计划、质量费用计划、实施质量成本计划的措施。

质量成本计划是质量成本管理的主要依据,质量成本计划实施得如何、存在哪些问题、还要做何改进等,都要通过有效的检查、监督、跟踪、考核来实现。

2.2.5 质量成本的统计、计算和分析

规定质量成本核算期后,就要收集有关质量成本的数据资料,同时按规定时间进行质量成本各二级科目与三级科目的统计、计算,汇总填报。

根据质量成本统计汇总报表,企业财务和质量管理部门应做出质量成本的趋势分析,编写质量成本报告。

2.2.6 定期对质量成本进行考核

质量成本考核是质量成本管理中各个环节的纽带,质量成本预测、决策、计划、实施、核算、分析以及控制等工作做得好不好,最终要通过质量成本考核来加以评价、总结,只有爱样才真正使质量成本管理工作不流于形式。

一般应每月对质量成本考核一次,必要时还可每一季度重新考核一次,用经济责任制和质量责任制将考核结果直接与个人、部门的经济利益挂钩。根据质量成本源流思想,凡与质量成本形成相关者,均是被考核对象。由于被考核对象不同,所以其考核的内容也不同。

2.2.7 提出质量改进计划和措施

企业领导及有关部门应根据质量成本报告,结合企业具体情况,确定以质量改进目标为核心的质量改进计划及相应的质量改进措施,并组织落实负责部门和进度,完善质量成本管理体系文件。

2.2.8 落实质量改进计划和措施,降低质量成本,提高经济效益

认真落实质量改进计划和措施,以达到降低质量成本和提高经济效益的目的,然后再制订新的一年质量成本计划。

3 质量成本分析

质量成本分析是指通过分析质量成本构成比例找出影响质量成本的关键因素,主要是为质量改进提供信息,指出改进重点,经过努力达到降低成本并增加经济效益的目的。分析和研究质量成本项目之间的比例关系,分析成本构成的变化,是选择最佳质量成本方案、探求降低质量成本途径的主要方法。一般来说,预防成本

增加可以使损失成本下降,进而使总质量成本也下降,从而收到明显的经济效益。如我国哈尔滨汽车齿轮厂有限公司预防成本增加了7%后,使废品损失下降了50%,总质量成本下降了25%。

"上工治未病"源自《黄帝内经》,其中《素问·四气调神大论》中说:"是故圣人不治已病治未病,不治已乱治未乱,此之谓也。夫病已成而后药之,乱已成而后治之,譬犹渴而穿井,斗而铸兵,不亦晚乎?"《内经》里将医生划分为两个等级,即"上工"与"下工",其中"上工"指非常高明的医生"下工"则指非常普通的医生。

在质量领域,克劳士比的《质量免费》中最重要的理念就是"预防缺陷",所以他的理论被称为"零缺陷"质量管理。克劳士比有一句名言:"质量是免费的。"过去质量之所以不能免费是由于"没有第一次把事情做好"。该书传达了一个简单的信息:高层管理者必须重视质量来变革组织,第一次就将事情做对,这样不会增加产品和服务的成本。零缺陷特别强调预防系统控制和过程控制。克劳士比向全世界的管理人员表明:过程失误会使成本猛增,管理不善是造成大部分质量问题的根本原因。美国许多公司常常耗费相当于营业总额的15%~20%去消除缺陷。"上工治未病"与"零缺陷"质量理论虽然表面词义不同,但二者的实质是一致的,那就是防患于未然。

质量成本控制是通过各种措施达到质量成本目标的一种管理活动。质量成本控制应贯穿于产品或服务质量形成的全过程。它一般包括事前控制(即确定控制目标)、事中控制和事后处置。质量成本控制包括确定质量成本控制目标,和寻求最佳质量成本点,依据质量成本控制状况,寻求企业最佳的质量成本。理论和实践证明,鉴别成本和预防成本随着合格品率的提高而趋于增加,而两种损失成本则随合格品率的增加而减少。因此,从经济的观点来看,适宜的质量成本应建立在这两类质量成本合理平衡的基础上,如图1所示。

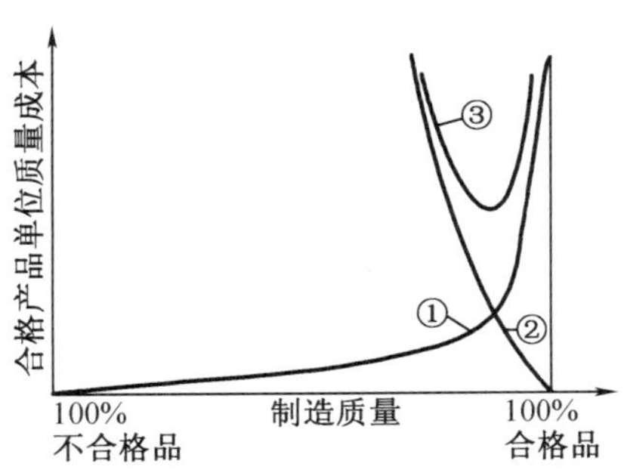

图1 质量成本

图1中横坐标表示合格品率,纵坐标表示合格产品单位质量质量成本,其中曲线①表示鉴别成本和预防成本之和,它们随合格品率的提高而增加;曲线②表示内外损失成本之和,它随合格品率的提高而减少;曲线③是上述两项之和,其值即为总质量成本。当处于极端值时,曲线③趋于无限大,所以它有一个极小值,这就是两类成本的合理平衡点,也叫最佳质量总成本点,这个最佳值不仅是一个理论概念,而且具有实际意义,能在实际中应用。

质量成本与产品类型有着密切的关系,产品的复杂程度、精度、可靠性、安全性对质量成本有很大影响。从质量成本的构成分析看,增加预防费用可以提高产品质量,从而减少内部损失费用和外部损失费用,也会在一定程度上减少鉴定费用,反之则相反。但是预防费用并非越高越好,一般来说,当质量水平达到一定程度时,如果要进一步提高产品质量或减少损失费用,组织将需支付高昂的预防费用,这样质量总成本反而会增加。因此要在质量总成本最佳的前提下确定一个合适的预防费用比例,使其在相应的质量成本水平下达到最佳值。

增加鉴定费用以加强检验把关,可以减少内部损失费用和外部损失费用。但是与预防费用一样,鉴定费用也应在质量总成本中占一个适当的比例。内部损失费用与外部损失费用会在一定程度上影响产品质量,对降低质量总成本起负作用。组织应在有限的人、财、物条件下尽量减少内部损失费用和外部损失费用。著名质量管理学家朱兰、哈灵顿、桑德霍姆通过对质量成本内部构成比例进行大量的调查分析,得出如表1所示的结论。

表 1 质量成本构成比例

质量成本	占质量总成本总额的百分比		
	朱兰	哈灵顿	桑德霍姆
预防费用	1%～5%	10	0.5%～10%
鉴定费用	10%～50%	25	10%～50%
内部损失费用	25%～40%	57	25%～40%
外部损失费用	25%～40%	8	20%～40%

4 质量成本审核的基本方法

①评价有关质量成本费用的内部控制是否存在、有效且一贯遵守。

②获取相关质量成本费用明细账，审核计算是否正确，并与有关的账目、明细、报表及有关的申报表等进行核对，检查是否相符。

③审核质量成本费用各明细子目内容的记录、归集是否正确。

④审核有关质量成本的原始凭证，确认收入与支出是否一致。

⑤对大额管理费用抽查其收支的配比性，审核有无少计或计业务支出。

⑥审核质量成本统计人员所采取的处理措施的正确性，注意质量成本控制制度与税收规定在成本费用确认上的差异。

5 结论

开展质量成本管理对提高产品质量、深入开展质量管理、降低成本、提高经济效益和企业素质具有重要的现实意义。具体体现在以下方面：

第一，可加快质量成本核算体系建设。明确质量成本的定义和内涵、合理化各科目设置，由公司财务、会计、预算、质量、生产等各相关部门共同探讨企业的质量成本核算体系，明确企业内部各部门的职责权限，形成质量成本的核算体系。

第二，从质量成本寻求提高产品质量的途径。质量成本的计算与分析有助于指导和推进质量改进计划的实施，通过质量改进可以提高产品的可靠性和维修性，降低使用成本，提高销售额，给企业和社会带来经济效益。

第三，促使企业领导重视产品质量，有利于推行质量管理工作。通过质量成本计算，企业领导掌握各项费用所占的比例，能够看到产品质量和质量管理中存在的题问题，及其对企业经济效益的影响，这会从经济效益上促使领导重视产品质量，支持质量管理推进计划的贯彻实施，提高企业管理的水平。

第四，拓宽成本管理道路，使成本管理发展到一个新的价段。多年来，我国成本管理实际上只是成本的事后计算，没有管理生产经营全过程，并成为实现目标成本的有效手段。引入质量成本后，对成本管理提出了新的要求。要实行全过程、预防性的成本管理，还要针对不同职能，分别核算、控制，这扩大了成本管理的职能和工作范围，使我国成本管理进入一个新的阶段。

总之，企业要获得最大的经济效益，就必须处理好质量成本与经济效益的关系，确定最佳质量总成本，同时还要正确分配好质量成本内部各个部分的比例关系，只有这样才能以最小的投入获取最大的经济效益。

参考文献

[1] 黄维明，梁国明. 企业质量成本管理方法与实践[M]. 北京：中国标准出版社，2009.

[2] 黄维明. 企业质量成本管理 220 问[M]. 北京：中国标准出版社，2006.

调距桨艉轴安装方法介绍

杨　云　雷　超　苏文东　孙　鹏　桑　帅　李洪国　姚大凯

(大连船舶重工集团有限公司)

摘　要:本文参考 ST155K 穿梭油轮具体安装情况,结合现场实际生产条件,介绍了调距桨艉轴安装的具体方法。该方法可保证艉轴安装效率的同时,确保艉轴及轴套施工过程中不受损伤,大大提高施工的安全性与便捷性。本文所介绍的施工方法已应用于生产。

关键词:调距桨轴系;艉轴;安装方法

0　前言

本文以 ST155K 穿梭油轮为例,结合现场实际生产情况,介绍了调距桨艉轴安装的具体方法。ST155K 穿梭油轮艉轴为空心轴,艉轴与中间轴采用液压联轴节的形式连接,螺旋桨为变距桨,由于其桨毂来货时安装于艉轴之上,艉轴直径从后往前依次减小,无法如其他船舶一样,将艉轴从机舱内由船首向船尾安装。为保证调距桨艉轴安装顺利完成,提高轴系安装效率,保证施工质量及安全,我们结合船厂现有设备、工装条件,制定了两套方案:方案 1,地面直接铺设工装及轨道;方案 2,利用工作车进行施工。两种方案均可完成作业施工,但需根据各船厂实际情况,确定最优方案,以满足现场施工需要。

1　需使用设备、工装统计及具体参数

为满足安装需要,应首先对船厂目前使用的设备、工装进行具体测量。同时,结合图纸及厂家资料数据进行综合分析,确定相关理论数据(包括轴系距船体基线高度、艉轴长度、船体艉封板到艉轴管后端面距离、艉管后端面到大坞后壁距离等),通过调整艉轴高度及艉轴左右位置等手段,确保艉轴中心线与轴线(及艉管中心线)基本一致(由于该船只为单轴系船舶,船体左右对称,因此船体中心线即大坞中心线、艉管中心线)。

1.1　需使用的具体设备及工装

工作车、小车、方墩、路基板(或者平板)、工作车轨道、小车轨道、手拉葫芦、吊带、

1.2　重要理论数据及相关参数

(1)艉管后端面到船体艉封板的距离约为 11 000 mm。尾管后端面到大坞后壁距离约为 17 000 mm。

(2)根据厂家资料,在没有联轴节和桨叶的情况下,重心距离桨毂中心距离为 2 099 mm。计算重心到桨毂后端面的距离为 3 652 mm。考虑吊带位置往前延伸 1 m,则轨道需探出船体艉封板的距离为 3 652 mm+1 000 mm=4 652 mm,约为 5 000 mm。

(3)地面到轴线高度为 4 600 mm+1 800 mm=6 400 mm,其中 4 600 mm 为船体基线到轴线的高度,1 800 mm 为船体支撑墩高度。

(4)方墩的尺寸为 1 600 mm×1 600 mm×2 000 mm。

(5)路基板厚度为 5 000 mm×1 600 mm×300 mm。

(6)小车高度大约为 800mm,顶升高度大约为 190mm。

(7)小车轨道高度大约为 110mm。

(8)小车的左右调整量大约为 100mm。

(9)需根据艉轴及桨毂尺寸制作模板,检查确认小车上方马鞍座尺寸与艉轴和桨毂尺寸基本匹配。较小缝隙可使用木板填充(也可在上方铺设刹车皮避免艉轴滑动),保证艉轴平稳坐落于小车上。

(10)工作车尺寸测量(以某船厂使用的工作车为例),具体尺寸如图 1 所示。工作车顶升高度约为 1 500 mm。

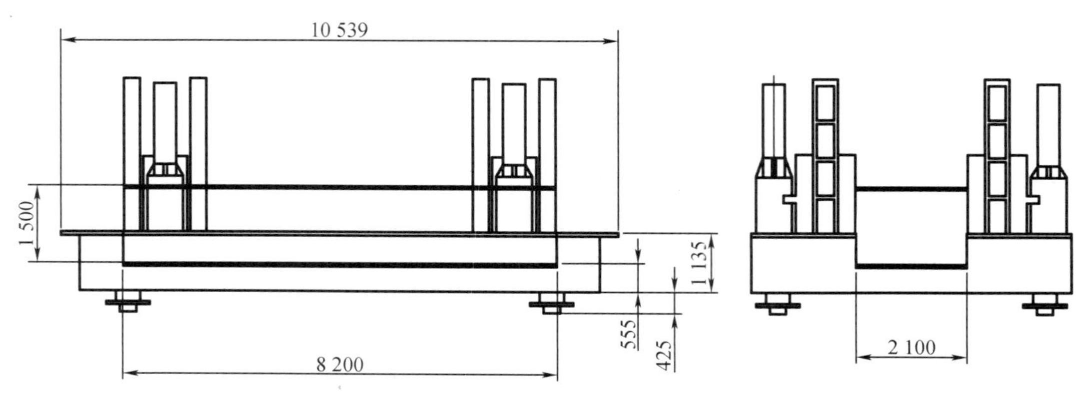

图 1 工作车尺寸测量(单位:mm)

2 方案 1:地面直接铺设工装及轨道

2.1 铺设高度计算

为满足艉轴安装需要,应保证铺设后的小车的中心线与轴线一致。根据测量尺寸计算:

1 600 mm(方形墩高度)+1 600 mm(方形墩高度)+1 600 mm(方形墩高度)+300 mm(路基板厚度)+110 mm(小车轨道高度)+810 mm(小车高度)+380 mm(轴半径)= 6 400 mm(地面到轴线的高度),根据计算结果可见,铺设后高度可满足与大坞底到轴线的高度一致的要求,符合使用条件。

2.2 铺设方案设计

(1)铺设前,需在大坞地面画出船体中心线,摆放方墩时,应按照船体中心线铺设。铺设方墩后,需要将船体中心线引至方墩上方,铺设斜铁及小车轨道时,参照方墩上方的船体中心线进行,从而保证艉轴中心线与艉管中心线(船体中心线)一致。

(2)如图 2 所示,铺设两趟三层方形墩,沿船长方向,每个方形墩长为 2 000 mm,宽度为 1 600 mm,高度为 1 600 mm。

(3)如图 2 所示,在方形墩上方铺设一层路基板,沿船长方向,每块路基板长度为 5 000 mm,宽为 1 600 mm。

(4)在路基板上方铺设两行斜铁,用于调整轨道水平。要求船长方向每两块斜铁间隔大约 1 m(可自由调整),船宽方向两块斜铁间距要求根据小车宽度方向的轮子间距确定。

(5)在斜铁上方铺设两排轨道(沿船长方向),两排轨道宽度应根据小车宽度方向轮子的间距确定(在可以保证路基板上方平整的情况下,可不使用斜铁,直接烧焊轨道)。

(6)利用斜铁将轨道调平,封焊轨道。轨道两端应烧焊机械限位,避免小车脱落,如图 3 所示。

(7)将小车放置于轨道上,试验小车运行情况,保证小车沿船长方向滑行顺畅。

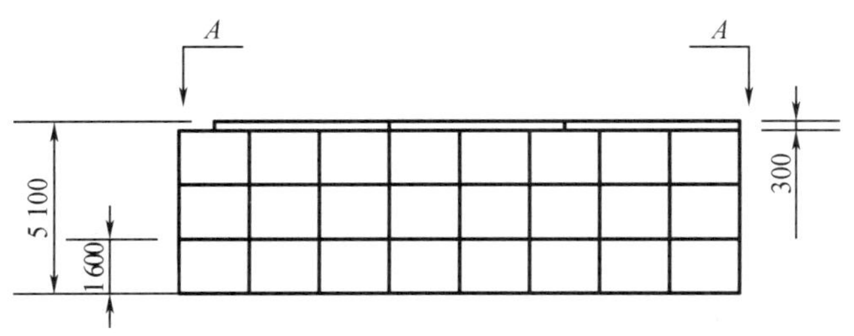

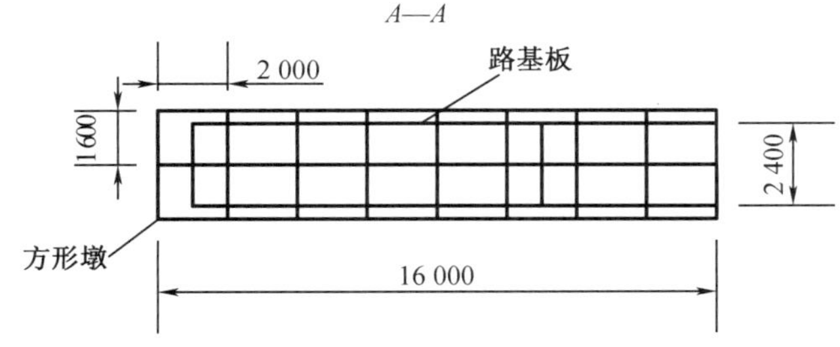

图 2　方墩和路基板的铺设(单位:mm)

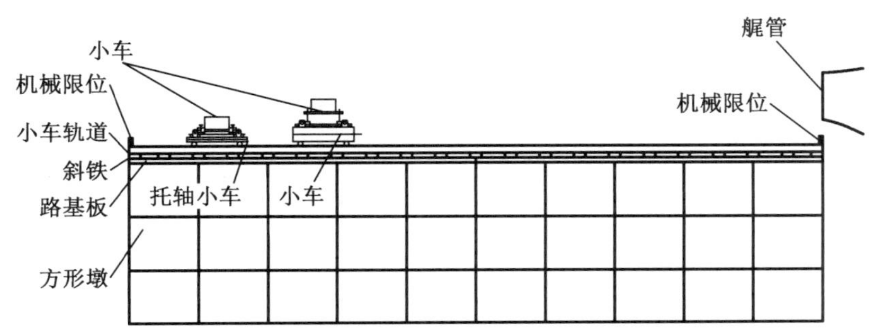

图 3　地面直接铺设工装及轨道方案设计

2.3　艉轴安装方案

(1)穿轴前,需保证艉管清洁及管路清洁交验结束。在整个艉轴安装过程中,艏艉密封传感器管必须处于保压状态,以便确认整个穿轴过程中传感器管不被损坏。

(2)先确认艉轴重心位置,如果艉轴需长时间放置,则需要在重心两侧捆绑吊带,对小车及艉轴进行封固。

(3)从船体外板一侧,将艉轴缓缓吊入舵套筒下方(应注意吊带位置不能与船体艉封板相碰撞,如图 4(a)所示。

(4)将艉轴放置于提前铺设好的轨道小车上,根据厂家要求液压螺母位置不允许承重,因此后方小车应放置于浆毂处,如图 4(b)、图 4(c)所示。

(5)利用在艉管两侧的吊装眼板拽动小车,使艉轴缓缓地穿入艉管内。在艉轴安装过程中,艉管内外,施工人员应手持对讲,保持通话顺畅,始终监控艉轴与白缸套之间的间隙(尤其每个台阶位置应重点监控),以便随时调整艉轴高度及左右位置,确保艉轴与白缸套不能相碰,如图 4(d)所示。

(6)当最前方小车快与艉管接触时,通过调节小车顶丝将其撤掉,继续拉拽桨毂,直至将艉轴安装到位,如图 4(e)所示。

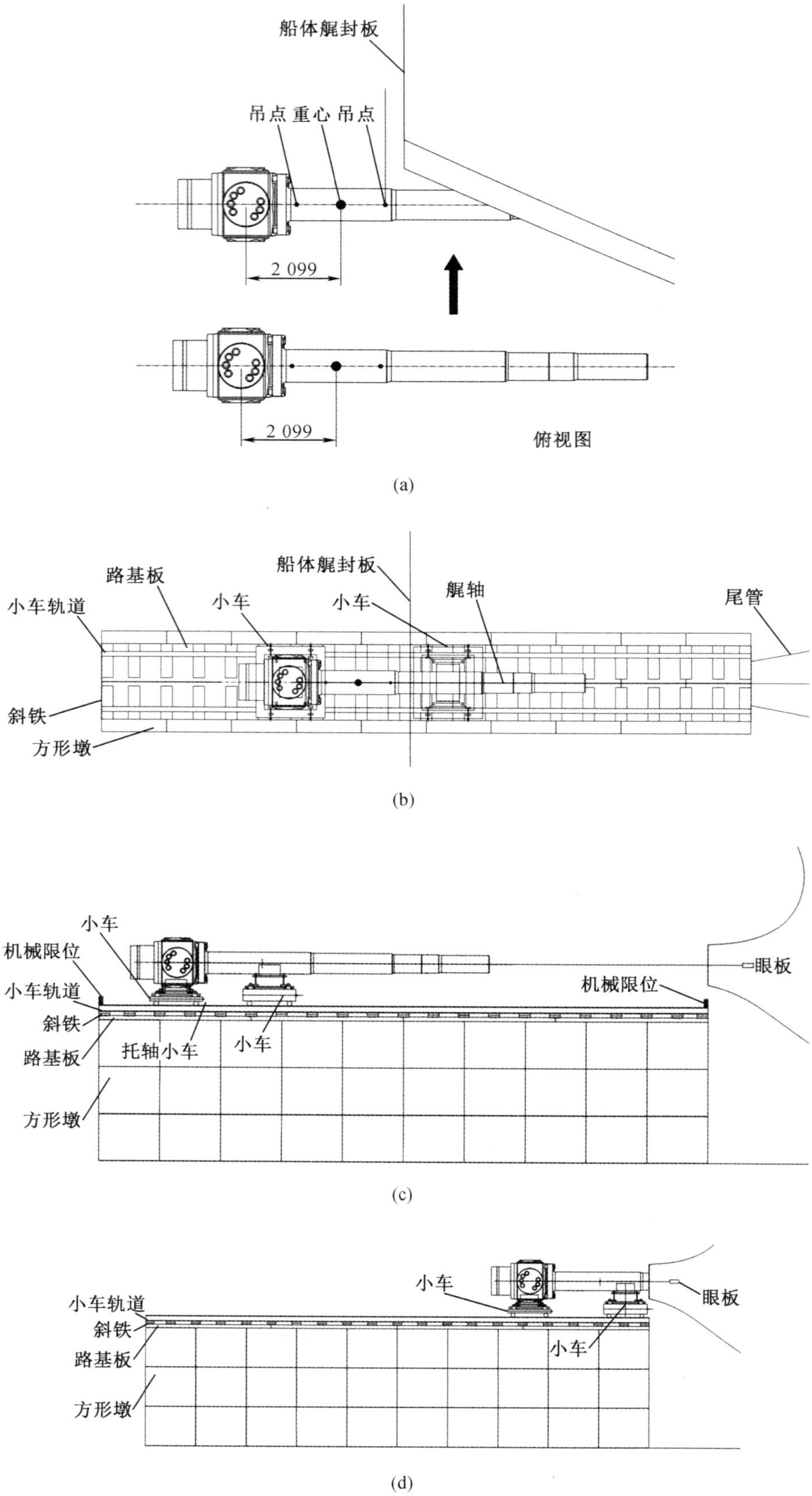

(a)

(b)

(c)

(d)

图 4　地面直接铺设工装及轨道艉轴安装(单位:mm)

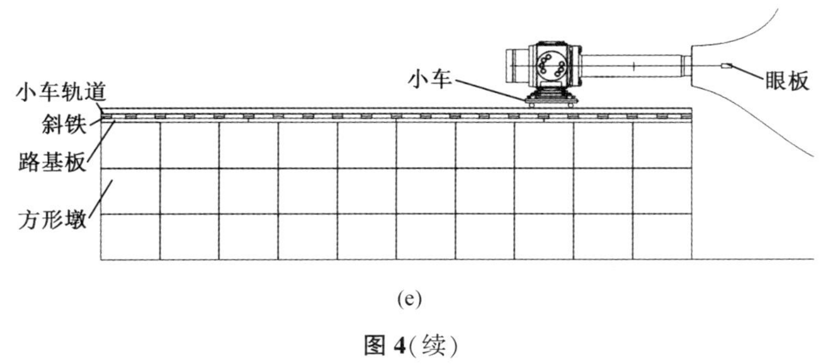

(e)

图 4(续)

(7)撤掉最后一个小车,整个艉轴安装结束。

3 方案 2:利用工作车铺设轨道

3.1 铺设高度计算

如图 9 所示:需注意小车顶升最高高度为 190 mm,工作车顶升最高高度为 1 500 mm。

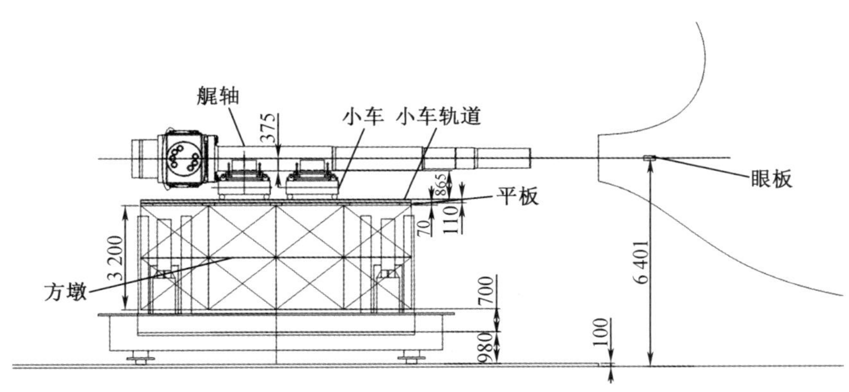

图 5 铺设数量计算

(1)计算过程:375 mm(艉轴半径)+800 mm(小车高度)+65 mm(小车顶升高度)+110 mm(小车轨道高度)+70 mm(铺设平板厚度)+1 600 mm×2(铺设方墩高度)+980 mm(工作车上平面在最低点时距离工作车轨道上平面的高度)+700 mm(工作车顶升高度)+100 mm(工作车轨道高度)= 6 400 mm(轴线到地面的高度)。

需注意:该计算不是唯一方案,由于工作车及小车轨道整体调整范围较大,可根据实际情况计算高度,只要保证艉轴中心基本轴线重合即可。

(2)方墩铺设数量计算

根据工作车测量尺寸,工作车上方可使用长度为 8 200 mm,宽度为 2 100 mm,如图 5 所示。经分析,方墩摆放方向应为长度 2 000 mm,宽度 2 000 mm,高度 1 600 mm,根据计算,使用 4 块方墩的长度为 2 000 mm×4 = 8 000 mm,与工作车上方长度 8 200 mm 相吻合,2 块方墩高度为 1 600 mm×2 = 3 200 mm,满足高度要求。因此,选择在沿工作车长度方向铺设 1 趟 2 层共计 8 块方墩。同时,需铺设平板 1 块(用于保证方墩上方平整)。

3.2 铺设方案设计

(1)在工作车上铺设方墩,铺设数量 8 块,铺设形式为 1 趟 2 层,如图 6(a)所示。

(2)方墩前后及上下全部用马板封固成一个整体。封固位置及封固马板使用数量根据现场实际情况确定,应保证方墩的稳定性(封固形式可自由选择)(图 6(a))。

(3)方墩封固成整体后,整体固定在工作车导向杆上,需保证方墩可以随工作车一起升降,如图 6(b)所示。

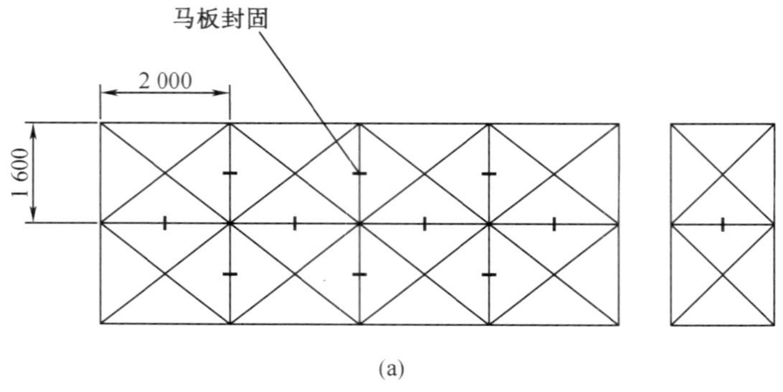

(a)

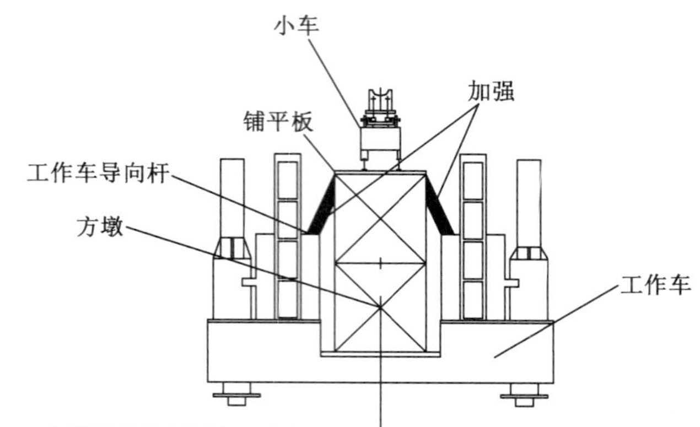

(b)

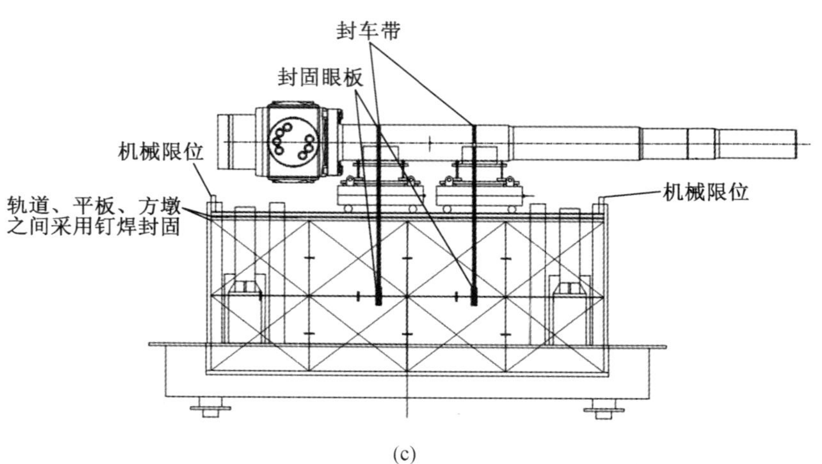

(c)

图 6　利用工作在铺设轨道方案设计

(4)所有轨道、平板、方墩之间烧焊方式在保证稳固的情况下可采用间断焊形式;艉轴应使用封车带封固于方墩上的封固眼板上,保证工作车在行进过程中,不会因为晃动而从小车上脱落。在小车需要移动前,解除封固状态,从而保证施工安全;在轨道两头需烧焊机械限位,防止小车行进过程中脱落,如图 6(c)所示。

3.3　艉轴安装方案

(1)需保证艉管清洁及管路清洁交验结束。在整个穿轴过程中,艏艉密封传感器管必须处于保压状态,以便确认整个穿轴过程中传感器管不被损坏。

(2)应提前确认艉轴重心位置。根据厂家资料,该艉轴重心在桨毂中心往前 2 099 mm 的位置(有标记)。确认好重心位置后,在重心两侧捆绑好吊带对小车与艉轴进行封固,在工作车行进过程中,不允许拆卸吊带(具体吊装过程,请参照厂家要求)。

(3)沿船宽方向铺设工作车轨道,需保证艉轴前端面到尾管后端面的距离,避免碰撞。工作车沿船宽方向移动到位,如图 7(a)所示。

(4)重新沿船长方向铺设工作车轨道,工作车轨道中心线应与大坞中心线(即船体中心线重合),利用工作车底部顶丝将工作车顶起,将工作车重新放置与轨道上,缓慢开动工作车。工作车到位后,通过小车上的顶丝及工作车升降功能调整轴的高度,利用小车上的顶丝调整艉轴的左右位置,将艉轴入头,如图 7(b)所示。

(5)将吊带捆绑在桨毂上,利用艉管上吊装眼板拽动小车,如图 7(c)所示。

(6)入套大约 300 mm 左右,降工作车,撤掉一个小车,利用后面的小车继续穿轴,如图 7(d)所示。

(7)当后面的小车快与尾管接触时,需临时将艉轴吊起(利用汽车吊或者船体上的吊装眼板均可),降低工作车高度,撤掉小车中间部分,将小车移动到桨毂上,继续拉拽桨毂直至将艉轴安装到位,如图 7(e)、图 7(f)所示。

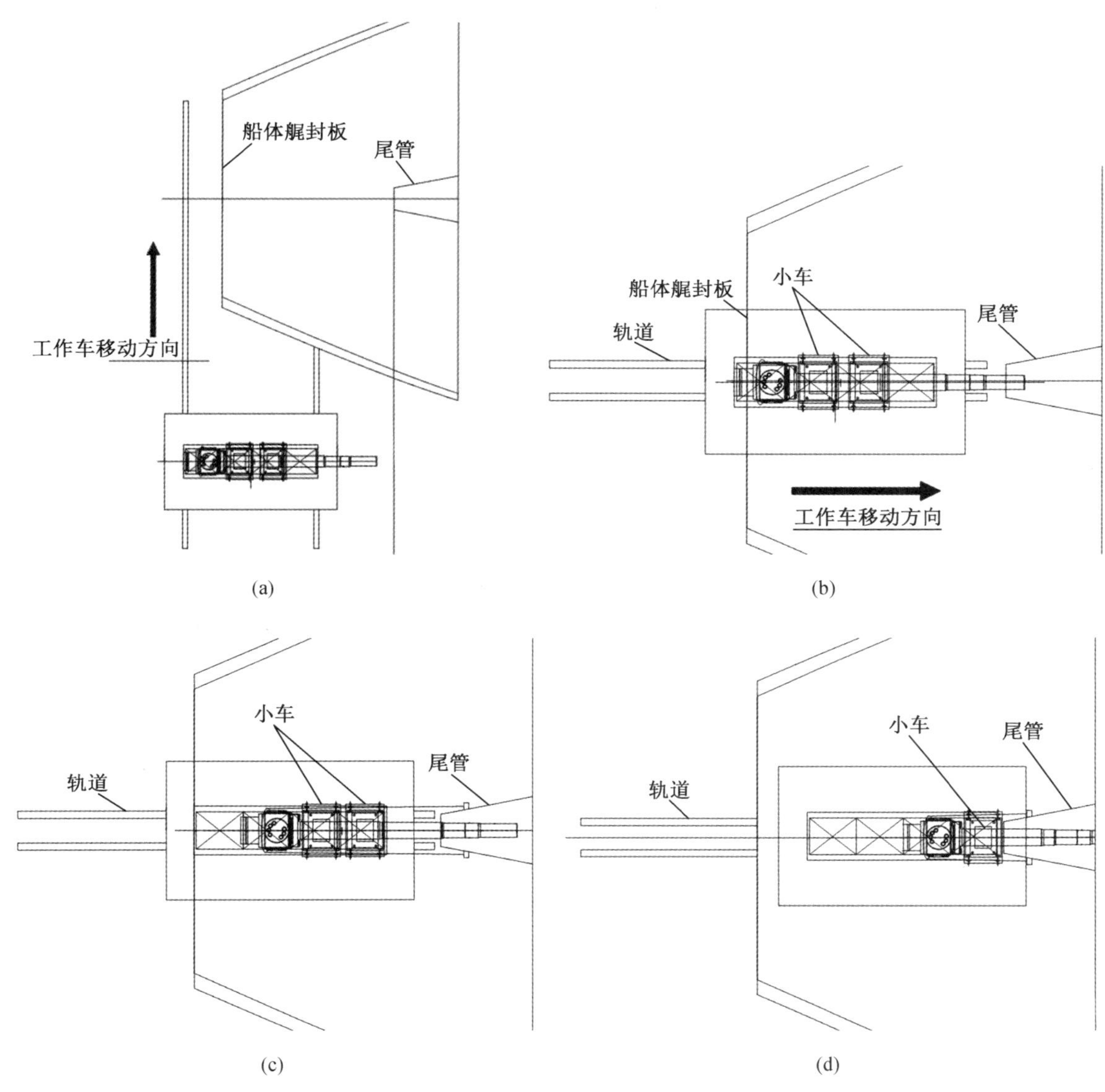

图 7　艉轴安装方案 5

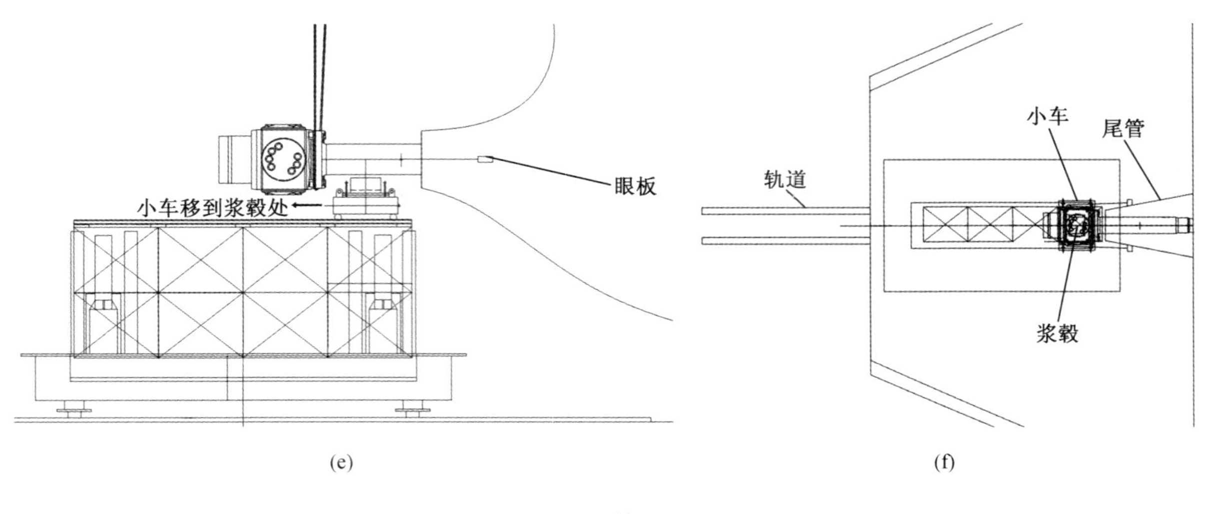

(e) (f)

图 7(续)

4 方案对比及相关建议

4.1 方案对比

通过比较两种方案,方案 1 需铺设大量方墩,施工时间长,且铺设比较费力,占用吊车时间过长,但方案内容较为直接简便,便于施工人员理解。由于某些厂家不允许液压螺母位置承重,同时,桨毂直径要远远大于艉轴直径且无法如工作车一样自由调整高度,因此需制作两种不同高度的小车用于支撑不同位置,导致成本增加。方案 2 铺设时间短,且工作车可以将轴穿入一定距离,施工省时省力,不会过多占用吊车资源,施工效率更高。结合上述分析,建议选用方案 2,方案 1 备选。

4.2 相关建议

由于桨毂厂家已将调距桨提前安装于艉轴之上,且重心距离桨毂较近,根据厂家的相关建议,液压螺母处不允许承受重量且桨毂直径远远大于艉轴直径,导致后方小车在选择调整高度及放置位置时比较困难,因此在制作小车时,应在保证小车承重满足要求的同时,充分考虑小车尺寸及整体结构形式。建议小车长度应尽量窄,且结构可分为上中下三个部分,各个部分之间可以自由拆卸,从而提高高度方向调整范围。保证桨毂及艉轴位置均可放置,从而降低建造成本。

另外,在使用工作车进行是施工时,由于小车轨道与工作车轨道为分别铺设,因此小车轨道中心线与工作车轨道中心线会出现一定偏差,导致艉轴到位后,小车顶丝的调整量不能满足施工要求,无法将艉轴中心线与艉管中心线重合。为解决该问题,建议铺设小车轨道前,先让工作车横向跑到艉管后方,提前将船体中心线引至方墩上,小车轨道沿所引标记线(即船体中心线)铺设,工作车再横向跑出,放置艉轴,以保证工作车运行到位后,艉轴的中心线能与船体中心线(艉管中心线)尽可能重合。(我厂目前使用的小车左右调整量大约为 100 mm 左右,所以我们要求整体偏差不应大于 50 mm,从而保证小车的调整量满足使用要求)。

5 结束语

本文以穿梭油轮为例,介绍了调距桨艉轴安装的具体方式方法,各船厂可根据自身条件,结合现场实际情况,选择最优方案。需注意,在整个艉轴安装过程中,应全程安排施工人员在艉管内监控艉轴穿入情况,如出现偏差应及时调整艉轴位置,避免艉轴与轴套相碰撞,造成重大质量事故。本文介绍的方法并非唯一可用方法,在具体应用过程中,可根据现场实际情况,结合船厂现有设备、工装情况,调整铺设方式与铺设高度,以确保满足现场施工需要。目前,该方法已经在实际生产中进行应用,能够在保证施工精度的同时,提高生产效率,为调距桨艉轴安装提供了重要的理论支持与技术保障。

大型船舶重心靠后尾轴塞入方式的研究与应用

张立强　李雪飞　关　键　尚永玉　原　杰

（大连船舶重工集团有限公司）

摘　要：本文结合多年的现场经验，结合图纸资料，分析了重心靠后尾轴塞入过程中可能存在的安全风险和质量隐患，通过仔细研究，多方调研，制定了多种重心靠后尾轴塞轴的施工方案，并以安全、质量、效率为主对其进行了可行性分析，最终总结出一套较为完善的塞轴施工方案。按照该施工方案进行控制，可以在保证安全及质量的前提下，顺利完成整个塞轴的施工。该方法为后续船只以及其他系列船只的类似尾轴的塞轴施工提供可靠的技术保障和宝贵经验。

关键词：风险分析；方案制定；现场实施

0　前言

节能降耗，降本增效，降低船舶的建造成本一直是我们共同努力的目标。因此，为了减少用料 C1600 集装箱船的尾轴设计成中间段要比前后轴颈细的形式，这样不但可以减少尾轴的用料，还可以因尾轴整体重量的减轻而缩短尾管前后轴承的长度，从而进一步降低了建造成本。

如图 1 所示，由于该样式的尾轴后轴颈要比前轴颈长，因此尾轴后端要比前端重，导致该形式的尾轴的重心要比以往普通尾轴的重心靠后。这样就不能采用传统的塞轴方式，必须在项目施工前做好详细的前期策划，重新制定完善的塞轴方案，从而保证现场塞轴施工的顺利进行。

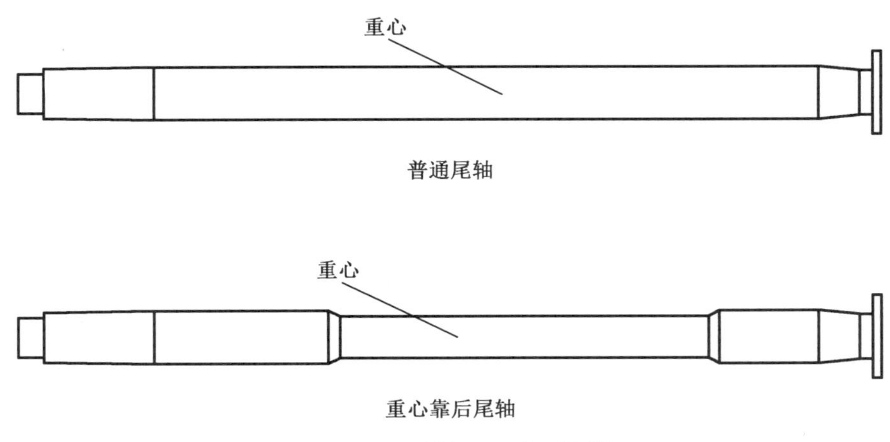

图 1　普通尾轴与重心靠后尾轴

1 风险分析

1.1 传统的塞轴方式

传统的塞轴方式是先将尾轴吊运放置在轨道小车上，然后用卷扬机将轨道小车和尾轴运送到尾管前端，根据尾管前轴承的内壁，利用轨道小车调整尾轴的上下左右位置，使尾轴椎体小端与尾管前轴承同心，继续向后塞入尾轴，当尾轴椎体小端即将搭上尾管后轴承时，需要根据尾后前轴承前端的内壁，利用轨道小车再次调整尾轴的上下左右位置，使尾轴椎体小端与尾管后轴承同心，继续向后塞入尾轴，直至将尾轴塞入到要求位置。

1.2 尾轴位置对比

如图 2 所示，如果按照传统方式塞轴，当普通尾轴椎体小端与尾管后轴承前端面平齐时，普通尾轴的重心在尾管前轴承的中心左右，而重心靠后尾轴的重心已超出尾管前轴承的后端。

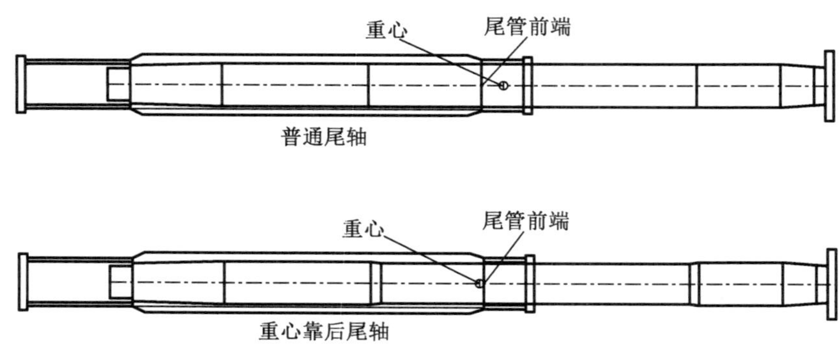

图 2 普通尾轴与重心靠后尾轴位置对比

1.3 存在的风险

普通尾轴在塞轴时，当尾轴椎体即将搭上尾管后轴承时，尾轴的重心还在尾管前轴承上，此时尾轴仍处于平衡状态，不会发生前后倾倒情况，当尾轴的重心超出尾管前轴承时，尾轴后端的椎体已搭上尾管后轴承，尾轴不会再出现倾倒情况，这时就可以继续塞轴，直至塞入到要求位置，不存在风险。

重心靠后尾轴在塞轴时，当尾轴椎体即将搭上尾管后轴承时，尾轴的重心已经超出尾管前轴承的后端，这时尾轴就会失去平衡向后倾倒，尾轴螺纹会砸伤尾管后轴承表面，尾轴的椎体和后轴颈会砸伤尾管内的传感器管、油管、导油槽等附件，存在严重的安装质量隐患及风险。

综上所述，重心靠后尾轴的塞入不能按照传统的塞轴方式，否则存在严重的不可控的安全隐患，必须重新研究新的塞轴方案。

2 方案的可行性分析

2.1 制定方案

为了防止尾轴在塞入尾管过程中发生严重的质量事故，根据以往的施工经验并结合轴系及尾管的相关资料图纸制定三种塞轴方案。

1. 后提式塞入方法

(1) 尾轴塞入前，将专用工装固定在尾轴的后端(图 3)。

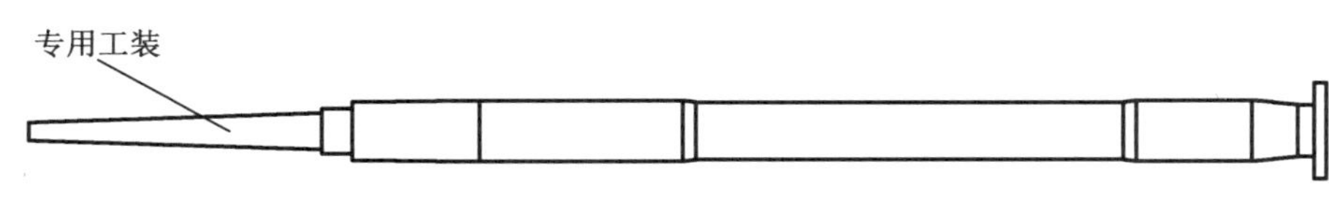

图 3　固定专用工装

(2)将尾轴塞入尾管,当尾轴重心即将脱离尾管前轴承时,工装已超出尾管后端面,在其上方,用手拉葫芦将工装提起(图 4)。

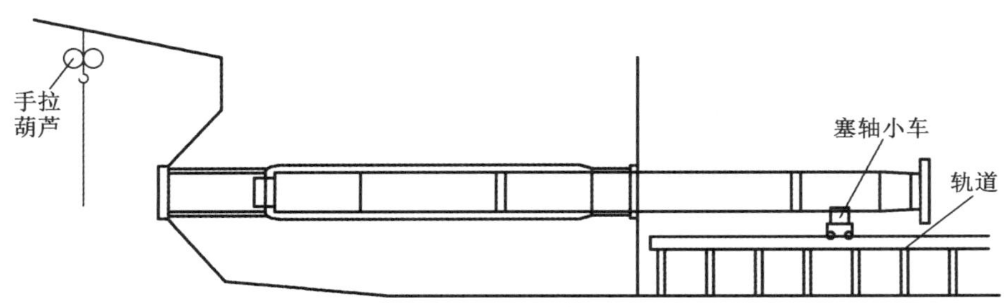

图 4　用手拉葫芦提起专用工装

(3)继续将尾轴向后塞入,直至尾轴后端的梢头搭在尾管后轴承上。在塞入过程中,可用手拉葫芦调整工装的上下位置,以确保尾轴后端的中心处于尾管后轴承的中心,防止尾轴撞到尾管后轴承上(图 5)。

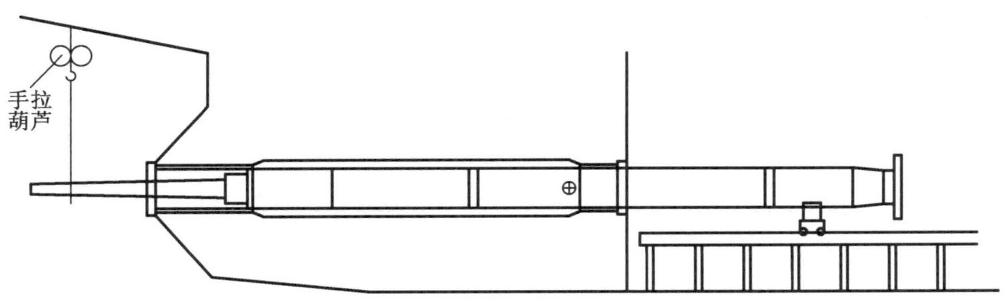

图 5　用手拉葫芦调整工装位置

(4)拆掉手拉葫芦,继续塞轴,直至尾轴到位。

2. 肩轴承式塞入方法

(1)在尾管内设置焊接肩轴承(图 6)。

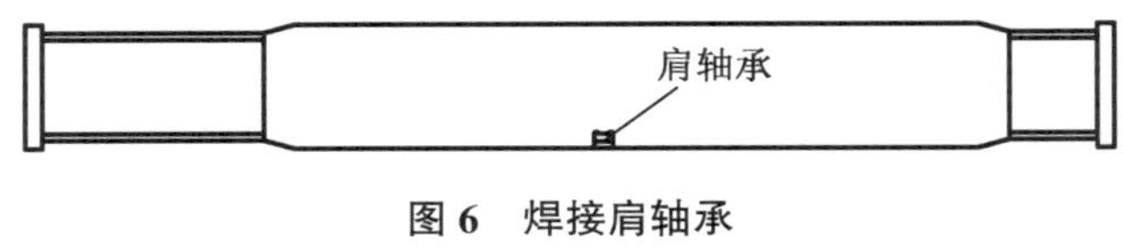

图 6　焊接肩轴承

(2)将尾轴塞入尾管,当尾轴重心还没脱离尾管前轴承时,尾轴就已搭上肩轴承,这时就可以继续塞轴,直至到位(图 7)。

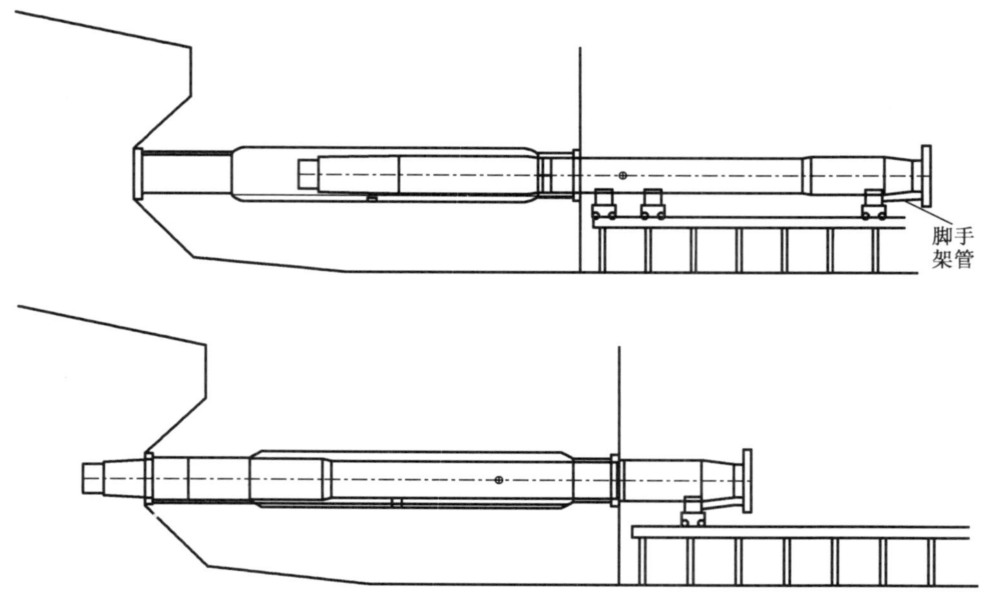

图 7　肩轴承式塞入方法

3. 连轴式塞入方法

(1)将尾轴和中间轴吊运到船上后进行连接(图 8);

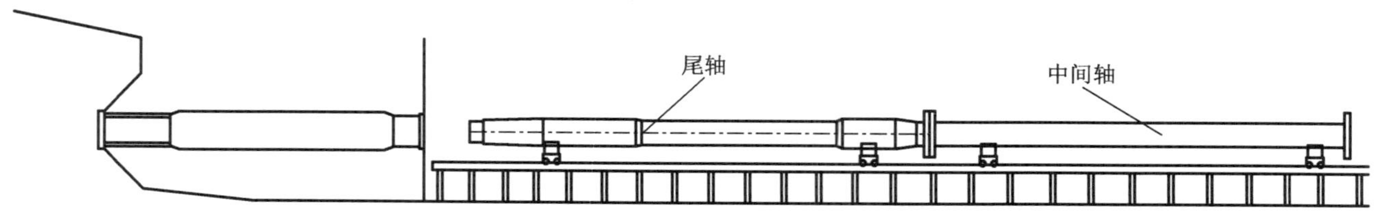

图 8　尾轴和中间轴的吊运和连接

(2)利用手拉葫芦或卷扬机将尾轴塞入尾管内,直至到位(图 9)。

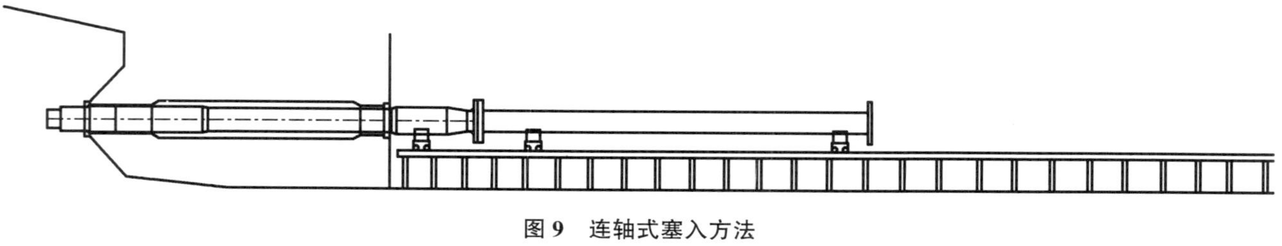

图 9　连轴式塞入方法

2.2　可行性分析

为了保证塞轴施工的顺利进行,从安全、质量、效率角逐度对三种方案进行可行性分析。

方案一:该方案是在尾轴后端安装专用工装,当尾轴重心即将超出尾管前轴承时,用手拉葫芦将尾轴后端提起来后,再继续向后塞轴,以防止尾轴重心超出尾管前轴承后突然向后倾倒,砸伤尾管内部的传感器管、油管等附件。工装是利用尾轴后端面上的 8 个 M30 的螺栓紧固的,可承受 8 t 左右的剪切力,而尾轴重达 83 t,虽然工装起到一个平衡的作用,但也存在一定的安全隐患,并且工装使用手拉葫芦拽着,具有一定的弹性,在塞轴过程中尾轴会有颤动的情况发生,这样就又加大了安全事故发生的可能性。

方案二:该方案是在尾管内部增加一个肩轴承,该项工作在轴系复光前完成,其肩轴承的弧度与尾轴外径相符,在尾轴重心超出尾管前轴承之前,由肩轴承支撑着尾轴,从而防止尾轴倾倒砸伤尾管轴承及其内部附件。该方案具有比较可靠的实际操作性,而且肩轴承的材质为铜材料,尾轴在上面滑动不会伤到尾轴表面,可以保

证塞轴的安全性,但是会增加尾管内部的工作量。

方案三:该方案是将尾轴和中间轴用螺栓紧密连接在一起,形成一根轴,这样就会把尾轴的重心大幅度前移。塞轴时就不会出现重心超出尾管前轴承后端的情况,可以使尾轴一直保持平衡向后塞入。但是根据以往的修船经验,轴系用螺栓紧密连接后,再拆下来(由于轴系预校中时,要求各个中间轴必须是自由状态,因此需要将连轴螺栓拆开)极易损伤轴系法兰的螺栓孔,给轴系的安装埋下严重的质量隐患。

2.3 确定方案

综上所述,从安全、质量、效率三方面考虑,方案一存在严重的安全及质量隐患,方案三存在严重的质量隐患,方案二虽然会增加一些工作量,但不会影响后续的施工,关键是可以保证其施工的安全和产品的质量。因此,经综合考虑最终选用方案二肩轴承式塞入法。

3 现场的具体施工步骤及过程

步骤1:轴系照光期间,按照图纸给定的位置确定肩轴承的焊接位置;焊接肩轴承时应严格按照相关焊接工艺规程进行,要求在轴系复光前完成焊接(图10)。

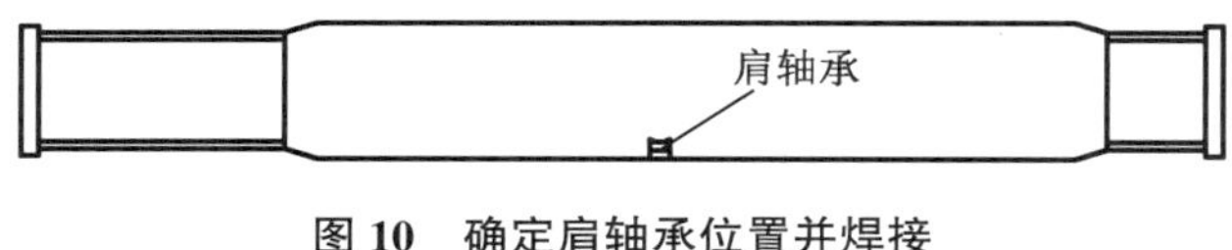

图10 确定肩轴承位置并焊接

步骤2:将塞轴轨道敷设在轴遂甲板上并进行焊接。要求焊接后的轨道平直,特别是轨道的结合处不能凹凸不平。

步骤3:尾轴吊运上船前,在尾轴上用记号笔标记出尾轴的重心位置,并检查所有的工器具及吊索具的安全可靠性(图11)。

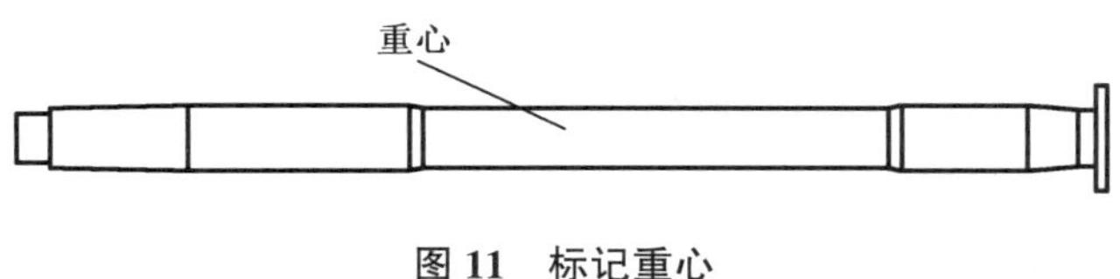

图11 标记重心

步骤4:将三个轨道小车放置在根据复光时所做的轴线的高度处,调整小车的高度,要求尾轴放置上面之后,三个小车的受力一致(图12)。

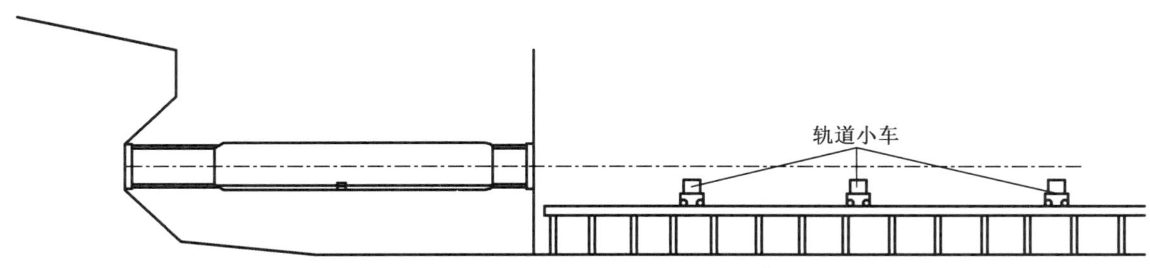

图12 放置轨道小车

步骤5:尾轴用吊车吊入机舱后,放置在小车上;再次调整小车,保证三个小车的受力要均匀。小车与尾轴的相对位置如图13所示,最后一个小车放置在尾轴后面过渡段的最前面,中间小车放置在重心向前800 mm的位置,最前面的小车放置在尾轴前面过渡段的最前面(在串轴过程中,为了防止最前面的小车向前串动,需要在其上焊接一根脚手架管,脚手架管的后端焊接在小车上,前端顶靠在尾轴法兰后端面,顶靠部位需要包裹抹布、橡胶板,防止划伤或碰伤法兰表面(图 13)。

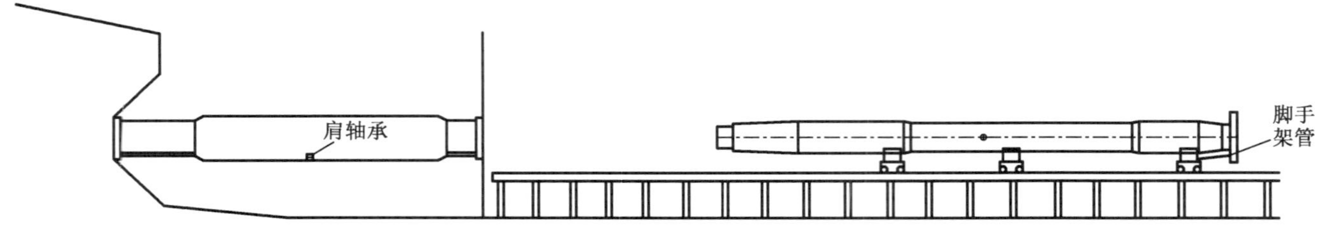

图 13 调整小车位置并焊接脚手架等

步骤 6:用卷扬机拖拽尾轴向后移动,在尾轴椎体小端即将进入尾管前轴承时,根据尾管前轴承的内壁利用轨道小车找正尾轴的中心使其与尾管中心一致,继续拖拽尾轴,直至最后一个小车处于尾管前端面的位置(图 14)。

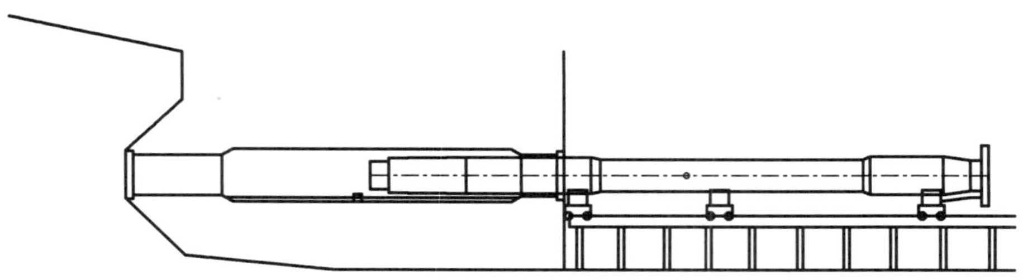

图 14 彤卷扬机拖拽尾轴

步骤 7:缓慢降下最后一个小车,以尾管前轴承为支点,支撑起尾轴,将最后一个小车向前移动,移至尾轴重心向后 600 mm 的位置,调整最后一个小车的高度,要求调整后三个小车的受力要均匀(图 15)。

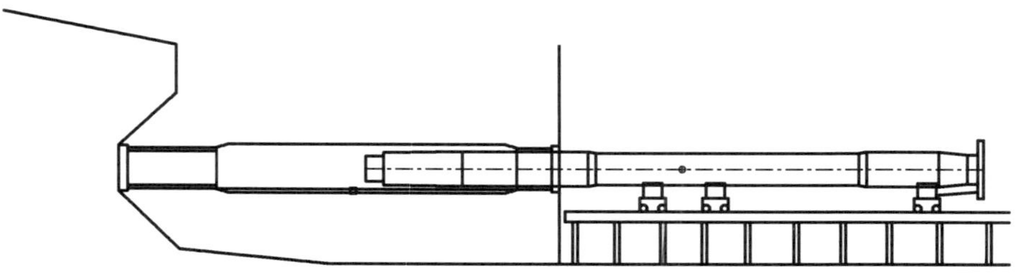

图 15 移动最后一个小车并调整高度

步骤 8:继续向后塞入尾轴,当最后面的小车走致尾管前端面时,尾轴的后轴颈及后过渡段已完全超出管前轴承。需要注意的是整个过程,尾轴的下端面不能与尾管前轴承的下面接触,要处于悬空状态(图 16)。

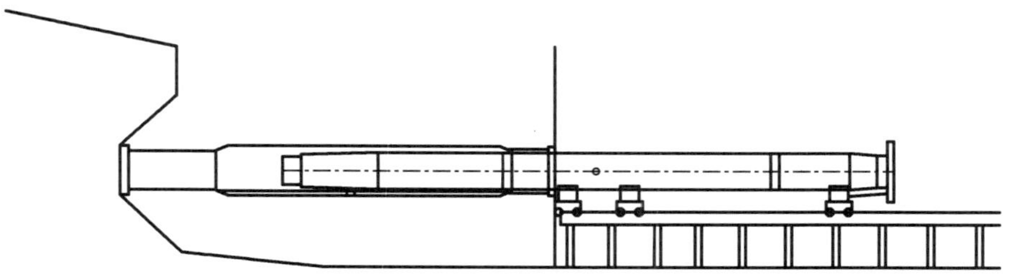

图 16 尾轴的下端面处于悬空状态

步骤 9:调整三个小车的高度,缓慢下降尾轴,直至尾轴的中间段完全坐落在尾管前轴承上,以尾管前轴承和最前面小车支撑尾轴,将后面两个小车撤离轨道(图 17)。

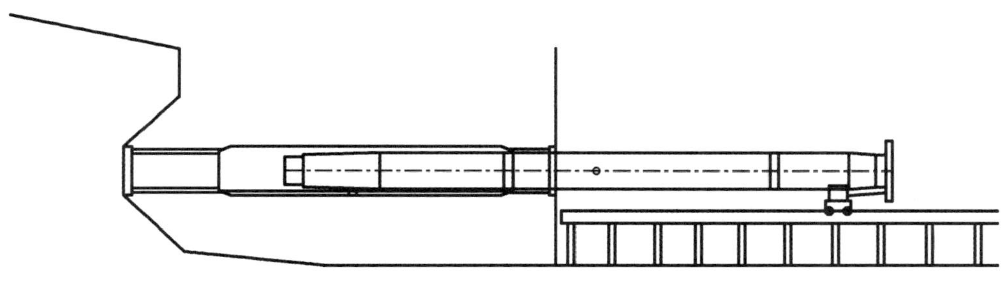

图 17　尾管前轴承和最前面的小车支撑尾轴

步骤 10:继续塞轴,当尾轴重心处于尾管前轴承后端时,尾轴的椎体就已经搭在肩轴承上了(图 18)。

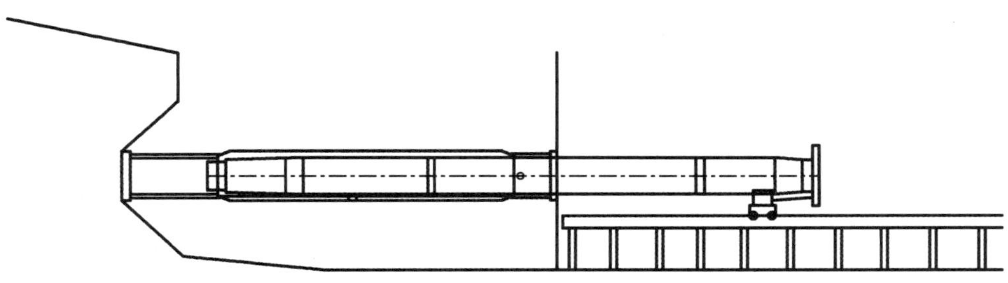

图 18　尾轴的椎体搭在肩轴承上

步骤 11:继续向后塞轴,当尾轴椎体后端面即将进入尾管后轴承前端时,观测尾轴椎体小端与尾管后轴承的相对位置,可用最前一个小车进行调整,基本同心后,继续向后塞轴,直至塞到要求位置,完成塞轴施工(图 19)。

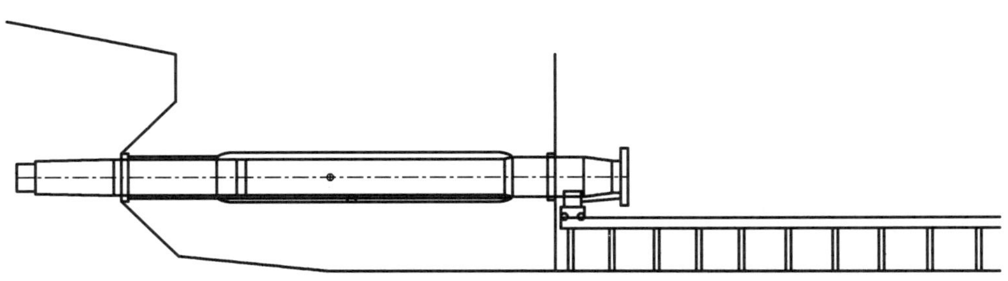

图 19　完成塞轴施工

安全提示:施工时,需佩戴好劳保护具,注意头上脚下,合理站位;检查所用吊索具及拖轴小车的完好性,满足施工要求;管内及管外的人员需时刻关注尾轴与管的相对位置变化,及时用对讲机沟通,保证塞轴安全及质量;在整个施工过程中要严格遵守相关安全操作规程。

4　结束语

以上就是凭借多年的现场施工经验,结合厂家资料及各船厂调研结果,研究总结出来的重心靠后尾轴塞轴施工的控制及施工全过程。按照上述施工过程进行控制,可以在保证安全及质量的前提下,使整个塞轴施工顺利进行。该方法为后续船只以及其他系列船只的类似尾轴的塞轴施工提供可靠的技术保障和宝贵经验。

参考文献

[1]　谭仁臣.船舶辅机与轴系[M].哈尔滨:哈尔滨工程大学出版社,2008.

[2]　王福根.船舶轴舵系装置及安装[M].哈尔滨:哈尔滨工程大学出版社,2014.

船用双壁管的应力分析与探究

刘明秋 王玉佳 曹 亮 宋 林 邹 淼 孙 鹏 孙建良

（大连船舶重工集团有限公司）

摘 要：随着全球能源结构的转变和我国“节能减排”政策的实施，低碳环保成为当前船舶技术进步的主题。而液化天然气（LNG）在资源、成本、环保等方面具有显著的优势，彤其替代传统燃油作为船舶动力燃料已经引起了造船及航运界的广泛关注。目前天然气燃料在机舱区域内的输送多采用双壁管来实现，经过对双壁管夹层进行抽吸通风或惰气密封，来实现燃料的安全输送。

本文以某 VLCC 双燃料动力船为例，运用应力分析软件 CAESAR Ⅱ 对双壁管进行有效分析。对双壁管模型的建立、参数的设置、工况的选取、载荷及边界条件的加载，以及后处理阶段计算结果的输出进行详细的阐述，并适当优化管线模型，最终得到满足规范标准与设计要求的管路布置。

关键词：双壁管；应力分析；CAESAR Ⅱ

1 双壁管概述

燃气双壁管为一种具有双层管壁结构的特殊管路，是由内管、外管及内管支架等部分组成。内管主要用于向用气设备输送液化天然气（LNG）燃料，外管通过管支架将双壁管固定在船体结构上，而内管支架支撑于内管与外管之间，使内管与外管之间形成同心的环形空间。为避免内管泄露，此环形空间处理方式通常有三种：高压惰性气体密封、抽吸通风、真空绝热。为了尽可能降低燃爆风险，内外管之间夹层多采用通风方案，一旦内管发生泄露，通过风机不间断地抽风，将漏出的燃气排出至露天安全区域。

双壁管的布置设计包括以下方面：

（1）内管支撑形式。双壁管内管支撑形式常见的有固定支撑和弹性支撑两种。这两种支撑各有利弊，固定支撑结构相对简单，内管支架呈十字型布置，分别与内管、外管管壁焊接，工艺性好。但是由于涉及内外管壁动火，更容易产生泄露等隐患。弹性支撑结构稍微复杂，安装难度较高，其固定位置不仅需考虑船舶振动及滑动方向，而且需根据具体布置进行内管受力分析。但是弹性支撑优点也相对明显，减少了动火施工，最大限度他保证内外管壁的完整性，往往更被船东所认可。本文所选某双燃料动力 VLCC 船只实例，其内管固定均选用弹性支撑方式，如图 1 所示。

（2）设观察视口。为监测内管每道焊缝的焊接质量，目前双壁管设计往往在外管的弯头、三通及连接套管上设计有观察视口。观察视口是在外管上钻 $\phi20$ 开孔，并在开孔处设计 G3/4 寸焊接座，再通过标准丝堵密封。观察时，使用内窥镜经焊接座观察内管焊接情况。部分观察视窗也用于对可能存在的燃气泄漏进行安全监控。

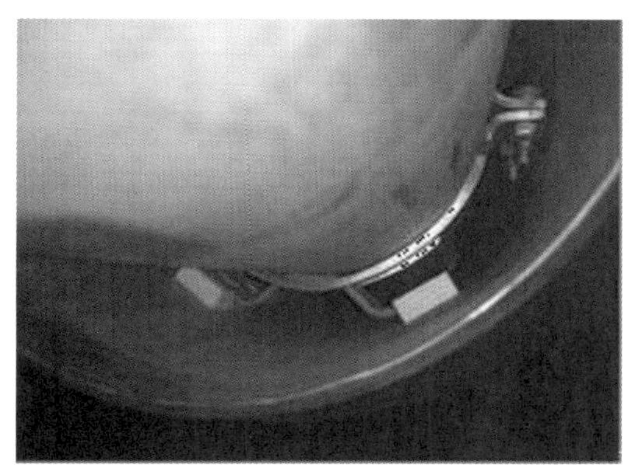

图 1　双壁管弹性支撑现场实图

(3)双壁管规格。为使内管弯头顺利装入外管弯头,按现有市场定型产品,外管内径至少比内管外径大 40~60 mm,例如:如果内管规格为 DN100,则外管的规格应为 DN150 为宜,如图 2 所示。

图 2　双壁管材质现场实图

(4)管路材料。双壁管内管、外管、内管支架均选用耐蚀性、耐热性较好的 316L 奥氏体不锈钢,可有效避免因温度变化带来的内、外管附加应力。内弯头(长径弯头)为 1.5 倍管路的公称直径,外弯头(短半径弯头)为 1 倍管路公称直径,内管、外管均为薄壁无缝钢管。

(5)管路压力设定。双壁管内管试验压力应不小于设计压力的 1.5 倍,连接形式为全熔透对焊,且要求 100%射线探伤,管路等级为Ⅰ级管,外管正常工作时为负压,一般采用Ⅲ级管[1]。

2　双壁管布置及模型建立

本文所选实例为(大连船舶重工集团有限公司)所建造的某双燃料动力 VLCC 船,船长约 330 m,型宽约 60 m。LNG 储气系统选用 C 型储罐,供气单元布置在主甲板燃气处理间。自燃气处理间至机舱共布置 6 路双壁管,1 路主机燃气,3 路发电机燃气,2 路锅炉燃气。

2.1　双壁管布置

燃气双壁管布置共分为 3 部分,其中主机燃气双壁管布置路径为:主甲板至机舱四平台主机燃气接口;发电机燃气双壁管布置路径为:主甲板至机舱三平台三台发电机 GVU 单元,然后接至各台发电机;锅炉燃气双壁管路径为:主甲板至两台锅炉 GVU 单元,最后接至锅炉燃烧器接口。图 3 为发电机燃气管路的 PID 布置图示例。

需要注意的是,双壁管布置除了要满足相关管路布置规范外,还需要预留出管路焊口的探伤空间。双壁管外管实船要求为 10%探伤检验。另外,由于双壁管需要预先经过应力核算,其支架位置也相对固定。在布置管路及支架位置时,需考虑后续施工过程的误差影响。

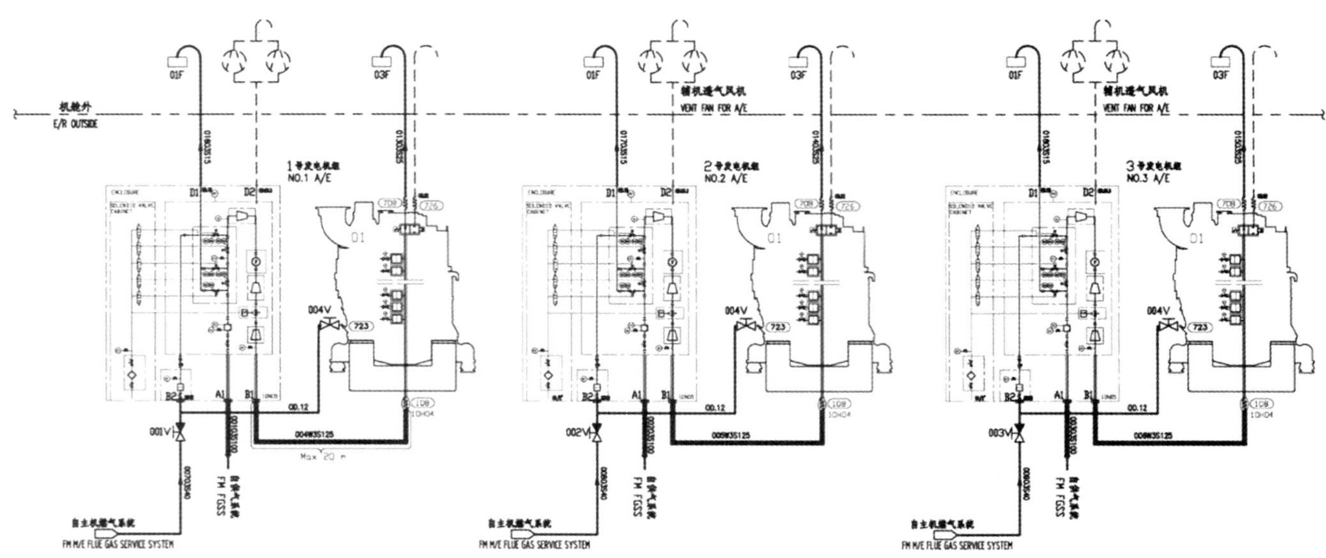

图 3　发电机燃气管路 PID 布置图示例

2.2　双壁管模型建立

根据管路的实际布置,对双壁管走向建立模型。为了确保应力分析更加全面详尽,这里对经过 GVU 设备的双壁管,全部分开独立建模。具体模型分为:主机、发电机、锅炉三部分。

2.2.1　主机双壁管模型

主机燃气双壁管模型,自主甲板 FGSS 房间至主机燃气接口。由于实例船型主机燃气不涉及 GVU 单元,故主机燃气模型仅 1 路,经甲板通舱件过电磁阀后至机舱四平台主机。具体模型放样如图 4 所示。

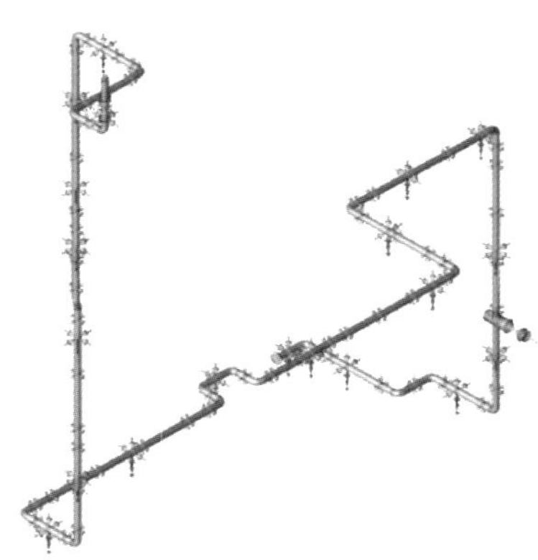

图 4　主机燃气管路模型

2.2.2　发电机双壁管模型

实例船只发电机共 3 台,至每台发电机的双壁管均先经过 GVU 单元,所以共建立 6 组模型,分别是:主甲板 FGSS 房间至 1 号发电机 GVU 单元,1 号 GVU 单元至 1 号发电机,主甲板 FGSS 房间至 2 号发电机 GVU 单元,2 号 GVU 单元至 2 号发电机,主甲板 FGSS 房间至 3 号发电机 GVU 单元,3 号 GVU 单元至 3 号发电机。图 5 为 1 号发电机燃气管模型。

2.2.3　锅炉双壁管模型

实例船只锅炉 2 台,其布置与发电机较为类似,共建立 4 组模型,分别为:主甲板 FGSS 房间至 1 号锅炉 GVU 单元,1 号锅炉 GVU 单元至 1 号锅炉燃烧器,主甲板 FGSS 房间至 2 号锅炉 GVU 单元,2 号锅炉 GVU 单元至 2 号锅炉燃烧器。图 6 为 1 号锅炉燃气管模型。

需要说明的是,以上模型建立仅仅是参照管路布置,实际在设备及管路运行中,还要考虑众多因素。比如:通风管路中凝水的存在,应考虑在管路最低点增加凝水泄放箱;管路膨胀弯的布置位置等。

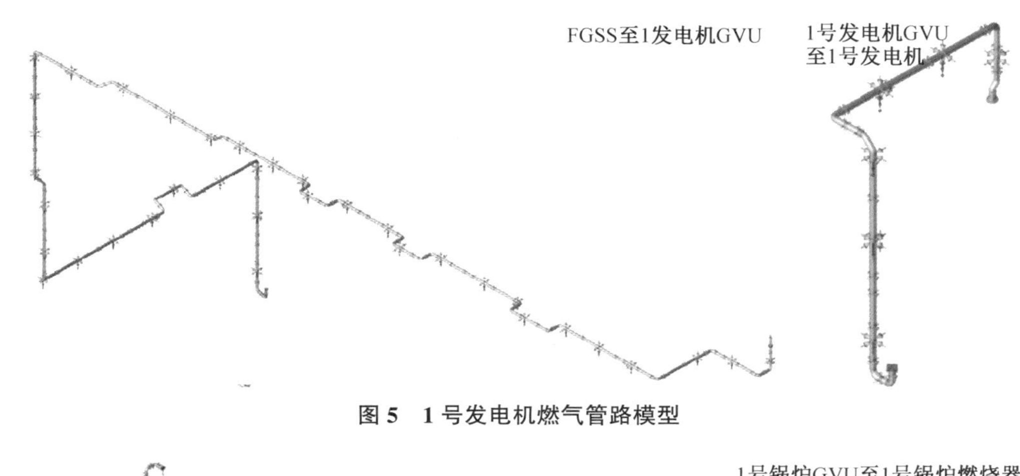

图 5　1 号发电机燃气管路模型

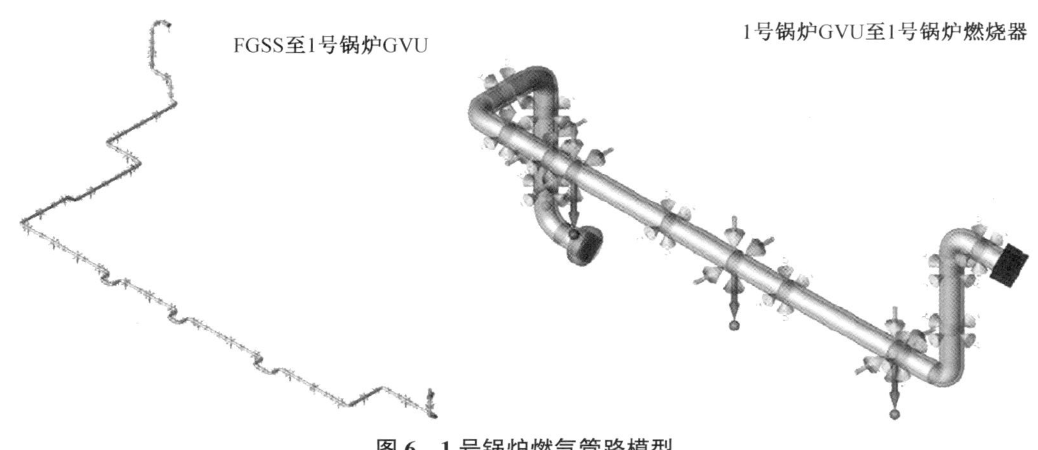

图 6　1 号锅炉燃气管路模型

3　基于 CAESAR Ⅱ软件的双壁管布置应力分析

基于上述对机舱双壁管的模型建立,我们使用管路应力分析软件进行工况模拟分析。这里我们选用的管路分析软件为 CAESAR Ⅱ,该软件是美国 COADE 公司研制开发的专业管道应力分析软件,被广泛应用于石油、石化、化工、钢铁、船舶、电力等行业,具有图形显示、纠错以及在线帮助等功能,可用于管系、钢结构或二者相结合的模型。CAESAR Ⅱ既能进行静力分析,也能进行动力学分析,不但可以按照 ASME 系列及其他国际标准进行应力计算校核,而且可以根据 API、WRC、NEMA 标准进行静设备和动设备的载荷校核;另外,它与多种 CAD 软件具有较良好的数据接口,能根据数据及边界条件的输入直观、方便地显示,具有友好的操作界面[2]。

3.1　双壁管材料参数

本文所列实例中,涉及的双壁管内管外管材质均为 316L 奥化体不锈钢,泊松比为 0.292,密度为 8 030 kg/m^3。其他相关参数如表 1 所示。

表 1　双壁管基础参数表

温度(T)/℃	弹性模量(E)/KPa	膨胀系数(α)/[mm/(mm · ℃$^{-1}$)]	允许应力/MPa
60	1.9236×10^8	15.69×10^{-6}	97.2
50	1.9298×10^8	15.59×10^{-6}	97.2
21	1.9512×10^8	15.30×10^{-6}	97.2
5	1.9595×10^8	15.14×10^{-6}	97.2
0	1.9621×10^8	15.09×10^{-6}	97.2

3.2 双壁管设计参数

根据实际管路的设计要求,双壁管内管与外管的口径及壁厚的相关数据如表 2 所示。

表 2 双壁管规格参数表

单位:mm

<table>
<tr><th colspan="2">管线</th><th>口径</th><th>壁厚</th></tr>
<tr><td rowspan="2">主机</td><td>自 FGSS 房间至主机(内管)</td><td>89.1</td><td>3</td></tr>
<tr><td>自 FGSS 房间至主机(外管)</td><td>139.8</td><td>3.4</td></tr>
<tr><td rowspan="4">发电机</td><td>自 FGSS 房间至各发电机 GVU 单元(内管)</td><td>60.5</td><td>2.8</td></tr>
<tr><td>自 FGSS 房间至各发电机 GVU 单元(外管)</td><td>114.3</td><td>3</td></tr>
<tr><td>自各发电机 GVU 单元至各台发电机(内管)</td><td>76.3</td><td>3</td></tr>
<tr><td>自各发电机 GVU 单元至各台发电机(外管)</td><td>139.8</td><td>3.4</td></tr>
<tr><td rowspan="4">锅炉</td><td>自 FGSS 房间至各锅炉 GVU 单元(内管)</td><td>114.3</td><td>3</td></tr>
<tr><td>自 FGSS 房间至各锅炉 GVU 单元(外管)</td><td>165.2</td><td>3.4</td></tr>
<tr><td>自各锅炉 GVU 单元至各锅炉燃烧器(内管)</td><td>114.3</td><td>3</td></tr>
<tr><td>自各锅炉 GVU 单元至各锅炉燃烧器(外管)</td><td>165.2</td><td>3.4</td></tr>
</table>

双壁管内管与外管的温度与压力设计数据如表 3 所示。

表 3 双壁管设计参数表

<table>
<tr><th colspan="3">管线</th><th>温度/℃</th><th>压力/bar①</th></tr>
<tr><td rowspan="4">主机</td><td rowspan="2">内管</td><td>设计上限值</td><td>60</td><td rowspan="2">16</td></tr>
<tr><td>设计最低值</td><td>0</td></tr>
<tr><td rowspan="2">外管</td><td>设计上限值</td><td>60</td><td rowspan="2">16</td></tr>
<tr><td>设计最低值</td><td>0</td></tr>
<tr><td rowspan="4">发电机</td><td rowspan="2">内管</td><td>设计上限值</td><td>60</td><td rowspan="2">10</td></tr>
<tr><td>设计最低值</td><td>0</td></tr>
<tr><td rowspan="2">外管</td><td>设计上限值</td><td>60</td><td rowspan="2">10</td></tr>
<tr><td>设计最低值</td><td>0</td></tr>
<tr><td rowspan="4">锅炉</td><td rowspan="2">内管</td><td>设计上限值</td><td>50</td><td rowspan="2">10</td></tr>
<tr><td>设计最低值</td><td>5</td></tr>
<tr><td rowspan="2">外管</td><td>设计上限值</td><td>50</td><td rowspan="2">10</td></tr>
<tr><td>设计最低值</td><td>5</td></tr>
</table>

管路中介质为天然气,其密度 $\rho=0.717\ kg/m^3$。

3.3 双壁管静力分析

这里我们所界定的标准为:ASME 压力管路规范,B 31.3—2016。管路连接对焊接口为 100%探伤,管路焊接系数(E)为 1。双壁管温度范围为:0 ℃ $\leqslant T \leqslant$ 60 ℃。

将载荷工况进行分类,类别代号的意义如下[3]:

持续载荷应力(基础应力)为 σ_{SL};

纯热态载荷应力(二次应力)为 σ_{SE};

① 1 bar=0.1 MPa。

偶然载荷应力为 σ_{OCC}。

根据规范标准所规定的应力约束：

位移允许的应力范围为 S_A；

偶然应力的边界范围为 $k*S_h$；

最低温度下的应力边界为 S_C；

最高温度下的应力边界为 S_h。

以上相关数值需满足：

$\sigma_{SL} \leqslant S_h$；$\sigma_{SE} \leqslant S_A$；$\sigma_{OCC} \leqslant k*S_h$；$S_A = f[1.25(S_C+S_h)-\sigma_{SL}]$；

$\sigma_{SL} \leqslant 97.2$ MPa；$\sigma_{SE} \leqslant 243-\sigma_{SL}$；$S_{h\ min} = 97.2$ MPa $= 14.2$ KSI；

需要说明的是，每路管线的最大应力值可以由应力分析软件根据不同温度边界自动定义。

3.4 确立载荷工况

根据实际情况，建立管线载荷工况，其截图如图 4 所示：

NO.	HYD	NO.	SUS	NO.	EXP	NO.	OCC
L1	WW+HP	L40	W	L50	L2-L41	L84	L5-L4
NO.	OPE	L41	W+P1	L51	L3-L41	L85	L84+L40
L2	W+T1+P1	L42	W+P1+U1+U2+U3	L52	L6-L42		
L3	W+T2+P1	L43	W+P1+U1-U2+U3	L53	L7-L43		
L4	W+T3	L44	W+P1+U1-U2-U3	L54	L8-L44		
L5	W+T3+P1	L45	W+P1+U1+U2-U3	L55	L9-L45		
L6	W+D1+T1+P1+U1+U2+U3	L46	W+P1-U1+U2-U3	L56	L10-L46		
L7	W+D1+T1+P1+U1-U2-U3	L47	W+P1-U1-U2+U3	L57	L11-L47		
L6	W+D1+T1+P1+U1-U2-U3	L48	W+P1-U1-U2-U3	L58	L12-L48		
L9	W+D1+T1+P1+U1+U2-U3	L49	W+P1-U1+U2-U3	L59	L13-L49		
L10	W+D1+T1+P1-U1+U2+U3			L60	L14-L42		
L11	W+D1+T1+P1-U1-U2+U3			L61	L15-L43		
L12	W+D1+T1+P1-U1-U2-U3			L62	L16-L44		
L13	W+D1+T1+P1-U1+U2-U3			L63	L17-L45		
L14	W+D2+T1+P1+U1+U2+U3			L64	L18-L46		
L15	W+D2+T1+P1+U1-U2+U3			L65	L19-L47		
L16	W+D2+T1+P1+U1-U2-U3			L66	L20-L48		
L17	W+D2+T1+P1+U1+U2-U3			L67	L21-L49		
L18	W+D2+T1+P1-U1+U2+U3			L68	L22-L42		
L19	W+D2+T1+P1-U1-U2+U3			L69	L23-L43		
L20	W+D2+T1+P1-U1-U2-U3			L70	L24-L44		
L21	W+D2+T1+P1-U1+U2-U3			L71	L25-L45		
L22	W+D1+T1+P1+U1+U2+U3			L72	L26-L46		
L23	W+D1+T2+P1+U1-U2+U3			L73	L27-L47		
L24	W+D1+T2+P1+U1-U2-U3			L74	L28-L48		
L25	W+D1+T2+P1+U1+U2-U3			L75	L29-L49		
L26	W+D1+T2+P1-U1+U2+U3			L76	L30-L42		
L27	W+D1+T2+P1-U1-U2+U3			L77	L31-L43		
L28	W+D1+T2+P1-U1-U2-U3			L78	L32-L44		
L29	W+D1+T2+P1-U1+U2-U3			L79	L33-L45		
L30	W+D2+T2+P1+U1-U2-U3			L80	L34-L46		
L31	W+D2+T2+P1+U1-U2-U3			L81	L35-L47		
L32	W+D2+T2+P1+U1-U2-U3			L82	L36-L48		
L33	W+D2+T2+P1-U1+U2+U3			L83	L37-L49		
L34	W+D2+T2+P1-U1-U2+U3						
L35	W+D2+T2+P1-U1-U2+U3						
L36	W+D2+T2+P1-U1-U2-U3						
L37	W+D2+T2+P1-U1+U2-U3						
L38	W+D1+T3+P1						
L39	W+D2+T3+P1						

图 4 双壁管载荷工况

类别代号的意义如下：

W——表示管路自身重量+管路绝缘重量+介质重量；

WW——表示管路自身总量+管路绝缘重量+液压试验时水的重量；

P1——表示设计压力；

HP——液压试验压力；

D1——表示自存工况下船体变形引起的变形量；

D2——表示预压载工况下船体变形引起的变形量;

U1——表示+X(横向)载荷;

U2——表示+Y(垂向)载荷;

U3——表示+Z(纵向)载荷;

T1,T2…Tn 表示管路温度数值。

其中,D1,D2,U1,U2,U3 根据船上实际情况确定,本船根据实际情况,选取:D1 = 5.25 mm/m;D2 = −2.04 mm/m;U1 = 0.19g;U2 = 0.4g;U3 = 0.54g(g 为重力加速度)。

3.5 输出相关结果

根据上述的取值与约束设定,通过软件模拟可得出相关数据。这里需要说明一下,如果试验压力产生的轴向或纵向应力(基于最小管壁厚度)超过试验温度下的屈服强度,或大于试验温度下额定值 1.5 倍,试验压力可以降到最大压力,该最大压力选择为屈服强度与试验温度下 1.5 倍额定值两者中的最小值。

由于这里涉及管路较多,受篇幅所限,仅摘取主机燃气管路的计算结果,即自 FGSS 至主机管路应力分析数据,其截图如图 5 所示:

MAXIMUM STRESSES					
NO.	Stress Type	Node	Code Stress(MPa)	Ratio(%)	Allowable(MPa)
#1	Hydro test	10185	25.119	14.4	175
#40	Sustained	10185	6.21	6.4	97.2
#41	Sustained	10185	14.991	15.4	97.2
#42	Sustained	10185	12.403	12.8	97.2
#43	Sustained	10185	12.39	12.7	97.2
#44	Sustained	10185	18.665	19.2	97.2
#45	Sustained	10185	18.591	19.1	97.2
#46	Sustained	10185	12.39	12.7	97.2
#47	Sustained	10770	12.81	13.2	97.2
#48	Sustained	10185	18.845	19.4	97.2
#49	Sustained	10185	18.647	19.2	97.2
#50	Expansion	10989	104.379	45.8	228.1
#51	Expansion	10989	200.312	87.8	228.1
#52	Expansion	10818	161.533	69.2	233.501
#53	Expansion	10818	161.533	69.2	233.501
#54	Expansion	10818	161.533	69.2	233.501
#55	Expansion	10818	161.533	69.2	233.501
#56	Expansion	10818	161.533	69.2	233.501
#57	Expansion	1289	149.708	69.2	226.011
#58	Expansion	1289	149.708	69.2	226.011
#59	Expansion	1289	149.708	69.2	226.011
#60	Expansion	1320	27.116	12.1	224.006
#61	Expansion	1320	27.116	12.1	224.006
#62	Expansion	1320	27.116	12.1	224.006
#63	Expansion	1320	27.116	12.1	224.006
#64	Expansion	1320	27.116	12.1	224.006
#65	Expansion	1320	27.116	12.1	224.006
#66	Expansion	1320	27.116	12.1	224.006
#67	Expansion	1320	27.116	12.1	224.006
#68	Expansion	1320	51.795	23.1	224.006
#69	Expansion	1320	51.795	23.1	224.006
#70	Expansion	1320	51.795	23.1	224.006
#71	Expansion	1320	51.795	23.1	224.006
#72	Expansion	1320	51.795	23.1	224.006
#73	Expansion	1320	51.795	23.1	224.006
#74	Expansion	1320	51.795	23.1	224.006
#75	Expansion	1320	51.795	23.1	224.006
#76	Expansion	1289	139.984	61.9	226.011
#77	Expansion	1289	139.984	61.9	226.011
#78	Expansion	1289	139.984	61.9	226.011
#79	Expansion	1289	139.984	61.9	226.011
#80	Expansion	1289	139.984	61.9	226.011
#81	Expansion	1289	139.984	61.9	226.011
#82	Expansion	1289	139.984	61.9	226.011
#83	Expansion	1289	139.984	61.9	226.011
#84	Occasional	4020	22.116	22.8	97.2
#85	Occasional	1700	23.395	24.1	97.2

图 5　主机双壁管应力分析数据

3.6 管线频率分析

对于常规高压管路,管线固有频率的选择往往不低于 7~8 Hz。为避免发生机械共振,结合船上重点设备的影响。管路计算后的频率应在设备频率 0.8~1.2 倍范围之外。这里选定主机的最大频率为 7.29 Hz。管路相关计算结果的截图如图 6 所示,

MODE	(Hz) FREQUENCY	(Radians/Sec) FREQUENCY	(Sec) PERIOD
1	19.245	120.922	0.052
2	19.307	121.310	0.052
3	20.674	129.898	0.048
4	22.289	140.047	0.045
5	24.269	152.485	0.041
6	24.745	155.477	0.040

图 6 管路频率分析结果

3.7 计算结果分析

根据以上数据的选取与界定,从软件模拟与计算所得结果来看,在设定的一次与二次应力影响下,管线应力小于规范允许的应力,管路的固有频率也满足相关要求,在共振频率范围之外,管路的整体布置满足要求。针对应力分析相对较大的几处位置,可以考虑优化管路设计,重新布置支架位置等方案,适当调整其所受应力值。

4 总结

本文以大连船舶重工集团有限公司所承建的某双燃料 VLCC 船为实例,根据双壁管实际布置,利用 CAESAR Ⅱ软件对其应力进行模拟分析。通过理论与实践的结合进行总结,为船舶管系设计提供了准确可靠的理论支持,不仅能够更加合理地布置船舶管路以及设置管支架的位置和类型,而且可以有效地减小或避免管路对设备的影响,降低管路振动等。为后续管路实际安装施工提供理论依据。

LNG 作为一种清洁、高效的能源,日益受到人们的青睐,越来越多的船东选择 LNG 作为船舶的动力燃料。船舶建造也将逐步向更节能、更清洁、更环保的方向发展,双壁管以其独特的优势在双燃料船舶上有较长远的应用前景。随其逐步的深入应用,后续在施工与调试阶段可能会暴露更多的问题,笔者也将时刻关注动态,并结合实际问题,做更加全面的分析与研究。

参考文献

[1] 任成德,吴红根. 固定支架式双壁管的预制安装方法[J]. 造船技术,2020,356(4):54-58.

[2] 李明鹏,宋文全,冷阿伟,等. 船用玻璃钢管有限元分析与研究[C]. 大连:辽宁省造船工程学会,2014.

[3] 唐永进. 压力管道应力分析[M]. 北京:中国石化出版社,2003.

简析液压油油温过高对船舶液压系统的影响

王 楠 雷 超 孙 鹏 宋 林 张 琦 李雪飞

(大连船舶重工集团有限公司)

摘 要:船用液压系统为船舶系统中的各动作执行元件(液压缸、液压马达等)提供可控制方向、压力及流量的压力介质(如矿物油或水乙二醇等),通过管路运输及动作装置便可实现各种规定动作和工作循环,但是由于船舶液压系统结构复杂,应用处所繁多,工作环境恶劣,导致船舶液压油经常会出现油温异常增高的故障,对船舶营运安全造成影响。本文重点分析油温过高对船舶液压系统的影响,为船舶液压系统日常维护保养提供相应的解决措施。

关键词:船舶;液压系统;油温;维护保养

0 前言

船舶液压油作为船舶控制系统的动力介质,其工作温度对船舶各动力系统有着极其重要的影响。在船舶液压系统的正常使用情况下,根据厂家推荐以及现场实际应用总结,船舶液压油油温在 15~65 ℃下较为理想,最高一般不高于 80 ℃,在此工作温度下,液压油将充分发挥自身介质特性,实现船舶液压系统的正常工作。但液压系统在实际使用过程中,常发生液压油温度过高的故障,影响设备正常使用,甚至导致设备无法工作。

1 液压系统工作原理

在液压系统中,主要包括五大部分:动力元件(液压泵)、执行元件(液压缸、液压马达)、控制元件(液压控制阀)、辅助元件(油管、油管接头、油箱、过滤器、蓄能器等)、工作介质(液压油)。实际工作中,液压泵将电动机(或其他原动机)的机械能转变为液体的压力能,由管路传递的压力能经控制元件对其流量进行调节控制后,再通过液压缸(或液压马达)把液体的压力能转变为机械能推动负载运动,如表 1 所示。

表 1 液压系统组成

序号	组成部分	元件	作用
1	动力元件	液压泵	将原动机的机械能转变为液体的压力能
2	执行元件	液压缸、液压马达	将液体的压力能转变为机械能
3	控制元件	液压控制阀	控制和调节液流的压力、流量和流动方向
4	辅助元件	油管、油管接头、油箱、过滤器、蓄能器等	连接、输油、储油、过滤、储存压力能、测量等辅助功能
5	工作介质	液压油	传递运动与动力

2 液压油油温升高后对液压系统的影响

在液压系统效率的诸多影响因素中,液压油温度一直是轮机维护人员关注的重要指标。经统计,油温过高是80%液压系统故障的“元凶”。其不仅影响液压油工作性能,更是直接影响整个液压系统的工作效率。因此,将液压油油温升高后对液压系统的影响进行总结归纳,对液压系统的维护保养有着重要的作用。

①液压油温度过高会导致液压油黏度降低,各零部件及系统内泄增加,整个系统的效率(特别是泵的容积效率)显著降低。黏度降低,油膜变薄,润滑作用降低,加剧元件的磨损。

②液压油温度过高会导致液压油黏度降低,内部泄漏量增大,液压油缸的活塞动作忽快忽慢,动作质量变差,马达低速工作时发生爬坡现象,工作不连续。

③液压油温度过高引起液压元件受热膨胀,配合间隙改变,造成失灵或“卡死”,执行机构工作性能降低。

④液压油温度过高会加快液压油的氧化、变质,使用寿命降低。当油液温度超过65 ℃时,一般油温每增高10 ℃,油的寿命缩短一半。

⑤液压油温度过高会加速橡胶密封件老化变质,导致密封失效,造成液压元件的泄漏。

3 液压油油温过高的原因分析

根据实船经验,引起液压系统油温过高的原因很多,分析、归纳、总结起来主要有以下几个方面:

(1)液压系统设计存在问题。①液压油箱容量过小,散热容积不够;②液压油管太长、太细或弯曲过多等导致流动阻力增大;③系统没有卸荷措施,执行机构停止工作仍在溢流;④液压元件加工、制造精度低,运动件间摩擦发热量大,或泄漏量过大,导致容积效率低等。

(2)液压系统调试、设定不当。系统压力调整过低或过高都会引起系统发热增加。设定压力低时,当负荷高于安全阀设定压力时,液压缸便不能克服阻力进行动作,这时安全阀溢流液压油流回油箱;反之,设定压力高时,液压油流速变快,能量损耗加大,增加热量。

(3)选用的液压油黏度标号不对。没有根据环境温度及使用工况,选择合理黏度的液压油,黏度太高,增加油流阻力,黏度太低,泄漏量就会加大,二者都会使油温升高。

(4)油质变坏。液压系统经过一段时间的使用,系统的磨损颗粒、外界杂质、水分等难免会对液压油造成污染,液压油性能会逐步变差,将增加系统流动阻力,从而使油温升高。

(5)冷却器散热片上的灰尘过多,造成散热面积下降。有些设备所处工作环境恶劣,漂浮物落在油箱和散热器上面,堵塞了散热片上的小孔,再加上一些油污难以去掉,使风扇吹不进冷风,影响了冷却效果。

(6)风扇转速不够。风扇皮带打滑或驱动风扇的液压马达漏油都会导致风扇转速不够,影响了散热冷却效果。

(7)回油管路不通畅。回油管路内部橡胶层起皮、回油过滤器堵塞等都会导致流动阻力增高,打开系统旁通阀,导致液压油不通过散热器而直接流回油箱。

(8)环境温度过高或周围有热源。设备长时间连续超负荷工作,环境温度过高,也会导致系统温度升高。另外液压油箱、散热器周围有其他设备散发大量热量。

(9)磨损严重导致液压系统内泄过大。系统中的液压泵、控制调节阀、油缸、马达等的许多部位都是依靠间隙密封的,一旦这些液压元件的配合面磨损加剧,引起内泄增大,油温将会升高,油的黏度降低,内泄更加严重,油温进一步增高,这样就形成了一个恶性循环,使油液的温度升得极快,这也是液压系统温升过快的主要原因。

4 液压油油温过高的处理措施

当液压系统温升过快时,应及时查明原因,采取措施,确保设备正常工作。上述的前两条原因,属于设备制造厂家设计、调试不当所致,应由设备制造厂家采取补救措施予以解决,后面几条原因则是由于使用、维护不当所致。下面主要从使用、维护的角度考虑,提出一些预防油温过高的措施和解决方法。

①液压油的选用应按厂家推荐的牌号及机器所处的工作环境、气温因素等来确定。对一些有特殊要求的机器,应选用专用液压油;当液压元件和系统保养不便时,应选用性能好的抗磨液压油。

②一般在累计工作 1 000 h 后应换油。换油时,注意不仅要放尽油箱内的旧油,还要替换整个系统管路、工作回路的旧油;加油时最好用 120 目以上的滤网,并按规定加足油量,使油液有足够的循环冷却条件。如遇因液压油污染而引起的突发性故障时,一定要过滤或更换液压系统用油。如,某型船用货物吊出现液压油油温过高、提升动力不足的故障,经现场检查发现,液压油呈乳白色,已变质且黏度下降,更换液压油后货物吊运转恢复正常。

③在实际操作和保养过程中,严格遵守操作规程中对液压油油位的规定。如,某型船用空气压缩机,工作一段时间后出现液压油温度过高的故障,检查液压油箱,发现油位低于规定值很多,由于液压系统过度缺油,使液压油循环过快,未能充分静置散热,导致系统液压油温度高;按规定加足液压油后,液压油温度随即降至正常范围。

④经常检查进油管接口等连接处的密封性,防止空气进入;同时,每次换油后要排尽系统中的空气。如,某型船机舱单轨行车在运行过程中,出现系统液压油温度过高,同时伴有液压噪声;检查发现,液压泵进油口连接软管有少许损坏,吸入空气,导致油温过高,更换软管后机舱单轨行车运转状况良好。

⑤定期清洗、更换滤油器,对有堵塞指示器的滤油器,应按指示情况清洗或更换滤芯。滤芯的性能、结构和有效期都必须符合其使用要求。如,某型船用锚机在作业时油温报警器连续报警,同时发现变矩器处有油烟和油液的烧焦味,转向油箱内油位较低;经现场拆检,变矩器回油泵吸油滤网粘满沉积物,使变矩器泄漏的油液不能及时泵回转向油箱,系统油液沉积过多,变矩器放置阻力加大,由摩擦产生的热量增多,最后导致油液温升太快。现场清洗该滤网后,油温恢复正常。又如,某型货物软管吊液力传动系统发出高温警报,传动部位有异响,拆开滤油器检查滤芯,发现其中含有大量粉末状污物;更换滤芯后,故障消失。

⑥定期检查和维护液压油冷却循环系统,一旦发现故障,必须立即停机排除。如,某型液力传动叉车,工作一段时间后,变矩器驱动力不足,转向盘转向沉重(液力变速器与动力转向共同用 1 台泵)。经检查发现,是风冷式油冷却器的通风孔堵塞导致了油温过高,疏通后故障被排除。又如,船用某型液压冷却机启动后工作不足 3 h,仪表盘上变矩器油温报警指示灯即闪亮,显示液压油温度过高。先检查油量和油质,结果油量充足,油质较好;再检查滤油器,未见脏污;后检查冷却器,发现油泥已将部分冷却器油孔堵塞。清洗冷却器后,系统恢复正常。

⑦及时检修或更换磨损过大的零部件,据统计,在正常情况下,进口的液压泵、马达工作五六年后,国产产品工作两三年后,其磨损都已相当严重,须及时进行检修。否则,就会出现系统冷机时工作基本正常,但工作 1 ~2 h 后,系统各机构的运动速度就明显变慢,需停机待油温降低后才能继续工作。如,船用某型液压锚机在出现上述故障后,经测试各机构的工作压力均明显偏低,怀疑是主安全阀或主泵磨损所致。先拆检主安全阀,无异常现象;后拆检主泵,发现配流盘球面磨损严重。经对配流盘进行研磨后重新装配并调整好其间隙,装机运行情况良好。

⑧环境温度过高时应避免长时间连续大负荷地工作,若油温太高可使设备空载动转 10 min 左右,待其油温降下来后再工作。

液压油温度高引起的故障不是偶然的,多数都有一个缓慢发展的过程,有其自身的规律和原因,需要操作维护者懂得设备的工作原理,找到故障发生的原因也就找到了故障的排除方法,其他设备故障同样如此。

5 总结

液压系统对于机械设备的作用,相当于心脏之于人的作用。日常做好设备维护保养,了解可能出现的故障情况、尽快判断故障部位、分析故障原因、采取有效措施及时排除故障,才能发挥设备的最优性能。但是,需要注意的是,任何故障都不是一成不变的,表象相同,故障原因不一定一样,需要具体问题具体分析。

液压系统油温过高,将给液压系统带来许多不良影响,引起液压系统的一系列故障,因而液压系统的油温应控制在合理范围。液压系统中组件机械摩擦、容积损失、油路设计不合理及未能合理选择油液是造成液压系统过热的常见因素。为保证液压系统能正常工作,必须做好消缺措施,使液压系统的油温保持在正常的工作温度范围。因此在船舶营运期间,轮机人员要做好液压系统油温监控工作。

LNG 动力集装箱船 B 型舱的施工建造方法及过程控制

李福江　田泽源　曹　宇　雷　超　胡震宇　王成玉

(大连船舶重工集团有限公司)

摘　要:B 型舱的施工建造是 LNG 动力船舶的重点及难点项目,其安装精度显著区别于其他民用船舶,安装过程需要详细策划,并制定完善的施工建造方法,对每一道施工工序进行精确控制,才能保证 B 型舱的建造、安装、吊运、合拢、调试都能达到产品规格书中的具体要求。本文通过对某型 LNG 动力集装箱船的建造过程进行整理,对 B 型舱的施工及过程控制经验进行搜集,为其他类似产品的施工打下良好的基础。

关键词:B 型舱;建造方法;工艺;过程控制

0　引言

B 型舱作为液化天然气(LNG)储罐的核心部分,其精度控制、施工前准备、吊装施工和吊装后施工等环节对整个超大型集装箱船的稳定性和安全性具有至关重要的影响。近年来,随着设计规范不断更新、材料技术和施工技术不断发展、建造技术不断突破,大型 LNG 储罐已成为未来重要的发展趋势。

B 型舱是一种分次屏蔽的独立型液货舱,由耐低温的金属厚板构成第一层完整的主屏蔽舱体,并在舱外部安装隔热绝缘模块,基于复杂的疲劳裂纹扩展分析,在可能出现裂纹泄露的区域设置次屏蔽实现安全可靠的 LNG 储存。

在建造过程中,精度控制是关键。早在 2019 年,工程建设公司(SEI)便展开了对 27 万立方米 LNG 储罐的关键技术攻关,实现了超大型 LNG 储罐罐体设计、抗震设计、大厚度低温钢板焊接、保冷结构优化等核心技术的全面突破。施工前的各项准备工作也非常重要,包括绝缘系统的准备。B 型液货舱的绝缘系统采用复杂的板式绝缘,是液货舱围护系统的重要组成部分。

吊装施工是整个 B 型舱建造过程中的重要环节,吊装后的安装和调试是为了以确保 B 型舱的正常运行和安全。

1　B 型舱总段的精度控制

B 型舱的精度控制是整个建造过程中的重要环节。首先,B 型舱的设计和制造必须严格按照船舶制造标准进行;其次,B 型舱的安装位置和角度必须精确到毫米级别;最后,B 型舱的稳定性和安全性需要通过精确的测量和检验来验证。

B 型舱总段的精度可以通过以下公式进行计算。

$$\Delta L = L\_max - L\_min$$

其中,ΔL 为 B 型舱总段的精度,L_max 为 B 型舱总段的最大长度,L_min 为 B 型舱总段的最小长度。

2　B 型舱吊装前施工

2.1　B 型舱水压试验后数据测量及 B 型舱定位标识的确认

在完成 B 型舱的水压试验后，应立即进行数据测量，测量数据包括 B 型舱的尺寸、重量、形状等，测量结果需要记录并保存，以备后续的施工使用，同时，也需要确认 B 型舱的定位标识，定位标识是 B 型舱在船体上的安装位置，需要根据设计图纸进行标识，定位标识的准确性直接影响到 B 型舱的安装精度。

2.1.1　总组阶段甲板分段下方底座的定位和研配

在总组阶段，甲板分段下方的底座需要进行定位和研配，定位是指根据设计图纸，将底座放置在正确的位置，研配是指根据设计需求，对底座进行加工，以便能够完美地嵌入到甲板分段中，这一步骤需要技术人员具有高度的精确性和技巧。

1. 气穹围井基座研配

基于 B 型舱的数据，甲板上的气穹围井基座需要经过精细的研配。研配包括加工基座的尺寸、形状，以及准备基座的安装位置等。此步骤需要熟练的工艺技能和严谨的计算。

2. 气穹密封胶皮压板钻孔、预定位焊

基座焊接完毕后，需要根据基座上的开孔对气穹密封胶皮压板进行钻孔。钻孔的位置和深度需要严格按照设计图纸的要求进行，然后对压板进行预定位焊接，预定位焊接是指在正式焊接之前，先进行小范围的焊接，以确保压板的位置准确无误。

2.1.2　合拢阶段内底承滴盘位置的画线

在合拢阶段，需要在内底的承滴盘位置进行画线。画线是为了指示承滴盘的安装位置，以便于后续的施工。画线的准确性直接影响到承滴盘的安装精度。

1. 内底上的基座定位、研配、焊接以及精度复测

定位是确定基座的安装位置，研配是将基座加工成适合安装的形状和尺寸，焊接是将基座固定在内底上，精度复测是检查基座的位置、形状和尺寸是否符合设计要求。

2. 优化船体内的画线方法

在船体甲板上以及内底表面设置 B 型舱定位标识点为了提高画线的准确性和效率，需要优化船体内的画线方法。同时，在船体甲板上以及内底表面设置 B 型舱定位标识点。定位标识点是指示 B 型舱安装位置的重要标志，需要根据设计图纸准确设置。

3. B 型舱导向装置定位、焊接以及精度复测

B 型舱导向装置用于指导和定位 B 型舱在安装过程中的位置，根据之前测量的数据，对导向装置进行定位和焊接，定位和焊接完成后，需要进行精度复测，以确保导向装置的位置和角度满足设计要求。

4. 承滴盘下的绝缘碰钉焊接、涂装、绝缘安装，承滴盘定位、焊接

承滴盘下的绝缘碰钉需要焊接、涂装和绝缘安装。焊接是将碰钉固定在承滴盘上，涂装是为了防止碰钉的腐蚀，绝缘安装是为了防止电流流过碰钉。承滴盘定位和焊接是为了将其固定在正确的位置。

5. 承滴盘附近的绝缘碰钉焊接和绝缘安装

承滴盘附近的绝缘碰钉同样需要进行焊接和绝缘安装。这是为了确保承滴盘在工作过程中的安全性和稳定性。

6. 舱壁和内底等设计 B 型舱面的舾装件安装

舱壁和内底等 B 型舱面的舾装件需要安装。舾装件是指用于支撑或固定 B 型舱的各种部件，如支架、托架等。这些舾装件的安装位置和方法需要根据设计图纸严格执行。

7. B 型舱内及侧面舱壁舾装件完整性确认

在所有舾装件安装完成后，需要对其完整性进行确认。这是为了确保所有舾装件都已经正确安装，并且能够正常工作。

8. B 型舱周围翻板、层压木施工

在 B 型舱周围,翻板平台需要翻起,以便于进行后续的施工。三维可调油顶需要调试完毕,并摆放到合适的位置。层压木需要摆放到安装位置,并垫起,以保证安装的平稳性。浇筑槽内需要进行打磨处理,以保证其平整度。吊杠需要在坞内进行组装,以便于进行 B 型舱的吊装。

2.1.3　B 型舱进行数字化模拟搭载,

根据模拟数据进行定位线的修整,在 B 型舱进行吊装之前,需要进行数字化模拟搭载,这是为了提前预知 B 型舱在吊装过程中可能出现的问题,并提前进行解决,根据模拟的数据,需要对定位线进行修整,以保证 B 型舱能够准确地安装到预定的位置。

在 B 型舱吊装前,需要进行最终的确认,这包括检查所有预备工作是否完成,例如基座是否焊接稳固,定位线是否准确,舾装件是否完整安装等。此外,也需要检查吊装设备是否正常,吊装人员是否了解吊装流程和安全操作规程等。只有当所有准备工作都达到要求时,才能进行 B 型舱的吊装操作。

3　B 型舱吊装施工

3.1　海吊定位点确认

海吊及驳船到位后,海吊挂放置在坞内的吊杠处,在海吊和驳船到位后,海吊将被用于挂放坞内的吊杠。吊杠是用于吊装 B 型舱的工具,它的位置需要准确无误,因此要在吊杠上设置定位标识点。这些标识点将帮助操作人员精确地控制吊杠的位置,以确保 B 型舱能够准确地吊装到预定的位置。

3.2　海吊吊杆调整

当吊杠准备就绪后,操作人员会使用它来吊运停靠在坞门驳船上的 B 型舱。这一步骤需要精确的控制,以防止 B 型舱在移动过程中发生碰撞或者翻倒。

3.3　海吊吊运、转移 B 型舱

在 B 型舱被吊起后,海吊将把它转移到大坞坞门处。在这个位置,B 型舱会被系泊,然后再次使用海吊将其吊运至舱口。这一步骤需要非常精确的操作,以防止 B 型舱在移动过程中出现偏移。

3.4　B 型舱在甲板入口处定位

用海吊调整 B 型舱入舱姿态,完成后沿导向装置下落,B 型舱被吊运到舱口时,需要在甲板入口处进行初步的精度定位。定位的准确性将直接影响到 B 型舱的安装效果,在初步定位完成后,需要使用海吊调整 B 型舱的入舱姿态,然后让其沿着导向装置缓慢下落(图 1)。

3.5　落钩前再次精度定位测量

当 B 型舱进舱下落至某一高度时,用临时支撑工装支撑 B 型舱,需要再次进行精度定位测量。这是为了确保 B 型舱能够准确地安装到基座上,测量完成后,B 型舱会继续下落,并用临时固定工装对其进行固定,以防止其在安装过程中发生偏移(图 2)。

3.6　数据测量无误后,海吊落钩,用三维可调油顶对 B 型舱进行初步定位

当数据测量确认无误后,海吊将会落钩,B 型舱将会被放置到预定的位置。然后,用三维可调油顶对 B 型舱进行初步定位。三维可调油顶可以在三个方向上进行调整,以确保 B 型舱的位置准确无误。

4　B 型舱吊装后施工

4.1　导向工装拆除出舱,B 型舱顶部部分脚手架板拆除

在 B 型舱被成功吊装到预定位置后,需要将导向工装拆除出舱(图 3)。此外,还需要拆除 B 型舱顶部部分的脚手架板。这些脚手架板在施工期间为工作人员提供了工作平台,但在施工完成后,为了确保舱内的空间利

用率和安全性,需要将其拆除。

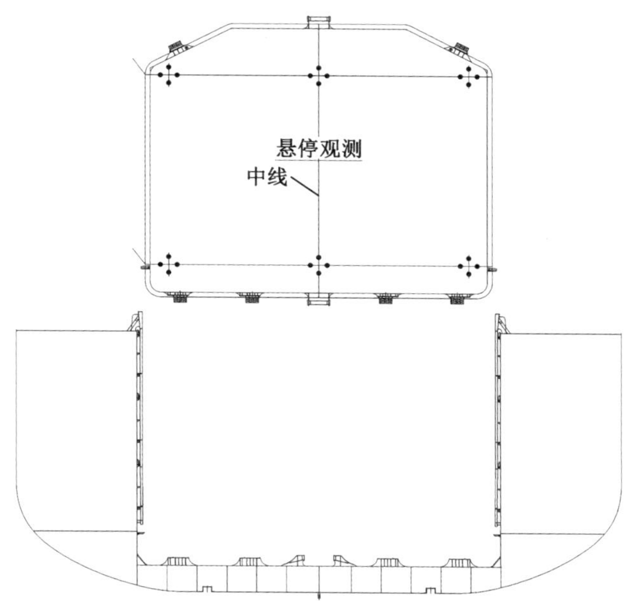

图1　B 型舱悬停测量

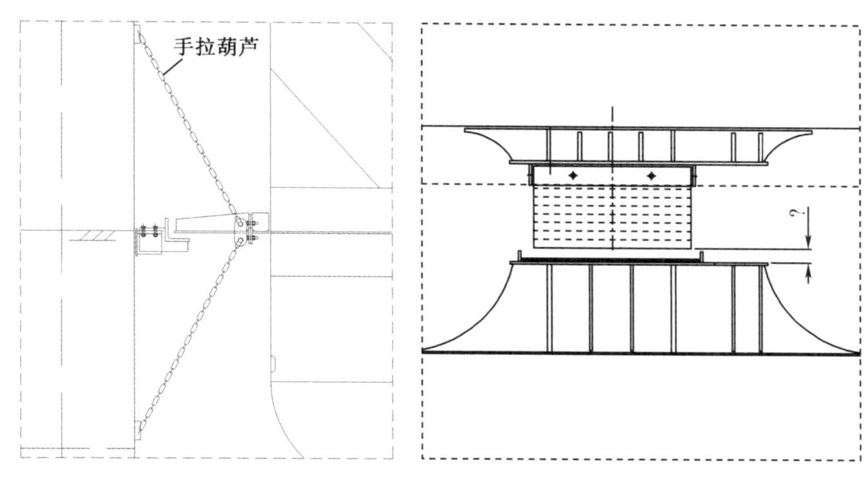

图2　B 型舱再次定位测量

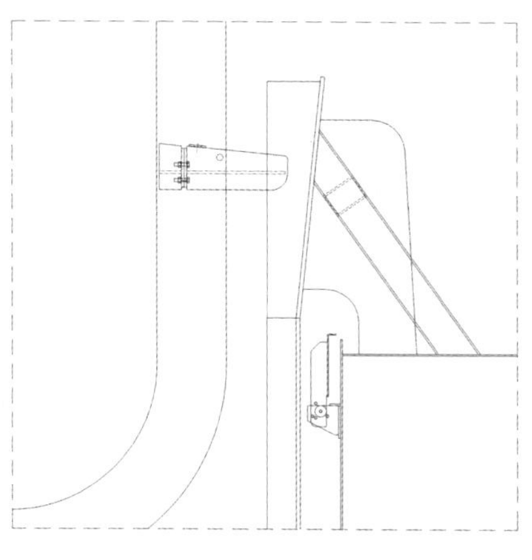

图3　导向工装

4.1.1　止浮基座的承压木吊装入槽、顶部止横摇承压木吊装到基座附近

止浮基座的承压木是用来支撑 B 型舱的重要组件。在 B 型舱吊装完成后,需要将承压木吊装入止浮基座的槽内,同时,还需要将顶部的止横摇承压木吊装到基座附近,这两步操作都是为了确保 B 型舱的稳定性(图

4)。

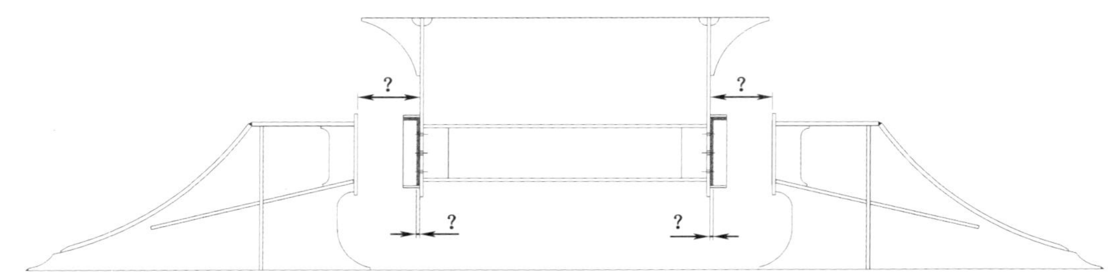

图 4　止浮基座

4.1.2　根据 B 型舱调整后的数据,对甲板总段进行精度净荒,B 舱侧板材开出坡口,并进行吊装前确认

在得到 B 型舱调整后的数据后,需要对甲板总段进行精度净荒,这是为了确保甲板总段的尺寸精度和质量,同时,还需要将 B 舱侧板材开出坡口,并在吊装前确认其尺寸和位置的准确性。

4.1.3　PMA 走台翻板恢复,防护材料吊入,修补绝缘材料吊入放 B 型舱顶部

在完成上述操作后,需要恢复 PMA 走台的翻板,并将防护材料吊入 B 型舱内;同时,还需要修补绝缘材料,并将其吊入 B 型舱顶部。这些步骤都是为了保护 B 型舱的内部结构,以及提高其使用寿命。

4.2　吊装合拢甲板总段

完成 B 型舱的内部处理后,接下来就是吊装合拢甲板总段。这是一个复杂的过程,需要精确的操作和严格的质量控制。

4.2.1　用三维可调油顶在浇铸范围内,对 B 型舱进行微调

在吊装合拢甲板总段前,需要先用三维可调油顶在浇铸范围内,对 B 型舱进行微调,三维可调油顶可以在三个方向上进行调整,可以精确地调整 B 型舱的位置,以确保其位于正确的位置。

4.2.2　布置辅助设备

在对 B 型舱进行微调后,需要布置一些辅助设备,包括换风机和浇铸围挡小房,换风机用来改善舱内空气质量的设备,而浇铸围挡小房则用来保护浇铸区域,防止浇铸材料溅出。

4.2.3　测量气穹顶板至甲板基座的高度及相对位置

气穹顶板和甲板基座之间的高度及相对位置是非常重要的参数,这将影响到顶板围板的形状和大小。因此,需要对这两个部位进行精确测量,并把数据反馈给制作顶板围板的厂家,以便他们进行精确制作。

4.2.4　吊装密封胶皮

在顶板围板制作完成后,需要进行密封胶皮的吊装,密封胶皮是用来防止舱内空气泄露的重要组件,因此需要精确地吊装到指定位置。

4.2.5　吊装、装配、焊接气穹围板

吊装、装配和焊接气穹围板是一个技术密集的工作,需要精确的操作和严格的质量控制,在这个过程中,需要确保各个步骤的精度,特别是高度数值的精度。

4.2.6　密封胶皮定位

在围板安装完成后,需要进行密封胶皮的定位,这包括对密封胶皮进行钻孔,并用螺栓进行把紧,这些操作都是为了确保密封胶皮能够精确地安装到指定位置,以防止空气泄露。

4.2.7　白钢板、层压木安装入槽

需要将白钢板按照编号放入浇铸槽内,同时,止横摇及止纵摇的承压木需要用小车入槽。这些操作都是为了浇铸工作作准备。

4.2.8 厂家进行浇铸,并交验

在所有准备工作完成后,厂家将进行浇铸,并交验,这是为了确保浇铸的质量和准确性。

4.2.9 B型舱夹层充氮后,安装泄放管爆破片

在浇铸完成后,需要对B型舱夹层进行充氮,并安装泄放管爆破片,这是为了保护B型舱的安全性和稳定性。

5 结论

本文详细探讨了LNG用超大型集装箱船B型舱的安装建造工艺及过程控制,涵盖了从舱体总段的精度控制,到B型舱吊装前的施工准备,以及B型舱的吊装施工、B型舱吊装后的施工,每个环节都需严格的精度控制和技术操作,以保证B型舱的使用性能和安全性。

首先,舱体总段的精度控制是建造过程中的关键一步。为了保证这一环节的质量,制造商需要运用高精度的测量设备和技术,通过严格的质量控制体系,确保每个舱体总段的精度都达到标准。

其次,B型舱吊装前的施工准备工作直接影响B型舱的吊装效果和安全性。这要求所有的准备工作都在吊装前按时完成,包括止浮基座的承压木吊装入槽,顶部止横摇承压木吊装到基座附近,以及对甲板总段进行精度净荒。

再次,B型舱的吊装施工环节,需要考虑到风力和温度的影响,以及保证吊装设备的性能和吊装人员的技能,以确保吊装过程的安全和顺利。

最后,B型舱吊装后的施工环节,包括浇铸围挡小房的布置、气穹顶板至甲板基座的高度和相对位置的测量、密封胶皮的吊装和定位,以及白钢板的放入和止横摇及止纵摇的层压木的入槽等,这些都是为了保证B型舱的使用性能和安全性。此外,制度管理也是确保建造效率和质量的关键。通过制定明确的责任分工和工作流程,可以提高施工过程的组织性和协同性。同时,建立健全的监督和考核机制,可以激励施工人员的积极性和责任心,推动工程的顺利进行。

综上所述,我们应该继续加强技术研究和创新,注重质量控制体系和制度管理,以推动B型舱安装建造工艺的发展。在技术研究方面,可以加大对测量设备和吊装设备的研发力度,提高其精度和性能,以满足建造工艺的要求。同时,可以探索新的施工工艺和方法,如自动化施工技术和数字化建造技术等,以提高建造效率和质量。

在质量控制体系和制度管理方面,应加强内部审核和外部监督,确保施工过程符合要求,并及时发现和解决问题。建立完善的质量检测和评估机制,对施工过程进行全面监控和评估,以确保建造质量的稳定和可靠。此外,为了进一步提高B型舱安装建造效率和质量,可以加强人员培训和技能提升,提高吊装人员的操作技能和意识,增强他们对安全和质量的重视。同时,加强与相关部门和厂家的合作与交流,分享经验和技术,共同推动建造工艺的改进和发展。

展望未来,随着技术的不断进步和船舶建造工艺的发展,B型舱安装建造将会更加高效和精确。我们可以期待更先进的测量设备和吊装设备的应用,以及更智能化的施工工艺和方法的发展。同时,质量控制体系和制度管理将会更加完善,确保每个环节的质量和进度。这将有助于提升我国超大型集装箱船的建造水平,同时也为全球船舶制造业的发展带来新的机遇。

总之,B型舱安装建造是一个复杂而关键的系统工程,要求综合运用技术研究和创新、严格的质量控制体系和制度管理。通过不断加强技术创新和研究,注重质量控制体系和制度管理,我们可以提高B型舱安装建造的效率和质量,推动船舶建造工艺的升级和发展。通过对B型舱安装建造工艺的深入研究,不仅可以提高我国超大型集装箱船的建造水平,也为全球船舶制造业的发展提供了借鉴和参考。

集装箱船舱口盖安装先进工艺技术研究与应用

于德超　于庆福　宋　林　雷　超　田泽源

(大连船舶重工集团有限公司)

摘　要:本文主要对集装箱船舱口盖安装先进工艺技术进行系统性的研究,重点对其关键技术与难点进行攻关,主要从舱口盖定位销及横向限位安装工序前移、舱口盖支撑盒垫板工序前移、舱口盖不下船安装工艺技术等三个方面进行阐述,归纳总结施工方法及施工要求,为集装箱船舱口盖安装工艺方法的优化开拓新的视野。

关键词:集装箱船;舱口盖;技术研究

0　前言

随着全球经济的发展及船舶市场需求,又因自身的特点,如装卸效率高、节省运输成本、航行速度快等,集装箱船越来越受到船东的喜爱及认可,为获得更高的经济效益及,集装箱船也逐渐向大型化、智能化发展,伴随而来的其舾装件也随之变大,其中在集装箱船上占据重大作用的舱口盖的变化最具显著。舱口盖作为箱船堆放的重要载体,据统计目前箱船舱口盖装箱数量约占全船载箱量一半以上,其舱口盖施工精度的好与坏直接决定集装箱船的建造质量。

传统箱船舱口盖安装需舱口盖定位销、横向限位。舱口盖支撑盒垫板施工结束后才可吊运安装舱口盖,因其附件众多,长期以来需要经历三次吊运:第一次吊运在船坞和码头施工阶段,确定舱盖附件位置及水平度,吊下舱盖,装配;第二次吊运确定装配准确性,吊下舱盖,准备焊接;第三次吊装用于对船东报验工序。此种方法不仅效率低下,而且浪费大量工时和吊车资源,且精度难以控制,严重影响船舶建造周期。

本文主要对集装箱船舱口盖安装先进工艺技术进行系统性的研究,重点对其关键技术与难点进行攻关,主要从舱口盖定位销及横向限位安装工序前移、舱口盖支撑盒垫板工序前移、舱口盖不下船安装工艺技术等三个方面进行阐述,归纳总结施工方法及施工要求,为集装箱船舱口盖安装工艺方法的优化开拓新的视野。

1　舱口盖安装的关键技术及难点

1.1　舱口盖定位销及横向限位安装工序前移至横壁分段阶段

其关键技术:一是从船体建造上,管控横壁制作精度、总组和总段吊装不变形,确保货舱成型精度。二是定位销、横向限位装置、导轨、绑扎桥和舱口盖一体化的精度管控,基于货舱装载系统的公差要求和配件之间的匹配要求,将精度管控要求细化至各建造工序中。

1.2　舱口盖支撑盒垫板工序前移技术攻关

传统的舱口盖支撑盒垫板安装是舱口盖吊到舱口围上,与舱口围的水平相互研配后,确定其垫板厚度,此过程耗时长,人力需求大。研究在舱盖未上船安装前,提前确定垫板的厚度,提高舱口盖上船安装效率,节省吊车资源。

1.3 舱口盖不下船安装工艺技术

传统的舱口盖及附件的安装,至少使用坞吊吊装三次,极大地占用了吊车资源,严重制约坞内建造效率。研究舱口盖不下船,即可完成舱口盖附件的安装,提升吊车使用效率。

2 技术研究的执行及应用

2.1 舱口盖定位销及横向限位安装工序前移至横壁分段阶段

在横壁制作阶段,围绕导轨与定位销、横向限位装置的位置尺寸公差进行管控,各附件的精度数据需相互匹配。导轨完工后,以导轨数据优化分段基准线,再定位定位销和横向限位装置(图1)。同时依据横壁顶板水平精度情况,给定位销的高度方向定位增加一定量的反变形值。

图1 定位定位销和横向限位装置

在横壁总组阶段,横壁分段总组焊接收缩变形和横壁总段吊装变形是影响定位销、横向限位的主要因素,依据收缩变形和吊装变形情况,增加反变形值用以抵消(图2、图3)。

图2 横壁总组增加反变形值

横壁总段吊装围绕监控吊装变形,评估在总组阶段增加设的反变形值的实施效果。通过对总段吊装变形的监测(图4)可知,增加反变形值后的横壁导轨水平精度明显得到改善,达到预期效果,给货舱成型精度奠定坚实的基础(图5、图6)。

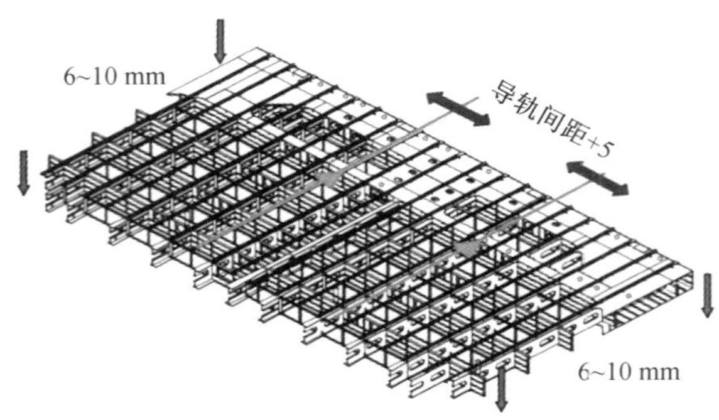

图 3　增加反变形值后的数据确认

横壁吊装变形量监测表

总段号	壁面	测量位置	测量数据（总组）					测量数据（合拢）							变形量						
XXX	艏壁面	上	P标杆		C0		S标杆	上	P标杆		C0		S标杆		上	P标杆		C0		S标杆	
		中	P-8		C0		S+8	中	P-8		C0		S+8		中	P-8		C0		S+8	
		下	P标杆		C0		S标杆	下	P标杆		C0		S标杆		下	P标杆		C0		S标杆	
	艉壁面	上	P标杆				S标杆	上	P标杆				S标杆		上	P标杆				S标杆	
		下	P标杆				S标杆	下	P标杆				S标杆		下	P标杆				S标杆	

备注：1、测量点选取为艏壁面9个点（403C/406C/409C,余下横壁测量6个点即可），上下口为里口、中心、外口三处标杆（中心标杆需后加），中间三点可根据现场实

际情况加设标杆或粘贴靶纸，403C、406C、409C三个横壁艉壁面需测四个标杆即可。。

2、上表中数字表示以中心导轨为起点，PS付的导轨位置，中心点测量位置在22565平台，下测量点测量位置在10985 BL。

3、测量点可根据现场实际施工情况选择测量壁面（以艏壁面为例）。

4、合拢阶段测量的点位要与总组阶段测量的点位为同一测量点，图上的测量位置与现场实际测量位置相差不得超过200mm。

5、测量时机：总组焊接完工后测量，合拢阶段为合拢阶段定位落钩封焊时测量。

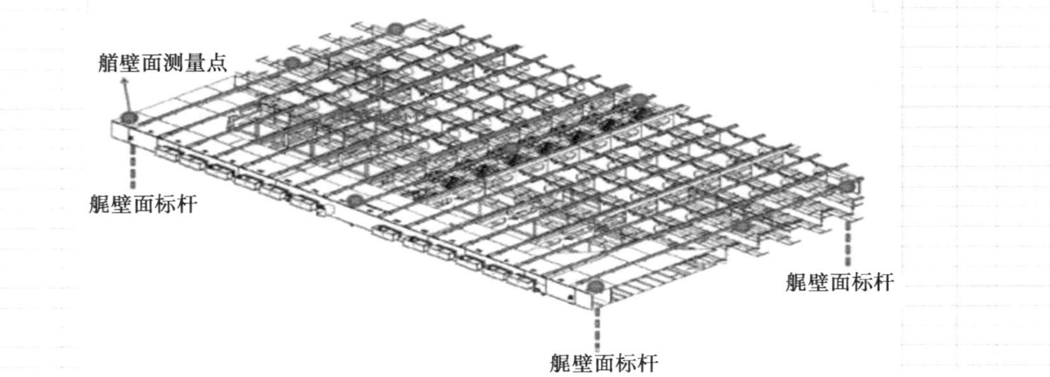

图 4　横壁总段吊装变形量监测策划

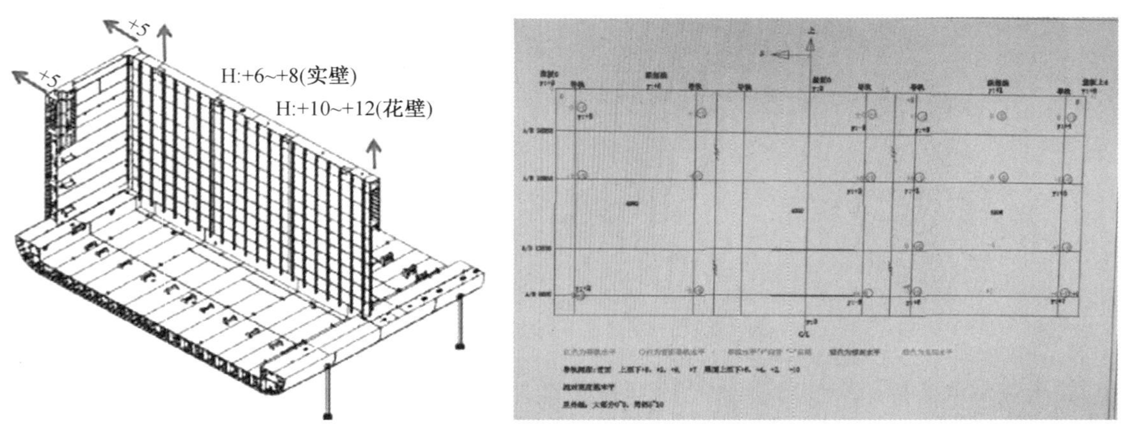

图 5　横壁总段定位数据表

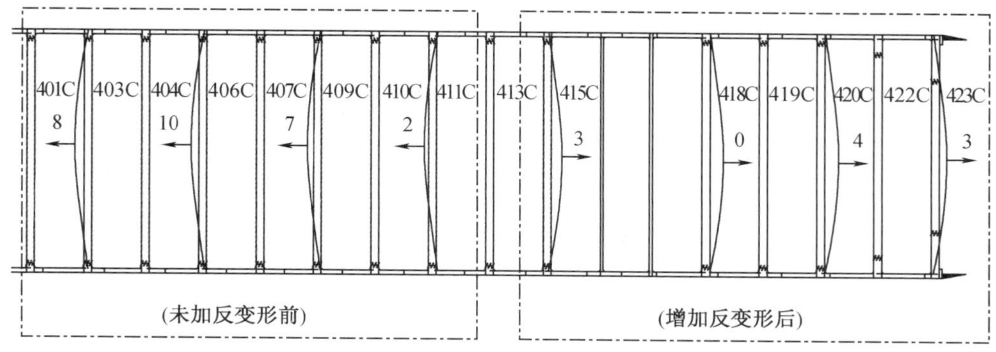

图 6 增加反变形值后的实施效果对比

2.2 舷边站柱、绑扎桥和舱口盖一体化的精度管控

定位销和横向限位装置前移至分段阶段安装,相当于提前确定舱口盖在船上的位置,舱口盖需与绑扎桥、站柱有明确的公差要求,这就要求三者协同一体化精度管控。

舱口盖上最外侧的集装箱横跨在站柱与舱口盖之间,其匹配精度重点是在站柱面板上的集装箱底座不会出现掉出面板边缘的情况。重点管控站柱在上甲板上 Y 向和 X 向的位置,高度 Z 方向管控重点为图 7 中 $H2$ 的值。并在半宽 B 增加反变形值。

图 7 站柱安装精度管控要点

舱口盖在制作过程中,需以定位销基准画线、组立。制作完工后,以定位销为基准匹配整舱的舱口盖,并将整舱舱口盖的数据及时反馈给总装部,供后续研判绑扎桥、横舱壁总段的定位精度使用(图 8、图 9)。

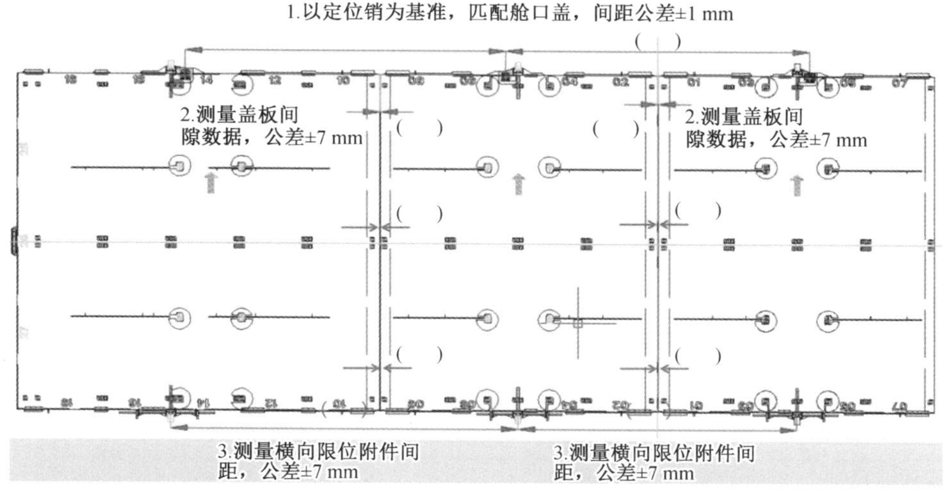

图 8 整舱舱口盖匹配要求

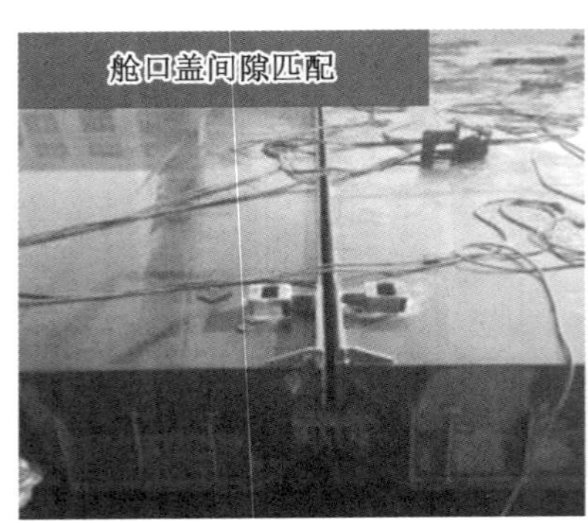

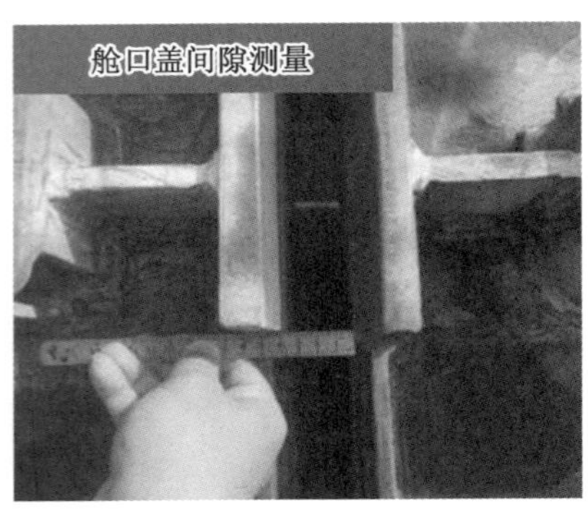

图 9　现场舱口盖匹配过程

在绑扎桥总组阶段,依据定位销在横壁上位置数据和整舱舱口盖的匹配数据,重点管控绑扎桥的导向柱之间的间距。在绑扎桥合拢定位时,以定位销为基准,同时要管控绑扎桥的垂直度(图 10)。

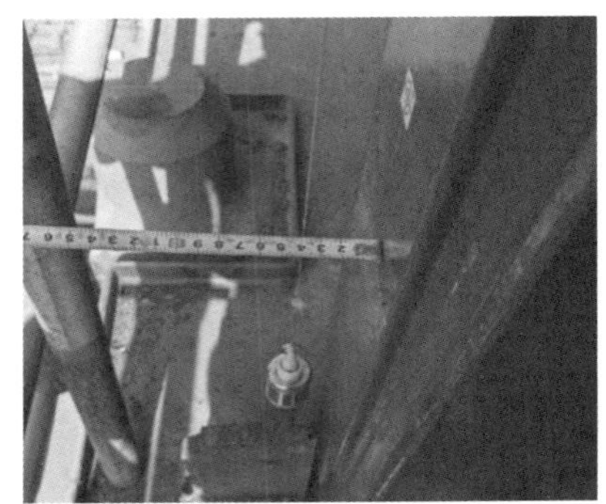

图 10　绑扎桥总组及合拢

目前,全船的定位销和横向限位全部前移至横壁分段阶段安装,全船共计 83 个定位销,修复 4 个,合格率 95%,横向限位零修复,达到预期目标。

2.3　舱口盖支撑盒垫板工序前移技术攻关

传统的舱口盖支撑盒垫板安装是舱口盖吊到舱口围上,与舱口围的水平相互研配后,确定其垫板厚度。研究在舱口盖未上船安装前,提前确定垫板的厚度,提高舱口盖上船安装效率,提升吊车使用效率。

依据定位销和舱口盖支撑块处的位置数据,画出在舱口围上支撑块处的位置线。

然后测量在舱口围上支撑块处位置的水平数据(图 11)。

图 11　测量舱口围上支撑块处的水平数据

将舱口盖调平，然后测量舱口盖支撑块处的水平数据(图 12)。

图 12　测量舱盖支撑块处的水平数据

对数据进行匹配分析，确定支撑块处的调节板厚度。在舱口盖未上船前，提前完成支撑块处的装焊(图 13)。

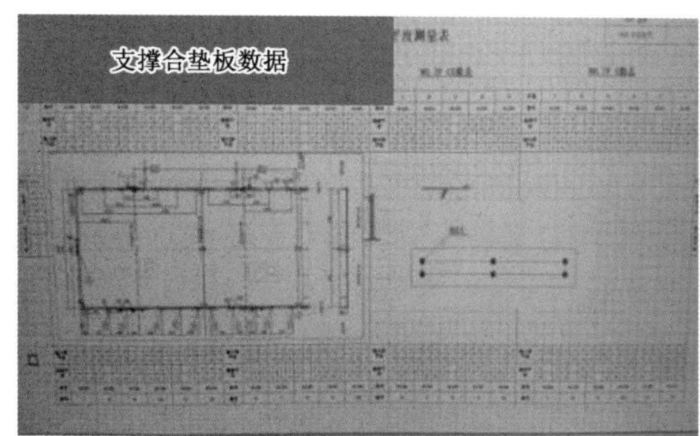

图 13　确定调节板的厚度，提前焊接支撑块

2.4　舱口盖不下船安装工艺技术

按照原有安装工艺使用龙门吊车先将舱口盖分段吊装到位后，找正定位，将舱口盖附件定位后，再使用坞吊将舱盖分段吊离；舱盖附件安装交验后，再使用坞吊将舱盖吊运至安装位置进行正式安装，至少使用坞吊吊装三次，极大地占用了吊车资源，造成搭载周期拉长。

通过研究并制作包括液压顶升在内的工装设备，使用顶升工装进行支撑后，完成舱口盖定位找正调整、各类限位/支撑等舱口盖附件的装焊。

2.4.1　箱船舱口盖顶升工装

舱口盖顶升工装配合液压油顶使用，通过旋扣与舱口盖刚性连接，用于顶升 C16K 集装箱船舱口盖。舱口盖顶升工装可同步上升或下降舱口盖，精度高、误差小，还可每组油缸单独调整升降，便于临时对个别舱口盖进行微调整，满足现场需求，可极大地提高现场效率，减低工人劳动强度，提高施工过程安全性(图 14)。

使用 ANSYS 有限元计算软件，对顶升工装进行建模、网格划分、限制边界条件、计算。舱口盖的质量均小于 45 t，一个舱口盖使用 4 个顶升工装，计算一个顶升工装能否承重 15 t 载荷。通过强度校核，此工装可承重 15 t 载荷，满足支撑舱盖对其的强度要求(图 15)。

图 14　顶升工装

图 15　顶升工装有限元计算

此外还对此工装进行了承重试验，将 4 个顶升工装与舱口盖、液压油顶连接好，将舱口盖同步顶升至一定高度，舱口盖上均布 4 块压铁，共重约 28 t。保持此状态静置 24 h 后，观察发现顶升装置无明显的变形(图 16)。

图 16　顶升工装强度试验

2.4.2　舱口盖支撑墩

舱口盖总共需要顶升 500 mm，从安全角度考虑，液压油顶的行程为 300 mm ，每次顶升最大行程为 250 mm，中间需要通过支撑墩来进行转换。故设计绘制了 250 mm/500 mm 两种高度的支撑墩，用于舱口盖起升后，支撑舱口盖或液压油顶。

使用 ANSYS 有限元计算软件，对支撑墩进行建模、网格划分、限制边界条件、计算。舱口盖的质量均小于 45 t，按照一个舱口盖使用 4 个支撑墩计算，计算一个支撑墩能否承重 15 t 载荷。通过强度校核，此工装可承重 15 t 载荷，满足支撑舱口盖对其的强度要求(图 17)。

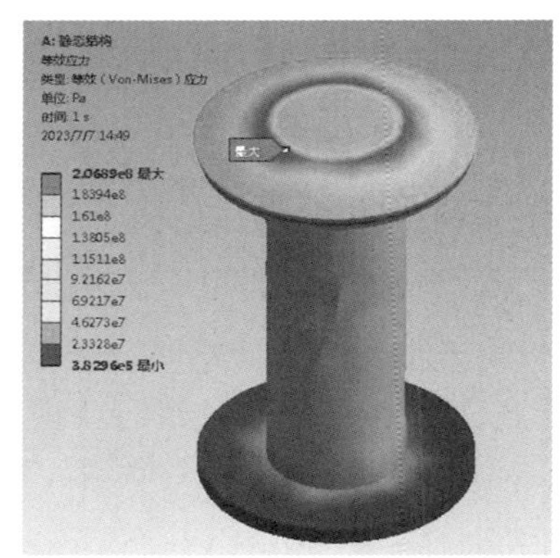

图 17　支撑墩有限元计算

2.4.3　编制舱口盖不下船安装工艺文件

舱口盖不下船安装工艺文件中说明了舱口盖的个数、质量等基本情况及舱口盖上船前的准备工作，提供了支承块的间隙、定位要求、舱口盖定位公差要求及标准，制定了舱盖不下船安装工艺的工艺流程，为作业人员提供施工了理论依据和指导。

2.4.4　顶升工装使用安全要求

连接顶升工装及设备，提升舱口盖。各个方向均安排人员监测，避免不同步造成的夹伤、挤压等各类安全事故及舱口盖的移位。

2.4.5　支承块间隙调整

安装支承块和垫片，在支撑盒内插入调节垫片调节支承块的高度，调节垫片厚度为 1～2 mm，调节高度小于 4 mm。通过工装和液压顶升下放舱口盖，盖上舱口盖检查间隙。最后的高度调整通过增加或移除垫片完成。

3　取得的成果及经济效益

3.1　取得的成果

通过集装箱船舱口盖安装先进工艺技术的研究与应用，改变了传统舱口盖多次重复调吊运安装的技术，实现了舱口盖定位销及横向限位安装工序前移、舱口盖支撑盒垫板工序前移，提高了施工效率及施工精度，有助于缩短集装箱船整体建造周期；通过舱盖不下船安装工艺的实施，突破大型集装箱船舱口盖传统的重复定位施工方式，最终整理汇总以下 8 份以工艺文件或指导书供现场施工。

序号	具体内容
1	定位销和横向限位装置安装精度管控工艺
2	横舱壁总组及合拢反变形加设工艺
3	横舱壁总段吊装变形数据库
4	整舱舱口盖船下研配精度管控要点
5	舱口盖支撑块调整板厚度测量条件及要求
6	舱口盖顶升工装制作图
7	舱口盖顶升工作强度计算书
8	舱盖不下船安装工艺

3.2　经济效益

3.2.1　定位销和横向限位装置全船共计 83 组，前移至分段阶段安装。一是节省舱内漆膜因焊接而造成的修补量，二是节省搭设吊板装焊定位销，三是减少坞内焊接附件的工作量。预计至少可节约价值 18 万元。

3.2.2　全船共计 920 个支撑盒，通过项目的成功实施，大幅提升舱盖安装效率，单个舱盖可节省 3.5 h 的研配时间，预计至少可节约价值 8.5 万元。

3.2.3　按照传统工艺安装舱口盖及附件的话，每个舱口盖至少使用坞吊吊装三次，舱口盖不下船安装工艺方案每个舱口盖吊装一次即可，即每个舱口盖节约 2 钩。全船共 83 个舱口盖，共节约吊装 166 钩，每钩用时平均约 0.6 h，共节约 99.6 h。吊车运行节约价值约 97 608 元。

通过集装箱船舱口盖安装先进工艺技术的研究与应用，大型集装箱船的建造在核心工法和技术上扎实迈进一步，货舱装载系统的舾装件在总装前的完整性达到新的高度，为日后逐步推进舱口盖一次吊装工艺打下坚实的基础，同时也不断建立了货舱装载系统的关键工序数据库，为持续完善集装箱船的建造提供有力支撑。

4　结束语

对集装箱船舱口盖安装先进工艺技术进行系统性的研究，重点对其关键技术与难点进行攻关，涉及舱口盖定位销及横向限位安装工序前移、舱口盖支撑盒垫板工序前移、舱口盖不下船安装工艺技术等三个方面，成功改进了集装箱船舱口盖安装的工艺方法，改变了传统舱口盖多次重复调吊运安装的技术，实现了舱口盖定位销及横向限位安装工序前移、舱口盖支撑盒垫板工序前移，提高了施工效率及施工精度，有助于缩短集装箱船整体建造周期；通过舱盖不下船安装工艺的实施，突破了大型集装箱船舱口盖传统的重复定位施工方式，推进了以现代高新精度技术为支撑的舱口盖定位工艺，促进了集装箱船建造水平的提升，缩短了与先进船厂之间的差距。

船舶通风系统设计优化

成　程　张大为　乔子豪

（大连船舶重工集团有限公司）

摘　要：如今，随着船舶运输领域的飞速发展，对于船舶上的工作环境与生活环境，其工作人员也有了更高的需求，因此在对船舶进行设计时，需要基于船舶的总体结构，针对通风系统进行有效而合理的设计。此外，在对其进行设计时，对与之相关的各类行业指标原则，必须要进行严格的遵循，来确保船员所提出的具有合理性的各项需求能够得到相应的满足。所以，针对船舶的通风结构，本文对其关进的部分进行了具体的描述，并针对其提出了优化方案，希望在之后的工作中，其他的船舶设计者也可通过本文获取有效的启发。

关键词：船舶；通风系统；设计优化

0　前言

伴随着社会的进步与经济的发展，人们的物质生活条件和工作环境也逐渐得到改善。从事航海事业的工作人员长年生活在船舱内，条件艰苦，因此，改善其工作环境，提升其生活质量刻不容缓。而在优化船舶工作及生活环境时，对船舶通风系统进行改良与优化是重中之重。此外船舶上安装的各式设备和仪表也必须依赖于良好的通风状况，才能高效、可靠地运行。

1　船舶通风系统的重要性

船舶工作环境的具体参数包括以下几个方面：在经过中冷器进行冷却后，所在环境的温度；船舱中的湿度、温度以及大气压值。伴随着环境情况的不断改变以及时间的流逝，机舱内所进入的空气量也不断改变。此外，若机舱内的环境温度过多，那么其空气密度便会减小，对于柴油机来说，这会加大其发生增压喘振的概率，让其在工作过程中承受更大的负荷，对其正常运转产生了一定程度的阻碍作用。反之，若机舱内的环境温度过低，空气密度便会增大，柴油机在工作时所需的动力也会变大。所以，无论是温度过高还是温度过低，都会致使机械在使用过程中无法正常运转，所以必须对机械的温度进行控制，不可让其超出规定的范围。而为了控制温度，就必须确保机舱内通风状况良好。

此外，在机舱中，其所使用的各项设备以及仪器，对于环境所提出的要求也各不相同。必须在一定的温度范围内，仪表的精确度与灵敏度才能达到最佳，若环境温度发生变化，会导致其使用的条件超出规定范围，就无法确保其数值的精确性甚至导致其失灵或失控。此外，在机舱内，会有工作人员进行特定的操作，因此必须要考虑到人类所能够承受的各类气体的含量、环境湿度以及温度。若当前的湿度、温度超出了人体能承受的范围，或者在空气内存在着过多的有害气体，那么工作人员就无法正常工作。

通过上述的描述可以确定，若想确保船舶内的全部仪器都能够正常的运转，且工作人员的身体健康能得到有效的保障，就必须对船舶通风系统做正确而合理的设计，并不断优化，为后续的工作创造更加合理的工作环境。

2 船舶通风设计要点

2.1 设计规范和理念

在对船舶通风系统进行相关的设计时，必须从整体角度进行设计，避免出现片面性或局部性的现象。为了确保设计达到最优化，需要综合考虑其经济适用程度以及使用效果的优良，进行相应的衡量后确定最优的平衡点，完成最优化的设计。不同的设计人员思考的方式与设计的方案各不相同，根据不同类型的船舶，结合船东提出的各类需求重点考虑以下几点。

首先从公约、规则与规范入手，来探究它们对船舶通风所提出的需求，进而做归纳与分析处理，并基于此进行后续的设计。而后，针对船舶通风这一系统，要对其设计的相关理论进行细致的调研。这项工作兼具了严谨性与复杂性，因此对参数进行确定时须确保有据可依，在对各类仪器与设备进行相应的安装与布设时须对各类影响因素进行充分的衡量，才能基于船舶运行的安全性增大其效率，从而使船舶上的工作人员能够获得既舒适又安全的生活环境与工作环境。

在对船舶进行通风设计时，必须确保其能够对公约、规则与规范的要求进行相应的满足这一前提，结合相关的设计方案与理论，针对通风进行分析与计算，确保选择和布设各类装置时能够有据可依，并且能够保证各类设备以及仪器具有合理的运行环境，进一步确保其高效性。在对整个船只进行通风设计时，关键在于针对风管与风机进行合理的尺寸设计，在对风管进行布设时，确保其位置的合理性，从而能够满足各舱室所提出的通风需求。

2.2 各个舱室设计要点

2.2.1 卫生间通风

在对卫生间进行通风时，要使用机械抽风这一方法。在对出风口进行布设时，一般来说会将其放置于天花板或附近的壁板上。正常情况下，若想让房间进行进风操作，那么其进风口即为周边房间或走廊舱壁的孔洞门下的风栅。若要在此房间进行排风操作，应与外界直接相通。依据国际劳工组织所发布的相关规定，在对卫生间的通风系统进行设计时，必须与其他房间相互隔离。而在设计卫生间的排风系统时，在条件允许的状况下，可以为其增设活性炭过滤器。

2.2.2 医院或者病房通风

在医院或者病房内，应安装如下两类管路：第一类是机械抽风管路、第二类是机械送风管路。在进行送风操作时，为了与空调送风系统相互隔离，需要使用止回阀来完成这一操作。此外，使用一个独立的通风系统也是可行的。在对医院以及医院内的卫生间进行排风操作时，应该单独处理，并排放到外界环境中，不允许进行循环利用。

2.2.3 洗衣间和干衣间通风

若想为洗衣间和烘衣间进行通风操作，需要使用到机械抽风这一方法。若想为这两个房间送风，需要利用空调器。此外，还可让这两个房间直接连到外界的环境中，或是通过过道来完成进风，最终实现自然通风加以实现。在此房间安设排风口时，具体位置应为容易聚集热气与湿气的部位的上方。

2.2.4 餐厅和休息室通风

在客船上，针对餐厅和休息室进行通风时，通常使用低压通风的方式；在货船上，或者休息室与餐厅的占地面积较小的船舶上，通常使用高压通风的方式。

2.2.5 厨房和配餐间通风

在厨房和配餐间进行通风时，需要使用的机械排风与机械送风系统必须独立出来，并且送风量不能超过排风量。

2.2.6 蓄电池间通风

在蓄电池间应增设一个通风系统并确保其有效性。在房间的顶部位置安设排风口,而在另外一侧的底部位置安设送风口,这样就能确保在房间中新风可以均匀地分布,防止出现可燃性气体聚集的现象。

2.2.7 油漆间通风

对油漆间的通风系统的要求是每小时换气次数不能低于十次,且该房间的通风系统要与其他房间的通风系统相互独立,不能存在任何连接。在安设通风系统时,要确保室内的污浊气体不会发生聚集现象,在对布风口进行安设时,要保证舱室能够将污浊的气体排出。如果油漆间所占的面积较小,那么通风时可使用自然通风这种方法。但是若面积较大,或是在房间内安有二氧化碳灭火装置,那么在排风的时候应该利用机械排风系统。

2.2.8 二氧化碳室通风

在二氧化碳室内,每个小时的换气次数必须在五至十次之间。在对其通风管路进行相应的铺设时,必须确保合理性。要单独为其设计通风系统,将气体直接排放到外界环境,与其他通风系统相隔离。在铺设排风口时,要确保它能与自然进风口交错分布,其具体的位置应为与地板相近的下端和房间的顶端。若铺设风管时会穿过居住区,那么需要使用气密封管。

2.2.9 制冷机室通风

在铺设该房间的排风口时,应该在其地板上方的周边进行。在进行排风或送风操作的时候,应禁止经由居住区且确保与居住区的通风管路相互隔离。在对该房间的排风风管进行选取时应使用气密封管,这样就可以确保气体在穿过其他房间的时候不会产生泄漏。在此房间进行换气时,其次数每小时不能低于三十次。

2.2.10 干粮库通风

要确保该房间时刻保持通风状态。在对送风口进行安设时,必须确保避免空气直接作用到粮食之上,导致对其使用价值产生影响。在进行机械排风、自然排风和送风的时候,应使用空调系统来完成。

2.2.11 储藏室通风

若想为其餐具储藏室进行通风,需要基于空调通风系统来完成。对于储存行李与其他干食品的房间,需要进行机械通风。当储藏室的占地面积较小时,若对其进行通风换气操作,正常情况下会使用房门上的通风栅来完成。

2.3 设计注意事项

2.3.1 穿舱件设置

针对空调的风管,若其在驾驶室区、厨房区中通过甲板或是 A 级的舱壁那么在对其穿舱件进行设计时,长度不能低于 900 mm,厚度不能低于 3 mm。在其穿过的甲板货舱壁位置,需要安设防火风闸。

2.3.2 风管布局设置

在对通风管系进行布置时,需要结合专业知识并列出相应图表如针对空调的通风管系,为其绘制的详细原理图、甲板敷料布置图、绝缘布置图、防火分隔划线、为天花板绘制的排版图、为船舶的舱室绘制的布置图等,来对风管的布局进行设置。

2.3.3 空调及通风设备的定位

在布设室调通风系统时,应基于专业知识,结合全船各个舱室的布置图纸来综合衡量与考虑,最终对通风设备和空调的布局情况进行确定,其中应包含如下几种仪器:柜机、冷藏机组机盘管、压缩机组以及空调器等。

2.3.4 其他设备布置及定位

对于其他设备的布置,需要结合如下图纸进行综合分析与判断:通风系统的原理图、空调的原理图、甲板敷料布置图、内装天花排版图以及舱室布置图,并根据以下领域的专业知识来完成协调与沟通操作:内装、电器以及船体。最终明确以下组件需要安放的位置:通风栅、百叶窗、抽风头、防火回风栅以及布风器等。

3 船舶通风设计优化

3.1 风口设计优化

3.1.1 优化进风口位置

气流流经的路线会对船舱内部的湿度和温度产生一定的影响，并且对进风口位置的大小程度具有决定性作用。所以，进风口的位置的确定是极为重要的。在进行相关计算之后，针对每一个机舱，可以确定其内壁的厚度，有时厚度较小不纳入考虑范围，会产生一定的误差。因此，在进行相关设计时，必须保证尽可能的减小阻力、增大风的流量、拓宽通风管的直径。

3.1.2 优化排风口位置

若想出除舱内的空气，需要经由机舱的中部。在进行设计的时候，若进风口是水平安放的，那么排风口也必须是水平安放，因此在通风口中，经由它所传递的气流均为水平方向，该气流会逐渐向上升高，最后被排出舱内。此外，若在船舶之中进行烧锅炉的操作，必然会产生极多的热气，从而造成极高的散热。因此排风口需要在一个合理的范围之内，将其射流变大，并对通风出口的角度进行相应的调整，使空气流通的线路延长，这样就能确保散热率的提升，来维持室内的最佳温度。

3.2 设备设计优化

3.2.1 空调通风系统装置的优化

若空调产生较大噪音，可将消声风口增设在其末端位置，正常情况下会将其放置在具有较大噪声的房间中，来进行消音与隔音操作。若在房间中进行安装整修等操作，且由于此类操作产生了大量的噪音时，为了不对其他人的生活造成影响，可以使用一些手段进行隔音，如在墙壁上铺设吸声板。

3.2.2 通风百叶窗的优化

对于船用百叶窗而言，在其底部有可能会发生倾斜现象。若湿空气对其进行侵袭，叶片之上就会逐渐出现一些水珠，当达到一个特定的数值时，就会逐渐顺叶片的方向滴落，在湿空气的作用下会进入到舱室、风机以及管道内，这样会给除水与除湿工作加大难度。若船舶正在出海，遇到了下雨或较大风浪时，百叶窗就会被雨水或海水击打，但是因方向向外，所以会被阻止，无法直接到达风道或舱室中。除此之外，在百叶窗底部放置回型槽，并对窗框边附近的槽进行开孔，这样即便湿空气导致百叶窗上存在水珠凝结的现象，所以这些水珠也会经由回形槽的孔洞到达下一层的回型槽中，这样持续不断地向下传输，最终到达百叶窗最下端，此处同样安设一模一样的回形槽，并在槽内放置螺纹头或是放泄丝堵，在槽上接通泄放管，即刻将水珠排列甲板之上。这样设计的百叶窗能够确保一定的防腐作用、保护屋内的机器设备、尽可能的避免排水雨水进入、对湿空气内的水进行分离时有很好的效果。

4 总结

在对船舶进行设计时，最关键的一个部分就是对其空调通风系统进行设计，它与船舶的性能、船舶的安全性、工作人员的生活环境以及工作环境密切相关。因此必须对船舶的通风进行持续的改良与优化，来满足船上工作人员不断提升的生活水平需求。

参考文献

[1] 沈宁，潘伟昌，段斌. 电力推进 LNG 船双燃料发动机室智能通风系统设计[J]. 造船技术，2019，(05)：34-39.

[2] 由成良. 辅助船空调、通风系统的噪声分析与控制[J]. 船舶，2012，23(06)：48-53.

[3] 安毓辉. 液化气船货物压缩机处所的通风系统设计[J]. 船舶，2000，11(06)：40-44.

[4] 吴兴武，彭剑忠. 1700TEU(GWS)船货舱通风系统设计[J]. 广东造船，2008(01)：36-39.

[5] 陈艳华，伍东. 50500DWT 系列船机舱通风系统的设计[J]. 广船科技，2007(03)：13-17.

船舶内装板耐火分隔结构设计与性能研究

成　程　张大为　乔子豪

（大连船舶重工集团有限公司）

摘　要：在对船舶的安全实施管理时，其中一个重要的环节就是船舶的结构集成防火功能，会有许多因素对这一环节造成相应的影响与约束，且此环节具有很强的综合性。需要详细地探讨如下两点：在建造内装板耐火分隔时，会出现哪些问题；何种因素会对船舶的防火安全性造成影响。确定这两点对船舶防火功能有何种影响。在对船舶的内装板结构进行相应的设计时，主要的选材是铝蜂窝以及气凝胶。针对船舶的内装板，本文详细地对其耐火分隔功能进行了设计与明确的定义；基于耐火分隔标准这一实验，和使用电加热板这一设备，针对耐火风格的小型样品，来对其加热炉温升进行相应的模拟；基于此样品所进行的模拟实验，来对耐火分隔进行有限元的建模，同时加以验证。

关键词：船舶；通风；设计优化

0　前言

船舶的内装设计是船舶设计中最重要的环节之一，其主要功能是明确人与空间之间的关系，不仅能为乘客和船员提供良好的居住空间，还可提高船舶的安全性，尽最大可能地避免出现失火现象。随着船舶建造领域的日益发展，针对船舶的耐火结构，也设定了更高的规格，此外，在船舶上，为了抑制火灾出现蔓延现象，必须使用结构防火这一重要的设计方案，来保障乘客以及船员的安全。然而，就目前而言，为船舶所设计的防火结构仍具有一些问题，并有许多因素会对其造成干扰，抑制其向前发展。

1　耐火分隔介绍

在布设防火结构时，通常利用的材料是与钢材效果一致的材料或是钢材本身，以基于各式各样的火灾种类以及船型种类。对船体进行隔断，将其划分为若干个单独存在的空间，这样就可以确保即便出现火灾现象，也能有效地隔离火势以及烟尘，避免火灾蔓延到其他的房间之中，确保能够尽快地将火灾扑灭，以最大可能减小火灾所造成的损失。在对船舶进行设计以及建造时，正常情况下，会使用高导热钢制作舱壁以及船体。在火灾刚刚发生时，其蔓延主要是依赖热流的存在，随着火灾一步步扩大，其温度会急剧升高，转而经由热辐射来对热量进行极其迅速的传输。若在舱壁之上存在一些开口，那么火灾就会持续向其他房间蔓延，导致货物与船只被损坏，甚至造成人员伤亡。

针对船舶的结构，在进行防火设计时，必须要充分衡量上述因素，并将耐热的材料安装在舱壁之上，将热涂层涂抹在甲板之上，并且针对各个区域的位置、穿孔、窗以及门都做分隔处理。若出现火灾，那么在火灾发生的区域，耐热材料就能起到抑制作用，避免火灾向其他位置蔓延，为船员和乘客争取到宝贵的逃生时间，为工作人员提供了更多的灭火时间。

2 船舶内装耐火结构设计的现状

2.1 隔热材料

在对隔热材料进行选取时，所铺设的必须是不燃材料，且必须符合国际标准，但是当前依旧有很多船舶制造商在对不燃材料进行选取时并不参照国际标准，因此船舶的安全性就会出现很大的问题。在船舶的舱室之间，应该铺设防火甲板隔热材料，但很多船舶在建造的时候，所使用的材料为普通的硅酸盐水泥。从导热系数的角度来看，普通的硅酸盐水泥对应的值是 0.29，但是岩棉对应的值为 0.038，而珍珠岩对应的值为 0.031。通过对数据的观察可以看出，相比于岩棉和珍珠岩这两种保温材料，普通的硅酸盐水泥具有更高的导热性。

2.2 材料铺设

在铺设隔热层时，会将其放置在如下两个位置：在甲板上具有较低的火灾风险的一边及船舶的舱壁上，即需要在舱壁的外侧铺设隔热材料。尽管当前还没有明文规定如何铺设耐火保温材料，然而依据国际标准，在对隔热材料以及不燃材料进行选取时，必须确保它已经通过权威机构的认证，并且在回火表面上，其温度的平均值必须控制在一定的范围内。针对船舶结构进行耐火实验时，需要在完全相同的温度曲线以及标准时间中，向加热炉内投入甲板货舱壁的样本，判断该结构的耐火等级与所规定的标准是否相互匹配。相比于机舱，其外部发生火灾的风险要更低，所以在为机舱铺设防火材料层时，应该选取在机舱舱壁中进行。此外，防火层还可以对组成舱壁的钢板提供相应的保护，防止它因为遭受到高温加热而变形，降低其结构变化的速度，增大船舶的稳定程度。

2.3 内饰材料

在船舶内部，针对船员生活起居的房间，在为其选取装饰材料时，制造商往往不会将发生火灾这一问题纳入考虑范围。因此在生活起居房间中，有着极多的容易燃烧的装饰材料，且这些装饰材料里，有一部分若产生燃烧现象会释放出大量的有毒气体，对船员的身体健康和生命安全都会造成极大的威胁。在生活区域中，若想进行防火隔离操作，需要选用 B 类或者 A 类的不燃材料。即如下几个部件必须使用不燃材料来进行制作：衬板、天花板以及室内装饰。在没有经过允许的情况下，不可以使用任何木材，尤其是在船员室或厨房内。此外，若未经过批准，不可以在船舶内使用具有较大功率的电器，也不能私拉电线，避免发生火灾。

2.4 设计安装

针对船舶的耐热板在实际对其耐热结构进行设计时，依旧有很多细节上的问题需要注意，比如在对绝缘材料进行铺设时，其面积与厚度建议与设计图纸所规划的数值保持一致；在进行标准防火实验时，应保证绝缘接头满足条件。但目前有部分供应商所供应的防火材料与其证书并不一样，且环保性极差。在机舱的花钢板之下，未设置连续的消防系统。在机舱的燃油箱内，快速切断阀未经过绝缘填充。

3 耐火分隔结构的性能研究

当前在对船舶的内装板进行选取时，最为常用的就是复合岩棉板。岩棉的密度是 150 kg/m^3，具有较高的重量。为了实现轻量化，通常会选择使用铝蜂窝，它具备着更低的密度，如图 1 所示。但是铝蜂窝的缺点就是它属于热的良导体，具有较低的耐火性。

由不低于一种材料组合而成的、存在特定的耐火分隔等级的结构被称为耐火分隔结构。在船舶中，将内装板当作隔板，要求必须拥有耐火分隔的作用，是一种非常经典的耐火分隔结构。在对耐火分隔结构进行相应的规划时，最重要的是需要明确使用何种耐火材料，以及怎样设计它的厚度。

针对耐火分隔结构，接头的连接方式以及耐火材料所需厚度这两个问题上，需要基于已经通过国内外相关机构批准的结构形式来完成，而针对耐火材料，在对其中一组厚度进行了初步的明确后，需要将其放置在小型的耐火试验炉中来完成模拟实验操作，并依据结果来调整如下几个参数：连接方式、绝缘材料的厚度以及结构形式。重复几次上述操作后，就能够得出结构形式的最优解，而后使用标准耐火试验来进行测试。在使用小型的耐火试验炉对其进行相关实验时，以时间与火焰温度这两个变量为原型所绘制出的曲线和经由耐火标准实验所得到的曲线应完全相同。

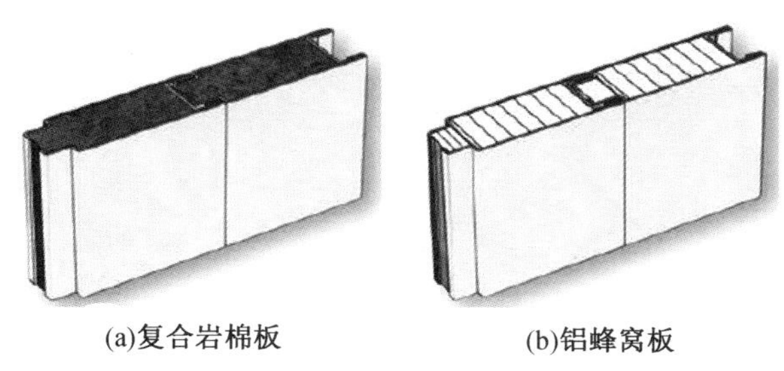

(a)复合岩棉板　　(b)铝蜂窝板

图 1　复合岩棉板和铝蜂窝板

针对尺寸较小的样品，在对其进行模拟实验时，其原理参照图 2，其实物图参见图 3，即在电加热板的上方，安放已经组装完成的多层材料，并在温度传感器上使用高温陶瓷胶来将电加热板的发热面与其进行粘贴。针对各层材料，均需将其与温度传感器相互粘贴，所使用的材料依旧为陶瓷胶。在对图片进行观察之后，将每一层材料中间所具备的温度大小分别设置 T4、T3、T2 和 T1 并对系统的接线进行检查，若确认接线无误，那么首先将测温仪开启，而后将电加热板开启，对其温度进行相应的调节。针对 T4、T3、T2 和 T1，在 15 分钟的时间段内来对其伴随着温度而改变的数值进行相应的记录。

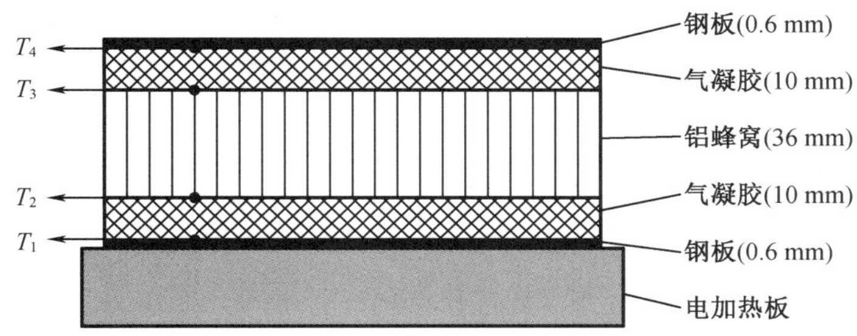

图 2　小尺寸样件模拟试验原理

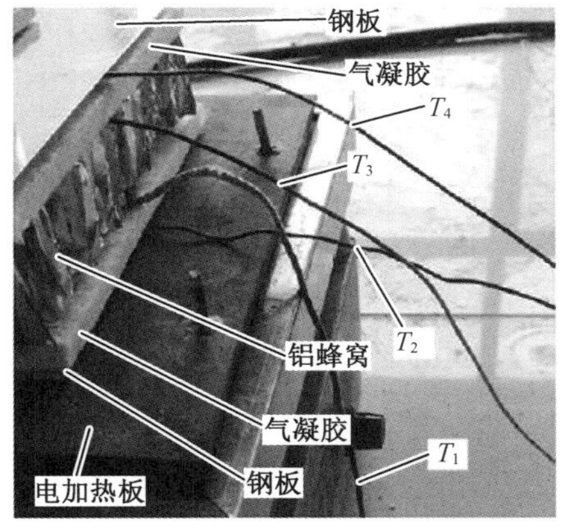

图 3　小尺寸样件模拟试验实物

通过相应的实验可以得出，T4、T3、T2 和 T1 的数值伴随着温度而改变，如图 4 所示。与电加热板距离更近的钢板，其温度 T1 和通过标准的耐火实验所获取到的温度曲线 Ts 十分相似，因此在对其进行耐火分隔标准实验时，会有良好的表现。对于气凝胶，由于其隔热效果极佳，因此 T4、T3、T2 与 T1 之间所显示的温度差值较高，而铝蜂窝有着很高的导热系数，因此 T3 和 T2 所显示的温度差值极低。在 15 分钟末这一时刻，T4 的温度只有 77℃(为了确保实验结果的准确性,在对 T4 进行温度读取时,以与初始温度相比所增大的温度为准,在下文中同样采用此类方法),而在耐火分隔等级为 B-15 时,其所规定的温度为 140℃。对于内装板材而言,出于减轻重量以及降低成本的目的,必须改进其隔热材料所具备的厚度大小。

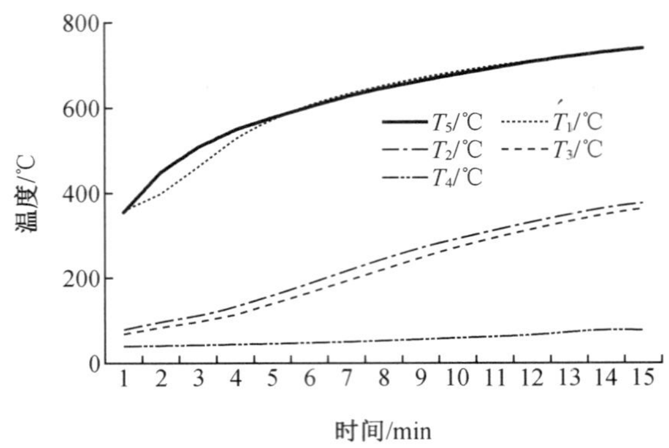

图 4　T1、T2、T3 和 T4 随时间变化曲线

本文进行模拟试验时,所使用的是小尺寸的样品。在进行仿真分析时,需要基于 ANSYS 热力学模块和 PLANE55 单元来完成,此单元位于热力学平面的 4 节点处。在内装板中,随着时间的流逝,需要对其向火侧施加温度荷载,而在其背火侧,需要设计对流边界的条件。在进行结构设计时,它的温度初值是 35 ℃,而在进行分析时,使用热力学瞬态这一方法,其持续时长为 15 min。通过计算可以得,在 15 min 这一时刻,耐火分隔结构在各个位置所具有的温度分布情况如图 5 所示。

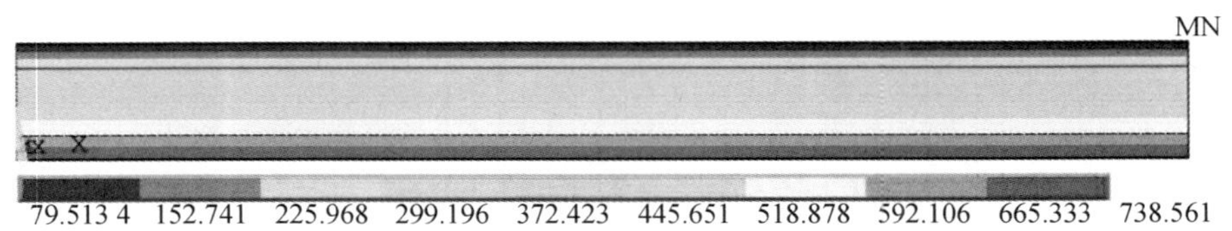

图 5　15 min 末结构温度分布云图

在背火侧,通过试验与仿真两种操作,为其温度 T4 随时间变化所产生的曲线进行了绘制,如图 6 所示。基于此方法进行仿真分析,针对各类气凝胶的厚度,对齐热分析进行建模,在进行相应的计算后可以得出,在第 15 min 这一时刻,气凝胶的厚度 t2 与背火侧所具备的温度 T4 之间的关系如图 7 所示。由于在此处所设定的耐火分隔等级为 B-15,因此依据规定的标准,气凝胶所具备的厚度最小值应为 5 mm。在此刻,针对内装板的平面,从理论上对其面密度进行相应的确定,其值为 12.6 kg/m2,与厚度为 50 mm 的 厚复合岩棉板相比,其重量要轻 25%左右。

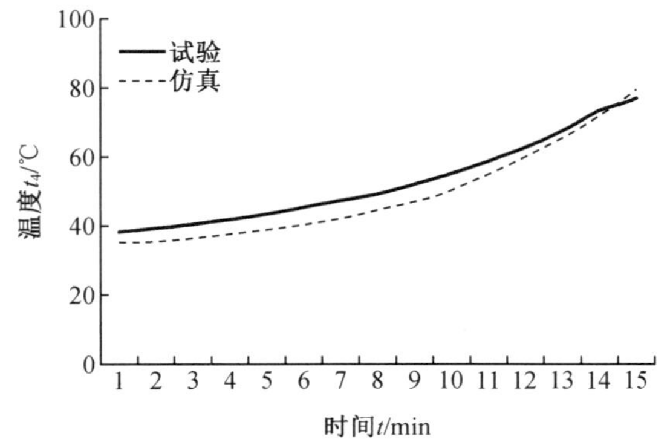

图 6　背火面温度 T4 仿真与试验对比

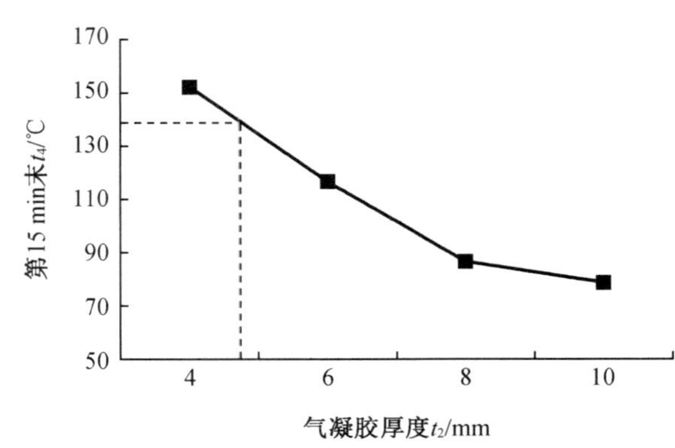

图 7　背火面温升 T4 与气凝胶厚度 t2 的关系

5 总结

本文针对船舶的内装板这一部件,着重分析了在对其进行耐火分隔结构设计时所存在的一些问题以及当前的科研现状。同时针对耐火板的材料探究和分析了其性能优劣,利用耐火分隔的小尺寸样品,基于电加热板这一设备,对加热炉的升温情况进行模拟,并基于其结果进行仿真分析及相应的建模。本文提出的方法不但可以为后续设计新型耐火分隔结构这一问题提供新的思路,还能够减少设计所花费的时间,节约人力成本和物力成本。

参考文献

[1] 石明伟, 胡津津. 美国海军舰船的耐火分隔技术发展[J]. 中国舰船研究, 2008, 3(5): 77-80.

[2] 沈晓军. 论气凝胶材料在船舶内装中的应用[J]. 军民两用技术与产品, 2016(18): 111, 288.

[3] 李庆宁. 船舶内装工程[M]. 哈尔滨: 哈尔滨工程大学出版社, 2007.

[4] 张国智, 胡仁喜, 陈继刚. ANSYS 10.0 热力学有限元分析实例指导教程[M]. 北京: 机械工业出版社, 2007.

大型高精度船舶坞内拖移建造法对船体合拢精度影响的研究

王　忠

（大连船舶重工集团有限公司）

摘　要：在坞内建造船只过程中，为充分发挥船坞的产能，采用坞内同时建造四艘船只的方式。在具备出坞条件的两艘船只完成出坞后，为给后续建造船只提供建造空间，需要在建船只采用半船拖移的方法来实现移位。

由于在高精度船舶建造过程中使用半船拖移方法尚属首次，可供参考资料较少，需充分完成拖移施工前的一系列准备工作，以及实时监测拖移过程前后的船只状态，使落墩后的船只状态相较拖移前偏差在公差范围内、完成拖移施工。拖移前准备工作包括各基准点的设置、各处墩位的精准铺设、边墩及中心墩高度测量、船体大开口处的加强施工等。通过监测已设立好的各处主、辅监测点数据变化，达到监测船只拖移对船体合拢精度影响的目的。通过以上方法，圆满的完成了某型号两条船的半船拖移施工工作，为后续船只拖移工作及半船拖移对船体精度影响情况的研究提供了参考，成功填补了我国造船企业在这方面的技术空白。

关键词：船舶与海洋结构物设计制造；坞内建造；半船拖移；合拢精度

1　研究背景

在坞内船只建造时，为了最大限度发挥船坞生产产能，采用四条船舶同时建造的方式。在已具备出坞条件的两条船只完成出坞工作后，为满足后续船只建造及实现分批出坞需求，需对坞内两条在建船只使用自行式模块运输车（SPMT）拖移来实现移位。考虑到半船拖移建造法在大型高精度船只的建造过程中使用尚属首次，可借鉴资料较少，且该方法对于拖移定位精度要求高，半船拖移前后船只定位及船只状态允差小，除此之外，由于船只自身强度弱更增加了施工难度。因此为完成本次拖移施工，需要分析坞内拖移建造法对船体合拢精度的影响，力求半船拖移工作能够顺利完成，实现既定目标。

2　拖移前精度控制措施与分析

船只移位前后主基准点横向允差为±2 mm，纵向允差为±4 mm，水平允差为±4 mm，为满足此精度要求，除船只到位后通过钢支柱对船只进行微小调整外，重点在于控制坐墩位置梁下墩的铺设精度。通过铺墩前的坞内画线和后期的墩木精度调整，来保证船只的坐墩精度。同时为保证坞底建造墩摆放位置准确，需按照坞内铺墩图，画出各建造墩摆放位置线，画线基准取自按坞内画线图所画出的中心线及肋位线。

2.1　设立高度定位基准点

为统一梁下墩高度及高低差，设置统一高度基准点，基准点高度距地面 1 400 mm。中心调整墩上表面为

800×1 000 mm,为保证墩上表面 4 点水平,在中心墩上方拉设 2 根纵向钢丝,控制调节墩四角水平。水泥边墩上表面为 400×1 800 mm,在水泥墩上方拉设 1 根纵向钢丝,控制两点水平。在利用钢丝测量墩高时需考虑钢丝挠度的影响,钢丝挠度计算公式为

$$y=qx(L-x)/2T \tag{2.1}$$

式中 y——计算点上的挠度,单位:mm;

q——每米钢丝线的重量,单位:g/m($\phi=0.5$ mm 钢丝,$q=1.54$ g/m);

x——计算点到端点之间的距离;

L——拉线量端点之间的距离,单位:m;

T——挂重,单位:25 kg。

2.2 水泥边墩及中心墩铺设

按坞内铺墩图要求,托梁下表面距地面 1 350 mm,水泥墩高 1 200 mm,通过调整水泥墩上木牙高度,保证木牙上表面距 1 400 mm 基准钢丝线 47~48 mm 按照硬木弹性模量 $E=0.1\times10^6$(kg/cm^2)预留 2~3 mm 的木牙下沉量。

因梁下中心调节墩高度为 350 mm,为保证调节墩上表面水平,需使用斜铁进行调平,故规定将调节墩高度定位距地面 400 mm,即调节墩上表面距离 1 400 mm 基准钢丝线 1 000 mm。在调节墩水平调整过程中,为了精确调整其高度及水平值,需使用机械顶配合斜铁对调整墩四角水平进行逐一调整,保证高度公差≤2 mm。梁下中心钢墩与调节墩为面与面接触,调节墩铺设结束后直接将梁下中心钢墩叠落至调节墩上即可,叠落过程中避免对调节墩产生碰撞。

针对梁下钢墩上表面木牙铺设工作,按坞内铺墩图要求,托梁中心下表面距地面 950 mm。调整梁下钢墩上木牙,保证木牙上表面距离 1 400 mm 基准钢丝线 447~448 mm,同样预留 2~3 mm 下沉量。

在边墩与中心墩全部铺设结束后,铺设拖移横梁。因拖移横梁自身存在挠曲变形,钢梁吊运到位落钩后检查梁下墩木牙的紧实度,并作夯实处理。拖移横梁铺设后整体效果如图 1 所示。

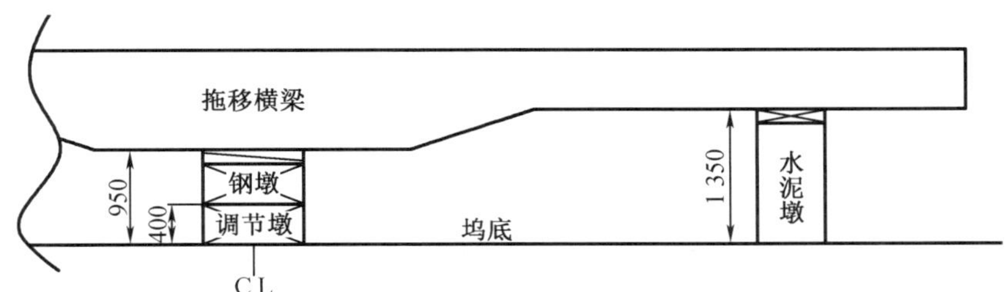

图 1 典型横梁剖面图

2.3 梁下墩木牙下沉量监测

各托梁上相应分段合拢结束后测量各个梁下墩上木牙高度值,见表 1;半船拖移前测量各个梁下墩上木牙高度值,见表 2;对比表 1 和表 2 数值,得到各个墩上木牙下沉量值,见表 3。(因篇幅有限,仅列出部分肋位数据。)

表 1 梁下墩木牙高度监测表(分段合拢阶段) 单位:mm

肋位	左边墩		中心墩				右边墩	
	前	后	点 1	点 2	点 3	点 4	前	后
FR71.5	120	124	145	145	150	150	193	193
FR80.5	126	133	143	146	149	148	181	192
FR85	115	121	150	145	145	155	186	195

表 1(续)　单位:mm

肋位	左边墩		中心墩				右边墩	
	前	后	点 1	点 2	点 3	点 4	前	后
FR90	116	122	145	147	146	148	188	187
FR96	125	126	143	143	148	150	193	199
FR101	132	129	149	140	147	146	195	186
FR110	152	153	152	151	156	159	170	178
FR115	126	123	152	151	160	160	193	203

表 2　梁下墩木牙高度监测表(拖移前)　单位:mm

肋位	左边墩		中心墩				右边墩	
	前	后	点 1	点 2	点 3	点 4	前	后
FR71.5	118	119	143	146	146	146	191	191
FR80.5	125	131	141	145	146	144	181	190
FR85	113	118	147	143	146	149	185	192
FR90	113	119	144	142	140	141	186	187
FR96	125	127	140	138	141	146	190	197
FR101	131	127	147	138	141	140	192	182
FR110	151	151	150	146	152	157	170	176
FR115	123	123	150	150	156	159	190	202

表 3　梁下墩木牙高度下沉情况(拖移前)　单位:mm

肋位	左边墩		中心墩				右边墩	
	前	后	点 1	点 2	点 3	点 4	前	后
FR71.5	2	5	2	-1	4	4	2	2
FR80.5	1	2	2	1	3	4	0	2
FR85	2	3	3	2	-1	6	1	3
FR90	3	3	1	5	6	7	2	0
FR96	0	-1	3	5	7	4	3	2
FR101	1	2	2	2	6	6	3	4
FR110	1	2	2	5	4	2	0	2
FR115	3	0	2	1	4	1	3	1

通过对表 3 分析得出结论:边墩上木牙自分段合拢结束至半船拖移前,下沉量在 0~5 mm 之间,左舷平均值为 1.85 mm,右舷平均值为 1.73 mm。中心墩上木牙自分段合拢结束至半船拖移前,下沉量为 0~7 mm,平均值为 3.78 mm。

分析各个墩上木牙下沉量不同的原因,除了受各墩上木牙自身翘曲度和平整度影响外,由于右舷处于坞底边侧,而坞底为中心高两侧低,故右舷墩上木牙较左舷高出约 50 mm,所以下沉量较左舷偏大。而中心墩上木牙由于托梁自身支撑形式决定中部受力大于两端受力,故中心墩上木牙下沉量大于边墩下沉量。

2.4　拖移后船位墩铺设

为保证坞底建造墩摆放位置准确,避免因墩摆放位置偏差导致拖移后托梁无法坐墩,需严格按照坞内铺墩图,画出各建造墩摆放位置线,画线基准取自按坞内画线图所画出的中心线及肋位线。铺墩完成后测量墩位置

与拖移前墩位置偏差情况,并对超差墩进行调整。

拖移前梁下墩高度差测量前需设置统一高度基准,同时该基准也将作为拖移后梁下墩高度摆放基准。

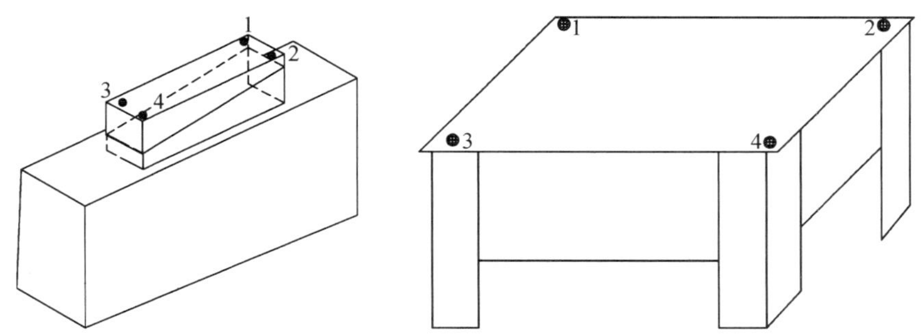

图 2 边墩上表面(左)、梁下中心钢墩(右)测量示意图

实际施工中选取船体基线标杆上的假设基线作为高度测量基准,使用全站仪测量水泥边墩及中心钢墩上各点距离假设基线的高度值。全船 35 根托梁,每根托梁下三个墩,共计测量 420 个高度点,见表 4。(因篇幅有限,本报告中仅列出 FR115 及艏向各肋位数据。)

表 4 各墩水平数据记录表表

单位:mm

肋位	中心调节墩水平				左舷水泥墩水平				右舷水泥墩水平			
	点 1	点 2	点 3	点 4	点 1	点 2	点 3	点 4	点 1	点 2	点 3	点 4
FR71.5	1 500	1 494	1 502	1 494	552	552	552	552	551	551	551	551
FR80.5	1 502	1 496	1 502	1 499	552	552	552	552	549	550	551	551
FR85	1 502	1 496	1 502	1 499	553	552	549	547	554	553	558	557
FR91.5	1 502	1 501	1 500	1 501	554	555	553	554	558	558	557	557
FR96	1 502	1 505	1 502	1 504	555	555	552	552	556	557	554	554
FR101	1 497	1 501	1 497	1 501	548	547	551	551	552	551	552	551
FR110	1 500	1 501	1 502	1 503	553	552	552	552	551	551	551	551
FR115	1 508	1 506	1 507	1 506	562	562	563	562	561	560	557	558

分析表 4 可以看出,单个墩上 85%的墩上木牙水平在±3 mm 内,92%的墩上木牙水平在±4 mm 内。105 个墩 420 个测量点高低差最大 23 mm,其平面度远低于拖车厂家建议的控制在 50 mm 内的要求,大大降低了拖车水平调节工事。

拖移后船位梁下墩铺设时需根据拖移前测得的高度数据进行铺设,铺设过程中测量水泥边墩木牙四角高度,通过调整木楔和电刨,调整出符合要求的高度值。中心钢墩同样测量四角高度值,通过调整中心钢墩下的斜铁来调整出符合要求的高度值。

拖移后船位梁下墩高度调整过程中需严格按照拖移前船位下测得的数据进行施工,确保船只拖移到位钢梁落墩后钢梁水平保持与拖移前状态同步,进而保证船只状态与拖移前保持同步。

2.5 尾部建造墩倒墩方案

由于该项施工为首次施工,整个倒墩过程中尾部会有多大下沉量没有经验可循,经过对船只受力情况分析,在尾部分段合拢时,尾部在高度方向上给予加放相应的反变形量。按分段型围尺寸,在 8 段尾口设置 4 mm,9 段尾口设置 8 mm 的反变形量(901 段由于同 902 段为上下段关系,反变形量随 902 段同步加放)。由于分段自身长度大于 10 m,整体加放 8 mm 的反变形量对分段立缝影响甚微,分段端口余量完全满足要求,可以不予考虑。

因尾部 3 个托梁影响轴系安装,为了保证轴系安装,8、9 总段下部后 3 根横梁及梁上、梁下墩全部移除,改为高架墩直接支撑,将轴线位置避开。为了减小下沉量,采取撤墩、顶墩交叉进行的方式,避免出现整体悬空的状态出现,最大限度地减小尾部下沉量,同时要求高架墩恢复过程中左右舷同时操作,避免左右操作不同步导致的艉心偏移和水平变化超差。为监测倒墩施工对船体状态的影响,倒墩监测点设置为 FR273 肋位艉检测点并在不同情况下监测艉中心甲板距中距基值。

由于托梁横穿船底,无法直接使用吊车吊出,采用托辊小车将托梁横向移出的方案进行拆除施工。同样方法提拉托梁另一端,结束后托梁将会整体下移约 150 mm,此时梁上墩与船体外板间木牙也可撤出。将托辊小车放置托梁下方,待托辊小车与托梁接触后,撤出梁下墩。在坞底中心处设置卷扬机,采用卷扬机横向拉动托辊小车,缓慢将托梁连带梁上墩一同移出船底。在一个托梁移除后,按倒墩方案要求,将高架墩移入,并将墩上木牙夯实。待左右舷高架墩顶撑牢固后进行下一个托梁的拆除拖移操作(图 3)。

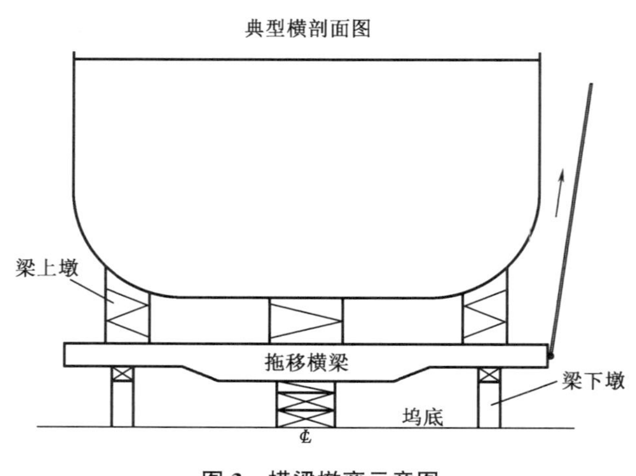

图 3　横梁撤离示意图

因新增建造墩木牙为后期建造墩移入后塞入,紧实度与合拢阶段摆放的经过压实的木牙紧实度相差较大,为避免因木牙紧实度不够导致的尾部下沉,对船只尾部高度在不同时间段进行监测,发现尾部高度在夜间呈现上翘趋势,上翘约 5 mm。针对这一固有特点,对木牙反复多次进行夯实。在整个倒墩过程中对尾部高度及中心偏移情况进行了监测。

通过监测可以看出,尾部托梁倒墩前后尾高变化约 4 mm,中心偏差约 1.5 mm,由于合拢阶段已设置 8 mm 的高度反变形,通过优化倒墩顺序方案,虽然该反变形量超出实际下沉量,但整体偏差不大,满足船只建造精度要求,后续船可将合拢反变形量设定为 5 mm。

3　半船拖移精度监测与分析

3.1　移位监测点设置

为了控制移位过程中精度监测的效率及有效性,将移位过程中的定位基准分为坞内基准设置和船体基准设置,船体基准测量点分为主基准点、辅基准点和监测点。定位时以主基准点作为船体姿态调整的基准,辅基准点数据作为船体姿态调整的参考,监测点仅进行数据记录。测量点设置位置见表 5。

表 5　总船移位精度控制点设置表

形式	方向	设置位置		
主基准点	挠曲	外板中心 FR73、FR98、FR119、FR150、FR171、FR195、FR219		
	横向	内底中心 FR70	外板中心 FR171	FR288 艉封板
		01 甲板中心 FR73	1 甲板中心 FR222	1 甲板中心 FR294
	纵向	外板中心 FR171		
	水平	FR73、FR171 舷侧外板距离基准点 2 500 mm;FR282 舷侧外板距离基准点 4 900 mm		

表 5(续)

形式	方向	设置位置	
辅基准点	横向	外板中心 FR98、FR119、FR195、FR219、FR241、FR259	
		01 甲板中心 FR107、1 甲板中心 FR259	
	纵向	外板中心 FR73、FR119、FR195、FR219	
	水平	FR73、FR171、FR222、FR259 舷侧外板距离基准点 4 900 mm	
		FR113、FR150 舷侧外板距离基准点 2 500 mm	
监测点	大开口	01 甲板中心 FR150、FR174	
	轮机	前电站 FR214	舱内 FR150、FR177、FR195、FR219
		艉舷外 FR238、FR254、FR273	
	水平	01 甲板舷边 FR73、FR113、FR150、FR171	FR113 线锤
		1 甲板舷边 FR222、FR259、FR294	FR195 线锤
总段缝位置		3 总段 FR69～FR107+300、4 总段 FR107+300～FR150-300、5 总段 FR150-300～FR177-300、6 总段 FR177-300～FR212+300、7 总段 FR212+300～FR241+300、8 总段 FR241+300～FR274-300、9 总段 FR274-300～艉	

3.2 拖移数据分析

拖移坐墩结束后对船只主辅基准点以及艏艉照光基准点进行数据的测量,得出以下结果。

3.2.1 某型 1 船数据分析

1. 数据结果

纵向变化满足公差要求,底部横向变化满足公差要求。甲板横向变化:1 甲板 FR222、FR294 中心分别偏右 3 mm、4 mm,超差 1～2 mm;水平方向上,FR282 左舷水平为-5mm,超差 1 mm;外板挠曲满足公差要求。

2. 原因分析

FR222、FR294 中心偏右,舷侧外板水平左右基本一致,说明船体未产生倾斜,不是由船体倾斜引起的中心变化。

根据辅基准及监测点数据,甲板中心变化情况如图 4 所示。

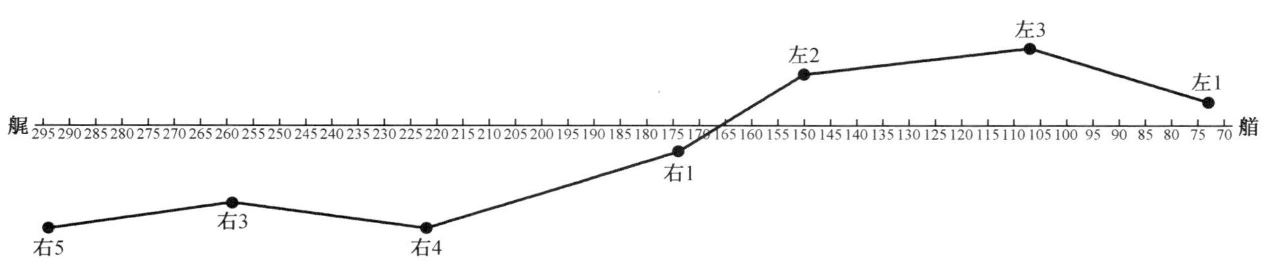

图 4　甲板中心变化趋势图

顶升时该船艉部角隅处应力为-47～-60 MPa(压应力),落墩后应力为 15～33 MPa(压应力),变化幅度为 71～90 MPa,该应力变化幅度为 X45 钢屈服强度的 18%,应力变化幅度较大,总船移位过程中船体应力释放,船体甲板产生了轻微的扭曲,导致艉部两个主基准 FR222、FR294 甲板中心超差 1～2 mm,但甲板中心线折中为偏右 0.7 mm,符合公差范围。

3. 解决措施

艉部水平偏低，艉部左右四根支柱砸紧，保持现有船体水平姿态，固化现有精度。根据实船测量甲板中心、舷侧外板型值，本船状态见表 6。

表 6　拖移前后状态记录表　　单位：mm

状态	甲板中心（根据甲板结构）	甲板中心（根据舷侧半宽）	甲板水平（平均值）
平移前	——	左 0.75	右高 0.46
平移后	右 1.3	右 0.9	右高 4.3

4. 后续影响

本船落墩后根据主基准点及实船测量数据，纵向、外底板中心、外板挠曲均满足公差要求；实船甲板中心与坞底中心线偏差约 1 mm。目前船体中心线找线、照光等精度相关工作均未开展，后续 4、5、6 总段 3 至 01 各层甲板分段及 1、2 总段合拢时以坞底中心线为基准，上述总船移位落墩后精度状态满足建造要求，对后续工作没有影响。

3.2.2　某型 2 船数据分析

1. 数据结果：

纵向变化满足公差要求；底部横向变化：偏右约 6 mm，超差 4 mm；甲板横向变化：偏右约 8 mm，超差 6 mm；水平方向变化满足公差要求；外板挠曲满足公差要求。

2. 底部中心偏差原因分析

落墩时艏艉心一致且在公差范围内，由于船一侧受日照较为强烈，导致船中部的中心偏右较大，夜间船体收缩，艏艉中心向船中部趋势变化，导致船整体偏右约 7 mm。

3. 甲板中心偏差原因分析

FR222、FR294、FR73 甲板中心偏右，而舷侧外板水平左右基本一致，说明船体未产生倾斜，不是由船体倾斜引起的中心变化。

根据辅基准及监测点数据，甲板中心变化情况如图 5 所示。

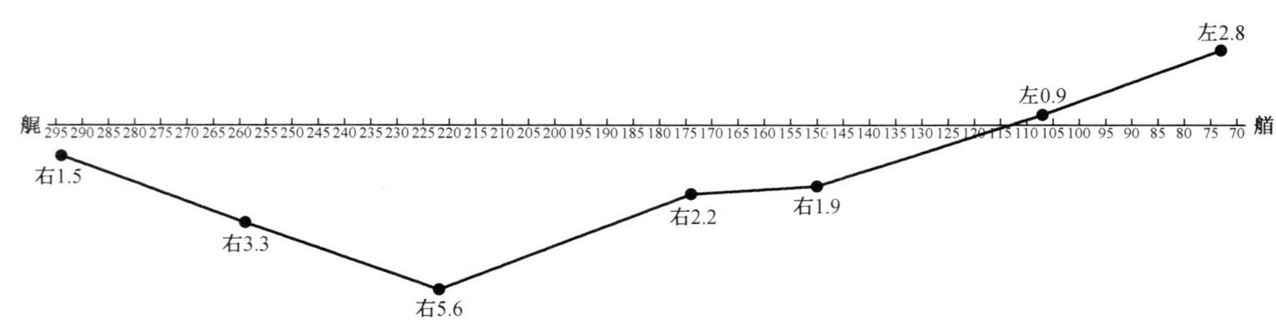

图 5　甲板中心变化趋势图

顶升时该船艉部角隅处应力为 -20 ~ 10 MPa，落墩后应力为 30 ~ 60 MPa（压应力），变化幅度为 50 ~ 67 MPa，该应力变化幅度为 X45 钢屈服强度的 13%，应力变化幅度略小，总船移位过程中船体应力释放，船体甲板产生了轻微的扭曲，且艉部扭曲较大，导致艉部甲板 1 个主基准 FR222 中心超差约 4 mm，但甲板中心线折中为偏右 1.5 mm，符合公差范围。

4. 解决措施

由于该船整体发生偏移,将坞底中心线向右移 7 mm,底部中心可满足公差要求。整体水平较好,两侧圆管支柱砸紧,保持现有船体水平姿态,固化现有精度。根据实船测量甲板中心、舷侧外板型值,本船状态见表 7。

表 7　拖移前后状态记录表

单位:mm

状态	甲板中心（根据甲板结构）	甲板中心（根据舷侧半宽）	甲板水平(平均值)
平移前	——	右 1.7	右高 1.2
平移后	右 0.6	右 0.45	左高 0.36

5. 后续影响

本船落墩后以优化后的中心线为基准,根据主基准点及实船测量数据,纵向、外底板中心、水平、外板挠曲均在公差范围内;实船甲板中心与坞底中心线偏差不到 1 mm。

目前船体中心线找线、照光等精度相关工作均未开展,后续 4、5、6 总段 3 至 01 各层甲板分段及 1、2 总段合拢时以优化后的坞底中心线为基准,上述总船移位落墩后精度状态满足后续建造要求,没有影响。

4　结束语

为了能适应坞内多船并造的新形势,实现坞内资源的充分利用,达到降本增效的目标,本文对大型高精度船舶在坞内建造时使用 SPMT 拖移对船体合拢精度的影响进行了研究,并在实船上得到了应用,取得良好效果。该研究开创了半船拖移在大型高精度船舶建造上的先河,为后续船只建造方法的改进起到引领与指导的作用。

某型船轴内调距桨液压油管修复工艺实践

王业秋　李国勇　王　忠　王　野　曹　书

（大连船舶重工集团有限公司）

摘　要：艉轴是船舶动力装置核心部件之一，艉轴安装节点的实现关系到某型船项目出坞下水节点的实现，是保证该项目交工节点能否实现的前提条件。

某型船艉轴外液压联轴节安装到位后，内套小端螺纹根部断裂，在更换液压联轴节过程中，牵连轴内调距桨液压油管外螺纹损坏。由于原部件更换方案周期过长无法保证重大节点实现，在详细讨论后，为保证节点实现，厂领导组织相关专业充分研究、科学论证，提出了实船修复方案。

焊接修复高温熔池易导致零部件总尺寸改变、对中尺寸超差、密封胶圈损坏等不可逆风险，修复工艺主要围绕焊接方法、焊接过程温度控制、坡口及焊道设计、焊材匹配等方面进行方案制定，经过试件焊接验证，满足工件性能要求后进行最终修复方案确定。整个修复施工过程得到了业主认可，实船修复后工件满足安装及使用要求。

关键词：船舶；动力装置；轴系；焊接修复

0　前言

某型船动力系统采用柴油机作为推进装置，通过减速齿轮箱传动装置，利用轴系带动可调螺距螺旋桨提供推进功率。每套轴系由调距桨系统、轴系、液压联轴节、轴承、艉轴密封装置、接地装置等组成。轴系装有液压联轴节，液压联轴节分别用于连接桨轴和艉轴、艉轴和中间轴（图 1）。

液压联轴节依靠内套与轴段表面间摩擦力矩，来实现其传递扭矩和推拉力的功能。在轴系安装到位前将液压联轴节套入轴上，待轴零对零找正结束、对中达到规定要求后，再进行轴内调距桨液压油管的连接，最后再进行液压联轴节的安装。本次修复的调距桨液压管接头工作负荷大，工作条件恶劣。修复方案没有相似案例可以参考，属于公司首次实践，因此实船修复难度极高。

液压联轴节的问题可以通过更换备用液压联轴节实现，而轴内调距桨液压油管螺纹损坏只能通过更换轴内油管实现。如果更换桨轴和艉轴内的调距桨液压管需要将已安装到位的两根轴拆下返厂家进行液压油管的重新订货、加工和轴内安装，施工周期将至少延后 4～5 个月，无法保证该船下水节点，对船只的按期交工造成严重风险。

为此，开展桨轴和艉轴内调距桨液压油管实船修复对保证轴系安装进度和实现该船按期出坞下水节点至关重要，对未来船只按期交工意义重大。

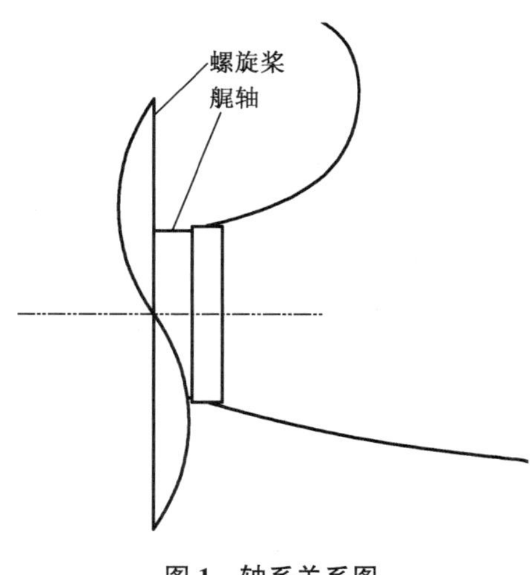

图1 轴系关系图

1 轴内调距桨液压油管问题发生及原因分析

1.1 液压联轴节问题发生过程

在服务商指导下进行液压联轴节的安装作业;先后进行安装前的轴系清洁以及对中工作;液压联轴节加压工作;至液压联轴节安装到位时,油压符合工艺规程要求,安装过程中未发现异常。

液压联轴节安装到位后,放出内外套之间的液压油,撤去径向压力后,进行轴向保压。大约 1 min 后,内套小端螺纹根部断裂,活塞螺母随断裂螺纹一起脱落,内腔液压油全部溢出。

1.2 拆卸液压联轴节牵连轴内调距桨液压油管问题的产生

1.2.1 轴内调距桨液压油管拆开及重大问题产生

服务商对将液压联轴节与桨轴、艉轴松开,之后将液压联轴节推到桨轴处。按照轴系及液压联轴节施工工艺,需要先脱开桨轴和艉轴再取下液压联轴节。在服务商的指导下脱开桨轴与艉轴内部连的液压油管之后,损坏的舷外液压联轴节上吊出至坞底。

在脱开桨轴和艉轴内调距桨液压管后检查中发现,调距桨液压内油管螺纹管完好,但调距桨液压外油管螺纹损坏无法继续使用。

1.2.2 液压联轴节的拆检及原因分析

某型船的液压联轴节为套筒式结构,主要由外套、内套、活塞螺母、密封圈以及紧固件等组成。液压联轴节拆开后,设备厂家负责人员对损坏的液压联轴节进行了检查和测量。经测量液压联轴节螺纹断裂处壁厚厚度为 4.64 mm,而图纸设计要求理论值为 5.5 mm,不满足螺纹壁厚技术要求。图 2 为液压联轴节结构图,云线标示部位为本次断裂产生部位。

2 轴内调距桨液压油管修复方案制定

轴内调距桨液压油管工作压力达到 10 MPa,同时其位置位于主轴内,工作扭转负荷大,且处于日常巡检范围之外,无法实现实时检修和检测,因此设备厂家认为:轴内调距桨液压油管螺纹损坏只能通过更换轴内油管实现,但是使用更换方案会导致施工周期将至少延后 4~5 个月,无法保证该船下水节点。为了保证船只节点,将风险降到最低,经过领导组织相关专业的充分研究、论证,提出了仅修复损坏部位的螺纹接头的实船修复方案。

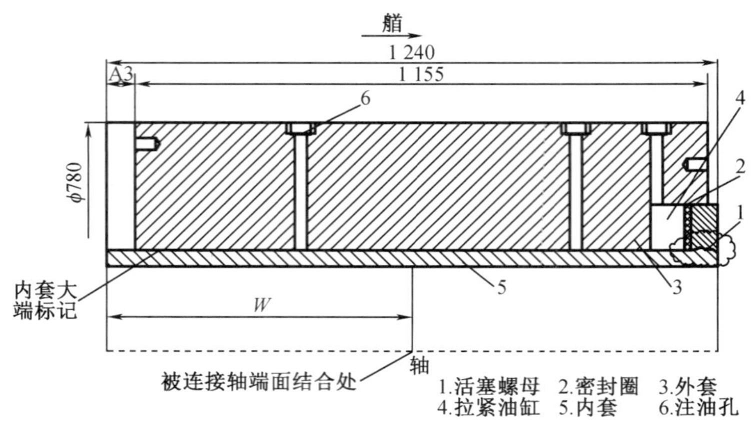

图 2 液压联轴节结构图及断裂部位

2.1 修复方案及存在的风险点与可行性分析

2.1.1 修复方案存在的风险点

公司内部各部门达成一致意见并汇总设备厂家意见后，一致认为焊接修复方案存在以下风险：第一，轴内液压油管接头切割、重新安装后存在长度不足风险；第二，焊接过程温度过高导致的接头橡胶密封件损坏风险；第三，焊接变形造成的油管对中超差、连接安装风险；第四，焊缝存在缺陷导致调距桨无法正常工作风险（调距桨液压油管工作油压 10 MPa）。

2.1.2 修复方案的提出及可行性

通过现场查看液压油管与螺纹接头采用的是焊接连接。因此，我们提出了“切下损坏的螺纹接头，更换新的螺纹接头后焊接修复连接节点”的方案。

经与厂内相关部门研讨，综合考虑螺纹接头材质、焊条选用、焊接工艺条件后，确认焊接修复方案可行。但此修复方案在全国的造、修船舶中都没有先例，需要制定严格的施工修复方案，并在充分试验验证后方可以在实船应用。

2.2 制定修复方案并开展工艺评审

针对以上风险点，参考以下保护措施制定焊接工艺：

切割过程易产生工件短尺问题，切割过程采用电动角磨机沿焊接熔合线切割的方法进行施工，焊接预留缝隙参考相关焊接工艺预留装配间隙 5 mm。

焊接温度过高易导致形变超差问题。温度控制采用自然通风和湿毛巾双重冷却的方法进行冷却，在焊接过程中采用测温仪进行实时监测。

为控制焊接形变，焊接过程整体分为 3 步：打底焊，填充层焊接，盖面焊接。焊接时 2 人同时对称施焊。

2.2.1 切割点选取与切割方案

采用电动角磨机对桨轴和艉轴连接处的液压油管螺纹接头进行切割。切割到油管根部时，底层根部熔合区焊接间隙较小需要进行精准切除剥离。

2.2.2 研究制定修复焊接工艺

根据厂家提供的调距桨液压管焊接工艺要求，液压油管的焊材与厂家焊材一致，制定了轴内液压管修复焊接工艺，具体如下：

（1）焊材及焊接方法

焊接材料：ER70S-6 焊丝，焊材直径 $\phi 2.0$ mm；焊接方法：手工钨极氩弧焊（TIG）。

（2）焊接保护气体及流量

保护气体：纯氩（99.99%）；保护气体流量：15～20 L/min。

（3）焊接的电流、电压及焊接速度

焊接电流:150~180 A;焊接电压:16~21 V;焊接速度 100~120 mm/min。

(4)焊接坡口形式及焊接顺序

坡口形式:V 形坡口 25°/30°;焊接顺序:分 8 段(每段 60 mm)、对称焊接。

坡口形式及分段焊接顺序如图 3 所示。

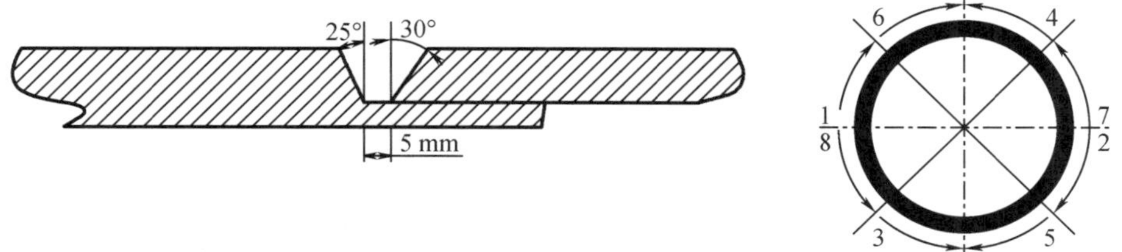

图 3　坡口形式及分段焊接顺序图

(5)多层多道焊设计及温度控制方法

单道焊缝厚度:≤1.5 mm;

温度控制方法:采用自然冷却和湿毛巾相结合的方式进行物理降温。同时,使用测温仪对焊接过程进行温度监控,保证焊接过程的温度不超过 70 ℃。

具体的焊接要求见表 1。

表 1　焊接要求

焊材型号	焊接方法	保护气体	气体流量	坡口形式	焊接电流	电弧电压	焊接速度
ER70S-6 ϕ2.0 mm	手工钨极 氩弧焊(TIG)	纯氩 (99.99%)	15~20 L/min	V 形坡口 25°/30°	150~180 A	16~21 V	100~120 mm/min

3　试件焊接验证

3.1　液压管接头装配间隙确定

为防止焊后收缩导致零件短尺,在液压油管与螺纹接头装配时先预留 2 mm 收缩量。在充分考虑焊接质量的情况下,最终确认装配间隙为 5 mm,达到要求后进行钉焊(图 4)。

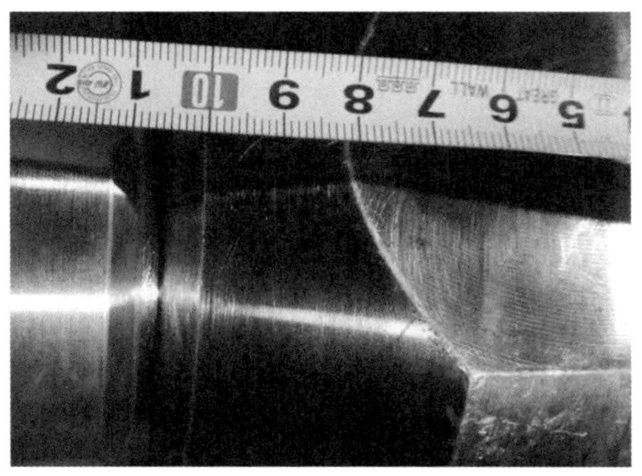

图 4　实际装配间隙尺寸

3.2　焊接接头部位清洁

装配结束后使用 3M 清洁剂对接头、油管坡口及周围 20 mm 范围内油、水等污物进行彻底清洁,并用白绸布擦拭干净。

3.3 焊接降温方法

在焊接开始前准备一条白毛巾,用清水浸湿,拧干后放置在螺纹接头密封胶圈 100 mm 范围内,采用自然冷却和物理降温相结合的方式进行降温冷却(图 5)。

图 5 降温方法示意图

3.4 焊接过程及控制

(1)分段焊接:将整个液压管与螺纹接头环形焊缝平均分为 8 段焊接,每段 60 mm;焊接时采用分段对称焊接。

(2)打底焊:打底焊接时电流为 150 A,电压为 16 V,打底焊厚度为 1.5 mm。

(3)填充层焊接:打底后的填充层焊接分为 8 层进行。其中,前 4 层为单道焊,焊接时电流为 160 A,电压为 17 V;5~8 层为双道焊,焊接电流为 180 A,电压为 21 V。

(4)盖面层焊接:填充层焊接后进行盖面层焊接。盖面层为双道焊,焊接电流为 160 A,电压为 17 V。

(5)焊接温度监测控制要求:整个焊接过程除了采用自然冷却和湿毛巾物理降温相结合的冷却方式来控制温度外,还要采用测温仪实时监测,保证整个焊接过程的温度控制在 70 ℃以下。

3.5 试件验证过程及效果

利用船上切割下来报废的调距桨液压管接头和厂家提供的备用管接头进行模拟实船焊接试验,试验过程中严格按照制定的试验焊接工艺进行焊接。焊接结束后对焊缝进行了 RT(X 光射线)检查,合格后进行了外观 PT(着色)检测,检验全部合格。

同时,焊接完成后对调距桨液压管接头内的橡胶密封圈进行拆检,完好无损可以正常使用(图 6)。

图 6 密封胶圈状态示意图

4　确定调距桨液压油管修复工艺并实施

4.1　实船轴内调距桨液压管的修复工艺

虽然轴内调距桨液压管修复焊接工艺通过了认可,但要保证整个调距桨液压管修复操作的规范性和可操作性,必须结合船上实际情况研究制定轴内调距桨液压管修复工艺。为此,研究编制了实船轴内调距桨液压油管修复工艺,工序具体如下:

步骤一,切割桨轴和艉轴连接处的调距桨液压油管螺纹接头;

步骤二,将新的调距桨液压螺纹接头套在外油管上;

步骤三,调整桨轴和艉轴液压油管的内油管,达到同轴度要求后连接内油管并用销轴固定;

步骤四,调整桨轴和艉轴液压油管的外油管及接头,达到同轴度要求后连接外油管,并用销轴固定;

步骤五,调整外油管及接头坡口、间隙,达到试件时的要求;

步骤六,按试验的焊接工艺进行焊接、焊接后进行焊缝检验;

步骤七,液压联轴节安装。

4.2　实船调距桨液压油管接头修复效果

在实施调距桨液压油管接头修复的过程中,厂家、设计、工艺等专业人员进行全程监控,保证了按照修复工艺、焊接工艺的要求操作。现场修复如图7、图8、图9所示。

图7　实船毛巾冷却方法

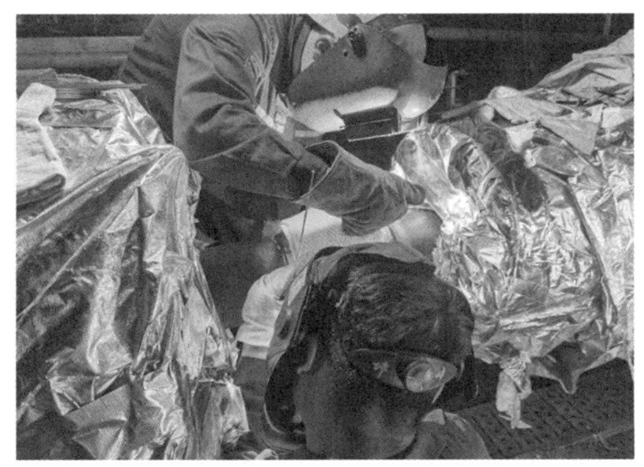

图8　实船分段对称焊接同步施工

图9　双焊道盖面后成型效果

5　总结及展望

调距桨液压油管接头工作负荷大,精度要求高,在损坏情况下一般需要换新处理。本文总结了一套严谨可用的焊接温度控制方法,有效解决了船上焊接修复带来的焊接变形与焊接超差问题。通过科学的焊接工艺制定,焊接方法选取,采用双人对称同时焊接,有效地保证了焊接质量的同时,也满足了液压油接头工件封闭尺寸的精度要求和工件强度要求。同时,为保证一次成功,设置了试焊接验证环节,焊接验证的方法同样适用于其他船上焊接修复工事,为相似工作提供了参考,保证了工件修复结束后可以恢复装配。值得强调的是,焊接工人的焊接水平,对船上焊接工作的熟练度,是本次修复工作一次干对、一次干好的重要保障。

某型船的调距桨液压油管接头的修复工艺为公司首创,其焊接温度控制方法、焊接工艺的制定、焊后工件封闭尺寸的精度控制为公司今后的船舶建造特别是重大工事开展自主设计、生产提供了参考依据。同时为公司自主设计、制定船舶保修、船舶修理方案提供了借鉴。

大型海工产品落地式脚手架和支架式脚手架组合搭设方案研究与实施

于长宏　吴庆丰　初正会　李　洋　吕博通

（大连船舶重工集团有限公司）

摘　要：某大型海工产品，由于其锚泊平台的框架结构密集，该系统区域的脚手架施工平台搭设成为施工难题之一，其根本问题是如何在密集框架结构下搭设安全稳固的施工平台，目标是确保安全全的前提下，尽量减少高架车的使用，提高生产效率，节省材料和能源费用。船体建造是其他附加结构安装的基础，提高船体施工效率对本项目至关重要，因此研究锚泊平台区域的施工平台搭设方案具有重要意义。本文梳理分析了某海工产品，全船4组锚泊平台的结构特点和合拢施工形式，对该项目锚泊平台区域脚手架设计及施工工艺进行研究，探索出一套新型的施工平台搭设方案，即落地式钢管脚手架和支架式脚手架的组合搭设方式，同时还对脚手架的拆除等方面的工艺要求进行了阐述。

关键词：锚泊平台；施工平台搭设；落地式脚手架；支架式脚手架

1　项目概况

某海工产品锚泊系统的支撑结构共分为4组，其中，艉部2组锚泊平台每舷分3块随着主船体舷侧分段总组安装，艏部2组锚泊平台每舷单独总组为一个整体后直接吊装上船合拢。

1.1　锚泊平台结构形式

根据锚泊平台的结构特点，每组锚泊平台下方9道密集的大肘板框架结构，形成了互不连通的8个狭小空当，中间共有6处锚链孔结构，其中5处为正式锚链孔，1处为备用锚链孔，每个正式锚链孔配置1个导链轮。中间7道框架形成6个锚链孔结构，其框架间距为2.56 m。如图1所示。

1.2　艉部锚泊平台总组方案

艉部锚泊平台的总组方案为分块总组安装。以左舷为例，合拢后即存在3道合拢缝。导链轮下方的外板合拢缝施工可以通过脚手架作业平台进行施工，而导链轮上方的外板合拢缝和锚泊平台自身结构的合拢缝仰脸施工给施工平台的搭设带来一定的难度。

1.3　艏部锚泊平台总组方案

艏部锚泊平台总组方案为每舷单独总组为一个整体后直接吊装上船合拢。以左舷为例，合拢后即存在整个平台内口所有结构与船体外板的卡角缝，由于框架结构相对密集，狭小的空间给施工平台搭设带来了一定的难点。如图2、图3所示。

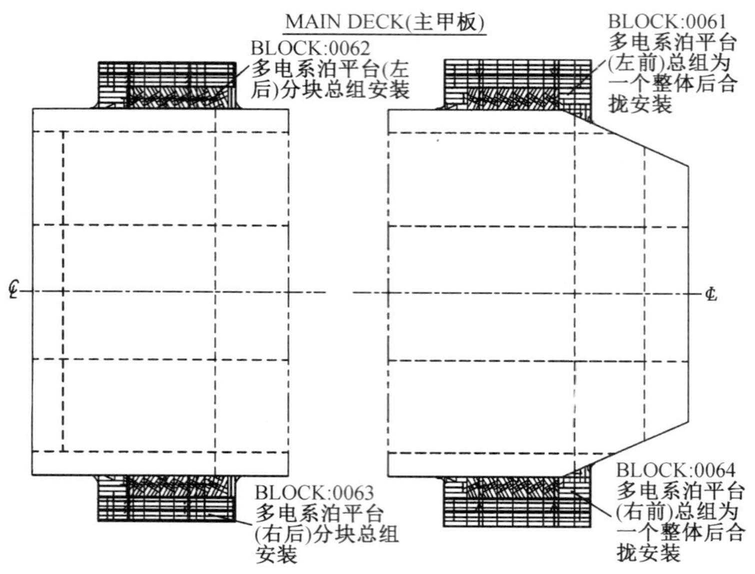

图 1　锚泊平台位置分布

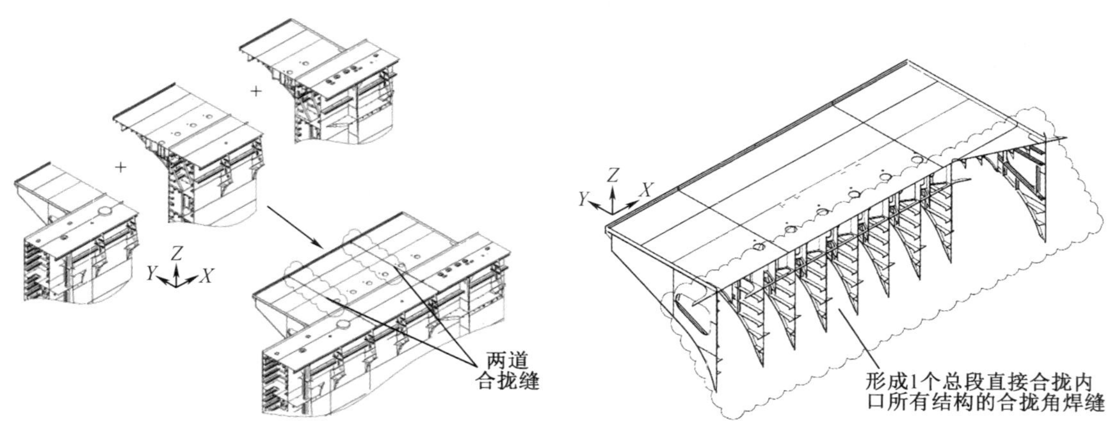

图 2　艉部锚泊平台吊装方案

图 3　艏部锚泊平台吊装方案

2　脚手架施工方案研究

锚泊平台施工区域在距离坞底地面 27~35 m 范围内，若使用高架车配合施工，不仅效率低下，而且高架车无法完全覆盖所有施工区域。锚泊平台探出主船体舷侧外板的宽度约 9.1 m，框架间距 2.56 m，并且锚链孔内部结构密集，形成的狭小空间处高架车无法进入施工。

经过不断探讨与验证，在充分考虑施工可行性、便利性、经济性以及安全性等方面，我们设计出了一种新型的施工平台搭设方案。方案总体构想如下：

由于框架结构相对密集，狭小的空间使得脚手架的搭设受到了阻碍，另一方面，每组锚泊平台下方 5 组导链轮需在合拢阶段安装，为了兼顾导链轮的安装，舷侧外板区域脚手架应与导链轮的施工干涉，因此脚手架首次搭设时其顶端平台的合理高度约在导链轮下方 1.3 m 处，否则将会影响导链轮的合拢吊装。待导链轮吊装定位后再将脚手架向上增加 2 步，以便配合导链轮的焊接、涂装施工。

2.1　底部满起落地式脚手架

充分利用锚泊平台下方施工外板外加电流阴极保护系统（ICCP）区域而搭设的 15 m 高落地式脚手架，同时为了预留空间不影响导链轮的合拢安装，拟将此处脚手架高度由 ICCP 区域继续向上搭设至导链轮下方约 1.3 m 位置，因此，此处脚手架首次搭设时高度约 22 m。特别注意的是，出于安全方面的考虑，在搭设前应在船体外板设置连墙件眼板，增加脚手架连墙杆以保证脚手架整体的强度和稳定性。

2.2 上部局部搭设支架式脚手架

在落地式脚手架最上层平台与锚泊平台之间设置支架眼板,搭设支架式脚手架,人员通过脚手架最上层平台进入支架式脚手架平台,用于合拢缝的焊接和涂装施工。

2.3 锚链孔狭小空间施工方案

锚泊平台本身的合拢缝两侧的框架上设置支架眼板,由于框架间距为 2.56 m,采用框架两侧错位设置 1.5 m 支架,形成满铺大炕形式,用于锚链孔狭小空间处合拢缝的焊接和涂装施工。

3 施工平台设计方案

3.1 落地式脚手架

落地式脚手架为扣件式钢管脚手架,一般由钢管、扣件、脚手板、安全护栏、安全网、踢脚板、爬梯等组成。脚手架钢管尺寸为 48 mm×3.5 mm,扣件分为直角扣件、旋转扣件、对接扣件、猪耳扣件和悬梁扣件,脚手板为 350 mm×50 mm 冲压镀锌钢制脚手板。根据现场布置,脚手架首次搭设最大高度约为 22 m,脚手架搭设过程中相关参数做如下规定:

3.1.1 立杆设计参数

立杆主要承担人员及设备等的重力,属于主受力杆,立杆设计间距为 2.1 m。立杆的垂直偏差应不大于架高的 1/400~1/600,全高的最大偏差不应大于 100 mm。立杆接长应采用对接扣件连接,立杆接头不应设置在同步或同跨内,且对接接头至最近主节点应小于步距的 1/3。

3.1.2 横杆设计参数

横杆应设置在立杆内侧,上下横杆之间的垂直距离(即步距)应为 1.8~2 m。

3.1.3 脚手架连墙件设置

根据现场实际情况,在脚手架搭设过程中,由于船坞底部需留出安全通道,脚手架搭设空间狭窄,为了保证脚手架搭设的整体稳定性,需要设置连墙件。连墙件包含连墙杆和固定眼板,固定眼板焊接在船体外板上,起到连接船体外板与连墙杆的作用。连墙杆是指与作业结构相互连接的水平杆,使用螺栓螺母将连墙杆与固定眼板紧固在一起。连墙杆能承受拉和压的作用力,主要用于高度较高的脚手架,可以承担外排立杆不均匀下沉所产生的载荷和防止脚手架向外倾斜。如图 4 和图 5 所示。

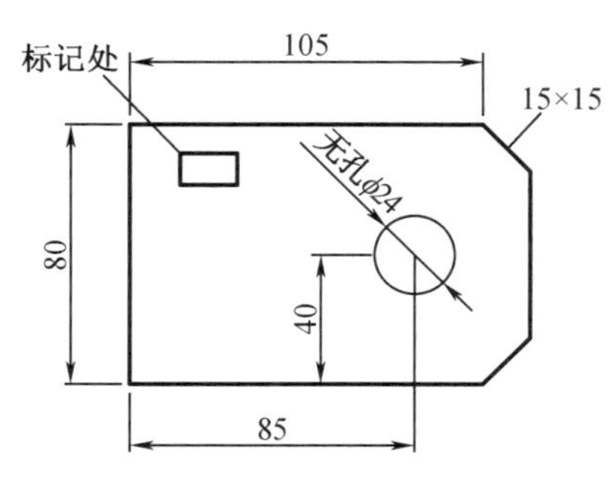

图 4 连墙眼板

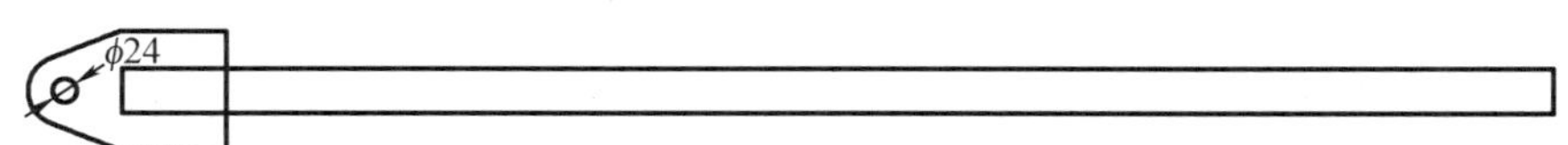

图 5 连墙杆

固定眼板材质为碳钢 Q235B,板厚为 12 mm。眼板的 ϕ24 mm 开孔采用钻孔,并打磨光顺。连墙杆由两部分组成,板厚 12 mm 钢板和 ϕ48 mm 的直缝钢管,材质均为 Q235B,钢板与钢管之间采用外侧连续角焊缝方式连接,并将端口包角焊。连墙杆端部的 12 mm 厚钢板钻孔 ϕ24 mm,以便与眼板采用螺栓连接。

参照《建筑施工扣件式钢管脚手架安全技术规范》(JGJ 130-2011)和《船用脚手架安全要求》(CB 4204-2012)中的相关要求,从脚手架第二层至最上层布置连墙件,连墙件的安装应随脚手架搭设同步进行,不得滞后安装。连墙眼板布置形式采用"菱形"方式,即每相邻两层交错布置。原则上连墙眼板宜靠近主节点设置,偏离主节点的距离不应大于 300 mm。

连墙件拉接杆与脚手架立杆、横杆应采用十字扣件连接,严禁使用猪耳扣件连接。每个拉接杆与立杆、横杆连接时,应保证有两处连接点。如图 6、图 7 所示。

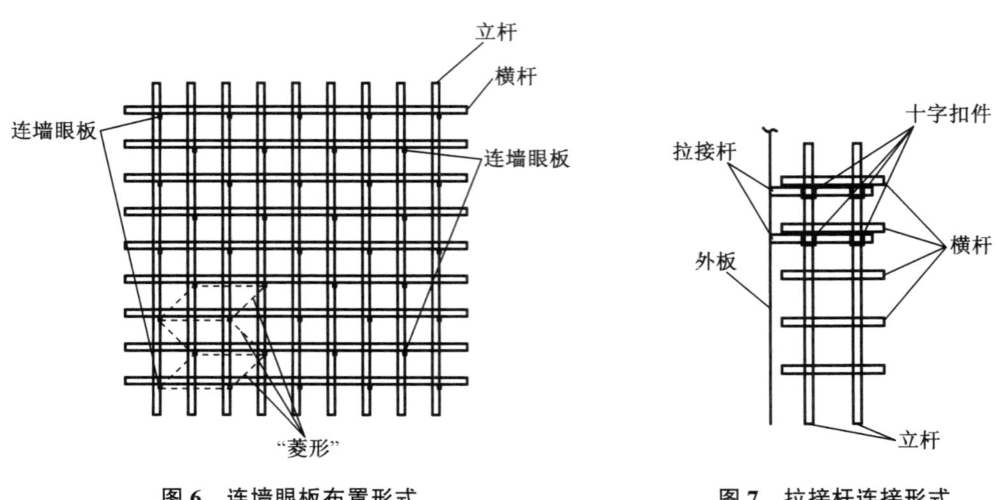

图 6　连墙眼板布置形式

图 7　拉接杆连接形式

3.2　支架式脚手架

在船体分段板材上焊接支架固定眼板,使用螺栓将支架和固定眼板连接。在眼板与支架所形成的支撑平面上铺设脚手板。脚手板与支架之间通过钢丝绑扎固定,在支架的两端和外侧搭设防护栏杆,形成完整的脚手架。如图 8、图 9 所示。

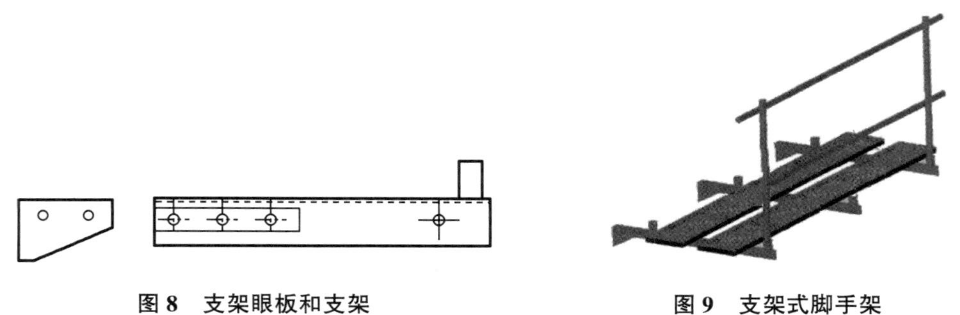

图 8　支架眼板和支架

图 9　支架式脚手架

3.2.1　眼板参数

眼板采用 Q235B 材质、板厚为 12 mm 的钢板制作,眼板结构形式为 200 mm×150 mm 五边形,具体尺寸如图 10 所示,所有边棱角倒圆角 $R2$。此眼板安全工作负荷为单臂支架承重 SWL 0.22 t,眼板需涂一度底漆,并将安全工作负荷标记"SWL 0.22 t"用钢印打印在标记处。

3.2.2　支架参数

支架有两种标准规格,分别为 1.2 m 长和 1.5 m 长。支架材质均为 Q235B,主体结构为 75 mm×75 mm×10 mm 角钢和 300 mm×50 mm×8 mm 加强板,端部为圆管,用于插入安装安全立柱。如图 10 所示。

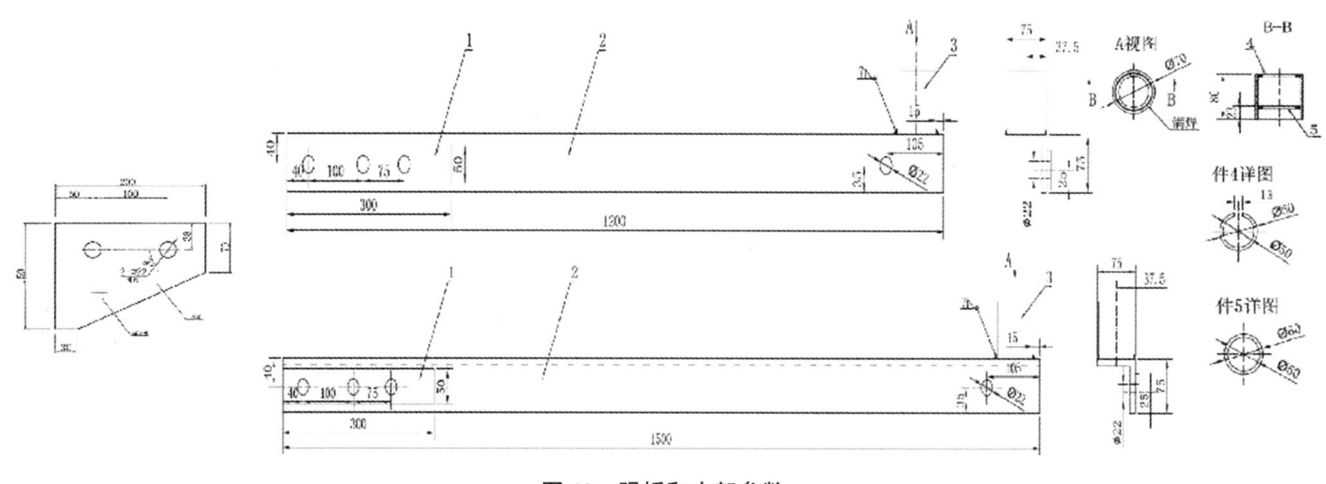

图 10　眼板和支架参数

3.2.3　支架载荷计算

1.2 m 均载荷 F_1 最大为 300 kg，均载荷 F_2 最大为 220 kg，点载荷 F_3 最大为 180 kg。1.5 m 均载荷 F_1 最大为 300 kg，均载荷 F_2 最大为 190 kg，点载荷 F_3 最大为 160 kg。

见图 11.

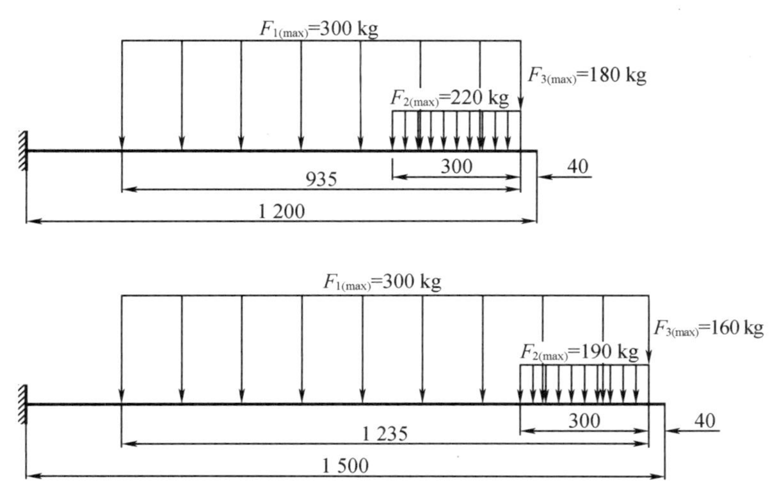

图 11　载荷图

4　方案实施

架子工应当具备国家标准《特种作业人员安全技术考核管理规则》(GB 5036—1985)要求的条件，安全操作证、上岗证齐全，并按要求定期培训、体检合格方可上岗。脚手架搭设前，架子工应熟悉图纸，熟悉现场具体施工情况，了解技术交底意图和施工操作方法，架体材料运至现场，分类堆放，做到文明施工。根据本项目施工特点和设计方案，脚手架搭设总体上采取底部满搭落地式脚手架、上部局部搭设支架式脚手架的施工方案。

4.1　落地式钢管脚手架

脚手架在搭设时要严格按照规范中的构造要求进行，其搭设程序及要求如下。

4.1.1　搭设程序

船体外板焊接连墙眼板→检查地基→摆放扫地杆→由里向外逐根竖立杆并与扫地杆扣紧→设置第一步横杆(先装小横杆再装大横杆)→设置连墙杆或抛撑→向上设置第二、三……步横杆→设置连墙杆、斜撑、剪刀撑等→铺设脚手板→架设梯道→挂设安全网。

4.1.2　搭设要求

脚手架配合施工进度自下而上逐层搭设。每搭完一步脚手架后,应按规定校正步距、纵距、横距及立杆垂直度,并检查其牢固性。连墙杆、剪刀撑、斜撑等的搭设应随立杆、横杆同步搭设。另外,脚手架搭设的过程中,在其上下不用从事其他交叉作业行为,脚手架搭设作业范围内应拉设警戒线,防止他人误入。搭设时应保管好扣件、工具及材料,防止坠物伤人。

4.2　支架式脚手架

支架式脚手架搭设前应当事先按照支架眼板布置图将眼板焊接在船体外板相应位置处,眼板的层高与落地式脚手架步距一致,为 1.8~2 m,同时还应当确保 1 块冲压板至少有 3 个眼板支点支撑。由于艉部和艏部锚泊平台总组施工方式不同,支架眼板布置也随着施工部位的不同而有所不同。艉部锚泊平台施工部位仅集中在两道合拢缝处,而艏部施工部位较多,每道框架处均有船体焊接和涂装作业需求,艉部局部搭设支架式脚手架,艏部需要满搭。框架之间距离为 2.56 m,采用 2 m 冲压板,其他部位普遍采用 3 m 冲压板。

4.2.1　支架式脚手架搭设步骤

焊接支架眼板→连接支架与支架眼板→铺设脚手板→架设梯道→挂设安全网。

4.2.2　支架眼板焊接要求

眼板施焊时均为包角焊,焊脚尺寸为 7 mm。眼板装焊到位后应由质检部门负责检查验收,搭设施工平台时,搭设单位应当对眼板焊接质量进行二次确认,确认合格后方可搭设。每根支架与眼板采用 2 组 M20 六角锁紧螺母和六角头螺栓固定,支架与冲压板之间使用铁丝绑扎牢靠,搭设单位在整体搭设完成后,在进行安全检查和确认无误后,需挂安全确认牌,现场施工作业者方可进入吊板平台区域。如图 12、图 13 所示。

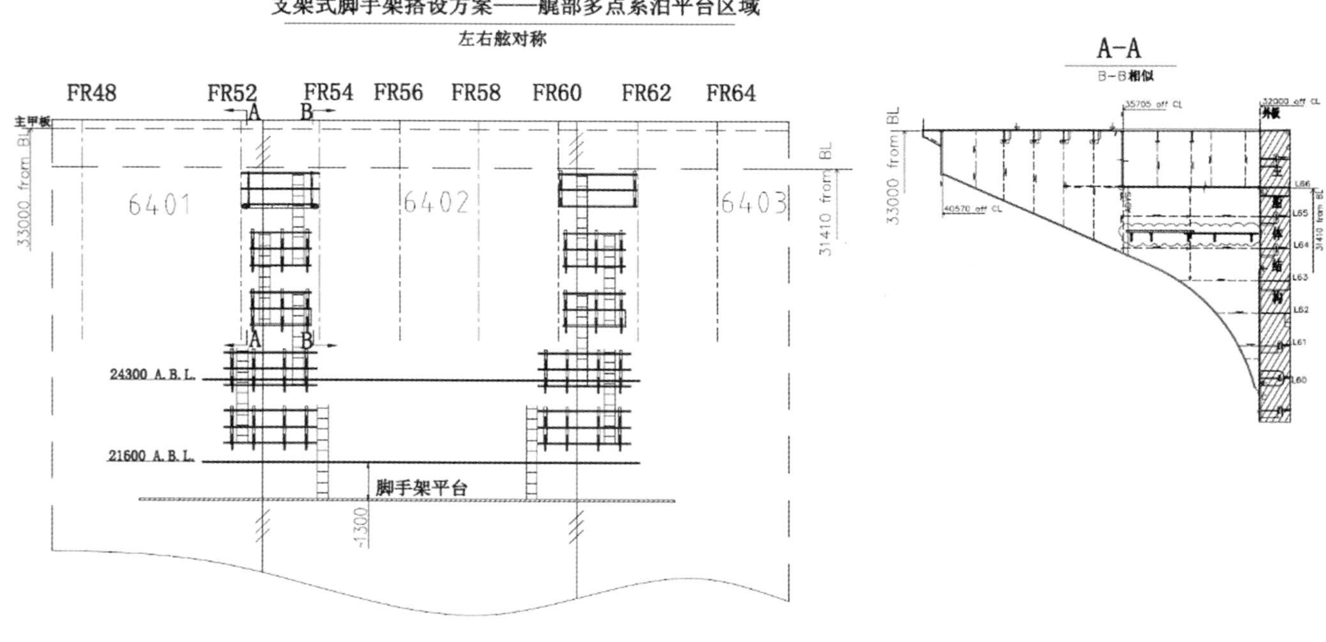

图 12　艉部支架式脚手架搭设方案图

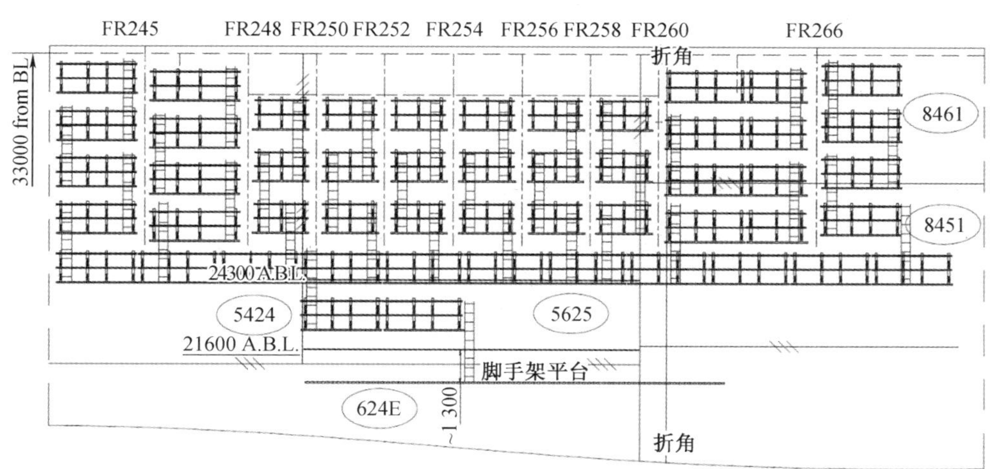

图 13　艏部支架式脚手架搭设方案图

5　拆除脚手架

5.1　脚手架拆除工艺要求

应该先清除脚手板上的各种杂物，拆掉安全网，最后再拆除脚手架。脚手架的连墙杆应与同层脚手杆一起拆除，不准先拆除全部连体杆后再拆除脚手架。拆除脚手架时，应设专人现场监护、统一指挥、设警戒标志阻止他人闯入，确保安全。脚手架应该自上而下的逐层拆除，严禁用推倒的方法拆除。高处拆除的脚手架材料须逐层传递或用棕绳溜放，用棕绳溜放时要选好棕绳的强度和长度。脚手杆拆除，须两人配合同时作业，一人扶杆，一人拆卸扣件，然后一起向下传递。严禁将拆下的脚手杆、板等物集中堆放在待拆除的脚手板上以防超负荷酿成事故。

5.2　眼板切除工艺要求

不论是落地式脚手架连墙眼板，还是支架式脚手架支架眼板，均属于临时构件，在脚手架拆除后应当将这些临时构件予以切除，切除时应当遵循以下工艺要求：

(1)待脚手架材料全部拆除后方可切除眼板；

(2)切除眼板时应保留 3~5 mm 根，切除后将根部打磨至与母材平齐；

(3)切割打磨之后做 100%磁粉探伤。

如图 14 所示。

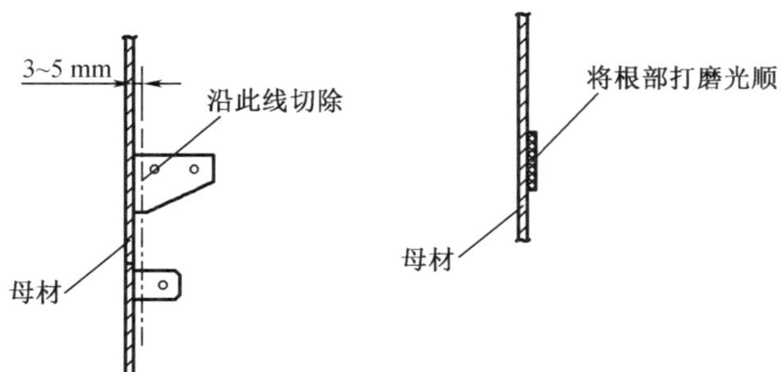

图 14　眼板切除工艺要求

6　取得成果

通过梳理分析某海工产品艏、艉共 4 组锚泊平台的结构特点和总组合拢施工形式，对该项目锚泊平台区域脚手架施工平台的设计及施工工艺进行研究,探索出一套新型的施工平台搭设方案,即落地式钢管脚手架和支架式脚手架的组合搭设方式,同时还对脚手架的拆除等方面的工艺要求进行了阐述。此方案在某海工产品全船共 4 组锚泊平台施工中得到了有效验证,实施结果也证明此种施工平台搭设方式安全可靠,切实解决了船舶结构密集处的施工脚手架平台搭设难题,大大提高了船舶总装效率,缩短坞内建造周期。为其他船舶产品类似的施工平台搭设难题提供了一种解决思路和行之有效的实施方案,具有参考价值。

随着新船型的不断开发,脚手架的研发也在不断的完善,新科技、新技术的应用也将日趋广泛,针对特殊部位脚手架方案新设计、新工艺、新规范的研究将是今后面临的一个重要课题,对特殊结构、特殊形体的船舶施工区域脚手架设计方案及施工工艺进一步优化,确保其安全可靠变得日趋重要,也是一项需要长期持续研究的目标。

参考文献

[1] 中华人民共和国工业和信息化部. 船用脚手架安全要求:CB 4204—2012[S]. 北京:中国船舶工业综合技术经济研究院,2013.

[2] 中华人民共和国住房和城乡建设部. 建筑施工扣件式钢管脚手架安全技术规范:JGJ 130—2011[S]. 北京:中国建筑工业出版社,2011.

船舶售后服务项目进度管理研究

黄　微　李照辉　庄雨横　李景泉　李　双

（大连船舶重工集团有限公司）

摘　要：以船舶售后服务项目进度管理为研究对象，分析船舶售后服务进度管理的特点和存在的问题，利用头脑风暴法与鱼骨图分析法相结合的方法分析项目进度的影响因素，并依据此影响因素，提出解决方案，建立基于PDCA循环的管理模型，优化船舶售后服务项目管理，并为同类型项目的管理提供参考。

关键词：船舶售后服务项目；进度管理；PDCA

0　引言

当前，国际经济格局深度调整，船舶行业发展受到经济新常态的外部环境影响。在技术与产能趋同的情况下，船舶企业仅仅从价格、交期和产品质量方面需求价值增值已不具备很强的竞争力。为了提高市场占有率，增强企业竞争力，船舶企业需要寻找新的价值增值点，即服务价值增值。售后服务作为服务价值增值的有效载体，也是产品销售中重要的一环，对产品厂家的服务保障能力和态度是一个综合的考验，好的售后服务能对新产品的销售产生促进作用[1]。船舶是建造和使用周期长，产品批量小，技术、资金和劳动力密集，以订单定产并按订单设计的特殊产品，其特殊性也就决定了售后服务阶段业务的复杂性[2]。精准管理船舶售后服务项目、准确判断其对未来拟承接的船舶建造项目的影响，构建好船舶售后服务项目进度管理体系，能够促进船舶售后服务项目管理水平的提升，提高客户（船东）的满意度，充分发挥出售后服务的纽带作用。

1　船舶售后服务项目简述

高松、许向前[3]阐述了现代造船模式下保修期内售后服务工作的内容和特点；张海龙[1]对船舶制造企业销售型售后服务体系进行了设计；Gerardo Pagalday 等[4]提出了资本品生产企业的售后服务拥有基于已卖产品再次收入与提高客户忠诚度的机会。

由此可知，船舶售后服务项目应为船舶交付使用后，在后续全寿命运营过程中，在船舶制造企业与客户有效的沟通基础上，船舶制造企业对船舶提供质量跟踪、质量问题追溯（内部）、免费保修、有偿维修、升级改造和技术支持方面的业务，进而提高客户的忠诚度和获取增值利益。

基于上述分析，建立船舶售后服务项目WBS，如图1所示。区别于多数一般类项目，船舶售后服务项目工作分解结构最为关键的工作包层级由客户（船东）发起，以保修单、工程单等形式作为诉求信息的载体提交船舶制造企业，由船舶制造企业规划、组织并执行，最终由客户（船东）验收结束。

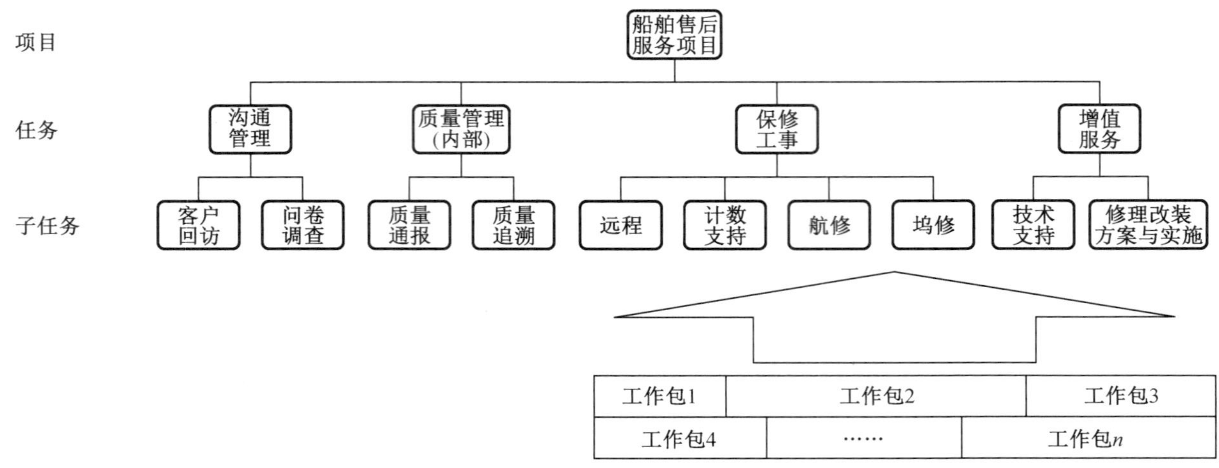

图 1　船舶售后服务项目 WBS

2　船舶售后服务项目进度管理特点与问题

船舶制造企业交付给客户(船东)的营运船舶是客户(船东)获得利益的实体,客户(船东)对于船舶运营的及时性最为关注[5]。在船舶制造企业为客户(船东)提供售后保修服务或增值服务期间,客户(船东)迫切要求在满足行业标准的前提下,按计划完成各项任务。

船舶售后服务项目涉及干系人较多,各工作包的交付物时间要求紧,交付地点大多为世界各地的港口。营运船舶在靠港作业时,时间一般为 3~5 天,有的甚至更短,一些售后服务工作还要受制于港口当局的要求,所以经常会出现交付物不能 100%交付的情况,同时也会导致客户满意度低。

船舶售后服务项目中的工作包是由客户(船东)发起,船舶制造企业执行,各方监督检验,船舶制造企业收尾。执行过程中出现工作范围变更,解决方案变换,多方参与者冲突的情况时,会直接影响处理工作的进度。

船舶售后服务项目的各个工作包发起时间是随着营运船舶运营情况而定。有时逐个发给船舶制造企业,有时集中发给船舶制造企业。按照船舶制造企业保修期限和船舶运营寿命,船舶制造企业收到各个任务工作包后将会按照要求完成任务。因任务工作包是沿着时间轴线性分布,相对时间较长的工作易被忽略进而对客户的满意度产生不利影响。

3　影响船舶售后服务项目进度的因素分析

3.1　影响因素分析与汇总

头脑风暴法与鱼骨图分析法相结合作为分析影响项目进度因素的方法得到了广泛应用。刘孟晗[6]利用此方法从组织、程序、人力、方法等四方面对国际石油工程 P 项目的进度控制进行了深入分析;阚兴闻[7]利用此方法从环境、团队、沟通管理、计划与控制等方面对奥托项目自动焊枪交流模块进度管理进行了分析和阐述。

组织船舶售后服务项目相关专家利用头脑风暴法与鱼骨图分析法相结合的方法,分析、总结了影响船舶售后服务项目进度的因素。根据 PMBOK 十大知识领域并结合管理学中相关控制理论对所分析的影响因素进行归类,如表 1 所示。

表 1　影响船舶售后服务项目进度因素归纳表

序号	分析得出的影响因素	理论分析归类	控制归类
1	港口当局行政干预	相关方管理	现场控制
2	解决方案不适用	质量管理、整合管理	反馈控制
3	参与方之间的冲突	冲突管理	现场控制

表 1(续)

序号	分析得出的影响因素	理论分析归类	控制归类
4	工作范围变更	范围管理	现场控制
5	客户(船东)需求变化	沟通管理、范围管理	前馈控制
6	信息反馈不及时	沟通管理	前馈控制
7	缺乏控制机制	整合管理	前馈控制
8	现场人员能力不足	人力资源管理	反馈控制
9	项目工作人员责任心不够	人力资源管理	反馈控制
10	采购时间过长	采购管理	前馈控制
11	供货商服务能力不足	相关方管理、采购管理	前馈控制
12	计划安排不合理	时间管理	前馈控制

3.2 关键因素分析与汇总

利用头脑风暴法与鱼骨图分析法相结合进行分析，能够快速并准确的识别出影响因素，充分发挥出项目团队的服务能力，提高客户满意度，但是此方法没有充分考虑到解决或者优化这些问题的难易程度及其损耗成本和解决成本。对于影响项目的任何问题均有其自身的特点，并且这些问题对于不同的项目管理团队和不同的企业及对项目本身的影响程度也是有差异的[8]。因此，将解决问题的难易程度及所需成本两个因素考虑到影响因素中，并对其分析得出关键因素。将有限的人力和财力投入到效益最大的地方，进而在时间和成本允许的条件下，完成重要影响因素的改进和优化，从而为船舶售后服务进度管理奠定坚实的基础。

为了进一步分析出关键因素，采用问卷调查的方法进行调查，调查人员构成如表 2 所示。

表 2　被调查者职位情况

序号	调查人员来源	人数	比例
1	DL 船舶制造企业售后项目团队人员	30	30%
2	DL 船舶制造企业职能部门	20	20%
3	DL 船舶制造企业客户(船东)	20	20%
4	DL 船舶制造企业的供应商	15	15%
5	DL 船舶制造企业委托合作方	15	15%

问卷调查共发出问卷 100 份，回收 96 份，其中有 4 份不合格问卷不做统计，最终合计有效问卷共 92 份，调查问卷的有效率达到 92%。对收集后的有效调查问卷采用次数和频率分析法进行进一步分析，如表 3 所示。

表 3　影响船舶售后服务项目进度因素调查问卷结果

序号	调查问题	次数	频率
Q1	计划安排不合理	78	16.77%
Q2	工作范围变更	68	14.62%
Q3	缺乏控制机制	62	13.33%
Q4	参与方之间的冲突	57	12.26%
Q5	解决方案不适用	53	11.40%
Q6	信息反馈不及时	51	10.97%

表 3(续)

序号	调查问题	次数	频率
Q7	客户(船东)需求变化	31	6.67%
Q8	项目工作人员责任心不够	26	5.59%
Q9	现场人员能力不足	16	3.44%
Q10	供货商服务能力不足	10	2.15%
Q11	采购时间过长	7	1.51%
Q12	港口当局行政干预	6	1.29%

分析表 3 中的数据,一些因素是被调查者选择频率相对较高的,个别的因素是被调查者选择频率十分低的,根据此情况,选择柏拉图作为进一步分析上述影响因素的工具,对船舶售后服务项目进度因素进行柏拉图分析,如图 2 所示。

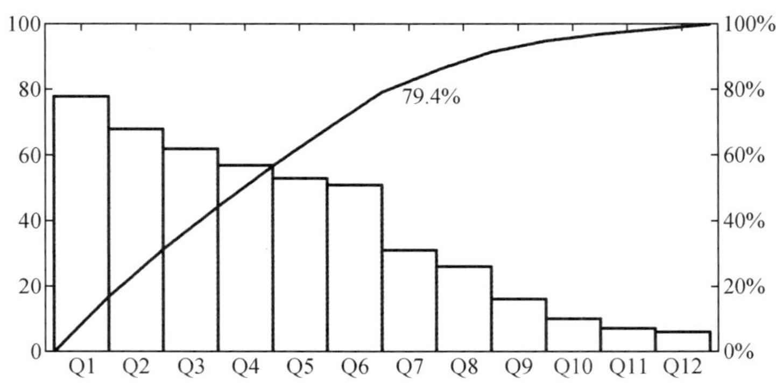

图 2 船舶售后服务项目进度因素柏拉图分析

如图 2 所示,影响因素中排在前 6 项的因素已经占据近 80%,将这些因素作为关键因素结合表 1 的理论归纳与控制类型汇总后如表 4 所示。

表 4 影响船舶售后服务项目进度关键因素归纳表

序号	关键因素	理论分析归类	控制归类
Q1	计划安排不合理	时间管理	前馈控制
Q2	工作范围变更	范围管理	现场控制
Q3	缺乏控制机制	整合管理	前馈控制
Q4	参与方之间的冲突	冲突管理	现场控制
Q5	解决方案不适用	质量管理、整合管理	反馈控制
Q6	信息反馈不及时	沟通管理	前馈控制

4 改进方案

4.1 建立共同愿景

为了进一步解决各参与方之间的冲突、加强各参与方的合作共赢意识,建议每一个船舶售后服务项目均根据项目自身的特点和交付物的实际意义,提出敏捷项目管理中项目愿景的一个主题。在此前提下,项目经理提出具有实际意义的愿景口号,并积极利用愿景口号,凝聚项目团队成员自身的力量,促进各合作方、客户(船东)等干系人纳入团队合作中,成为项目进度推进的原动力。

4.2 交付物单元化分解

为了保证交付给客户(船东)的交付物更加清晰,及时反馈现场信息,减少工作范围变更的影响,有效控制施工进度,以及考虑到各个船东诉求之间关系的不紧密性,可以将每个船舶售后服务项目中各阶段交付物进行单元化分解,以便达到优化管理的目的。

以船舶售后保修项目的次级任务,即保修工事中的子任务"航修"为例。将客户(船东)提出的各类需求以各个单元化的工作包进行分解,同时将各个工作包分解成各个小单元。

以某船舶制造企业建造的8.5万吨散货船为例,客户(船东)提出在船舶停靠在青岛港口时解决通海阀门泄露、配电盘绝缘低、机舱监测系统部分功能失效等问题。这些问题是相对独立的,彼此之间除了施工空间的占用没有其他影响。可以将这些问题以单独的工作包形式进行解决,由专人负责专门的工作包,并点对点服务船东等各类人员,合理考虑资源的调配,完成一个交付一个。

4.3 基于PDCA循环的管理模型

考虑到船舶售后服务项目现实的情况,应用PDCA循环管理框架,结合传统项目管理与敏捷项目管理的工具和方法,建立船舶售后服务项目进度管理模型,如图3所示。

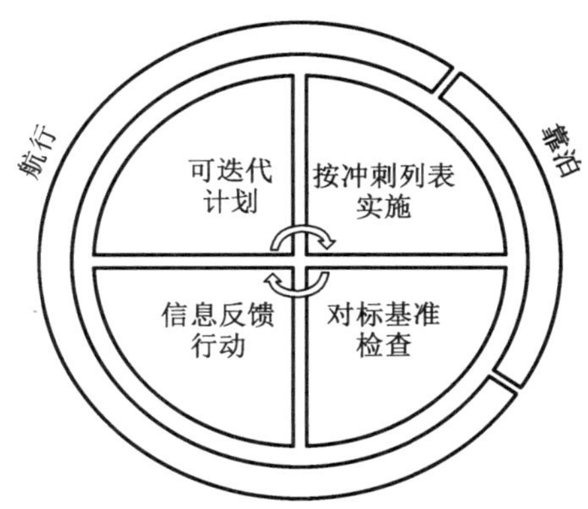

图3 船舶售后服务项目进度管理模型

船舶售后服务项目进度管理模型包括外部船舶状态的循环和船舶制造企业内部的循环管理。内外循环是动态平衡的,并不是一成不变的对应关系。

船舶制造企业内部的循环管理主要包括:可迭代的计划、现场施工、对标检查和信息反馈。

(1) 可迭代的计划

根据船舶售后服务项目的特点,不可变且单一的计划显然不适用于实际项目中。

建议将客户(船东)提出的待解决问题转化成敏捷项目管理的用户故事放到一个产品待办列表中,引用4.2章节的例子,创建列表,如表5所示。

表5 船舶售后服务项目待办列表

序号	作为一个	希望	以便	状态	优先值	执行人
1	轮机长	通海阀门无泄漏	海水冷却系统运行良好	P	4	张**
2	电机员	配电盘绝缘值恢复正常	配电盘运行良好	P	3	王**
3	大管轮	机舱监测系统工作正常	实时监控各个监测点	P	4.5	姜*

作为敏捷项目中管理计划和范围的重要工具,产品待办列表能够完整的列出已知范围的工作内容。同时也能够实时调整工作内容,更新待办列表项目,达到迭代的目的。从而进一步创建冲刺列表用以安排任务和管理新的计划。利用好一份可迭代的产品待办列表,能够清楚项目中未完成的范围,进而把控整个项目。

(2) 现场施工

根据船舶售后服务项目的特点可知,在现场施工阶段,紧凑的时间框架是常态。为了圆满的完成现场施工阶段的总体任务,每一个任务都应以最高的效率来完成。以表5中第一个任务为例,制作冲刺计划,如表6所示。其中包含了对任务更为详细的分解,更加明确的指定了各个任务在各个环节的执行人和负责人。可以清晰地看出各子任务的优先级和进展情况,并且将工作时间的单位精确到小时。

表6 船舶售后服务项目任务冲刺表

任务	执行人	负责人	优先级	状态	第一天	第二天	第三天	第四天	第五天
更换出海阀,使冷却系统运行良好。									
运送新阀上船(含通关)	姜某 陈某	姜某	3	完成	6 6	7 7			
旧阀拆除	姜某 王某	姜某	1	进展		6 6			
新阀安装及压力试验	姜某 王某	姜某	3	进展			8 8	3 3	1 1

在现场施工阶段,利用好冲刺列表,按计划施工,既有了施工保证,又能够起到监督作用。同时,将列表共享给客户(船东),用以在现场共同监督。在共同愿景的前提下,双方的共同努力将会收获更高的效益。

(3) 对标检查

在此阶段,客户(船东)或第三方对船舶制造企业提交的船舶售后服务项目的交付物进行对标检查,确认是否符合计划的预期结果。如达到了预期,萃取经验作为组织过程资产保留下来。如未达到预期,各方共同分析原因,总结经验教训,形成总结报告。

(4) 信息反馈

将本次单循环的对标检查结果进行项目后反馈,将有效的方法制定成标准,作为以后行动的准则。针对发现的问题,提出解决方案并提交给下一个循环周期。

5 结语

通过对船舶售后服务项目的研究,分析和识别影响项目进度的因素,进一步找出关键影响因素。针对关键影响因素,采用理论结合实例的方法提出了改善和优化船舶售后服务项目进度管理的策略,有助于船舶制造企业有效提升船舶售后服务项目的整体管理水平,进而提高船舶制造企业的竞争力。

参考文献

[1] 张海龙. BQ船务公司销售型售后服务体系构建研究[D]. 青岛:中国石油大学,2017.

[2] 焦文学,高琦,刘刚. 以PLM为基的船舶行业售后服务数据模型的研究[J],现代制造工程,2011(02):28-33.

[3] 高松、许向前. 浅谈现代造船模式下的售后服务[J],科技风,2013(16):263-264.

[4] GERARDO P, PATXI Z, JONE U, et al. Efficient Development and Management of After Sale Services [J], Procedia Manufacturing, 2018(19):18-25.

[5] 李照辉,韩伟,庄雨横. 船舶修理项目任务优先级研究[J],船舶职业教育,2020(8):60-63.

[6] 刘孟晗. 国际石油工程P项目的进度控制案例研究[D]. 大连:大连理工大学,2018.

[7] 阚兴闻. 奥托项目自动焊枪交流模块进度管理案例研究[D]. 大连:大连理工大学,2018.

[8] 李照辉. 船舶维修项目敏捷管理案例研究[D]. 大连:大连理工大学,2018.

法兰密封面水线对船舶制造领域的影响研究

周志强[1,2] 尤加法[1] 王 飞[1] 林宇琦[1] 郭晓峰[1]

(1. 大连船舶重工集团有限公司;
2. 上海交通大学 船舶海洋与建筑工程学院)

摘 要:法兰连接作为船舶制造领域中常见的静密封形式,其密封性能对于船舶的安全运行至关重要。本文主要针对法兰密封面水线起源及发展脉络进行研究,参考国内外行业标准和国家标准,分析了法兰密封面水线对选取密封垫片的要求及实际案例,讨论了法兰密封面水线对密封性能的影响,以及未来法兰密封面水线的发展趋势。通过研究,为船舶制造领域中法兰密封面水线的设计和应用提供参考。

关键词:船舶与海洋工程;法兰密封面;沟槽水线;密纹水线

0 引言

在船舶制造领域中管路及附件设计及应用上,法兰连接是最常见的一种连接形式,其中法兰密封面是否有水线、密封面水线是否满足要求,均对管路系统安全有重要影响,在实际建造过程中也出现过因为密封水线不满足要求而导致管路系统密性试验无法满足要求的情况。为了能够在未来设计和应用阶段避免因为法兰密封面水线情况出现安全问题,故对水线的起源、水线的功能、现行水线标准、密封面水线选取垫片要求以及实际案例等方面进行研究。其中周斌对法兰密封面水线粗糙度问题进行研究,文章中提出只要用车床加工密封面,自然会形成密封水线,而不是特意加工水线。

1 名词解释

法兰:或称法兰盘(英语:flange),意指连接管道、容器或固定轴类机械部件所用的对称盘状结构。本文中法兰特指连接管道、容器或者管路附件的法兰。

法兰密封面:是指法兰上用于接受垫片并与之配合形成密封的表面区域。在法兰连接中,垫片材料被放置在两个法兰密封面之间,通过螺栓和螺母挤压作用,使垫片产生变形以填充密封面上的不平整处,从而实现密封效果。

水线:狭义上是指在法兰密封面上加工出的特定形状的同心圆沟槽,通常为三角形的同心圆沟槽;广义上是指法兰密封面上的特定加工纹理,用于增加密封面的粗糙度,从而提高密封效果。

2 法兰密封面水线

2.1 起源及发展脉络

法兰密封面水线中“水线”是工程人员实践过程中总结用语,在《船用法兰 连接尺寸和密封面》(GB 569—

1965)标准中有法兰密封面的形式和尺寸要求(图 1),但是并没有提出“水线”字样,但是工程人员会将此形式口头称为“水线”。目前 GB 569—1965 标准已经被废止,由国家标准调整为行业标准,被《船用法兰 连接尺寸和密封面》(CB/T 4196—2011)替代,但是密封性的形式未发生变化,仅对密封面尺寸做了部分调整。后续“水线”字眼逐渐进入国家标准中,例如《船用法兰 连接尺寸和密封面》(GB/T 2501—1989)中将水线分为沟槽水线和密纹水线,但是未对密纹水线做出明确的定义。后续在《钢制管法兰 技术条件》(GB/T 9124—2000)中对密纹水线做了详细规定。2000 年后又对国家标准和行业标准进行修订,现行标准《钢制管法兰 第 1 部分:PN 系列》(GB/T 9124.1—2019)中取消“水线”字眼,只有船舶行业现行标准中还有“水线”字眼,但是未对密纹水线进行明确规定。

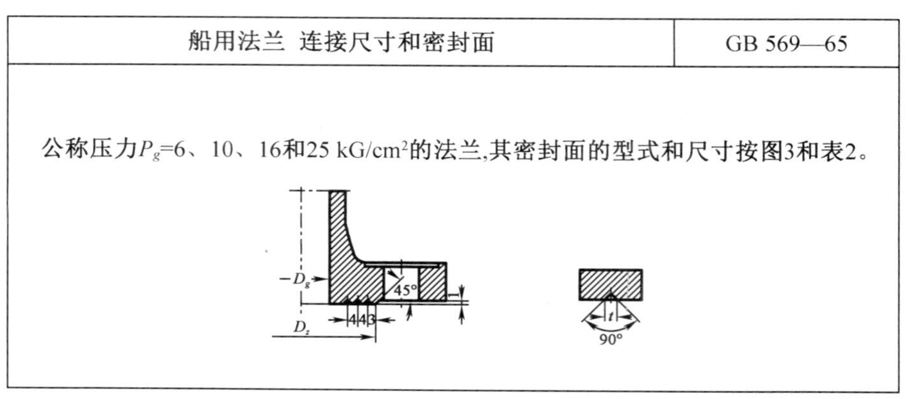

图 1　GB 569-65 中法兰密封面的形式图

最早在标准中出现“水线”字眼,是在《钢制管法兰技术条件》(HGJ 66—1991)中 9.4 项中规定:法兰密封面车制水线(仅适用于突面密封面并使用非金属软垫片者)。在标准《钢制管法兰型式、参数(欧洲体系)》(HG 20592—1997)中指出:在突面法兰中采用聚四氟乙烯包覆垫和柔性石墨符合垫时,可车制密纹水线;但是没有对密纹水线有明确规定。在后续标准《钢制管法兰(PN 系列)》(HG 20592—2009)中已经没有“水线”字眼,转而说明密封面是采用加工刀具加工时自然形成的一种锯齿形同心圆或螺旋齿槽,并对加工刀具圆角、深度、节距做了要求。

针对密纹水线的具体要求,在 GB/T 9124—2000 中第 6 项法兰连接密封面中 6.1 项提出:法兰密封面的加工表面粗糙度应符合表 5 的规定。根据供需双方协商,用户也可按表 6 的规定选用密封面表面粗糙度,但应在订货合同中注明。在表 5 中针对不同的密封面形式明确密纹水线尺寸,包括深度、水线节距、加工刀具圆角要求,根据表 5 的定义,即能够得出密纹水线的定义是用刀具(圆角为 1.6)加工出深度为 0.05 mm、节距为 0.8 mm 的密纹水线。在后续《船用管法兰 技术条件》(GB/T 9124—2010)标准中没有出现“水线”字眼,如同 HG 标准一样,指出:密封面一般加工成锯齿形的同心圆或螺旋齿槽,并对刀具圆角、深度、节距做了规定。

2.2　功能

法兰密封面水线的作用是在法兰连接时形成迷宫密封,减少气体或液体的泄漏量。水线的加入可以将一个密封面分成多个密封面,类似迷宫的结构,从而减少介质泄漏的可能性。在法兰连接中,螺栓产生的压紧力通过法兰密封面传递给垫片,使垫片产生足够的弹塑性变形,填充到密封水线中,从而实现密封的目的。

2.3　现行标准要求

(1)在现行国标《船用法兰连接尺寸和密封面》(GB/T 2501—2010)中,将突面(RF 型)法兰的密封面形式分为:沟槽水线和密纹水线,如图 2 所示。

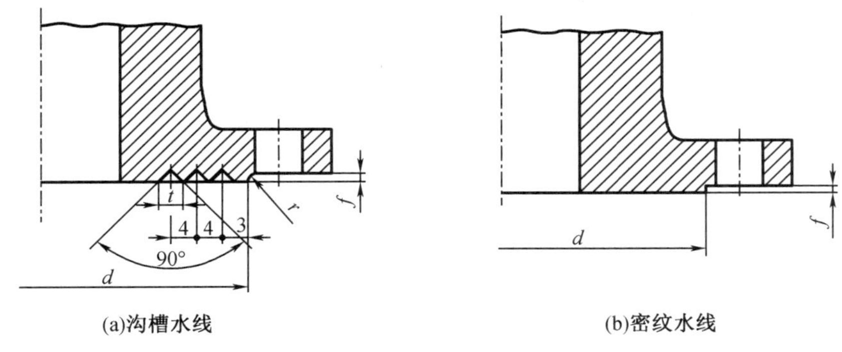

(a)沟槽水线　　(b)密纹水线

图 2　GB/T 2501—2010 标准中突面(RF 型)法兰密封面图

注:两种密封面结构由用户自定。

(2)现行船标 CB/T 4196—2011 中,针对 PN6、PN10、PN16 和 PN25 法兰密封面中沟槽水线的具体要求如图 3 所示。

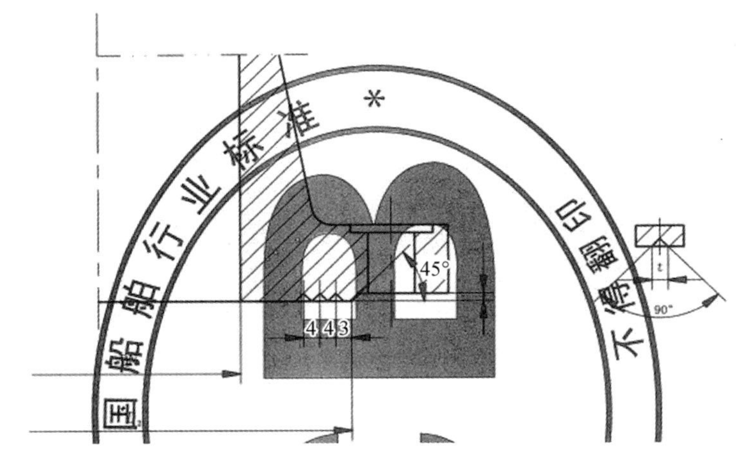

图 3　CB/T 4196—2011 标准中 PN6、PN10、PN16 和 PN25 法兰密封面图

(3)现行国标 GB/T 9124.1—2019 中仅规定密封面的表面粗糙度,没有沟槽水线,其实是对密纹水线的规定,具体如图 4 所示。

密封面型式	密封面代号	*Ra*/μm		*Rz*/μm	
		最小	最大	最小	最大
全平面	FF				
突面	RF	3.2	6.3	12.5	50
凹凸面	FM				
榫槽面	TG	0.8	3.2	3.2	12.5
O形圈面	OSG				
环连接面	RJ	0.4	1.6	—	—
注:对于全平面(FF)、突面(RF)和凹凸面(FM)法兰,密封面一般加工成锯齿形的同心圆或螺旋齿槽,加工刀具的圆角半径应不小于1.5 mm,同心圆或螺旋齿槽的深度约为0.05 mm,节距为0.50 mm~0.56 mm。					

图 4　GB/T 9124.1—2019 标准中密封面的表面粗糙度要求图

(4)现行的国外标准 ASME B16.5-2017 中第 6.4.5 条中规定了法兰面的粗糙度要求(图 5),此要求和 GB/T 9124.1—2019 基本一致。

6.4.5 Flange Facing Finish. Flange facing finishes shall be in accordance with paras. 6.4.5.1 through 6.4.5.3, except that other finishes may be furnished by agreement between the user and the manufacturer. The finish of the gasket contact faces shall be judged by visual comparison with Ra standards (see ASME B46.1) and not by instruments having stylus tracers and electronic amplification.

6.4.5.1 Tongue and Groove and Small Male and Female. The gasket contact surface finish shall not exceed 3.2 μm (125 μin.) roughness.

6.4.5.2 Ring Joint. The side wall surface finish of the gasket groove shall not exceed 1.6 μm (63 μin.) roughness.

6.4.5.3 Other Flange Facings. Either a serrated concentric or serrated spiral finish having a resultant surface finish from 3.2 μm to 6.3 μm (125 μin. to 250 μin.) average roughness shall be furnished. The cutting tool employed should have an approximate 1.5 mm (0.06 in.) or larger radius, and there should be from 1.8 grooves/mm through 2.2 grooves/mm (45 grooves/in. through 55 grooves/in.).

6.4.6 Flange Facing Finish Imperfections. Imperfections in the flange facing finish shall not exceed the dimensions shown in Table 3 (Table II-3 of Mandatory Appendix II). A distance of at least four times the maximum radial projection shall separate adjacent imperfections. A radial projection shall be measured by the difference between an outer radius and inner radius encompassing the imperfection where the radii are struck from the centerline of the bore. Imperfections less than half the depth of the serrations shall not be considered cause for rejection. Protrusions above the serrations are not permitted.

图 5　ASME B16.5-2017 中第 6.4.5 条中规定了法兰面粗糙度示意图

3　法兰密封面水线选取垫片要求及案例

3.1　法兰密封面水线选取垫片要求

加工有水线的法兰密封面只能选取软垫片。

3.2　法兰密封面水线选取垫片案例

某船建造过程中，设计在货舱蒸汽加热系统阀门订货时未对阀门水线做出具体要求，阀门制作厂家按照惯例将法兰密封面上加工了两道水线，由于水线加工未满足标准要求，水线宽度和深度均超过标准要求，并且货舱蒸汽加热系统选取石墨缠绕垫片，导致在系统调试阶段系统密性试验时无法建立压力，石墨缠绕垫片安装后如图 6 所示。

图 6　安装后拆卸下来石墨缠绕垫片图

通过上述案例可以看出，如果没有对法兰密封面水线做出具体要求，或者在验收时未对法兰水线进行检验，会对总装部门施工进度造成影响。

后续由于系列船阀门已经到货，为了高效解决此问题，通过订制无内定位环的石墨缠绕垫片（图 7），解决上述问题。

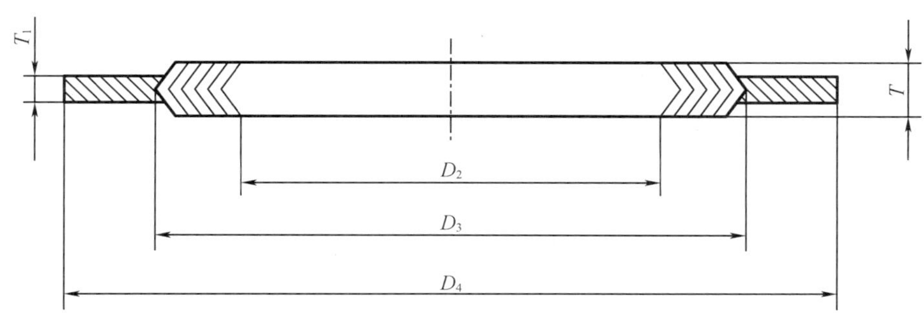

图 7 无内定位环的石墨缠绕垫片图

4 总结与展望

通过对法兰密封面水线的研究,能够发现仅在船舶领域中还使用沟槽水线和密纹水线,其他行业均已经取消"水线"的称谓,转而用法兰密封面的表面粗糙度来定义水线,并对平面(FF)、突面(RF)和凹凸面(FM)法兰的密封面做了说明:密封面一般加工成锯齿形的同心圆或螺旋齿槽,加工刀具的圆角半径应不小于 1.5 mm,同心圆或螺旋齿槽的深度约为 0.05 mm,节距为 0.50~0.56 mm。对于凹凸面(FM)法兰,也可以加工成光面。针对有水线的法兰密封面应选取软垫片。

从目前现行的船舶领域中的标准中可以看到,船舶行业标准的更新还略晚于其他行业,例如现行《船用搭焊钢法兰》(CB/T 46—2007)标准中引用的 GB/T 569—1965 已经被废止,如图 8 所示。

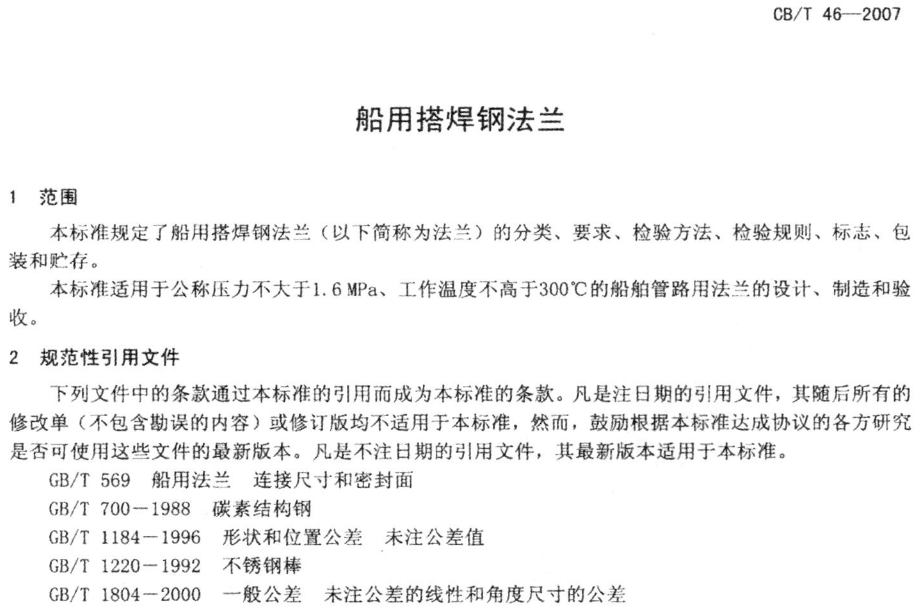

CB/T 46—2007

船用搭焊钢法兰

1 范围

本标准规定了船用搭焊钢法兰(以下简称为法兰)的分类、要求、检验方法、检验规则、标志、包装和贮存。

本标准适用于公称压力不大于1.6 MPa、工作温度不高于300℃的船舶管路用法兰的设计、制造和验收。

2 规范性引用文件

下列文件中的条款通过本标准的引用而成为本标准的条款。凡是注日期的引用文件,其随后所有的修改单(不包含勘误的内容)或修订版均不适用于本标准,然而,鼓励根据本标准达成协议的各方研究是否可使用这些文件的最新版本。凡是不注日期的引用文件,其最新版本适用于本标准。

GB/T 569 船用法兰 连接尺寸和密封面
GB/T 700—1988 碳素结构钢
GB/T 1184—1996 形状和位置公差 未注公差值
GB/T 1220—1992 不锈钢棒
GB/T 1804—2000 一般公差 未注公差的线性和角度尺寸的公差

图 8 CB/T 46—2007 规范性引用文件示意图

未来船舶行业也可能向国标方向进行修订,逐步取消沟槽水线,仅保留密纹水线,逐步与国标标准一致。

参考文献

[1] 方文启. 船舶管舾装设计工艺、附件标准实用手册[M]. 北京:交通电子出版社,2010.

[2] OL, J. Thermal and Structural Analyses of Semi-Metallic Gasket Joined with Graphite Seal for Ship Engine Piping Flange[J]. Han-guk haeyang gonghak hoeji(online),2017:352-356.

[3] 周斌. 法兰密封面水线粗糙度问题探讨[J]. 石油化工设备,2016(3):105-107.

[4] Christopher Gorse;David Johnston;Martin Pritchard. Flange. A Dictionary of Construction,Surveying,and Civil

Engineering(2020):A Dictionary of Construction,Surveying,and Civil Engineering,2020. Print.

[5] 闻邦椿. 现代机械设计实用手册[M]. 北京:机械工业出版社,2015.

[6] 魏龙著. 密封技术[M]. 北京:化学工业出版社,2019.

基于 TRIZ 理论的舵钮衬套吊运工装研究

周志强[1,2] 王 忠[1] 尤加法[1] 王 飞[1] 郭晓峰[1] 刘维超[1]

(1. 大连船舶重工集团有限公司;
2. 上海交通大学 船舶海洋与建筑工程学院)

摘 要:目前船舶修造领域使用的舵钮衬套吊运工装存在不能适用于多种直径舵钮衬套、调节工装外径时间较长、结构无法同步、结构存在应力集中等问题,导致舵钮衬套吊运工装制作成本和使用成本较高,已不能满足当下降本增效要求,严重影响工作效率。因此,本文通过使用 TRIZ 理论对原舵钮衬套吊运工装进行分析和研究,提出新方案,并且对新方案进行持续优化改进,提高舵钮衬套吊运工装安装、吊运和拆卸效率。

关键词:TRIZ;舵钮衬套吊运工装;可调节外径

0 引言

船舶舵钮衬套是船舶舵系中的一个部件,用于连接舵杆和舵叶,起到减少磨损和摩擦的作用。舵钮衬套通常由耐磨材料制成,如聚合物材料、复合材料或金属材料,以提高其耐用性和使用寿命。它可以减少舵杆和舵钮之间的直接接触,减少磨损和摩擦,同时保证舵叶的灵活性和可靠性。

目前船舶舵钮衬套主要采用聚合物材料,例如酚醛树脂、聚醚醚酮等,根据舵钮衬套安装工艺(图 1),此类聚合物材料需要采用液氮冷装。

上、下舵钮处于高处,需要吊装作业,故在船舶修造过程中需要使用舵钮衬套吊运工装进行作业,如图 2 所示。

萃智理论(TRIZ 理论)是一种系统性的技术创新工具,起源于前苏联。TRIZ 的目标是通过分析和应用发明规律,解决技术问题并促进创新。TRIZ 提供了一套方法和工具,帮助人们识别和解决问题,并提供创新的思路和方向。

1 舵钮衬套吊运工装

对于船舶修造行业,舵钮衬套吊运工装属于必须使用的工装之一,由于不同船型舵钮衬套尺寸不一,故需要根据实际尺寸制作舵钮衬套吊运工装,或者研发可调外径舵钮衬套工装。由于舵钮衬套吊运工装需要进入液氮中冷冻,故该工装需要耐低温材料,工装制作成本高,如果工装外径不可以调整,那么工装制作成本将会有较大投入。

4.7. 舵钮衬套的冷装

Shrinking fit rudder horn buses

4.7.1. 舵钮衬套为酚醛树脂材料。

Material of bush is phenolic resin.

4.7.2. 由总装部门制作液氮箱和搬运衬套用工装，上舵套重约 57.5 kg，下舵套重约 67.8 kg，

Make technology tools for installing bushes. The upper bush weight is about 57.5 kg and lower bush weight is about 67.8 kg.

4.7.3. 安装用工装就位，将上/下衬套放入液氮箱内，倒入液氮，要使衬套处于浸没状态。

After the tools are ready well, put upper / lower bushes into fluid nitrogen box, fill fluid nitrogen into box until bushes is immerged.

4.7.4. 衬套收缩量达到要求后，将衬套放入舵钮孔中，吊运时要小心,避免损伤衬套。

When shrink arrive design requirement, put bushes into rudder horn hole, the bush should be avoided damaging during lifting.

4.7.5. 在衬套恢复过程中，应对衬套的位置密切注意，必要时进行调整。

Pay attention to position of bushes, if necessary, carry out adjust position of bushes.

4.7.6. 待衬套恢复完毕后，分别安装上下舵钮衬套封板，用螺栓把紧并用白钢丝锁紧。

Fix the upper and lower closing plate by bolts after the installation of the bushes, and lock with stainless steel wire.

4.7.7. 施工过程中务必对舵套加以保护，防止舵套的破损。

Must make protection for rudder bush during building period, avoid damage them.

图 1　舵钮衬套冷装部分工艺截图

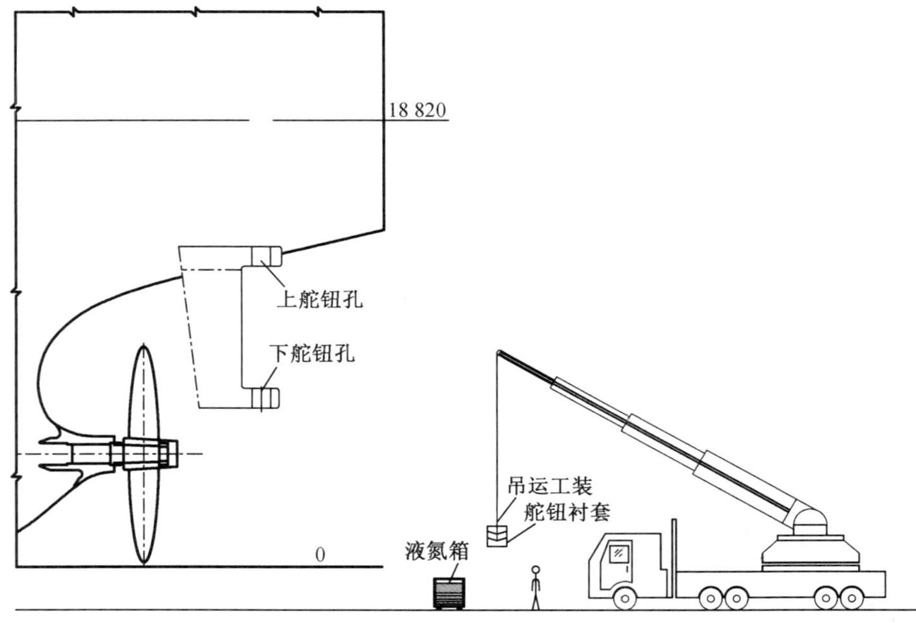

图 2　舵钮衬套吊运安装示意图

1.1　舵钮衬套实际安装过程中的限制条件

(1)待冷却的圆筒部件需要浸入低温液体(零下 196 ℃),固定、吊运工装需要随圆筒部件一起收缩;

(2)在吊运圆筒部件的时候,工装需要随部件在常温下膨胀时一起膨胀;

(3)圆筒部件不能加工工艺孔,也不能将其表面产生损伤;

(4)圆筒部件需要放入一个更大的圆筒里,在该更大圆筒的最下方焊接有比吊运的圆筒部件外径略小的挡圈,要求吊运工装的最大外径小于挡圈的内径;

(5)安装区域属于高空作业,要求固定、吊运工装拆卸容易,减少安全隐患。

1.2　舵钮衬套演化情况

在船舶修造初期,舵钮衬套吊运工装均根据舵钮衬套实际尺寸制作,只能应用于特定尺寸的舵钮衬套吊

运，如图 3 所示。

近期为了提高舵钮衬套吊运工装的应用范围，减少舵钮衬套吊运工装的制作成本，故研发了一套可调节外径的舵钮衬套吊运工装，如图 4 所示。

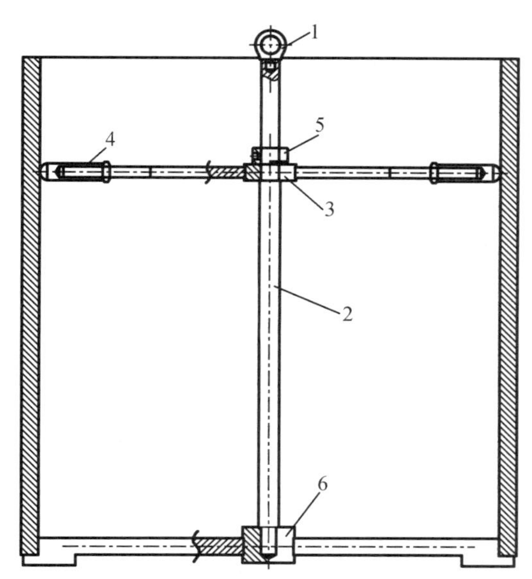

1—吊环；2—负荷杆；3—支撑杆；4—顶杆；5—螺母；6—底盘。

图 3　以前固定尺寸吊运工装图

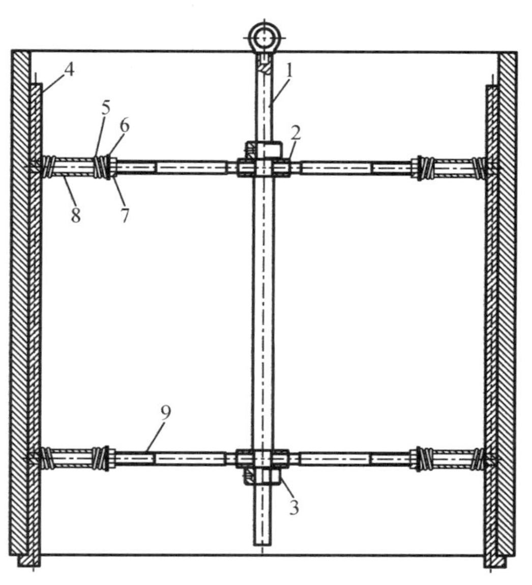

1—中心负荷杆；2—接头；3—定位螺母；4—挂钩；5—弹簧；6—压板；7—螺母；8—套管；9—丝杆。

图 4　目前研发的舵钮衬套吊运工装

2　舵钮衬套吊运工装存在的问题

通过实际参与现场舵钮衬套吊运，并且与操作工人进行沟通，发现目前可调节外径的舵钮衬套吊运工装存在以下问题：

(1)组装过程时间较长，零部件较多，效率低；

(2)调节装置外径需要时间长，因为需要单独调节每根丝杆上螺母的预紧力；

(3)结构存在多处应力集中区域，出现过断裂情况；

(4)存在中心负荷杆与舵钮衬套中心不同心的可能性，导致调节效率低；

(5)组装结束后的检查工作比较繁琐，费时费力；

(6)吊运安装结束后，拆除工装比较费时费力。

3　使用 TRIZ 理论对原舵钮衬套吊运工装进行分析

3.1　因果链分析

通过因果链分析(图 5)，发现工装操作费时费力的核心问题是：2.1.1 调节外径机构相互独立。

3.2　功能分析

鉴于上述因果链分析时，已经发现主要问题是调节外径结构相互独立，操作时费时费力。故功能分析时，单独分析调节外径机构系统。

3.2.1　定义技术系统名称、主要功能、存在的问题

(1)调节工装外径机构系统；

(2)用于调节工装的外径尺寸；

(3)当外径发生变化时，需要单独调节 6 根调节杆，操作费时费力，会导致中间吊杆的位置可能不在中心，

给下一步的安装带来较大的困难,也增加结构受力不平衡。

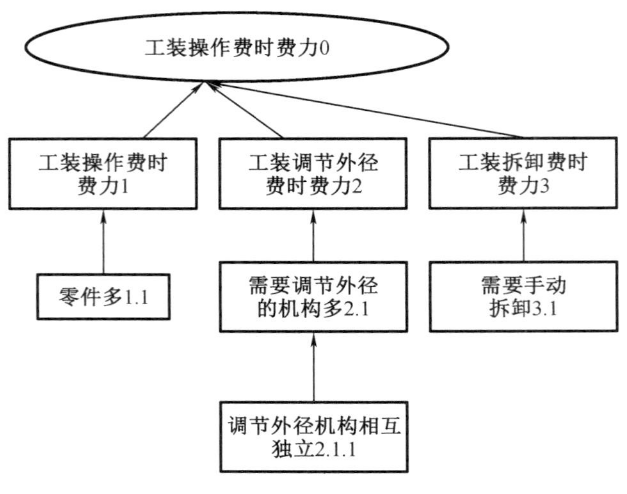

图 5　因果链分析

3.2.2　列出系统组件(表 1)

表 1　系统组件

系统	子系统	超系统
调节工装外径系统	弹簧	挂板
	压板	定位螺母
	螺母	负荷杆
	套管	
	丝杠	
	接头	

3.2.3　列出系统组件关系(表 2)

表 2　系统组件关系

	弹簧	压板	螺母	套管	丝杠	接头	挂钩	定位螺母	负荷杆
弹簧		+		+			+		
压板	+		+		+				
螺母		+			+				
套管	+				+		+		
丝杠		+	+	+					
接头								+	+
挂钩	+			+					
定位螺母						+			+
负荷杆						+		+	

3.2.4　建立组件功能列表(表3)

表3　组件功能

序号	功能载体	作用	功能对象	参数	功能类型
1	压板	挤压	弹簧	限位	充分
2	弹簧	支撑	压板	强度	充分
3	套管	固定	弹簧	限位	充分
4	螺母	调整	压板	位置	充分
5	弹簧	挤压	挂钩	强度	不足
6	套管	固定	挂钩	强度	不足
7	套管	固定	丝杠	位置	不足
8	接头	支撑	丝杠	强度	不足
9	定位螺母	固定	接头	限位	充分
10	负荷杆	支撑	定位螺母	强度	充分
11	负荷杆	固定	接头	强度	充分

3.2.5　绘出系统组件功能模型(图6)

通过系统功能分析,发现接头对丝杠的固定功能不足,套管对挂杆和丝杠的固定功能不足,弹簧对挂杆的挤压功能不足。

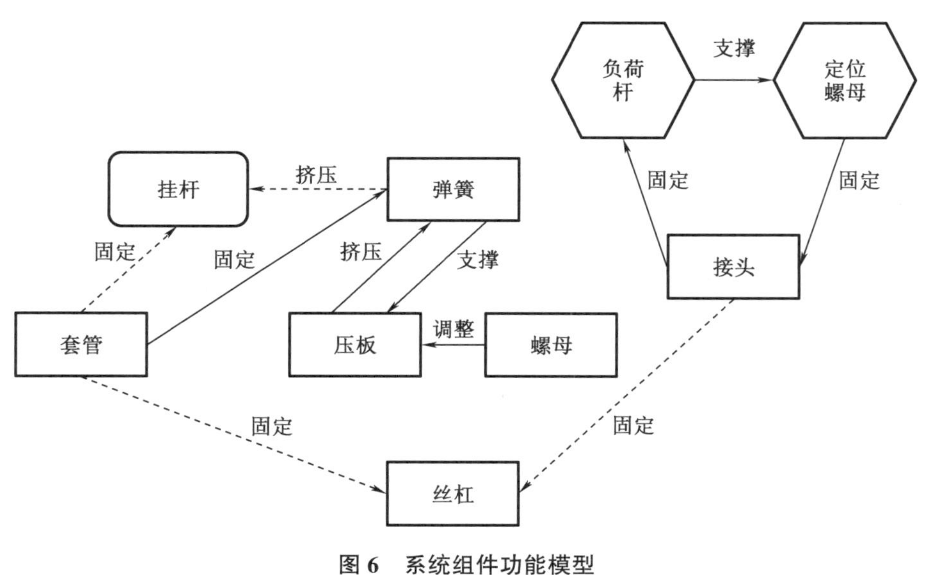

图6　系统组件功能模型

4　使用TRIZ理论获得新方案

4.1　九屏幕图

通过九屏幕图的分析,发现未来整体吊运工装的调节机构往结构简单的方向演化。

4.2　最终理想解

通过最终理想解分析(表4),可以尝试利用X资源实现调节工装外径功能。

表 4 最终理想分析

1. 设计的最终目标?	解决工装调节外径组件复杂问题
2. 最终理想解?	调节工装外径系统可以自己调节外径
3. 达到理想解的障碍是什么?	工装外径调节需要单独调节每根杆
4. 出现这种障碍的原因是什么?	弹簧套管调节机构只能单独调节
5. 不出现这种原因的条件是什么?	利用 X 资源实现调节工装外径功能
6. 创造这些条件所用的资源是什么?	液氮、液氮箱、蒸气、电、干冰、重力、摩擦力、弹簧、功能导向搜索、知识库

4.3 资源分析

通过资源分析(表 5),发现可以通过利用信息资源的专利库、功能导向等方式寻找 X 资源。

接下来进行功能导向搜索分析,其中也利用到专利库进行搜索。

表 5 资源分析

种类	物资资源	能量资源	信息资源	空间资源	时间资源	功能资源
现成资源	钢管 钢板 铆钉	人工 机械能	功能导向搜索 专利库	液氮箱内 舵钮孔	无	X 资源
派生资源		重力场				

4.4 功能导向搜索

针对上述理想解分析和九屏图分析,需要引入 X 元素实现调节工装外径的功能,同时还需要能够保证在低温时随衬套收缩,常温时随衬套膨胀。

(1)根据功能搜索科学效应

调节工装外径的功能即改变物体尺寸,通过查表找到 TRIZ 推荐的物理效应和现象:热膨胀;形变记忆合金;形变;压电效应;磁弹性;压磁效应。

根据物理效应和现象进行分析,尝试找到合适的解决方案。

通过对热膨胀物理现象的研究,发现施工现场有较剧烈的温度变化,也许可以利用,但是没有想到比较好的解决方案。

通过对其他物理现象和效应进行分析,发现很难找到合适的解决方案。

(2)专利搜索

在专利搜索之前,需要进一步提炼功能需求。调节工装外径的功能,根据使用时起到的作用,可以进一步凝练为“撑紧”功能。

(3)专利搜索结果(图 7)

(4)应用专利搜索后的解决方案

通过借鉴专利中的调节外径机构,保留原系统中的其他机构,得出下面 3 个解决方案,分别为:工装 1、工装 2、工装 3(图 8)。

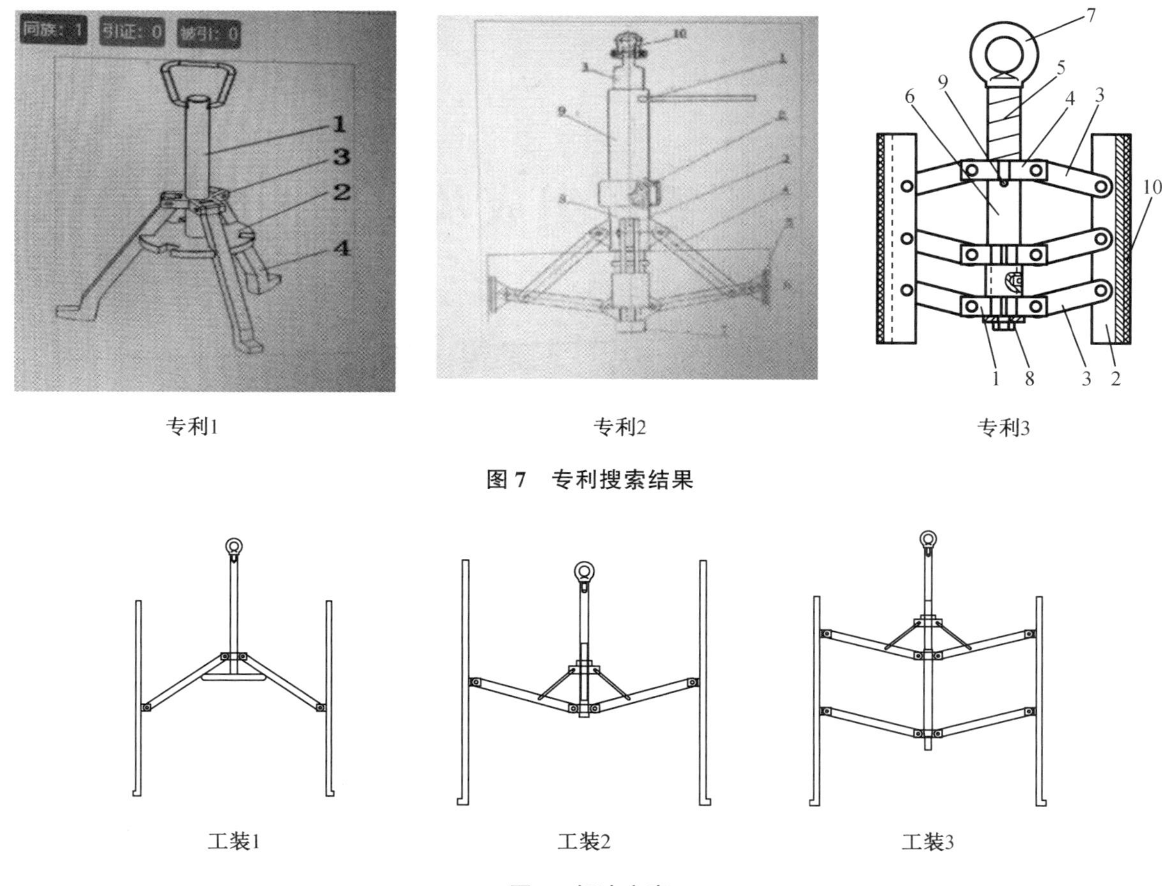

专利1　　专利2　　专利3

图7　专利搜索结果

工装1　　工装2　　工装3

图8　解决方案

5　结论与展望

通过运用TRIZ理论，借鉴其他行业中已经存在的方案，解决船舶修造行业中舵钮衬套吊运的问题。同时已经申报多篇实用新型专利（一种船舶舵钮衬套吊运工装 ZL202120343703X；一种船舶舵钮衬套吊运装置 ZL2021203276875；一种船舶舵钮衬套固定、吊运工装 ZL2021203275410；一种带有锁紧构件的船舶舵钮衬套吊运装置 ZL2021203276343），并已经获得授权。通过实际应用，吊运效率大幅提升，并且圆满解决原工装存在的问题。

参考文献

[1]　翟连忠，李吉君，陈昌权. 大型船舶舵系安装分析[J]. 中国水运（下半月），2015，15（1）：88-89.

[2]　于全虎. 赛龙轴承在船舶上的应用[J]. 江苏船舶，2000（5）：26-30.

[3]　檀润华编著. TRIZ及应用技术创新过程与方法[M]. 北京：高等教育出版社，2010.

[4]　文振华，张明文，张立强. 船舶舵钮衬套固定、吊运辅助装置：CN204434083U[P]. 2015-07-01.

[5]　周志强，马瑞云，李强，等. 一种船舶舵钮衬套固定、吊运工装：CN215208049U[P]. 2021-12-17.

[6]　周志强，马瑞云，王德胜，等. 一种船舶舵钮衬套吊运装置：CN215208051U[P]. 2021-12-17.

[7]　周志强，马瑞云，杨志宏，等. 一种船舶舵钮衬套吊运工装：CN215208052U[P]. 2021-12-17.

[8]　周志强，马瑞云，马岩，等. 一种带有锁紧构件的船舶舵钮衬套吊运装置：CN215208050U[P]. 2021-12-17.

甲醇主机双燃料系统组成及工作原理介绍

张国刚　徐　民　王家盟　林光琦

(大连船用柴油机有限公司)

摘　要:为达到全球温室气体排放控制和碳中和目标,目前以甲醇、液氨为代表的绿色船舶动力燃料成为全球船舶行业发展的趋势。甲醇作为燃料的优点是因为它不含硫,可满足低硫要求,在常温常压下是液态的,体积相对不大,存储运输方便,无蒸发气和不需增压冷藏,这使得它很容易储存在船上,并且甲醇分子不含碳对碳键,所以燃烧时不会产生颗粒物或煤烟。对于在IMO 排放控制区(ECA)运行的船舶,甲醇是一种可行的解决方案,已经过运营船舶实船验证,甲醇双燃料主机是成熟的发动机设计,主机订单越来越多。

关键词:甲醇;引燃油;辅助系统

缩写词:

FBIV-M	fuel booster injection valve-methanol
FVT	fuel valve train
LFSS	low-flashpoint fuel supply system
LS	lever switch
LGIM	liquid gas injection methanol
SFECC	second fuel control system cabinet
RPB	return purge block

0　前言

甲醇双燃料主机与常规 ME-C 主机相比,除常规 ME-C 主机部件、系统外,另需配备相应的辅助系统,增加了甲醇的链管管路、控制块、适配块、喷射器 FBIV-M、SFECC 控制系统等。燃烧过程基于久经验证和高效的狄塞尔循环设计,5%引燃油持续工作,甲醇运转可从 10%~100%负荷运转,与燃油无缝切换,确保发动机功率输出不受影响(图 1)。

1　甲醇燃料辅助系统组成

甲醇燃料辅助系统主要由甲醇燃料日用燃料舱、LFSS 供给系统、FVT 阀组单元、通风系统、氮气系统、密封油系统组成,如图 1 所示。各个系统功能如下:

甲醇燃料日用燃料舱:分为两个隔舱,一个用于存储常温为液体的甲醇供应主机吸入消耗,一个用于收集回流甲醇,分离甲醇中的氮气和密封油,避免密封油污染储存柜,两个隔舱上部互相连通,下部独立分开。日用柜用氮气填充惰化,并配备一个 P/V 压力真空阀,保护日用柜免受过压和真空的影响。

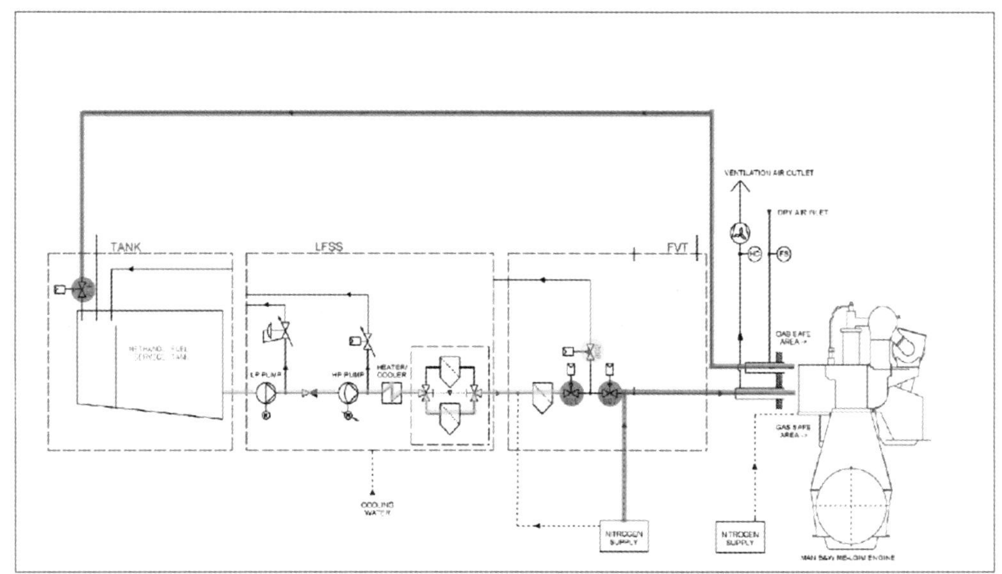

图 1　甲醇双燃料辅助系统组成示意图

LFSS 供给系统:将来自日用柜的甲醇燃料经过滤器过滤达到规范要求,供应满足要求压力和温度的甲醇,并随着主机负荷变化时保持压力、温度稳定。供给压力:13±0.5 bar,温度:25~50 ℃,滤器精度:10μ。

FVT 阀组单元:由多个阀件和传感器组成,主机运行不用甲醇时隔离主机与供给系统的连接,接入氮气用于吹扫,由主机控制系统控制。

通风系统:用于检测内管泄漏,检查外管密封性,有 HC 传感器浓度监测,需要供应干空气,甲醇燃料运行时,内外管空间内空气每小时循环 30~45 次。

氮气系统:用于甲醇储罐氮封、双燃料系统吹扫、密封压力测试、装配压力测试。吹扫分两种模式,当主机充满甲醇准备 Running 前,模式 1 作用,由于甲醇喷射阀 FBIV-M 泄放到收集器的甲醇,液位开关 LS6054 A/B 状态为"Wet",吹扫块上阀 817、818 开,819 关,氮气从最后缸吹扫回流管路直至液位开关 LS6054 A/B 状态变为"Dry",参考图 2 标线。当停止甲醇燃料运行时,模式 2 作用,从 FVT 阀组到主机和主机回日用柜以及 FVT 阀组回供给系统的完全吹扫,排空甲醇存留,参考图 3 标线。

密封油系统:独立密封油单元,经调压阀调节后的高压密封油 40 bar,润滑和密封 FBIV-M,低压密封油 16 bar,润滑密封 ELBI 阀,从后到前,与甲醇管平行布置,密封油低压回油,有可能含有甲醇,密封油柜液位由 4 个液位开关控制,除了正常 Min、Max 控制外,还有 Shutdown Min、Shutdown Max 控制。

2　甲醇双燃料系统主要零部件

主机缸盖上甲醇部件总成结构如图 4 所示。

甲醇控制块连接适配块和缸盖内甲醇的进、出口,其上安装有 ELFI-L 阀,控制甲醇喷射器 FBIV-M 驱动喷入甲醇,连接 FBIV-M 的高压油管和密封油管。甲醇压力传感器、系统油蓄压器、回油阀等,如图 5 所示。

甲醇适配块连接控制块,其上装有甲醇蓄压器,ELBI 阀,甲醇进、出口双壁管,高压密封油管,低压密封油管,如图 6 所示。

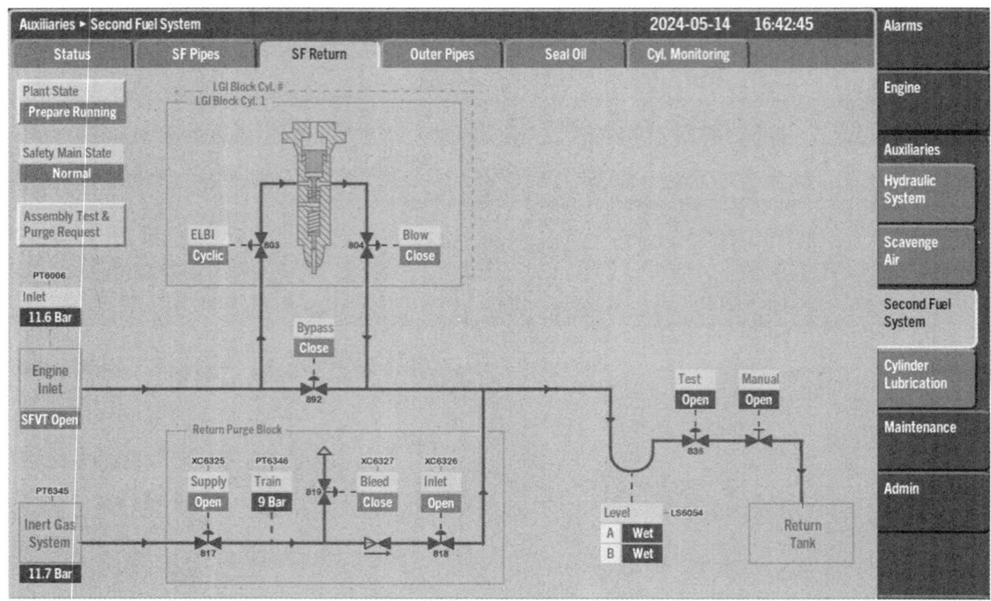

图 2　吹扫模式 1 作用路线示意图

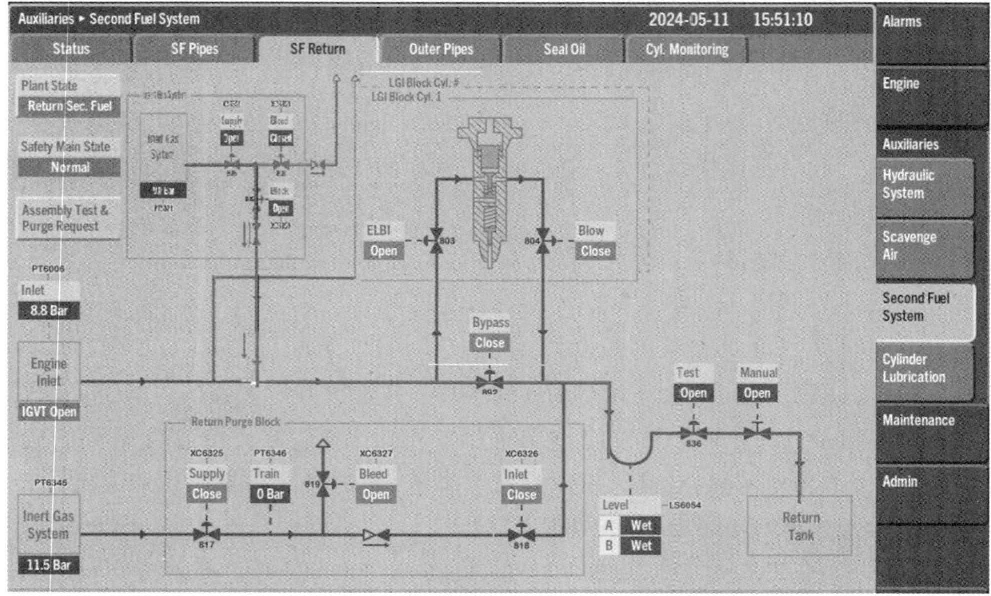

图 3　吹扫模式 2 作用路线示意图

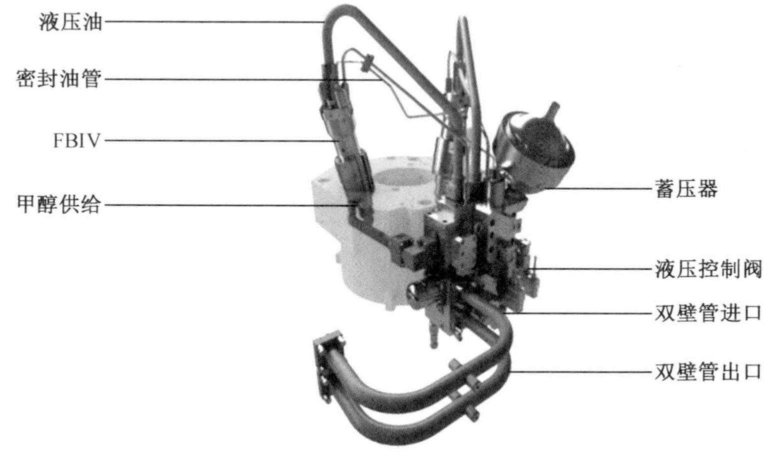

图 4　缸盖上甲醇部件总成示意图

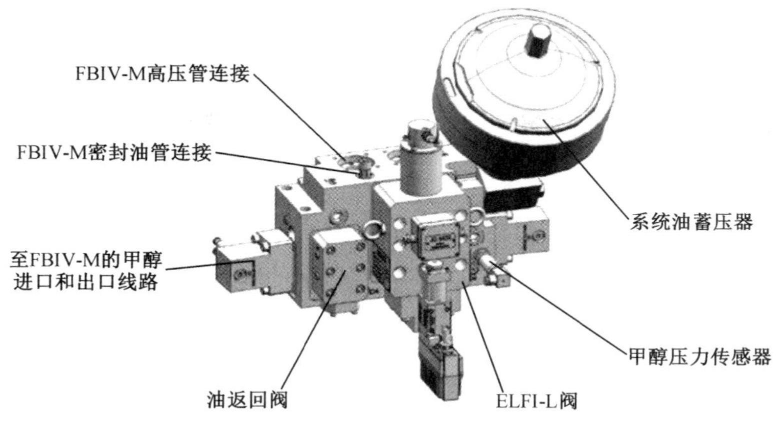

图 5　甲醇控制块示意图

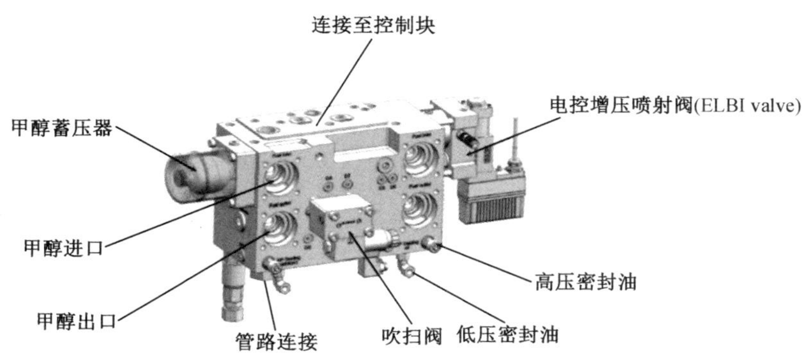

图 6　甲醇适配块示意图

3　工作原理过程

各系统处于 Auto 模式,将执行如下一系列过程:未准备好 NR Req. Allowed(Not Ready Requests Allowed)、准备好 Ready、外管通风 Outer Pipe Vent、内管测试 Inner Pipe Test、外管测试 Outer Pipe Test,外管释压 Outer Pipe Depressurize、准备甲醇供给 Prepare SF Supply、阀组密封测试 SFVT Test、辅助设备启动 Start Aux.、甲醇进入主机 Fill Engine、准备运行 Prepare Running、甲醇运行 Running、甲醇停止运行 Stop、脉冲吹扫释压 Pulse Purge Depressurize、吹扫排空 Flow Purge、吹扫排空等待 Flow Purge Wait。

未准备好状态:供应系统信号显示 Not Ready,通风系统风机 Stopped,密封油通风风机 Stopped,如果是首次启动前密封油基本无压力,ELBI 阀关闭,BLOW 阀打开,旁通阀 892 打开,如图 7 所示。

准备好 Ready 状态:供应系统信号显示 Ready,密封油泵运转,高压密封油压力 40 bar 左右,低压密封油压力 16 bar 左右,如图 8 所示。

内管测试 Inner Pipe Test:阀 808 关,阀 806 开,阀 809 开,阀 807 关,阀 892 开,各缸 803 ELBI 阀开,804 Blow 阀开,试验阀 836 关,氮气进入甲醇内管充满后,阀 806 关,阀 809 关,阀 808 开,测试内管压力是否掉压,如图 9 所示。

外管密封测试:阀 831、阀 832 关闭,测试空气阀 XC6381 打开,双壁管外管内充满空气,压力约 5 bar,密封一段时间检查是否掉压,外管测试时内管同时保持正常压力存在,如图 10 所示。

外管通风 Outer Pipe Vent:阀 831/832 打开,干空气阀 ZV6307 open,干空气流量监测开关 FS6305 on,通风系统流量监测 FS6302/FS6303 on,一个通风系统风机运转 Running,如图 11 所示。

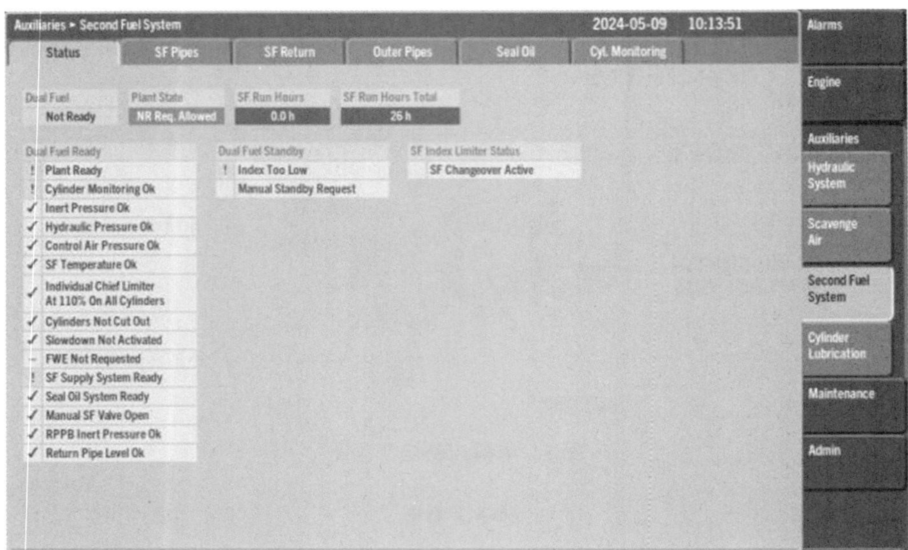

图 7　NR Req. Allowed 状态图

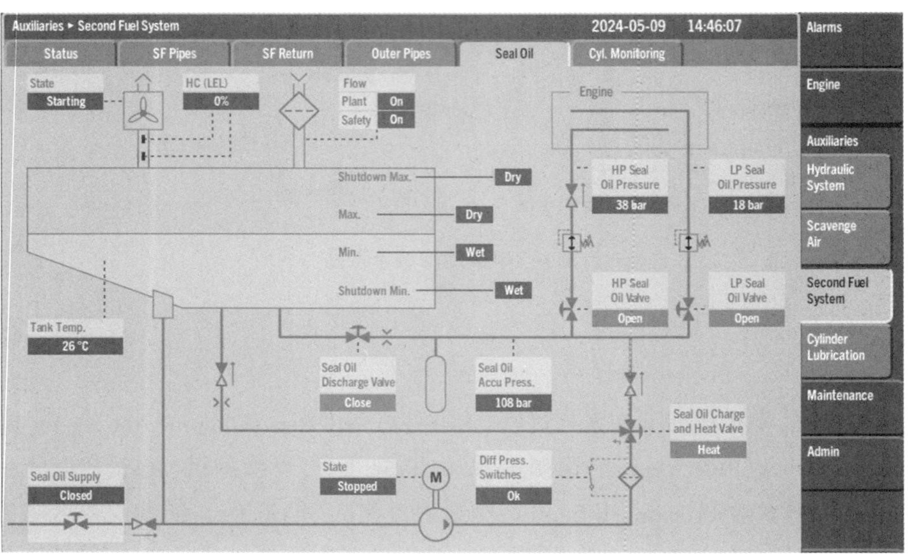

图 8　Ready 状态图

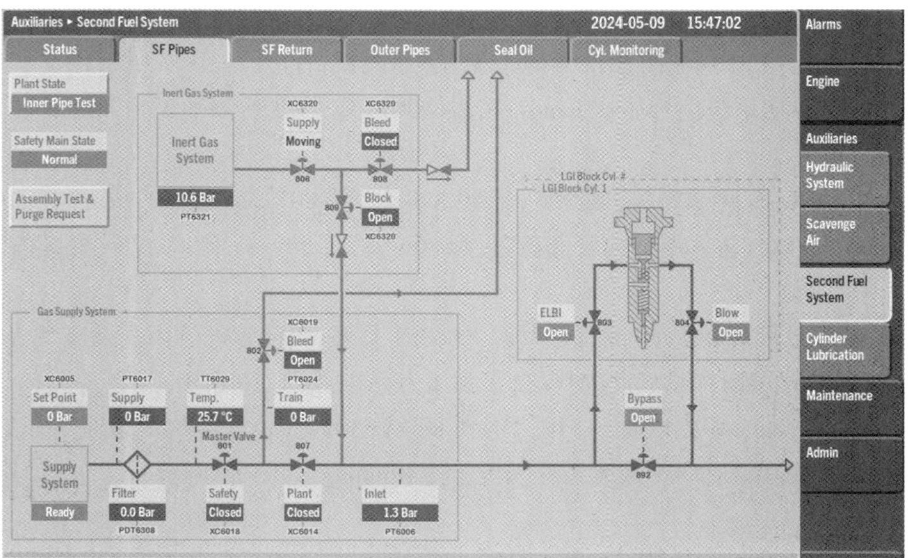

图 9　Inner Pipe Test 状态图

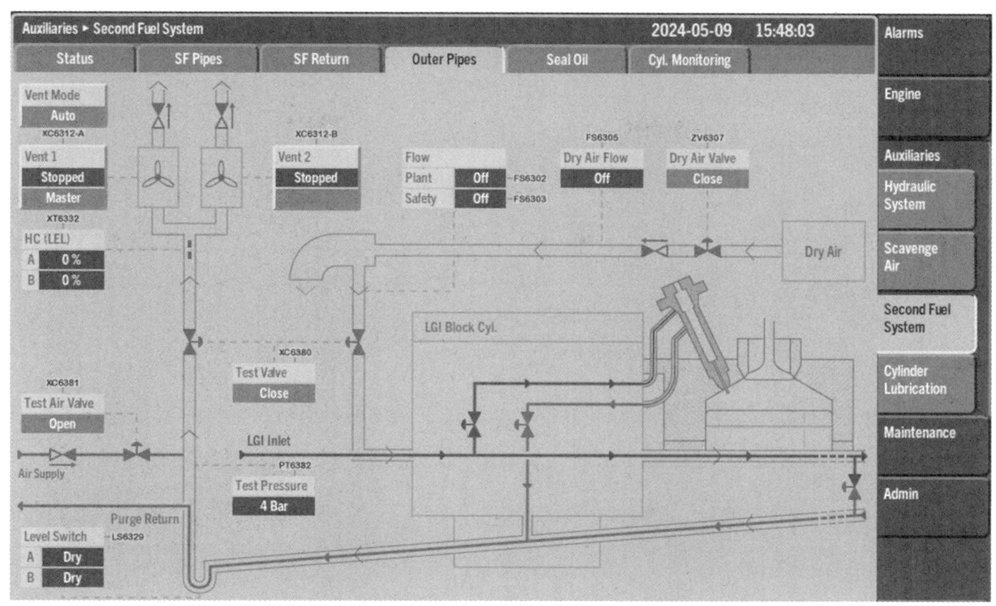

图 10　Outer Pipe Test 状态图

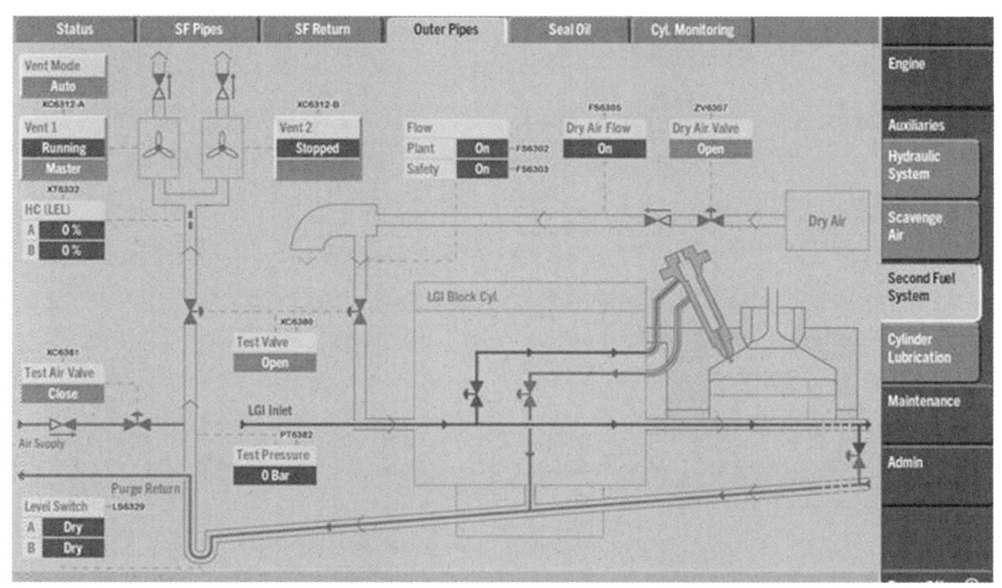

图 11　Outer Pipe Vent 状态图

准备甲醇燃料供应：

阀组密封测试 SFVT test，此过程经历 3 个过程：①供给系统供给泵 Running，供给甲醇到 FVT 前，PT6017 压力传感器压力显示约 13 bar，主阀 801 关闭，阀 807 关闭；②主阀 801 打开，阀 802 关闭，阀 807 关闭；③主阀 801 关闭，阀 802 关闭，阀 807 关闭，测试阀组有无泄漏掉压，如图 12 所示。

Fill Engine：主阀 801 打开，阀 807 打开，阀 802 关闭，旁通阀 892 关闭，ELBI 阀 803 打开，Blow 阀 804 打开，一段时间后关闭，阀 836 打开，如图 13 所示。

Prepare Running：ELBI 阀 803 打开循环开/关，由于 Fill 阶段液位开关 LS6054 A/B 处于“Wet”状态，RPB 吹扫块执行泄漏测试和吹扫程序：1 阀 817、818 关，819 开 2817 开，818、819 关 3817、818、819 全关 4817、818 开，819 关 5817、818 关，819 开，从主机最后一缸吹扫块吹扫回流管路，直至液位开关 LS6054 A/B 达到“Dry”状态，准备 Running，如图 14 所示。

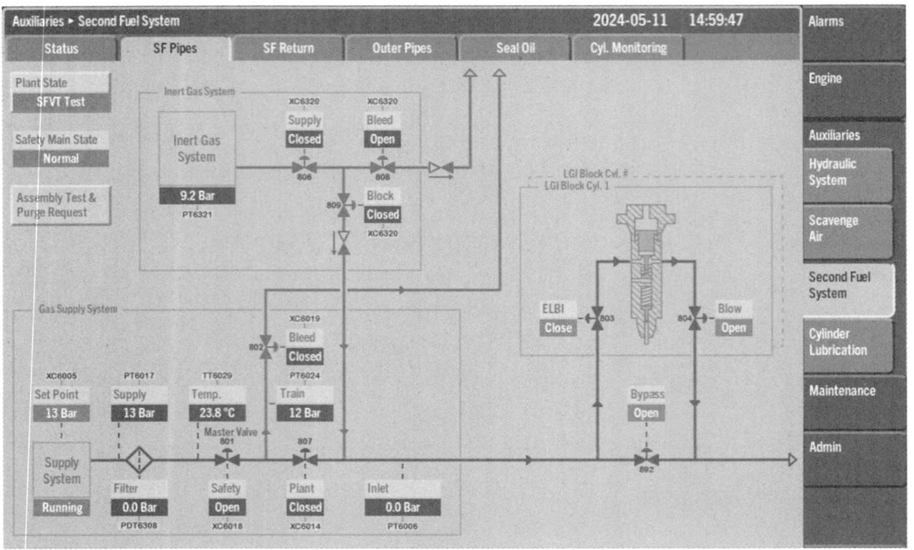

图 12　SFVT 状态图

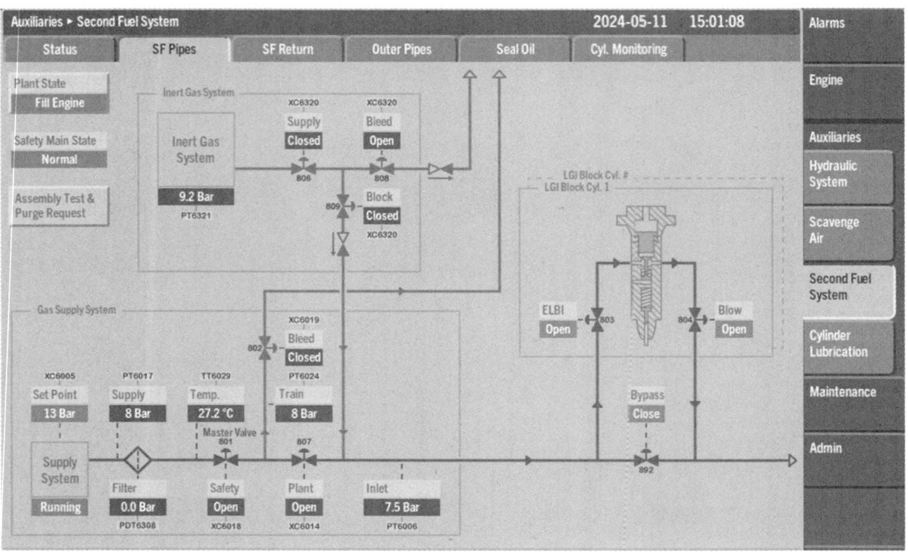

图 13　Filling Engine 状态图

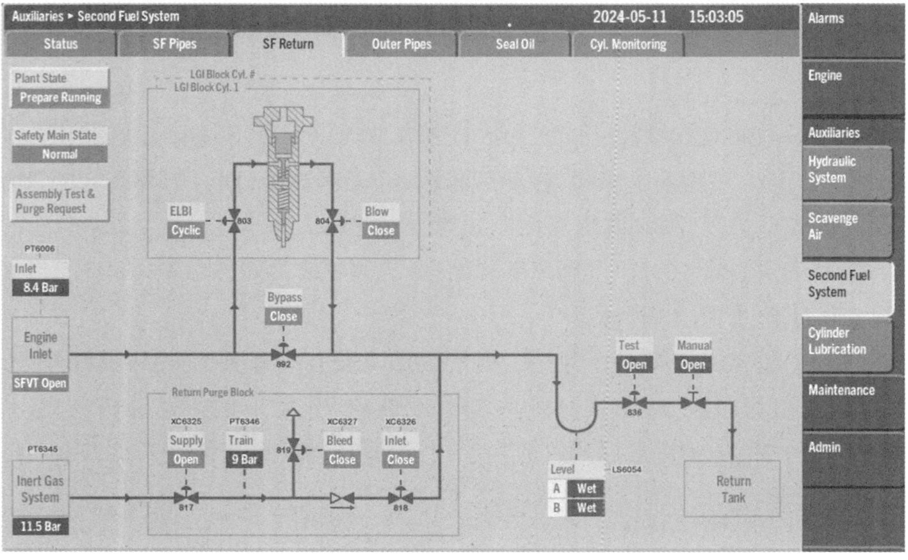

图 14　Prepare Running 状态图

Running:主阀 801 开、807 开、802 关、892 关、Blow 阀 804 关,ELBI 阀 803 循环开/关,燃油油门从当前指数逐渐降低到 5%,甲醇油门逐渐增加至当前负荷所需指数,如图 15、图 16 所示。

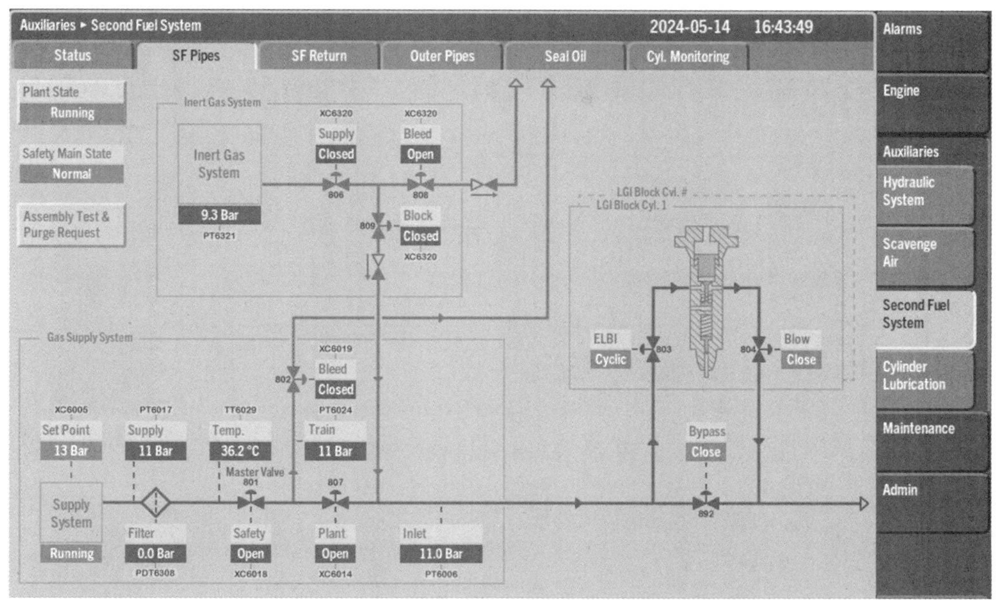

图 15　Running 状态图 1

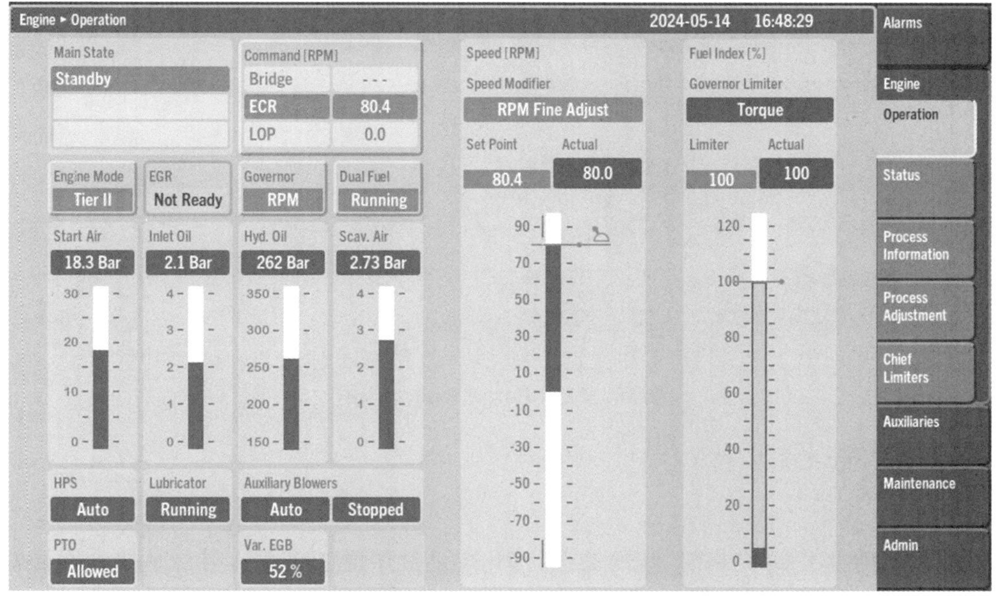

图 16　Running 状态图 2

Stop:甲醇供应主阀 801 关、807 关、802 开,供给系统供给泵停止。

Pulse Purge Depressurize:脉冲吹扫降压,阀 806 开、809 开、808 关,Blow 阀 804 一个接一个开/关,

Flow Purge:阀 806 开、809 开、808 关,对 FVT 和主机甲醇双燃料系统整个吹扫,如图 17 所示。

Flow Purge Wait:吹扫等待状态,为甲醇模式运行循环做好准备,如图 18 所示。

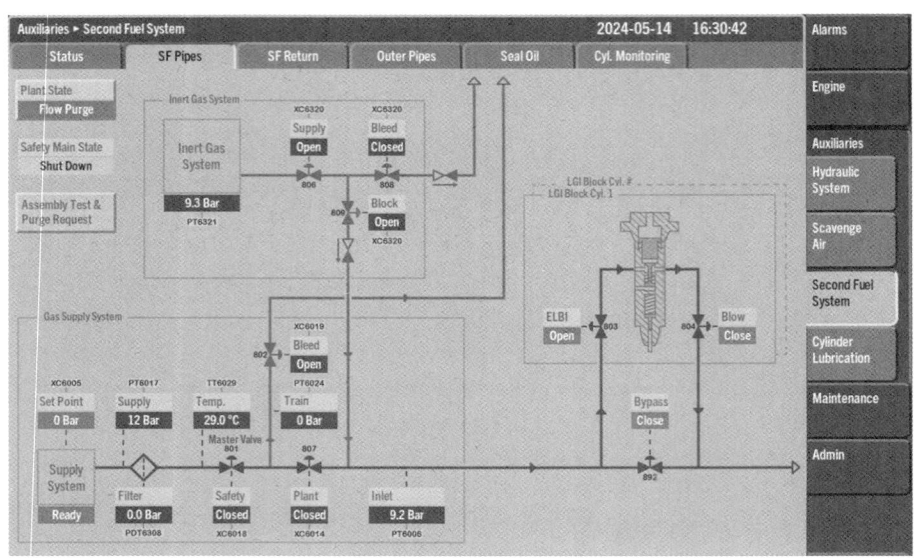

图 17　Flow Purge 状态图

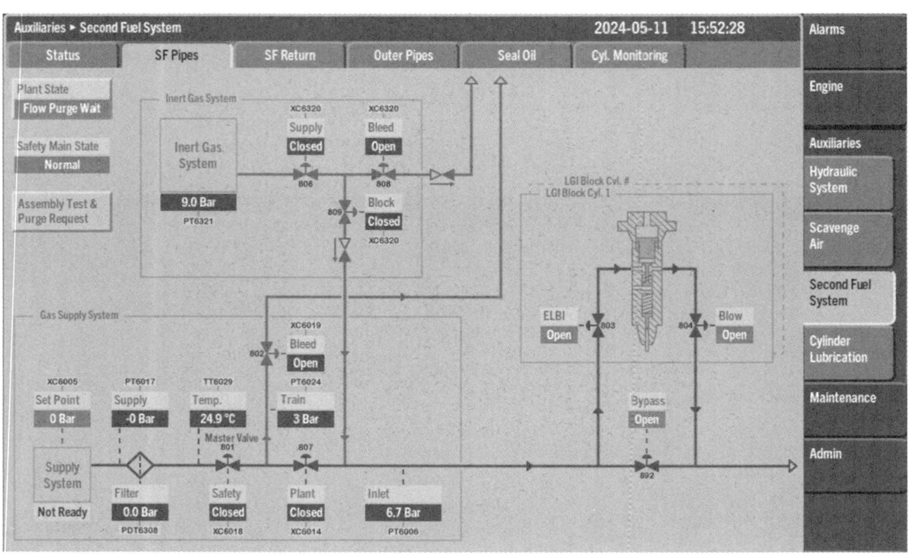

图 18　Flow Purge Wait 状态图

4　甲醇燃烧过程曲线

正确控制甲醇双燃料 WV 阀和 FBIV 阀的动作，优化燃油和甲醇工作配比燃烧是非常重要的，也是与常规燃油主机不同之处，下面通过正常的曲线分析，了解其工作过程，如图 19 所示。

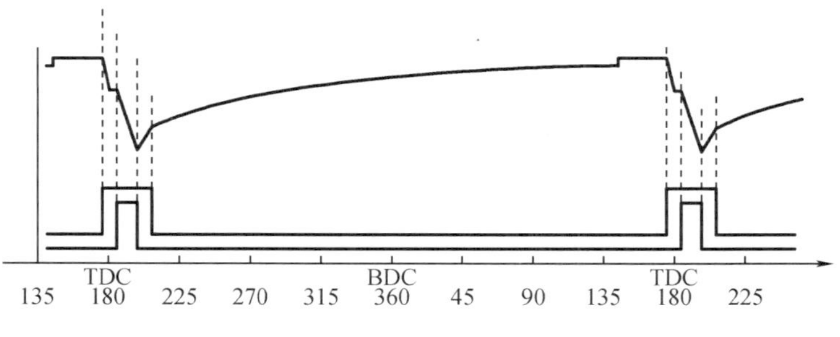

图 19　甲醇压力变化曲线图

WV open：阀打开后通道的甲醇压力和控制块的蓄能器压力一致。

Gas inj. start：甲醇压力在喷射过程中下降，因为蓄能器不能像喷射流量一样快速地重新填充，喷射越多（时间越长），压降越深。

Gas inj. stop：当蓄能器被重新填充时，气体压力增加。

WV close：当气体通道与蓄能器隔离，封闭的气体被气缸盖加热，这导致压力增加，通常比蓄能器中的压力更高。

Temperature->pressure increase：在两次注入之间的时间内，WV 和控制块之间的气体通道体积被封闭，并且由于气缸盖的温度高于气体温度，气体被加热，从而压力按照物理规律增加。如果压力增加与应有的不同，是故障的症状，会发出警报和气阀关闭，同时，系统中保存了压力日志，这些日志杜宇排除燃气停机原因非常有价值。

Sensor reset：在运转过程中，气体通道中的气体压力变化最大在 40-60bar 之间，传感器的测量范围略宽，为了将压力变化保持在测量范围内，传感器每旋转一圈“reset”一次。从而，传感器测量在相对重置角度期间的压力变化（这意味着传感器不能给出实际压力的任何信息，只有压力变化），如图 20 所示。

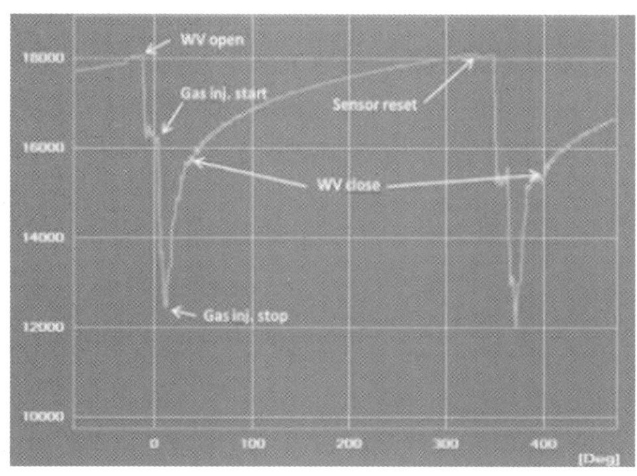

图 20　真实的压力变化曲线

同常规 ME-C 主机 MOP-B 具有“Cyl. events”功能外，双燃料主机在 EMS 电脑上还有另外一个工具 SCSU-SCOPE 记录缸内压力曲线变化和双燃料压力变化曲线，图 21 为正常压力变化趋势图，可以用来评估主机实际运行时有无偏差。

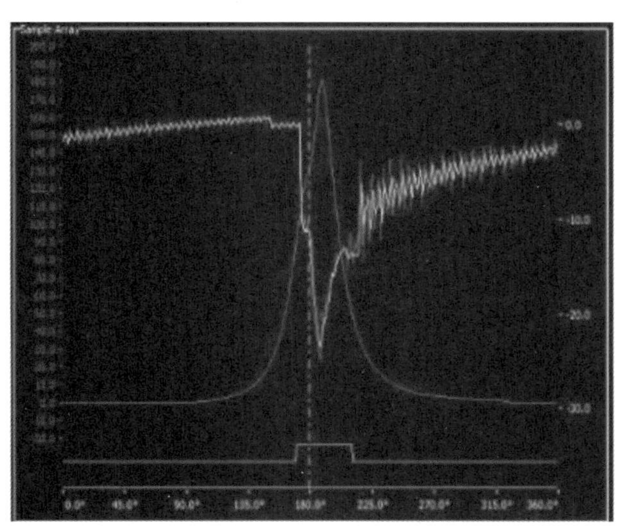

图 21　燃气通道内甲醇压力正常变化趋势图

通过对甲醇双燃料系统的学习，我们掌握了基本工作原理和甲醇模式特性调整，顺利完成了首制机的交验，甲醇双燃料主机的成功建造是我司主机建造史上的重要里程牌，为今后争取市场接单创造了有利条件。

船用低速氨燃料发动机现状及关键技术分析

张印光　辛洪儒　仉　林

(大连船用柴油机有限公司)

摘　要:氨燃料作为一种清洁能源,被越来越多的人所关注,本文立足近年来氨助力航运领域实现低碳转型的背景,通过汇总了国内外现有船用大功率氨燃料发动机应用现状,跟踪 MAN 和 WINGD 研发进展的基础上,对氨作为船用二冲程低速机零碳燃料的关键技术进行了简要分析,并预测随着氨燃料低速发动机研发成功,其增长的速度将超过甲醇燃料的发动机。

关键词:氨燃料;船用发动机;现状分析;关键技术

1　背景

(1)氨燃料是航运业绿色低碳转型的重要手段

世界贸易的 80%(运输载重量)/70%(运输价值量)是由海运业完成的,而全球海运的主动力 80%~90%(功率数)是由船用低速机这一技术产品提供的。据估算,2018 年低速机总消耗的燃油约占国际航运业的 68.4%,排放的 CO_2 经计算约占国际航运业的 68.4%,超过 5 亿吨;排放 NO_x 超过 1 500 万吨,约为占国际航运业的 90%以上;产生的 SO_2 近 700 万吨,约占国际航运业的三分之二。

在全球应对气候变化的背景下,航运业的温室气体排放问题面临的国际和国内压力与日俱增。国际海事组织(IMO)在 2018 年通过航运温室气体减排初步战略基础上, 2023 年 7 月在海上环境保护委员会第 80 届会议(MEPC 80)上,通过了《2023 年 IMO 船舶温室气体(GHG)减排战略》,到 2030 年,国际航运 GHG 年度排放总量相比 2008 年应至少降低 20%,并力争降低 30%,零/近零排放技术、燃料和/或能源的应用在国际航运中占比至少达到 5%,并力争达到 10%;到 2040 年,国际航运 GHG 年度排放总量相比 2008 年应至少降低 70%,并力争降低 80%;2050 年左右国际航运 GHG 实现净零排放。

考虑到航运业是全球贸易的支柱,航运业特别是船舶低速机到 2050 年实现完全脱碳,可谓是重任在肩,使命光荣。

(2)船用低碳/零碳发动机市场广阔,氨燃料低速机潜在需求大

国际远洋航行船舶载重吨位较大、航程较长、靠港频次低、燃料加注相对不便,客观上需要使用能量密度较高的燃料和功率较大的动力装置。目前使用燃料为船用柴油和液化天然气(LNG)。近年来随着双碳战略推进,替代燃料船舶在新船订单中所占比例一路攀升,从 2016 年仅 8%上涨到 2021 年的 32%,2022 年的 55%。2023 年全年总计 1 934 艘 8 220 万总吨新船订单中,有 559 艘 3 470 万总吨为替代燃料。这之中包括 219 艘 1 920 万吨 LNG 动力船,137 艘 1 070 万吨甲醇动力船,48 艘液化石油气(LPG)动力船,以及 129 艘电池/混合动力船。

自 2012 年 WIN GD 和 MAN 首制 DF、GI 主机正式成功交付以来,截至 2023 年末低速机 MAN 和 WIN GD 两大巨头合计双燃料订单 2 073 台,其中 LNG 1 670 台,占比 80.6%,高压 GI 机 670 台,低压 DF 和 GA 机 1 000 台。期间 MAN 开发甲醇、乙烷和 LPG 等多种燃料的二冲程双燃料发动机,并成功实现商业运行和批量生产。

克拉克森模型显示：2050 年航运业实现零排放目标，传统燃料及 LNG 燃料动力船舶将在 2030 年左右加速淘汰，到 2050 年传统燃油动力船舶将基本退出运营。

船用低速机燃料经燃烧后的 CO_2 排放量直接和其燃用燃料的碳含量有关，使用低碳/零碳燃料替换传统化石燃料的高含碳量重油是解决船舶 CO_2 排放最有效最直接的手段。从表 1 可见船用低速机不同替代燃料排放特性。氨燃料经过低速机燃烧做功后的碳排放可以减少 90%以上，但和其他燃料相比 NO_x 的排放量会更大，必须安装后处理系统。

表 1　船用低速机不同替代燃料全生命周期排放特性

燃料类型	分子式	能量密度/(MJ/L)	相对 MGO 所需储罐容积	供给压力/bar	与 HFOTier Ⅱ 相比的排放物减少度/%			
					SO_x	NO_x	CO_2	PM
船用柴油	MGO	35.9	1.0	7~8	—	—	—	—
甲烷	CH_4	21.2	1.7	300(diesel 循环) 15(otto 循环)	90~99	20–30(diesel 循环) 80(otto 循环)	21~24	90
甲醇	CH_3OH	14.9	2.4	10	90~97	30–50	11	90
氨	NH_3	12.7(-33℃) 10.6(45℃)	2.8(-33℃) 3.4(45℃)	80~85	100	满足 Tier II 排放要求	~90	~90
氢气	H_2	8.5	4.2	—	—	—	—	—

联合国气候变化委员会(IPCC)预测长期看新船的建造增长的趋势长期向好，绿色燃料为动力的船舶将快速增长，特别是绿甲醇和绿氨。截至 2023 年末甲醇船用低速机合计 171 台，专利技术全部来自 MAN。克拉克森研究公司目前在其数据库中列出了 15 艘能使用氨燃料的双燃料船舶，其中 13 艘为新造船，船型主要是好望角型散货船和中型气体运输船，其余 2 艘正在进行改装，“氨预留”船舶数量已达到 348 艘。由于氨的零碳属性，越来越多的船东对氨低速双燃料发动机表现出较大的热情，随着其正式商业化必将成为行业新宠。日本商船三井、比利时 CMB 公司已正式选用氨低速双燃料发动机作为公司旗下商船的主机。

2　氨燃料理化特性及绿氨的制备

(1)氨燃料理化特性

氨呈碱性、无色、气味较强。常温常压下呈气态，室温下压力升高至 8~9 个大气压即可被液化。相对密度 0.771 4 g/L，熔点-77.7 ℃，沸点-33.35 ℃，自燃点 651.11 ℃，蒸汽压 1.013 08 MPa (25.7 ℃)。氨的密度比空气轻，大气条件下可以很快扩散，这大大降低了泄漏时发生爆炸与火灾的风险。大气温度时氨气的相对毒性比汽油和甲醇高 3 个数量级左右，浓度超过 300 ppm 时即会危害人体健康，因此氨的密封存储至关重要。此外氨被归类为有毒化学品必须进行规范化管理以减轻其对人类和环境的危险。

目前氨作为广泛应用的化工原料，全球年产量超过 2 亿吨，氨业链与基础设施均已成熟，作为燃料具有大规模推广应用的基础。氨分子式不含碳，是氢能的良好载体(表 2)，运输存储较氢更容易，成本更低廉，被认为是极具前景的碳中和燃料。

表 2　各种替代燃料的理化特性

参数	柴油	甲烷	甲醇	氨	氢
化学式	—	CH_4	CH_3OH	NH_3	H_2
密度/(g/cm^3)	838.8	187	791	730	39.1

表 2(续)

参数	柴油	甲烷	甲醇	氨	氢
辛烷值	—	120	112	130	130
低位热值/(MJ/kg)	42.7	50	19.9	18.6	120
最小点火能量/mJ	—	0.29	0.14	8	0.02
汽化潜热/(kJ/kg)	270	—	1 109	1 371	445.6
理论空燃比	15.14	14.4	6.5	6.14	34.8
着火温度/K	503	859	742	930	773

(2)绿氨的制备

工业制氨绝大部分是在高温(573~873 K)、高压(10~35 MPa)和催化剂(铁系,活性组分为单质铁)条件下,由氮气和氢气按哈珀法(Haber-Bosch)工艺合成制得。

内燃机零碳技术的本质是燃烧碳中和燃料实现全生命周期的零碳排放。制取绿氨的氮气主要来源于空气,氢气主要来源于水的电解。通过绿电(太阳能、风能、水能等可再生能源发电)电解水得到绿氢(H_2),绿氢和氮气(N_2)合成得到绿氨(NH_3)。

3 MAN 和 WIN GD 研究现状

全球目前研发氨低速双燃料发动机的企业主要包括 MAN、WIN GD 以及 J-ENG 三家公司,均采用狄塞尔循环。柴油作为微喷引燃油,引燃具有较高燃点的氨燃料;氨冷却加压至液态,加压至 85bar,其燃烧主要以高压喷雾射流火焰扩散燃烧为主,功率输出可以与柴油机持平。

由于氨为含氮燃料,且采用狄赛尔循环,使得氨低速双燃料发动机的 NO_x 排放也不能达到 Tier Ⅲ,同时燃烧过程产生的 N_2O 以及未燃氨气需要关注。N_2O 主要通过燃烧参数优化或结合后处理装置进行去除,而未燃氨气则与废气中的 NO_x 一同由 SCR 去除。

(1) MAN 氨燃料主机开发计划

MAN 公司从 2019 年开展氨燃料燃烧特性的研究,在双燃料的产品平台 4T50ME-X 测试发动机上,采用缸内 600~700 bar 氨直喷、柴油引燃的燃烧方式进行应用测试。MAN 试验机用氨燃料加注、燃料罐由 MAN 设计,外包制作;燃料供应单元(含控制系统)、供应阀组单元 FVT 由丹麦 Fueltech 公司设计、制作,2019 年第一季度在 MAN 测试发动机进行了在线测试,并对其与氨燃料的适用性进行了评估。2023 年 7 月,MAN 公司宣布其在哥本哈根研究中心的测试发动机上成功完成了氨燃料单缸机的首次运行,目前单缸机已完成 400 余小时试验。目前正按计划推进四缸试验机整机试验。

工程样机的试验和性能测试目前已按计划在发动机制造商日本三井制造的 7S60 发动机上进行验证。台架试验完成后将安装在一艘日本建造的新造船上,并预计将从 2027 年起实现更广泛的商业应用。目前 MAN 公司接受船东单个产品订单,据悉以色列 EPS 船东正在和中国船舶集团青岛北海造船有限公司(简称青岛北船)新造 21 万散货船订单拟采用 6G70 氨燃料发动机开始洽谈。

(2) WIN GD 氨燃料发动机的开发计划

WIN GD 公司从 2022 年第二季度开展氨燃料燃烧特性的研究,2023 年末已完成定容装置氨燃料燃烧试验以及燃烧仿真模型的标定。氨燃料供应系统(AFSS)、供应阀组单元(FVU)将由阿法拉阀公司供货。目前在瑞士温特图尔正在按计划开展氨燃料液压喷射器试验和单缸机试验,并计划 2024 年年末在上海开展氨燃料多缸机(RTX8)试验验证。

2022 年 6 月份的波塞冬海事展上，现代重工与 WIN GD 合作开发氨燃料船用发动机，计划在 2025 年向市场推出首台 WIN GD6X52DF-A 氨燃料动力二冲程发动机。2023 年 1 月 31 日，WIN GD 宣布与 CMB. TECH 开展合作，共同开发大型氨燃料船舶发动机，并和青岛北船、中船发动机有限公司青岛本部签订四方协议，首台氨双燃料 X72DF-A 发动机计划 2025 年年中完成性能测试、试验验证和台架试验，并安装在青岛北海造船建造的 21 万吨散货船上。

4 船用低速氨燃料发动机关键技术分析

氨内燃机研究和应用可以追溯到 20 世纪 30 年代。第二次世界大战期间，由于石油短缺，氨燃料火花点火内燃机开始用于军事用途。进入 21 世纪后，随着温室效应加剧，氨内燃机的研究又重新展开，但点火难与燃烧慢的问题提高了氨内燃机的开发难度。为了解决氨燃烧难的问题，氨内燃机往往需要与其他高活性燃料混合燃烧，才能获得优良的燃烧和排放性能。目前氨燃料在发动机上的应用研究多采取高活性燃料引燃的方式，常见的高活性燃料包括柴油、二甲醚、氢气等。

氨内燃机实现高效清洁燃烧需解决以下关键科学和技术问题：

（1）高温高压宽浓度范围下氨燃料燃烧化学反应动力学机理

国际上对于氨燃料内燃机条件下燃料燃烧热解、氧化和 NO_x 生成机理的研究起步较晚，尚无适用于高温、高压、宽浓度范围下的氨燃料燃烧化学反应动力学机理。和其他燃料相比，一方面氨活性较低，最小点火能量高，燃烧稳定性较差，使得其自身在低热力学状况下的层流火焰速度及滞燃期测量难度极大，另一方面，为获取高热力学状况条件下火焰速度及滞燃期，需借助快速压缩机、激波管等燃烧器形成高温高压的初始热力学状况，难点在于形成基础燃烧所需的稳定精确的高温高压热力学状况[1]。

（2）氨内燃机高效清洁燃烧组织技术

目前以 LNG/LPG 和甲醇等为代表的船用二冲程低速发动机已批量装船营运，在低负荷情况下，点火油的比例基本上超过了 5%。相比于传统碳氢燃料，氨气反应活性低、自燃温度高，其层流火焰速度低、最小点火能高，引燃油的数量、喷入定时、与氨燃料的喷射的夹角，是确保氨在缸内高效燃烧的关键因素；同时氨的汽化潜热大，燃烧后缸内温度低，导致 N_2O 生成的概率大，同时氨燃烧不充分，氨逃逸无法避免，氨燃料的清洁燃烧和其他双燃料相比显得更加重要。

（3）氨内燃机尾气含氮多污染物融合催化处理关键技术

氨燃料的元素成分和独特的燃烧模式，导致高浓度 NO_x、氨逃逸以及 N_2O 等含氮污染物的排放。N_2O 不仅对地球气候产生显著影响，而且其在大气中存在时间长达 100 年以上，对热量的吸附作用极强，其温室效应是 CO_2 的近 300 倍，其排放水平可能会抵消使用氨作为燃料的大部分二氧化碳效益，这仍然是采用氨作为燃料的潜在障碍。因此氨燃料发动机要利用后处理技术，将 NO_x、N_2O 和氨逃逸降至法规规定的范围以内。尽管氨可以作为 NO_x 后处理的还原剂，但仍需考虑开发针对氨燃烧特性的高效、耐久 SCR 装置。另一方面，尾气中未燃氨会散发出刺激性气味，因此在尾气处理中还必须考虑采用吸附、催化氧化/催化分解等技术来大幅度降低氨进入大气环境的比例，实现对大气环境的零影响。

（4）氨作为船用燃料相关安全防护设计技术

由于氨具有毒性、腐蚀性、可燃性等特点，船上应用时在储存系统、供应系统、加注设施以及发动机等方面均须采取防护措施，应采用独特的系统设计、开展额外的专业培训和制定完善的标准指南降低氨在船舶应用上的风险。由于氨常温下会迅速气化、有一定毒性并具有刺激性气味，其安全措施不能简单照搬过去的 LNG/LPG 或者甲醇储存系统，须从主动和被动防护两个方面加强安全设计，并充分考虑泄漏后的保护措施。

液氨作为船用燃料的储存和燃料供应系统须考虑船舶碰撞安全问题。由于氨对人类和海洋生物的毒性很高，极易水溶，且对空气质量和环境有恶劣影响，使用氨作为船用燃料需要进行安全规范，并制定适用特殊船舶设计要求和安全手册以避免氨泄漏，并在发生事故的情况下控制氨燃料的潜在泄漏。

(5)氨作为船用燃料相关法规和规范的修改和补充

作为一种重要的化工原料,氨有着丰富的工业使用经验,但氨作为燃料应用不多,目前船用氨燃料发动机和氨燃料电池的研究及应用均处于起步阶段。由于氨具有一定毒性,《国际散装液化气体船舶构造与设备规则》(IGC 规则)规定属于有毒货品的货物不允许用作燃料,因此在目前 IGC 规则框架下,液氨运输船不允许以货物作燃料;《使用气体或其他低闪点燃料船舶国际安全规则》(IGF 规则)方面,目前适用的燃料也不包括氨燃料。2022 年以来 DNV、LR、ABS、CCS 等船级社编制的《船舶应用氨燃料指南》陆续正式对外发布。整体来说,氨作为船舶燃料目前在技术法规方面急需补充完善。

(6) 氨内燃机零部件防腐技术

美国科埃帕默公司[2]针对氨与不同材料的相容性研究表明,铜、黄铜、青铜、钛、氟橡胶、天然橡胶被严重腐蚀;而 304 不锈钢、316 不锈钢、铝、碳钢、铸铁、丁腈橡胶、全氟橡胶、氯丁橡胶等受氨气影响微弱。国外专家[3]还针对氨与润滑油的相容性进行了研究,发现润滑油受氨气影响较小,其变质程度与使用碳氢燃料相当。已有的研究表明,氨应用于发动机时需更换包含铜、锌合金的少部分零部件,以及某些橡胶密封件,除此之外,常规发动机设计可以满足氨在发动机上的使用。

上述研究绝大部分限于试验室层面,考虑到船舶运行环境、航程、可靠性等特殊要求,氨内燃机零部件防腐技术、可靠性的技术将随着营运时间累积不断地深入和优化。

3 结束语

航运业公共和私营部门正在形成一种共识,即到 2050 年实现完全脱碳,与《巴黎协定》将全球平均气温升幅控制在工业化前水平以上 1.5 ℃范围内的目标保持一致。DNV GL 预测,碳中性的氨和甲醇将是最具前景的替代燃料。到 21 世纪中叶,超低硫燃油、船用柴油等传统燃料和过渡燃料液化天然气将迅速减少甚至将逐渐淡出市场,氨和甲醇将成为新造船和改装船最具前景的燃料。

目前甲醇燃料的动力船已发展成熟,市场的增长速度已超过 LNG。氨在船上的应用尽管处于起步阶段,但其利用可再生电力可以廉价且大规模地生产绿色氨,无须使用任何生物质,同时氨所包含的能量足以覆盖船上的燃料需求,因此绿氨被认为是下一步打造零碳海运业最具潜力的燃料选项。目前对于远洋船舶动力而言,氨燃料发动机尚未商业化之前,二冲程甲醇燃料的发动机将快速增长。随着 MAN 和 WIN GD 的成功研发,可以预见在不久的将来氨燃料二冲程发动机增长的速度将超过甲醇燃料的发动机。

参考文献

[1] 帅石金,王志,马骁等. 碳中和背景下内燃机低碳和零碳技术路径及关键技术[J]. 汽车安全与节能学报, 2022,12(4):417-439.

[2] Cole-Parmer Instrument Company. Chemical compatibility database, ammonia, anhydrous [EB/OL]. [2021-12-25]. https://www.coleparmer.co.uk/Chemical-Resistance.

[3] GRAY J T J, DIMITROFF E, MECKEL T, et al. Ammonia fuel engine compatibility and combustion[J]. SAE International, 1967, 75(1):785-807.

DMD低速船用柴油机油漆配套发展过程

崔新全　李东超　于英男　王　鹏

（大连船用柴油机有限公司）

摘　要：船用低速柴油机油漆的选型对主机的防腐性能起着至关重要的影响，大连船用柴油机有限公司低速柴油机生产历史40余年，经历过3次的油漆配套选用，目前正着手进行第4次油漆配套的选型，选型工作须经过严谨的理论研究和试验验证，特别是主机内部油漆选型，一定要做好前期准备。

关键词：国产化；低速柴油机；油漆

0　序言

船舶低速柴油机机座、机架钢结构件在生产制造过程必须进行防腐处理，经过多年生产总结结构件焊接后喷砂处理，内部喷涂耐温耐油白色油漆，外部喷涂耐水耐油规定颜色油漆。选择满足船舶低速柴油机涂装所用的材料及基本工艺参数称为油漆配套，选择配套方案需考虑因素较多，首先考虑油漆配套应满足最基本服役条件：耐温、耐油、耐水、耐冲击、耐磨损、保色和流平性能等。还有生产厂家资质和产品质量稳定性以及良好售后服务；其次要考虑施工方便性：固化速度要快，尤其要满足冬季低温施工环境条件要求、满足不同施工方式（喷涂、刷涂、滚涂），同时考虑油漆涂覆兼容性；再次要考虑满足环保要求，气味温和，固体含量高、化学成分对人危害较轻，应选对环境和人友好型油漆；最后考虑施工综合费用及材料成本要低。综合满足上述条件要求油漆配套还需要办理设计专利的认可。办理认可需要对所选油漆进行前期试验和试用，验证油漆各项性能及工艺参数，再逐渐推广应用。选择适合油漆配套方案是一项高技术含量和高风险的工作，选择不当会给公司带来许多麻烦。因而需慎重，不能急于求成，现非常有必要科普一下我司低速船用柴油机油漆配套发展过程，便于从中总结经验教训。

1　20世纪80年代早期油漆配套（第1次低速船用柴油机油漆配套选型）

低速船用柴油机内外表面均采用国产大连油漆厂S06聚氨酯底漆和S04聚氨酯面漆，这两种脂肪族聚氨酯油漆属于高档配置，耐油、耐温、耐化学品、性能优良，具有较好保光保色性能，但也有不足，油漆沉淀较重，出现化学成分偏析，影响整体性能发挥，再则固化剂暴露空气中容易吸收水分产生化学反应。底材处理要求更加苛刻，稍有忽视就会出现质量问题，高性能油漆需要配备高质量底材处理（吃细粮），当时除锈能力采用机械打磨方式，严重制约涂装质量，而且价格偏高，DMD施工环境又满足不了油漆正常施工要求，而且受相关工序影响较重。

2　20世纪90年代中期油漆配套（第2次低速船用柴油机油漆配套选型）

第1次油漆配套曾有过油漆漆膜大面积脱落的经验教训，因此进行第2次油漆配套改进，分别对3家（IP、

JOTUN、HEMPEL)著名合资品牌油漆进行调研。最终采用柴油机内外表面为 HEMPEL 厂家醇酸系列油漆配套。具体油漆配套为内部 1320 厚浆醇酸+5242 曲柄箱专用漆(醇酸),总干膜厚度为 120 μm;外部 1320 厚浆醇酸+5214 机房醇酸磁漆,总干膜厚度为 120 μm。

其价格便宜,可以满足冬季北方低温施工,油漆漆膜能够固化,且属于低档配套,船舶停泊后柴油机拐挡内部产生昼夜温差,易产生结露,产生冷凝水,造成滑油中含有水份,内部油漆耐水性能差,造成油漆起泡。醇酸漆通过氧化聚合反应实现固化,固化期期限长,不耐切削液浸泡,未完全固化易产生漆膜变软,变黄现象。

3 2002 年后油漆配套(第 3 次现用船用柴油机油漆配套选型)

第 2 次配套曾有过机座油底壳油漆被切削液侵蚀剥落的问题,为解决油底壳内部油漆耐切削液进行第 3 次更换油漆配套。柴油机内部采用 HEMPEL 海虹 45141/45143 环氧油漆配套,干膜厚度为 150 μm(75+75 μm)。柴油机外部油漆配套不变仍为 1320+5214 醇酸系列配套,干膜厚度为 100 μm(60+40 μm)这种柴油机内部环氧油漆+外部醇酸油漆的配套。

成本与历史比较来看,此内部配套处于中档水平。45143 环氧油漆配套可实现低温-10 ℃固化,充分贴合 DMD 现有涂装环境条件,与此同时,环氧油漆配套提升耐水性能,第 3 次调整后的油漆配套已经执行 20 余年,油漆质量稳定可靠;能够满足 DMD 现有施工环境条件需求,但外表面醇酸类油漆属于氧化聚合反应干燥类型油漆,完全固化期限略长,漆膜较软、不耐挂碰,机加工易造成漆膜损伤,需要进行补漆处理,但此漆优点是修补效果比较好,漆膜软易打磨平整,油漆流平性能极好。此漆为单组份,不受固化剂配比不当的影响,同时没有混合有效期限,可以重复利用。

4 2022 年以来柴油机外部油漆国产化验证(第 4 次未来油漆配套选型)

此次油漆配套调整背景是油漆材料普涨,独家供应形成垄断。此次油漆配套调整目的是实现双方案防止油漆商垄断,新方案既可作为技术储备,又可增强企业采购话语权。

油漆配套调整、油漆国产化将围绕以下降本增效目标展开:落实柴油机外部表面油漆由醇酸系列向环氧系列转变,缩短油漆完全固化期限,提升生产进度;就地就近采购,减少库存费用,方便库存管理;减少油漆种类,方便施工,减少油漆材料浪费和方便库存管理。

选择油漆配套需进行相关试验,试验验证低温固化效果,验证油漆气味,验证油漆漆膜耐水、耐冷却剂、耐滑油等性能,同时做相关附着力检验。根据试验情况,通过油漆性价比、厂家综合能力、售后服务保障能力等方面综合考虑油漆厂家及油漆产品。选择合适的油漆厂家及油漆产品进行非柴油机产品的试用,进行工艺评定并需获得柴油机专利设计公司 LOD 认可。

现在已进行了三棵树涂料股份有限公司(简称成都三棵树)、辽宁宝山生态涂料有限公司(简称辽宁宝山)、大连海鸥涂料制造有限公司(简称大连海鸥)、厦门双瑞船舶涂料有限公司(简称厦门双瑞,也称 725 研究所)等 4 家油漆生产厂家的油漆配套进行试验,重点对厦门双瑞、辽宁宝山,大连海鸥 3 家的油漆进行试验:厦门双瑞 725-H06-51 国产环氧油漆性能试验投入较多精力,厦门双瑞的技术人员和 DMD 工艺人员共同进行多次冬季低温试验。

厦门双瑞环氧油漆常温 10 ℃以上,固化速度与 HEMPEL 环氧漆 45141(合资品牌油漆)相近,油漆服役性能也较好。

低温固化试验在-5 ℃左右环境条件,固化速度慢,较 HEMPEL 环氧漆 45141 相差 1 倍;

低温固化试验在-5~-10 ℃环境条件下,固化速度慢,较 HEMPEL 环氧漆 45143 油漆相差 2 倍左右;

低温固化试验在-10~-15 ℃环境条件下,固化速度更慢,较 HEMPEL 环氧漆 45143 油漆相差 3 倍左右。

总之厦门双瑞环氧油漆采购成本优势突出,但冬季期间厦门双瑞环氧油漆固化速度相对较慢,在没有加热装置的施工条件下,冬季期间厦门双瑞环氧油漆满足不了生产进度要求。

成都三棵树油漆以建筑用漆为主,船舶用漆方面经验不足,成本方面没有优势。

大连海鸥油漆是老牌产品，工艺改进不多，其环氧漆固化速度稍慢，冬季低温固化效果、喷涂后成型和油漆气味缺乏优势，并且厂家管理质量稳定性不足。

辽宁宝山油漆，通过环氧底漆 BS-HD153+环氧面漆 BS-HD154 以及环氧底漆 BS-HD153+ HEMPEL 环氧漆 45141 的油漆配套试验，满足 MAN 规范要求并获得 LOD 认可(图 1)，可用作主机外部油漆。

MAN Energy Solutions

LOD (List of Differences)　　Page (1) of (1)

Licensee information			
Licensee:	DMD	LOD No.:	DMD-LOD-078
Engine type:	All engines	Info No.:	
Engine No.:		Structure No:	
Description:	paint of outside engine		
Design Spec.:	☒ General or ☐ Specific Nos.:		

MAN ES design — Drawing No.:　　Licensee execution — Drawing No.:

According to MAN Production recommendation 0743357-9, Hempel's Hempalin primer 1205 and Hempel's final paint Hempalin enamel 5214 on components surfaces,outside engine. -"2 outside" indicated on page 4 of 0743357-9.

The alkyd paint films are very soft and cured time is very long. Application is difficult

DMD plan to use epoxy paint on components surfaces, outside engine -"2 outside" indicated on page 4 of 0743357-9. DMD have the epoxy paint matching recommendation.

HEMPEL's Hempadur 45141/45143 epoxy primer and Baoshan Coating's BS-HD154 epoxy bottom integrated anticorrosive paint. Total NDFT is 120 μm

The epoxy paint films are hard and cured time is short. Application is easy. Excellent chemical resistance and water resistance, excellent corrosion resistance. During the COVID-19 pandemic, in order to get more paint principles, so we hope this epoxy paint matching recommendation is accepted.

Reference:

1. Product data sheet of Baoshan Coating's BS-HD154.
2. Product data sheet of HEMPEL's 45141/45143.
3. Workpiece test result of DMD.

Reason: ☒ Licensee's production ☐ Subsuppliers production ☐ Cost down ☐ Tools
Interchangeability w. MAN ES design: ☒ Yes ☐ No
Non-conformity Report (NCR): (only MAN ES-DK) ☐ Yes
Certified by Licensee: Initials Liuxinfang Date: 20220613

MAN ES comments

LOD: ☒ Accepted as alternative execution (MAN ES undertake responsibility) ☐ No objection (Licensee undertake responsibility) ☐ Not acceptable
NCR: ☐ Approved (For obtaining customers formal acceptance) ☐ Conditionally approved (Licensee undertake responsibility) ☐ Rejected
Certified by MAN ES: Initials ASWA Date: 2022/06/29

MAN ES ref.:	EEEE1/ASWA/21489-2022	Date: 2022/06/29
Licensee ref.:	Email	Date: 2022/06/13

MAN Energy Solutions

LOD (List of Differences)　　Page (1) of (1)

Licensee information			
Licensee:	DMD	LOD No.:	MAN-LOD-079
Engine type:	All engines	Info No.:	
Engine No.:		Structure No:	
Description:	paint of outside engine		
Design Spec.:	☒ General or ☐ Specific Nos.:		

MAN ES design — Drawing No.:　　Licensee execution — Drawing No.:

According to MAN Production recommendation 0743357-9, Hempel's Hempalin primer 1205 and Hempel's final paint Hempalin enamel 5214 on components surfaces,outside engine. -"2 outside" indicated on page 4 of 0743357-9.

The alkyd paint films are very soft and cured time is very long. Application is difficult

DMD plan to use epoxy paint on components surfaces, outside engine -"2 outside" indicated on page 4 of 0743357-9..

Baoshan Coating's BS-HD153 epoxy primer and Baoshan Coating's BS-HD154 epoxy bottom integrated anticorrosive paint. Total NDFT is 120 μm

The epoxy paint films are hard and cured time is short. Application is easy. Excellent chemical resistance and water resistance, excellent corrosion resistance. During the COVID-19 pandemic, in order to get more paint principles, so we hope this epoxy paint matching recommendation is accepted.

Reference:

1. Product data sheet of Baoshan Coating's BS-HD153.
2. Product data sheet of Baoshan Coating's BS-HD154.
3. Workpiece test result of DMD.

Reason: ☒ Licensee's production ☐ Subsuppliers production ☐ Cost down ☐ Tools
Interchangeability w. MAN ES design: ☒ Yes ☐ No
Non-conformity Report (NCR): (only MAN ES-DK) ☐ Yes
Certified by Licensee: Initials Liuxinfang Date: 2022-06-13

MAN ES comments

LOD: ☐ Accepted as alternative execution (MAN ES undertake responsibility) ☒ No objection (Licensee undertake responsibility) ☐ Not acceptable
NCR: ☐ Approved (For obtaining customers formal acceptance) ☐ Conditionally approved (Licensee undertake responsibility) ☐ Rejected
Certified by MAN ES: Initials GNKU Date: 2022-06-29

MAN ES ref.:	EEEE1/GNKU/21476-2022	Date: 2022-06-29
Licensee ref.:	Email	Date: 2022-06-10

图 1　LOD 认可

5　国产油漆在主机试用后的后续打算

主机外部油漆配套环氧底漆 BS-HD153+环氧底面漆 BS-HD154，针对有内外表面区分涂漆要求的施工流程(机座、机架等)可暂时先按下面配套进行试用(先试用国产环氧油漆在主机外表面替代现在的醇酸油漆配套)：

工艺流程，清理工件表面的油污等杂物→整体喷砂处理→清砂→防护→先喷涂内部底漆 45141/45143→喷涂外部底漆 BS-HD153→表干后→找漏补涂内外底漆→在重涂间隔要求范围内先喷涂内部环氧面漆 45141/45143，再喷涂外面漆 BS-HD154 (根据技术协议确定颜色)→漆膜干燥后→交验。

上述试用结果成熟后再继续推进更换主机内部油漆配套，推广辽宁宝山环氧底漆 BS-HD153+环氧底面漆 BS-HD154 作为主机内部油漆配套。试用 5 台主机并运行 1 年后办理专利公司认可。这样才完成油漆国产化全部工作。

6　主机外部表面采用环氧油漆替代醇酸油漆过渡期注意事项

(1)提前策划，统一协调明确首试机型(从哪台机开始)应用环氧油漆替代醇酸油漆，提前 1~2 月通知配套厂，做好控制醇酸油漆库存量。

(2)技术部修改技术协议，采购部及早下发新技术协议，条件允许可组织培训，外协配套厂根据 DMD 技术协议要求，主机外部油漆种类由原来醇酸系列改成环氧系列，外协配套产品外部表面涂漆必须采用环氧系列油漆，能够实现采用辽宁宝山 BS-HD153+BS-HD154 为首选，其次采用海虹环氧类，依次可选 45141/45143 或 15400，采用其他种类品牌环氧油漆需提前通知 DMD 确认。

(3)建议配套产品提供外部表面油漆种类标识或提供有关证明资料。采购部门和质量部门做好相应管控(重点关注产品:机架大门、罩壳、扫气箱、空冷器、走台及围栏、管系、缸体、缸盖、排气阀、油缸、管卡子、电缆卡子、ECC 支架等带有外部油漆的产品)。

(4)工件入厂后补漆,能够确认是环氧漆,采用 BS-HD154 环氧漆补漆。不能够确认是环氧漆,采用海虹醇酸漆 52140 补漆。

(5)过渡期:3 个月,以本作业指导书生效之日起计算。过渡期内,尽快开始使用环氧类油漆。过渡期后,主机外部表面将全部使用辽宁宝山 BS-HD153+BS-HD154 环氧类油漆。

(6)过渡期内生产管理部为船厂提供的主机外部油漆,暂定海虹醇酸漆 52140;过渡期之后对以前建造的主机需要提供船厂油漆种类由工艺员确认,再决定发运油漆种类;对完全可以确认的生产管理部为船厂提供的主机外部油漆将改为辽宁宝山 BS-HD154 环氧类油漆。

甲醇双燃料主机燃气模块串洗、气密性技术研究

蔡明科　李　屹　于金平　周锦闯

大连船用柴油机有限公司

摘　要:甲醇主机与常规主机比较,最明显的区别之一就是在缸盖上增加了甲醇燃气模块,此模块不仅控制甲醇的供给,同时也控制着控制油、低压密封油和高压密封油的供给。在主机运行过程中,为防止甲醇燃气模块中各系统通道内存在的杂质进入 WINDOW 阀、多动阀以及 BLOWOFF 阀等阀件中从而造成阀件损伤,因此对甲醇模块中各系统油道的串洗,保证滑油通道的清洁度是至关重要的。另,在此模块上不仅布置了控制甲醇的供给的 WINDOW 阀,还有控制甲醇返回的 BLOWOF 阀、控制控制油供给的多动阀,特别是在 6 号缸还增加了的氮气供给 817 阀、818 泄放阀、819 气体探测阀和甲醇主通道中 892 阀等。这些阀件与燃气模块之间的密封性是否良好,以及阀件本身是否能够正常动作直接影响到主机能否正常运行,因此在预装过程中对甲醇模块中各阀件进行气密性试验是十分必要的。

关键词:清洁度;密封性;分析研究

1　前言

6G50MEC9.6 LGIM+EGRBP#1 甲醇主机是我公司承接的首台双燃料主机,也是全国首台双燃料柴油机,此台主机的建造标志着我厂从单燃料主机向双燃料主机迈出了历史性的一步。近年来我公司积极响应国家"双碳"战略号召,大力打造新质生产力,全力推进绿色转型升级,成为国内最早具备甲醇双燃料主机批量建造能力的船舶动力制造企业。在扩大产量的同时,我们始终将"为客户提供高质量产品"为宗旨,以诚信、严谨、创新、谦恭的态度针对甲醇主机建造过程中的每一个工序、每一个环节。特别是缸盖上的甲醇燃气模块,内部不仅有滑油通道还有甲醇通道,并且在甲醇燃料模块外部还布置了负责甲醇定时供给喷射的 WINDOW 阀以及负责甲醇定时返回的 BLOWOFF 阀,特别是最后一个缸的甲醇模块上还装配了负责甲醇通道吹扫的氮气供给 817 阀、818 泄放阀、819 气体探测阀和甲醇主通道中 892 阀等。因此,为了确保甲醇燃料模块内部通道的清洁,防止通道中因装配过程中残留的杂质及硬质颗粒,对各阀件造成损坏,对甲醇燃料模块中各系统油道进行串洗是至关重要的。另,在确保此甲醇燃料模块上布置的 WINDOW 阀、BLOWOF 阀和控制油供给的多动阀,特别是在 6 号缸的吹扫块上布置了更多的功能性阀件,这些阀件运行状态是否良好直接影响到主机能否正常运行,因此在地面预装过程中对甲醇燃料模块中各阀件进行气密性试验是十分必要的。

2　研究内容与技术方案

2.1　研究目标与技术指标

2.1.1　研究目标

通过深入研究甲醇燃料模块的结构和工作原理,阅读大量资料,与行业专家深入交流,不断探索创新,经过

数次试验和分析,形成甲醇燃料模块滑油通道串洗工艺,设计出串洗工装,开发出自带清洁度检测仪的串洗工作站,利用这些手段攻克了精密阀件清洁度控制难题,有效保障甲醇燃料模块内部的清洁度。

在气密性试验方面,由于甲醇燃料的易燃易爆特性,在地面预装过程中对主机管路及各阀件的气密性要求极高。因此,在明确甲醇燃料模块上各阀件功能及作用的基础上,掌握各阀件的工作原理、开发气密性试验工作站、设计试验工装等,通过多种手段来保障甲醇燃料模块各阀件及各结合面的气密性,实现主机运行中氮气、控制油、密封油等多种介质精准供给。

2.1.2　技术指标

通过解读 MAN 提供的技术文件和专利图纸,掌握专利图纸技术要求以及其设计思路,剖析甲醇燃料模块中控制油、高压密封油和低压密封油的油道结构及运行路线,编制适用于我公司的甲醇燃气模块串油工艺,利用技术交底将串洗工作中的技术要求、重点、难点向施工人员进行宣贯,指导施工人员逐步完成串洗工作;绘制串洗工装,旁通 WINDOW 阀、多动阀等精密阀件,避免赃物进入工件相对运动间隙中从而导致多动阀、WINDOW 阀、BLOW-OFF 阀等阀件损伤或损坏;同时设计出自带清洁度检测仪的串洗工作站,利用串洗工作站的运行,促使滑油在各系统通道中循环,并及时检测滑油的清洁度,确保滑油清洁度满足技术要求。在工艺文件、工装以及新型工作站的共同推动下实现甲醇模块串洗工作,达到甲醇模块滑油通道清洁的目的。

其次,为确保甲醇燃料模块上的 WINDOW 阀等各阀件在主机运行过程中能够正常工作,因此需要在预装阶段对甲醇燃料模块上的各阀件进行气密性试验。所以,需要深入解读 MAN 提供的技术文件和专利图纸,掌握专利图纸技术要求以及其设计思路,熟悉甲醇燃气模块上 WINDOW 阀、BLOWOF 阀、多动阀等阀件的功能与作用,形成甲醇燃料模块气密性试验工艺文件,并提前向施工人员做技术交底工作,将气密性试验的技术要求、技术要点、施工重点以及难点全面提前向施工人员宣贯,指导施工人员有条不紊地完成气密性试验工作。根据 MAN 的技术要求设计出甲醇燃料模块气密性试验工作站,利用此工作站可将氮气、控制油、低压密封油以及高压密封油按照工艺要求提供给燃料模块,并通过工作站中阀件控制箱实时控制各阀件的开启和关闭,从而确保气密性试验能够顺利进行。

2.2　主要研究内容与关键技术

2.2.1　主要研究内容

(1)形成甲醇燃料模块滑油通道串洗工艺。

(2)形成甲醇燃料模块气密性试验工艺。

(3)绘制出串洗工装。

(4)设计自带清洁度检测仪的串洗工作站。

(5)设计气密性试验工作站。

2.2.2　关键技术

1. 详细解读主机相关技术文件和图纸,掌握甲醇燃料模块的设计思路

通过阅读大量技术资料,深入研究甲醇燃料模块的工作原理,掌握整体甲醇主机的技术要求,从而明确甲醇燃料模块的设计思路,真正的了解整个甲醇燃料模块串洗工作的施工重点和难点,对甲醇燃料模块串洗工作的执行能够起到很好的提醒、指导作用,也能够更好地做好甲醇燃料模块串洗工作。

2. 形成甲醇燃料模块串洗工艺

根据甲醇燃料模块内部油道的结构特点及工作原理,编制甲醇燃料模块串洗工艺,明确甲醇燃料模块在串洗过程中工装装配和串洗技术要求等各工序的技术要求和注意事项,指导施工人员高效、准确地完成串洗工作任务。

3. 形成甲醇燃料模块气密性试验工艺文件

根据甲醇燃料模块上各阀件的功能以及开关顺序,编制甲醇燃料模块气密性试验工艺文件,明确甲醇燃料模块在试验过程中的工装装配、试验操作等各工序的技术要求和注意事项,指导施工人员高效、准确地完成气密性试验工作。

4. 绘制串洗工装

根据甲醇燃料模块中油道的结构特点及各接口的尺寸要求，绘制出相应的串洗工装，旁通 WINDOW 阀、多动阀等精密阀件，避免赃物进入工件相对运动间隙中从而导致多动阀、WINDOW 阀、BLOW-OFF 阀等阀件损伤或损坏。

5. 开发出自带清洁度检测仪的串洗工作站

此工作站自带日用油箱、驳油泵和滑油清洁度检测仪。通过此工作站的运行，促使滑油在滑油通道中循环，并能够及时检测滑油的清洁度，确保滑油清洁度满足技术要求。

6. 设计气密性试验工作站

根据 MAN 的技术要求设计出甲醇燃料模块气密性试验工作站，利用此工作站可将氮气、控制油、低压密封油以及高压密封油按照工艺要求提供给燃气模块，并通过工作站中阀件控制箱实时控制各阀件的开启和关闭，从而确保密封性试验能够顺利进行。

2.3 总体技术方案及实施过程与效果

2.3.1 总体技术方案

通过对甲醇主机技术资料和图纸的解读及深入消化，掌握甲醇燃料模块的工作原理，剖析甲醇燃料模块的结构，形成甲醇燃料模块滑油通道串洗工艺，利用技术交底契机将串洗工作中的技术要求、工作重点以及工作难点向施工人员进行宣贯，指导施工人员逐步完成串洗工作。其次，根据甲醇燃料模块各系统通道进出口的尺寸以及阀件的结构特点绘制出串洗工装，旁通 WINDOW 阀、BLOW-OFF 阀等相关阀件，避免赃物进入工件相对运动间隙中而导致多动阀、WINDOW 阀、BLOW-OFF 阀等阀件损伤或损坏。最后，根据甲醇燃料模块的串洗原理，设计出自带清洁度检测仪的串洗工作站，利用串洗工作站的运行，促使滑油在工艺要求的压力和温度下在甲醇燃料模块内部的控制油通道、高压密封油通道以及低压密封油通道中循环串洗来清除燃料模块中建造或装配过程中产生的细小杂质颗粒或其他赃物，从而达到确保燃气模块滑油通道清洁目的。

熟悉甲醇燃料模块上 WINDOW 阀、BLOWOF 阀、多动阀等阀件的功能与作用，理顺各阀件的开关顺序，形成甲醇燃料模块气密性试验工艺文件，利用技术交底契机将密封试验的技术要求、施工重点以及难点全面提前向施工人员宣贯，指导施工人员有条不紊完成密封性试验工作。根据 MAN 的技术要求设计出甲醇燃料模块密封性试验工作站，利用此工作站可将氮气、控制油、低压密封油以及高压密封油按照工艺要求提供给燃料模块，并通过工作站中的控制箱实时控制各阀件的开启和关闭，从而确保密封性试验能够顺利进行，确保阀件正常动作，为后续主机正常运行打下基础。

2.3.2 施工过程

1. 通过解读甲醇主机相关技术文件和图纸，设计串洗和气密性试验工装

通过对甲醇主机燃料模块的图纸和技术文件深入解析，掌握甲醇燃料模块内部低压密封油、高压密封油、低压补给油及控制油等各油道的布局结构以及接口形式，绘制适合各系统的串油工装，利用各种工装来旁通甲醇燃气模块上的各阀件，避免在串洗过程中金属颗粒及其他杂质进入各种阀件中，导致阀件损坏。

掌握甲醇燃料模块上各阀件的功能以及开关顺序，明确甲醇燃料模块气密性试验所需的各接口连接形式及具体尺寸，并根据接口连接形式及具体尺寸绘制相应的工装。通过 UG 三维模型明确甲醇燃料模块气密试验过程中的各工装装配位置，指导施工人员高效、准确地完成气密性试验工装装配工作。

2. 编制甲醇燃气模块串洗工艺文件和气密性试验工艺文件

经过对甲醇主机技术资料和图纸的深入消化，掌握甲醇燃料模块的工作原理，剖析甲醇燃料模块内部各系统油道结构，形成甲醇燃料模块滑油通道串洗工艺，利用技术交底契机将串洗工作中的技术要求、工作重点以及工作难点向施工人员进行宣贯，指导施工人员逐步完成串洗工作。

解读甲醇主机的工作原理，掌握燃料模块上各阀件的功能以及开关顺序，编制甲醇燃料模块气密性试验工艺文件，明确甲醇燃料模块在试验过程中的工装装配、试验操作等各工序的技术要求和注意事项，指导施工人员高效、准确地完成气密性试验工作。

3. 深入解读甲醇燃料模块串洗原理,设计出自带清洁度检测仪串洗工作站

根据甲醇燃料模块的串洗原理,设计出自带清洁度检测仪的串洗工作站. 利用串洗工作站的运行,促使滑油在工艺要求的压力和温度下在甲醇燃料模块内部的控制油通道、高压密封油通道以及低压密封油通道中循环串洗来清除燃气模块中建造或装配过程中产生的细小杂质颗粒或其他赃物,从而达到确保燃料气模块滑油通道清洁目的。

2.4 关键技术解决途径及其实施过程与效果

2.4.1 关键技术解决途径

1. 详细解读主机管系相关技术文件和图纸,掌握甲醇燃气模块的设计思路

通过对甲醇主机的相关技术文件、图纸、技术要求的整理分析,了解整体甲醇主机的技术要求,从而掌握甲醇模块的设计思路,真正地了解整个甲醇模块串洗工作的施工重点和难点。同时,通过整个甲醇主机工作原理的了解,对甲醇燃气模块串洗工作的执行也能够起到很好的提醒、指导作用,也能够更好地做好甲醇模块串洗工作。

2. 详细解读主机管系相关技术文件和图纸,掌握甲醇燃料模块的设计思路

根据甲醇模块的性质特点编制甲醇燃料模块串洗工艺,明确甲醇燃料模块在串洗过程中工装装配、串洗技术要求等各工序的技术要求和注意事项,指导施工人员高效、准确地完成串洗工作任务。

3. 形成甲醇燃料模块气密性试验工艺文件

根据甲醇燃料模块上各阀件的功能以及开关顺序,编制甲醇燃料模块气密性试验工艺文件,明确甲醇燃料模块在试验过程中的工装装配、试验操作等各工序的技术要求和注意事项,指导施工人员高效、准确地完成气密性试验工作。

4. 绘制串洗工装

根据甲醇燃料模块中油道的结构特点,绘制出相应的工装,旁通 WINDOW 阀、多动阀等精密阀件,避免赃物进入工件相对运动间隙中从而导致多动阀、WINDOW 阀、BLOW-OFF 阀等阀件损伤或损坏。

5. 设计自带清洁度检测仪的串洗工作站

此工作站自带日用油箱、驳油泵和滑油清洁度检测仪。其作用是可通过此工作站的运行,促使滑油在各系统通道中循环,并及时检测滑油的清洁度,确保滑油清洁度满足技术要求。

6. 设计气密性试验工作站

根据 MAN 的技术要求设计出甲醇燃料模块气密性试验工作站,利用此工作站可将氮气、控制油、低压密封油以及高压密封油按照工艺要求提供给燃料模块,并通过工作站中阀件控制箱实时控制各阀件的开启和关闭,从而确保密封性试验能够顺利进行。

2.4.2 实施过程与效果

在甲醇燃料模块的串洗工艺、气密性试验工艺、工装、自带滑油清洁度检测仪工作站、气密性试验工作站等多方面共同促动下,不仅能够很好地指导施工人员进行串洗工作和气密性试验工作,还能够完全按照工艺要求完成甲醇燃料模块的串洗工作和气密性试验工作,确保甲醇燃料模块中各系统通道清洁以及保证甲醇燃气模块上的各阀件能够正常运行,为主机顺利运行打下基础。

3 项目研究成果及其水平

3.1 主要研究成果

通过甲醇燃料模块串油工艺的编制,有效将甲醇燃料模块串洗过程中的技术要求、施工重点、施工难点全面地体现出来,促使施工人员对于自己的工作内容以及难点能够提前全面了解,有效指导施工人员完成串洗工作;绘制串洗工装,旁通 WINDOW 阀、多动阀等精密阀件,避免赃物进入工件相对运动间隙中从而导致多动阀、WINDOW 阀、BLOW-OFF 阀等阀件损伤或损坏;设计出自带清洁度检测仪的串洗工作站,利用串洗工作站的运行,促使滑油在各系统通道中循环,并及时检测滑油的清洁度,确保滑油清洁度满足技术要求。

编制甲醇燃料模块气密性试验工艺文件，充分将各阀件的功能作用体现出来，有效理顺甲醇燃料模块上各阀件的开关顺序，提出气密性试验的技术要求以及工作重点，全面指导施工人员进行气密性试验工作。利用技术交底契机，将气密性试验过程中的技术要求、施工重点、施工难点全面展示出来，促使施工人员对于自己的工作内容以及难点能够提前全面了解，有效指导施工人员完成气密性试验工作；设计气密性试验工作站，利用此工作站可将氮气、控制油、低压密封油以及高压密封油按照工艺要求提供给燃料模块，并通过工作站中阀件控制箱实时控制各阀件的开启和关闭，从而确保密封性试验能够顺利进行。

3.2 主要技术创新点

（1）通过解读 MAN 提供的技术文件和专利图纸，掌握专利图纸技术要求以及其设计思路，剖析甲醇燃料模块中控制油、高压密封油和低压密封油的油道结构及运行路线，编制适用于我公司的甲醇燃料模块串油工艺，利用技术交底将串洗工作中的技术要求、重点、难点向施工人员进行宣贯，指导施工人员逐步完成串洗工作；绘制串洗工装，旁通 WINDOW 阀、多动阀等精密阀件，避免赃物进入工件相对运动间隙中从而导致多动阀、WINDOW 阀、BLOW-OFF 阀等阀件损伤或损坏；同时设计出自带清洁度检测仪的串洗工作站，利用串洗工作站的运行，促使滑油在各系统通道中循环，并及时检测滑油的清洁度，确保滑油清洁度满足技术要求。在工艺文件、工装以及新型工作站的共同推动下实现甲醇模块串洗工作，达到甲醇模块滑油通道清洁的目的。

（2）为确保甲醇燃气模块上的 WINDOW 等各阀件在主机运行过程中能够正常工作，因此需要在预装阶段对甲醇燃料模块上的各阀件进行气密性试验。所以，需要深入解读 MAN 提供的技术文件和专利图纸，掌握专利图纸技术要求以及其设计思路，熟悉甲醇燃料模块上 WINDOW 阀、BLOWOF 阀、多动阀等阀件的功能与作用，形成甲醇燃料模块气密性试验工艺文件，并提前向施工人员做技术交底工作，将气密性试验的技术要求、技术要点、施工重点以及难点全面提前向施工人员宣贯，指导施工人员有条不紊完成气密性试验工作。根据 MAN 的技术要求设计出甲醇燃料模块气密性试验工作站，利用此工作站可将氮气、控制油、低压密封油以及高压密封油按照工艺要求提供给燃气模块，并通过工作站中阀件控制箱实时控制各阀件的开启和关闭，从而确保气密性试验能够顺利进行。

3.3 研究成果水平及其先进性

在甲醇燃料模块的串洗工艺、气密性试验工艺、工装、自带滑油清洁度检测仪工作站、气密性试验工作站等多方面共同促动下，不仅能够很好地指导施工人员进行串洗工作和气密性试验工作，还能够完全按照工艺要求完成甲醇燃料模块的串洗工作和气密性试验工作，确保甲醇燃料模块中各系统通道清洁以及保证甲醇燃料模块上的各阀件能够正常运行，为主机顺利运行打下基础。

4 总结

通过该项目的实施完成，确保甲醇双燃料主机在地面预装过程中串洗、气密性技术研究各项数据符合要求，保证主机装配质量，对树立良好的企业形象起到积极的作用，同时提升了企业的竞争力，为公司未来批量建造甲醇主机奠定了坚实的基础。

参考文献

[1] 成大先. 机械设计手册[M]. 5 版. 北京：化学工业出版社，2007.

大型船用低速发动机结构件翻转工艺研究

高兰云　叶　丹　袁　辉

(中船发动机有限公司)

摘　要:二冲程大型船用发动机机机座为焊接结构件,产品要求具备足够的刚性和强度,因此,焊接是柴油机机架制造过程中必不可少的关键工序。为了保证产品的质量和生产效率,通常需要将产品进行六次侧翻和站立,使所有焊接工序均处于平焊位置。我公司生产的某 G80 机型的机座毛坯重量达到 140 余 t,常规起重机起吊设计载荷通常为主钩 150 t 搭配副钩 32 t,因副钩起重能力远低于产品重量的一半即 70T 载荷要求,在生产过程中无法实现双钩协同翻转作业,本文重点介绍了主钩 150 t 搭配副钩 32 t 起重机,实现超大钢结构件安全翻转的工艺和方法,并进行了说明。

关键词:船用发动机;机座;吊运翻转

1　序言

某 G80 型号的船用发动机机座是我公司承接的最大吨位主机单件产品,设计重量 138 t,包括制造过程中附加的工艺工装,总重量达到 140 余 t。机座毛坯焊接过程中由于焊接位置的需要,要将部件进行侧翻、站立等工序。翻转时最安全和最常规的方式是采用主钩与副钩配合,在空中翻转。但该产品重量的一半都远超起重机副钩 32 t 的设计载荷。当前,国内生产大机型的主机厂都是采用将副钩进行更换改造,将副钩的设计载荷增加至 80 t 的承载能力,以实现正常的翻转,但是相应的成本增加以及起重设备在一定时间内不能正常使用。因此急需开发一种可以实现超出起重机设计能力的安全起吊和翻转技术方案,以解决现有条件无法实现超大件翻转这一技术难题。

2　大型船用发动机机座总成翻转技术方案

2.1　机座产品工艺分析(表 1)

对客观条件进行充分的研究和分析,首先是对机座总成自身设计的重心进行分析,由于副钩额定载荷是 32 t,且与主钩为刚性连接,无法自由调节双钩之间的距离,因此导致机座无法在双钩同时受力完成自由翻转。摆在面前的首要问题是需要利用地面的承载、产品的自身重量和中心偏移进行翻转方案设计。我们通过软件分析精确定位部件重心后,按照选取的吊点和支点,利用杠杆原理计算吊点的承重能力以符合翻转方案的需求。因机座外形尺寸过大,同时还需要精确力学计算与行车的设备参数相匹配。最后结合工件尺寸和结构确定合适的吊点和支点。

表 1 产品信息

机型	部件	毛坯重量(kg)	毛坯尺寸(长×宽×高 mm)
7G80ME-C9.5	机座单片	6 820	3 950 * 300 * 2 951
7G80ME-C9.5	机座总成	138 310	12 013 * 5 972 * 3 850

2.2 起重机设备参数分析(表 2)

行车钩头距离地面的最大起吊高度为 16 320 mm,已接近产品的长度尺寸,因此需定制吊索具。主钩额定负荷 150 t,副钩额定负荷 32 t,主钩副钩刚性连接,钩头相距 1 800 mm,主钩副钩起重夹角 15°以内,需分析双钩之间吊点的间距不能超出钢丝绳的夹角范围。

表 2 G80 机座吊具、辅助工装信息

分类	编号	工具/工装名称	规格	总数量
机座整体吊运、翻转	A1	150 t 行车	主钩 150 t 副勾 32 t	1 台
	A2	弓形卸扣	85 t	4 个
	A3	弓形卸扣	55 t / 25 t	2 个
	A4	钢丝绳	100 t * 4 m	2 条
	A5	钢丝绳	25 t * 6 m	2 条
	A6	环形吊带	80 t * 6 m	4 条
	A7	支撑墩子、钢制护角	—	若干

2.3 产品重心分析

使用 UG 对产品进行建模,并分析重心的坐标点,从而得出产品的重心点,据此将机座翻转抽象简化为二维平面内的翻转示意图(图 1)。

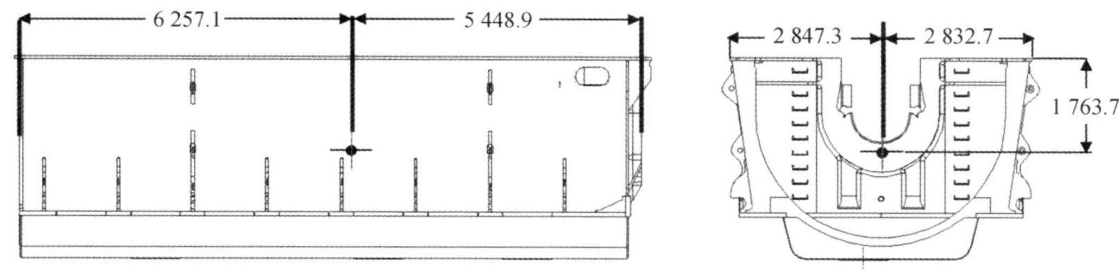

图 1 重心坐标点示意图(单位:mm)

2.4 侧翻翻转技术方案

平衡法——单钩翻转(图 2)

在理想状态下,重心与支点在铅垂线上,利用此原理确定吊耳位置,工件可以实现使用单钩进行侧翻翻转。

利用平衡法计算机座侧翻吊耳位置,产品设计吊耳可以作为吊点和支点,不需增加临时吊耳,节省了焊接和打磨工作(图 3)。

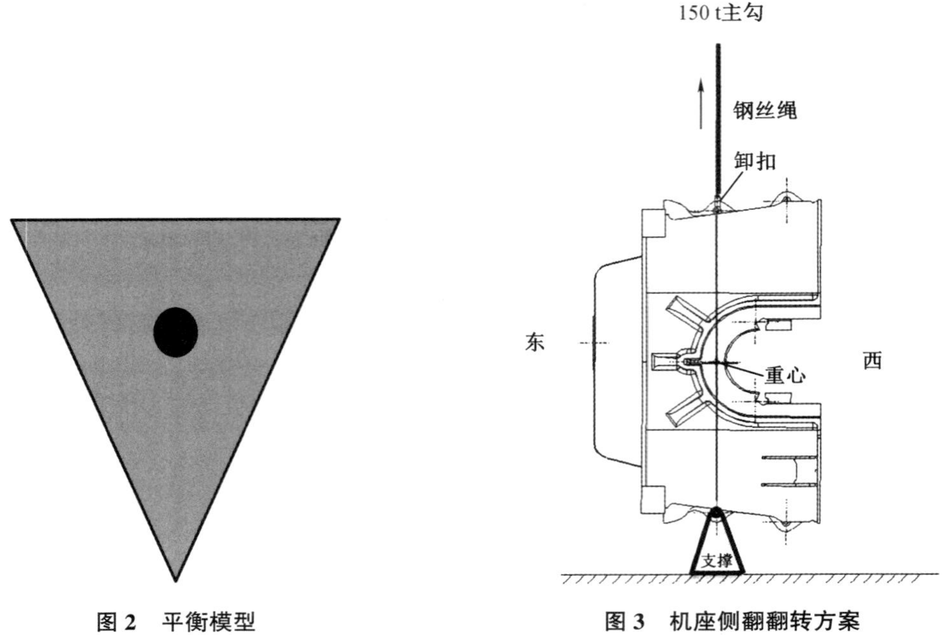

图2　平衡模型　　　　图3　机座侧翻翻转方案

通过分析得出,可以使用150 t主钩实现单钩平衡法进而实现机座的起吊和侧翻作业,在起吊和翻转过程中机座始终与地面接触,主钩的实际承受载荷不到100 t,可以达到安全起吊和翻转的目的(图4)。

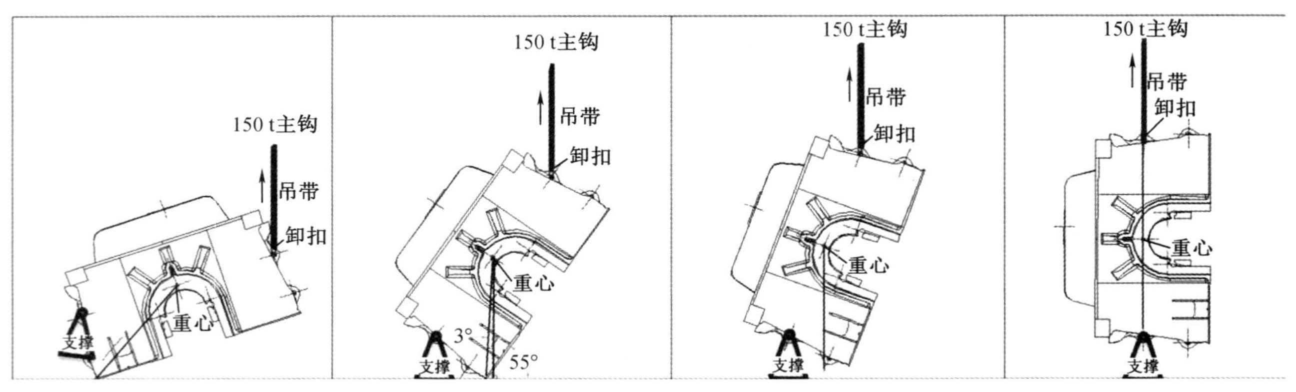

图4　机座侧翻平衡点

2.5　站立翻转技术方案

省力杠杆——双钩法(图5)

在某些位置，由于工件结构的原因,通过支点、重心确定的临时吊点无法焊接吊耳,因而无法使用平衡法单钩翻转。此时可以利用杠杆原理,将副钩的载荷控制在额定载荷之内,充分使用副钩的辅助功能进行翻转。

大钩在起重机架时重心与支点处于铅垂线,此时可利用

杠杆定理:

$$F_1 * L_1 = F_2 * L_2$$

$$138\ 310 \times 80 = 1\ 802 \times F_{副钩}$$

则:

$$F_{副钩} = 6\ 140.3\ \text{kg}$$

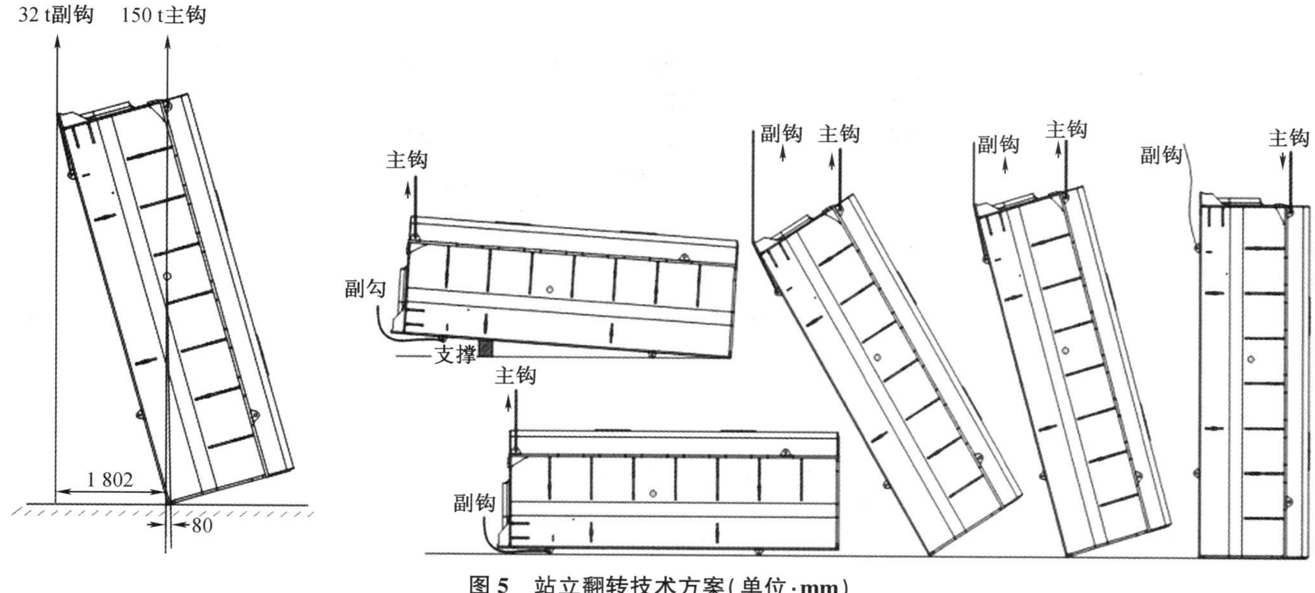

图 5 站立翻转技术方案(单位:mm)

通过计算得出,该设计方案副钩所承受的承重载荷为 6.141 t,没有超出副钩的设计载荷。在起吊翻转的过程中,机座总成始终与地面接触,副钩的实际承受承重载荷在 3 t 之内,可以实现安全翻转作业。

3 船用发动机机座单片翻转技术方案

G80 机座单片的中间体厚度较大,常规的单片翻转方法存在一定歪拉斜吊现象,最为明显的是从站立状态至平放状态时,需要使用行车向一侧拉拽才能将单片放倒。因此只能利用 150 t/32 t 的双钩天车进行翻转,一台发动机的机座有 7 个单片,数量较多,每个单片需要翻转两次 2 h,翻转总时间需要 14 h 以上,车间仅有两台双钩大天车,主要用于产品的整体吊运和翻转,如果使用大天车,将严重影响整个车间的生产效率和计划进度。

因此需要设计一套翻转工装和方案(图 6),利用工装和单钩半门吊车配合,避免翻转过程中由于惯性对天车产生的冲击力,提高翻转作业的安全系数(图 7)。

通过软件进行工装受力分析得出,工装设计符合强度要求,达到安全生产标准。使用时,将工装放入上图位置,利用单钩半门吊车将机座单片缓慢吊起,翻转过程中工装与地面接触,到达临界点时机座单片将自动向一侧翻转,实现单片安全的侧翻作业。

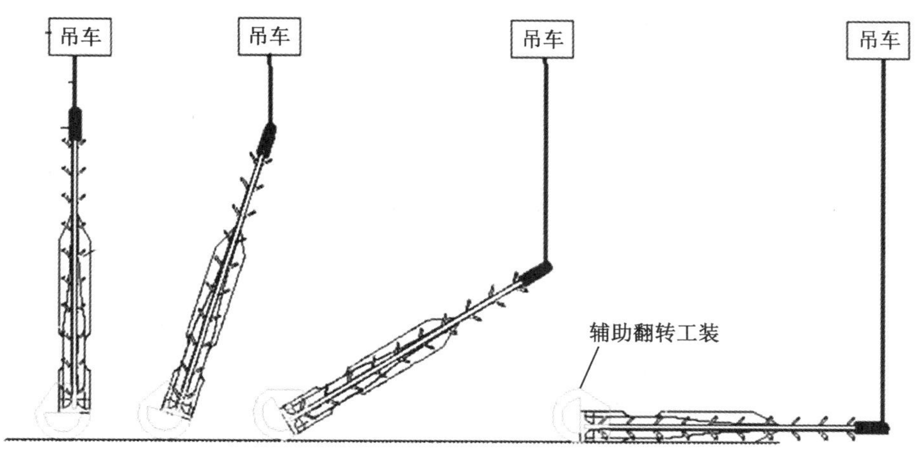

图 6 机座单片翻转方案

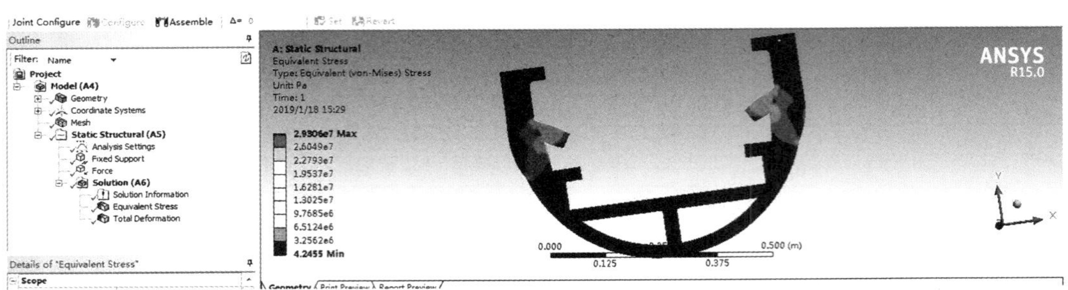

图 7 工装受力分析

4 生产应用

通过力学分析对工件翻转过程进行计算及模拟制定 150 t/32 t 单行车翻转方案。结合工件结构、加工部位、产品吊耳、工件重心综合考虑临时吊耳的布置,减少临时吊耳的使用,缩短翻转时间,降低生产成本。

国内生产大型机的船舶主机厂一般采用改造行车,提高副钩载荷的方式来实现机座的整体翻转。本研究成果实现了单台 150 t 主钩和 32 t 副钩刚性连接的行车安全翻转大型结构件,提高了生产效率,缩短了制造周期。

5 结束语

此项目的成功研制,保证了主机部套的顺利完成,确保了产品的焊接质量,为公司节约项目吊车租赁费用 50 余万元,翻转时间缩短 30%左右,有效降低了安全风险,丰富了公司翻转大型钢结构件的理论和实践经验,提高了公司的整体制造能力和市场竞争力。

参考文献

[1] 王静鸽,银润邦,鲁进波,等. T91-奥氏体不锈钢异种钢接头热处理工艺研究[J]. 金属加工(热加工),2024(3):92

[2] 邹朝辉. 热处理工艺对 ER316H 熔敷金属力学性能影响的研究与分析[J]. 金属加工(热加工),2024(3):101

哈汽核电低压内缸装配方法及难点研究

刘占文　李和达　汤　波　田佳奇

（大连船用柴油机有限公司）

摘　要：本文主要研究了哈汽核电低压内缸的装焊工艺。通过对焊接材料、焊接方法、焊接参数等方面的研究，确定了最佳的装焊工艺方案。同时，对装焊过程中的变形控制、焊接质量检测等关键技术进行了深入探讨。研究结果表明，采用优化后的装焊工艺，能够有效提高焊接质量和生产效率，为后续哈汽核电低压内钢的生产施工提供了技术支持。

关键词：哈汽核电；低压内钢；装焊工艺；质量控制

0　前言

随着核电技术的不断发展，核电设备的安全性和可靠性越发受到关注。核电低压内缸作为重要的核电部件，其装焊工艺和焊接方法对整个设备的性能有着至关重要的影响。哈汽核电低压内缸钢结构件在核电设备中具有关键地位，其装配质量对整个系统的性能和安全有着重要影响。了解和掌握其装配方法及难点是确保装配工作顺利进行的基础。

1　产品介绍

核电低压内缸分为上半、下半两大部分，其中上半部分质量为 100 731 kg，外形尺寸为 9 500 mm * 4 627 mm * 4 489 mm。下半部分重量为 120 927 kg，外形尺寸为 9 520 mm * 4 627 mm * 3 930 mm，其中还包含 4 个小组件单独组焊，重量为 1 383 kg/件，外形尺寸为 1 560 mm * 450 mm * 930 mm。

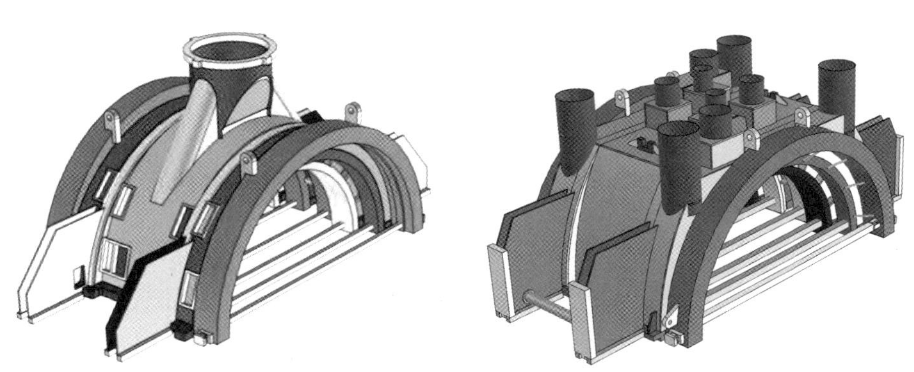

图 1　内缸上下半装配示意图

2 施工要求

(1)装配前清理现场,清点零件数量,核实零件标识并检查零件尺寸。

(2)施工前检查调整平台的平面度,使之符合施工要求。

(3)装配前清洁焊缝、坡口及周边 25 mm 范围内,直至露出金属光泽。

(4)焊接(包括定位焊)应由持有焊工资质证的焊工进行施焊,且资质证范围覆盖施焊位置。

(5)施焊定位焊的厚度 4~5 mm,长度 75~100 mm,间距 400~500 mm,距焊缝端头 150~200 mm。

(6)当板厚大于 50 mm 时,其焊缝应预热至 50 ℃以上。

(7)采用分段焊、对称焊等方法进行焊接,达到控制焊接变形的目的。

(8)各步骤、工序、转序时,必须保持零件标识清晰可见,发生标识不可见情况必须及时转移标识位置。

(9)每道焊缝焊后,在焊缝附近打焊工钢印号,长焊缝钢印间距不得超过一米。使用的核电辅材(记号笔、石笔等其他辅助资材)要求有“核电专用”字样标识。

(10)施工作业过程中要求佩戴劳保护具,严格按照工种安全要求进行作业。

(11)严格执行图纸技术要求。

3 装焊工艺方案

核电内钢钢结构件的焊接需要采用特殊的焊接工艺和技术,以确保焊接质量和焊缝性能符合要求。这可能涉及高难度的焊接位置、复杂的焊接接头形式以及对焊接参数的精确控制。焊接过程中产生的变形和残余应力可能会对核电内钢钢结构件的尺寸精度和结构强度产生不利影响。这就要求我们制定详细的装焊工艺流程,包括装配顺序、焊接顺序、焊接参数等。

3.1 零件下料

零件数控切割,切坡口,修复切割缺陷,打磨坡口,打磨自由边,压平。转外协压型,压型板最大厚度内缸 60 mm。碳钢板最大厚度 220 mm,先试割,查看风线质量和切割面垂直度。不锈钢钢板最大厚度 75 mm,钢板没有等离子切割设备,该项下调需要外协。

3.2 零件标识

零件切割后解体前移植炉批号,同时做好零件标识,喷砂后移植零件标识。手写号:工作令号、图纸号、板厚、材质、钢板号,打钢印:钢板号。

3.3 零件压型

压型板压型工作由外协单位完成,滚圆的零件两端各留有 200 mm 的压制余量。铆工现场研配,研配部位坡口后切割,非研配部位破口下料时切割,所有剩余余料全部返回板材库,统一返回哈汽,保留钢板号,切割渣不返回。

4 设计合理的装配方案,保证装配过程中的装配精度和装配质量

4.1 小组件提前预组

首先将半环上的环板进行拼焊后,和环进行装配,因为图纸要求环板与环之间氩弧焊打底后用实心焊丝填充,所以装配时环板与环之间需要预留 2~5 mm 的装配间隙,以便更好地使焊肉渗透,背面成型更为美观(图 2)。

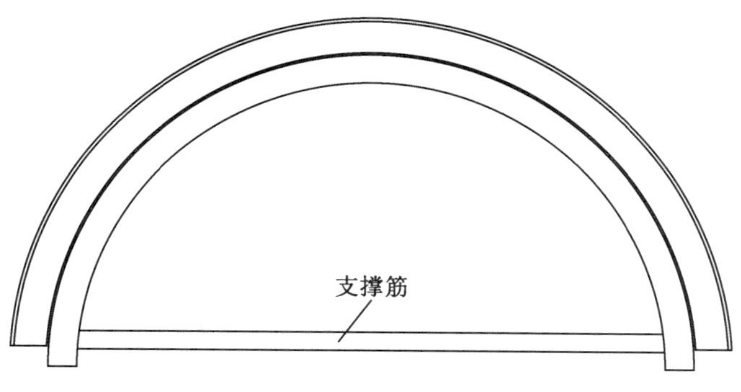

图2　预装示意图

4.2　平台组立

小组件预组焊接完成后对焊道进行 PT 报验,报验通过后在平台上放样并定位水平法兰,采用压码与圆钢共同使之固定在平台上,将预组好的环件立在水平法兰上并使用激光经纬仪进行找正后在对口位置定位焊。将所有的小组件组立完成后继续安装环板。环板装配时同样要预留 2~5 mm 的装配间隙,以便拥有良好的焊肉渗透。最后安装进气法兰、白钢窗口及出气管(图 3)。

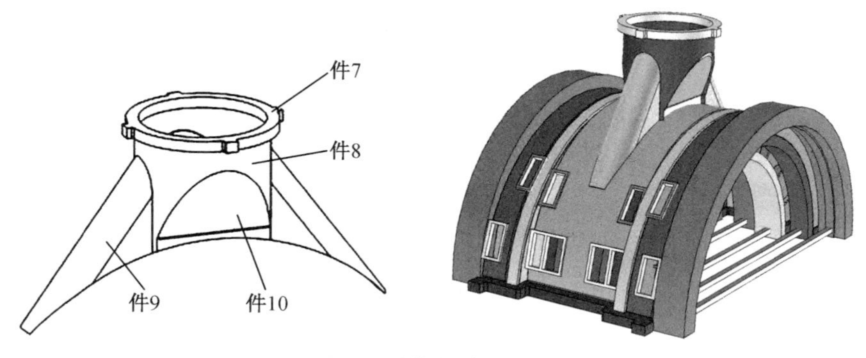

图3　附件安装示意图

5　焊接

焊接的关键技术在于狭小空间的焊接、复杂结构焊接变形的控制以及异种钢的焊接,难点是焊缝的打磨。内缸产品技术要求中提到焊缝需要进行 MT 和 PT 检测,如若所有焊缝需要进行 PT 检测,那焊缝外观及焊缝都表面状态必须满足 PT 的检测条件。在施工焊接时:

(1)要实时监控焊接参数,确保焊接质量符合要求,并根据内缸的结构特点制定科学的焊接顺序,以减少焊接变形和残余应力。

(2)焊接过程中要保持焊接电流、电压、焊接速度的稳定,控制好焊缝的熔池形状和尺寸。

(3)多层多道焊时,要注意层间清理和道间温度控制,避免焊缝中夹渣、气孔等缺陷的产生, 焊接过程中要随时观察焊缝的外观质量,发现缺陷及时处理。

6　创新装配工装与技术

(1)环板内部安装 100＊100mm 的高强度支撑拉筋防止焊接变形。

(2)每个环之间都横向安装码板防止横向尺寸出现偏差。

(3)不锈钢管采用 H 钢+环形工装+螺栓 M22＊110 的定位调整工装以保证不锈钢管焊接后的圆度。

(4)装配时增加焊接收缩余量,每个环之间上方尺寸+1,最外道环尺寸+3,从而保证了焊后加工尺寸。

(5)针对白钢板焊接变形尺寸焊后出现偏差的问题,采用提前安装盖板并加大定位焊的方法有效控制了焊接变形,保证了窗口的尺寸。

7 吊装工艺

7.1 上半吊装

上半 100.8 t,吊车吊高 15.5 m。

平吊时:主、副钩钢丝直径 72 mm,长 7 m。主钩 85 t 卸扣,副钩 55 t 卸扣。

翻转时:主、副钩钢丝直径 95 mm,长 6 m 环扣;副钩钢丝直径 65 mm,长 9 m。主钩 85 t 卸扣、副钩 55T 卸扣。

临时吊耳图号:H03-H3-026-005,数量:4 个。上半临时吊耳位置如图 4 所示。

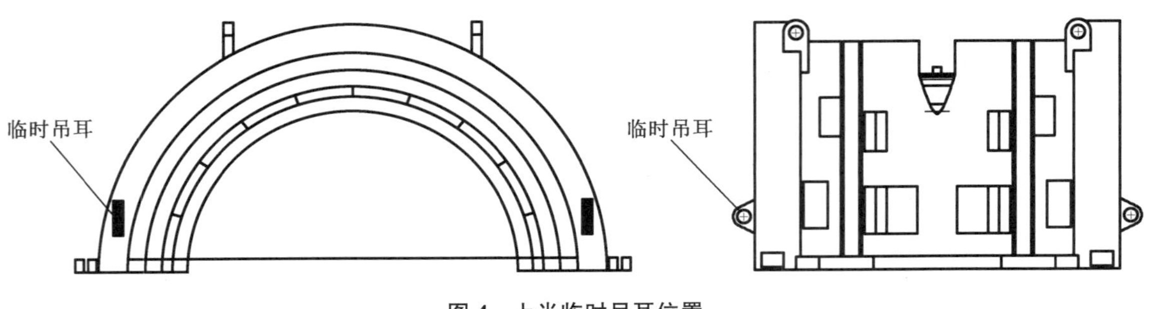

图 4 上半临时吊耳位置

7.2 下半吊装

下半 120 t,吊车吊高 15.5 m。

平吊时:主、副钩钢丝直径 72 mm,长 7 m。主钩 85 t 卸扣,副钩 55 t 卸扣。

翻转时:主、副钩钢丝直径 95 mm,长 6 m 环扣;副钩钢丝直径 65 mm,长 9 m。主钩 85 t 卸扣、副钩 55 t 卸扣。

临时吊耳图号:H03-H3-026-005,数量:4 个。下半临时吊耳位置图 5 所示。

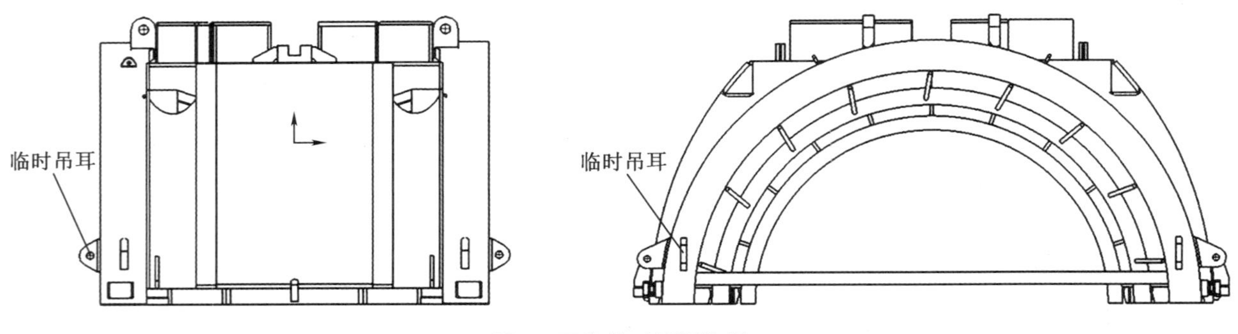

图 5 下半临时吊耳位置

8 结论

核电低压内缸的装焊工艺和焊接方法的合理选择与应用,对于提升核电设备的质量和安全性具有重要意义。在实际生产中,应根据具体情况综合考虑各种因素,不断优化装焊工艺和焊接方法,为后续产品的高质量完成提供技术保障。

改进工艺工法,促进生产效率提升

于金平　李　屹　蔡明科　董仕伟

(大连船用柴油机有限公司)

摘　要:通过识别影响滑油系统的污染物输入来源,对主机管系制作、管系安装与防护以及试验台临时管系清洁度过程质量控制;通过缩短辅机滑油系统的清洁周期,增加辅机设备清洗频次,增加过程监控停止点,强化技术文件、工艺文件的执行;通过改进工艺工法,解决串油时间较长而占用试验台周期的问题,促进生产效率提升,实现平均单机滑油冲洗时间降低至 24 小时以内,达到降本增效的目的。

关键词:改进　工艺工法　促进　生产效率

1　前言

目前随着公司质量管理的持续改进,主机建造的过程质量也实现了稳步提升,但滑油的冲洗时间对主机生产节点的准时性形成掣肘。2023 年,在保证滑油冲洗质量的前提下,我们实现了主机滑油冲洗时间缩短至 48 h,大幅提高了生产效率。

2024 年,公司生产任务极具增加,首制机型多达 20 余台,增加了主机的调试周期,为了保证主机按期顺利交验,保质保量按期交付,继续提升主机滑油冲洗质量和提高生产效率,确保实现轴瓦更换率为零的目标,持续推进开展滑油冲洗专项质量提升活动。

2　串油原理介绍

管路串洗主要研究的是主滑油(即系统油)的串洗。

管系串洗的目的是:通过润滑油液体工质,对柴油机的润滑油系统的管路、通道,进行循环反复的冲洗,将在柴油机建造过程中,残存积聚在各系统管路、通道的死角旮旯中,人工无法清除的残渣、碎末清洗干净,以保证柴油机在试验台试车时,各轴承轴瓦的完好以及柴油机的正常工作和运转。

以 MAN 主机为例,大型低速船用柴油机主机串油主要由两大部分组成:辅机房滑油系统和机上滑油管路系统。下面我们分别简述一下其工作原理:

2.1　辅机房滑油系统

储存在滑油柜里的滑油经过加热保温后先经过粗滤器,再由主滑油供给泵使滑油分别经过磁性滤器—自清滤器—精滤器对滑油进行过滤,然后滑油到达冷却器。在三个滤器以及冷却器之间分别安装一个压力表,监测滑油压力必须达到规定的数值。最后经过冷却器的滑油通过温控阀以恒定的压力和温度输出给主机进油接口(图 1)。

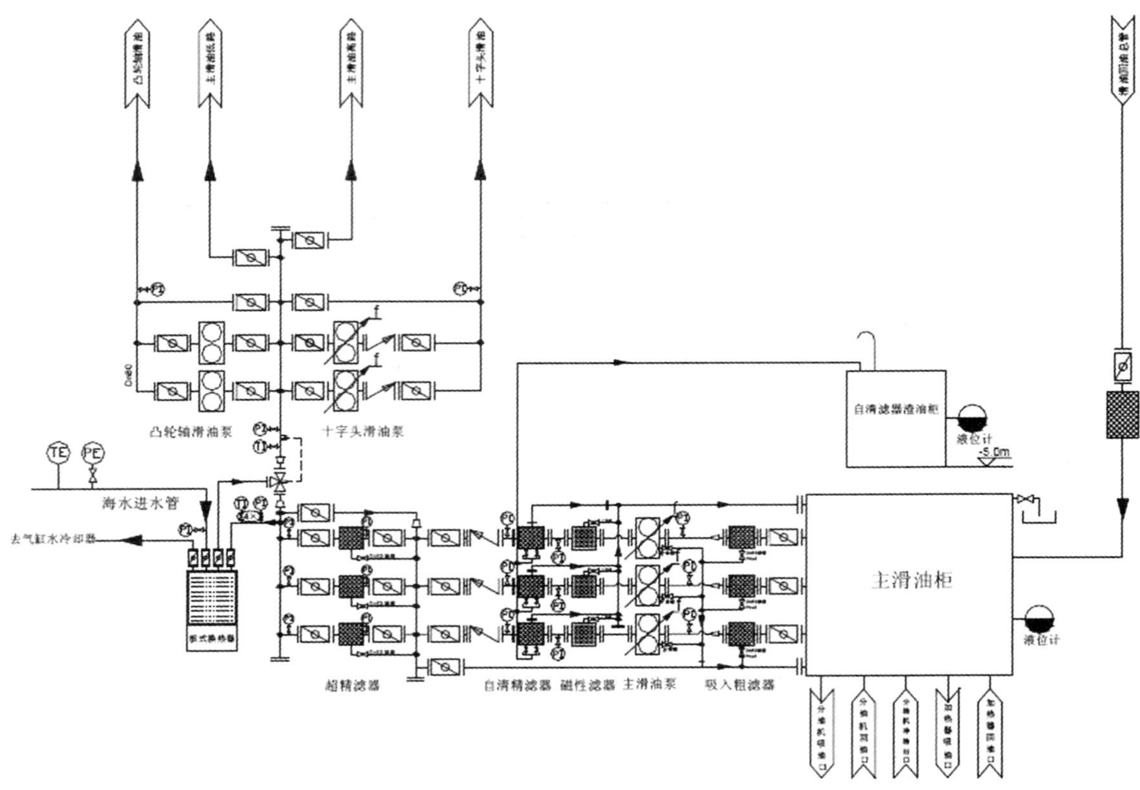

图 1　辅机房滑油系统

2.2　滑油进机循环管路

滑油通过辅机房系统输送，先经过机前精滤器，然后进入主机主管路接口，主机滑油进口分为高位进油和低位进油。当滑油在进入主机主管路后由一路主油分成两路分别对滑油管路进行串洗：一路油下行，主要进入机座主轴承主管、支管，推力轴承主管、支管，轴向减振器主管、支管等管路进行串洗，注意此时各支管与轴承通道之间添加盲板，滑油不进入主轴承轴瓦；另一路油上行，主要进入活塞冷却油主管、支管，油拉管等管路进行串洗，注意此时油拉管与十字头进油管之间添加盲板，滑油不进入运动部件。这两路油最后汇集到主机档内从机座油底壳回油管导流至试验台回油主管，最后经过回油滤器回到主滑油柜，这样滑油从辅机房至主机，再回到主滑油柜，完成一个串油循环。

另外，在整个串油过程中，为了实现主机串洗效果，满足串油标准，串油时的一些技术要求一定要保证，比如串油压力、串油温度、振动器安装、滤芯的更换、净油机的运转等。同时需要一些特制辅助工装来完成整体管路的连接和滑油清洁度的交验，这里面涉及到的工装主要有钢制管件、橡胶软管、金属波纹管、滑油清洁度检查小罐等。辅助工装的应用补充并完善了整个串油系统的完整性(图 2)。

3　采取措施

3.1　加强滑油冲洗过程所用试验台工装、临时管系的清洁与防护

滤器前的管路最好采用钢质管路参与串油，若试验台无法满足钢质管连接要求，则金属波纹管应尽量短，金属波纹软管在使用期间要定时清洗，清除掉波纹凹槽中的沉淀和杂质，保证管系内部清洁质量，经检验合格后方可进行管路安装、主机前精滤器及滤芯务必要每台主机清洗、更换，保证进机后油流畅通和滑油清洁度、滤器后的钢质管件每台主机都要进行清洁处理，并且在管路连接之前要经过检验确认，合格后方可装配、取样管路和检查罐每台主机都要进行清洁处理，确保清洁质量，经过检验合格后方可装配到主机上、在清理主机内部卫生过程中，要将回油口封闭，防止在清理过程中的杂质、脏物进入回油管中，污染滑油、滑油冲洗过程中，不允许使用临时软管，全部采用钢质管路连接，然后再进行滑油冲洗。

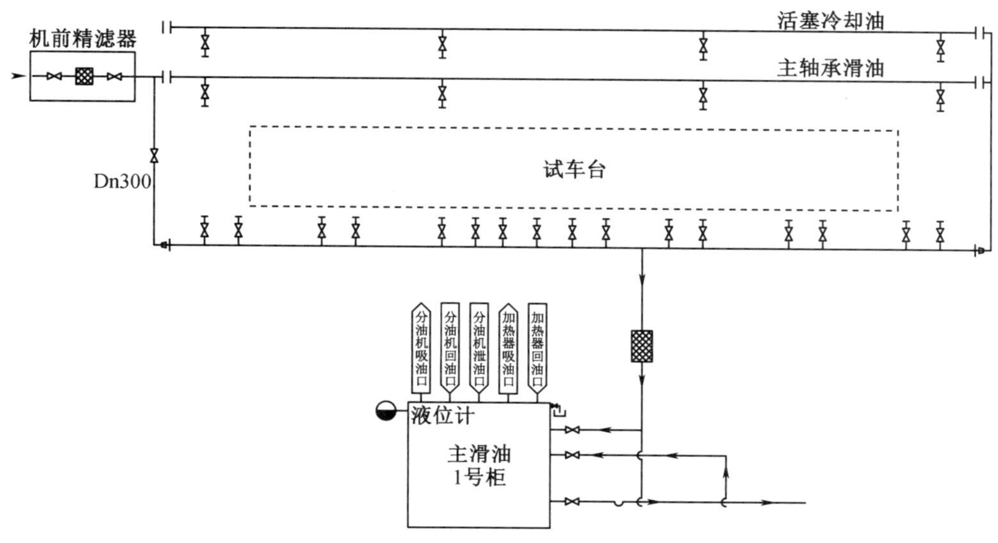

图 2　滑油进机循环管路

3.2　编制辅机设备(包括油柜、滤器等)的定期清洁计划,并按照计划组织进行清洁实施

编制主滑油油柜清洗执行计划,每季度清洗 1 次主滑油柜和滤器清洗;编制更换超精滤器滤芯及罐体清洁计划,对滤芯每半年更换 1 次;编制主滑油磁滤器清洗计划,滑油磁滤器清洗时间定为每台主机滑油冲洗前清洗 1 次;对主机活塞压力试验油柜进行定期清洗和滤器滤芯更换(每半年清洗一次油柜、每半年更换一次滤芯),取样进行颗粒度化验,满足工艺要求后方可继续使用;主机在滑油串洗过程中,保证净油机全程开启以对滑油进行过滤,提升滑油冲洗质量。

3.3　修订主机滑油冲洗过程要求和工艺

滑油串洗温度保持在 60~65 ℃,串油压力保持在 2~3 bar; 主机串油期间,机前使用 5 μm 滤器滤芯,每台机都要更换;主机串油期间,在活塞冷却油和主轴承滑油总管上各加一台电动振动器;振动器在串油这段时间始终是工作的并且要定时移动位置,大约 4 h 更换一次位置。若某些地方无法增加震动器,可以采用木手锤间断敲击管道,尤其是切割或焊接过程中的管路应增加敲击次数;在主机串油期间,注意盘车,以便滑油能够到达机座和机架的每个角落;主机串油的压力要达到系统的最大能力;在滑油清洁度交验前 2 个小时,将 50 μm 检查袋安装在检查箱中;打开检查袋前的截止阀,使滑油在检查袋中充分过滤,以便船检及船东人员通过肉眼观察法来判断滑油的清洁度;被串洗管路连接成回路原则上依次为大管接小管、小管终端连接回油主管至回油滤器,这样才能保证串油管道压力,避免压力损失;串油结束后,所有管端盲板打开检查,人工清洁;辅机人员在串油期间做好串油记录;在主机整个串油期间,分油机全程开启运转。每台主机在串油时,都要将净油机开启操作,保证滑油柜滑油自循环,净化滑油提高质量。定期将滑油柜和进机滤器前滑油取样化验,确保主机油品 NAS 等级。主机串油必须由专人监督把关,执行 24 小时交油工作目标。

3.4　与质量管理部配合,持续开展“工序交精品”质量提升活动

持续加强工序交精品管控力度,尤其重点关注运动件油道孔,加强对机上串油管件成品质量管控和安装清洁度检查,保证安装到主机的管子满足清洁度的检验要求。

3.5 建立滑油冲洗期间辅机设备运行记录和设备清洗记录(图3)

2024年度(三区)4#辅机系统清洁工作(油柜)计划、执行表

表格序号	名称	规定清洗周期	位置	计划执行时间	实际执行时间	完工确认	备注
3	油柜清洁	4次/年	1#(东)	2024/2/2	2024/3/6		
				2024/5/2	2024/5/25		
				2024/8/2			
				2024/11/2			
			2#(西)	2024/2/5	2024/2/19		
				2024/5/5	2024/5/30		
				2024/8/5			
				2024/11/5			
	备用油柜清洗	2次/年	备用柜	2024/4/10	2024/3/26		
				2024/10/10	2024/6/7		
	燃油油柜清洗	2次/年	燃油柜1(东)	2024/3/9			
				2024/10/15			
			燃油柜2(西)	2024/3/12			
				2024/10/20			

2024年度4#辅机清洁工作(超精滤器)计划、执行表

表格序号	名称	规定清洗周期	位置	计划执行时间	实际执行时间	完工确认	备注
1	超精滤器滤芯更换	每年2次	东1#滤器	2024/1/4	2024/2/3		
				2024/6/4	2024/5/24		
2	超精滤器滤芯更换	每年2次	东2#滤器	2024/1/8	2024/2/3		
				2024/6/12	2024/5/24		
3	超精滤器滤芯更换	每年2次	东备用3#滤器	2024/1/10			
				2024/6/17			
4	超精滤器滤芯更换	每年2次	西1#滤器	2024/1/24	2024/2/3		
				2024/6/26	2024/5/31		
5	超精滤器滤芯更换	每年2次	西2#滤器	2024/1/29	2024/2/3		
				2024/6/30	2024/5/31		
6	超精滤器滤芯更换	每年2次	西备用3#滤器	2024/1/31			
				2024/7/2			

图3　设备运行和清洗记录

4　产生效果

4.1　串油时间大幅度缩短

自此串油工艺工法开始实施,一季度和二季度共完成44台主机建造任务,其中有33台主机串油时间达到24 h,占比达到75%,效果显著。

4.2　缩短主机建造周期,提高生产效率

以前公司建造一台主机,通常从在试验台上装配开始,到主机交验拆机共要占用试验台约20多天。从改进开始实施到现在,大大缩短了主机建造周期。

根据车间上半年生产情况统计得出,通过缩短主机串油时间主机建造周期大约可减少5天左右,这样不但为后续主机交验赢得了时间节点,缓解了主机建造试验台压力,而且提高了主机生产效率以及生产能力。

5　经济效益

经过统计计算,此工艺工法的改进、提升得到了很好的经济效益,具体如下:

5.1　提高滑油交验通过率,降低主机串油周期

此工艺工法的改进,可以在短时间内实现主机对滑油清洁度的高标准要求,提高滑油交验通过率,大大降低主机串油周期。

目前串油时间从以往的3天左右,降低到目前的1天左右,就进行了成功的交验,大大提高了生产效率,同时达到了节能的目的。

以G60ME-C为例,总装制造部三区辅机房滑油泵:流量360 m^3/h,电机功率132 kW,从3天72小时降到1天24小时。那么按照工业用电1元/kW,一台主机节约电能(72-24)小时×132 kW×2×1元=12672元,那么2024年台86主机按照75%完成率来计算就会节约82万,经济效益相当可观。其他滑油的损耗以及工时的节约,都是一笔不小的开支。

5.2　提高主机轴承质量,降低轴瓦拉伤报废

从目前试车后拆检情况来看,总体质量不错,滑油的清洁度要比以前有较大提高,滑油串油的时间减少了2天,主机交验后的拆检,轴瓦的磨损情况良好,船东非常满意。这样也证明了我们串油质量标准是完全满足MAN专利公司要求的。

6 总结

以上论证说明,改进串油工艺工法,不仅促进生产效率提升,提高主机各部轴承试车后的质量,而且缩短主机的串油时间,缩短主机试验台的建造周期,使公司达到节能、节约的目的。更为重要的是提高公司主机质量的同时,也提高了公司主机在用户心中的形象和声誉。

参考文献

[1] 李斌. 船舶柴油机[M]. 大连:大连海事大学出版社,2008.
[2] 刘鹤年. 流体力学[M]. 武汉:武汉大学出版社,2006.
[3] 成大先. 机械设计手册:第1卷[M]. 6版. 北京:化学工业出版社,2016.

哈汽核电低压内缸装焊工艺开发

裴廷远　刘　伟　赵　奇　王　珏

（大连船用柴油机有限公司）

摘　要：本文主要介绍新型哈汽核电低压内缸产品结构特点，施工工艺步骤，施工中使用的吊具、工装，装配焊接注意事项，施工过程中的工艺优化等，以达到顺利完成该低压内缸的生产任务。

关键词：核电；低压内缸；工艺；变形；焊接

0　前言

我公司大力发展第二产品，承接多套哈汽核电低压内缸产品。低压内缸是本制造部施工的新型应用产业产品，此低压内缸形式分为上半、下半两大部件。此型号核电低压内缸与以往生产的其他型号低压内缸产品的尺寸、吨位有明显的区别，为此需要制定针对此形式的工艺方案。同时，通过制定出合理工艺方案避免出现以往型号低压内缸的重复问题，确保核电低压内缸顺利施工，保质保量完工。

1　产品简介

1.1　产品形式

哈汽核电低压内缸分为两大部分：上半、下半。

内缸的两大部分焊接后进行热处理、喷砂、油漆、加工，最后组装，因相互组装彼此之间的尺寸精度要求较高（图 1）。

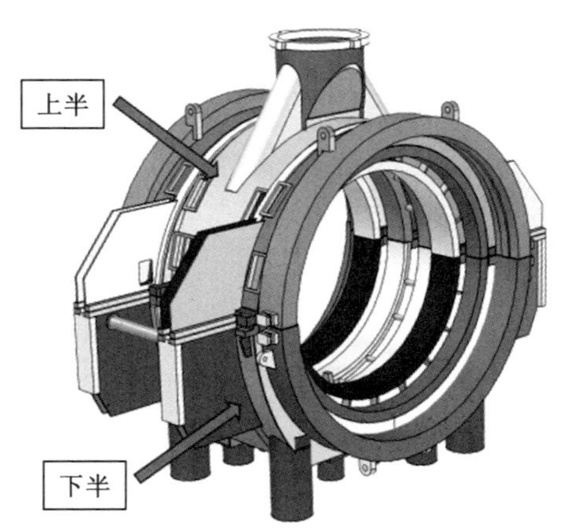

图 1　整体装配示意图

1.2 主要参数(表1)

表1 主要参数

部件名称	尺寸			
	长(mm)	宽(mm)	高(mm)	重量(kg)
低压内缸上半	9 500	4 627	4 489	100 731
低压内缸下半	9 520	4 627	3 930	120 927

2 工艺制定

2.1 相关工艺文件准备各规范、技术文件要求

根据相关的各规范、技术文件要求,制订了符合现场实际现场施工的《低压内缸装配焊接工艺》等文件。

2.2 制作相关记录卡

低压内缸施工过程中根据相关各规范、技术文件要求,制作了《零件尺寸记录》《装配尺寸记录》《焊接记录》等相关记录文件。

2.3 图纸工艺性修改

2.3.1 坡口修改

部分焊缝为双坡口,背面需要清根,为了减少焊接后的变形,将对称坡口改成大小坡口。

3.3.2 压型件工艺

按照压型件工艺,下料时预留单板200 mm的研配余量,压型后作地样子确定零件的实际尺寸再割掉余量。

内缸上半的外腹板是一个展长9 m多的压型件,中间开了一个近5 m的长条形窗口,为了方便压型提供精度,下料时该窗口不切割成品,按照窗口尺寸预留多个研配参考孔,压型后按照参考孔将长条形窗口割出来。

2.3.3 零件预留装配间隙

部分焊缝为单坡口,需要采用氩弧焊打底焊接,要求零件下料时预留一定量的装配间隙。

2.4 工装

2.4.1 抽气管箍

按照图纸设计要求,该内缸下半有10根不锈钢管,直径400~700 mm,壁厚10 mm左右。由于管径大,壁厚薄,故该管在自然状态下圆度不满足设计要求,必须增加一个专用管箍,借鉴了哈汽的意见,我们设计了管箍,见图2、图3。

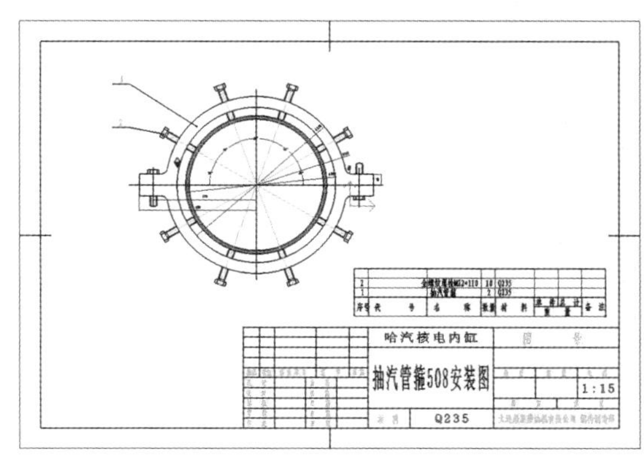

图2 抽气管箍设计图

图3 安装抽气管箍

2.4.2 不锈钢窗座盖板

内缸上半图纸设计了 16 个不锈钢窗座,该件是一个中空的方框结构,安装后与周边的外腹板焊接,坡口较大,会导致较大的焊接变形。为了减少这些窗座的变形量,根据窗座尺寸设计了加强盖板,焊接前将盖板钉焊在窗座,热处理后将盖板割掉。

2.4.3 支撑筋

内缸上下半各设计了 8 个半环锻件,为了减小该件的焊接变形,准备了一些厚板切割的拉筋作为临时支撑,在产品装配前分别焊接到锻件内圆,热处理后再切割掉。

2.5 吊装

根据低压内缸上、下半部分的尺寸、重量、形状和厂房的结构特点、吊车高度等条件,定制了吊具,编制了吊装工艺。

2.5.1 确定吊点

根据该件结构和施工需要,确定了两侧各有 4 个吊点,吊点位置见图 4,满足平吊、侧立、倒立的翻转需要。顶端的吊耳是图纸自带的,按照图纸尺寸装配即可;底端的吊耳为临时吊耳,需要备料,确定位置尺寸进行安装,临时吊耳在钢构施工结束、发运前切割掉。

图 4 吊点位置

2.5.2 采购吊具

内缸顶端的吊耳板厚 130 mm,我司现有的吊具只有大吨位卸扣才能有如此大的张口,吊具很重,实际工作中操作困难,存在安全隐患。根据这个内缸的实际重量,我们联系了吊具厂家采购了满足张口尺寸和承重的非标卸扣(图 5),满足了生产需要。

图 5 大开口非标卸扣

内缸的半环锻件,单个重量达到 15 t,为了吊运安全,在零件上焊接临时吊耳,使用后切掉,这种操作费时费力。根据这个半环锻件的实际重量,我们联系了吊具厂家采购了满足使用要求和承重的非标旋转吊环(图

6)，使用时只需要将该吊具从半环锻件的圆孔穿入，另外一端螺丝上紧，即可将半环锻件吊起、翻转等，满足了生产需要。

图 6　非标旋转吊环

2.5.3　编制吊装工艺

根据产品结构、重量、装配焊接工位等相关要求，结合厂房吊车的起重能力，编制《H03 型核电低压内缸吊装工艺方案》，组织部门领导对工艺、生产、吊车工、铆工、焊工等共同讨论修订，组织相关人员进行培训，确保了吊运工作安全有序开展。

2.6　装配焊接

2.6.1　装配间隙

该内缸设计紧凑，部分焊缝为单面焊双面成型，需要采用氩弧焊进行打底焊，这些焊缝装配间隙控制在 4~5 mm，其他焊缝间隙 0~4 mm。

2.6.2　装配过程

步骤 1：半环半片装配焊接；

步骤 2：蒸汽室半环组立，安装焊接外腹板；

步骤 3：隔板套半环组立；

步骤 4：次末级半环组立；

步骤 5：末级半环组立；

步骤 6：安装外腹板；

步骤 7：装配外围附件。

2.6.3　焊接顺序

特殊位置断续焊焊接顺序可采用如图 7(a)(b)两种顺序。

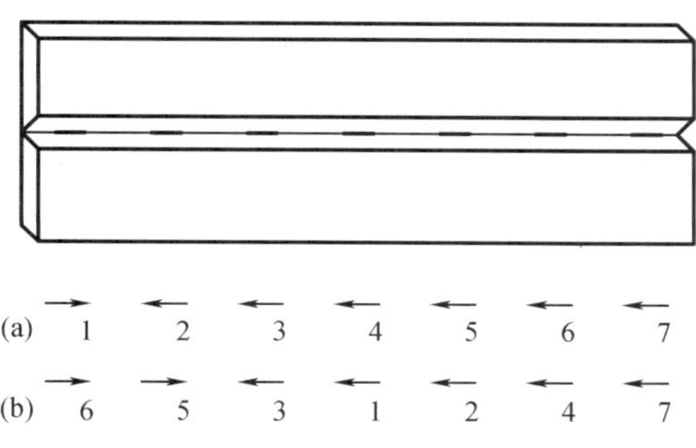

图 7　焊接顺序示意图

2.6.4 打底及填充

施工过程中必须参照规定的焊接参数进行焊接,禁止在一个区域内反复焊接填充,均匀焊接,焊接接头预留台阶过渡,保证层间温度低于 205 ℃。

2.7 热处理

2.7.1 热处理工艺

工艺要求:620±10 ℃,10~12 h,进出炉温度≤150 ℃,升降速度≤55 ℃/h

2.7.2 热处理接偶要求

测量数需要依据设备所配置的计量仪而定。在规定对实体进行测量时,至少要在实物的上、下、前、后各测量 1 点。

2.8 喷砂、涂装

2.8.1 喷砂要求

喷砂后检查半封闭腔内的杂物,使用内窥镜检查。

2.8.2 涂装

喷砂清洁后低压内缸内外面都涂刷 MTF-1001 水基防锈剂。

3 结束语

哈汽核电低压内缸通过借鉴其他型号低压内缸经验,并对比与其他低压内缸的区别,制定了施工工艺、设计制作工装工具、优化结构设计及制定关键部位的检查等。在实际施工过程中,我们陆续对部分装配和焊接工艺进行了优化,进一步提高了施工的便捷性,提高了生产效率,为此次低压内缸施工顺利开展提供技术保障,为公司精品化工程提供了一份保证,同时可为后续公司承接大吨位、大尺寸部件提供参考并形成技术储备。

哈汽核电型低压外缸装焊研究

刘　伟　裴廷远　刘占文　陈　磊

（大连船用柴油机有限公司）

摘　要：本文主要介绍新型低压哈汽核电低压外缸产品结构特点，生产施工工艺步骤，施工过程尺寸变形的控制，进而进行研究、分析焊接变形控制方法，以达到整体的尺寸要求。

关键词：工艺；变形；控制；尺寸

0　前言

公司大力发展第二产品，我公司承接多套哈汽核电低压外缸产品。低压外缸是本制造部施工的新型协作产品，此低压外缸形式分为中部上半、中部下半、上半调端和电端、下半调端和电端，共六大部件。这六个部件分别焊接成型后，需要对每个部件单独进行机械加工，加工完成后进行整体合拢。此型号核电低压外缸与以往生产的其他型号低压外缸产品的尺寸、吨位有明显的区别，为此需要制定针对此形式的工艺方案，同时通过制定出合理工艺方案避免出现以往型号低压外缸的波纹板表面加工面加工量不足、水平法兰和垂直法兰等位置整体合拢装配表面错边等问题，确保核电低压外缸顺利施工，保质保量完工。

1　产品简介

1.1　产品形式

哈汽核电低压外缸分为六大部分，分别为：中部上半、中部下半、上半调端、上半电端、下半调端、下半电端。

外缸的六大部分焊接后进行热处理、喷砂、油漆、加工、最后组装。六大部分上下半相互装配，中部、调端、电端相互装配。因相互装配，故彼此之间的尺寸要求较高，如图1。

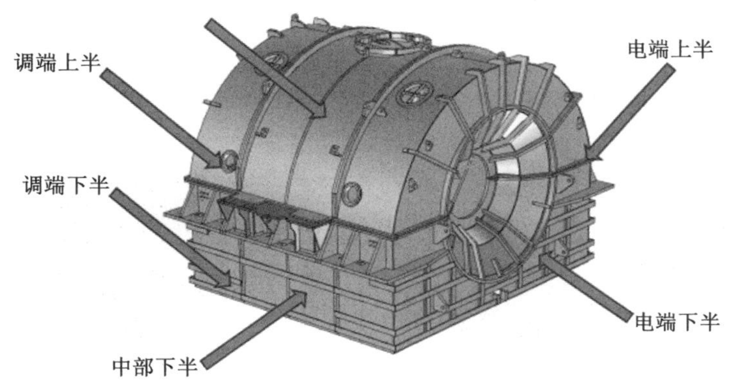

图1　六部分整体装配示意图

1.2 主要参数(表 1)

表 1 主要参数

部件名称	尺寸			
	长/mm	宽/mm	高/mm	重量/kg
中部上半	11 660	4 170	4 597	34 100
中部下半	12 680	4 170	3 945	74 297
上半调端	10 760	2 545	4 585	34 217.2
上半电端	10 760	2 545	4 585	34 217.2
下半调端	12 050	2 775(2 975 吊耳)	3 945	52 996.6
下半电端	12 050	2 775(2 975 吊耳)	3 945	52 995.1

2 核电低压外缸与其他低压外缸对比分析

2.1 尺寸、重量参数对比

核电低压外缸整体尺寸、重量均比以往制造的其他外缸大,见表 2。

表 2 主要参数对比

部件名称	尺寸							
	核电 H03 型低压外缸				CCH01C 型低压外缸			
	长/mm	宽/mm	高/mm	重量/t	长/mm	宽/mm	高/mm	重量/t
中部上半	11 660	4 170	4 585	34.1	6 876	3 380	3 033	13.7
中部下半	12 680	4 170	3 945	74.3	7 824	3 386	3 148	29.2
上半调端	10 760	2 455	4 585	34.3	6 876	1 865	3 131	16.7
上半电端	10 760	2 455	4 585	34.3	6 876	1 865	3 131	16.7
下半调端	12 500	2 975	3 945	53.0	7 620	2 249	3 148	22.6
下半电端	12 500	2 975	3 945	53.0	7 620	2 249	3 148	22.6

通过表格内低压外缸的长宽高尺寸对比,得出核电低压外缸的外形尺寸比民品常规外缸尺寸大将近 1.4 倍,质量上核电低压外缸比民品常规外缸重将近 2.4 倍。

2.2 外形对比

将核电低压外缸与常规外缸三维立体图进行对比,如图 2。

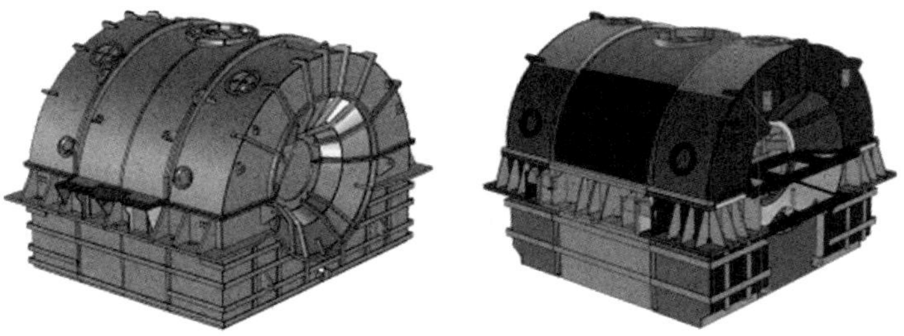

H03型核电低压外缸　　CCH01C型低压外缸

图 2 外形结构对比

2.2.1　外形结构均分为6大部分，大体形式相同。

2.2.2　由于核电低压外缸尺寸较其他外缸尺寸变大，局部设计有较大修改。

(1)核电低压外缸上半(调、电端)背部支撑筋数量增加约2倍。

(2)核电低压外缸上、下半(调、电端)导流板由两部分组成。

(3)核电低压外缸下半(调、电端)外部支撑数量增加，更加烦琐。

2.3　核电外缸内部支撑

核电低压外缸内部的支撑形式及位置相比其他型号低压外缸更加合理，在施工过程中，可节省部分自行设计的支撑工装。

2.4　对比分析

核电外缸与常规低压外缸对比：核电低压外缸外形、尺寸、质量均有较大改变，以往的装配、焊接方法已不适合此次核电外缸的要求，需要重新设计装配焊接形式以及吊运方法。

3　工艺制定

3.1　相关工艺文件准备各规范、技术文件要求

根据相关的各规范、技术文件要求，制作了符合现场实际现场施工的《低压外缸装配焊接工艺》等文件。

3.2　制作相关记录卡

低压外缸施工过程中根据相关各规范、技术文件要求，制作了《零件尺寸记录》《装配尺寸记录》《焊接记录》等相关记录文件。

3.3　工艺修改

3.3.1　板材拼接

此次施工的核电低压外缸板材由哈汽提供。在零件套料过程中，因零件尺寸超过哈汽提供的板材宽度，需要进行拼接。部分零件重新设计了分段切割位置、开坡口形式，并对施工时分段部位拼焊根据文件要求进行了规定。

3.3.2　压型法兰设计

在对图纸进行工艺处理时，考虑到以往低压外缸的施工过程中现场装配后对覆板的法兰孔进行现场研配会产生以下问题：

(1)在整体装配后现场研配法兰孔会延长施工时间。

(2)在整体装配后现场研配法兰孔会导致整体装配尺寸发生变形。

(3)在整体装配后现场研配法兰孔，现本部门没有专用的开孔工具，人工开孔达不到产品质量要求。

为提高此产品的产品质量和生产效率，通过对图纸尺寸计算和三维模拟计算以及现场施工实际情况的分析，针对低压外缸覆板部位进行工艺优化。顶板施工时优化为切割一张展开板并将现场研配的法兰开孔一起切割出来，然后进行压型。

3.3.3　调端和电端上、下半合缸焊接

在低压外缸调电端的上、下半设计形式为背部多部件焊接，正面中空。在现场施工焊接过程中，多部件焊接的一侧由于焊接量大故产生应力变形会较大。为控制焊接变形，采用上半调端、电端两步件合缸焊接；下半调端、电端两部件合缸焊接，如图3。

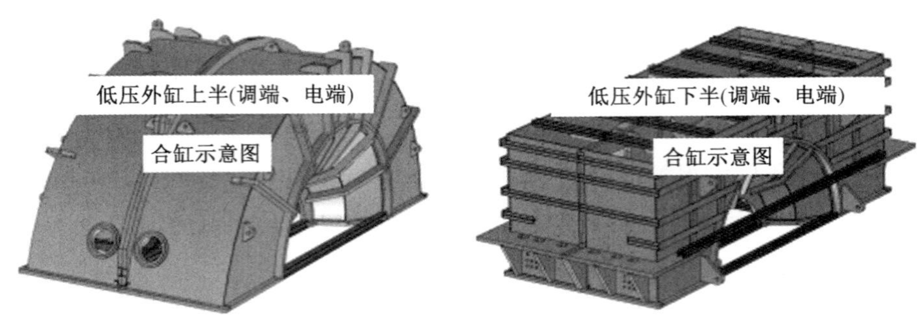

图 3　低压外缸上、下半(调端、电端)合缸示意图

3.4　吊装

根据低压外缸六大部分的尺寸、质量、形状和厂房的结构特点、吊车高度等条件,选择了低压外缸每部分的吊装方法。

3.4.1　中部上半整体吊装

(1)中部上半:质量 34.1 t,外形尺寸:11.7 * 4.2 * 4.6(m)

(2)钢丝绳、卸扣选用:

主钩:钢丝直径 52 mm,长 9 m,卸扣 25 t。副钩:钢丝直径 52 mm,长 9 m,卸扣 25 t。

(3)中部上半整体为半弧形,整体施工过程中采用:平吊和侧立吊两个方向进行吊装。

3.4.2　中部下半整体吊装

(1)中部下半:质量 74.3 t,外形尺寸:12.7 * 4.2 * 3.9(m)

(2)钢丝绳、卸扣选用:

主钩:钢丝直径 72 mm,长 7 m,卸扣 85 t。副钩:钢丝直径 65 mm,长 9 m,卸扣 55 t。

(3)中部下半整体整体质量较大,原有的吊耳设计不能满足吊运要求。在两侧垂直法兰面焊接两个临时吊耳。

临时吊耳选用:吨位 55 t/个,数量:4 个/台。

(4)整体施工过程中采用:平吊和侧立吊、倒立吊三个方向进行吊装。

3.4.3　上半调电端合缸吊装

(1)上半调电端 68.6 t(34.3 t/个),外形尺寸:10.8 * 4.9 * 4.6(m)

(2)钢丝绳、卸扣选用:

主钩:钢丝直径 72 mm,长 7 m,卸扣 85 t。

副钩:钢丝直径 65 mm,长 9 m,卸扣 55 t。

(3)上半调电端整体为半弧形,整体施工过程中采用:平吊、侧立吊两个个方向进行吊装。

3.4.4　调电端下半整体吊装

(1)调电端下半 106 t(53 t),外形尺寸:12.5 * 5.9 * 3.9(m)

(2)钢丝绳、卸扣选用:

主钩:钢丝直径 72 mm,长 7 m,卸扣 85 t。

副钩:钢丝直径 65 mm,长 9 m,卸扣 55 t。

(3)中部下半整体质量较大,尺寸较大。整体施工过程中采用:平吊、侧立吊、倒立吊三个方向进行吊装。

3.5　焊接

3.5.1　焊接步骤

步骤 1:打底,所有平焊、横焊、立焊焊缝在平台上进行打底焊,焊接顺序为中间向两端、垂直法兰面向后壁板面,由下向上的顺序进行。先焊接内侧焊缝再焊接外侧焊缝。

步骤 2:水平法兰面朝上,所有平焊、横焊焊缝进行填充并盖面。

步骤3:垂直法兰面、后壁板分别朝上进行焊接,所有平焊、横焊焊缝进行填充并盖面。

步骤4:垂直法兰面朝下,焊接平焊、横焊焊缝进行填充并盖面。

步骤5:焊接后整体进行清理。整体焊接完成后,上平台划线。(水平法兰、垂直法兰、波纹板、顶法兰等加工面加工余量部位需做标记、留点。)

3.5.2 焊接顺序

特殊位置断续焊焊接顺序可采用两种形式,如图4(a)(b)。

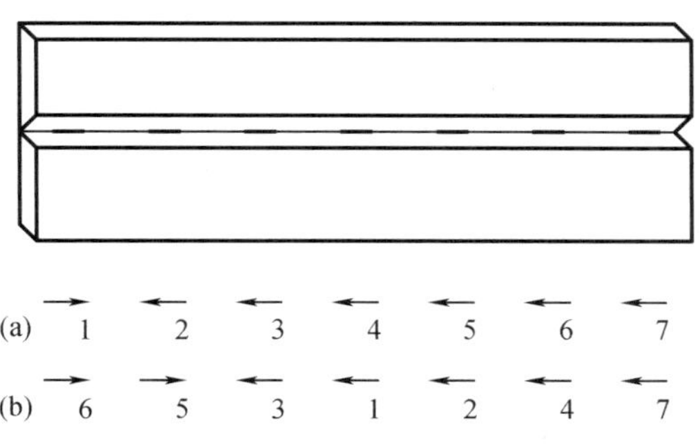

图4 焊接顺序示意图

3.5.3 打底及填充

施工过程中必须参照WPS中规定的焊接参数进行焊接,禁止在一个区域内反复焊接填充,以保证层间温度低于250 ℃,如图5。

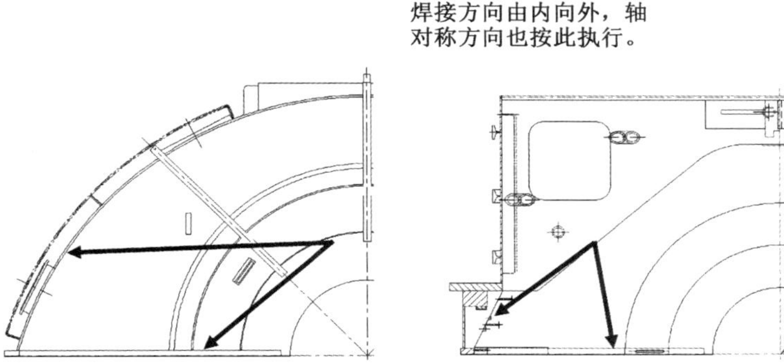

图5 上、下半焊接顺序示意图

3.5.4 水平法兰位置焊接顺序及要求

为控制水平法兰位置的焊接变形量,在焊接过程中需要采用间断焊焊接,整体可分成三、四段间断焊接。同时红色箭头所示:需要对称打底填充;焊接过程中禁止在收弧点起弧,可向焊道方向延伸30~50 mm起弧焊接,如图6。

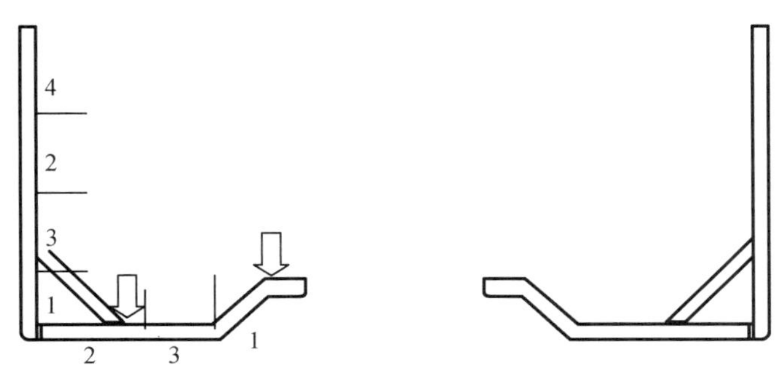

图6 焊接顺序示意图

3.5.5 环形位置焊接顺序及要求

环形焊缝采用间断焊,焊接时可以采用双人对称焊接,单人焊接则必须从缸内进行。焊接方向参照图7。

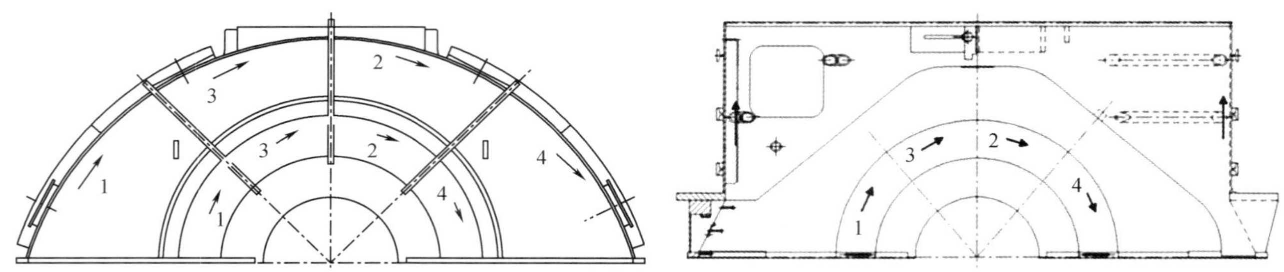

图7 焊接顺序示意图

4 结束语

通过借鉴其他型号低压外缸经验,并对比与其他低压外缸的区别,制定了施工工艺、设计制作工装工具、优化结构设计及制定关键部位的检查等工作,为此次低压外缸施工过程的焊接和尺寸控制提供保障,为公司精品化工程提供了一份保证,同时可为后续公司承接大吨位、大尺寸部件提供参考并形成技术储备。

焊接保护气节能降耗技术的应用研究

高兰云　叶　丹　李忠明

（中船发动机有限公司）

摘　要：长期以来，在焊接领域中，对焊接保护气体的研究相对较少，同时因为焊接保护气的存在状态为气态，其不同于固态或液态物质为可见状态，生产过程中存在很多因素会导致气体在不知不觉中浪费得无影无踪，依靠人工管控很难杜绝浪费。

关键词：船用发动机；节能；降耗

1　序言

焊接保护气在很大程度上直接影响到产品的最终质量和使用寿命。过程中的起弧—焊接—收弧，以及不同的焊接位置和焊缝形状，其相应的焊接参数也不完全相同，但是人工设定的气体保护方式和流量基本是一个恒定的值，无法实现根据参数变动调节压力和流量。

2　焊接保护气节能降耗技术的应用研究

2.1　节气装置的应用研究

传统的气体保护焊，作业人员通常使用 WPS 设定的较大流量值范围，在焊接过程中缺少有效的控制手段，从而造成不必要的气体浪费，采用焊接保护气智能管理技术，可以实现在焊接过程中根据参数的大小自动调节适合的气体流量，进而控制用气成本。

针对不同的电流采用不同的气体流量，电流小时，气体供气流量小；电流大时，气体供气流量大。通过电流传感信号，实时检测焊接设备的焊接电流，通过控制系统，调用内部数据库内设置的电流与流量对应值，同时结合闭环流量控制，提供焊接实时参数所需的气体流量，既保证焊接质量，又降低气体用量。节气原理见图 1。

2.2　气体正反双级节能减压器应用

每次焊接结束后，由于传统减压器的设计缺陷，气管内会储存大量的高压气体。使用气体正反双级节能减压器，可以解决每次开启焊枪时，枪头会出现的 3 s 左右的大喷气或跑气现象，焊工需要放空枪来释放这些高压气体，然后才能正常焊接。研究应用气体正反双级节能减压器，可使高压气体在经过第一级正作用减压装置时得到平稳释放，当气体进入第二级反作用减压装置时，进一步得到稳定控制，最终出来的气体压力会非常平稳。每次焊枪关闭后，罐内不会有高压气体储存，这样再一次开启焊枪后也就不会有高压气体喷出的浪费现象，见图 2。

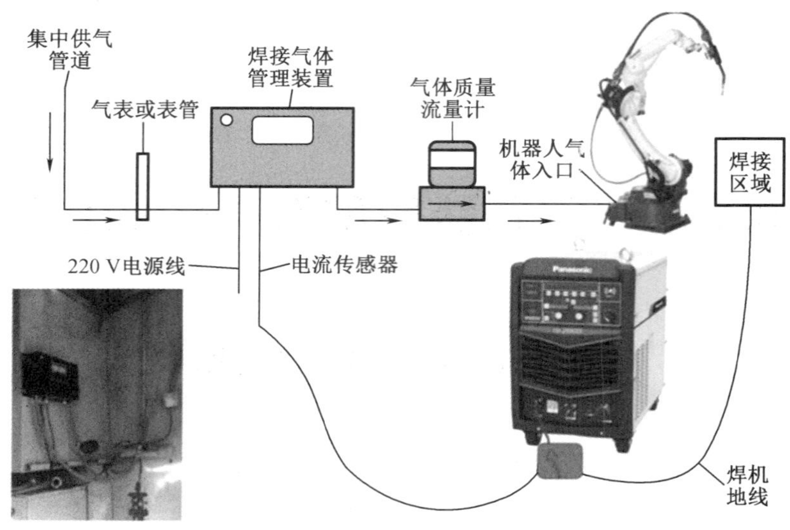

图 1　节气原理图

2.3　气体输出压力过低问题解决

设计终端风包容量,根据需求制作风包,见图 3 。改进后的保护气体终端风包,即新的保护气体的风包体积是原来的 12 倍,可同时满足 4 人同时进行焊接作业 4 h 且保证流量稳定,6 人同时进行焊接作业 3 h 并且流量不变,避免了气孔的产生,减少了生产的返修。

图 2　正反双级节能减压器应用

图 3　风包

2.4　气体气化不充分解决方案

针对冬季二氧化碳气化不充分问题,经现场论证研究,在车间暖气片旁边搭建一个小的气体存储室,见图 4 。这样可使气瓶存储的环境温度保持在 18 ℃以上,有效保证了气体的充分气化,避免了气体的大量浪费。

图 4　气体存储室

3 结束语

通过此项目的应用研制，有效降低了气体消耗和浪费现象，同比上年度全年节省气体用量价值 80 余万元，充分体现了节能减碳的经济效益、社会效益和生态效益。见图 5。

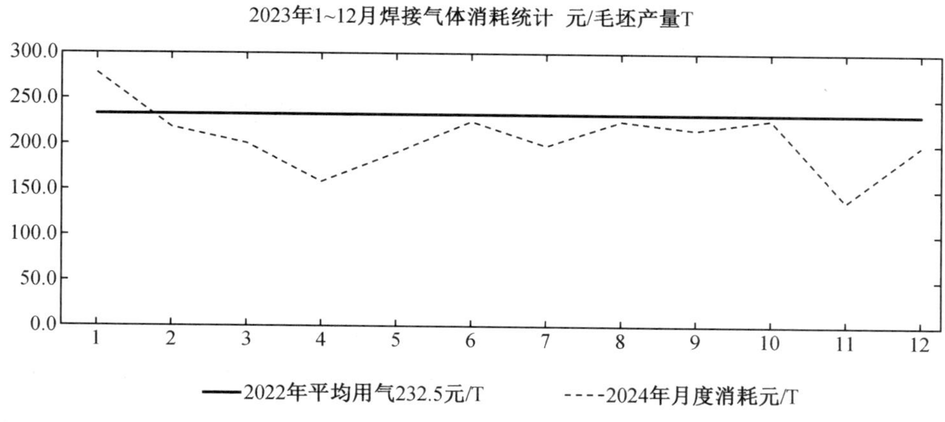

图 5 经济效益分析

反应堆薄壁内筒加工难点分析和工艺方法研究

张广瑞　金少平　邵建秋　崔茂策

（大连船用柴油机有限公司）

摘　要：随着煤炭、石油等非可再生能源的减少，核能正以其高效、清洁等特征逐渐成为新能源的热门选择。核电反应堆中的大型不锈钢薄壁筒的加工技术对于核能安全使用影响至关重要。筒节的结构特点是零件刚性差，在夹紧力及切削力的作用下工件容易产生变形，零件尺寸精度难以控制。本文通过对模拟反应堆内筒的结构、工艺分析，详细介绍了对关键工序制定的工艺措施，通过装夹方式的选择、刀具的选择、切削参数等方面的改进，解决了加工过程中出现的弯曲变形、热变形等问题，最终使内筒尺寸及形位公差都达到了图纸的设计要求。

关键词：薄壁筒；不锈钢；机械加工；工件变形

1　引言

大型薄壁长筒形件现比较广泛地应用于工程机械行业中，它具有质量轻、结构紧凑、节约材料等特点。但同时，大型的薄壁长筒件因其结构特点：筒壁较薄，刚性差，强度弱，在夹紧力及切削力的作用下容易产生变形和振动，零件尺寸精度难以控制，表面粗糙度难以保证，因此历来对加工行业来说都是一道难题，薄壁长筒件加工中控制变形是关键技术。我司近年加工的反应堆内筒就属于该类型的零件，它是核电产品中的核心零部件之一，加工精度要求高，尺寸和形位公差难以保证。下文将对该内筒的加工工艺难点以及保证不锈钢薄壁长筒件的尺寸精度、控制工件变形等相关措施进行详细分析说明。

2　图纸及难点分析

2.1　图纸分析

内筒是该反应堆所有加工零部件中加工难度最大的零件之一，其整体材质为 S31608 不锈钢，长度 2 675 mm，外径尺寸 ϕ880 mm，内径尺寸 ϕ840±0. 2 mm，成品壁厚仅为 20mm，是典型的薄壁长筒件，其整体结构如下（参见图 1）：

内筒整体结构由吊篮法兰、连接环、吊篮筒体三个零部件焊接组合而成，内筒结构的刚性差，并且为不锈钢材质，整体都需要机加工。在整个反应堆设备中是非常关键的部件之一，内部装配有管束，内孔与管束管板为小间隙配合，因此尺寸精度和形位公差要求很高，否则就会产生不能正常装配的情况。另外，内筒的连接环法兰表面与外筒有密封要求，因此控制其变形量就显得尤为重要。

加工过程热量集中现象严重，使零件在加工过程中更加容易产生变形，要想达到内筒外圆全跳动小于 0. 2 mm 的工艺要求是非常困难的事情。此外，还要保证内孔尺寸 ϕ840±0. 2 mm。这两个关键尺寸的核心难点都在控制内筒的变形量上。

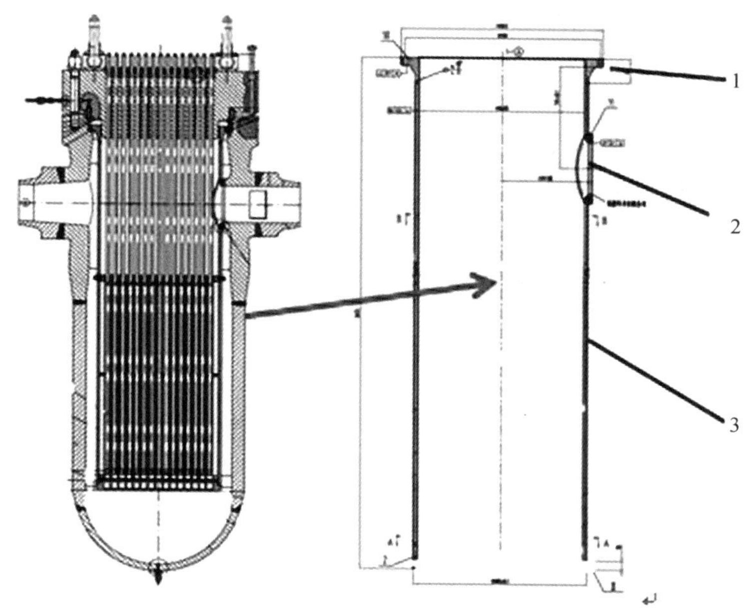

1—吊篮法兰;2—连接环;3—吊篮筒体。

图 1　内筒结构示意图

2.2　难点分析

2.2.1　材料特性

切削残余应力是工件产生变形的主要原因,而产生切削残余应力的原因主要是热塑变形影响和金属本身的弹性恢复。不锈钢属于难加工材料,导热系数小,散热条件差,切削加工时热量主要集中在刀具的切削刃上(图 2),因此容易影响切削性能,影响加工面质量,加剧刀具磨损,从而降低表面质量,降低加工效率,增加生产成本。

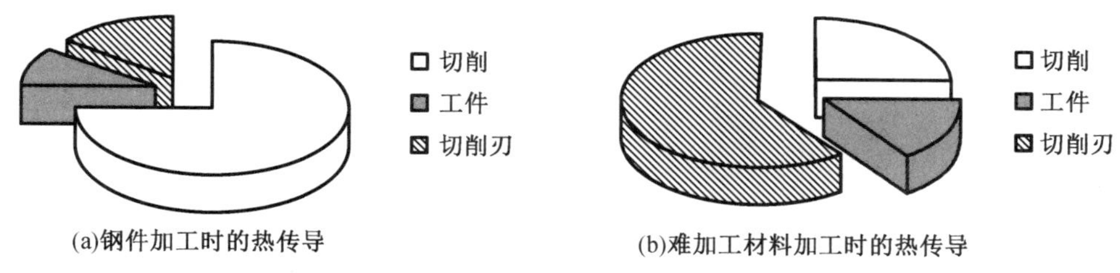

图 2　难加工材料和钢件材料热传导对比

2.2.2　加工难点

一般来说,对于回转长轴类、薄壁筒类的零件,因为其刚性很差,加工过程中受到的离心力、切削力、工件的重力、切削热以及机床的震动都可能使其发生较大的变形,造成零件的形状、尺寸超差,甚至由于切削深度的变化而造成崩刀或工件折断。对于不锈钢材质,其导热系数小,散热条件差,加工时会加剧刀具磨损,从而降低表面质量。在切削时易粘刀,切屑不断,加工面硬化严重,每一次走刀都会对下一次切削产生硬化层,层层积累,不锈钢材质在切削过程中硬度会越来越大,导致刀具与工件间摩擦增大,切削温度升高(图 3),进而导致工件变形。

对于内筒在结构、材质两方面的加工难点,下文将有针对性地从工艺流程安排、每一个加工步骤的注意事项以及其他细节问题上制定出相应的解决办法。

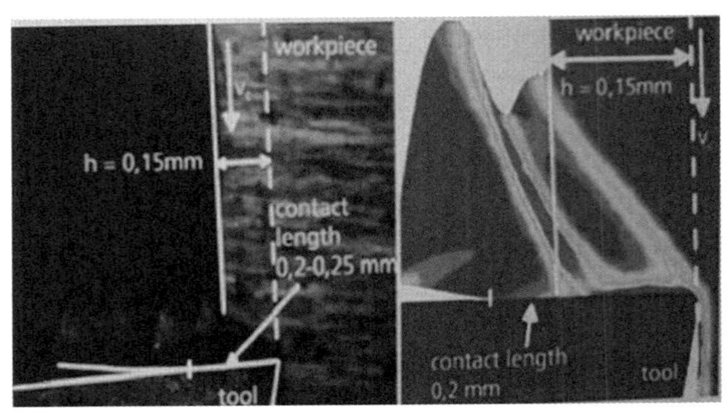

图 3 难加工材料切削刃区域影像

3 合理安排工艺流程

由于内筒在整体加工之前,需要先预加工各单个部件,因此加工顺序的合理安排,尤其是焊接工序的安排是首先要解决的问题。针对该薄壁长筒件的整体结构特点,根据车间现有机床设备,工序需要对数控立车、200 数控落地镗床和数控卧车三种机床设备,制订工艺流程如下(图 4):

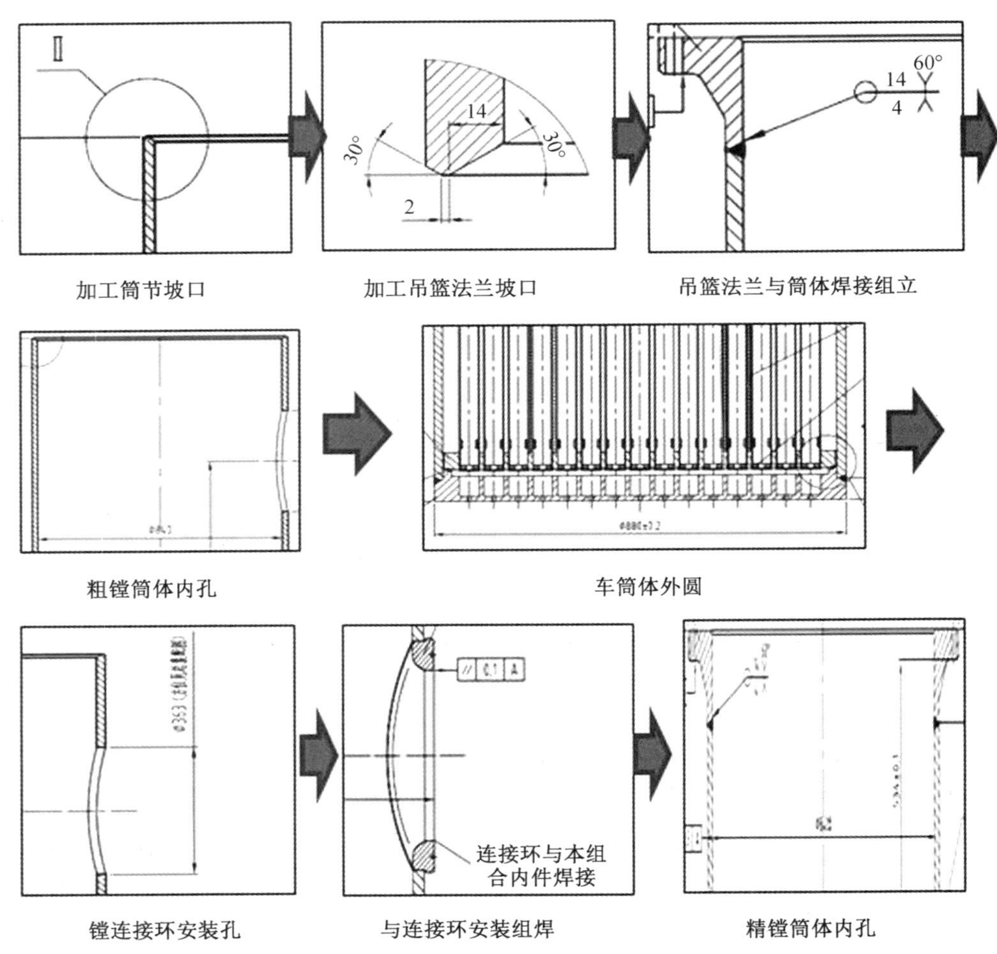

图 4 车削外圆用顶尖胎具

(1)加工吊兰法兰、吊篮筒体焊接坡口;

(2)吊篮法兰与吊篮筒体焊接组立;

(3)镗床整体粗镗 D840 mm 内孔;

(4)卧车粗车、精车外圆 D880 mm 成品;

(5)镗床镗连接环装配孔；

(6)筒体与连接环装配组焊；

(7)精镗 D840 mm 内孔成品。

工序安排的原则是尽量将焊接工序提前，这样在加工过程中，焊接应力能够得到释放，但连接环的焊接必须在外圆成品之后进行，如果先焊接连接环，外圆将无法加工。其次，D840 mm 内孔提前进行粗加工，可在成品之前的过程中释放一部分应力，同时减少成品前的加工量，也可以降低已经成品外圆变形的可能性。此外，还要控制好焊接过程中的焊接温度及焊接方式，避免出现较大的工件变形。

4　外圆加工的工艺措施

内筒的外圆是在数控卧车加工的，其加工难点在于如何控制薄壁筒的圆度及跳动，加工时从工件装夹、切削参数、冷却方式等多方面采取相关控制措施，详细内容如下：

4.1　制作专用装夹工装

对于此类零件的加工，常用的装夹方式有一夹一顶和双顶尖装夹两种方式，对于内筒来说，由于其薄壁结构，夹的方式容易使外圆形成椭圆状，因此采用双顶尖装夹的方式比较适合，条件允许的情况下可选用弹性顶尖。由于内筒是空心结构，因此顶尖无法直接使用，对此制作了专用顶尖胎具(图 5)，以实现双顶尖装夹的方式(图 6)，卡盘爪可辅助装夹。

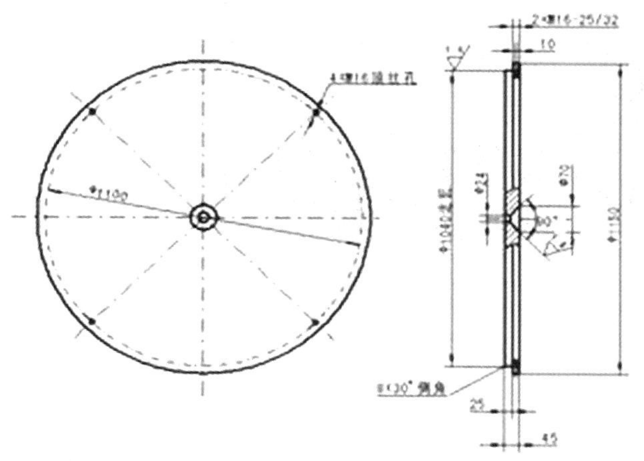

图 5　车削外圆用顶尖胎具

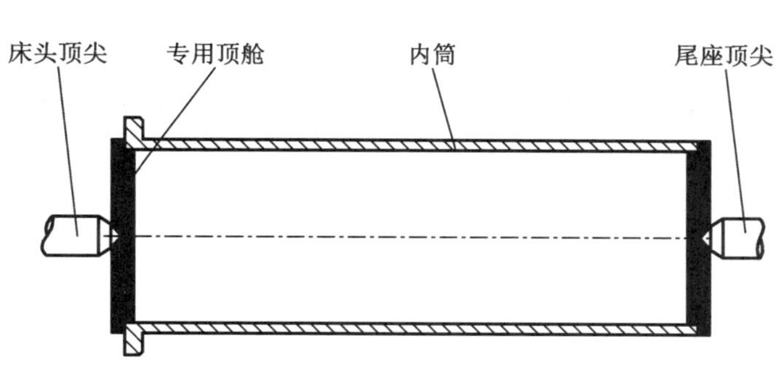

图 6　顶尖胎具使用示意图

4.2　选择合适的刀具

在保证刀具足够强度的前提下，应选用前角大、锋利的车刀片，加工中实际采用的是杉高的不锈钢专用车刀片，该刀片的耐磨性及耐热性很好，并且属于粗精复合刀片，使用寿命长，加工表面粗糙度好，完全可以达到

设计 $Ra6.3$ 的技术要求;如果尾座顶尖使用的是弹性顶尖,则可以采用右偏刀反向切削,这样切削力的方向使工件向尾座方向拉长,弹性顶尖可消除该部分切削力,从而减小工件的变形,改善加工条件。

4.3 选择合理的切削参数

切削参数主要指切削深度、进给速度、切削速度和主轴转速等。在同等装夹情况下,切削参数的改变会直接影响工件受力、发热情况,从而影响工件的加工稳定性和加工精度。一般来说,切削深度增加,切削力变大,工件的热变形也会增加,从而降低工件的稳定性,而不锈钢材质的散热条件更差,所以在薄壁内筒的加工中,应尽可能减小切削深度。实际加工外圆粗车时每次切深不超过 $\phi1$ mm,精车时约为 $\phi0.1 \sim 0.3$ mm,转速 10~20 r/min,精车时可适当提速,并根据铁屑颜色和刀片损耗情况随时调整。

4.4 充分的冷却

在外圆加工时,应浇注足够的切削液,以降低切削刃区域温度,并使刀具保持锋利,从而有效降低工件加工时的温度,减少工件热变形,提高加工精度延长刀具使用寿命。

最终,在车床装夹工装状态下报验测量时,内筒的外圆全跳动为 0.12 mm,达到了图纸的技术要求,顺利通过了质量验收(图 7)。

图 7 在数控卧车加工内筒外圆

5 内孔加工的工艺措施

内筒内孔的加工是在数控落地镗床完成的,内孔尺寸为 $\phi840 \pm 0.2$ mm,为了控制内孔加工过程的变形量,保证内孔尺寸精度要求,采取了以下几方面的措施:

5.1 从两端对加工

由于内筒长度为 2 675 mm,虽然镗床滑枕和主轴的行程可以从一端将内孔全部加工完成,但是考虑到机床滑枕和主轴伸长后由于重力原因而存在向下的挠度变形,为更好地保证内孔与外圆的同轴度,我们采用从两端各对镗一半的方式,这样的话一方面能减小因挠度变形对内孔精度的影响,另一方面内筒的重要装配部位都在两端,按照同一外圆分中心设零点可以更好地保证装配精度,中间接刀部位不是装配面,即使存在小尺寸的接刀台也可由人工研磨去除掉,不会对产品最终的装配质量产生影响。

5.2 捆绑装夹方式

在加工内筒的内孔时,摒弃了传统用压杠固定工件的装夹方式,而采用的是铁链捆绑的固定装夹方式(图 8)。因为如果使用压杠固定,压杠和外圆是一小段线接触,固定工件的压力全都集中在一条线上,内筒局部受到较大的压力,必然会造成该部位局部发生变形。而使用铁链捆绑固定时,铁链与内筒外圆的接触面积更大,从而将压力分散,这样就会减小工件的变形。铁链与外圆之间用铜皮隔离,以防止不锈钢渗碳发生锈蚀。

图 8　在数控镗床铁链捆绑的固定加工内孔

5.3　切削参数及冷却方式

内孔加工时使用的刀片及切削参数可参照上文卧车加工外圆的数据,方式和方法都是相同的。而且由于数控镗床有内部冷却方式,因此镗内孔时可全过程采用内冷的冷却方式,冷却效果会更好。

最终成品检验时,内筒的内孔圆度为 ϕ0.25 mm 左右,同时直径尺寸也满足了 ϕ840±0.2 mm 的图纸要求,顺利地通过质检人员的测量检验,并顺利进行了最终装配。

6　结束语

通过对模拟反应堆内筒的结构、工艺分析,制定了关键工序的工艺措施,解决了不锈钢材质的薄壁内筒外圆的车削加工和内孔镗削加工难题,通过装夹方式、刀具的选择、切削参数等各方面的综合考虑,较好地控制了其加工过程中的弯曲变形、热变形,最终内筒尺寸及形位公差都满足了图纸设计要求,进一步提高了公司在加工类似难加工零件的攻坚能力。

参考文献

[1]　王健石. 机械加工常用刀具数据速查手册[M]. 北京:机械工业出版社,2009.

[2]　曾正明. 机械工程材料手册:金属材料[M]. 北京:机械工业出版社,2010.

提高连杆镗孔精度和镗孔后尺寸的变化控制

邓 伟 王辅洲 宁 智

(大连船用柴油机有限公司)

摘 要:本文详细论述了在加工大型主机连杆时(如G80、G70型主机),如何通过改变现有刀具结构及设计专用工装,来提高连杆轴承孔表面质量及精度。

关键词:连杆;刀具结构;专用工装;轴孔;质量;精度

1 前言

连杆是柴油机上重要的运动部件,其两端轴承孔分别连接着曲轴与十字头,其作用是将活塞的往复运动转变为曲轴的旋转运动,并把作用在活塞上的力传给曲轴以输出功率。连杆两轴承孔的加工质量直接影响到柴油机的整体质量。

2 选择课题

2.1 提出问题

落地镗床在合镗大型主机连杆两轴承孔时,经常存在轴承孔内孔表面质量不佳、达不到图纸光洁度要求的问题,该问题通常需要钳工利用细砂纸进行打磨以满足图纸光洁度要求。分析原因可能有以下几点:

连杆的材质和轴承盖的材质存在差异:

连杆的材质是S30Mn,曲轴端主轴承盖和十字头端主轴承盖的材质均为QT400-15,其中S30Mn的布氏硬度大于200,而QT400-15的布氏硬度为130~180之间,车刀刀尖因车削的材质硬度不同,会致使刀尖磨损异常,内孔表面质量受到影响。

十字头端主轴承盖方窗问题:

连杆在合镗主轴承孔时,十字头端的主轴承盖中间部位开有方窗,这样会导致精镗车削过程中刀尖间断地与工件接触,使得刀尖无法持续切削。这种断续切削方式导致了刀尖的磨损,最终影响内孔的表面质量(图1)。

图1 落地镗床十字头端轴承孔加工示意图

冷却问题：

车间现有的龙门铣床和落地镗床在镗孔过程中使用的单刃镗刀体均没有设置内冷系统，加工时冷却液依靠滑枕设置的冷却液口喷出，导致冷却液无法直喷刀尖。以此种方式对内孔及刀具进行冷却，会导致工件局部温度不同，刀尖的冷却效果不理想，在一定的温度范围内，会使得切削过程中产生积屑瘤，积屑瘤的存在会影响内孔的表面光洁度。

2.2 问题分析

从工艺流程以及车间现有的工装考虑，针对上述3点问题逐一进行分析：

(1)材质问题分析：根据MAN主机连杆设计要求：连杆在镗孔过程中，必须将两主轴承盖拉紧后进行合镗内孔，因此材质不同的问题无法通过改变工艺流程及工装等方面做出改变，只能通过减小精加工每刀吃刀量、提高镗刀转速等加工参数改善刀具的磨损情况[1]。

(2)断续切削分析：与问题(1)相同，十字头端主轴承盖需要在拉紧后才可对轴承孔进行合镗，十字头端轴承盖在毛坯状态下已开有方窗，断续切削同样避免不了。在此情况下，精镗十字头端主轴承孔前，需要对方窗部位进行检查，打磨掉飞刺，防止刀片过度磨损或者崩碎。

(3)冷却问题分析：冷却液外置释放会影响工件及刀尖部位的冷却效果，工件局部温度不一致，在一定温度范围内会产生积屑瘤，从而大大影响内孔的表面质量。如果要避免积屑瘤的存在[1]，刀尖的冷却效果可以通过改变镗刀体冷却结构或者增加特殊工装来提升。

2.3 确定课题

通过对上述问题点进行分析后确定，问题(1)与问题(2)的存在不可通过更改工艺流程或者更改工装做出改变，只能通过更改加工参数尽量避免以上两者带来的加工弊端，因此着手解冷却问题成为了首要目标。

3 提出并确定方案

在综合考虑了机床冷却液输出部位的设计、使用要求后，发现如果选购带内冷系统的镗刀体，造价高昂，而且当存在多台机床同时加工连杆轴承孔时，购买该类型的镗刀体数目较多，是一笔很大的费用支出。为了节约成本，我们打算利用车间现有工装、材料进行改造，设计出一个可以满足镗孔需要的冷却工装。为此，我们提出三项改进冷却的方案，并逐一进行分析。

3.1 增加“花洒”式冷却工装

参考现阶段冷却液外置释放的特点，我们设计出一种使冷却液均布喷射到工件的工装：

图2为圆形“花洒”式工装，该工装设有6个$\phi3$ mm孔径的冷却液喷口，该工装可通过螺纹连接到滑枕心轴的冷却液释放口处，利用机床液压以及镗刀体离心作用将冷却液均布释放，避免了现阶段冷却液冷却孔壁温度不均的问题。该工装安装方便，且造价低廉，可以利用车间内部的材料加工成品。

但是铣镗床镗孔时，连杆平置于工作台之上，这样会导致“花洒”装置释放的冷却液与刀尖位置平行，该冷却液只能作用于内孔孔壁，无法浇注到镗刀刀尖处，因而刀尖无法得到充分冷却。

3.2 改变镗刀体为内冷结构

有了上述“花洒”式冷却工装的案例分析，我们打算将外置型冷却的方式改为内置冷却的方式，我们需要对现有的设备及工装进行如下改进：

心轴改动：为使冷却液从镗刀体内部流通，需要将心轴底部的释放口封闭，而且需要为冷却液流入镗刀体内开设环槽；

镗刀体改动：内置冷却的方式需要在镗刀体内开有冷却液流通的管道，根据现有镗刀体的结构，该内冷管道只能开设于镗刀体外端，并直通与心轴连接的内孔壁上，镗刀体外端的开口同样需要封闭；刀体外端侧方同时需要开设冷却液输出端口；

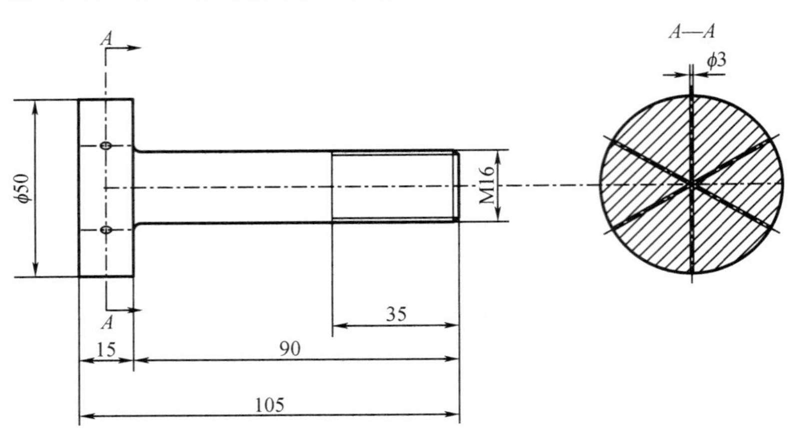

图 2 花洒式工装设计图(单位:mm)

增设冷却液释放管:刀体与心轴改动之后,还需要将冷却液喷射到刀尖处,因此需要增加一个冷却液管,通过与镗刀体输出端口连接,将冷却液引导喷射至刀尖处。

该方案对于刀尖的冷却充分,可以有效地降低加工过程刀尖的热量,但是需要订购加长枪钻来对刀体进行改造,加工费用较高。而且因为零部件较多,装配起来相对烦琐,用时长。

3.3 增加外置冷却管

考虑到内冷系统改造的问题,我们打算利用外置管道喷射冷却液的方式对刀尖进行冷却。根据上述分析,我们需要制定及改造如下工装:

心轴连接管:由于冷却管道的直径大约在 $\phi 8$ mm 左右,如果直接将冷却管连接在心轴处,密封性肯定不佳。该连接心轴与冷却管利用管螺纹连接,可以有效地避免冷却液漏放,保证足够的液压;

外置冷却管:为了和心轴连接管连接,我们在选用的铜管根部夹压一个管箍,在管箍处安装一个管螺纹的六方背帽与心轴连接管连接;

刀体改造:在镗孔过程中,冷却管随着刀体的旋转而旋转,该情况可能会导致冷却管抖动,进而无法充分冷却刀尖。我们在刀体上安装一个管夹装置,防止冷却管抖动。

3.4 确定最佳方案

通过对比上述各个工装的优缺点,我们选择 3 号方案为最佳方案,即增加外置冷却管的方式进行实验分析。

4 对策制定及实施

4.1 心轴连接管的设计

心轴与镗刀体为间隙配合,心轴插在镗刀体内部,因此我们制定的心轴连接孔长度要大于心轴面与镗刀体底部的距离[2]。经过实际测量,镗刀体底面与心轴面的距离为 50 mm。根据使用需要,我们设计的心轴总长度为 110 mm,其中 M16 螺纹长度 30 mm,G1/4 螺纹长度为 10 mm,内部开有 $\phi 8$ mm 孔径的通孔。为了可以达到较好的密封效果,我们在心轴底部设计了 6 方螺帽,以便于使用扳手拉紧。心轴连接管的设计图如图 3。

4.2 外置冷却管的设计

考虑到成本问题,我们打算将现有的铜管利用围管器围成匹配刀体的管路。根据现有的材料,我们最终决定选用 $\phi 8$ mm 的铜管进行试验:该铜管内径为 $\phi 5$ mm,通过对比钻孔用的外冷管,该冷却管可以满足冷却液喷射的压力。

冷却管要与心轴连接管连接,我们则需要将冷却管的一端紧箍一个管箍,再利用背帽与心轴的管螺纹连接,以此达到密封的效果[2]。

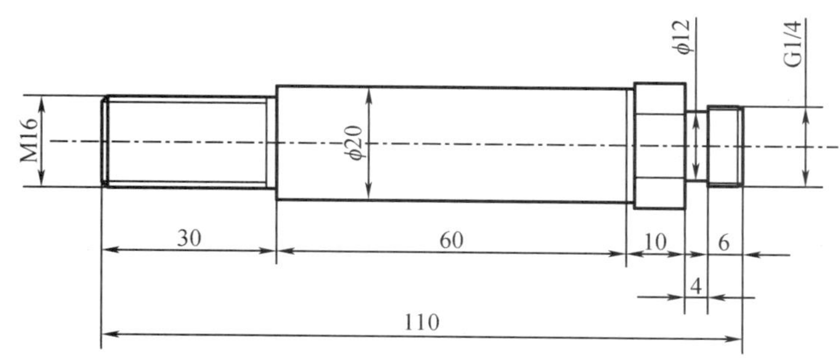

图 3 心轴连接管设计图(单位:mm)

4.3 刀体的改造设计

有了前两项工装的设计,外置冷却管的制作基本完成,但是在实际利用该工装的过程中,镗刀体在旋转之后,冷却管也会随之产生振动,可能会导致冷却液不能持续喷射至刀尖处。考虑到此种情况,我们打算在镗刀体上增加一个固定冷却管的管夹装置。

镗刀体内部有螺旋可调节的镗刀刀座,该刀座可以微调镗孔加工尺寸,是十分精密的设备(图 4)。经过计算刀体厚度,我们选择在刀体的边缘部位钻管,夹孔为 M6,深度为 15 ,这样可以避免加工到刀座本体之上。

图 4 装配管夹后的镗刀体

4.4 实际加工测试

将所设计的心轴连接管工装连接在滑枕心轴上,再根据所镗孔径大小,选取与之匹配的冷却管,待冷却管安装完毕后,利用管夹固定(图 5)。

图 5 冷却工装安装示意图

由于镗刀体的大小不一,因此首次使用该冷却工装时,需要在刀体及刀头安装之后进行冷却管围制。根据各类机型轴承孔的大小,按实际使用的镗刀体及刀头尺寸围制好的冷却管打好标记。下次再镗该机型连杆轴承孔时,可以直接选取对应的冷却管使用。

将冷却管利用管夹固定在刀体上后,微调冷却管前端部分,使其对准刀尖。在上述准备工作完成之后,就可以进行连杆镗孔试验。

为了使得试验更具对比性,我们将 6G70MEC #30 四根连杆两端轴承孔的镗孔进行加工试验(其中精加工镗刀体的转速和进给参数选用一致),主要针对内孔表面光洁度与斜梢两方面做出对比(表 1)。

表 1 镗孔加工参数对比表

加工方式	连杆炉号	孔壁粗糙度（十字头端）	孔壁粗糙度（曲轴端）	斜梢度（十字头端）	斜梢度（曲轴端）
利用冷却管工装加工	154-0310-1	Ra1.2	Ra0.9	0.01	0.02
	154-0130-1	Ra1.1	Ra0.9	0.01	0.01
传统方式加工	154-0311-2	Ra2.2	Ra1.9	0.05	0.02
	144-1802-1	Ra1.9	Ra1.7	0.02	0.04

通过对比试验我们发现,利用冷却工装加工成品的连杆内孔表面光洁度为 *Ra*1.6,远远好于利用原有方式加工的轴承孔内孔。而且通过打表检测孔形位公差发现,使用内冷工装加工成品的内孔基本不带梢,而普通方式加工的内孔斜梢为 0.04~0.05。有了试验成功的结果,我们又针对 7G80MEC 型主机两台份的连杆进行加工试验,加工精度完全满足图纸设计,实测的加工参数完全符合预期理论值。

5 效果检查

5.1 工艺性提升

利用新型冷却工装加工出的内孔孔壁质量较以往有了显著提高,每个轴承孔的孔壁粗糙度均达到了图纸要求。加工出的内孔孔壁经过测量,梢度均控制在 0.05 以内,满足了图纸要求的形位公差精度。加工过程的刀具损耗量得以有效控制,精加工每台份消耗约 2 片刀片。

5.2 经济效益

冷却工装的开发研制,有效地控制了连杆轴承孔的孔壁粗糙度,确保了加工精度的要求,不仅解决了钳工在连杆落地之后对轴承孔孔壁二次修复的问题,也解决了机床修复的斜梢所额外消耗工时的问题。连杆镗孔的加工效率和加工质量得以有效提升。

6 总结

新型工装的设计成功,有效地解决了镗连杆轴承孔孔壁光洁度不佳以及内孔带斜梢的问题,使得加工成品的孔质量得以有效提升。技术人员在本次活动中掌握了更多的专业知识与实践经验,本着推进技术进步和技术创新的原则,开拓思想,结合工作实际,运用学习的知识、方法,创新工作、保证质量、方便生产、提高效率。

参考文献

[1] 樊铁镔. 重型切削实用技术手册[M]. 北京:机械工业出版社,1994.

[2] 机械设计手册编委会. 机械设计手册[M]. 北京:机械工业出版社,2007.

核电产品加工分析及实施方案

赵延君 侯新华 任 超 宁 智

（大连船用柴油机有限公司）

摘 要：我部门承接的哈汽核电产品主要包括内外缸和轴承箱，核电产品较之前加工的哈汽民品产品，主要区别在于工件外形尺寸大，各加工尺寸及精度要求高，并且由于是首次加工，加工过程中可能存在较多不确定因素，为了保证加工质量、提高加工效率，根据加工内容和加工要求，提前对加工中存在的难点进行分析，制定合理的加工方案和实现方法，以指导实际的生产加工。

关键词：难点分析；加工策略；程序开发

0 引言

今年我部门承接加工的核电产品，共包括核电轴承箱、核电低压外缸和内缸的加工内容，由于核电内、外缸的外形尺寸较大，并且所有核电产品在加工精度要求上提出了更高的要求，因此我们根据图纸加工内容和技术协议要求，结合我部门加工设备和加工能力提前对加工过程中可能存在的难点进行分析，本文仅对核电产品加工过程中存在的较典型问题进行分析，并提出最优的解决方案，保证产品在投入生产后高效顺利加工。

1 核电产品主要工艺要求

核电产品相较之前加工的哈汽民品产品，主要区别在于工件外形尺寸大，各加工尺寸及精度要求高，并且在产品质量和检验方面提出了更严格的要求，加工图纸中标注的所有尺寸，都需要按照哈汽提供的未注公差HD010.001的1级标准执行，这种公差要求对于非关键小尺寸控制增加了较大的加工难度，如孔背面划窝、普通孔的直径和深度尺寸等。我部门在加工过程中制定并明确了更加详细的加工检查验和停止点，以对整个工件的加工过程进行控制。本文通过对核电产品在加工过程中的几个典型加工部位及加工方法实现进行详细分析，来提升核电产品在加工过程中的工艺性。

2 核电轴承箱加工策略

核电轴承箱加工是哈汽核电项目的重要一部分，此次的加工内容共包含5套轴承箱和一块基板的成品加工。每套轴承箱的结构主要由上、下半两部分组成，并且除高压轴承箱外，其余轴承箱上半都是由几部分通过螺栓连接后组立而成，主要的加工流程仍是先上、下半单独加工，然后组立后再次加工。

2.1 整体形位公差质量控制方案

核电轴承箱较民品轴承箱在加工尺寸和形位精度上有更高的要求，主要体现在以下方面：一是轴承箱下半工件总高度公差提高到±0.08；二是对于轴承箱下半，底面要求平面度0.05，水平面与底面平行度要求为0.1，上下半合缸后，中分面间隙自由状态下 0.05 塞尺不入，隔一螺栓把紧要求 0.03 塞尺不入；三是增加了上盖与下半中分面着色要求。核电轴承箱尺寸较大，尤其是对于 2#、3#轴承箱工件水平连接面总长就达到 5 550 mm，要同时保证尺寸精度和形位公差要求，是我们加工过程中面临的重要挑战。

为此，首先我们根据轴承箱结构在工作台装夹时放置专用支撑垫，增加装夹后的加工刚性，其次在参照之前加工轴承箱工序的基础上，在下半工序中增加一个底面精加工工序，即先加工水平中分面成品，检查水平中分面符合加工精度要求后，再加工底面成品，在加工各面成品前松压杠后再次轻夹，并在装夹前后支表检查保证工件装夹无变形，使工件加工成品后无应力变形，满足最终加工报验要求。

2.2 轴承箱内台阶面加工实现

在每套轴承箱的下半内部都有一个用于安装轴承的台阶面加工，如图 1 所示，此台阶面距水平中分面尺寸 422 mm，上部高度 220 mm 需要保证加工表面 $Ra3.2$，其余部分表面 $Ra6.3$。

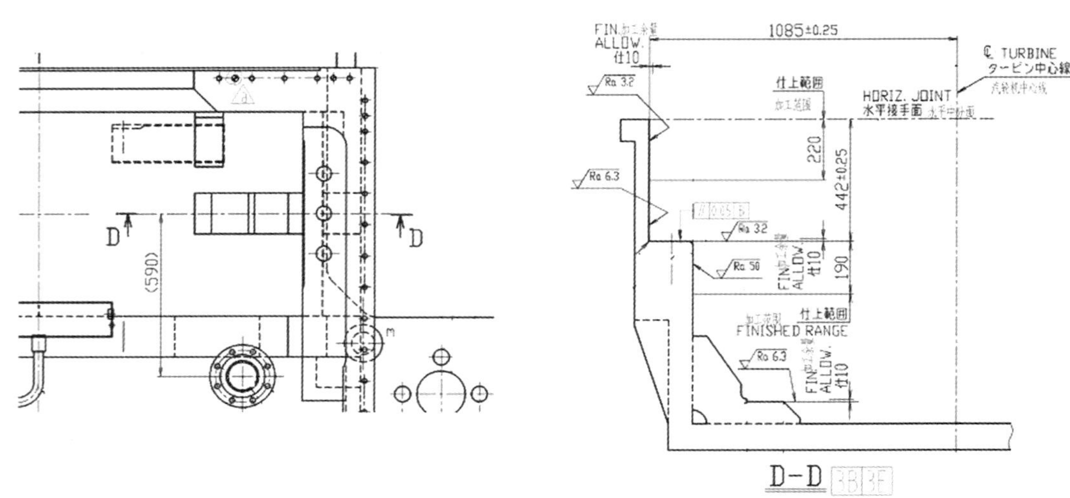

图 1　档内台阶加工面

由于此加工面带有圆弧角 $R75$，因此加工中只能使用铣刀的外圆面进行切削，上半深 220 mm 处面加工质量要求较高，采用加长铣刀进行粗精铣的切削方式，且加工到 230 mm 的深度，编制成品尺寸加工程序如下：

```
……
Z=-230                          ;深度加工到 230 mm
G00 G90 G64 G41 X-315           ┐
G01 G90 Y-1010                  │
G03 X-240 Y-1085 CR=75          ├工件轮廓加工
G01 G90 X520                    ┘
G03 X595 Y-1010 CR=75
G00 G90 G40 X0 Y-850
```

下部加工面由于深度限制只能选用加长刀杆连接刀盘的方式进行加工，加工时还需要避开档内法兰干涉，只能选用较小直径刀盘进行，根据计算加工中选用 $\phi125$ mm 和长度大于 422 mm 的长杆沿深度方向粗精铣下部分面成品，加工深度从 234 mm 进行切削，由于刀片长度为 10 mm，与上半部分实现了重合，主要加工程序如下：

```
R01=234                         加工深度 234 mm，与上部分重合 6 mm
POS1:
Z=-R01
……                              工件轮廓加工
```

```
R01=R01+4
IF R01<=430 GOTOB POS1
```

2.3 高压箱法兰止口面加工实现

在高压轴承箱档内有两处法兰止口待加工面，加工尺寸如图 2 所示，止口面直径 φ420mm，距水平中分面尺寸 898mm，中心孔直径 φ248mm。

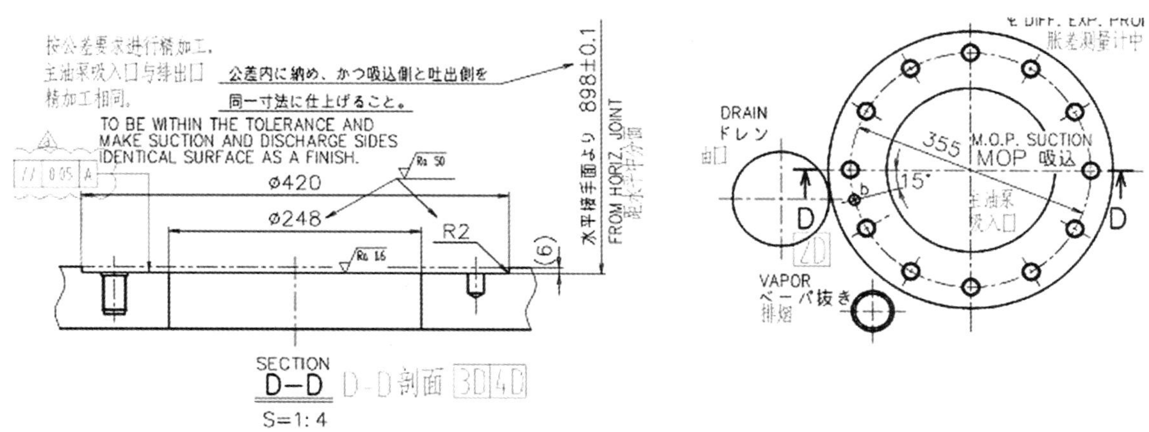

图 2 法兰加工位置图

由于加工法兰在轴承箱档内距水平中分面尺寸为 898 mm，因此在加工中必须选用铣床上直径为 ϕ290 mm 加长铣头进行加工，但是在法兰面右上角有一长法兰在加工中可能干涉，如图 3 所示，通过相互位置确定铣头外圆最大轨迹直径为 ϕ473 mm，由于中心内孔为 ϕ248 mm 为保证加工中 Z 向进刀，优先选用 ϕ200 mm 刀盘进行加工，此时铣头与刀盘的半径差为 45 mm，待加工止口面直径为 ϕ420 mm，与铣头最大轨迹半径差为 26.5 mm，小于铣头与刀盘的半径差，因此不能实现全部法兰面加工，因此只能选用 ϕ250 mm 直径刀盘，此时半径差值为 20 mm 可以实现加工，但法兰中心孔直径为 ϕ248 mm，小于刀盘直径，且刀盘无法进行直接 Z 向进刀，因此在加工中利用两个刀盘来完成整个法兰面的成品加工。

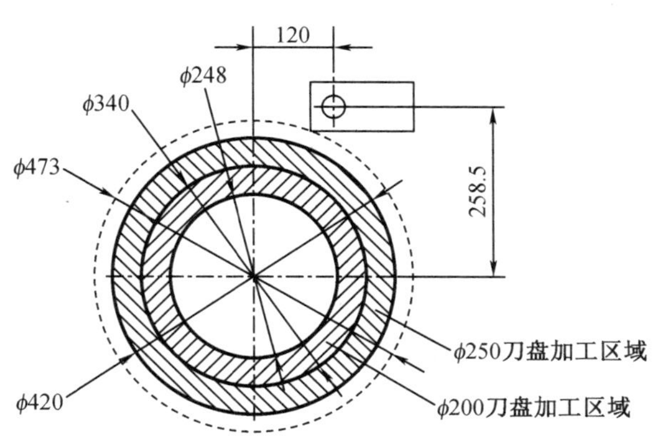

图 3 加工尺寸图(单位:mm)

经计算 ϕ200 mm 刀盘最大能加工到直径 ϕ370 mm 部分成品，剩余部分再由直径 ϕ250 mm 刀盘加工成品，编制数控加工程序主要内容如下：

```
……
IF $TC_DP6[1,1]==100
R01=170
ENDIF
IF $TC_DP6[1,1]==125
```

```
R01=210
ENDIF
……
Z=-898
G01 G91 G64 G41 X=R01
G03 I=-R01
G01 G90 G40 X903.5 Y470
```

2.4 档内底部圆弧面加工实现

如图 4 所示轴承箱档内待加工虚线区域半圆弧面距水平中分面尺寸 708 mm，由于受附件圆法兰面干涉影响，加工中不能使用加长铣头，只能使用长度大于 700 mm 的加长刀轴连接小直径铣刀盘进行切削加工。

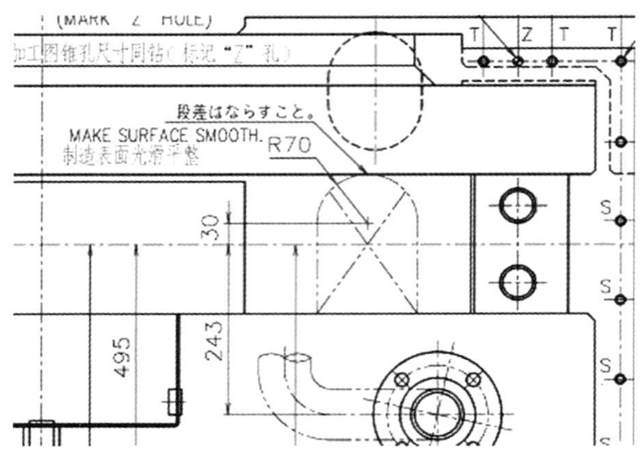

图 4 档内半圆弧面加工尺寸图(单位:mm)

加工过程中由于存在附近法兰干涉，根据加工图确定加工面和法兰面的相对位置尺寸，如图 5 所示，计算最大可选用加工刀杆直径为 ϕ108.19 mm，为此选用 ϕ100 mm 加长轴和 ϕ100 mm 铣刀盘进行加工。

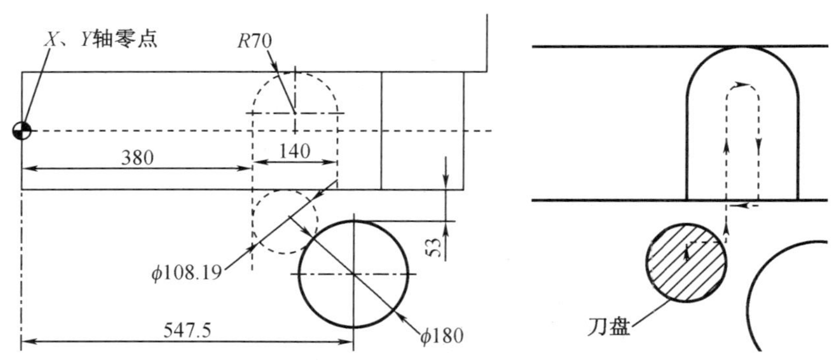

图 5 加工尺寸图(单位:mm)

加工过程中为避开法兰，并且实现法兰面全部切削，绘制如图 5 所示的加工路径，编制加工程序如下：

```
……
X=(100+$TC_DP6[1,1]+30)Y380
Z=-708 加工深度
G01 G90 X=(100+$TC_DP6[1,1]+5)
Y=(380+$TC_DP6[1,1])
X-30
G02 X-30 Y=(380+140-$TC_DP6[1,1])CR=(70-$TC_DP6[1,1])
```

```
G01 G90 X105
Y=(380+ $TC_DP6[1,1])
X=(100+ $TC_DP6[1,1]+5)
```

3 核电外缸垂直面加工方案

核电外缸产品由六半组成,较普通外缸主要特征是外形尺寸较大,加工精度较高,对机床设备加工能力要求更高,在加工工艺编制时主要是考虑机床的加工范围和加工效率,合理安排铣床及镗床加工工序,对于外缸垂直连接面成品加工是加工中的一个难点,由于其外缸中部上半本身结构钢性较差,且外缸中部上、下半连接后总高度近 8.5 m,再加上等高垫的尺寸远高于机床 7.5 m 的高度范围,因此不能按普通外缸连接后由龙门铣加工成品的方法,只能在镗床连接后铣上、半基准后再单独由龙门铣床加工成品。

在龙门铣床加工核电外缸垂直连接面工序,外缸总净高尺寸为 4.5 m,由于铣床滑枕最长能伸出 3.5 m,因此加工只能选用长 1.2 m 铣头。如果只用铣头进行加工切削运动,当铣头加工到工件最高点时横梁距外缸水平面距离 5.65 m,超出铣头与滑枕的 4.7 m 总高度,如图 6 所示,因此加工过程中必须要有横梁参与进给运动。

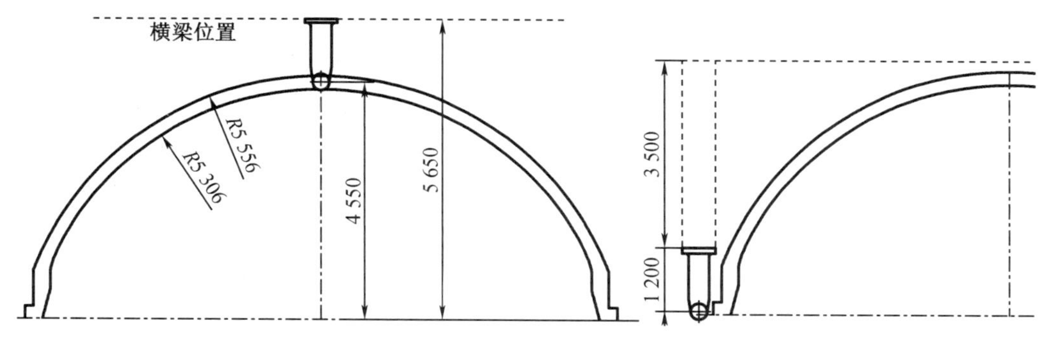

图 6 工件加工的最高和最低位置(单位:mm)

加工切削轨迹中,滑枕先从水平中分面位置开始切削,运行到滑枕接近最高点时,再运行横梁完成垂直面上部分切削,再运行滑枕下行到水平中分面位置,实现全部切削。因此加工中需要对滑枕和横梁共两段圆弧轨迹编程以进行切削,如在加工面上进行切换滑枕和横梁,加工路径简单,但是机床在由滑枕转为横梁运动时容易产生很小的停顿,且由于上半本身刚性差,很容易产生切削蹦刀,甚至可能出现扎刀,为避免出现以上不可控的因素,切削加工过程中选用圆弧切入和圆弧切出的方式进行加工,在切换的位置增加两段圆弧切削,以保证在工件外部完成切换。

如图 7 所示加工路径滑枕由水平中分面运行到点 1 位置,再圆弧运行到点 2 位置,此时铣刀已离开工件,滑枕急行到点 3 位置,再由横梁运行圆弧进给切削到点 1 位置,再继续圆弧运行到点 1 对称侧位置,运行圆弧离开工件加工面,切换滑枕完成工件的全部加工。

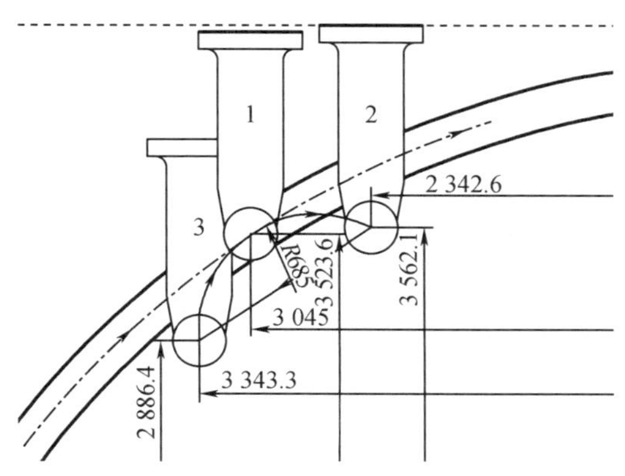

图 7 圆弧切入切出示意图(单位:mm)

根据上图轨迹示意图,编制加工程序如下:

```
……
G02 X-3045 Y3523.6 CR=5441      } 运行 Z 轴
G02 X-2342.6 Y3562.1 CR=685     }
G00 G90 X-3343.3 Y2886.4
GEOAX(3,W)                        转换 W 轴
G54
L9958
G91 G02 X298.3 Y637.2 CR=685    } 运行 W 轴
G90 G02 X3045 CR=5441           }
……
```

4 核电内缸加工工艺要点

4.1 中心位置支撑环加工实现

根据核电内缸的加工要求,需要在内缸水平中分面成品加工前,对内缸各支撑环的侧面及内孔进行粗加工,由于工件尺寸较大,支撑环的加工只能在龙门铣床或镗上单半完成加工,如图 8 所示,对于靠近内缸中心位置的支撑环内孔上的槽,只能由龙门铣床安装扁长附件铣头加工成品,根据铣头尺寸参数和槽的宽度和深度计算,选用 ϕ500 mm 厚 22 mm 的三面刃铣刀盘进行加工,并且需要铣头在两个角度方位下加工成品,根据铣头和刀盘参数,绘制加工部位示意如图 8 所示。

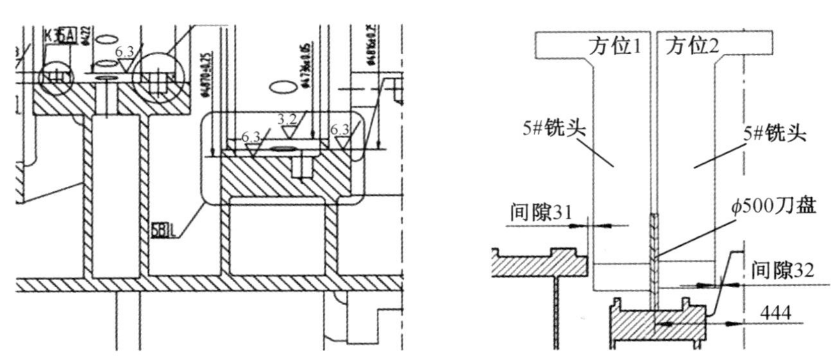

图 8 工件加工要求和加工方案图

由图 8 可知,槽在两个角度方位下实现加工成品,铣头背面距挡内毛坯面尺寸仅为 30 mm 左右,为方便进刀和安全考虑,在两个工位第一刀宽度方向相对中心各多切削 20 mm,根据实际尺寸编制加工程序如下:

```
R10=22 ;片铣刀厚度
R01=424   ;第一刀加工深度                          }
……                                                  }
POS1:                                               } 方向 1
Z=R01 M03                                           }
G01 G90 X=-(4870/2-$TC_DP6[1,1]-5)Y0               }
G03 X=(4870/2-$TC_DP6[1,1]-5)Y0 CR=(4870/2-$TC_DP6[1,1]-5)
G01 G90 X=(4870/2-$TC_DP6[1,1]-100)
R01=R01-20
IF R01<(424-20*5)GOTOF END1
```

```
R02=466 ;第一刀加工
……
POS2:
Z=-R02 M03
G01 G90 X=-(4870/2- $TC_DP6[1,1]-5)Y0
G03 X=(4870/2- $TC_DP6[1,1]-5)Y0 CR=(4870/2- $TC_DP6[1,1]-5)
G01 G90 X=(4870/2- $TC_DP6[1,1]-100)
R02=R02+20
IF R02>(466+20*6)GOTOF END2
```

方向 2

4.2 合金加工参数确定

核电内缸水平中分面在粗加工后,要在靠中分面内侧烧焊一层因康镍合金,此材料加工难度较大,需要定制特种加工刀具进行切削。对于切削加工参数并没有现成经验可以利用,对于烧焊合金后的水平中分面加工,分为粗铣、表面探伤再精铣成品。粗铣时分三刀加工:第一刀水平面留 3 mm 量;第二刀水平面留 1.75 mm 量;第三刀水平面留 0.5 mm 量。为了保证生产加工进度和加工质量,我们对两个厂家提供的刀具切削方案进行试切削,通过分析总结优化,确定合理加工参数,京瓷和瓦尔特刀具厂家试切削的报告,见表 1。

表 1 京瓷和瓦尔特刀具厂家试切削的报告

切削方式	京瓷刀具因康镍合金试切削加工报告						瓦尔特刀具因康镍合金试切削加工报告					
粗铣	刀盘型号	MFPN453 15R-14T-M	刀片材质	PR153 5	刀片型号	PNMU12 05ANER-GH	刀盘型号	M4002-315-B60-14-02	刀片材质	WSP45G	刀片型号	SDMX1205ZDR-E57WSP45G
	刀盘直径	315mm	齿数	14	刀刃数	10	刀盘直径	315	齿数	6	刀刃数	4
	转速 /(r/min)	60	吃刀深度 /mm	1.5~2	进给 /(mm/min)	200	转速 /(r/min)	60	吃刀深度 /mm	1~1.5	进给 /(mm/min)	600
	切削效果描述	无烟,声音轻微,工件震动轻微,铁屑白色,刀尖无磨损					切削效果描述	有烟,声音正常,工件震动轻微,铁屑白色,刀尖无磨损,粗糙度约 Ra12.5				
	转速 /(r/min)	80	吃刀深度 /mm	1.5~2	进给 /(mm/min)	300	转速 /(r/min)	80	吃刀深度 /mm	1~1.5	进给 /(mm/min)	900
	切削效果描述	少量烟,声音正常,工件小幅震动,铁屑无变色,刀尖无磨损,粗糙度约 *Ra*6.3					切削效果描述	大量烟,声音正常,工件小幅震动,铁屑无变色,刀尖轻微磨损,粗糙度约 *Ra*12.5				
精铣	刀盘型号	MFF250R-S-M	刀片材质	PR1525	刀片型 L 号	NGX120 916R-TT	刀盘型号	F2010.B.315.Z14	刀片型号	WSP45G	刀片型号	BCMT120420R-G55WSP45G
	刀盘直径	250mm	齿数	1	刀刃数	4	刀盘直径	315	齿数	14	刀刃数	2
	转速 /(r/min)	200	吃刀深度 /mm	0.05	进给 /(mm/min)	200	转速 /(r/min)	60	吃刀深度 /mm	0.2	进给 /(mm/min)	150
	切削效果描述	轻微烟,声音尖锐,工件较平稳,刀尖轻微磨损,粗糙度能达到 *Ra*1.6,目视刀纹明显					切削效果描述	无烟,声音正常,工件较平稳,刀尖无磨损,粗糙度能达到 *Ra*12.5 手摸凸凹异常明显,目视刀纹明显				
	转速 /(r/min)	200	吃刀深度 /mm	0.1	进给 /(mm/min)	400	转速 /(r/min)	100	吃刀深度 /mm		进给 /(mm/min)	150
	切削效果描述	大量烟,声音比正常稍大,工件较平稳,刀尖轻微磨损,粗糙度接近 *Ra*1.6,目视刀纹明显					切削效果描述	轻微烟,声音正常,工件较平稳,刀尖无磨损,粗糙度能达到 *Ra*6.3 手摸凸凹明显,目视刀纹明显				

根据试刀报告和对比分析，粗加工刀具选用型号为 M4002-315-B60-14-02 瓦尔特 ϕ315 mm 刀盘作，切削参数为：转速 $n=80$ mm，进给速度 $f=800$ mm/min，切深为 1.25 mm，切削加工时产生大量烟，但声音正常，工件小幅震动，铁屑无变色，刀尖轻微磨损，粗糙度约 Ra12.5，能够满足加工要求。表面探伤后半精加工时水平面留 0.1 mm 量，仍选用粗铣用的刀盘和参数，精加工时选用刀盘型号为 MFF250R-S-M 的京瓷 ϕ250 mm 刀盘，每齿吃刀量 2 mm/r，切削参数：转速 $n=200$ mm，进给速度 $f=400$ mm/min，加工过程中产生大量烟，声音比正常稍大，工件较平稳，刀尖轻微磨损，粗糙度接近 Ra1.6，目视刀纹明显。能满足加工要求

5 结语

核电产品是我们加工哈汽产品的又一个新型类型，也使我们积累了加工大尺寸和高要求工件的经验，通过对产品结构和加工图纸要求的分析，确定加工中可能存在的难点，分析并找出最好的解决方案，落实具体的加工措施，制作合理工装夹具和加工用刀具，编制合理工艺路线，为工件投入生产后能高效顺利加工提供保障。核电产品的加工对我们不仅是一种挑战，更是一种公司及部门加工实力的最好体现。

参考文献

[1] 杨叔子. 机械加工工艺师手册[M]. 北京：机械工业出版社，2011.

基于三项制度改革背景下的国企绩效管理

李万胜　王珊珊　王　晶

（大连船用柴油机有限公司）

摘　要：三项制度改革是国有企业应对市场竞争的必然选择，是深化国企改革的重要举措，也是对国有企业人力资源管理体系的重塑。绩效管理作为人力资源管理的核心组成部分，为推动三项制度改革起到关键作用。本文通过分析绩效管理的作用、大连船用柴油机有限公司绩效管理存在的问题，对国有企业绩效管理进行探索和研究，以解决目前公司绩效管理存在的问题。

关键词：三项制度改革；绩效管理；国有企业

企业简介：大连船用柴油机有限公司（简称：大连船柴，英文简称：DMD）隶属于中国船舶集团所属中船发动机有限公司，成立于 1984 年 7 月 1 日，现有员工近 800 人，主要从事船用大功率低速柴油机引进开发、生产制造和维修服务，同时承接重大装备制造。

大连船柴主要生产 MAN 系列和 Win G&D 系列低速船用主机，是国内最主要的船用柴油主机制造公司之一。2022 年成功交付世界首制 9X92-B 型主机；2023 年首次突破年产 200 万马力大关；2024 年交付国内首制的甲醇双燃料主机。截至目前，公司已生产主机千余台，为数千万总吨的巨轮装备了主动力源。公司拥有辽宁省级技术中心，是大连市高新技术企业。公司始终保持与世界先进技术水平同步，并可通过全球化服务网络，迅速提供主机技术支持和维修服务保障，被船东誉为可以满足最高标准的工厂。

大连船柴是国内大功率低速船用柴油机骨干制造企业，首批国家一级企业，辽宁省五一奖状、大连市市长质量奖获得单位。2023 年，获评国家知识产区优势企业、专精特新小巨人企业。

1　基于三项制度改革背景下的国企绩效管理实施背景

党的十八大以来，我国掀起了新一轮国企改革浪潮。劳动、人事、分配三项制度改革是深化国企改革的重要任务和基本目标，是增强企业活力、提升企业效率、加快构建新发展格局的必然要求。三项制度改革是对国企人力资源管理体系的重塑，体系中各模块相互作用，绩效管理起到关键作用。大连船柴以集团公司三项制度改革方案为总纲领，以绩效管理为重要抓手，围绕实现管理人员能上能下、员工能进能出、收入能增能减的“三能”机制大力推进改革实施，确保三项制度改革落实落地，改出成效。

1.1　绩效管理作用

1.1.1　绩效管理是人事制度改革的基础工程

长久以来，国企选人用人盛行“论资排辈”，干部能上不能下，缺乏履职压力，造成这些现象的重要根源之一便是绩效管理这个基础工程不扎实，没有科学的绩效结果作为员工岗位胜任、工作成效的验证标准。合理的绩效考核，能使企业充分了解员工的工作能力、工作态度以及职业专长，进而合理地把员工们分配到适合自己的工作岗位上，实现员工个体和岗位的充分匹配。

1.1.2　绩效营理是用工制度改革的有力保障

当前国企员工市场化用工机制尚未形成，人员能进不能出，冗员包袱沉重。只有建立了完善的绩效管理体系，帮助人资管理部门对员工进行综合评判，才前留住核心人才，实行末等调整，完成不胜任退出和市场化用工等目标，盘活人力资源，实现企业员工有序流动。

1.1.3　绩效管理是分配制度改革的关键支撑

完善的绩效管理体系是确定薪酬合理分配的重要依据，要杜绝国有企业“不患喜而患不均”的平均主义和高水平大锅饭，就必须要有令人信服的绩效管理体系，以此为支撑才能配套建立市场化的薪酬分配体系，逐步形成关键岗位市场化取酬、特殊人才高薪化取酬、基层员工稳定化取酬的分配格局，稳固支撑分配制度的改革。

1.2　现状及不足

大连船柴绩效管理工作起步较晚，经调研和统计分析，发现存在如下问题：

1.2.1　绩效管理基础薄弱

大连船柴的绩效管理制度建设与人才队伍建设不匹配，对中层领导干部和普通员工考核有制度可循，而对于经理层成员和专业人才的绩效管理缺少依据。部分领导将绩效管理等同于绩效考核，不重视绩效反馈和沟通，很难通过考核结果发现问题进行绩效改进，使绩效管理无法发挥“指挥棒”和“风向标”的作用。

1.2.2　考核周期和指标设置不合理

按照考核惯例，公司在每年年底对员工进行考核，对于普通员工来说，考核周期过长，不利于员工及时改进工作。考核指标往往由部门自行设定，难度偏低，量化指标、严格时间节点的指标较少，绩效目标设置无法起到激励作用。

1.2.3　评价结果不客观

绩效目标设置与实际任务存在差异，目标不够量化会导致绩效结果不客观。尽管优秀等级是强制分布名额，但国有企业存在“老好人”“大锅饭”陈旧思维，优秀等级结果存在轮流坐庄等情况，而末等往往难以评出，绩效考核更多流于形式。

2　基于三项制度改革背景下的国企绩效管理主要做法

2.1　构建组织绩效管理体系

组织绩效管理是企业战略目标落地的重要支撑，也是企业内部管理效能提升的重要抓手。为全面贯彻落实集团公司高质量发展纲要和中船发动机战略决策部署，实现公司的战略目标，大连船柴构建了以价值创造为核心的组织绩效管理体系(图 1)，围绕目标分解、绩效实现、考核评价、结果应用 4 个环节，结合中船发动机“1+1+N”工程、企业文化价值理念，梳理、总结、发扬优秀的大连船柴企业文化，助力企业高质量发展。

2.2　树立正确的绩效管理观念

绩效管理，是指各级管理者和员工为了达到组织目标，共同参与的绩效计划制定、绩效辅导沟通、绩效考核评价、绩效考核结果应用、绩效目标提升与反馈等流程的持续循环的过程，目的在于通过个人、部门和组织的绩效提升，最终促进组织目标的实现。绩效管理最核心的概念是绩效循环(图 2)。

管理变革应从理念先行。为让管理者和员工走出绩效管理等同于绩效考核、绩效考核工作主要是由人力资源部门承担等误区，大连船柴外聘专家开展专题培训讲座，通过宣讲、讨论等方式大力宣传绩效管理理念，积极塑造以公平、竞争、择优为特征的绩效文化，从公司高层自上而下主动适应管理氛围，按照绩效循环方式要求开展工作，引导他们树立正确的考核观和绩效意识。

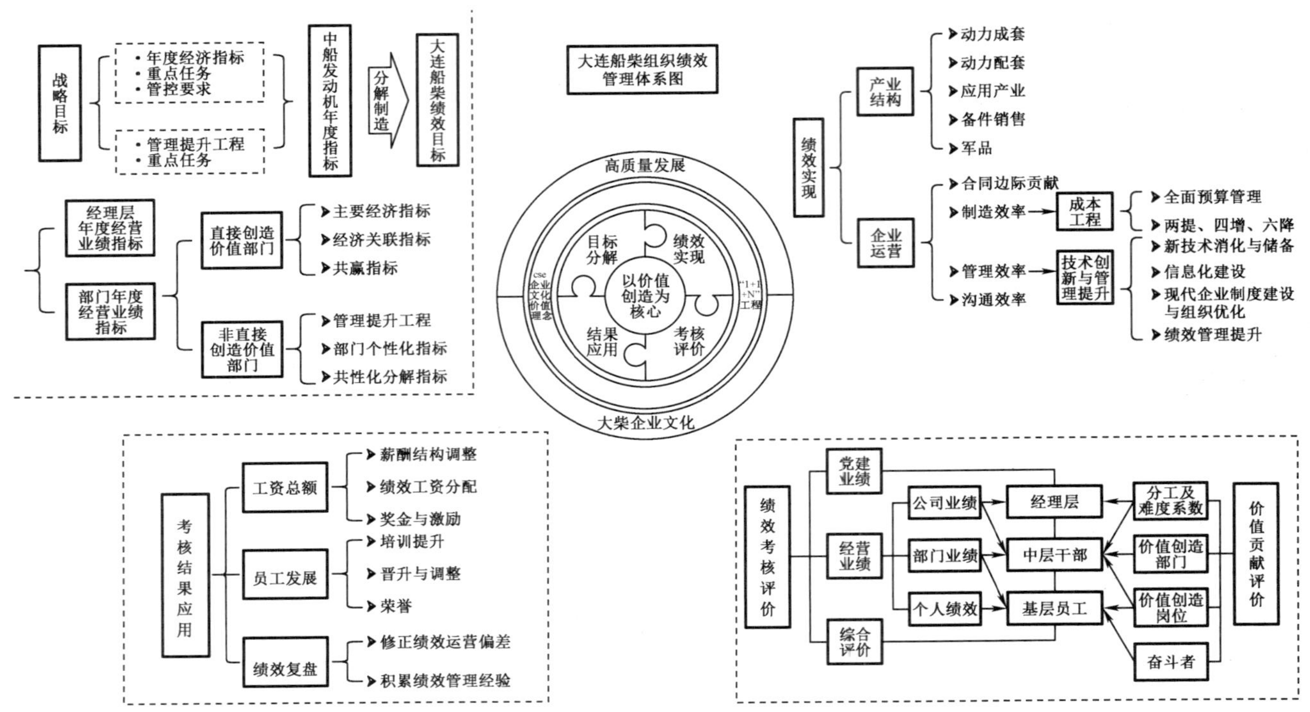

图 1　大连船用柴油机有限公司组织绩效管理体系图

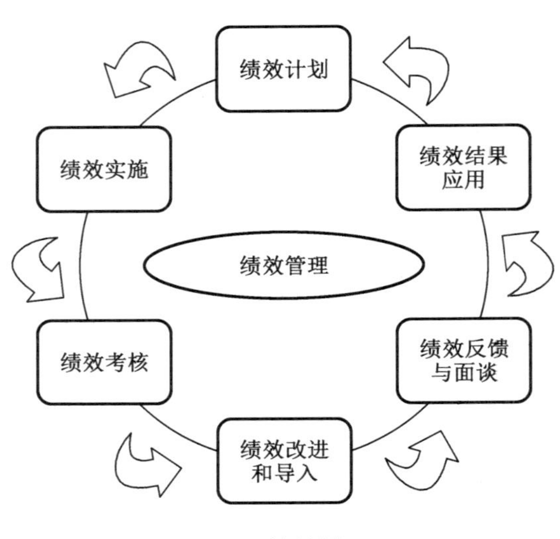

图 2　绩效循环

2.3　确立绩效管理的原则

2.3.1　坚持战略导向

以实现大连船柴高质量发展为方向，通过实施全员绩效考核，促进企业战略目标、年度工作任务的分解落实和最终完成，不断提升员工价值创造能力。

2.3.2　坚持分级管理

绩效考核逐级开展，注重强化各级直线领导履行管理责任，推动绩效目标自上而下层层分解落实，实现员工与公司共同发展。

2.3.3　坚持精准考核

以全面落实岗位目标责任制为抓手，准确界定不同层级、不同岗位的关键绩效指标和工作目标。搭建定量考核为主、定性评价为辅的考核指标体系，健全短期与中长期目标相统一的管理机制。

2.3.4　坚持客观公正

绩效考核应统筹部门实际、岗位职责、员工工作内容和业绩表现进行综合评价，做到有理有据，确保评价结

果真实反映员工工作绩效。

2.3.5 坚持闭环管理

强化考核结果反馈与应用,引导员工不断对标提升,将绩效考核作为干部上下、员工进出、薪酬增减的主要依据。

2.4 实施绩效管理方案

大连船柴以“考核无盲区”为目标,建立“纵向到底、横向到边、全员覆盖”的全员绩效考核体系,针对不同层级,制定实施不同方案。

2.4.1 高层绩效管理方案

2022 年大连船柴推进经理层成员任期制和契约化管理,结合实际,制定《经理层成员任期制和契约化管理工作方案》《经理层成员绩效管理办法》《经理层成员薪酬管理办法》,执行上级单位向公司经理层授权的管理制度,严格规范管理权限,保障经理层依法行权履职。目前,公司 3 位经理层成员全部签订了聘任协议和经营业绩责任书,实现了任职管理的规范化、常态化。经理层任期制和契约化管理,更注重业绩考核指标及其分值的科学性、合理性,通过签订年度及任期经营业绩责任书,构建“一岗一考核”“一人一张表”的差异化考核机制(表 1、表 2)。

表 4.1 总经理年度经营业绩考核表

考核周期:2023 年度　　　　考核岗位:总经理

序号	维度	指标	指标定义	基本分	目标值	评分标准
1	公司关键指标(80%)	中船发动机下达的指标	中船发动机指标定义	80	按指标完成	中船发动机评分标准
2	个人业绩指标(20%)	营业收入(主要指标)	营业收入(A):应用产业(A1)和动力服务业务(A2)收入和	6	A=1×××0(A_1=6××0 万元、A_2=3××0 万元)	A_1、A_2 分别占基本分 60%、40%; 完成 A_1、A_2 两项目标值,得基本分的 120%;只完成其中一项,完成 A_1 得基本分 60%的 120%,完成 A_2 得基本分 40%的 120%; 未完成按以下规则计分:A_1 每降低 1%,在基本分 60%的 120%基础上扣基本分 60%的 1%,扣至基本分 60%止;A_2 每降低 1%,在基本分 40%的 120%基础上扣基本分 40%的 1%,扣至基本分 40%止;扣分累计,扣完为止。
3		应收账款	应收账款(B):(不含天津新港):历史应用账款(B_1)、当期应收账款(B_2)	4	B(B_1≤1×0%,B_2≤2×%)	B_1、B_2 分别占基本分 60%、40%; 完成 B_1、B_2 两项目标值,得基本分的 120%;只完成其中一项,完成 B_1 得基本分 60%的 120%,完成 B_2 得基本分 40%的 120%; 未完成按以下规则计分:B_1 每降低 1%,在基本分 60%的 120%基础上扣基本分 60%的 1%,扣至基本分 60%止;B_2 每降低 1%,在基本分 40%的 120%基础上扣基本分 40%的 1%,扣至基本分 40%止;扣分累计,扣完为止。
4		两金净额(主要指标)	应收账款净额与存货净额之和	6	≤4××××万元	完成目标值,得基本分 120%;完成值在 80%~100%之间,每增加 1%,在基本分 120%的基础上扣基本分的 0.5%;完成值在 60%~80%之间,每增加 1%,在基本分 110%的基础上扣基本分的 1%;完成值在 60%以下,每增加 1%,在基本分 90%的基础上扣基本分的 1.5%,扣完为止。
5		重点投资建设项目进度(主要指标)	甲醇双燃料供给系统建设	4	按公司计划(里程碑节点)实施,年内完成安装调试并试生产	全部完成年内目标,得基本分;每提前 1 天完成,加基本分的 1%,最高加至基本分的 120%;每延期 1 天完成,扣基本分的 1.1%,扣完为止。
6	其他	奖励项		—	—	如分管领域内工作业绩突出,对公司战略发展或关键指标职称较大,或在中船发动机共性个性指标中加,或获得集团、省部级及以上相关奖励,按照影响或收益程度加 0~3 分。
7		扣分项		—	—	如分管领域出现安全生产、环保、职业卫生、消防、质量、国家安全保密、法制、信访维稳、保卫、治安、外事、廉洁、审计、内控评价、巡视巡察等事故或重大问题,按照影响程度或损失分为:一般、严重、重大,相应扣 0~10 分。
合计				100		

注:1. 根据中船发动机对公司的最终考核目标责任书,对相关指标进行同步调整

表 4.2　副总经理(分管生产、安全、集配)年度经营业绩考核表

考核周期:2023 年度　　　　考核岗位:副总经理(分管生产、安全、集配)

序号	维度	指标	指标定义	基本分	目标值	评分标准
1	公司关键指标(45%)	中船发动机下达的指标	中船发动机指标定义	45	按指标完成	中船发动机评分标准
2	个人业绩指标(55%)	人均价值创造总量(主要指标)	当年考核目标值=2022 年人均价值创总总量×(1+11%)×权重 40%+2022 年人均创造价值总量上浮 11%后的平均值×上年人工成本系数＊权重 60%	20	3×万元/人	完成目标值,得基本分; 完成值比目标值高 1%,加基本分的 1%,最高加至基本分的 120%; 每低 1%,扣基本分的 1.1%,扣完为止。
3		外协外包(主要指标)	主机零部件外协外包发生的费用	15	≤3×××万元	完成目标值,得基本分;完成值比目标值每低 1%,加基本分的 1%,最高加至基本分的 120%;每高 005%,扣基本分的 1%,扣完为止。
4		存货周转率(主要指标)	存货周转率=营业成本/[(期初存货+期末存货)/2]×100% 全口径计算	10	4×次	完成目标值得基本分;完成值比目标值每增加 1%,加基本分的 1%,最高加至基本分的 120%;每下降 005%,扣基本分的 1.1%,扣完为止。
5		安全事故	不发生一、二类事故(A)、控制微伤事故(B)	10	A=0; B≤×人次	完成 A、B 两项目标值,得基本分; 未完成按以下规则计分:A 未完成,每增加一起一类事故,在基本分 120%的基础上扣基本分的 50%,扣至基本分的 60%止,每增加一起二类事故,在基本分 120%的基础上扣基本分的 30%,扣至基本的 60%止,B 未完成,每增加 1 人次微伤事故,在基础分 120%的基础上扣基本分 10%,扣至基本分的
6	其他	奖励项		—	—	如分管领域内工作业绩突出,对公司战略发展或关键指标职称较大,或在中船发动机共性个性指标中加分,或获得集团、省部级及以上相关奖励,按照影响或收益程度加 0~3 分。
7		扣分项		—	—	如分管领域出现安全生产、环保、职业卫生、消防、质量、国家安全保密、法制、信访维稳、保卫、治安、外事、廉洁、审计、内控评价、巡视巡察等事故或重大问题,按照影响程度或损失分为:一般、严重、重大,相应扣 0~10 分。
合计				100		—

注:1. 根据中船发动机对公司的最终考核目标责任书,对相关指标进行同步调整

经理层成员绩效目标由大连船柴根据上级单位对公司的年度考核指标进行分解，坚持定量与定性相结合，以定量为主，由公司业绩指标和个人分管业务指标组成，其中总经理两项指标占比 80%、20%，副总经理占比 45%、55%。经理层成员绩效考核分为年度经营业绩考核和任期经营业绩考核。年度经营业绩以公历年为考核期，任期经营业绩考核以 3 年任期为考核期。年度、任期业绩考核合格及以上的经理层成员分别纳入上级单位年度、任期领导人员多维度综合考评分类排名；考核不合格的，不再进行相应的多维度综合考评分类排名，其年度、任期综合考评级别不高于基本称职。根据绩效考核等级确定绩效薪酬分配系数，用于计算经理层成员绩效年薪及任期激励（见表 3）。

表 3　经理层成员绩效考核等级评定表

项目	考核得分(S)					
	S>110	100<S≤110	S=100	80≤S<100	70≤S<80	S<70
考核结果	大幅超目标完成	超额完成	较好完成	完成	基本完成	未完成
考核等级评定	优秀	良好	合格	合格	不合格	不合格
绩效分配系数	2	1.1~1.9	1	0.5~0.9	0.1~0.4	0

2.4.2　中层、基层绩效管理方案

（1）中层干部绩效管理方案

大连船柴中层干部绩效管理方案由部门经营业绩、党建业绩和多维度评价三部分组成。根据中层干部级别、部门有无关键业绩指标确定三项考评内容权重分别为经营业绩 20%~40%、党建业绩 20%~35%、多维度测评 40%~60%。部门经营业绩指标根据企业年度综合计划层层分解到每个部门，公司与各部门逐层签订目标责任书。党建业绩按照中层干部所在党支部党建业绩考核得分计算。多维度测评由公司高层、中层和职工代表共同参与评估，评估内容涉及政治素养、担当、管理、业绩和规矩五个方面（见表 4、表 5）。

表 4　中层干部正职综合考评内容及权重

序号	职务类别	部门经营业绩	党支部（总支）党建业绩	多维度测评			
				公司领导正职	公司领导副职	公司中层干部	职工代表
1	有关键业绩指标的部门负责人	40%	20%	13.25%	11.25%	9.25%	6.25%
2	无关键业绩指标的部门负责人	20%	20%	17.25%	19.25%	17.25%	6.25%
3	党支部（总支）书记兼任其他职务	25%	35%	13.25%	11.25%	9.25%	6.25%
4	部门负责人兼任党支部（总支）书记	35%	25%	13.25%	11.25%	9.25%	6.25%

表 5　中层干部副职综合考评内容及权重

序号	职务类别	部门经营业绩	党支部（总支）党建业绩	多维度测评			
				公司领导正职	公司领导副职	公司中层干部	职工代表
1	有关键业绩指标	40%	20%	10%	10%	10%	10%
2	无关键业绩指标	30%	20%	13.5%	15.5%	11.5%	9.5%

中层干部考评结果分为优秀、称职、基本称职和不称职四档，考核结果强制分布优秀不超过考评对象总数的30%，基本称职和不称职不少于考评对象总数的10%。考评结果由分管业务高层向分管部门反馈，并作为干部选拔任用、绩效改进、薪酬兑现、管理监督、培训锻炼和退出的重要依据。

(2)基层干部绩效管理方案

按照《大连船用柴油机有限公司基层干部年度综合考评与绩效管理办法》，基层干部每年年初制定绩效目标。绩效目标根据科室职能及基层干部岗位职责，结合公司综合计划、年度部门绩效考核方案、管理提升工程等情况制定。绩效目标是基层干部月度考核、年度考评的重要依据。月度考核以定量与定性相结合的月度绩效指标为考核内容，参与部门员工考核排序。年度综合考评由经营业绩和多维度测评加权得出，权重分别为60%、40%。其中经营业绩由本部门经营业绩和月度个人业绩组成，多维度测评由部门分管公司高层、部门党政领导、基层干部和部门员工共同参与评估，评估内容涉及政治素养、专业能力、奋斗干劲、带队业绩和公正规矩五个方面(表6)。

表6 基层干部年度综合考评内容及权重

考评内容	经营业绩		多维度测评			
	本部门经营业绩	个人业绩	公司分管领导	所在部门(党组织)党政领导	基层干部互评	部门员工测评
权重	30%	30%	10%	12%	12%	6%

基层干部考评结果分为优秀、称职、基本称职和不称职四档。考评结果按照考核等级由分管业务高层、部门负责人、党支部书记等向本人反馈，并作为薪酬调整、选拔任用、绩效改进、薪酬兑现、管理监督、培训锻炼和退出的重要依据。

2.4.3 高级专业人才绩效管理方案

大连船柴高级专业人才绩效管理方案由年度经营业绩和多维度考评两项内容组成，权重分别为60%、40%。经营业绩根据本部门经营业绩和个人业绩完成情况考核。个人业绩是由高级人才月度绩效排名和年度目标任务完成情况加权得出。年度目标任务是由部门每年初结合部门职责及个人承担的工作内容，结合公司重点任务、部门业绩考核指标、综合计划等情况与高级人才签订地目标责任状，也是高级专业人才月度绩效考核、年度综合考评的重要依据。多维度测评由部门分管公司高层、部门党政领导和本部门及业务相关部门员工共同参与评估，评估内容涉及职业素养、专业能力、奋斗担当、业绩成效和廉洁从业五个方面(表7)。

表7 高级专业人才考评内容及权重

考评内容	经营业绩		多维度测评		
	本部门经营业绩	个人业绩(月度绩效+年度目标任务)	分管领导	所在部门党政领导	所在部门及业务相关部门员工
权重	30%	30%(15%+15%)	10%	15%	15%

高级专业人才考评结果分为优秀、称职、基本称职和不称职四档。考评结果按照考核等级由分管业务高层和部门负责人向本人反馈，并作为薪酬调整、选拔任用、绩效改进、薪酬兑现、管理监督、培训锻炼和退出的重要依据。

2.4.4 一般员工绩效管理方案

大连船柴经理层成员、中基层干部及高级专业人才绩效管理方案由公司制定并组织实施，一般员工绩效管理方案由各部门在公司员工绩效管理办法、员工绩效考核指导意见框架下，根据公司年度目标任务、重点工作等，结合部门各类人员的岗位职责及特点制定，经部门考评小组审议、分管公司领导审核后，报人力资源部门评审后公布实施。方案体现了以客户为中心、以价值创造为导向的理念，涵盖部门年度各项经营业绩指标。一般员工绩效考核实行月度考核和年度考评。

(1)月度考核

员工月度绩效考核实行绩效计划、绩效评价和绩效考核结果应用等全流程闭环管理。

表8　员工月度工作计划推进表

20××年________月员工工作计划及推进表

部门：　　　　　　　　姓名：　　　　　　　　岗位：

本月工作计划及完成情况					
序号	工作内容	工作达到的标准 (完成时间、完成数量及质量等)	工作属性选择 (重点工作、例行工作、协办工作)	实际完成情况	直线领导评估
新增工作计划及完成情况					
序号	工作内容	工作达到的标准 (完成时间、完成数量及质量等)	工作属性选择 (重点工作、例行工作、协办工作)	实际完成情况	直线领导评估

说明：1. 工作计划中工作内容、工作属性、实际完成情况由员工本人填写，工作达到标准由员工与直线领导约定，直线领导对员工工作评估。

2. 本表于每月初填写，月中根据实际工作调整，月末由直线领导评估。

绩效计划是绩效管理的起点，员工以工作计划及推进表等形式呈现(表8)。绩效目标是绩效计划的核心，由员工和直线领导共同确定工作任务及考核标准。各部门根据公司下达的《目标责任书》，层层分解，逐级制定绩效目标(表9)。有关键业绩指标部门的绩效目标重点围绕部门业绩指标开展，指标分解细化到各岗位以支撑目标的完成，一般采取关键业绩指标法，如物资采购岗位设置采购件到货及时率、采购成本等为考核指标；无关键业绩指标部门的绩效目标将日常工作从难度、广度和成效等方面细分，临时性任务由绩效考评小组临时赋分，评价可占一定比重，一般采取工作任务分解法，如企业管理岗位设置督办事项推进进度等为考核指标；制造部绩效目标主要围绕实物当量、安全、质量、劳动纪律、设备、"6S"等展开，实物当量占较大比重，一线技能操作工设置完成工时、一次交验合格率、安全事故率等为考核指标。绩效目标设置做到可比较、可衡量、可达到且具有一定挑战性。

表9　员工月度绩效考核表

大连船用柴油机有限公司

员工________月绩效考核表

姓名	职号	岗位(职务)	任现职时间	专业技术资格(技能等级)	直线领导

业绩评价(60分)								
序号	项目	绩效指标	权重	标准力	目标值	评分标准	目标完成情况	得分
	工作业绩							

表 9(续)

态度行为评价(40 分)						
序号	项目	绩效指标	权重	标准力	评分标准	得分
1	工作态度 工作能力 等工作表现	工作量及工作质量	20%	20	工作量(10 分):饱和(9~10 分),较饱和(7~8 分),一般饱和(5~6 分),不饱和(0~4 分) 工作质量(10 分):高(9~10 分),较高(7~8 分),一船(5~6 分),低(0~4 分)	
2		业务知识、业务技能	5%	5	掌握(4~5 分),基本掌握(2~3 分),一般掌握(0~1 分)	
3		遵守制度、劳动纪律	5%	5	每违反一次规章制度、劳动纪律扣 1 分,情节严重扣 3~5 分	
4		团结协作	5%	5	工作中推诿扯皮或被投诉每次扣 1 分	
5		服从安排	5%	5	工作中不服从安排每次扣 1 分	

明确了绩效目标,在完成绩效任务的过程中,公司要求员工直线领导对下属进行绩效辅导,只有管理者做到“要求到位、指导到位”,才能保证下属“执行到位”,过程的指导监督是完成绩效目标的保证。

员工直线领导在设置的绩效指标基础上,合理设置评价标准和计分方法,考核评价逐级开展。月度考核结果以分数体现,是由业绩评价和态度行为评价形成的汇总分数(表 10),根据考核结果和岗位分类,对员工绩效按照分数由高到低分类排序。考核结果由直线领导向员工反馈。

表 10　员工月度绩效考核汇总表

大连船用柴油机有限公司

员工 12 月绩效考核汇总表

部门:采购管理部　　　　年份:2023 年

序号	姓名	岗位(职务)	岗位类别	考核分数
1	刘×	副王任科员、物资采购	管理	96.06
2	孙×	采购科科长	管理	95.95
3	宋×	综合管理科科长	管理	95.94
4	刘×	副主任科员、物资采购	管理	94.94
5	天××	物资采购	管理	93.39
6	张×	物资采购	管理	92.73
7	郭××	物资采购	管理	92.27
8	于××	物资采购	管理	91.02
9	郑×	物资采购	管理	90.33
10	刘×	物资采购	管理	90.23
11	罗×	物资采购	管理	90.22
12	元××	物资采购	管理	88.33
13	刘××	物资采购	管理	87.33
14	钟×	物资采购	管理	86.33
15	康××	物资采购	管理	85.67
16	李×	物资采购	管理	83.83
17	李×	物资采购	管理	82.05
18	张××	物资采购	管理	80.41

说明:1. 本表按照岗位类别和分数由高到低排序,排序不可并列;序号即为排序号。

2.“岗位类别”按照“岗位(职务)”勾选对应类别。

3. 每月 10 日前将本表电子版发党群人事部。

月度考核结果是形成月度骨干名单、季度评优的重要参考,也是次月岗位绩效工资发放的主要依据。

(2)年度考评

一般员工年度绩效考评采取定性和定量考核相结合,专家与群众评议相结合等方式进行。综合考评包括工作态度、工作能力和工作业绩三项内容,权重占比为 15%、25%、60%。综合评价分数由自评、互评和考核组评价按权重计算。

年度考评最终分数由综合评价和月度考核加权计算得出。大连船柴一般员工考核分为优秀、胜任、基本胜任和不胜任 4 个档次。考核结果强制分布,优秀档次人员一般掌握在本部门同类人员总数的 30%以下,基本胜任和不胜任人员一般不低于本部门同类人员总数的 20%,其中不胜任人员占一定比例(表 11、表 12)。考核结果由部门领导向员工进行书面反馈,对年度考评结果为基本胜任和不胜任的员工,各部门应进行绩效反馈面谈,提出处理意见及改进方向。

表 11　2023 年度一般管理和专业技术人员考核统计表

部门	优秀比例/%	胜任比例/%	基本胜任比例/%	不胜任比例/%
党群人事部	28.6	57.1	14.3	—
综合管理部	42.9	57.1	—	—
营销部	40.0	40.0	20.0	—
采购管理部	28.6	50.0	14.3	7.1
集配中心	40.0	40.0	20.0	—
财务经管部	33.3	41.7	16.7	8.3
技术中心	31.0	50.0	14.3	4.7
质量管理部	31.6	47.4	15.8	5.2
生产管理部	30.0	50.0	10.0	10.0
机动保障部	12.5	62.5	25.0	—
安全环保部	33.3	33.3	33.4	—
钢构制造部	50.0	31.3	12.5	6.2
机械加工部	30.8	53.8	11.5	3.9
总装制造部	29.2	52.1	16.6	2.1
总数	32.0	49.0	14.9	4.1

表 12　2023 年度工人考核统计表

部门	优秀比例/%	胜任比例/%	基本胜任比例/%	不胜任比例/%
综合管理部	15.4	53.8	23.1	7.7
集配中心	29.4	47.1	17.6	5.9
质量管理部	26.9	53.8	15.4	3.9
生产管理部	—	100.0	—	—
机动保障部	7.7	69.2	15.4	7.7
钢构制造部	26.3	53.9	14.5	5.3
机械加工部	29.6	49.7	16.0	4.7
总装制造部	31.5	48.6	14.5	5.4
总数	28.2	51.2	15.4	5.2

年度考评结果与年度奖励、岗位职级工资联挂。考核结果为基本胜任及以下档次的,下调员工当年的年度奖励及次年的岗位职级工资。

2.4.5　开展绩效管理自查

为保证绩效管理各环节有效落地，规范员工绩效考核与分配工作，落实绩效考核结果反馈与应用要求，大连船柴开展绩效管理自查工作。重点自查制度内容是否体现"多劳多得、按能按绩分配"原则、是否符合公司"以业绩考核为核心的薪酬分配机制和奋斗者队伍建设"相关要求；员工绩效考核程序、结果反馈与应用是否与部门制度相符；绩效考核结果与员工所在岗位及工作内容是否匹配、与绩效分配是否正相关。

经自查，公司 15 个部门中有 1 个部门考核结果未公示，3 个部门月度绩效考核结果与绩效分配未形成正相关。存在问题的部门均制定了整改方案，计划在半年内完成整改。其他部门也在持续完善绩效管理方案，确保公司绩效管理体系有效运行，为构建以价值创造为核心的人力资源管理体系、实现企业战略目标保驾护航。

3　基于三项制度改革背景下的国企绩效管理实施效果

自三项制度改革以来，大连船柴的绩效管理体系建设取得了一定经验，也获得了一些成效：

3.1　完善了绩效管理制度建设

2022 年至今，共梳理、制修订、引用《中船发动机有限公司中层干部综合考核评价管理办法》《经理层成员绩效管理办法》《中层干部绩效管理实施办法》《中层干部综合考核评价管理办法》《基层干部年度综合考评与绩效管理办法》《高级专业人才综合考评与绩效管理办法》《员工绩效管理办法》等 7 项制度，构建了科学规范的绩效管理制度体系。

3.2　突出了干部"能上能下"的基线

大连船柴不断完善的干部综合评价机制，让考评结果与职务的升降紧密挂钩。经理层成员年度绩效考核不合格的，将终止任期、免去现职。领导干部综合考评结果为优秀的，在职务晋升、荣誉授予等方面给予优先考虑。近三年在干部选拔上，大连船柴坚持德才兼备、以德为先的用人原则，提拔高层领导 4 人，中层干部 16 人，科级干部 20 人；对实绩突出、潜力较大的优秀年轻人才和干部实行轮岗交流，多岗位多职能多环境锤炼。对考评结果末档或连续两年排名倒数 1 至 3 名的予以免职。另外，公司实行中层干部退出机制，中层干部正职最后一个聘期结束时距离退休时间不足 2 年的、副职不足 4 年的，应退出领导岗位。2022—2023 年退出、调整岗位中层干部占中层干部总数的 22.2%。

3.3　畅通了员工"能进能出"的通道

施行员工绩效管理以来，大连船柴不断强化绩效考核结果应用，实现员工有序流动。对考核结果为不胜任或连续两年基本胜任的，及时进行岗位调整，经考核仍不能胜任的，解除或者终止劳动合同。2022 年因未达到考核标准而退出岗位的员工 8 人。优化市场化用工方案，细化劳动合同期限、工作内容、绩效要求等条款，明确员工不胜任岗位要求的认定标准和依法解除劳动合同的情形等市场化用工约束性条款，近三年公司新签订劳动合同 16 人，续签 112 人次，终止、解除劳动合同 58 人。建立人力资源盘点机制，搭建内部人力资源市场，通过人员调配、内部调剂盘活人力资源存量。三年来公司有序引导 18 名管理人员向专业技术岗位流动，31 名管理技术人员、110 名辅助岗位人员经过岗前培训转入一线生产岗位。管辅人员占比连续两年以年均约 4.5%的比例下降(图 3)。

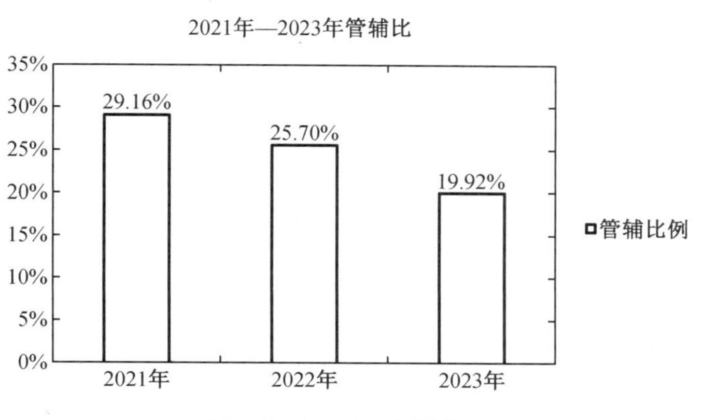

图 3　2021-2023 年管辅比

3.4 撬动了薪酬"能增能减"的支点

随着绩效管理工作的深入开展,大连船柴不断加强考核结果与薪酬的挂钩力度,合理拉开不同层级、同一层级不同岗位管理人员及员工的收入分配差距。员工的岗位工资与岗位级别紧密联系,不同岗位类别相邻岗级差 200~750 元。考核结果是晋、降岗级的重要依据,晋级涨薪、降级降薪,让工资体现岗位价值。提高与绩效挂钩的浮动工资比重,中层以上领导干部浮动工资占比达到 70%以上,其他员工绩效占比达 50%以上(图4)。不同贡献度单位同层级人员月均浮动工资最大相差近 5 倍(图 5),进一步拉开收入分配差距。部门和个人绩效考核结果为优秀的员工年度绩效奖金可过万元,考核结果为其他档次的员工奖金为百元、千元不等。

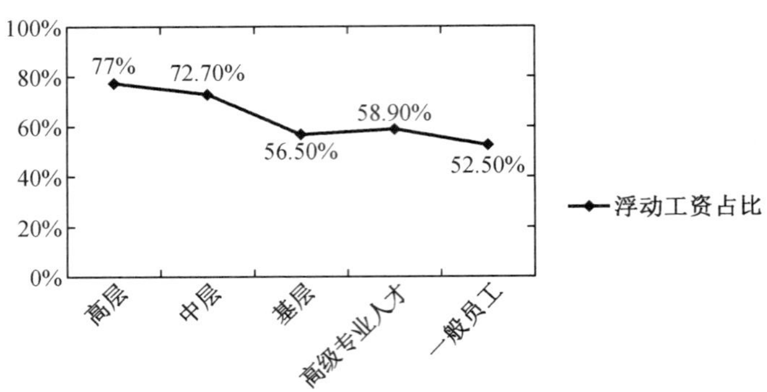

图 4 各层级人员浮动工资占比

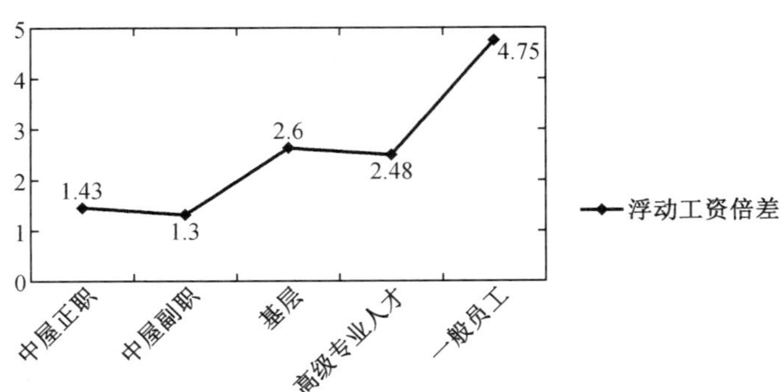

图 5 各层级人员浮动工资倍差

4 结束语

大连船柴通过绩效管理体系搭建,一是做到了指标层层分解、责任层层落实,保证公司的业绩目标有效落地。二是完善了"纵向到底、横向到边、全员覆盖"的全员绩效考核体系,初步实现了从绩效计划到绩效提升的绩效循环理念。三是有效推进了市场化选人用人、员工进出、薪酬激励等工作,为公司完成三项制度改革目标提供有力支撑。四是考核结果与员工薪酬、人员配置、培训管理等人力资源模块形成有机关联,基本达到了以业绩考核为核心的薪酬分配机制和奋斗者队伍建设目标。

绩效管理是一项复杂的系统工程,在三项制度改革背景下,绩效管理工作面临着许多困难,如何进一步发挥绩效管理的积极作用,是国有企业应当深入研究和探讨的问题。绩效管理体系搭建也不是企业一个或几个部门的工作,而是需要各部门积极配合,面对突出问题及时沟通解决,营造良好的改革氛围,总结经验教训,构建企业高质量发展新格局。

售后服务质量信息管理系统的策划、研发与实施

徐国成　蔡　艺　梅继川　于名侨

（大连船用柴油机有限公司）

摘　要：为解决售后质量信息零散、杂乱的问题而策划研发了售后服务信息管理系统。该项目在现有的软硬件条件下，发挥内部潜能，挖掘常用软件的深层次功能，实现对所有售后服务信息的标准化管理。该系统的包括但不限于信息登记、跟踪、处理闭环、NCR 传递及相关的外部质量损失梳理统计，并可形成自动化售后服务信息数据分析图表。该项目已在大连船用柴用机有限公司（简称“公司”）质量管理部进行全面推广实施，已极大地提高了工作效率，并保证了售后数据统计结果的真实性和准确性。项目成功实现公司售后质量信息大数据管理，并使主机全生命周期信息管理成为可能，提高了公司售后服务信息的管理水平，进而提高了公司售后服务质量。

关键词：质量管理；质量信息；售后管理；售后服务管理；服务信息管理；质量信息系统；信息系统研发

1　项目概述

1.1　研究必要性分析

随着公司的不断发展，交付主机数量日渐增多，市场对产品质量和售后服务的要求也越来越多、越来越全面。在此背景下，对主机售后服务的要求也变得更高。

要提高服务质量，提高顾客满意度，首先应该对以往的历史服务信息进行充分掌握，梳理出顾客较为关注的服务内容以及本公司在服务中可能忽略或遗漏的要素。

但目前售后质量信息零散、杂乱，所有的信息都仅由售后服务人员个人掌握，且信息并未统一保存，甚至部分信息可能并未存档。

该现状导致每次周期性统计汇报前均需要花费大量时间对数据进行梳理，且无法保证数据的完整性和准确性，信息资料无法得到有效利用。而且前序主机曾出现过的问题并未对后序主机形成有效的预警或提醒，造成了信息资源的浪费。

目前的售后信息管理现状已不能满足新时代信息化管理的要求。

1.2　国内外研究现状及发展趋势

针对当前售后信息管理现状的解决方案是基于对微软 Office 系统内置 VBA 平台编程和交互窗口的开发来设计的，在国内外均有类似的技术与方案应用。

对于企业来说，常见的解决方案为购入专业软件，或与专业的数据处理公司合作，实现信息的收集、整理、统计、汇总及数据库管理。

1.3 研究目的及意义

结合公司对售后服务质量信息管理的功能需求和预算限制,考虑通过 VBA 实现所需功能。该方案可以用最低的成本、最少的资源,最大程度地解决当前问题,极大地提高公司售后服务质量信息的管理水平,从而提高售后服务水平,提高顾客满意度。

2 项目研究内容与技术方案

2.1 研究目标与技术指标

2.1.1 研究目标

该项目的研究目标是:策划并成功研发能实时更新、实时共享的通用售后服务信息管理系统,以实现对所有售后服务信息的标准化管理。该系统功能应至少包括信息登记、跟踪、处理闭环、NCR 传递及相关的外部质量损失梳理统计等。条件适宜时,该系统应具备自动化生成售后服务信息数据分析图表的进一步开发的可能性。

2.1.2 技术指标

本项目主要技术指标有两项:

(1)系统读取、保存准确率 100%;

(2)系统运行最多等待时长≤2 秒。

2.2 主要研究内容与关键技术

2.2.1 主要研究内容

该项目主要对拟开发的售后服务质量信息管理系统进行前期调研、信息收集及梳理,整体策划,工作任务分解,以及各节点的里程碑事件确定。策划完成后,按计划有条不紊地推进,以实现对所有售后服务信息的标准化管理,并最大程度上实现信息登记、跟踪、处理闭环、NCR 传递、及相关的外部质量损失梳理统计等各项功能。条件适宜时,会进一步开发自动生成售后服务信息数据分析图表功能。

2.2.2 关键技术

该项目的关键技术在于所需收集的信息字段收集及设计、人机交互窗口的设计及设置、各填写项的边界条件限定以及实现各功能的代码编写与调试,包括但不限于录入信息保存及导入、未闭环项跟踪信息补充等。

2.3 总体技术方案及其实施过程与效果

2.3.1 项目总体技术方案

在完成基础信息梳理的前提下,进行信息总表单策划,并根据总表单各字段之间的逻辑关系,进行系统底层逻辑搭建,通过人机交互窗口设计和代码编写完成逻辑的搭建,在试用阶段收集使用人员的反馈意见并对系统进行相应修改和优化,最终实现所有预期功能,实现系统正式上线使用(表 1)。

表 1 项目总体技术方案

项目阶段	难度系数	阶段内工作包
基础信息梳理	★	基础信息收集→有效售后服务信息梳理→
表单策划	★	完整记录表单策划→表单模板优化→
系统底层逻辑搭建	★★★	边界条件设置→信息系统交互窗口设计→信息系统代码编写→
调试	★★	试用及反馈意见收集→系统优化→
完成		正式投入使用

2.3.2 项目实施过程

项目实施过程按前期策划制定的任务表，遵循时间节点要求，有条不紊推进，并最终在预定期限内完成（表2）。

表2 项目实施过程

序号	计划任务工作	开始时间	完成时间	主要完成人	阶段性成果（里程碑）
1	售后服务信息梳理	2022.11.9	2022.11.14	梅继川	确定有价值的信息大类
2	记录表单策划	2022.11.14	2022.11.16	蔡　艺、梅继川	形成记录表单模板
3	模板及边界条件设置	2022.11.16	2022.11.18	蔡　艺	形成登记表单模板
4	交互窗口设计	2022.11.18	2023.1.6	蔡　艺	完成交互窗口设计
5	系统代码编写调试	2022.11.18	2023.1.6	蔡　艺	完成代码编写并顺利运行
6	试用	2023.1.6	2023.1.30	梅继川	反馈问题直至无问题
7	系统最终优化完成	2023.1.6	2023.1.30	蔡　艺	完成最终系统

2.3.3 项目实施效果

自该项目成功实施后，售后服务人员已全面使用该系统进行信息的记录、传递、跟踪和更新。该系统操作便捷、智能化，个人资料提取准确、快速。全体售后服务人员所登记的所有质量信息可以统一进行管理，极有利于后期管理人员对于数据的统计和分析，也使得数据分析的结果更加可靠和有说服力。

2.4 关键技术解决途径及其实施过程与效果

2.4.1 信息字段收集与设计及各填写项的边界条件限定

整理历年已有的各种不同格式、不同形式的质量信息，从中梳理出必要的、有保存意义的信息类型、信息项目，确认字段名称，并归纳、分析、总结、推算各字段所填写内容其相应的限制条件，最终确定所有拟收集的信息字段及其所对应的边界条件。

2.4.2 人机交互窗口的设计及设置

为使操作人员的日常使用更为便捷、舒适，对于人机交互页面予以了诸多考虑，使其在满足后期数据统计的前提下，尽可能填写更为容易，尽可能减少需要手动输入的内容（图1）。

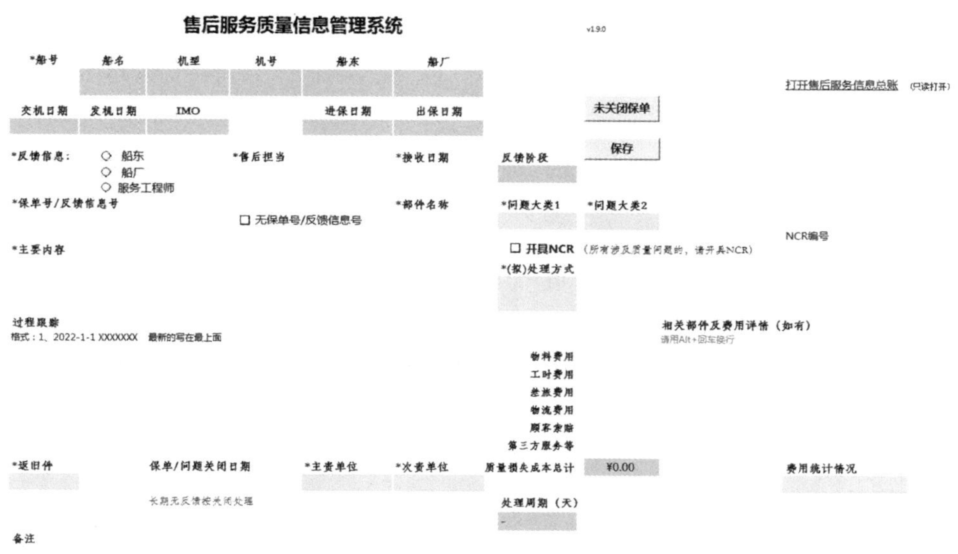

图1 人机交互窗口的设计及设置

在系统弹出窗口的设计方面，也遵循上述原则，以尽可能便于使用人员操作为宗旨，减少、优化需要手动输入的内容，力求简洁、快捷、高效地完成检索、数据提取和编辑（图 2）。

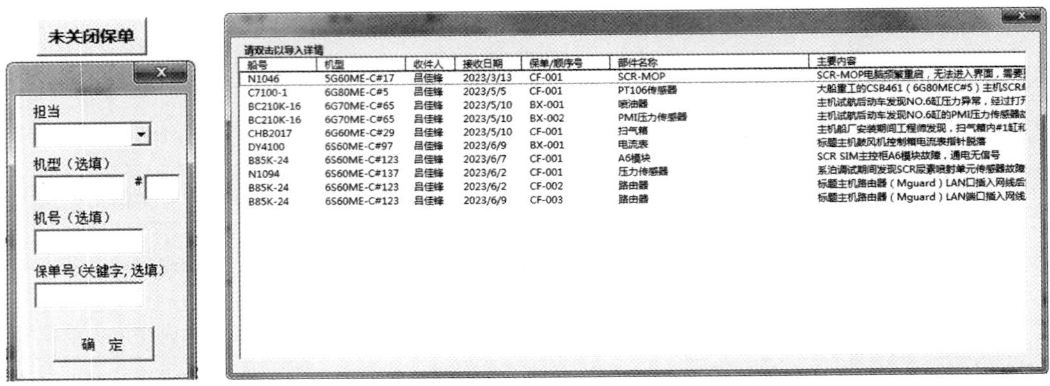

图 2　系统弹出窗口的设计

2.4.3　实现各功能的代码编写及调试

在代码编写方面，宗旨是始终如一的，即尽最大的努力，用最少的、运行速度最快的语句，实现最完整的功能。

最终，使用 VBA 编写代码近 700 行，实现了所有的预期功能（图 3）。

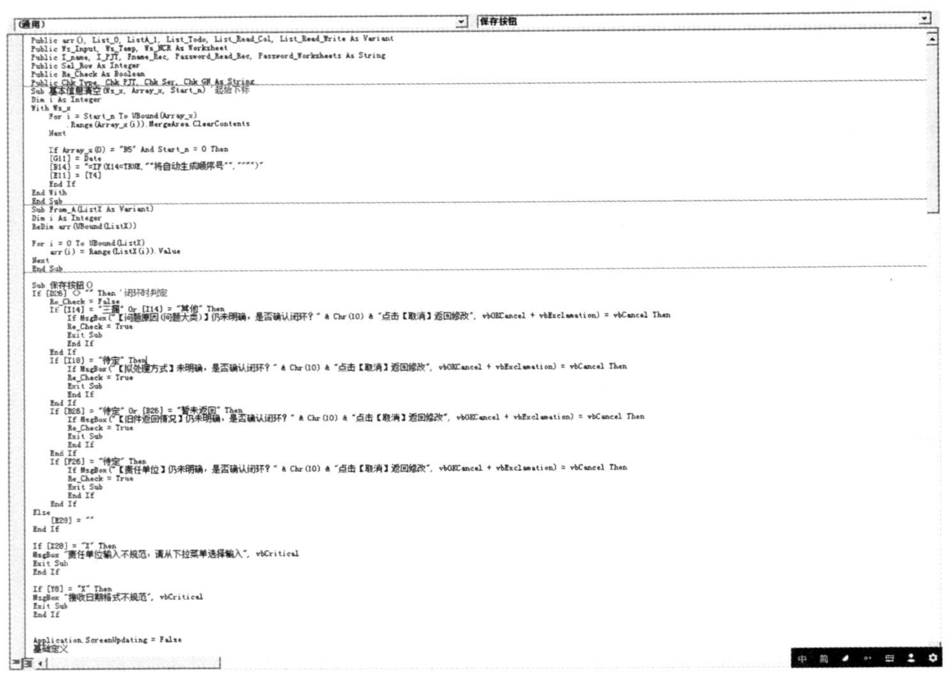

图 3　编写代码

2.4.4　应用数据信息实现初步的统计和分析

在已有一定数量数据信息的基础上，从实际应用所需的各种维度出发，实现统计数据自动化、数据分析智能化，在保证数据准确可靠的前提下，节省了大量人工计算和统计分析的时间，大幅提高了工作效率（图 4）。

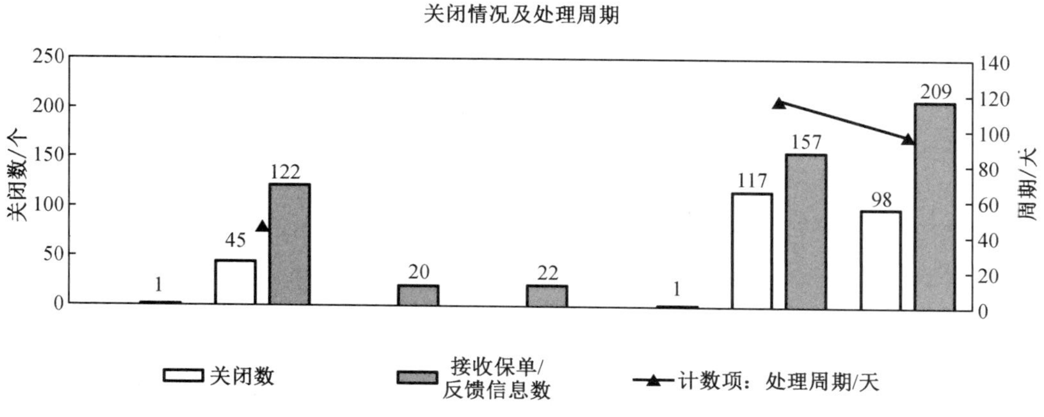

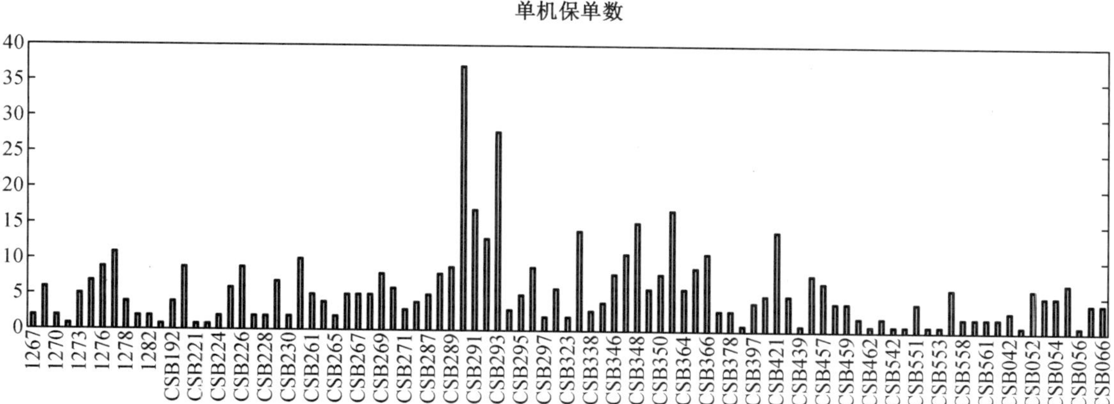

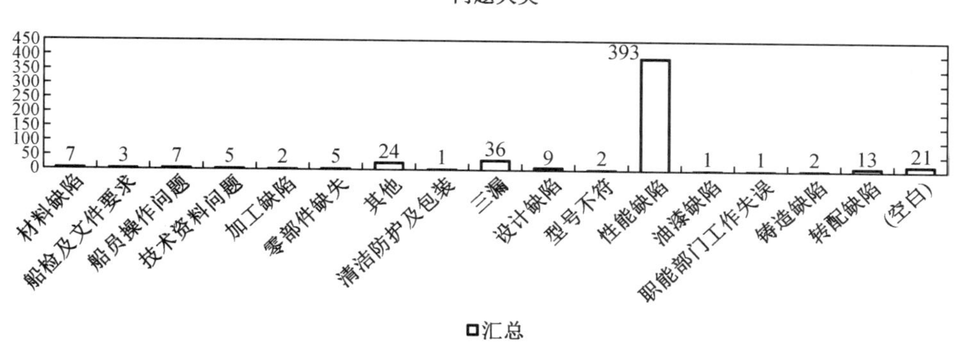

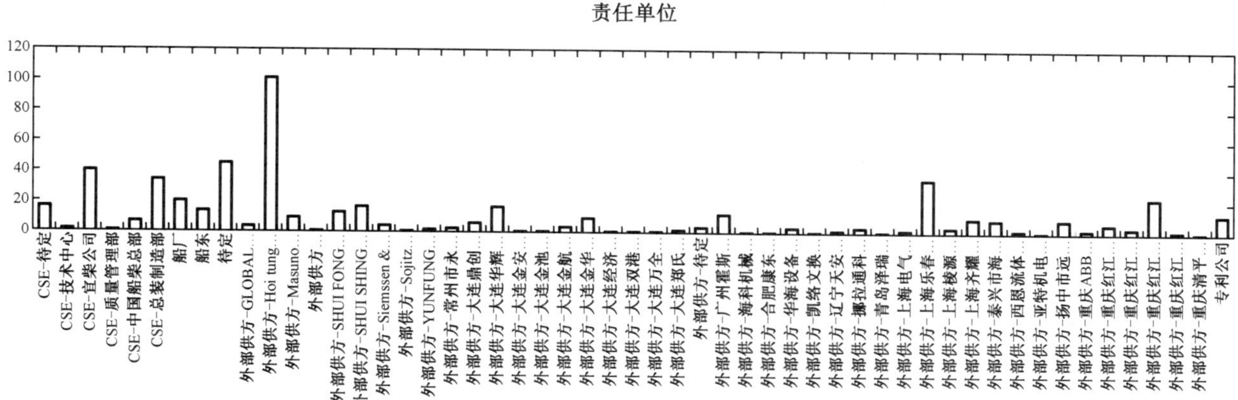

图 4　信息统计和分析

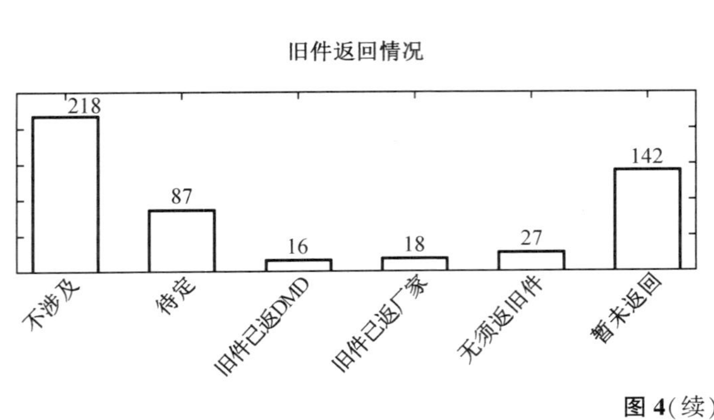

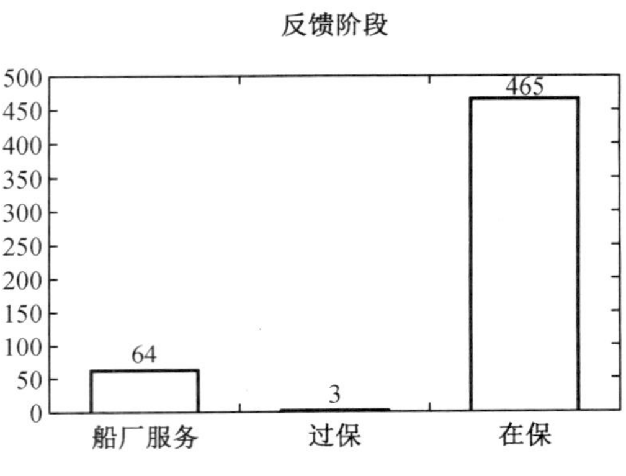

图4(续)

3 项目研究成果及其水平

3.1 主要研究成果

项目最终成功开发出售后服务质量信息管理系统。经过前期调研、信息收集及梳理,整体策划,工作任务分解,各节点的里程碑事件确定,以及有条不紊地推进,实现了对所有售后服务信息的标准化管理,最大程度上实现了信息登记、跟踪、处理闭环、NCR传递及相关的外部质量损失梳理统计等各项预计功能。

目前该系统已在售后服务人员中全面投入使用。

3.2 技术创新点

该项目的关键技术在于将售后的所有信息进行一体化管理。通过信息字段的收集及设计、边界条件的限定、人机交互窗口的设计及设置以及大量代码的编写及调试,实现信息录入、保存及导入、未闭环项跟踪信息补充等自动化功能。同时将售后质量问题信息与NCR联动管理,极大地减少了售后服务人员的重复操作。

3.3 研究成果水平及其先进性

用微软Office内置的VBA平台来解决类似的售后质量问题,在国外内均有类似的技术与方案应用。但对于大型企业来说,通常的解决方案为购入专业软件处理。由于本项目涉及的数据量不算巨大,且出于成本的经济性考虑,该方案已能够充分满足使用需求。

该研究的具体内容均为原创,拥有自主知识产权,在公司内部属于先进管理方式和手段。

3.4 项目成果对经济和技术上的推动作用

该项目完成的售后服务信息管理系统,可使售后服务人员质量信息记录、质量问题跟踪及痕迹保留等工作的效率极大提高,使售后数据统计结果的真实性和准确性得到保证,为公司领导做出决策提供有力支撑。与此同时,该项目成功实现公司售后质量信息大数据管理,并使主机全生命周期信息管理成为可能,极大地提高了公司售后服务信息的管理水平,从而提高了公司的售后服务质量。

4 结论

售后服务质量信息管理系统研发项目的成功实施,使得售后服务人员的质量信息记录、质量问题跟踪及痕迹保留等工作效率极大提高,使售后数据统计结果的真实性和准确性得到保证,为公司领导做出决策提供有力支撑。与此同时,成功实现公司售后质量信息大数据管理,并使主机全生命周期信息管理成为可能,极大地提高了公司售后服务信息的管理水平,提高了公司售后服务质量。

在实现相同功能的前提下,同与软件公司合作相比,该成果为公司直接节省成本至少十数万元。后续如系统数据得到深度应用,将在重复性质量问题的解决、外部质量损失成本的减少、顾客关系的维护等方面持续不断地为公司带来隐形效益。

该售后服务质量信息管理系统的研发及实施项目可进一步拓展,将客户维护、客户满意度和客户忠诚度管理纳入其中,形成完整的售后立体管理体系。纵向来看,该系统可以与公司内的质量检验信息系统相结合,使主机全生命周期数据库管理成为可能;横向来看,该系统的策划和研发思路、方式方法可应用到公司其他领域、其他部门,全方位提升工作效率。

绑扎系固对主机运输安全的影响

李　鹏　蔡文富　赵巍巍

（大连船用柴油机有限公司）

摘　要：本论文主要是在现有的货物系固相关规定和船舶在航行中的运动理论的基础之上，针对船用柴油机运输进行系固方式的研究，提出计算系锁拉力的方法，确定系固方案或对已经确定的系固方案进行安全评价，进而保证航运过程中船舶及货物的安全。

关键词：船用柴油机；主机运输；系固绑扎

1　前言

国际标准规定：质量超过 40 吨为超重件，长度超过 12 米为超长件，高度或宽度超过 3 米为超高或超宽件。重大件货物多属于非标准货物，通常需要专门配载并需要特殊系固锁具进行系固。而船用柴油机无论是质量还是长、宽、高尺寸都属于重大件货物。

重大件货物的共同特点是质量大、尺寸大，良好的系固是其运输中不可或缺的重要部分。虽然国际上许多科研机构都制定了货物单元系固的相关规定，但是国内外大量海损事故调查结果表明，船舶大型货物系固不良引起的物件倾覆、滑移是造成船舶严重事故甚至船、货全损的主要原因之一。

事实上，由系固不当所引起的海难事件在国际航运中时常发生。因此，如何在现有的理论和规则的基础之上，比较准确地计算航行中船用柴油机的受力情况和绑扎中系固设备的受力情况，核算系固方案的安全性，已经成为符合生产实践需要的一个重要课题，船用柴油机的绑扎系固的可靠、合理、科学就显得尤为重要。

本文根据船用柴油机实际生产运输中常见的形式，着重探讨船用柴油机在海运中的绑扎系固。

2　概述

影响船用柴油机运输安全的因素有很多，包括船舶的选择、配载位置以及绑扎系固等因素。船舶的选择上，如果用专用船来运输成本较高，故一般还是用散货船运输。但是普通散货船上的船员在船用柴油机运输方面的经验较少，有些船员甚至不知道船上配有系固手册，而有些船员只了解重大件货物的配载、船舶的稳性、局部强度等，对船用柴油机运输中的系固缺少一些实践经验，因此，本文将着重探讨船用柴油机在海运中的绑扎系固。

船用柴油机的系固简单理解就是对装载在船舶上的船用柴油机进行绑扎、固定，使其在航运过程中不会因为受到船舶运动的影响而发生移动、翻转，保证其安全运输的首要任务就是对其进行良好的系固。该绑扎系固通常有两种方法，即柔性系固和刚性系固。柔性系固采用钢丝、铁链以及各种紧固锁具将货物固定。刚性固定是将货物固定在特别设计的支架上，然后将货物和支架一起固定于船的承载部位，与船的承载甲板联结成一体，这样可以确保货物在海上运输中不会因船的摇荡运动而发生滑移或倾翻。根据多年的主机发运经验，我们现在采取的是柔性系固和刚性系固相结合的方式进行作业。受力平衡是系固校核的主要方式，也是海运绑扎设计的关键基础。

在 2024 年,国内某主机厂在发运 9X92-B+HP-SCR 主机时,发生了主机分段的滑移、倾覆,由于主机分段与船舶发生了严重的碰撞,导致主机分段受损严重,只能返厂进行修复,运输船舶也造成了很大的伤损,出现了很大的破损,如果运输船舶受损再严重一些,或恶劣的天气再多持续一些时间,很有可能出现沉船的危险。

我司在过去两年也安全地完成了十几台相同类型主机的运输工作,从多方面进行对比,我们总结出几个影响安全运输的重要因素。

2.1 船舶的选择

运输船舶的吨位、吃水、船况及船型尺寸等基本条件,对于货物的安全运输会产生至关重要的影响。同等条件下,8000 吨的散货船较 3000 吨的散货船,稳性上要好很多。

2.2 天气原因

航行时,天气原因是影响海运的一个关键因素。所以每次运输之前,都要关注天气的变化,根据运输船舶自身的抗风险能力,决定是航行还是在锚地或码头避风等候等。

2.3 船员能力

运输船的船员,尤其是船长的工作能力、经验等,也在航行中起到关键作用,尤其是突然遇到恶劣天气时的应变能力。

2.4 货物的绑扎系固

通过对国内主机发运史上出现的众多事故进行分析,我们总结出,主机的绑扎系固在运输中尤为重要。

下面,我将以我司发运的 9X92-B+HP-SCR 主机为例,对绑扎系固进行详细介绍。

3 系固方案的计算

3.1 运输船主要参数及配载图(图 1)

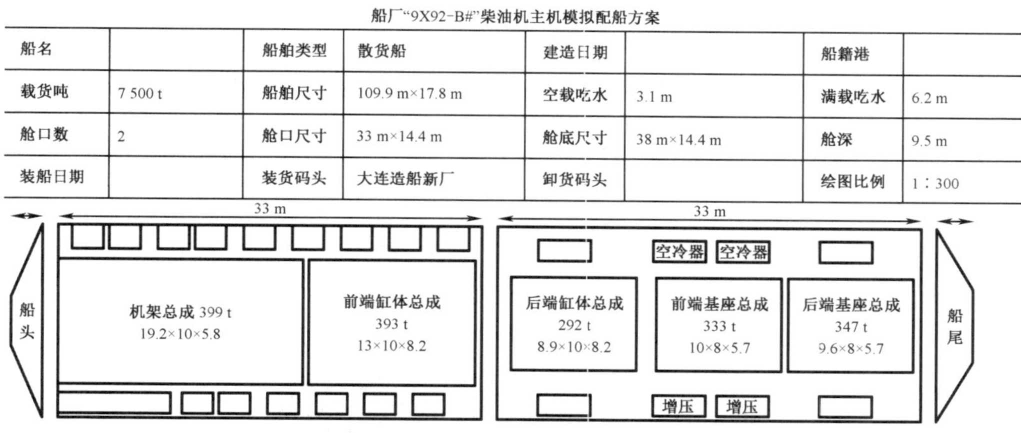

船厂"9X92-B#"柴油机主机模拟配船方案

船名		船舶类型	散货船	建造日期		船籍港	
载货吨	7 500 t	船舶尺寸	109.9 m×17.8 m	空载吃水	3.1 m	满载吃水	6.2 m
舱口数	2	舱口尺寸	33 m×14.4 m	舱底尺寸	38 m×14.4 m	船深	9.5 m
装船日期		装货码头	大连造船新厂	卸货码头		绘图比例	1∶300

备注:1.建议前端机架总成装前舱前,前端缸体总成前舱后,小件装在大件两侧;

2.建议后端缸体总成装后舱前部,前端基座总成装后舱中部。后端机架总成后舱后部,装船时注意保持船舶的左右平衡;

3.本配载图为模拟配载,具体装船方案根据装船时的实际情况来定,以船方大副意见为准;

图 1 运输船主要参数及配载图

3.2 整机主要参数(表 1)

表 1 整机主要参数

	前端缸体总成	后端缸体总成	机架总成	前端机座总成	后端机座总成
长/mm	13 000	8 900	19 200	10 000	96 000
宽/mm	10 200	10 200	10 200	8 000	8 000
高/mm	8 200	8 200	5 800	5 700	5 700
重量/t	377	281	399	333	347

3.3 系固方案的选择和确定

船用柴油机属于非标准大件,重心较低,相对比较安全,整个航运中采用以焊接防止滑移和以钢丝绳防止倾覆的软硬加固模式,进行绑扎加固。我们以参数最大的机架总成部分为例进行分析。

3.4 受力计算

为防止货物移动和翻转必须采用适当的装载与系固装置。本次航运主要使用 ϕ17.5 mm 的钢丝绳进行系固。系固设备最大系固负荷(MSL)是 189 kN。

系固设备的计算强度 CS=MSL/安全系数=189×80%/1.5=100

令作用在货物上的纵向力 F_x,横向力 F_y,垂向力 F_z,则

K1=0.345v/ L1/2+(58.62L−1034.5)/ L2

=0.68

F_x =$MA_xK_1K_2K_3$+AxQ

=399 ∗ 3.8 ∗ 0.68 ∗ 1.56+0

=1608+0

=1608(KN)

F_y =$MA_yK_1K_2K_3$+AyQ

=399 ∗ 6.8 ∗ 0.68 ∗ 1.56+0

=2878+0

=2878(KN)

F_z =$MA_zK_1K_3$

=399 ∗ 5 ∗ 0.85

=1696(KN)

绑扎加固工具提供的加固力,应达到防止横向滑动、横向翻转和纵向滑动的目的,需要满足以下条件:

为防止货物发生位移,将焊接止动挡以保证货物的安全。(图 2)

图 2 工字钢止动挡

脚高度 6 mm，许用剪切应力[τ]=7 kN/cm^2：

单侧 3 个支腿焊接承剪力：

$$F(横)=3*f*[\tau]=3*120*7=2520KN$$

$$F(纵)=2*f*[\tau]=2*120*7=1680KN$$

式中：f 为焊肉的面积。焊脚高度取 6 mm。每个止动板的焊接长为 1 000 mm。

式中 m——货物质量；

A_x——纵向基本加速度，m/s^2；

A_y——横向基本加速度，m/s^2；

A_z——垂向基本加速度，m/s^2；

K_1——船长 L 不等于 100 m 且营运航速不等于 15 km 的基本加速度修正系数；

L——垂线间长；

K_2——B/GM≤13 时横向加速度值修正系数；

B——船宽，m；

GM_0——初稳性高度，m；

A_x——纵向受风投影面积，m^2；

A_y——横向受风投影面积，m^2；

q——风压，kN/m^2。

为了货物安全到达，必须使作用在货物上的作用力，小于系固装置作用在货物上的力，即 Fy 小于钢丝绳对货物的横向拉力。

$$F_y<(u\cdot m\cdot g+cs1\cdot f1+cs2\cdot f2+\cdots\cdots+csn\cdot fn)$$

式中 n——纳入计算的钢丝绳的根数

F_y——由外力假设而得到的横向力，KN

u——摩擦系数

（u=0.3 钢，木或钢. 橡胶）

（u=0.1 干燥的钢，钢）

（u=0.0 潮湿的钢，钢）

m——货物重量，t

g——重力加速度，取 9.81 m/s2

CS——系固设备的计算强度，KN

f——和垂向系固角的函数

所以

$$(u\cdot m\cdot g+cs1\cdot f1+cs2\cdot f2+\cdots\cdots+csn\cdot fn)=0.3*399*9.81+10*189*80\%/1.5*0.83+2520$$
$$=1174+837+2520$$
$$=4531(KN)$$

$F_y=2878<4531$ 所以此方案安全可行。

防止横向翻转，即防止货物倾覆（图 3）。

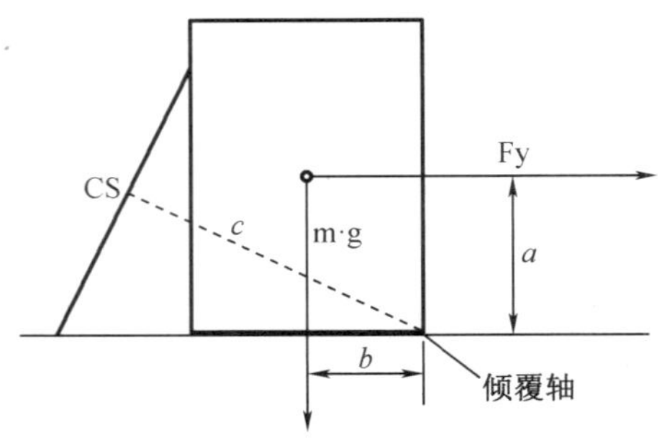

图 3　受力分析

$$F_y \times a \leq b \times Mg + CS1 \times c1 + CS2 \times c2 + \cdots\cdots + CSn \times cn +$$

$$2878 * 3 \leq 9.81 * 399 * 5 + 10 * 189 * 80\% / 1.5 * 0.83 * 8$$

$$8634 \leq 26266 \text{ 安全}$$

3.5　结论

综上论述和计算，采用本系固方案，采用 ϕ17.5 的钢丝绳绑 24 道，止动挡 10 个，可保证船舶正常航行状态下运输安全可靠。

4　注意事项

4.1　系固松紧要适宜

系固要求确保紧固，不能松动，长期航行的运输船舶，要求船员进行定期检查系固松紧，尤其遇到大风天气，更应该及时检查，进行上紧。

4.2　注意系固的方式、方法和工艺

尽量保证系固前后左右对称，拉力均匀；系固角尽量小，最好不要超过 45°；每个生根的地令上不能超过三根系锁，且方向不能相同；货物底部与甲板接触位置采用木板铺垫。（图 4）

图 4

4.3　保证货件不受损

工字钢三角挡或人字挡与主机接触位置需要用木板或橡胶隔离，避免主机破损。（图 5）

图 5　隔离示例

4.4　保证系固质量

认真检查系固道数与位置。

4.5　适当增加系固数量

由于主机、船舶、配载位置等都存在特殊性,因此所有的绑扎系固具体方案都存在差异性,这时就需要现场监管人员根据实际情况进行布置、施工,对于系固强度相应进行理论计算。

5　结束语

总之,海运重大件货物运输风险大、责任大,系固与检查的每一个环节都关系到船舶的安全和货物的安全,无论是绑扎工人、船员还是相关责任人都必须视为己任,从细从严,把好每一关,选好绑扎材料,计算好绑扎强度,留好安全余量,确保船舶和货物的安全。在结构强度和稳性安全越发重视的现在,海运系固绑扎方案的设计和安全校核应引起高度重视。

基于钢丝绳管理效用最大化、增量最小化的研究分析

丛 林 王天生 王国庆

（大连船用柴油机有限公司）

摘 要：钢丝绳在起重吊装作业中最常见的应用就是吊装重物。其优点是具有较高的强度和较强的耐磨性，可承受较大的质量和拉力，并且使用寿命长。钢丝绳是确保起重吊装作业安全的重要环节之一，对于钢丝绳的使用范围、规格选购、日常管理等应予以重视。

为了寻求更科学、更适合大型国有企业的管理方法和管理手段，本文对国内某大型船用主机制造企业进行了深入的调研。作者对该大型国有企业2021—2023年钢丝绳出库数据进行了统计分析，实地调研钢丝绳供方和使用部门，详细了解规格含义和现场实际使用情况，采用理论分析和实证应用分析相结合的方法，研究了现实业务中钢丝绳的使用范围、规格选购、日常管理等相关问题，了解了该企业钢丝绳使用现状、钢丝绳管理存在的问题等，明确理论基础和理论框架，针对钢丝绳存在的问题从标准化物料管理角度提出了相关管理建议。

关键词：调研分析；缩减规格；管理建议

1 前言

该企业2021—2023年共采买2146根~720米（起重设备用）钢丝绳，仅有两个规格能在两个部门通用，采买发起部门无工艺审核，缺乏共享机制。各部门根据各自生产需求情况进行采买申请，可以说一个部门一套规格，大量闲置钢丝绳得不到有效利用，对成本控制和生产效率都有较大影响。

如今实体经济竞争变得越来越激烈，安全、成本、生产效率压力也随之增大，其管理行为科学合理与否，对保证安全、成本控制、生产效率都会产生直接影响。相对同行业单位，该企业在钢丝绳管理上存在较大差距，原有的钢丝绳管理模式已经很难适应现代社会的发展需要，要想更好适应当下市场，管理优化刻不容缓。

2 调研过程简述

2024年2月末，协调采购管理部提供近3年钢丝绳采购清单，整理后由使用部门填写用途。

2024年3月末，对钢丝绳用途进行汇总、分析。

2024年3—4月，对2021—2023年钢丝绳出库数据进行统计、分析；向钢丝绳供方了解规格含义等；到制造部现场调研。

3 钢丝绳使用现状

目前，该企业采购的钢丝绳供方主要为大连某船舶钢丝绳厂，采购量最大的钢丝绳有2种，即插编钢丝绳（图1）、环形钢丝绳（图2），采购量较少的钢丝绳有2种，即起重设备用钢丝绳（图3）、铝合金压制钢丝绳（图

4)。

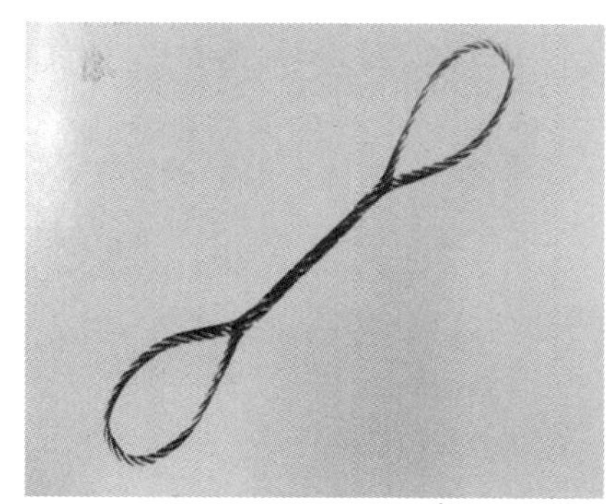

图 1　插编钢丝绳

图 2　环形钢丝绳

图 3　起重设备用钢丝绳

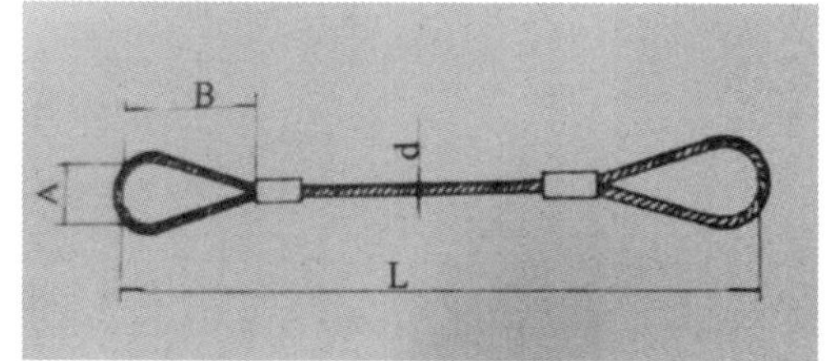

图 4　铝合金压制钢丝绳

3.1　钢丝绳用途及占比情况

2021—2023 年,该企业采购的钢丝绳规格共计 127 种(不含重复项),涉及部门有总装制造部、机械加工部、钢构制造部、集配中心,具体见表 1。

表 1　钢丝绳用途及占比情况汇总表

序号	使用部门	规格数	用途	用途占比
1	总装制造部	24 种	主机装配、水测转移、维修和生产辅助、起重设备等	主机装配使用占比约 95%,其他占比约 5%。
2	机械加工部	37 种	吊运主机部件、多种经营项目部件以及垫、胎具、工装、铣头、起重设备等	吊运主机部件与多种经营项目部件、垫、胎具、工装、铣头等各占比约 50%
3	钢构制造部	66 种	吊运主机部件、多种经营项目部件以及起重设备、生产辅助等	吊运主机部件占比约 90%,其他占比约 10%
4	集配中心	3 种	吊运成品库现场物料入、出库以及物料摆放、调整等	100%用于吊运成品库现场物料入、出库以及物料摆放、调整等

3.2　钢丝绳出库统计情况

对 2021—2023 年 3 000 余项同种物资的名称、型号、规格进行汇总、合并,筛选出四个部门使用的钢丝绳,再按年份、部门分别统计使用量(计量单位分“根”和“米”)。

总装制造部:2021—2023 年共采买 589 根、600 米;

机械加工部:2021—2023 年共采买 1024 根、40 米;

钢构制造部:2021—2023 年共采买 451 根、80 米;

集配中心:2021—2023 年共采买 82 根。

综上,机械加工部用量最大,三年共采买 1 024 根,年均约 341 根;仅有两个规格未能在公司两个部门通用，分别为：机械加工部和钢构制造部采买的“压制钢丝绳，两端绳环 2.87 t，4 m，无油 6×37+FC-1 670-19.5=4m”；钢构制造部和集配中心采买的“压制钢丝绳，两端绳环 3.1t，8m，无油 6 * 37+FC-1 670-19.5=8m”。

3.3 积压闲置情况

该企业在建造船用主机的同时也积极拓展市场，承接了多种经营项目，但产品调整、储备、损坏未及时报废造成了一定的积压（见图 5）。

图 5 部分闲置钢丝绳

（1）产品调整。2021—2023 年，多种经营项目接单连续性不够，且产品类型经常变化，造成钢丝绳积压。涉及部门：机械加工部、钢构制造部。其中，机械加工部积压的钢丝绳堆放混乱，未识别出具体规格和数量；钢构制造部积压的钢丝绳随着多种经营项目陆续开工将被再利用。

（2）使用部门考虑生产的延续性，每种规格的钢丝绳申请储备 2 倍及以上。

（3）使用部门未及时处置损坏的钢丝绳。

4 管理现状

4.1 采购申请流程

制造部吊索具采买申请由吊车班长发起，根据生产实际，并依据“吊索具安全负载参数表”、吊车吨位、吊运高度、产品种类等提出申请，经区长（工段）、生产副部长、部长审核后上报技术中心、安全环保、该企业主管领导审批（图 6、图 7）。

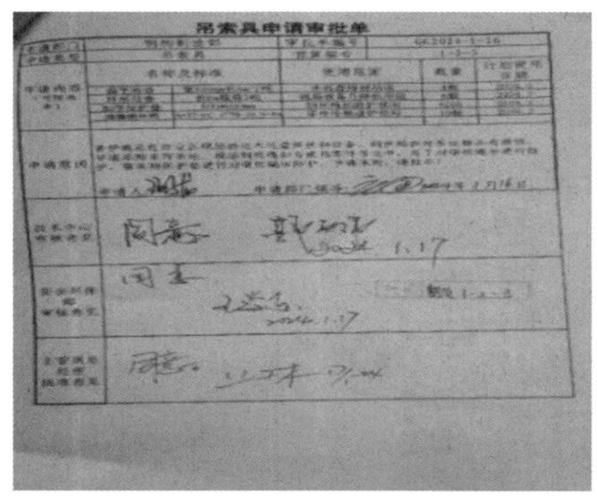

吊索具申请审批单

图 6 吊索具申请审批单 1

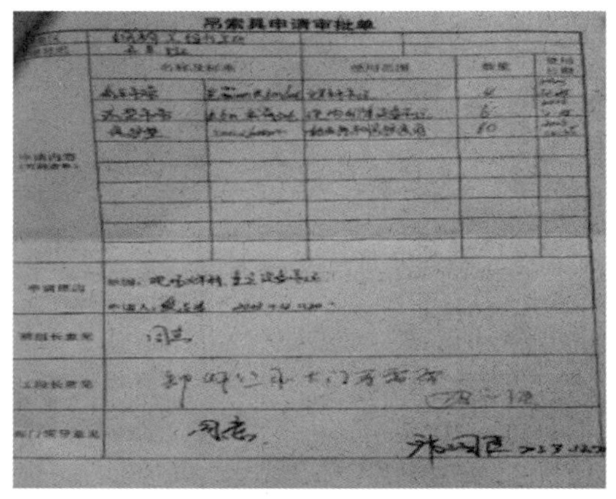

吊索具申请审批单

图 7 吊索具申请审批单 2

4.2 采购到货情况

采购管理部依据采购申请表进行采购,协调供方确定送达时间,并与质量管理部检验员、集配中心仓库员进行到货检验。

检验合格后由集配中心仓库员协调直配到使用部门现场,办理一次性出库手续(图 8)。

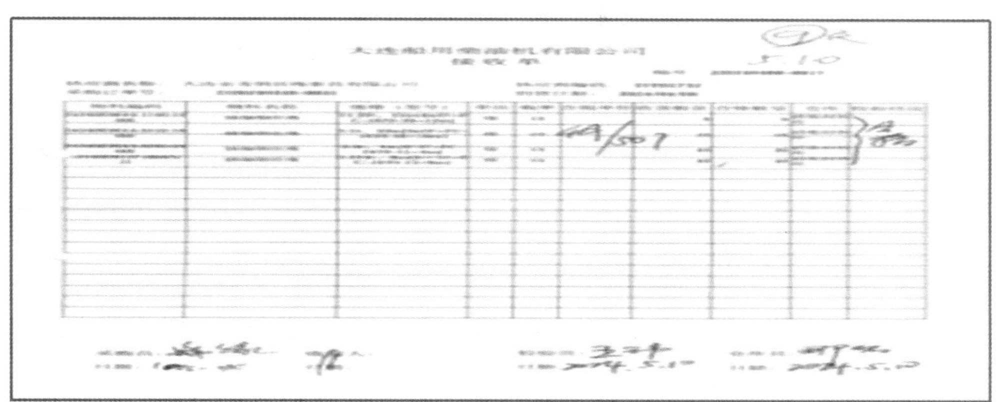

图 8　交货清单

4.3 存在的问题

各使用部门吊车班长不完全掌握现行供方钢丝绳扣工作载荷参数(图 9)和规格含义(图 10),申请依据的是多年前吊索具安全负载参数,其规格与供方现行规格、承载质量有不符情况,造成申请的钢丝绳规格重复订购。例如:机械加工部采买申请的“环形钢丝绳[12.4 t,14 m,无油,无接头]{7×(6×37+FC-13)-1 670-39=14 m}”与“环形钢丝绳[15.3 t×14 m,无油]{7×(6×37+FC-13)-1 670-39”}”是同规格,3 年间分别买了 10 根和 32 根。钢构制造部采买申请的“插编钢丝绳[33.8 t,9 m]{6×37+FC-1 770-65=9 m}”与“插编钢丝绳[34.2 t,9 m]{6×37+FC-1 670-65=9 m}”是同规格,3 年间分别买了 4 根和 8 根。

导入 ERP 的物料名称、规格与实物不符。①三年间机械加工部和钢构制造部共申请采买了 38 种共计 1 000 根“压制钢丝绳,两端绳环”,经实地了解,两部门实际使用的是插编钢丝绳。通过层层核查发现,使用部门申请物料编码时提供的物料名称为“插编钢丝绳”,而青岛总部在编制物料编码时将其名称更改为“压制钢丝绳,两端绳环”;②当前国标拉力规定基本为 1770,而采购的钢丝绳规格皆为 1670。

钢丝绳扣工作载荷参数表

规格	插编麻芯钢丝绳扣起重载荷(T)	插编钢芯钢丝绳扣起重载荷(T)	压制麻芯钢丝绳扣起重载荷(T)	压制钢芯钢丝绳扣起重载荷(T)
6.2	0.31	0.33	0.37	0.40
7.7	0.47	0.51	0.57	0.61
8.7	0.60	0.65	0.73	0.78
9.3	0.69	0.75	0.83	0.90
10	0.80	0.86	0.96	1.04
11	0.97	1.05	1.16	1.25
12	1.15	1.24	1.38	1.49
13	1.35	1.46	1.62	1.75
14	1.57	1.69	1.88	2.03
15	1.80	1.94	2.16	2.33
16	2.05	2.21	2.46	2.65
17.5	2.45	2.65	2.94	3.18
19.5	3.04	3.29	3.65	3.94
21.5	3.69	3.99	4.43	4.79
24	4.60	4.98	5.52	5.97
26	5.04	5.84	6.48	7.01
28	6.27	6.78	7.52	8.13
78	48.62	52.58	58.35	63.10
80	51.15	55.31	61.38	66.37
82	53.74	58.11	64.49	69.73
84	56.39	60.98	67.67	73.18
86	59.11	63.92	70.93	76.70
88	61.89	66.93	74.27	80.31
90	64.74	70.00	77.68	84.00
92	67.65	73.15	81.17	87.78
94	70.62	76.36	84.74	91.64
96	73.66	79.65	88.39	95.58
98	76.76	83.00	92.11	99.60
100	79.92	86.42	95.91	103.71
102	83.15	89.91	99.78	107.90
104	86.44	93.48	103.73	112.17
108	93.22	100.80	111.86	120.96
110	96.70	104.57	116.05	125.49
112	100.25	108.41	120.30	130.09
114	103.87	112.32	124.64	134.78
116	107.54	116.29	129.05	139.55
118	111.28	120.34	133.54	144.40
120	115.09	124.45	138.10	149.34

图 9　供方钢丝扣工作载荷参数表

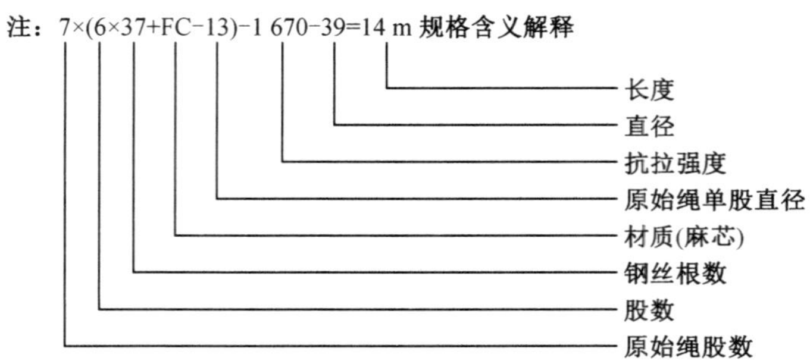

图 10　钢丝绳规格含义解释

5　管理建议

5.1　培训提高

通过培训提高相关人员对钢丝绳技术参数的理解,可邀请供方等相关技术人员面向该企业工艺、采购、仓储、吊车人员进行国标要求、规格解读。

5.2　修订标准

根据管理实际,建立该企业钢丝绳使用手册,形成标准。利用好规范优化后的钢丝绳规格型号清单,加强采购申请审核。一方面,使用部门的采购申请要在清单中选型;另一方面,可否增加工艺对钢丝绳安全、规格、用途、数量等审核把关。严格控制随意申请不在清单内的规格型号。

5.3　规范物料名称、规格

对现有 ERP 中钢丝绳数据属性进行筛查,并与 ERP 物料编码管理人员沟通,及时修正有误数据。

5.4　盘查处理

对现场钢丝绳清理盘查、登记建账。使用部门对在用钢丝绳(含库存)规格、数量进行梳理,甄别用途。

5.5　闲置物资再利用与处置

规范管理,对闲置钢丝绳要再利用与处置,充分用好存量,控制增量。

5.6　压缩规格,减少种类

5.6.1　合并原则:承载吨位相近,长度 6 米以内的≦长度差 1 倍,6 米以上的≦3 米长度差,保证吨位就高不就低,长度就长不就短,实现使用部门之间通用。

5.6.2　种类压缩。考虑三年间该企业采买钢丝绳的规格多达 127 种,不利于现场管理。鉴于此,通过前期调研和多方面征询意见,拟由 127 种压缩至 62 种,减少 51%即约 65 种规格(表 2)。

表 2　规格压缩优化统计表

序号	使用部门	原规格数	规格压缩优化数
1	总装制造部	24	17
2	机械加工部	37	23
3	钢构制造部	66	22
合计		127	62

6　结束语

企业管理提升不仅限于单一方面的改进,而是需要从多个维度进行综合提升,以适应不断变化的市场环境和提升企业的综合竞争力。

此次对该企业钢丝绳的研究分析还有不足，从表 2 中的统计数据可以看出，钢丝绳规格拟由 127 种压缩至 62 种，但对具体规格采购数量未进行研究也并未给出建议。因此，还需要进一步学习、研究，例如根据技术参数与钢丝绳吊法、拉力保持率等理论值与起重吊运实际进行测算，再通过管理创新、日常保养、监督等措施逐步实现钢丝绳管理效用最大化、增量最小化。

附件:钢丝绳规格合并建议

附表 1　总装制造部钢丝绳规格合并建议

序号	物料编码	ERP 物料名称、规格	正确规格	计量单位	使用部门领取数量统计				规格合并建议
					小计	总装制造部			
						2021	2022	2023	
1	51070B0020. 0030. 1000I	钢丝绳 6×37+FC-1670[ϕ10]{6×37+FC-1 670}	0. 8 t	米	600			600	
2	51070B0020. 0060. 1500I	钢丝绳 6×37+1-15-180-I-b[ϕ15,52 m]	1. 8 t,52 m	根	1			1	
3	54340D0010. 9500. 2400I	压制钢丝绳,两端绳环[9. 5 t,2. 42 m,无油]{6×37+FC-1 670-32. 5=2. 42 m}	8. 44 t,2. 42 m	根	56		20	36	
4	54340E0010. 0040. 0200I	插编钢丝绳[0. 47 t,2 m]{6×37+FC-1 670-8=2 m}	0. 47 t,2 m	根	150		150		
5	54340E0010. 0090. 0400I	插编钢丝绳[0. 9 t,4 m]{6×37+FC-1 670-11=4 m}	0. 97 t,4 m	根	40		40		{6×37+FC-1 670-11=4 m}
6	54340E0010. 0100. 0400I	插编钢丝绳[1. 0 t,4 m]{6×37+FC-1 670-11=4 m}	0. 97 t,4 m	根	40			40	{6×37+FC-1 670-11=4 m}
7	54340E0089. 0400I	插编钢丝绳[0. 89 t,4 m]{WDF11}	ϕ11,0. 97 t,4 m	根	40		40		{6×37+FC-1 670-11=4 m}
8	54340E0089. 0200I	插编钢丝绳[0. 89 t,8 m]{WDF11}	ϕ11,0. 97 t,8 m	根	30	30			{6×37+FC-1 670-13=8 m}
9	54340E0127. 0800VD	插编钢丝绳[1. 274 t,8 m]{6×37+FC-1 670-13=8 m}	1. 35 t,8 m	根	90	20	40	30	{6×37+FC-1 670-13=8 m}
10	54340E0010. 0120. 0250I	插编钢丝绳[1. 274,2. 5 m]{6×37+FC-1 670-13=2. 5 m}	1. 35 t,2. 5 m	根	40			40	
11	54340E0231. 0600VD	插编钢丝绳[2. 31 t,6 m]{6×37+FC-1 670-17. 5=6 m}	2. 45 t,6 m	根	10	10			

附表 1(续)

序号	物料编码	ERP 物料名称、规格	正确规格	计量单位	使用部门领取数量统计				规格合并建议
					小计	总装制造部			
						2021	2022	2023	
12	54340E0240.1400I	插编钢丝绳[2.4 t,14 m]{WDF18}	ϕ17.5,2.45 t,14 m	根	4		4		[3.488 t,14 m]{6×37+FC-1 670-21.5=14 m}
13	54340E0010.0340.1400I	插编钢丝绳[3.488 t,14 m]{6×37+FC-1 670-21.5=14 m}	3.69 t,14 m	根	8			8	[3.488 t,14 m]{6×37+FC-1 670-21.5=14 m}
14	54340E0010.0340.0800I	插编钢丝绳[3.488 t,8 m]{6×37+FC-1 670-21.5=8 m}	3.69 t,8 m	根	30			30	[3.488 t,10 m]{6×37+FC-1 670-21.5=10 m}
15	54340E0010.0340.1000I	插编钢丝绳[3.488 t,10 m]{6×37+FC-1 670-21.5=10 m}	3.69 t,10 m	根	10			10	[3.488 t,10 m]{6×37+FC-1 670-21.5=10 m}
16	54340E0010.1140.1000I	插编钢丝绳[11.47 t,10 m]{6×37+FC-1 670-39=10 m}	12.16 t,10 m	根	4			4	[13.943 t,12 m]{6×37+FC-1 670-43=12 m}
17	54340E0010.1390.1200I	插编钢丝绳[13.943 t,12 m]{6×37+FC-1 670-43=12 m}	14.78 t,12 m	根	4			4	[13.943 t,12 m]{6×37+FC-1 670-43=12 m}
18	54340E0010.1700.1200I	插编钢丝绳[17.014 t,12 m]{6×37+FC-1 670-47.5=12 m}	18.03 t,12 m	根	10			10	
19	54340E0010.2000.0700I	插编钢丝绳[20.39 t,7 m]{6×37+FC-1 670-52=7 m}	21.61 t,7 m	根	4			4	
20	54340E0010.2360.1400I	插编钢丝绳[23.647 t,14 m]{6×37+FC-1 670-56=14 m}	25.06 t,14 m	根	4			4	
21	54340E3020.1600I	插编钢丝绳[30.2 t,16 m]{WDF64}	ϕ65,33.77 t,16 m	根	4		4		
22	54340E0010.3200.1000I	插编钢丝绳[31.86 t,10 m]{6×37+FC-1 670-65=10M}	33.77 t,10 m	根	2			2	
23	54340E0010.5100.0900I	插编钢丝绳[51 t,9 m]{6×37+FC-1 670-80=9 m}	51.15 t,9 m	根	4		4		
24	54340E0015.4600.0800I	插编钢丝绳[46.73 t,8 m]{6×37+FC-1 670-WDF82=8 m}	53.74 t,8 m	根	4			4	

附表 2　机械加工部钢丝绳规格合并建议

序号	物料编码	ERP 物料名称、规格	正确名称、规格	计量单位	使用部门领取数量统计				规格合并建议
					小计	总装制造部			
						2021	2022	2023	
1	51070B0030.0800I	钢丝绳 6×37+FC-1670[ϕ8]{6×37+FC-1 670}	0.47 t	米	40			40	
2	54340D0050.0250V	压制钢丝绳,两端绳环[0.57 t,2.5m,无油]{6×37+FC-1 670-8.7}	插编钢丝绳,0.6 t,2.5 m	根	80		40	40	[1.27 t,3m,无油]{6×37+FC-1 670-13}
3	54340D0050.0300V	压制钢丝绳,两端绳环[0.57 t,3.0m,无油]{6×37+FC-1 670-8.7=3}	插编钢丝绳,0.6 t,3 m	根	16		16		[1.27 t,3m,无油]{6×37+FC-1 670-13}
4	54340D0090.0150VD	压制钢丝绳,两端绳环[0.9 t,1.5m,无油]{6×37+FC-1 670-11=1.5 m}	插编钢丝绳,0.97 t,1.5 m	根	10			10	1.7 t,4.5m,无油]{6×37+FC-1 670-15=4.5 m}
5	54340D0090.0250V	压制钢丝绳,两端绳环[0.91 t,2.5m,无油]{6×37+FC-1 670-11}	插编钢丝绳,0.97 t,2.5 m	根	140		40	100	1.7 t,4.5m,无油]{6×37+FC-1 670-15=4.5 m}
6	54340D0090.0300VD	压制钢丝绳,两端绳环[0.9 t,3.0m,无油]{6×37+FC-1 670-11=3 m}	插编钢丝绳,0.97 t,3 m	根	80	20	40	20	1.7 t,4.5m,无油]{6×37+FC-1 670-15=4.5 m}
7	54340D0120.0300V	压制钢丝绳,两端绳环[1.27 t,3m,无油]{6×37+FC-1 670-13}	插编钢丝绳,1.35 t,3 m	根	176	20	96	60	1.7 t,4.5m,无油]{6×37+FC-1 670-15=4.5 m}
8	54340D0170.0300V	压制钢丝绳,两端绳环[1.7 t,3m,无油]{6×37+FC-1 670-15=3 m}	插编钢丝绳,1.8 t,3 m	根	50		20	30	1.7 t,4.5m,无油]{6×37+FC-1 670-15=4.5 m}
9	54340D0170.0450VD	压制钢丝绳,两端绳环[1.7 t,4.5m,无油]{6×37+FC-1 670-15=4.5 m}	插编钢丝绳,1.8 t,4.5 m	根	70	20	40	10	1.7 t,4.5m,无油]{6×37+FC-1 670-15=4.5 m}
10	54340D0090.0600VD	压制钢丝绳,两端绳环[0.9 t,6m,无油]{6×37+FC-1 670-11=6 m}	插编钢丝绳,0.97 t,6 m	根	36	10	26		{6×37+FC-1 670-13=6 m}
11	54340D0010.0120.0600I	压制钢丝绳,两端绳环{6×37+FC-1 670-13=6 m}	插编钢丝绳,1.35 t,6 m	根	10			10	{6×37+FC-1 670-13=6 m}
12	54340D0250.0400VD	压制钢丝绳,两端绳环[2.5 t,4m 无油]{6×37+FC-1 670-17.5=4 m}	插编钢丝绳,2.45 t,4 m	根	10		10		[2.87 t,4m,无油]{6×37+FC-1 670-19.5=4 m}

附表 2(续 1)

序号	物料编码	ERP 物料名称、规格	正确名称、规格	计量单位	使用部门领取数量统计				规格合并建议
					小计	总装制造部			
						2021	2022	2023	
13	54340D0310.0400VD	压制钢丝绳,两端绳环[2.87 t,4m,无油]{6×37+FC-1 670-19.5=4 m}	插编钢丝绳,3.04 t,4 m	根	66		26	40	[2.87 t,4m,无油]{6×37+FC-1 670-19.5=4 m}
14	54340D0310.0800VD	压制钢丝绳,两端绳环[3.1 t,8m,无油]{6×37+FC-1 670-19.5=8 m}	插编钢丝绳,3.04 t,8 m	根	50	20	20	10	
15	54340D0470.0500VD	压制钢丝绳,两端绳环[4.7 t,5m,无油]{6×37+FC-1 670-24=5 m}	插编钢丝绳,4.6 t,5 m	根	4		4		
16	54340D0640.0800VD	压制钢丝绳,两端绳环[6.4 t,8 m,无油]{6×37+FC-1 670-28=8 m}	插编钢丝绳,6.27 t,8 m	根	40	20	10	10	[6.4 t,12m,无油]{6×37+FC-1 670-28=12 m}
17	54340D0640.1000VD	压制钢丝绳,两端绳环[6.4 t,10 m,无油]{6×37+FC-1 670-28=10 m}	插编钢丝绳,6.27 t,10 m	根	4	2	2		[6.4 t,12 m,无油]{6×37+FC-1 670-28=12 m}
18	54340D0640.1200VD	压制钢丝绳,两端绳环[6.4 t,12 m,无油]{6×37+FC-1 670-28=12 m}	插编钢丝绳,6.27 t,12 m	根	4		2	2	[6.4 t,12 m,无油]{6×37+FC-1 670-28=12 m}
19	54340D0860.1000VD	压制钢丝绳,两端绳环[8.6 t,10 m,无油]{6×37+FC-1 670-32.5=10 m}	插编钢丝绳,8.44 t,10 m	根	6			6	[12.4 t,10 m,无油]{6×37+FC-1 670-39=10 m}
20	54340D1240.1000VD	压制钢丝绳,两端绳环[12.4 t,10 m,无油]{6×37+FC-1 670-39=10 m}	插编钢丝绳,12.16 t,10 m	根	4		2	2	[12.4 t,10 m,无油]{6×37+FC-1 670-39=10 m}
21	54340D1840.0700VD	压制钢丝绳,两端绳环[18.4 t,7 m,无油]{6×37+FC-1 670-47.5=7 m}	插编钢丝绳,18.03 t,7 m	根	12			12	
22	54340D1840.1400VD	压制钢丝绳,两端绳环[18.4 t,14 m,无油]{6×37+FC-1 670-47.5=14 m}	插编钢丝绳,18.03 t,14 m	根	10		10		
23	54340P0640.0300VD	环形钢丝绳[6.4 t,3 m,无油,无接头]{7×(6×37+FC-9.3)-1 670-28=3 m}	6.27 t,3 m	根	2	2			{7×(6×37+FC-9.3)-1 670-28=4 m}
24	54340P0010.0640.0400I	环形钢丝绳{7×(6×37+FC-9.3)-1 670-28=4 m}	6.27 t,4 m	根	2			2	{7×(6×37+FC-9.3)-1 670-28=4 m}

附表 2(续 2)

序号	物料编码	ERP 物料名称、规格	正确名称、规格	计量单位	使用部门领取数量统计				规格合并建议
					小计	总装制造部			
						2021	2022	2023	
25	54340P0640. 0700VD	环形钢丝绳[6. 4 t,7m,无油,无接头]{7×(6×37+FC-9. 3)-1 670-28=7 m}	6. 27 t,7 m	根	2		2		
26	54340P0640. 1400VD	环形钢丝绳[6. 4 t,14m,无油,无接头]{7×(6×37+FC-9. 3)-1 670-28=14 m}	6. 27 t,14 m	根	12	2	4	6	
27	54340P0860. 0200VD	环形钢丝绳[8. 6 t,2m,无油,无接头]{7×(6×37+FC-11)-1 670-33=2 m}	8. 44 t,2 m	根	10	10			
28	54340P0010. 1240. 0400I	环形钢丝绳{7×(6×37+FC-13)-1 670-39=4 m}	12. 16,4 m	根	2			2	
29	54340P1240. 1400VD	环形钢丝绳[12. 4 t,14m,无油,无接头]{7×(6×37+FC-13)-1 670-39=14 m}	12. 16 t,14 m	根	10	6	2	2	同规格
30	54340P1530. 1400V	环形钢丝绳[15. 3 t×14m,无油]{7×(6×37+FC-13)-1 670-39}	12. 16 t,14 m	根	32	8	24		同规格
31	54340P1840. 1400VD	环形钢丝绳[18. 4 t,14m,无油,无接头]{7×(6×37+FC-16)-1 670-48=14 m}	18. 03 t,14 m	根	4	4			
32	54340P1840. 0700VD	环形钢丝绳[18. 4 t,7m,无油,无接头]{7×(6×37+FC-16)-1 670-48=7 m}	18. 03 t,7 m	根	28	8	20		
33	54340P3450. 0700VD	环形钢丝绳[34. 5 t,7m,无油,无接头]{7×(6×37+FC-21. 5)-1 670-65=7 m}	33. 77 t,7 m	根	20	4	16		[34. 5 t,11m,无油,无接头]{7×(6×37+FC-21. 5)-1 670-65=11 m}
34	54340P3450. 1100VD	环形钢丝绳[34. 5 t,11m,无油,无接头]{7×(6×37+FC-21. 5)-1 670-65=11 m}	33. 77 t,11 m	根	4		4		[34. 5 t,11m,无油,无接头]{7×(6×37+FC-21. 5)-1 670-65=11 m}
35	54340P4400. 1000VD	环形钢丝绳[44 t,10m,无油,无接头]{7×(6×37+FC-26)-1 670-78=5 m}	48. 62 t,5 m	个	2	2			[44 t,14m,无油,无接头]{7×(6×37+FC-26)-1 670-78=7 m}

附表(续3)

序号	物料编码	ERP 物料名称、规格	正确名称、规格	计量单位	使用部门领取数量统计				规格合并建议
					小计	总装制造部			
						2021	2022	2023	
36	54340P4400. 1400VD	环形钢丝绳[44 t,14 m,无油,无接头]{7×(6×37+FC-26)-1 670-78=7 m}	48. 62 t,7 m	个	12		12		[44 t,14 m,无油,无接头]{7×(6×37+FC-26)-1 670-78=7 m}
37	54340P4400. 2800VD	环形钢丝绳[44 t,28 m,无油,无接头]{7×(6×37+FC-26)-1 670-78=14 m}	48. 62 t,14 m	个	4		4		

附表 3 钢构制造部钢丝绳规格合并建议

序号	物料编码	ERP 物料名称、规格	正确名称、规格	计量单位	使用部门领取数量统计				规格合并建议
					小计	钢构制造部			
						2021	2022	2023	
1	51070B0050. 1500VD	钢丝绳 6×37+IWR[ϕ15,抗拉强度 1 770 MPa,光面]{6×37+IWR}	1. 94 t	米	80	80			
2	54340P0014. 0250. 0035I	环形钢丝绳[2. 5 t,周长 0. 7 m,镀锌]{7×(6×19+FC-5)-1 770-15=0. 35 m}	1. 8 t,0. 35 m	根	2			2	
3	54340D0010. 0050. 0200I	压制钢丝绳,两端绳环{6×37+FC-1 670-8. 7=2 m}	插编钢丝绳,插编钢丝绳,0. 6 t,2 m	根	10		10		{6×37+FC-1 670-11=2 m}
4	54340D0010. 0090. 0200I	压制钢丝绳,两端绳环{6×37+FC-1 670-11=2 m}	插编钢丝绳,0. 97 t,2 m	根	10		10		{6×37+FC-1 670-11=2 m}
5	54340E0012. 0080. 0300I	插编钢丝绳[0. 8 t,3 m]{6×37+FC-1 770-10=3 m}	0. 8 t,3 m	根	10			10	{6×37+FC-1 670-11=4 m}
6	54340D0090. 0400VD	压制钢丝绳,两端绳环[0. 9 t,4m,无油]{6×37+FC-1 670-11=4 m}	插编钢丝绳,0. 97 t,4 m	根	6		6		{6×37+FC-1 670-11=4 m}
7	54340E0080. 0600VD	插编钢丝绳[0. 8 t,6 m]{6×37+FC-1 670-10=6 m}	0. 8 t,6 m	根	10		10		
8	54340D0140. 0200VD	压制钢丝绳,两端绳环[1. 4 t,2m,无油]{6×37+FC-1 670-13=2 m}	插编钢丝绳,1. 35 t,2 m	根	8		8		{6×37+FC-1 670-19. 5=2 m}
9	54340E0012. 0180. 0150I	插编钢丝绳[1. 8 t,1. 5 m]{6×37+FC-1 770-15=1. 5 m}	1. 8 t,1. 5 m	根	4			4	{6×37+FC-1 670-19. 5=2 m}
10	54340E0012. 0250. 0200I	插编钢丝绳[2. 5 t,2 m]{6×37+FC-1 770-17. 5=2 m}	2. 45 t,2 m	根	4			4	{6×37+FC-1 670-19. 5=2 m}
11	54340E0012. 0300. 0200I	插编钢丝绳[3. 0 t,2 m]{6×37+FC-1 770-19. 5=2 m}	3. 04 t,2 m	根	10			10	{6×37+FC-1 670-19. 5=2 m}
12	54340D0010. 0310. 0200I	压制钢丝绳,两端绳环{6×37+FC-1 670-19. 5=2 m}	插编钢丝绳,3. 04 t,2 m	根	6		6		{6×37+FC-1 670-19. 5=2 m}

附表 3(续 1)

序号	物料编码	ERP 物料名称、规格	正确名称、规格	计量单位	使用部门领取数量统计				规格合并建议
					小计	钢构制造部			
						2021	2022	2023	
13	JK2023-15. GZ. GG. 21. 5-2	插编钢丝绳[6×37+FC-1 770-21. 5=2 m]	3. 69 t,2 m	根	8			8	{6×37+FC-1 770-24=3 m}
14	54340E0012. 0370. 0200I	插编钢丝绳[3. 7 t,2 m]{6×37+FC-1 770-21. 5=2 m}	3. 69 t,2 m	根	4			4	{6×37+FC-1 770-24=3 m}
15	54340E0012. 0250. 0300I	插编钢丝绳[2. 5 t,3 m]{6×37+FC-1 770-17. 5=3 m}	2. 45 t,3 m	根	8			8	{6×37+FC-1 770-24=3 m}
16	54340E0012. 0300. 0300I	插编钢丝绳[3. 0 t,3 m]{6×37+FC-1 770-19. 5=3 m}	3. 04 t,3 m	根	8			8	{6×37+FC-1 770-24=3 m}
17	54340E0012. 0370. 0300I	插编钢丝绳[3. 7 t,3 m]{6×37+FC-1 770-21. 5=3 m}	3. 69 t,3 m	根	6			6	{6×37+FC-1 770-24=3 m}
18	54340E0012. 0460. 0200I	插编钢丝绳[4. 6 t,2 m]{6×37+FC-1 770-24=2 m}	4. 6 t,2 m	根	4			4	{6×37+FC-1 770-24=3 m}
19	54340E0470. 0250VD	插编钢丝绳[4. 7 t,2. 5 m]{6×37+FC-1 670-24=2. 5 m}	4. 6 t,2. 5 m	根	4		4		{6×37+FC-1 770-24=3 m}
	54340E0012. 0460. 0300I	插编钢丝绳[4. 6 t,3 m]{6×37+FC-1 770-24=3 m}	4. 6 t,3 m	根	4			4	{6×37+FC-1 770-24=3 m}
21	54340D0310. 0400VD	压制钢丝绳,两端绳环[2. 87 t,4m,无油]{6×37+FC-1 670-19. 5=4 m}	插编钢丝绳,3. 04 t,4 m	根	10		10		{6×37+FC-1 670-24=4. 5 m}
22	54340E0012. 0300. 0400I	插编钢丝绳[3. 0 t,4 m]{6×37+FC-1 770-19. 5=4 m}	3. 04 t,4 m	根	20			20	{6×37+FC-1 670-24=4. 5 m}
23	JK2023-15. GZ. GG. 19. 5-4	插编钢丝绳[6×37+FC-1 770-19. 5=4 m]	3. 04 t,4 m	根	3			3	{6×37+FC-1 670-24=4. 5 m}
24	54340D0470. 0400VD	压制钢丝绳,两端绳环[4. 7 t,4m,无油]{6×37+FC-1 670-24=4 m}	插编钢丝绳,4. 6 t,4 m	根	4		4		{6×37+FC-1 670-24=4. 5 m}

附表 3(续 2)

序号	物料编码	ERP 物料名称、规格	正确名称、规格	计量单位	使用部门领取数量统计				规格合并建议
					小计	钢构制造部			
						2021	2022	2023	
25	54340E0012. 0460. 0400I	插编钢丝绳[4. 6 t,4 m]{6×37+FC-1 770-24=4 m}	4. 6 t,4 m	根	4			4	{6×37+FC-1 670-24=4. 5 m}
26	JK2023-15. GZ. GG. 24-4	插编钢丝绳[6×37+FC-1 770-24=4 m]	4. 6 t,4 m	根	10			10	{6×37+FC-1 670-24=4. 5 m}
27	54340E0470. 0450VD	插编钢丝绳[4. 7 t,4. 5 m]{6×37+FC-1 670-24=4. 5 m}	4. 6 t,4. 5 m	根	6		6		{6×37+FC-1 670-24=4. 5 m}
28	JK2023-15. GZ. GG. 26-4	插编钢丝绳[6×37+FC-1 770-26=4 m]	5. 4 t,4 m	根	4			4	{6×37+FC-1 770-32. 5=4 m}
29	54340E0012. 0620. 0400I	插编钢丝绳[6. 27 t,4 m]{6×37+FC-1 770-28=4 m}	6. 27 t,4 m	根	6			6	{6×37+FC-1 770-32. 5=4 m}
30	54340E0012. 0850. 0400I	插编钢丝绳[8. 5 t,4 m]{6×37+FC-1 770-32. 5=4 m}	8. 44 t,4 m	根	4			4	{6×37+FC-1 770-32. 5=4 m}
31	54340E0012. 1210. 0400I	插编钢丝绳[12. 16 t,4 m]{6×37+FC-1 770-39=4 m}	12. 16 t,4 m	根	4			4	[12. 16 t,4 m]{6×37+FC-1 770-39=4 m}
32	54340E0012. 0130. 0500I	插编钢丝绳[1. 35 t,5 m]{6×37+FC-1 770-13=5 m}	1. 35 t,5 m	根	4			4	{6×37+FC-1 670-17. 5=6 m}
33	54340D0140. 0500VD	压制钢丝绳,两端绳环[1. 4 t,5m,无油]{6×37+FC-1 670-13=5 m}	插编钢丝绳,1. 35 t,5 m	根	10		10		{6×37+FC-1 670-17. 5=6 m}
34	54340D0210. 0500VD	压制钢丝绳,两端绳环[2. 1 t,5m,无油]{6×37+FC-1 670-15=5 m}	插编钢丝绳,1. 8 t,5 m	根	2		2		{6×37+FC-1 670-17. 5=6 m}
35	54340D0010. 0170. 0600I	压制钢丝绳,两端绳环{6×37+FC-1 670-15=6 m}	插编钢丝绳,1. 8 t,6 m	根	8		8		{6×37+FC-1 670-17. 5=6 m}
36	54340E0012. 0200. 0600I	插编钢丝绳[2. 05 t,6 m]{6×37+FC-1 770-16=6 m}	2. 05 t,6 m	根	8			8	{6×37+FC-1 670-17. 5=6 m}

附表 3(续 3)

序号	物料编码	ERP 物料名称、规格	正确名称、规格	计量单位	使用部门领取数量统计				规格合并建议
					小计	钢构制造部			
						2021	2022	2023	
37	54340D0010. 0250. 0600I	压制钢丝绳，两端绳环{6×37+FC-1 670-17. 5=6 m}	插编钢丝绳，2. 45 t,6 m	根	6		6		{6×37+FC-1 670-17. 5=6 m}
38	54340E0012. 0370. 0600I	插编钢丝绳[3. 7 t,6 m]{6×37+FC-1 770-21. 5=6 m}	3. 69 t,6 m	根	2			2	{6×37+FC-1 770-21. 5=6 m}
39	54340D0470. 0800VD	压制钢丝绳，两端绳环[4. 7 t,8m,无油]{6×37+FC-1 670-24=8 m}	插编钢丝绳，4. 6 t,8 m	根	6		6		{6×37+FC-1 670-30=8 m}
40	54340E0640. 0600VD	插编钢丝绳[6. 4 t,6 m]{6×37+FC-1 670-28=6 m}	6. 27 t,6 m	根	10		10		{6×37+FC-1 670-30=8 m}
41	54340D0750. 0800VD	压制钢丝绳，两端绳环[7. 5 t,8m,无油]{6×37+FC-1 670-30=8 m}	插编钢丝绳，7. 19 t,8 m	根	8		8		{6×37+FC-1 670-30=8 m}
42	54340E0012. 0180. 0800I	插编钢丝绳[1. 8 t,8 m]{6×37+FC-1 770-15=8 m}	1. 8 t,8 m	根	4			4	{6×37+FC-1 670-19. 5=8 m}
43	JK2023-15. GZ. GG. 17. 5-8	插编钢丝绳[6×37+FC-1 770-17. 5=8 m]	2. 45 t,8 m	根	10			10	{6×37+FC-1 670-19. 5=8 m}
44	54340E0287. 0800VD	插编钢丝绳[2. 87 t,8 m]{6×37+FC-1 670-19. 5=8 m}	3. 04 t,8 m	根	4	4			{6×37+FC-1 670-19. 5=8 m}
45	JK2023-15. GZ. GG. 28-8	插编钢丝绳[6×37+FC-1 770-28=8 m]	6. 27 t,8 m	根	4			4	{6×37+FC-1 770-28=8 m}
46	54340E0012. 1480. 0700I	插编钢丝绳[14. 8 t,7 m]{6×37+FC-1 770-43=7 m}	14. 78 t,7 m	根	4			4	
47	54340E2560. 0800VD	插编钢丝绳[25. 6 t,8 m]{6×37+FC-1 670-56=8 m}	25. 06 t,8 m	根	6		6		{6×37+FC-1 670-65=9 m}
48	54340E3400. 0800VD	插编钢丝绳[34 t,8 m]{6×37+FC-1 670-65=8. 5 m}	33. 77 t,8. 5 m	根	4		4		{6×37+FC-1 670-65=9 m}

附表 3(续 4)

序号	物料编码	ERP 物料名称、规格	正确名称、规格	计量单位	使用部门领取数量统计				规格合并建议
					小计	钢构制造部			
						2021	2022	2023	
49	54340D2560. 0900VD	压制钢丝绳,两端绳环[25. 6 t,9m,无油]{6×37+FC-1 670-56=9 m}	插编钢丝绳,25. 06 t,9 m	根	4	4			{6×37+FC-1 670-65=9 m}
50	54340E0012. 3380. 0900I	插编钢丝绳[33. 8 t,9 m]{6×37+FC-1 770-65=9 m}	33. 77 t,9 m	根	8			8	{6×37+FC-1 670-65=9 m}
51	54340E3420. 0900VD	插编钢丝绳[34. 2 t,9 m]{6×37+FC-1 670-65=9 m}	33. 77 t,9 m	根	4		4		{6×37+FC-1 670-65=9 m}
52	54340E0012. 0200. 1000I	插编钢丝绳[2. 05 t,10 m]{6×37+FC-1 770-16=10 m}	2. 05 t,10 m	根	28			28	{6×37+FC-1 670-21. 5=10 m}
53	54340D0010. 0190. 1000I	压制钢丝绳,两端绳环{6×37+FC-1 670-16=10 m}	插编钢丝绳,2. 05 t,10 m	根	10		10		{6×37+FC-1 670-21. 5=10 m}
54	54340D0330. 1000VD	压制钢丝绳,两端绳环[3. 3 t,10m,无油]{6×37+FC-1 670-19. 5=10 m}	插编钢丝绳,3. 04 t,10 m	根	8		8		{6×37+FC-1 670-21. 5=10 m}
55	54340E0280. 1000VD	插编钢丝绳[2. 87 t,10 m]{6×37+FC-1 670-19. 5=10 m}	3. 04 t,10 m	根	28	6	12	10	{6×37+FC-1 670-21. 5=10 m}
56	JK2023-15. GZ. GG. 19. 5-10	插编钢丝绳[6×37+FC-1 770-19. 5=10 m]	3. 04 t,10 m	根	6			6	{6×37+FC-1 670-21. 5=10 m}
57	54340E0010. 0340. 1000I	插编钢丝绳[3. 488 t,10 m]{6×37+FC-1 670-21. 5=10 m}	3. 69 t,10 m	根	8			8	{6×37+FC-1 670-21. 5=10 m}
58	54340D0350. 1000VD	压制钢丝绳,两端绳环[3. 5 t,10m,无油]{6×37+FC-1 670-21. 5=10 m}	插编钢丝绳,3. 69 t,10 m	根	6		6		{6×37+FC-1 670-21. 5=10 m}
59	54340E0012. 0460. 1000I	插编钢丝绳[4. 6 t,10 m]{6×37+FC-1 770-24=10 m}	4. 6 t,10 m	根	4			4	[6×37+FC-1 770-24=14 m]
60	54340E0470. 1000VD	插编钢丝绳[4. 7 t,10 m]{6×37+FC-1 670-24=10 m}	4. 6 t,10 m	根	4		4		[6×37+FC-1 770-24=14 m]

附表 3(续 5)

序号	物料编码	ERP 物料名称、规格	正确名称、规格	计量单位	使用部门领取数量统计				规格合并建议
					小计	钢构制造部			
						2021	2022	2023	
61	JK2023-15. GZ. GG. 16. 5-12	插编钢丝绳[6×37+FC-1 770-16. 5=12 m]	2. 05 t,12 m	根	10			10	[6×37+FC-1 770-24=14 m]
62	54340E0012. 0460. 1200I	插编钢丝绳[4. 6 t,12 m]{6×37+FC-1 770-24=12 m}	4. 6 t,12 m	根	4			4	[6×37+FC-1 770-24=14 m]
63	JK2023-15. GZ. GG. 24-14	插编钢丝绳[6×37+FC-1 770-24=14 m]	4. 6 t,14 m	根	6			6	[6×37+FC-1 770-24=14 m]
64	54340E0012. 2100. 0900I	插编钢丝绳[21. 6 t,9 m]{6×37+FC-1 770-52=9 m}	21. 61 t,9 m	根	8			8	
65	54340E0012. 4300. 0900I	插编钢丝绳[43. 8 t,7 m]{6×37+FC-1 770-74=7 m}	73. 76 t,7 m	根	2			2	
66	JK2023-15. GZ. GG. 52. 5-32	无接头钢丝绳扣[7×(6×37+FC-17. 5)=52. 5]{周长 32 m}	ϕ52, 21. 61 t, 32 m	根	2			2	

现代大型舰船建造过程中的风险分析与工程策划

郭明哲[1]　邓有录[2]　张佳艳[2]　徐悦晨[3]

（1. 大连船舶重工集团舾装有限公司；2. 大连船舶重工集团有限公司；
3. 新奥集团股份有限公司）

摘　要：本文结合某大型系列舰船建造工程实际经验，总结并分析了大型舰船建造各阶段面临的风险，提出了风险应对措施。在此基础上，结合资源提供与过程管理要求，探讨了工程策划对保证舰船建造质量和建造进度的重要性。

关键词：大型舰船建造；工程策划；风险分析

1　大型舰船建造面临的风险及应对措施

1.1　设计成熟度与工艺准备充分性风险及应对措施

一型新的舰船，特别是大型舰船所涉及的技术领域非常广泛。可以说一型舰船的技术水平，基本上体现了一个国家的技术能力和现代化程度。新型舰船也涉及很多新技术、新装备、新工艺，这些新技术、新装备、新工艺指标可能会很先进，但却不一定都是成熟的、可靠的。所以，一个成熟的舰船设计总师，会严格控制新技术、新装备、新工艺所占的比例，一般不会超过30%。承担建造任务的总装厂，也会严把新技术、新装备、新工艺的质量关，达不到成熟度的、可靠性不高的不能上船安装调试。为此，必须提前多年就开展新技术、新装备、新工艺研发考核工作。最大限度地降低新技术、新装备、新工艺在设计成熟度及工艺准备充分性方面可能遇到的风险。

1.2　开工前准备状态不足风险及应对措施

大型舰船建造不同于中小型舰船，必须做好充分的准备才能开工建造。如果准备不充分就仓促开工，会在建造过程中遇到很多麻烦和风险，有的甚至会严重影响建造工作的正常进行。开工前准备状态检查涉及多个方面：包括基础设施、配套设施、工装辅具、焊机、水、电、气、风等保障设施。其中基础设施中比较关键的包括大型船坞、配套的起重设施、转运设施等，均要逐一排查落实。除此之外，开工前准备状态检查还包括人力资源、材料准备、图纸工艺准备、建造环境保障、建造网络计划的编制与优化情况、监视测量器具准备情况、封舱件等重要配套设备研制生产情况等。一般情况下，开工前准备状态检查都要邀请顾客一起进行，发现问题共同研究解决。根据建造经验，开工前生产准备状态检查很少有一次通过的，一般都是首次检查后进行整改，达到要求后再次进行检查，通过检查后才能正式开工建造。通过开工前准备状态检查，可以提前发现问题，最大限度地降低建造风险，保证后续建造工作的顺利进行。

1.3　建造网络计划及其对进度的影响及应对措施

舰船开工建造前，总装船厂都要组织力量编制一级建造网络计划和二级建造网络计划。这个计划是大型舰船建造的主线，整个建造工作的总体思路和工作安排都体现在这个建造网络计划图中了，该建造网络计划图还系统体现了建造过程中各专业、各系统、各单位间的协调配套关系。这个建造网络计划的编制并不难,难的是建造网络计划的优化及达到一定的成熟度。如果优化不到位,就会严重影响建造进度和质量。为避免该风险,一是在编制网络计划时邀请相关专业、相关配套厂所、相关领导共同参与编制工作。二是要组织严格的评审,通过深入的评审及时发现存在的问题,反复进行调整与优化,从而使建造网络总体最优。

1.4 建造管理风险及应对措施

大型舰船建造过程管理面临着多个方面的风险,风险管控的好与坏,直接关系到建造项目能否顺利进行,主要的管理风险如下:

(1)建造进度风险

大型舰船一旦开工建造,相关专业及配套厂所就都要围绕船厂制定的建造网络图和船厂项目组的要求,按部就班、协调有序地推进各自的工作,并要做好相互间的协调与配合。同时要提前做好建造人力资源储备,以减小在建造高峰期施工人员不足的风险。要根据建造网络计划,提前做好配套设备、材料的保障工作。对于大型封舱件、重要设备和系统,研制和供货进度绝不能滞后,否则会造成总体建造无法继续进行。同时船厂还要对一级建造网络图和二级建造网络图进行动态管理,及时发现影响进度的卡点、堵点,时时掌握建造进度的主动权,从而把建造进度风险降到最低。一个有实际经验的建造主管对于保证建造进度是至关重要的。

(2)建造质量风险

大型舰船建造质量涉及建造的全过程和各个专业。质量风险和控制难度是非常大的。要想控制好大型舰船建造质量风险,必须从材料质量、设备质量、施工质量、试验质量、培训质量等多方面入手。把责任细分到具体单位、具体部门,责任落实到人。为落实好各自责任,还要定期进行全方位的拉网检查,定期梳理存在的问题或隐患。各专业在项目启动前,必须进行充分的质量策划,编制质量保证大纲,详细规划如何高质量地完成自己所承担的建造工作。对于影响重大的施工项目,建议实行实名制和质量责任终身追究制。与此同时,还要开展全过程质量确认,实行自检、互检、专检制度,以最大限度地发现过程中存在的每一个问题,严肃认真地处理好每一个问题。让过程受控、人员受控、总体受控。只有这样,才能把建造质量风险降到最低,保证建造工作的顺利进行。

(3)火灾风险

舰船建造时的火灾控制是世界各国面临的共同难题。大型舰船建造周期长、舰上易燃物多、上舰同时参与建造的人数多等因素,使大型舰船建造的消防工作面临非常大的风险,稍有不慎就会酿成重大灾害。2020 年 7 月 12 日,停泊在美国圣迭戈海军基地内维修的美国“好人理查德号”两栖攻击舰突发火灾,造成 21 人受伤,大火烧了 5 天后才被彻底扑灭,由于舰体和设备损毁严重,最后这艘舰不得不报废。当时该舰维修和改装工作已接近尾声,但一场火灾彻底结束了该舰的命运。

2022 年 12 月 22 日,在俄罗斯摩尔曼斯克红星造船厂维修改造中的“库兹涅佐夫号”航母发生火灾,俄方称此次火灾没有造成人员伤亡,火灾于当天被扑灭。在 2019 年维修初期,该舰甲板上也曾经发生过 1 次火灾,也很快被扑灭了。该舰于 2017 年 2 月开始大修和现代化升级改造,但却经历了 2 次火灾、1 次停电(造成船坞沉没及吊车倾倒事故)。2022 年底,俄罗斯新建的 20385 型护卫舰也发生了火灾,并直接造成该舰报废。

此外,印度军舰在建造、维修时也经常发生火灾,如 2021 年 10 月“兰维杰伊”号驱逐舰火灾,2022 年 7 月 20 日印度海军“维克拉玛帝亚”号航母发生火灾。

为避免舰船建造和维修时的火灾风险,必须提前对消防工作进行全过程、全区域策划,加强技防和人防管理,建立区域化、网格化消防责任制,严防死守,把火灾隐患消灭在萌芽中。实践证明,这种方法是非常有效的,可保证船厂建造工作的顺利进行。

(4)自然环境及灾害天气风险

热带风暴、洪水、地震等灾害天气都有可能对大型舰船建造工作造成影响。在舰船建造方案规划时就应考虑到极端天气及自然灾害给建造工作带来的风险,并及时掌握相关预报信息,提前策划应对方案,并落实到位。另一方面在大型舰船总装建造选址时就要考虑到极端天气及自然灾害因素,避免在那些时常发生极端天气及自然灾害的船厂开展大型舰船建造工程。

(5)保密风险

保密风险涉及参与大型舰船建造试验的各个单位和相关人员,也贯穿于建造试验的整个过程中。要想做好保密工作,除了要求重要单位必须取得保密资质才能参加建造工作外,更重要的是要加强保密教育,强化保密管理。通过教育和培训,使参与试验的每个人,在任何时候、任何地点都能想到保密事项,时时做好自己的保密工作,发现问题或隐患及时上报。船厂在大型舰船建造工作启动之初就开展了全员保密教育,严格上舰人员背景审查。

(6)安全风险

安全风险包括人身安全风险、设备安全风险。人身安全风险控制起来难度非常大,因为每天上舰人数都在几百甚至千人,同时在舰上各区域施工。除了要求上舰人员必须戴安全帽,穿工作服、劳保鞋之外,对起重作业、焊接作业、涂装作业、强电作业等人员加强资质管理,没有取得特种作业证的或证书过期的人员,一律不准上舰施工。与此同时,每天在施工前进行的班前喊话活动都要反复强调安全事项。设备安全风险涉及所有上舰和没上舰的设备、器材。为此船厂制定了仓库设备管理规定和上舰设备管理规定。所有起重设备和操作人员均由船厂统一负责,定期对起重设备进行维护保养。

(7)上舰设备防护风险

2018 年 10 月,俄罗斯“库兹涅佐夫号”航母在坞内大修时,因船厂突然停电,造成正在作业的浮动干船坞沉没,2 台大型塔式吊车倾倒,其中 1 台吊车砸向维修中的航母甲板,造成多人受伤,甲板面被砸出一个 20 余平方米的大洞,甲板下设备也被砸坏。此次事故严重影响了维修进度。

(8)试验试航风险

试验试航风险涉及的因素非常多,如恶劣天气、空域海域申请、进度拖期、试验中出现问题、设备故障等。要想减小试航试验风险,首先要在试验计划上下功夫。虽然每次试验都有主题或主要试验任务,但还要在同一个航次中尽可能多地安排能做的各类试验。在完成主要试验的同时,提前考核相关系统和设备,尽早摸清底细,暴露问题。另一方面,要有备用航次,如果试验非常顺利,可以取消备用航次。

除了在试验计划上下功夫,试验过程中的协调和保障也是至关重要的。协调和保障工作做好了,试航试验的风险也就减小了。反之会困难重重,难以按计划完成试验任务。

2 大型舰船建造过程中的工程策划

2.1 大型舰船建造过程中工程策划的必要性

要想避免或减小大型舰船建造过程中的风险,保证建造质量和建造进度,光进行风险分析还不够;还必须在风险分析的基础上,有针对性地开展好不同阶段的工程策划工作,从顶层思维,全局思维、全过程思维的角度对大型舰船建造工作进行总体策划。

2.2 大型舰船建造过程中都要开展哪些工程策划

(1)建造网络及质量保证大纲编制策划。建造网络是建造工程的总体布局,既包括进度安排,也包含场地、人员、设备等众多因素。质量保证大纲是从顶层安排如何保证建造质量,如何降低质量风险。因此,在编制舰船建造网络计划和质量保证大纲时,必须把功夫下到位,不是能编出来就够了,而是考虑编制的船建造网络计划和质量保证大纲是否达到了最优,是否还有改进完善的地方。一个成熟的建造网络计划和质量保证大纲是建造工程顺利进行的根本指导。

(2)开工前准备工作策划。在开工建造前,必须进行准备状态检查,详细梳理对建造工作有直接影响的基础设施、设备、工装、建造网络计划、人力资源准备情况、材料准备情况、工艺和图纸的成熟度等各方面因素。发现问题限期改正。改正后进行第二轮或第三轮准备状态检查。直到符合要求为止。如果准备状态不到位就仓促开工,会带来不可预测的建造风险。

（3）开展建造图纸、工艺准备及跨专业协调机制策划。建造图纸、工艺成熟度越高，建造工作就越顺利，否则会造成大量返工、浪费。由于建造工作是一个多专业同时参与的系统工程，必须经常开展跨专业协调活动。除了定期的协调外，还应在建造场地设立跨专业协调办公室，遇到问题时各专业人员能及时到该办公室协商解决办法，不让问题积压，从而保证建造进度和质量。

（4）建造过程管理策划。建造过程管理涉及面非常广泛，包括项目负责制、现场协调机制、全过程质量确认、工序交接管理、设备及材料管理、灾害天气管理、消防管理、安全保密管理等。这些方面也需要根据船厂的实际情况，提前进行研究布局，提出符合实际的高效管理方案，同时要责任到人、工作界面清晰。

此外，还包括试航试验策划、交船后保障策划，都需要根据不同船型、不同船厂的实际情况开展有针对性的策划，在充分策划的基础上开展建造管理工作，只有这样，才能保证建造工作的顺利进行。

3 结束语

综上所述，可以看出，风险分析越全面、越彻底，工程策划工作就越有针对性，并尽最大努力去避免大型舰船建造过程中可能遇到的风险，降低建造风险和难度，最终以良好的质量完成好建造工作。

现代舰船的多样化使命任务及其对总体性能和总布置的要求

张啸天[1] 郭明哲[2] 邓有录[3]

（1. 海军大连舰艇学院；2. 大连船舶重工集团舾装有限公司；
3. 大连船舶重工集团有限公司）

摘　要：本文论述了现代舰船需要承担的多样化使命任务，并针对其所承担的多样化使命任务，分析了其对舰船总体性能和总布置的实际要求。探讨了完成舰船多样化使命任务需要注意的事项和问题。

关键词：现代舰船；多样化任务；总体性能；总布置

1　多样化使命任务对现代舰船的总体性能要求

目前，各种传统的作战任务仍是海军舰船最重要、最根本的使命，但除此之外，还必须考虑现代舰船必须承担的多样化使命任务，如反恐、反海盗、海外撤侨、海外演习、出访等。并根据多样化的使命任务确定舰船的总体性能，优化舰船总体设计。

1.1　多样化使命任务对舰载装备及建造材料的要求

（1）武器装备类型和威力要求：除了要配备威力强大的致命性毁伤武器外，还要配备能多次发射、适当打击的武器，以适应有限作战、反恐、反海盗、海上执法、驱离等多任务需要。如软杀伤武器，其中包括：电磁干扰武器、激光盲武器、声能武器、臭味弹、水枪，震慑弹、催泪瓦斯等，另外，还需配备警用装备，如机枪、狙击步枪等。

（2）对侦察、探测、通信设备的要求：除了能对常规舰船、导弹等进行探测外，还要可靠探测海盗驾驶的小艇，且其在大量的民船中分辨出海盗艇；为便于与民用船舶通信，需配置民用通信设施，并使之成为标准配置，并在船上安装避碰雷达，以便减小碰撞风险。

（3）对机电设备的要求：承担多样化任务的舰船在远航时，往往都缺少后方保障，并长时间在海上工作，所以对机电设备的可靠性、维修性、环境适应性要求较高，有的需进行冗余设计。

（4）对船体材料、油漆的要求：承担多样化任务的舰船在设计时要考虑到能适应不同海区的温度、盐度等要求，并且要求油漆的耐腐蚀、防海生物附着性能更好一些。

1.2　承担多样化任务的舰船在总体指标方面的一些要求

舰船的总体技术指标主要是指快速性、操纵性、适航性、稳性、不沉性、强度、安全性、居住性等。

（1）快速性要求

快速性是根据舰船使命任务要求和使用特性而确定的。众所周知，现代舰船的攻击区域只要覆盖任务区域就可完成传统作战任务，这是因为现代舰船基本上都采用超视距攻击。非接触战争是现代海战的典型特征，由于导弹等武器的速度远大于舰船的最高航速,因此表面上看舰船的高航速在战术层面就显得不重要了。但多样化使命任务要求执行任务的舰船必须快速到达任务区域,此时快速性是非常关键和重要的。大多数民用运输船舶为10~18节,游船、客轮、快艇等一般在30节左右,少部分游轮航速更高。所以,要求执行多样化使命任务的舰船,持续高航速应大于30节,并能搭载直升机,或再配备小型高速艇。

(2)操纵性、适航性、稳性、不沉性要求

执行多样化使命任务的舰船经常到达普通执法船难以到达的公海或他国水域,要面对各种复杂的气象和海洋环境,任务舰船还有可能深入有关港口、内河河道,有时会停泊于无码头的海湾,所以对舰船的操纵性、适航性、稳性、不沉性都有较高的要求,特别对舰船的操纵性的要求更高一些,需进一步提高回转性、减少舰船的吃水。

(3)强度要求

设计舰船强度时一般重点考虑以下几个方面:总纵强度、横向强度、扭转强度、局部强度,局部强度中外载荷考虑的因素主要有:直升机起降、水压作用、锚碰撞等,较少考虑船舶之间的有意冲撞。但在海上执法时,常常会产生船舶之间的有意碰撞,由于不同情况的船舶碰撞,船舶的受力也不同,所以船舶应合理地考虑碰撞模式并改进舰船的设计,使舰船在执法时能减少碰撞造成的破坏,为海上维权和执法创造更加有利的条件。

(4)安全性要求

执行多样化使命任务的舰船外事交流活动较多,外国人员上舰次数、人数也较多。这就要求舰船安全标准必须与世界标准接轨,舰员安全标准与其他兵种人员、地方人员、外方人员等安全标准要相互协调,不能出现矛盾和冲突,并要落实到舰船的总体设计中去。

(5)居住性要求

舰船居住性指标主要包括居住人数、人均空间、设施、空间划分与组合等。一般情况下,舰船的备用铺位数是在舰员总数基础上多出10%左右,在承担灾害救助任务时,需救助的人员可能要超出此数量。船上还要配备主要救助设施(如医疗设备、病房等);对抓捕的海盗要设置独立关押区域,确保安全关押。

(6)对六性的要求

对于执行多样化使命任务的舰船,由于其在海上作业的时间大大加长,承受的任务压力和环境压力也比其他舰船要大一些,所以对环境适应性、保障性、可靠性、维修性、测试性、使用性等要求也有所提高。

2 承担多样化使命任务的舰船对总布置的要求

(1)由于增加了必要的设备、设施,舰船的总布置也会有所改变。

执行多样化使命任务的舰船需要加装机枪、远射程遥控水炮及其他非致命性武器,还需设立医疗舱、配备医疗设备等。为此,需要规划相应的舱室资源,进行结构强度设计与计算。

(2)对舰船舱室布局的要求

现有舰船的分层及分舱原则是,重点考虑作战使用要求和人员活动的方便性、安全性。执行多样化任务后,主甲板附近的操作将会增多,会改变主甲板附近舱室的分布格局;如果舰船设有难民区,则该部分区域就变成了客船区域,客船与军船防火分区、设施要求均是不同的,舰船应兼顾该方面要求;此外,因执行多样化任务,导致续航时间与油水量等要求有所变化,长时间航行要求舰员居住环境要更加人性化。也就是说,使用方式、要求改变了,导致舰船分舱、分层、区域划分也必须改变。

(3)对通道、舱室布置的要求

舰船出国访问,驻在国人员上舰参观访问的次数和人数都是难以预测的,要求通道的设置在满足作战使用要求的前提下尽量适合参观,供参观的舱室要合理布局,同一类参观内容的舱室最好集中在一起,不同内容的可分开一定距离,使参观者在参观期间更加便捷;主通道的宽度,可能不仅要考虑相向人流的交汇,还要留出对整个走廊人群的观察空间,这无疑会使舰船部分通道宽度向客轮的通道宽度看齐。

(4)对舰船外形的要求

舰船的外形方面应考虑性能(阻力性能、稳性、隐身性)、总布置、美学(要威武雄壮、协调、具有韵律等)、工艺性等,美学问题是从属于其他要求的。当军事交流作为一项主要任务时,舰船起到一种传递文化的作用,倘若参观者都喜欢与舰船合影留念,并喜欢该舰船,这无疑会增加舰船的感染力。从技术美学角度讲,舰船定型后的图像应该是简洁的、变化是有限的。

(5)开展模块化设计

按照多样化任务的不同需求,研制适合于不同使命的任务模块集,一旦分配任务,采用任务模块加装的方法,可快速具备执行任务的能力。由于多样化任务还在发展变化中,现有的舰船也不可能始终追踪着变化的要求,所以现有舰船应在执行多样化任务前进行加装,以确保任务所需的装备能够上舰,任务完成后可以根据情况拆掉,这也是一种可行的方法。

3 结束语

总之,对于承担多样化任务的水面舰船,必须从总体性能和总布置方面开展适应性设计。为了少走弯路,应在设计建造前与承担过多样化使命任务的舰船官兵进行深入交流,了解承担多样化使命任务的舰船需求细节,掌握存在的矛盾和问题。并结合舰船研制要求中涉及的多样化任务和服役期可能遇到的多样化任务等信息,开展有针对性的设计和建造工作。确保舰船在完成主要任务的同时,能很好地适应承担的多样化任务需求。

国外航母建造工艺与施工特点研究

刘富刚[1] 盛玉智[1] 郑光远[1] 商大亮[2]

（1. 大连船舶工业工程公司；2. 大连船舶重工集团有限公司）

摘　要：航母建造工艺涉及的专业领域非常多，建造施工难度大，周期长。航母建造工程进展的顺利与否，与施工环节和建造策略密切相关。本文通过对国外航母建造工艺与建造特点的研究，指出了其对航母建造质量与建造效率的影响。

关键词：航母；建造工艺；建造特点

1　国外航母建造特点分析

与常规水面舰船相比，航母建造是一项巨系统工程，因其排水量大、系统复杂、上舰设备种类和数量众多、建造周期长、经费投入大，造成其建造工艺难度和风险远远高于常规水面舰船。通过分析可知，国外航母建造具有以下特点：

1.1　主船体结构用钢量大、特种钢多

无论是中型航母还是大型航母，其建造时的结构用钢量都非常大，甚至达到几万吨级。美国最后一艘“尼米兹”级航母“布什号”满载排水量为10.2万吨，完工后光是主船体的结构用钢量就达4.7万吨。英国CVF航母满载排水量为6.5万吨，需要的原材料钢板为4万吨。另外，航母上用的钢材大多数为特种钢，如美国“尼米兹”级航母前6艘舰采用HY-80钢，后4艘舰使用高强度低合金钢（HSLA）。

1.2　舾装工作量巨大，特种设备安装工艺要求高

经验表明，航母的舾装工作量非常大，舾装所需的时间约占航母建造总时间的50%以上。航母舾装的具体工作包括安装大量的设备、管路和电缆。如美国“布什号”航母的管道总长402.3千米，电缆总长2 735.9千米。除了管路和电缆外，现代航母在舾装阶段还需安装种类繁多、数量庞大的各型设备，这些设备将保证舰载机的安全快速作业、保证舰上人员正常的生活、保证舰载武器及设备的正常工作。除了普通设备外，航母还有大量独有的设备，如着舰引导设备、蒸汽弹射器、阻拦装置、飞机充电设备、燃油加注设备、飞机升降机等，这些设备都有各自独特的安装要求，安装工艺也非常复杂。

1.3　建造周期长、风险大，建造过程管理复杂

根据美国“尼米兹”级航母的建造经验，建造一艘10万吨级的航母，从签订建造合同开始计算，到最终交付海军，需要约8年以上的时间，其中坞期约为42个月；满载排水量6万吨级的苏联“库兹涅佐夫”级航母的船台周期约为3年。航母下水后，还需要经过几年的舾装和海试，才能交付海军使用。美国“布什号”航母舾装和海试花费了29个月。其建造周期长，给建造管理工作带来了诸多风险和难题。

1.4　航母建造试验风险高

航母建造期间的风险因素较多，如建造进度风险、经费风险、技术风险、火灾风险、人员安全风险、灾害天气

风险等。在航母建造高峰期,一般都会有几千人同时在船上同时进行各种施工,发生火灾的风险特别大,美国和俄罗斯在航母建造和服役期均发生过不同规模的火灾,一旦发生火灾将严重影响建造进度和质量,甚至造成人员死伤。因此,必须高度重视建造期间的各种风险管理。加强建造期间的制度建设和建造现场管理,加强技术手段建设,在消防问题上安排足够的人力物力,真正落实责任制,实现技防和人防的有机结合。

2 国外航母建造工艺及管理方法

2.1 采用分段建造,分段尺寸越来越大,建造效率越来越高

目前,国外航母建造主要采用分段建造法,即把航母划分为多个分段,在多个建造场地平行作业,分段完成加工后,再通过吊装完成整舰的焊接。目前国外航母分段建造趋势是分段尺寸越做越大,这样可以减少吊装的次数,节省建造工时。美国"布什号"航母划分为 161 个分段,其中飞行甲板被分为 14 个分段,也就是说,飞行甲板只需吊装 14 次,就能完成焊接,而之前的"尼米兹"级航母的飞行甲板需要吊装 150 次。英国在建造 CVF 航母时,也采用了分段建造法,该航母被划分为几个超级分段,由不同的船厂建造,最后在乐赛船厂进行组装。

2.2 利用先进工装仪器,持续提高分段合拢效率和质量

韩国、美国等造船强国特别重视造船能力自我检查分析和长远规划与建设。在船体分段合拢工艺、造船工装建设、模块化造船、数字化造船方面持续加大投入。在分段合拢施工中成功运用了大吨位三维液压调整车,实现了分段合拢的数字化控制、自动化三维对接,对接效率和施工质量成倍提高。此外,还在造船场地建设了局域 GPS,一次投资长期使用。利用局域 GPS 实现了对部件或分段的高精度三维定位,可对光学仪器不能直接测量的部位进行三维测量和监视。该 GPS 基站解决了传统光学仪器测量时准备过程复杂、时间长、基准易发生变化等难题,不但提高了工作效率,还大大提高了测量精度。降低了工装及其使用费用。

2.3 分段的预舾装水平持续提高

在航母建造过程中,舾装花费的时间占总时间一半以上,为了减少舾装时间,降低建造费用,国外正在逐步提高航母分段的预舾装程度。据统计,预舾装能减少 20%~50%的人工费用,具体数值取决于舾装的类型和舰船的种类。美国正在逐步提升航母分段的预舾装水平,英国在 CVF 航母建造规划时,也曾把大型分段的预舾装目标设定为 80%~90%,但由于 CVF 的建造模式是把大型分段分包给多家船厂建造,各家船厂的舾装标准难以统一起来,影响了预舾装的效率和程度。

3 结束语

综上所述可以看出,航母建造策略和建造工艺水平,直接关系到航母的建造效率、建造精度和质量。在这方面需要几代人的持续努力才能形成具有自己独特风格、适应本国国情的建造工艺和建造风格。

精细化管理在船舶及海洋工程建造过程中的作用

赵俊峰　李昶　商大亮　游思琦

（大连船舶重工集团有限公司）

摘　要：船舶及海洋工程建造是一项复杂的系统工程，而造船管理水平及精细化程度直接影响着船舶及海洋工程的建造成本、建造质量和建造进度。现代造船对精细化管理的要求已越来越高，通过精细化管理可以有效降低建造成本、规避建造风险、提高建造效率和质量，保证建造施工高效、安全、有序地进行。

本文结合造船实际经验，对船舶及海洋工程建造过程中的精细化管理进行了归纳总结，指出了在造船精细化管理方面应该努力的方向。

关键词：船舶及海洋工程；建造；精细化管理

1　开展船舶及海洋工程建造精细化管理的重要性

现代造船具有涉及专业面广、施工场地分散、劳动力密集、分工严格、物流和信息流大、技术工艺要求高等特点。现代船舶及海洋工程上的设备经常涉及到几百甚至上千家企业。在船厂内部，除了造船生产部门外，还牵涉到经营、设计、人力、质检、安全、采购、配套、基建、设备、动力等许多部门及其专业人员。要按时完成船舶及海洋工程的建造，需要高效的管理，系统的组织协调、科学的分工、各方的密切配合。只有做到上述这些，才能确保建造施工有条不紊地进行。

实践证明，通过推行精细化设计、精细化管理和精细化生产，强化基础数据管理，开展生产能力测评，实施设计成本控制，提高工程计划的精确性，消除无效劳动和资源浪费，实现均衡、有序的节拍生产等一系列活动，可有效缩短建造周期，降低建造成本，提高建造精度和质量。

船舶及海洋工程总体及各系统是由很多设备、很多环节融合起来的有机整体，每一个系统都有严格的标准和要求，必须按确定的设计图纸和工艺要求细化实施。如果仍遵循习惯性的粗放式管理，忽视过程细节，一味追求建造进度，可能带来想象不到的灾难。甚至造成人身伤亡和设备损坏。如2018年10月30日，俄罗斯“库兹涅佐夫号”航母在大修中，因突然停电造成严重事故，用于维修航母的浮船坞上的2台塔吊由于停电而跌落，其中一台塔吊砸在“库兹涅佐夫号”航母飞行甲板上，另一台塔吊落入海中，造成3人死亡，1人失踪，浮船坞沉没，船上多个舱室和很多重要设备损坏。该事故对“库兹涅佐夫号”航母大修进程产生了严重的影响。暴露了承修船厂管理上的落后和混乱局面。印度海军“海洋帝王号”潜艇在俄罗斯完成升级改造后，于2019年2月返回国内继续进行未完成的施工，2019年6月20日在印度国内某船厂施工时，由于焊工操作失误发生火灾，虽然没有造成人员伤亡，但却造成了潜艇控制室重要设备损坏，火灾烟尘对电子设备也造成了严重的影响。这些事故的发生非常遗憾，但也都能在细节上找到原因。对于造船作业来讲，由于建造维修周期较长，在过程中很难完全避免管理疏忽、措施不当、监管缺失、操作马虎等问题，这些小差错、小问题均是管理不精细的具体表现，并可能造成质量、安全事故，产生直接或间接的经济损失。

精细化管理的实质就是落实管理责任,将管理责任具体化,将细化的管理措施落实到每一个人、每一个部位、每一个过程。它要求每一个管理者都要到位、都要尽职。第一次就把工作做到位,工作要日清日结,每天都要对当天的情况进行检查与回顾,发现问题要及时纠正、及时处理。要求在服务管理的每一个步骤都要精心,每一个环节都要精细,那么我们做的每一项工作就都是精品,过程做好了,结果一般不会出大问题。精心是态度,精细是责任,精品是成绩。在船舶及海洋工程建造和维修过程中,要把平时看似简单、容易的事情精心地全都做好、做到位,并不是件容易的事。

2　如何推行舰船及海洋工程建造管理的精细化

在船舶及海洋工程建造和维修过程中要提倡“四细”。即细分项目,细分职能和岗位,细化分解每一项具体工作,细化管理制度的各个落实环节。“细”可以解释为更加具体,更具可操作性。精细化管理最基本的特征就是重细节、重过程、重具体、重落实、重效果,讲究专注地做好每一件小事,在每一个细节上精益求精、力争做到最佳。

现代管理学认为,科学化管理有三个层次:规范化、精细化、个性化。管理精细化的前提是管理规范化。目前,我国造船企业管理模式和水平处于规范化和精细化之间,特别是在民用船舶的建造管理方面体现明显。

为促进我国船舶及海洋工程建造管理水平的持续提高,打造精品工程,我们要特别注重学习国外在造船管理方面的成功经验,大力推行造船精细化管理理念。具体做法如下:

2.1　在设计上推行先进的造船理念和建造技术

我们将“数字造船、绿色造船、精度造船、总装造船”的理念落实到生产设计中,根据专船建造方针开展设计策划,推进壳、舾、涂一体化的区域设计,充分提高分段、总段的预舾装率,提高区域完整性设计。

重视采用三维设计。首先建立船体及海洋工程结构三维模型,对典型分段、重点区域、典型舱室的综合布置进行严格的设计评审,对设计预估余量和关键工序等重要过程反复斟酌研究。注重开展单元模块设计、区域设计、美观造船设计、船体与机电同步设计工作。通过开展三维设计、优化细化设计和工艺,为加快建造进度、确保建造质量奠定了技术基础。

推进物量信息精细化设计。要确保各施工阶段、各施工区域的施工物量细分到位,精确匹配。物量信息要做到各专业、各阶段、各施工部位的协调和有序衔接,不能因为物量信息及供应方面出现问题而影响施工进度和施工质量。通过物量信息精细化设计为生产能力计算、编制生产计划提供有力支撑。

优化分段划分。设立预组段和总组段,提高施工效率。按照舾装作业前移的原则,积极推广分段、总段预舾装技术。尽量提高预舾装率,提高分段、总组上船台前的安装完整性和船舶下水前的安装完整性。实施机舱分段盆舾装、上层建筑整体吊装等先进舾装技术和新工艺,大幅缩短船台安装时间。

重视建造新工艺、新技术的持续开发与应用。持续开发并应用精度管理、单元舾装、数控切割、激光切割、无余量合拢、高效焊接等新技术、新工艺,大力推行巨型总段建造、船坞快速搭载、平地造船和浮船坞造船等先进建造技术和建造方法的应用。通过设计创新、工艺创新来持续提高造船质量和效率。

2.2　细化现场生产管理

要求施工部门细致分析工程建造规律和特点,借鉴国外造船现场管理先进经验,编制具体的产品现场施工管理规定或细则。严格现场文明生产管理,重视设备防护,做好安全管理和环境控制,通过采用先进工艺技术使资源利用率达到最高,实现绿色造船目标。

要做到明确施工责任,合理安排工序,严格操作规范,认真执行工艺文件等具体要求。强调责任的可追溯性,认真贯彻执行精细化生产、单件流水作业、节拍生产、5S 管理、一岗多能用工制度和全员工厂管理等先进建造管理理念,在过程上追求精益求精,从而落实造船精度管理精神。

在建造的全过程中,我们不断完善设计标准、作业标准、生产管理标准。始终遵循标准化规则,并融合到设计、建造、工艺、管理等各个环节中去。通过运用人性化、环保理念,严肃工作纪律,注重生产细节等综合措施,

确保实现美观造船的目标。

2.3 加强全过程质量管理

根据船厂“精心设计、精细管理、精工建造、精诚服务、精益求精”的质量方针,编制船舶建造质量保证大纲、产品检报验项目清单等文件。围绕实现产品壳、舾、涂一体化的质量目标,有序开展工程质量管理与质量控制工作。组建专船质量管理组织机构,加强质量工作人员、生产施工人员的业务知识学习和质量培训,提高全员质量意识和员工技能,加强日常质量监管力度,严格按标准施工,细化设备吊运、安装和焊接工艺,确保项目施工质量,确保美观造船要求。

与此同时,还要开展建造过程质量风险分析,制定相应的管理方法和管理措施,从而实现对建造质量和建造精度的良好控制。

通过引入 PDCA(策划、执行、检查、处理)的质量管理理念,督促参与建造的各配套单位,包括外协单位按统一要求取得质量管理体系认证,每年对全部参与建造的单位质量管理体系运行情况进行一次检查和评价,不合格的要限期整改,整改不达标的及时调整更换。通过这些工作,规范和推进了质量管理体系在造船领域的深度应用与融合。

2.4 加强建造现场安全管理

在造船施工中一直把安全放在第一位,宁可不生产,也要保安全。针对造船立体交叉作业和狭小空间作业的特点,安全部门编制了船舶建造安全风险预案,根据可能出现的安全隐患和风险,制定规避措施和应急预案。

船舶及海洋工程建造安全管理工作的重点涵盖起重作业、高空作业、有限空间作业、防火、防爆、防台风等。针对这些特点,船厂安全部门编制了安全检查确认表,并检查各部门是否严格执行,重点部位是否设置了警示标志,是否采用了临时消防、照明、通风、防台风等措施。

与此同时,督促相关部门编制狭小舱室通风工艺,防台风措施,制定脚手架搭设和拆除安全要求等相关管理规定。并对动火作业安全管理规定进行修订和完善,在建造码头的指定位置设置吸烟点,严禁在其他部位吸烟,禁止携带打火机、火柴、易燃品登舰。船上按区域设置专门看火员,看火员手里随时拿着水壶,发现情况第一时间将小火扑灭,尽力避免舰船发生火灾等安全事故。

为使规定和制度落到实处,每周进行施工现场安全、文明生产检查,每季度开展专船消防演练,通过这些活动,确实提高了员工安全防火意识和应急逃生能力。

2.5 细化船舶及海洋工程建造过程中的物资管理

船厂物资部针对建造期间设备和材料的订货需求,编制了通用竞争类物资采购程序、物资保障策划制度和仓库管理制度。从仓储场地、物流流程、设备保护、材料分类、库存积压、缺损件统计、补订货控制、物流与存储风险控制等多方面细化流程,强化管理。在动态跟踪船舶及海洋工程建造进度的基础上,灵活调整物资设备采购计划和流程。既要保证物资设备能按期到货,不影响建造进度,还要考虑库存积压风险,尽量做到精确供货。另外,做好设备清点入账及防护工作,优化进出库流程和上船转运流程,提高设备上船安装效率,确保船舶及海洋工程建造连续可控。

与此同时,指导建造施工部门编制物资现场管理规定,做好施工过程精细化管理,防止微小浪费,规避转运上船风险。对于重要和贵重设备编制了专用设备安装及防护管理规定,着力提升现场施工管理人员的设备防护意识,做好现场监督、检查、巡检及拉网检查等工作。

3 结束语

我们必须清醒地认识到,日韩等国很早就实施了船舶及海洋工程建造精细化管理,不但造船效率高,造船质量好,也很少出现大的安全质量事故。其造船项目始终在高效有序地进行着。而没有很好实施造船精细化管理的造船国家,如俄罗斯、印度、美国等,则不可避免地在船舶建造维修过程中出现这样那样的问题,并严重影响了项目进度和质量,甚至造成设施和设备损坏、人员伤亡。

通过对国外先进造船理念和造船技术的消化吸收,并充分结合我国造船实际而提炼出的精细化造船管理方法和理念,在多型民用系列船舶及海洋工程建造中得到了全面应用,确实收到了事半功倍的良好效果。达到了缩短建造周期、降低建造成本、提高建造质量和精度的目标。但在造船精细化、规范化管理方面,我们还需向先进造船国家学习,还有很多事要做。

现代船舶研制过程中技术问题和质量问题的区分与处理

林华章[1] 刘富刚[2] 徐悦晨[3]

(1. 海军装备部沈阳局;2. 大连船舶工业工程公司;
3. 新奥集团股份有限公司)

摘　要:在船舶研制过程中将不可避免地出现技术问题和质量问题,如果处理不好这些问题将会对船舶研制质量、进度和经费带来重大影响。笔者结合多年来船舶研制实际经验,探讨了如何正确区分船舶研制过程中出现的技术问题和质量问题,针对技术问题和质量问题的不同性质,提出了应采取的措施和注意事项,指出了收集船舶研制过程中技术问题和质量问题信息的重要性。

关键词:船舶研制;技术问题;质量问题;分析处理

1　正确区分船舶研制过程中技术问题和质量问题的重要性

高新技术在船舶装备中的大量应用,使得现代船舶的技术含量和复杂程度越来越高,建造难度也越来越大。船舶研制涉及的专业门类多、技术复杂、周期长、投入经费高、配套协作面广,必然造成研制风险非常高。在船舶研制过程中,经常会遇到这样那样的技术问题和质量问题。这里所说的技术问题是指因设计上存在错误或缺陷,导致船舶在某种条件下出现性能异常或战术技术指标达不到要求的现象。而质量问题则是指在船舶研制过程中的制造缺陷、过程控制、现场管理、操作使用等非设计原因所造成的问题,从而导致船舶在某种条件下出现性能异常或战术技术指标未达到要求的现象。无论是技术问题还是质量问题,都事关船舶研制质量,影响船舶研制进度,造成研制经费上涨。在船舶研制过程中,必须准确区分技术问题和质量问题,并针对不同性质的问题妥善加以处理。如果生搬硬套有关条条框框,在没有分清技术问题和质量问题的情况下就匆忙进行处理,可能埋下质量隐患,影响船舶的建造进度和质量,进而影响船舶的使用和运营。

2　正确认识船舶研制过程中的技术问题和质量问题

在船舶研制过程中,技术问题和质量问题常常发生在建造验收和各类试验中。在试验和验收时,一方面要验证总体设计方案和系统技术方案、检查关键技术问题的解决情况、对技术性能指标满足情况进行摸底确认;另一方面要通过试验暴露出船舶建造过程中存在的各类问题和缺陷,为完善设计、提高船舶建造质量提供重要参考。虽然在船舶研制中我们一直强调一次成功,但基于国家造船技术发展情况和造船工业水平的限制,船舶研制不可能一帆风顺。实际情况是,很多大型船舶一经立项,就面临进度紧、任务重、困难多的严峻形势。在这种情况下,无论是研制单位还是顾客都不希望出现技术问题和质量问题,并将一次成功和精品工程作为追求的目标。为确保试验成功、不出问题,试验通常都是在理想的环境和条件下进行。由于受到建造周期和诸多因素的限制,船舶在交付前也只能根据系泊/航行试验大纲进行规定项目的试验,其他试验只能在交船后一定时期内,具备各项条件后再进行。这就导致部分使用性能和技术指标在交船前无法得到充分验证和全面考核。另外,当研制中出现技术和质量问题时,研制单位会出现急躁情绪,特别是归零工作进展缓慢时,会急于找到解决问题的出路,对部分问题分析不够深入,从而给船舶长期使用埋下隐患。在这种情况下要保证船舶研制质量,必须充分发挥建造中验收和试验的作用,要严格试验、科学验证、全面考核,并正确区分船舶研制过程中出现的技术问题和质量问题,针对不同性质的问题认真开展归零工作,提高船舶研制的过程控制质量。

3　如何做好船舶研制过程中技术问题和质量问题的归零工作

既然船舶研制过程中难免发生技术问题和质量问题,这就要求我们积极开展归零工作,通过归零工作切实提高船舶研制质量。首先,我们在制订船舶研制工作计划时,不但要考虑工作项目是否充分,还应提前考虑到技术问题和质量问题可能给研制工作带来的不利影响,并给技术问题和质量问题归零预留出必要的时间。这样,当出现技术问题和质量问题时,进度方面的压力就会相对小一些,研制单位归零工作也就从容一些,归零效果也就更明显一些。其次,要建立规范的技术问题和质量问题归零工作机制,明确归零要求,制定归零工作程序,预先成立由总体建造单位牵头、配套单位参加的各专业归零攻关小组,同时,要打破技术壁垒,必要时可邀请本领域一些知名专家作为顾问参加攻关小组。这样,一旦遇到技术、质量问题,就能够保证研制单位及时有效地开展归零工作。目前,技术归零和管理归零工作在航空、航天系统应用得非常成熟,其理念早已深入人心。近些年,在船舶建造领域也高度重视技术归零和管理归零工作,为船舶研制更加高效有序地进行提供了保证。

4　技术问题与质量问题归零过程中的注意事项

技术问题和质量问题的归零情况对船舶研制有着重要影响,为确保归零效果,提高船舶研制质量,在归零工作中,要切实杜绝以下两种现象:

4.1　避免船舶研制过程中质量技术问题的伪归零

船舶研制过程中出现的技术和质量问题,有些可以在较短时间内得到归零,有些则可能在一定时间内不能归零。当归零工作在较短时间内没有取得积极进展时,研制单位有时迫于研制进度压力或基于本单位利益考虑,可能在没有真正找到问题症结的情况下,根据问题现象人为地设定一个故障原因,采取一些临时措施,表面上看是走完了归零程序,但实际上却是伪归零。船舶研制中的伪归零比技术和质量问题未归零所带来的危害还要大。这是因为伪归零使我们失去了对问题继续进行跟踪、观察和进一步开展归零工作的机会,会给船舶研制和船舶本身埋下极大的隐患。因此,一定要杜绝船舶研制中技术、质量问题的伪归零。

4.2　避免船舶研制过程中技术和质量问题的混淆

前面已经对技术问题和质量问题做过说明,技术问题是由设计错误或缺陷造成的,是船舶设计问题;而质量问题是由非设计因素所致,责任多涉及管理和施工人员。因此,有时一些技术和质量问题就技术层面来讲能够完成真正归零,但因为涉及到责任和惩处,在技术和质量问题的归零过程中可能出现互相推诿、人为混淆技术问题和质量问题的情况:将质量问题当作技术问题或是将技术问题当作质量问题来处理,这样就会导致问题归零不彻底,影响船舶建造质量。将质量问题人为地技术化,多发生在对质量问题惩处力度较大的研制单位。在这样的单位,为避免出现质量问题,质量管理规章制度定得十分严格,对质量问题责任人的处理极为严厉,造成人员恐惧心理。这种质量管理方法有其积极的一面,但也有非常消极的一面,那就是一旦发生质量问题,因责任者担心受到严厉惩处,不敢或不愿意承担责任,在归零过程中将质量问题往技术上、设计上推,导致质量问题技术化,从而不能针对质量问题的真实症结采取有效措施。另外,将技术问题人为地质量化,多发生在设计人员不愿承担设计错误或设计缺陷责任,不愿改进和完善设计的情形下。在这种情况下,设计人员多将技术问题的原因往质量方面推,将发生问题的症结归咎为管理问题或施工者人为差错。其带来的潜在风险更加严重,会导致船舶失去改进和完善设计的大好机会,必然会影响船舶的研制质量和改进提高。由于船舶研制技术发展水平及人的认知局限性和渐进性,船舶研制中存在设计错误或缺陷,从逻辑和惯例上讲是合理的和可以理解的,绝不能人为地上纲上线,乱扣帽子。为促进船舶研制质量的提高,必须形成完善设计的激励机制,为设计队伍创造良好的研发氛围。在质量问题的处理上，笔者认为产生质量问题的原因是多方面的，要视问题的具体情况采取有针对性的处理措施。对于低层次质量问题，处理要坚决、严肃，确保不重复发生。而对于非低层次的质量问题，不能采取简单粗暴的处理措施，处理一定要系统、客观、适度、公正。一定要注重事实和效果，绝不能停留在表面和形式上，做给别人看，表面上是严肃处理了，实际上是大范围地打消了一线人员的积极性和主动性。

5 正确看待并妥善处理未能按期归零的技术和质量问题

在质量监督过程中，我们一直强调“三不放过”原则。而在船舶研制特别是大型复杂船舶研制过程中出现的技术和质量问题，有些问题能够在期望时间内得到归零，而有些问题在一定时期内不能取得满意的归零效果，甚至有些问题是不能归零的。在船舶研制中不得不面对和认真处理这些未能及时归零的技术问题和质量问题。在这种情况下，如果一味机械地强调“三不放过”原则，将会出现两种局面：一是迫使研制单位进行伪归零，二是船舶总体研制进度因个别问题未归零而停滞不前。大多数未归零的问题都有一个共同特征：问题现象出现次数较少，有些问题只出现一次，很难复现或不再复现。而重复出现的问题基本上都能得到归零。如何处理好这些不能归零的问题，将会对船舶研制质量和研制进度产生重大影响。笔者认为应当采取灵活有效的措施处理这些问题，要对未归零问题进行危害性分析，根据不同问题、不同危害程度采取不同的处理措施：对于不影响船舶主要使用性能和基本技术指标的问题，可以在问题未归零的情况下继续开展后续研制工作；对于可能影响个别使用性能或技术指标，但发生概率极小且不关系试验成败的问题，可以进行后续跟踪。对于上述两种情况要在开展后续工作之前进行缜密分析，并在此基础上，针对可能导致问题发生的可疑因素和环节采取综合治理措施，在风险可控的条件下继续开展后续工作。而对于关系试验成败或影响船舶主要技术指标的问题，应将有关情况及时向船舶研制管理决策机关或部门上报，根据决策机关或部门指示开展工作。对于暂时未能完成归零的问题，一定要进行规范管理，建立拉条挂账制度，在有效的归零监督检查下继续开展归零工作。有些情况下，甚至在船舶设计定型时仍有个别问题不能归零，对于这类问题绝不能轻易放过，要组织国内有实际经验的专家开展综合研究，在此基础上的决策才能最大限度地避免伪归零现象的发生。

6 重视船舶研制过程中技术问题和质量问题信息的收集与利用

船舶研制过程中出现技术问题和质量问题，自然会对研制质量、进度、经费造成一定影响，但通过归零工作去解决所暴露的技术和质量问题，能够完善船舶设计、优化建造过程控制、提高造船工艺水平、提升建造人员的素质。同时，在归零过程中所积累的大量材料和数据不但是编写船舶使用维护技术文件特别是故障排查手册的宝贵素材，也能为后续船舶的研制提供充分的技术支撑。因此，在船舶研制过程中，我们首先要制定船舶研制数据的收集和整理制度，建立船舶研制数据库，特别是要做好技术和质量问题归零数据的收集、整理和归档工作。波音和空中客车公司都非常重视技术和质量问题信息的处理和使用，不但是在飞机研制过程中，即便是在飞机定型并生产交付运营商使用后，仍然派出大量的驻场代表，这些驻场代表的主要工作之一就是收集飞机使用信息，为改进设计和完善飞机使用维护技术文件提供第一手材料。

总之，对于船舶建造过程中的技术问题和质量问题，一定要正确认识，严格区分，妥善处理。这也是船舶建造与维修精细化管理工作的一部分。问题出现后，该纠正的纠正，该跟踪的跟踪，该归零的归零。作为建造总体单位和领导部门，要想方设法杜绝低层次质量问题，尽力减少一般性质量问题，及时发现并反馈技术问题，为技术问题归零创造有利条件。在船舶研制全过程中，一定要重视技术、质量问题处理数据的收集和使用，只有这样，才能持续推动我国船舶建造技术和质量管理水平的提升。

参考文献

[1] 徐彤. 现代驱逐舰研制中的关键技术[C]//史殿敏，郭程新. 2010 中国大连国际海事论坛论文集. 大连：大连海事大学出版社，2011.

美国纽波特纽斯船厂航母建造能力的长远建设与思考

李继生[1]　张晓曼[1]　李　法[2]

（1. 大连船舶重工集团有限公司；2. 北部战区海军参谋部训练处）

摘　要：航母研制与建造能力的培育是一个国家的长远国策，不同国家在不同的历史背景下发展航母的目的和策略会有所不同。但航母建造能力的培养不是短时间内就能实现的，必须有长远规划、持续的投入和不断的建设。本文以美国纽波特纽斯船厂为例，探讨了其航母建造能力培育的策略和思路，分析了其航母建造管理方法、建造工艺特点。

关键词：航母建造；能力建设；工艺特点

1　前言

与常规水面舰船相比，航母建造是一项巨系统工程，因其排水量大、系统复杂、舱室众多、上舰设备种类和数量众多、建造周期长、经费投入大等因素，造成其建造难度和风险远远高于常规水面舰船。而航母建造基础设施与能力建设更是一个复杂的巨系统工程。不同的投资建设思路、不同的航母建造发展模式会对一个国家的航母发展产生深远的影响。

2　美国航母建造能力培育的总体思路和策略

美海军认为，在航母研制、建造能力的培育方面，一定要避免重复建设和资源浪费，避免建造基础设施和人员经验的碎片化、断档化。经过多年竞争，美国只保留了一家航母总装建造厂。

二战后，爆发大规模战争的可能性大大降低，各国对短时间内建造大量航母的需求也大大降低，都倾向于只保留或培养一家航母总装建造厂，就连美国也仅保留纽波特纽斯一家总装建造厂；法国唯一一家航母总装厂是布雷斯特船厂；英国则只有乐赛船厂保留了航母建造能力。

这种国策的优点很明显：由于任何国家都不可能在短期内大量建造航母，不可能在航母建造上搞重复投资，以避免建造资源和人员经验的碎片化。一方面，设立一家总装建造船厂可以集中优势资源，减少重复投资，有利于设施维护和建造能力的长期维持；另一方面，在同一个船厂连续建造多艘航母更便于积累经验，有利于缩短后续航母的建造周期，持续提高航母的建造工艺水平，并大幅降低建造成本。

二战期间，美国共建造和改装航母达百余艘，分别由诺福克海军船厂、纽波特纽斯船厂、昆西船厂、纽约船厂、费城海军船厂和纽约海军船厂等建造。

二战后，由于航母建造数量急剧下降，加之各船厂之间竞争激烈，绝大部分船厂都退出了航母建造历史舞台，有的船厂甚至由于当时投入过大而倒闭。最终形成由纽波特纽斯船厂独家建造航母的局面

20 世纪 50 年代，纽波特纽斯船厂战略性地预见到核动力航母将是美国航母的未来发展方向，并据此对船厂进行了根本上的改造，提高核动力技术研究人员的数量和水平，加强核动力方面基础设施建设，终于赢得了建造美国海军第一艘核动力航母“企业号”的合同。此后，纽波特纽斯船厂连续建造了美国海军 9 艘核动力巡

洋舰中的6艘,并进一步积累了建造核动力舰艇的经验。1968年,纽波特纽斯船厂开始批量建造美国海军第二代核动力航母——“尼米兹”级,从而彻底奠定了纽波特纽斯船厂在美国航母建造竞争中的垄断地位。由于航母建造的数量十分有限,目前,美国航母的建造已不再采用竞争的方式,这主要是为了避免国家在这方面的重复建设和不可承受的巨大资源浪费。

3 美国纽波特纽斯船厂航母建造能力的培育及长远规划

美国纽波特纽斯船厂拥有先进的造船基础设施和研究开发能力,其航母建造能力主要体现在以下几个方面:

3.1 拥有完善的航母建造基础设施

纽波特纽斯船厂占地220多万平方米,有7座干船坞、1座浮船坞和6个舾装码头。船坞和码头上共有吊车26台,其中包括起重能力超过900吨的龙门吊。最大的船坞长达662米,可建造39万吨级的船舶,是全美最大的船坞。

作为美国最核心的军船建造厂,纽波特纽斯船厂一直坚守持续改造并完善基础设施的方针。为更好地建造“福特”级航母,纽波特纽斯船厂新建了重型弯板车间、室内模块装配车间、室内模块化舾装车间以及室内设备组装车间,这些新车间采用技术先进的机械加工设备和自动化设备,活动屋顶设计既可以使建造工作免受天气因素干扰,保证建造环境可控,又可以方便地将装配好的模块从车间顶部吊出去。另外,为了起吊更大的分段,纽波特纽斯船厂还对900吨龙门吊进行了改装,改装后的起重能力可达1050吨。

3.2 培养并保留了大量高素质的工程技术人员

纽波特纽斯船厂现有雇员约2万人,研究发展部门有超过4000名核技术和非核技术研究人员,主要从事概念研究、产品设计、新工艺研究和造船软件开发等工作,专业领域涉及热力学、声学、流体力学和核反应堆等。超过400名信息技术工程师从事船舶建造软件、网络技术、计算机图形设计和三维图形技术的研究和开发。另外,为培养造船专业人才,该公司还专门设立了纽波特纽斯船厂技术学校,主要培训高水平技术工人。

3.3 集设计与建造能力于一体的公司模式

纽波特纽斯船厂除了承担航母建造任务外,还承担美国航母的设计开发工作,这种集设计与建造于一体的融合模式可以更便捷地将设计方案提供给船厂建造部门使用,并能更便于对设计及时进行修改完善。不但节约了设计建造费用,提高了核心竞争力,还便于在整个设计建造期间更好地进行技术协调和现场施工服务,否则设计与建造如果分属不同公司,协调难度和效率会大大降低。这种集设计、建造于一体的模式大大提高了设计和建造效率,保证了设计和建造质量。1998年,纽波特纽斯船厂开始建立弗吉尼亚先进造船与航母集成中心(VASCIC),2001年6月该中心正式运行,主要从事航母设计开发、系统集成与试验、新技术应用研究、航母现代化改装等工作。目前,该中心已成为美国航母的主要管理与集成基地。

4 结束语

航母研制、建造能力的建设是一个国家的长远国策,需要集中优势资源并重视人才队伍的长期培养。但维持和提高航母建造能力则需要持续的订单作为支掌,即使一个国家曾经拥有较强的航母建造能力,但如果建造中断时间或间隔时间过长,其工业基础也会发生较大衰退。如英国曾经是航母建造大国,但由于二战后英国实际终止航母建造数十年,中间仅建造了3艘轻型航母,导致在建造新一代航母时,没有一家船厂能独立完成建造任务,大量熟悉航母建造的技术人员和工人流失殆尽。在这种背景下,要想开工建造航母,必须重新投入大量资金进行基础设施建设和人员培养。而美国在二战后只保留了一个航母建造基地,避免了建造资源和人员的碎片化问题,并注意保持航母建造节奏,每隔几年便会开工建造一艘新航母,从未中断过航母的设计建造活动,一直维持着完善的航母建造工业基础和素质较高的设计建造队伍。这种务实的做法值得我们去学习和借鉴。

全过程质量确认制度及其在造船领域中的应用

李继生　张佳艳　游思琦　商大亮

（大连船舶重工集团有限公司）

摘　要：本文指出了全过程质量确认制度的目标及宗旨，探讨了全过程质量确认制度在造船领域的应用思路和工作方法，指出了全过程质量确认制度对造船进度和质量的直接或间接影响。

关键词：全过程质量确认；造船

1　全过程质量确认制度的基本宗旨

全过程质量确认制度，是指在产品实现的整个过程中，通过施工者及相关责任人对所从事的工事进行实名过程确认的一种自主式管理模式。

全过程质量确认制度的宗旨是最大限度地实现生产过程中的“零缺陷传递”，使生产或施工全过程受控。确保一线操作者都能做到“检查上道工序、做好本道工序、服务下道工序”。在生产或施工过程中以及在管理过程中能够正确认识缺陷、主动查找缺陷、勇于面对缺陷、彻底消除缺陷、认真总结缺陷、避免缺陷再次发生。通过生产过程的实物标识、质量记录追溯等手段，真正做到谁施工谁负责、谁检验谁负责、谁管理谁负责。以保证过程控制的主动性、真实性、有效性，实现船舶建造质量的可追溯性和可控性。

2　全过程质量确认制度的适用范围及总体思路

对于承担结构复杂、生产周期长、数量少、工序多、质量风险大的项目的企业，全过程质量确认制度具有非常重要的作用。而船舶建造企业的质量管理就属于这一类，尤其对建造过程有可追溯性要求的重点项目，更要重视全过程质量确认工作。全过程质量确认对落实各部门、各环节的质量责任，实现各自质量目标具有重要意义。通过全过程质量确认制度的实施，可进一步明确质量管理工作的总体思路和努力方向，改善质量管理状况，提高卓越管理的成熟度，推动企业管理质量、工艺质量、过程质量、采购外包质量、产品最终质量的持续提升。

全过程质量确认制度必须结合产品和过程实际来进行，明确质量控制的工序及技术要求，通过编制质量确认表格来逐一加以落实；通过全过程确认制的落实，可有效强化施工人员、检验人员、管事人员的专业技能，明确各工序的工艺要求和风险点；另外，通过实名确认，也可以强化施工人员、班组、检验人员的质量责任和质量意识，有效提高船舶建造的过程质量，从而保证船舶建造的最终质量。

3　全过程质量确认制度的实施程序

全过程质量确认制度的实施程序如下：

成立专家组，调研需要开展质量确认的造船项目、工序、施工区域、一线人员，在此基础上编制与质量确认

制度相关的管理规定和考评办法；

编制各专业质量确认表格，表格要不定期进行更新和完善，要便于现场填写，以最大限度地符合船舶建造的动态监管需求，表格的可操作性和实用性一定要强；

确认过程中对涉及的每一个工艺参数都要进行认真核实，为保证准确性，可先行开展模拟确认，发现问题及时调整完善，确保准确无误；

印刷并发放质量确认表格，组织相关人员学习理解，明确工作流程；

实施质量确认制度，实施初期要派专人到现场具体指导，及时发现问题，及时进行调整和纠正；

检查与考核，如抽查施工现场标识、确认记录是否符合要求，要定期或不定期进行考核，对好的单位和个人进行表扬，对差的单位和个人进行批评、帮助和督促。

4　全过程质量确认制度实施范围

全过程质量确认制度在大连某船厂各部门都得到了普遍的应用，不但提高了施工效率，还显著提高了船舶建造质量，全员质量意识也有了较大提升。施工过程中，现场产品实名标识实现了装配、焊接工序的全覆盖。标识内容包括：分段号、施工单位、施工者、施工日期、证件号码等；另外，管系、涂装、电气设备实名制也在陆续推行中。船厂内部投入使用的质量确认表格近千份，覆盖了从钢材加工、分段制作、总组合拢至产品交付的各个环节，确认内容包括产品施工过程中的所有关键工艺参数。实施过程中严格执行三级确认制度，确认人包括：施工者、班长、自检和专检。质量管理部门每月组织对现场产品的实名标识、质量确认记录等进行抽查，发现问题及时纠正。通过努力，质量确认工作已经成为大家的一种习惯。初期的抵触情绪已完全没有了，再没有人把确认当成负担。经多次检查和统计，确认制表格填写合格率达到99%以上。

全过程质量确认制度的有效推行，提高了各级人员的质量意识，使船厂传承了“一次做对、一次做好”的质量文化理念，真正做到了产品过程各阶段的可追溯。近年来，船厂产品一次报验合格率、UT\RT一次探伤合格率、顾客满意度等各项质量指标均呈现明显的上升趋势，确实收到了事半功倍的良好效果。

5　全过程质量确认制案例及其效果

在某型船舶建造过程中，我们严格按照《质量确认实名制管理规定》执行，施工者在完成作业后，在准备提交给班长检查确认前，必须由其本人按确认项目逐项进行检查确认，在完成确认制表格填写工作后，方可提交给班长检查确认，班长在确认满足了施工质量的前提下，方可向专/兼职检验员提出交验申请，这样的层层把关确实提高了施工质量，该船的一次报验合格率达98%以上。目前，船厂质量确认制度已经在以下多个专业中推广应用。但各专业的确认内容和重点会有所差别。

(1)钢料加工质量确认。主要涵盖钢材预处理、手工切割、门式切割、光电切割、手工号料、冷热加工等。

(2)分段制作质量确认。主要涵盖胎架制作及划线，分段装配，分段焊接，分段小组立，分段入涂前完整性，舷外短管、阀安装、锚台、锚唇、锚链筒在分段上定位确认等。

(3)总组合拢质量确认。主要涵盖舱室完整性、船舶开孔、船体合拢边缘准备、船体合拢焊接、船台/船坞合拢划线、船体合拢装配、船舶建造施工期间试验用临时盲板、舱室密性、临时孔封堵、锅炉系泊前质量确认、海底阀箱安装密性等。

(4)管系制作与安装质量确认。主要涵盖管系安装及密性确认、管系开孔等。

(5)电装质量确认。主要涵盖电器设备系统完整性、阴极保护下水前质量确认等。

(6)舾装质量确认。主要涵盖大型高精度基座制作质量确认、吊装眼板制作等。

(7)涂装质量确认。主要涵盖涂装作业前电缆、设备防护，涂装配料、温度确认。

(8)主机安装质量确认。主要涵盖主机安装、轴系及主机定位、螺旋桨安装。

(9)舵系安装质量确认。主要涵盖舵机及舵轴承座加工确认、舵杆与舵叶研配作业确认等。

(10)甲板机械施工质量确认。主要涵盖锚机、绞缆机焊接垫安装确认、系泊绞车调试确认等。

以该型船舶分段建造阶段确认为例，现场采用装配实名制、焊接实名制，除此之外，每个分段必须经过 8 道工序的质量确认程序，确认内容包括：分段胎架制作及划线工序、分段装配质量确认、分段焊接质量确认、分段吊鼻装配质量确认、分段入涂前完整性确认、分段小组立制作工序、舷外短管、阀安装质量确认、吊板/眼板装配质量确认等，所有确认工作完成后，方能进行分段报验。在此严格的质量管理模式下，该型船舶的分段建造质量和建造精度都取得了明显进步，分段一次报验合格率、分段个数修整率、焊缝修整率、分段精度验收合格率都超越了历史最好建造水平。

6 结束语

我们在造船实际中深刻体会到，通过编制有针对性的管理制度、研究并消化船舶建造过程、细化固化质量确认表格、长期现场检查指导、及时反馈存在的问题等系统性管理手段，既能将“基于零缺陷的全面质量管理模式”落到实处，又能为质量确认制度的持续完善提供有力支撑，使质量确认制度的内涵不断得到充实。该方法在其他大型复杂装备的质量监督工作中同样具有很好的推广应用价值，可以让过程质量监督真正落到实处，从而收到事半功倍的良好效果。

现代舰船设计技术及未来发展趋势

何　华　赵俊峰　张晓曼　游思琦

（大连船舶重工集团有限公司）

摘　要：本文探讨了国外现代舰船的设计方法与设计理念。论述了国外舰船设计技术在近几十年来的主要发展趋势。指出了在舰船设计初期就要考虑其全寿命指标的重要意义，认为舰船设计也和其他军事装备的研制一样，必须要考虑费用因素，并努力提高其效费比。尤其要考虑舰船全寿命期间的效费比，以便最大限度地保证舰船全寿期费用的分布合理，最大限度地降低舰船装备的全寿期费用。

关键词：舰船；设计方法；设计理念；发展趋势

1　常用的舰船设计方法

军用舰船在设计组织形式、实施方法、执行的标准规范等方面都不同于民用船舶。通常，国外军用舰船主要采用以下两种设计方法：

1.1　母舰设计法

母舰设计法就是选取一型类似的舰船作为基本母型，并以它为参照开展设计工作。从这个意义上看，一艘新型舰船的概念往往来源于对某种现有舰船的改进和提高。这种改进可以是舰船整体技术水平上的提升，也可以是在舰船上加装一些新型武器装备。国外舰船发展史表明，舰船设计遵循从简单到复杂、从低级到高级、从局部到全局循序渐进的发展规律。对于某一型舰船而言，每一次改进和变化都是有限的，但不断积累，量变就会引起质变，最终形成一型新的舰船。以母舰为基础开展设计具有风险小、进展快、可参照性强的特点，故母舰设计法是国外舰船设计一种很常用的方法。母舰设计法的缺点是受原舰设计思想影响较大，很难在设计上有大的突破。

1.2　探索设计法

对于没有母型可供借鉴的新型舰船，需要采用探索设计法。新型舰船往往有许多未知的问题，故这种设计方法通常需要进行大量的探索和研究工作，以便摸清新型舰船面临的各种特殊问题，找出解决问题的技术手段。探索设计法主要有以下两种：

缩比模型法。针对新型舰船的特点，制作一定缩比的模型开展探索性研究，以摸索并解决新型舰船的关键问题，取得设计所需的各种参数。

在研制所需的新型舰船之前，首先要研制舰船模型。舰船模型严格按比例制作，其在需要解决的关键问题上和新型舰船的特点完全一致，而在其他方面则可以继承传统船型的要求，以简化设计。20 世纪 50 年代，美国为研制水下高航速潜艇专门建造了“大青花鱼”（Albacore）常规潜艇，主要用于开展水滴型、线型和单轴螺旋桨推进试验，为探索水下高航速潜艇技术积累了宝贵的经验。

移植试验法。对于新型舰船可能会遇到的一些关键技术问题,可以提前把要关注的系统或设备移植到现有的舰船上开展试验和研究,待取得了结果以后再移回到新型舰船上。

近年来,计算机虚拟现实(Virtual Real)技术有了飞速发展,可以此对新型舰船的关键环节进行仿真研究,预报今后可能出现的问题,并在设计上采取改进措施。

2 现代舰船设计技术的发展趋势

20 世纪 90 年代以来,世界战略格局发生了很大变化。武器装备的研制原则也产生了微妙的变化,除了强调战术技术性能外,更加强调武器装备的经济性、灵活性和针对性。在舰船设计思想上,具体表现在以下几个方面:

2.1 大力推广舰船设备综合集成(Integration)技术

近年来,有关舰船研发的新思路、新观念、新技术不断出现。新装备、新技术不断得到应用,舰船的作战效能得到空前提高。多种设备的模块化程度和通用性持续提高,扩展开拓性大大增强,为设备综合集成提供了可能。而设备特别是传感器天线的综合集成有效节约了装舰空间,大大提升了舰总体的隐身性能。

2.2 更加注重发展适合海军战略目标和作战方针的舰船

世界各国都是根据不同时期其海军战略战术需求来制定舰船装备的研制发展规划的。而且在海军战略发生重大变化时,需要及时做出调整,适时为海军提供各种海上作战手段。在二战结束后的 50 年间,受世界安全局势变化和科学技术发展的影响,世界各国舰船装备的发展大体上可分为三个阶段:

第一阶段:二战后至 20 世纪 60 年代,这一阶段以美国、苏联两个超级大国争霸世界为重要特征,舰船发展主要体现在数量和攻击力上。这一阶段各国海军都建造了大量的舰船。

第二阶段:20 世纪 70—80 年代,科学技术的进步使这一阶段的舰船建造技术有了飞跃式发展,各国海军舰船建造质量也有了很大提高,表现在综合作战系统的应用、自动化技术的普及、舰船设计建造的模块化以及水面舰船的航空化等方面。

第三阶段:20 世纪年 90 代以后,随着苏联解体、美苏两极对抗局面结束,美国经济持续衰退,世界局势朝着多极化的方向发展。一方面,因大国对峙而引起世界大战的可能性在减少;另一方面,各种力量重新组合,地区性矛盾和冲突相对增加。各国海军都尽量依靠现代高新技术,探索和研制适合本国实际情况的新型、高效舰船装备,以适应未来高技术条件下的局部战争需求。这一阶段舰船设计特点就是高技术加上高度的灵活性和针对性。

2.3 重视舰船研制的经济性要求

20 世纪 70 年代,美国在军事装备研制中提出了“按费用设计”(Design To Cost)的要求。在舰船研发方面,综合考虑舰船设计、建造、使用、维修、后勤保障所需的全部费用(又称全寿期费用)。并把全寿期费用与航速、航程、毁伤概率、建造进度、作战能力等项指标共同作为舰船的设计输入参数。把追求经济性和技术指标的努力贯穿在舰船的各个系统、各个专业以及设计的全过程中。在设计过程中,需要进行费用预测以及性能、费用和建造进度之间的综合权衡(tradeoff),以实现费用控制和经济效益最优。

2.4 持续改良舰船建造管理模式

近百年的造船实践使我们认识到,高效的管理能对提高舰船研制效能产生巨大的促进作用。二战后,美国对舰船研制管理模式进行了一系列重大改革,加快了舰船研制现代化进程。20 世纪 50 年代以前,美国海军基本上沿用二战时期的传统做法,舰船研究设计只在军内进行,首制舰甚至在海军造船厂建造。其非常注重舰船的指标和性能,而忽视了综合作战效能和经济性;只注重主要装备的采购,而不注重相应配套保障系统的开发,使造船缺乏竞争和活力,舰船研制出来后难以快速形成战斗力、长期保持战斗力,从而使美国在和苏联的军备竞赛中部分丧失了优势。20 世纪 60 年代,美国打破了传统保守的研制程序和采购模式,提出了一揽子采办

(total package procurement)的新模式:军方按最佳性能要求进行费用效能的研究,首先形成“概念舰船”,然后由承包商根据军方的采购合同,在所要求的范围内展开竞争性研究,在此基础上为海军提出工程技术上的最佳设计方案,军方再从中找出作战效能最高令寿期费用最少的方案,经审批并确定各种要求后,由中标的承包商负责一揽子建造事宜。这样就强化了工业部门对海军采办项目的责任心,使之在舰船设计初期就考虑了可生产性和经济性。此外,这种模式还强调了可用性、可靠性、可维修性、可支援性、居住性。虽然 20 世纪 60 年代的改革使美国采办模式前进了一大步,但这种模式还不能从根本上解决预定费用和预期性能目标之间的问题,而且容易忽视新技术的探索和应用。任务需求的制定者与舰船设计者之间的沟通也比较困难。针对这种情况,20 世纪 70 年代,美国又进一步进行改革,实行按费用设计和先试验后采购的采办方针,恢复并加强以军内设计为中心,集中从事系统设计和合同设计,然后开展合同承包活动。在决定生产前,对原型舰先进行广泛的试验,确保采办项目的质量最优、风险最小。

按费用设计不仅把费用作为一项重要的设计指标,而且要求最大可能地考虑全寿期费用,在方案探索阶段就做出全寿期费用估算。美国海军不断总结舰船研制经验,持续调整采办模式,终于形成了一套适应海军发展需要、科学、合理、高效的舰船研制管理体制。

20 世纪 80 年代,美国海军更加强调新型舰船采办的灵活性,允许不同舰船采取不同的采办模式,而不必恪守以往单一的采办模式。甚至可以创造新的、更有效的采办策略和模式。美国海军舰船研制程序由此也日趋完善和成熟,1991 年初,在海湾战争中美国海军所显示的舰船技术先进性和强大的保障能力也是与武器装备采办体制的改革分不开的。

2.5 注重舰船设计人才队伍建设和预研工作

必须持久地开展舰船及其装备的科学研究和技术探索工作,加大技术储备力度,不断提高舰船的设计建造水平,增强海军装备的技术储备。要实现上述目标就必须拥有强大的舰船研制人才队伍,尤其是高水平的舰船设计力量。只要持续拥有一支素质优良、精干、高效、务实的专家队伍和技术人才队伍,注重传、帮、带作用的发挥,并使之与海军装备发展的长远规划相结合,就会不断设计建造出世界一流的现代化舰船。

3 结束语

综上所述,可以看出,一个国家舰船装备的发展水平、保障能力、作战能力,取决于国家的海军发展战略、造船能力的持续培养、配套设备的接续研发、人才队伍的长远规划与合理使用、技术经验的传承与发挥、对国外先进造船技术和管理经验的跟踪运用等多个方面。只有全面做好上述各方面工作,才能保证国家海军装备的先进、适用、耐用,才能保持舰船装备的强大发展后劲,才能为国家总体战略的实现提供一流的装备保障。

柴油机台架测控系统对 ECS 报警信息的捕捉与解析

邢为为　于成汉　谭博文　邹昊江

（大连中车柴油机有限公司）

摘　要：本文针对柴油机台架试验中电喷系统故障的查询和排除较为困难的问题，提出了一种有效的解决方案。依托 PUMA 测控系统，通过 CAN 通信采集 ECS 的报警参数，将其解析至报警界面，实时显示报警信息，并在消息栏记录历史报警信息内容。此方案直观便捷，不仅可以直接读取报警内容，还可有效捕捉未能及时发现的短暂报警信息，让电喷故障诊断与排查的效率有了显著提升，在实际应用中取得了良好效果。

关键词：ECS 报警；参数解析；故障排查

1　引言

电喷控制技术被广泛应用于汽车发动机领域，如今铁路和船用的大型柴油机也越来越多地采用电喷控制技术。在柴油机的研发试验中，为了更好地监测和控制柴油机及电喷系统的参数和状态，台架测控系统要与电喷控制系统进行数据交互，实现对重要试验数据的同步监测与同步采集[1-4]。电喷控制系统除了其运行参数，报警状态信息在研发试验中也十分重要，它是系统安全性的保障，也是故障排查的有效方向和依据。但 ECS 的报警状态信息都是以数字代码的形式传输和显示，需要解析后查询代码信息表[5-6]；即便是在 INCA 系统中，也只显示对应的报警位，查看报警内容仍需额外查表。这不仅费时费力，还很难捕捉到一闪而过的短暂报警信息，降低了故障排查的效率和准确性。为了解决这一问题，本文着重介绍一种更直观、更高效的解决方案。

2　方案的系统构成

柴油机试验台架的测控系统主要由主控系统 PUMA、电喷系统 ECS、标定系统 INCA、机车控制器 DLC 以及手动司控台组成。如图 1 所示，主控系统 PUMA 负责采集柴油机的性能参数，并与其他系统进行通信，传输指令、监控并采集所有重要参数；ECS 负责控制柴油机的转速和喷射；DLC 和司控台负责控制柴油机的功率；INCA 系统负责电喷参数的标定与实时采集。主控系统 PUMA 与 ECS 和 DLC 之间均采用 CAN 通信，通信协议为 DBC 文件；电喷 ECS 与 INCA 之间的通信采用 CAN 总线 CCP 协议；而 PUMA 与 INCA 之间的通信则采用 ASAP3 协议。通过这样的通信连接方式，主控系统 PUMA 就可以同时与 ECS、INCA 以及 DLC 进行数据交互，完成对重要参数的实时监测与同步采集。由此，ECS 的报警参数在主控系统内的实时监测、全程记录及自动化安全处理等便得以实现。

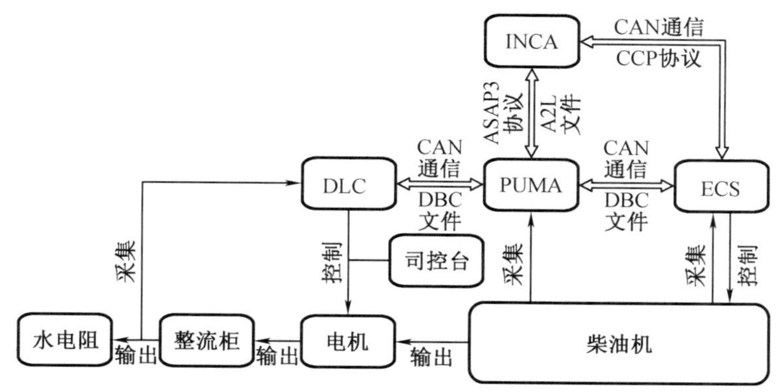

图 1　试验台架测控系统图

3　方案的具体实施

3.1　通信协议文件编写

若要实现 PUMA 与 ECS 之间的通信,通信协议文件是关键。DBC 文件是 CAN 通信的标准协议文件,主要用来定义通信数据的消息、信号、节点以及属性等。正确且完整地编写 DBC 文件是实现 PUMA 与 ECS 通信的基础和前提。

为了简化编写过程,同时也为了规避手动编写的语法错误,采用 Kvaser_can_dbc_editor 编辑器来辅助编写 DBC 文件。ECS 的报警状态信息一共有 6 组,每组 32 位。在编辑器中分别定义各组的 ID 号、信号名、数据类型、字节顺序、起始位、长度、缩放以及偏移量等,如图 2 所示,最后与 ECS 其他参数一起生成一个完整的 DBC 文件。

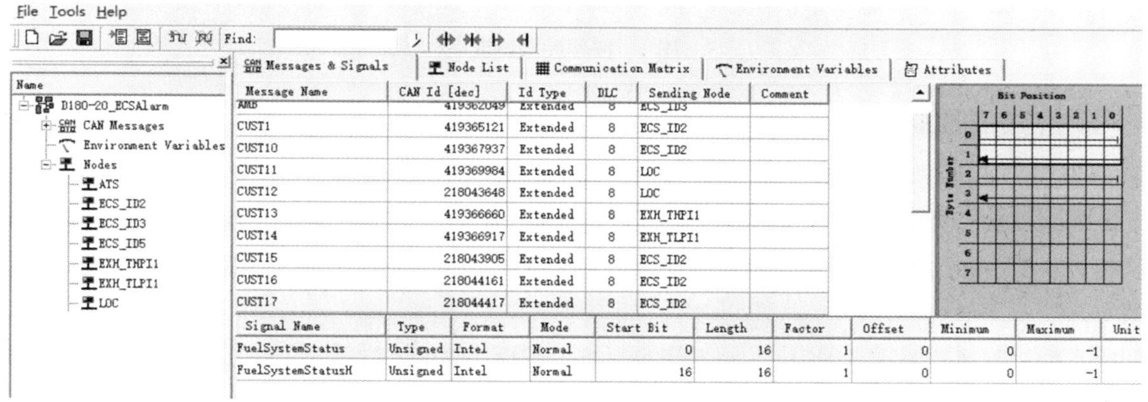

图 2　DBC 文件编辑

3.2　ECS 报警界面设计

在 PUMA 系统中定义自己的报警参数名,对应接收 DBC 文件中定义的 ECS 报警状态信息。按照系统分类,ECS 报警状态信息共分为 6 组,分别是总体系统、冷却系统、机油系统、空气系统、燃油系统及 ECU 系统,每一组都是一个 32 位的二进制代码,每一位都对应着不同的报警内容。在 PUMA 系统中设计一个 ECS 报警界面,如图 3 所示,6 组报警状态信息设置为 6 行, 每行 32 个控件,对应着第 0 至 31 位,报警界面的底部设置一个 ECS_Reset 按钮,用于复位。

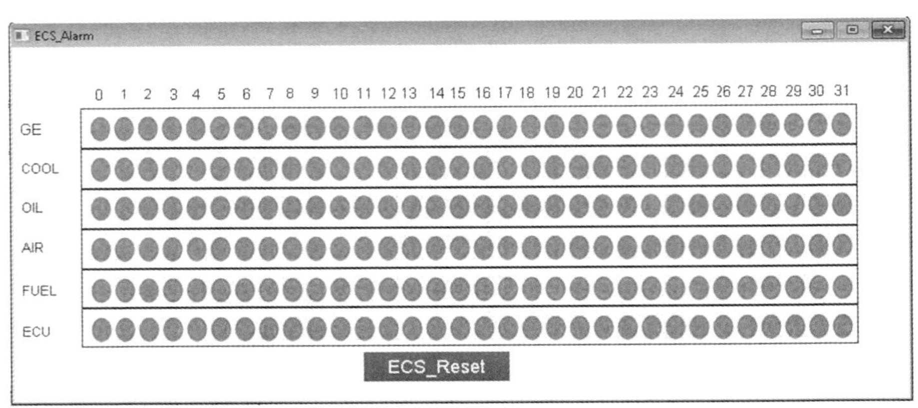

图 3　ECS 报警界面

PUMA 接收到的 ECS 报警参数是十进制的,需要在每一行对应控件的底层进行二进制的逐位解析。控件的底层设置见图 4,如果某一位的解析值为 0,则该位控件显示绿色;如果解析值为 1,那么该位控件就显示红色。若将鼠标放置在红色控件区域,便会显示出该位对应的报警信息词条。这样设计之后,ECS 报警界面就可以实时显示当前的报警位,配合鼠标就可以查看对应的报警内容。

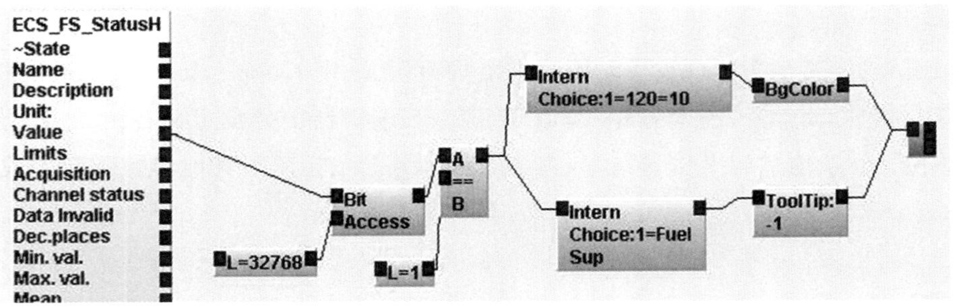

图 4　控件底层设置

3.3　ECS 报警信息的捕捉与存储

在 ECS 报警界面内移动鼠标逐个查看报警内容略有不便,为了更直观、更集中地显示报警信息,需要在 PUMA 系统内编辑软件脚本,让每一个报警位在变红的同时,都在消息栏内输出一条对应的报警信息词条,重复报警只输出一次,按复位键后重新开始检测输出。这样既可以保证不丢失任何报警信息,也不会因为重复记录而浪费空间。

软件脚本的控制逻辑见图 5,将 ECS 的报警参数按位解析,0 至 31 位每一位都设报警值和状态值两种,报警值用来控制词条输出,状态值用来控制输出次数。如图 5 所示,在程序的初始化阶段,设报警值为 0,状态值为 1;然后开始检测解析后的该位报警值,如果报警值为 1,且该位状态值也为 1,则在消息栏输出对应的报警内容,并将状态值置 0;如果报警值为 1,但状态值为 0,则不再重复输出报警内容;直到按复位键,使 Reset 为 1,这时程序将重新开始,检测当前状态。

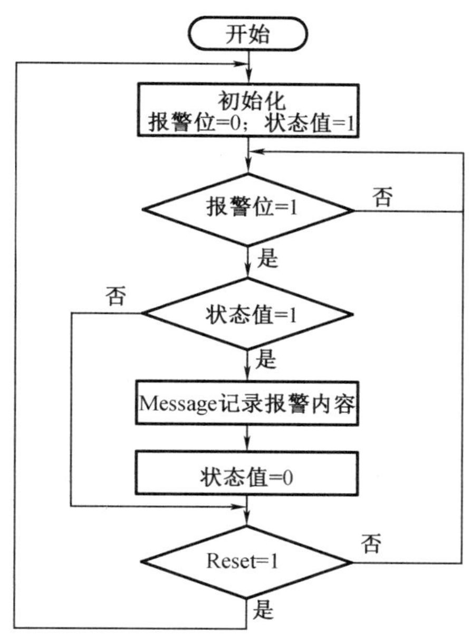

图 5　软件控制逻辑

4　方案的应用效果

传统柴油机台架试验中，ECS 的报警信息只能在 INCA 系统中查看，如图 6 所示，界面只显示当前的报警位，查看对应的报警内容需查表，效率很低。对于那些短暂出现的报警，试验人员很难及时发现，这不仅影响了故障诊断和试验效率，还降低了系统的安全性。而在 PUMA 系统内设计的这种 ECS 报警方案，就很好地解决了上述问题。

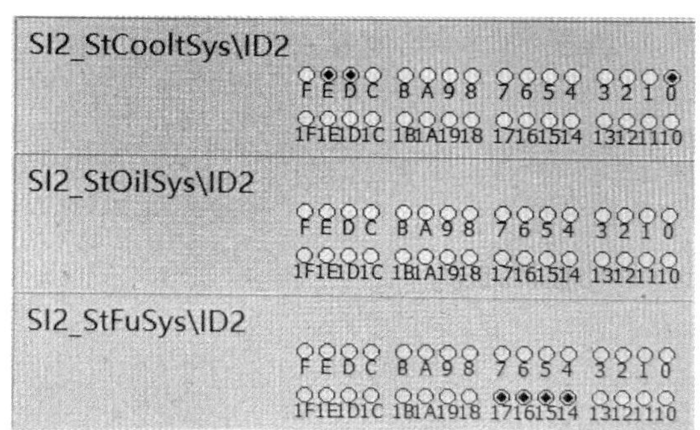

图 6　INCA 中 ECS 报警界面

在柴油机的台架试验应用中，通常启动前点击 ECS_Reset 键，查看 ECS 当前状态，排除禁止启动项；启动运行后，ECS 报警界面实时显示当前的报警位，移动鼠标可以查看当前报警信息词条，而消息栏则累计记录出现过的历史报警内容，如图 7 所示。某次试验中，柴油机在运行过程中突然故障停机，ECS 当前报警共计 9 项，没有停机项。查看消息栏的历史记录，发现共有 10 项报警内容，其中一项应是一闪而过的短暂报警，其内容提示为低压燃油泵压力过高，这是一项可以导致停机的报警项。随即查看燃油压力历史曲线，发现压力值有激增的现象，曲线有毛刺，推断为线束接触不良。经检查发现是导线接头松动所致，短暂处理后故障排除。

主控系统的这种 ECS 报警方案，不仅让查看报警变得更直观、更便捷，其历史信息的记录功能，更是能够捕捉到一闪而过很难被及时发现的报警信息，给故障排查提供了更好的指向，提高了工作效率和系统安全性，降低了试验成本。在实际应用中取得了良好的效果。

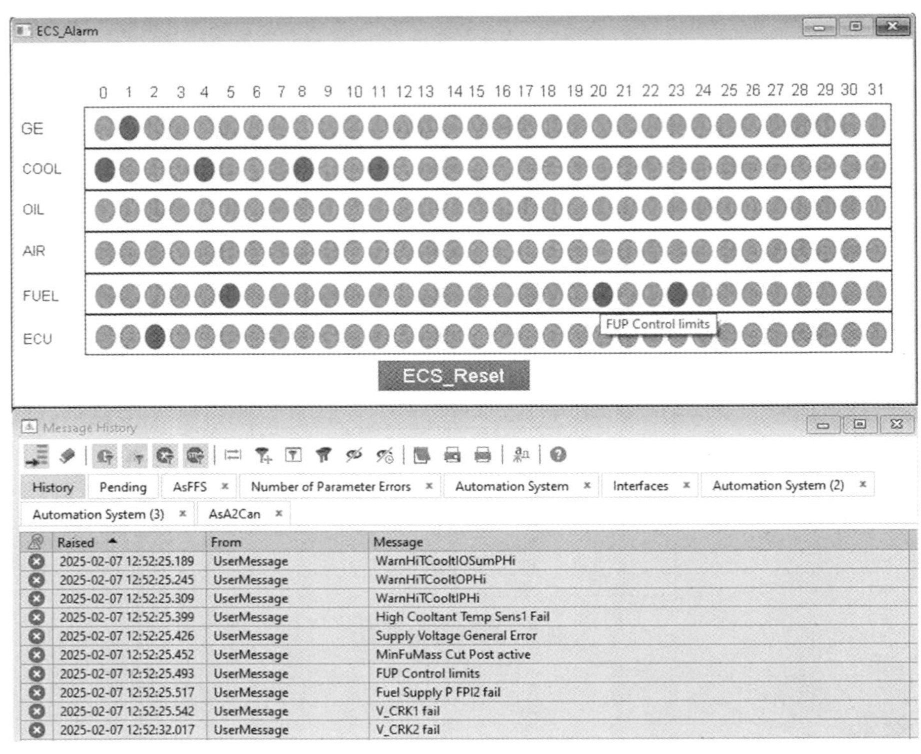

图 7　ECS 报警应用

5 结　　语

(1)试验台架主控系统与 ECS 等其他系统进行数据交互,完成对试验参数的实时监测与同步采集,提高了测试系统的集成度与兼容性。

(2)台架主控系统对 ECS 报警参数的自动解析,能够实时捕获运行参数的异常,快速响应,触发报警,提高了系统的安全性。

(3)ECS 报警内容的直观显示和历史存储,可快速有效地定位故障根源,减少排查时间,提升诊断效率,降低测试成本。

(4)此种方案实际应用效果良好,对其他发动机台架测试系统的应用具有一定的借鉴意义。

参考文献

[1] 谭晶星,阴晓封,吴秀婷. 基于 CAN 总线的 ECU 监控系统[J]. 测控技术,2013,32(7):95-99.

[2] 邸立明,刘维,王海全. 基于发动机 ECU 开发的双路并行系统参量获取技术研究[J]. 计算机测量与控制,2018,26(9):185-190.

[3] 刘林华,冯宁,陈玉冲,等. 电喷柴油机试车台监控系统的设计与实现[J]. 上海船舶运输科学研究所学报,2018,41(4):19-25,71.

[4] 管玉坤,黄寅,韦景怀,等. 基于台架试验的整车与台架数据同步采集方法[J]. 时代汽车,2024(12):25-27.

[5] 路来利,陶明辉. 大众车型机油压力报警系统解析[J]. 汽车电器,2005(11):35-37.

[6] 张学臣. 轿车电喷系统故障自诊断 3 例[J]. 汽车电器,2009(4):35-36.